Leistung und Performance von MVS-Großrechnern

von
Dipl.-Math. Klaus Becker

R. Oldenbourg Verlag München Wien 1996

Die Deutsche Bibliothek - CIP-Einheitsaufnahme

Becker, Klaus:
Leistung und Performance von MVS-Großrechnern / von Klaus Becker. - München ; Wien : Oldenbourg, 1996
ISBN 3-486-23767-5

Gesamtherstellung: WB-Druck, Rieden

ISBN 3-486-23767-5

Inhaltsverzeichnis

Seite

Seite

Vorwort

Die DV-Landschaft befindet sich Mitte der 90er Jahre in einem gewaltigen Umbruch. Zentral strukturierte Systemlösungen mit Mainframes als hard- und softwaretechnische Plattform für die DV-Abwicklung eines Unternehmens werden zunehmend durch dezentrale Strukturen ergänzt, teilweise auch ersetzt. Down-Sizing ist ein häufig zitiertes und gehörtes Schlagwort. Im Rahmen von Client/Server-Architekturen werden Applikationen auf mehrere Plattformen verteilt (verteilte Verarbeitung). Die Mensch-Maschine-Kommunikation wird zum Beispiel in Form von grafischen Benutzeroberflächen auf Arbeitsplatzsysteme verlagert. Als Server kommen UNIX-Systeme und/oder traditionelle Mainframes zum Einsatz. Gleichzeitig werden die Bemühungen zur Leistungssteigerung im Großsystembereich verstärkt. Das Stichwort heißt Parallelisierung. Es ist möglich, MVS-Großrechner über eine neue Coupling-Technologie zu einem System zu koppeln (Single-System-Image) mit gleichzeitigem Lastausgleich bis auf Transaktionsebene. (Parallel Sysplex-Architecture). Hinzu kommt, daß der Marktführer IBM die Entwicklung herkömmlicher auf bipolarer Chip-Technologie basierender Rechner aufgibt und zukünftig ausschließlich auf CMOS-basierende Prozessoren setzt. Eine rasante Entwicklung nimmt die Leistungsfähigkeit der UNIX-basierenden Systeme mit massiv paralleler Architektur (MPP von Massiv Parallel Processor im Gegensatz zu SMP von Symmetric Multiprocessor). Das Betriebssystem MVS selbst öffnet sich (Open Edition MVS) und unterstützt mehr und mehr heterogene Systemlandschaften. Wie paßt das alles zusammen? Welche Richtung nimmt die DV-Technologie? So komplex die Fragestellung ist, so wenig einfach kann die Antwort sein. Wir fassen die Entwicklungstendenzen zusammen und befassen uns kurz mit einigen Aspekten:

- Client/Server-Architekturen,
- Dezentralisierung/Down-Sizing,
- Leistungssteigerung im Großsystem- und UNIX-Umfeld und
- Open Edition MVS.

Client/Server-Architekturen

Client/Server-Architekturen unterstützen den Endbenutzer mit grafischen Oberflächen. Ziel ist die Effizienzsteigerung beim Endbenutzer (bessere Bedienbarkeit der Endgeräte, höhere Akzeptanz, weniger Schulungsaufwand). Diese Entwicklung unterstützt die als notwendig erkannte Erhöhung des Terminalisierungsgrades, um alle MitarbeiterInnen des Unternehmens mit Standardapplikationen wie Text- und Tabellenverarbeitung versorgen und die Unternehmensabläufe DV-technisch durchdringen zu können (Bürokommunikation, computerunterstützte Sachbearbeitung, Vorgangsbearbeitung). Zentralrechner werden in diesem Umfeld als

- Verwalter der Unternehmensdaten (Data-Base-Server),
- Transaktionsabwickler (Transaction-Server) und
- Abwickler komplexer Rechenwerke

eingesetzt.

A priori ist der Zentralrechner kein MVS-Rechner. Abhängig von der Größe des Unternehmens, nicht zuletzt auch aus Gründen des Investitionsschutzes, werden MVS-Systeme in diesem Umfeld ihre traditionelle Stärke hinsichtlich

- Verfügbarkeit,
- Datenintegrität und
- Sicherheit

ausspielen können.

In kleineren Systemumgebungen werden UNIX-Systeme als Hostserver im Einsatz sein. Eine dritte Systemebene zwischen MVS-Großsystem und Arbeitsplatzrechner, z. B. auf UNIX-Basis, wird sich im kommerziellen Umfeld vorrangig bei verteilten Unternehmensstrukturen durchsetzen können (Filialen, Außenstellen). In zentral organisierten Unternehmen ergibt sich dafür weniger eine Rechtfertigung. Kapazitätsprobleme im Netzbereich, aber auch wirtschaftliche Überlegungen und vom Markt angebotene Anwendungslösungen können allerdings eine Dezentralisierung in diesem Umfeld erzwingen.

Dezentralisierung/Down-Sizing

Mit Dezentralisierung und Down-Sizing verfolgen Unternehmen die Absicht, ihre DV-Dienstleistungen wirtschaftlicher anzubieten und flexibler auf die sich rasch verändernden Anforderungen reagieren zu können. Auch in diesem Zusammenhang spielt die Unternehmensgröße und damit der Umfang der Rechenwerke, der Umfang der Datenhaltung und der Umfang der Transaktionsverarbeitung sowie der Investitionsschutz eine entscheidende Rolle. Inzwischen scheint festzustehen, daß dezentralisierte DV-Lösungen a priori nicht kostengünstiger arbeiten als zentrale Mainframe-Rechenzentren. Partiell wird auch schon über einen Stop, wenn nicht sogar über eine Umkehr, des Trends zur Dezentralisierung diskutiert. Die Wortschöpfung "Right-Sizing" kennzeichnet diese Entwicklung.

Leistungssteigerung im Großsystem- und UNIX-Umfeld

Seit Jahren beobachtet man eine von wirtschaftlichen Überlegungen getriebene Konsolidierung von Rechenzentren. Als Folge werden die zu beherrschenden Einheiten komplexer und der Leistungsanspruch höher. In diesem Umfeld kommt die Parallel Sysplex-Architecture zum Einsatz. Eine neue Kopplungstechnik macht derartige Großkomplexe erst handhabbar (Single-Image-Systeme) und eröffnet ein aus heutiger Sicht nahezu unbegrenztes horizontales Wachstum. In einem Sysplex-Verbund können über die neue Coupling-Facility bis zu 32 MVS-Systeme mit einander verbunden werden. Während den ersten Systemen mit CMOS-Technologie noch spezielle Aufgaben zugedacht waren, gelten die Nachfolgesysteme IBM 9672 der Modellreihe R als universale MVS-Rechner. Ein zur Zeit noch bestehendes Problem ist die relativ geringe Leistungsfähigkeit der CMOS-Prozessoren in der Größenordnung von ca. 20 Mips. Erwartet wird eine Verdoppelung der Leistung im Zweijahresrhythmus. Eine zweite Entwicklungsrichtung verläuft weg von den symmetrischen Multiprozessorsystemen (SMPs) in Richtung Massiv Paralleler Architekturen (MPPs), die häufiger auch schon im kommerziellen Umfeld eingesetzt werden. UNIX-basierende MPPs stellen inzwischen ein enormes Leistungspotential zur Verfügung, so daß unter reinen Leistungsgesichtspunkten die DV einer größeren Unternehmung über derartige Systeme abgewickelt werden kann. Das Hauptproblem ist der fehlende Schutz der in die Anwendungssysteme getätigten Investitionen. Es wird spannend bleiben, wohin die Entwicklung geht. Bleiben wird das Problem, daß die bestehende Anwendungslandschaft (Anwendungsarchitektur) bei Nutzung Massiv Paralleler Systeme geändert werden muß. Bei Nutzung der Parallel Sysplex-Architektur auf Basis von symmetrischen Multiprozessorsystemen können die herkömmlichen Anwendungen (beispielsweise IMS- und CICS-Applikationen) im Grundsatz unverändert eingesetzt werden. Die Entwicklungsrichtungen lassen sich wie in Abbildung 1 dargestellt zusammenfassen.

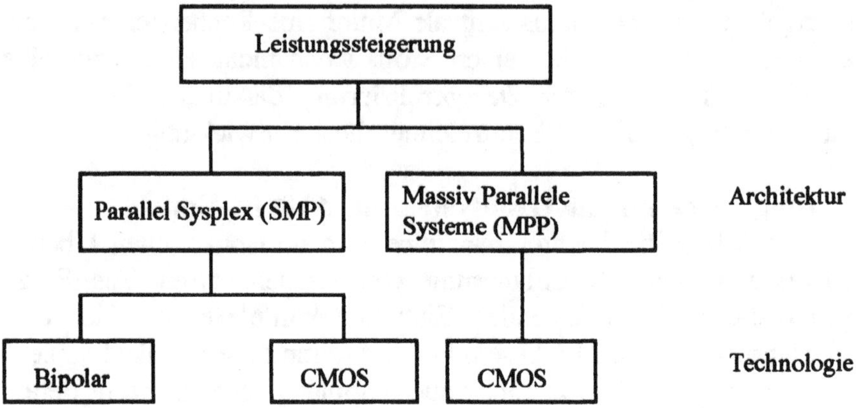

Abbildung 1: Entwicklung der Leistung von Rechnersystemen

Open Edition MVS

MVS unterstützt mehr und mehr heterogene Systemwelten, insbesondere die Industriestandards der UNIX-Welt und in seiner neuen Version sogar UNIX selbst. Diese Entwicklung wird auf eine Integration der Welten hinauslaufen. Wie sich die Entwicklung auf die zukünftige DV-Landschaft endgültig auswirkt, kann heute noch niemand mit Sicherheit voraussehen.

Zusammenfassend werden die heutigen Großsysteme mit MVS weiter - und zwar über einen noch nicht abzusehenden Zeitraum - ihre Rolle spielen. Das Wachstum in diesem Bereich wird allerdings moderater verlaufen, als es in der Vergangenheit der Fall war. Dabei werden die Ansprüche an die Verfügbarkeit und den Durchsatz der Systeme weiter zunehmen. Vor diesem Hintergrund hat eine zusammenfassende Darstellung der Performance-Aspekte eines MVS-Systems, wie sie mit der vorliegenden Arbeit beabsichtigt ist, ihre Berechtigung. Sämtliche Fragestellungen lassen sich auf andere Systemplattformen portieren, wenn auch die Modelle, die die neuen Architekturen zu berücksichtigen haben, im Detail anders ausfallen mögen.

Ich danke allen, die mich bei meiner Arbeit unterstützt haben, insbesondere meiner Frau, die viel Verständnis aufbringen mußte, sowie meinem Arbeitgeber, der Landesbank Rheinland-Pfalz, der mir den Zugriff auf die Systemdaten ermöglicht hat. Ich hoffe, daß ich dem Leser mit dieser Arbeit nützliche Hinweise geben kann.

1 Theoretische Grundlagen

1.1 Einleitung

Im vorliegenden Kapitel werden wir die wichtigsten Begriffe kennenlernen, die im Zusammenhang mit der Beurteilung der Leistung einer Datenverarbeitungsanlage stehen. Wir werden vorzugsweise - auch in späteren Kapiteln - mit Systemmodellen arbeiten. Diese dienen als Erklärungsmodelle der gedanklichen Durchdringung der Abläufe und dem Verständnis für die Begriffsbildung. Es ist keinesfalls beabsichtigt, ein komplettes Datenverarbeitungssystem zu modellieren, um daraus das Systemverhalten vorherzusagen bzw. zu berechnen. Modelle mit dieser Funktion findet man zum Beispiel in [6]. Später werden wir die in dem vorliegenden Kapitel 1 vorgestellten Modelle auf die Komponenten eines Datenverarbeitungssystems wie Prozessor, Ein-/Ausgabesystem und Netz anwenden und ergänzen.

1.2 Begriffsdefinitionen am Beispiel eines einfachen Systemmodells

Das zunächst benutzte Systemmodell ist äußerst einfach und abstrakt. Trotzdem sind wir damit in der Lage, die grundsätzlichen Probleme, die im Zusammenhang mit der Leistungsbeurteilung von Datenverarbeitungsanlagen stehen, zu erklären. Das System sehen wir dabei als einen Server, der aufgrund des Requests eines Terminalbenutzers (Eingabe) Information produziert (Verarbeitung) und diese dem Requestor zur Verfügung stellt (Ausgabe). Siehe Abbildung 1.2.1. Den genannten Prozeß von der Eingabe des Requests bis zur Ausgabe der Systemantwort am Endgerät (Terminal) nennen wir Transaktion. Wir versuchen zu klären, welche Leistungsanforderungen an ein solches System zu stellen sind. Dazu versetzen wir uns zunächst in die Lage des Benutzers. Für ihn ist die Leistung des Systems sicher auch verbunden mit der Qualität des Ergebnisses seiner Anfrage sowie mit der Verfügbarkeit des Systems. Diese Leistungskomponenten eines DV-Systems sind nicht Gegenstand unserer Untersuchungen. Wir konzentrieren uns vielmehr auf die zeitgerechte Erledigung der Anfrage unseres Benutzers, nämlich auf die Antwortzeit des Systems. Diese bezeichnen wir mit t_r und definieren:

Response-Time

Unter der Response-Time t_r einer Transaktion versteht man die Zeitspanne zwischen dem Absenden des Requests an das System und dem Eintreffen des letzten Zeichens der Systemantwort am Terminal.

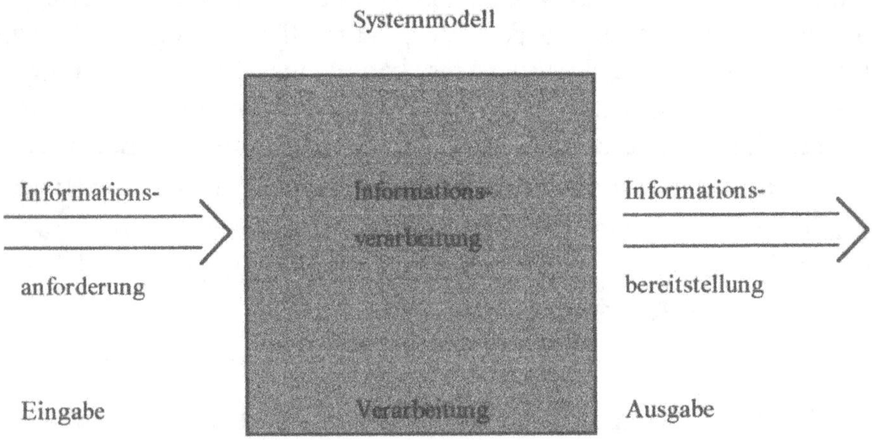

Abbildung 1.2.1: Einfaches Systemmodell

Die Response-Time t_r setzt sich zusammen aus der Bearbeitungszeit t_s, die das System für die Produktion der angeforderten Information benötigt - auch Service-Time - sowie aus der Wartezeit t_q - auch Queue-Time -, die im Laufe des Prozesses entsteht, wenn die Verarbeitung auf die Zuordnung von Ressourcen warten muß. Während unser Modellsystem nur über eine einzige Ressource (einen Server) verfügt, existieren in realen Systemen eine Vielzahl. Beispiele sind der oder die Zentralprozessoren und Magnetplatteneinheiten. Auf sogenannte Server-Netze, die diesen Sachverhalt besser berücksichtigen, werden wir in den folgenden Abschnitten noch eingehen. Im Augenblick genügt die Abbildung des Systems auf einen einzigen Server. Wir definieren nun die Größe Service-Time.

Service-Time

Unter der Service-Time t_s einer Transaktion versteht man die Zeitspanne, die das System (Server) für die Bearbeitung einer Anforderung benötigt.

Diese Zeitspanne entspricht der "Alleinelaufzeit" für die Bearbeitung der Anforderung, wobei Alleinelaufzeit umschreibt, daß sich der Request alleine im System befindet. Es wird also unterstellt, daß zu dieser Zeit keine anderen Anforderungen bearbeitet werden. Das System läuft im Einzelprogrammbetrieb, die Transaktion wird in ihrem Ablauf nicht durch andere Aktivitäten gestört. Es gilt dann $t_r = t_s$. Wir stellen nun eine Situation dar, bei der sich mehr als ein Request im System befindet. Im Modell bilden wir diese Situation dadurch ab, daß wir weitere Benutzer (=Terminals) - insgesamt vier - als Informationsanforderer zulassen. Die Ankunftszeit der Requests im System überlassen wir dem Zufall. Es gibt also keine Absprachen der Benutzer über den Eingabezeitpunkt der Anforderung (im Terminalbetrieb trivial). Die Situation könnte sich dann, wie in Abbildung 1.2.2 dargestellt, einstellen. Während einige der Requests das System ohne Wartezeiten mit einer Response-Time von $t_r = t_s$ verlassen, entstehen bei anderen Wartezeiten. Dabei wird unterstellt, daß die Requests in der Reihenfolge ihres Eintreffens im System bearbeitet werden. Wir definieren

Queue-Time

Unter der Queue-Time (Wartezeit) t_q einer Transaktion versteht man die Zeitspanne, während der sie auf Bearbeitung durch das System (Server) warten muß. Es gilt

$$t_r = t_q + t_s .$$

Die sich aus unserem Modell ergebenden Zeitabschnitte fassen wir pro User in Abbildung 1.2.3 zusammen. Dabei sind alle Zeitabschnitte in Einheiten von t_s angegeben. Danach liegt die mittlere Response-Time einer Transaktion bei $t_r = 1.7 \cdot t_s$, die mittlere Queue-Time bei $t_q = t_r - t_s = 0.7 \cdot t_s$.

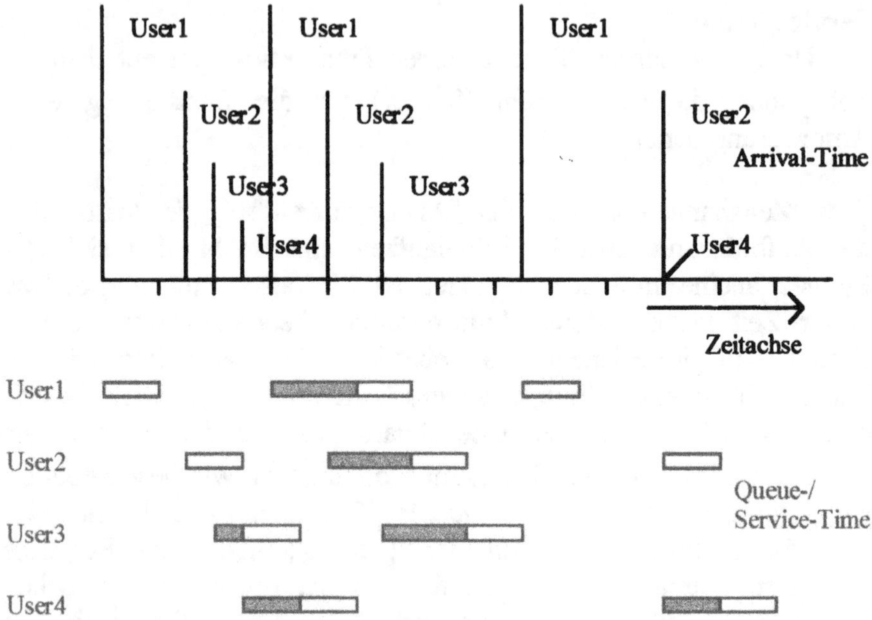

Abbildung 1.2.2: Einfaches Systemmodell

	t_r	t_q	t_s
User1	4.5	1.5	3.0
User2	4.5	1.5	3.0
User3	4.0	2.0	2.0
User4	4.0	2.0	2.0

Abbildung 1.2.3: Ergebnisse aus dem einfachen Systemmodell

Wir nehmen nun den Standpunkt des DV-Managers ein, der an einer möglichst hohen Auslastung der Datenverarbeitungsanlagen interessiert ist und definieren:

Transaction-Rate

Unter der Transaction-Rate r versteht man die Anzahl n der pro Zeiteinheit durchgesetzten Transaktionen. Werden n Transaktionen in einem Zeitintervall t durchgesetzt, so gilt $r = \frac{n}{t}$.

Kapazität

Unter der Kapazität c (Capacity) versteht man die maximal mögliche Transaction-Rate (auch Nennleistung).

In unserem Modellsystem wurden in dem betrachteten Zeitintervall von 12 t_s Zeiteinheiten 10 Transaktionen durchgesetzt. Die Transaction-Rate r liegt somit bei

$$r = \frac{n}{t} = \frac{10}{12 \cdot t_s} = 0.8\overline{3} \cdot t_s^{-1} .$$

Das entspricht beispielsweise ca. 8.3 Transaktionen pro Sekunde, wenn wir unterstellen, daß t_s in Zehntelsekunden dimensioniert ist. Maximal sind

$$c = \frac{1}{t_s} = t_s^{-1}$$

Transaktionen pro Sekunde durchsetzbar. Diese Feststellung gibt Gelegenheit, eine weitere performancerelevante Größe zu definieren, nämlich den Auslastungsgrad δ des Systems, genauer die Auslastung einer Ressource (= Server). Auf die Definition der Auslastung eines Systems, das aus mehreren Servern besteht, werden wir noch eingehen, wenn wir die entsprechenden Modelle behandelt haben. Im Augenblick begnügen wir uns mit dem Modell eines Ein-Server-Systems und verstehen unter "Server" also das Gesamtsystem.

Auslastungsgrad δ

Unter dem Auslastungsgrad δ eines Servers versteht man das Verhältnis zwischen Transaction-Rate r und Kapazität c. Es ist

$$\delta = \frac{r}{c} = \frac{r}{t_s^{-1}} = r \cdot t_s .$$

Unser Modellsystem hat einen Auslastungsgrad von

$$\delta = \frac{r}{c} = 0.8\overline{3} \cdot t_s^{-1} \cdot t_s = 0.8\overline{3}.$$

Prozentual ausgedrückt schreiben wir $\delta\% = 83\%$ und nennen $\delta\%$ die Auslastung des Systems bzw. des Servers. Es läßt sich leicht einsehen, daß eine hohe Auslastung des Systems nur mit einer zunehmenden Verschlechterung der Antwortzeiten zu erkaufen ist. Diesen Zusammenhang zwischen Transaktionsrate und Antwortzeit liefert das Gesetz von Little (siehe beispielsweise [7], [11] oder [45]). Dieses grundlegende Gesetz, das viele Phänomene im Leistungsverhalten von Datenverarbeitungsanlagen erklären hilft, werden wir im Folgenden formulieren. Wir werden später - bei der Behandlung von Warteschlangenmodellen - auf diese Gesetzmäßigkeit, die uns noch häufiger begegnen wird, zurückkommen. Vorher definieren wir noch:

Muliprogramming-Level

Unter dem Multiprogramming-Level m versteht man die mittlere Anzahl der im System verweilenden Transaktionen. Dabei kann sich eine Transaktion im Wait-State (die Transaktion wartet auf die Zuordnung einer Ressource) oder im Processsing-State (die Transaktion wird von einem Server bedient) befinden.

Wir formulieren nun das Gesetz von Little.

Gesetz von Little

Zwischen der Tranaction-Rate r, der Response-Time t_r und dem Multiprogramming-Level m gilt die Relation

$$m = r \cdot t_r .$$

In unserem Modellsystem ist

$$m = r \cdot t_r = 0.8\overline{3} \cdot 1.7 \approx 1.42.$$

Im Mittel sind also 1.42 Transaktionen "unterwegs". Diese warten auf Bedienung durch einen Server oder werden gerade von einem Server bedient.

Wir betrachten nun das Benutzer-Maschine-System als ein geschlossenes System. Den Begriff "geschlossenes System" werden wir später bei der Behandlung von Warteschlangenmodellen noch genauer definieren. Im Augenblick genügt die Vorstellung, die uns Abbildung 1.2.4 vermittelt: Eine Transaktion, die den Server verläßt, wird nach einer Zeit t_u (Benutzerdenkzeit, auch User-Think-Time) erneut dem Server zugeführt. Die Transaktionen verbleiben in dem geschlossenen Benutzer-Server-System.

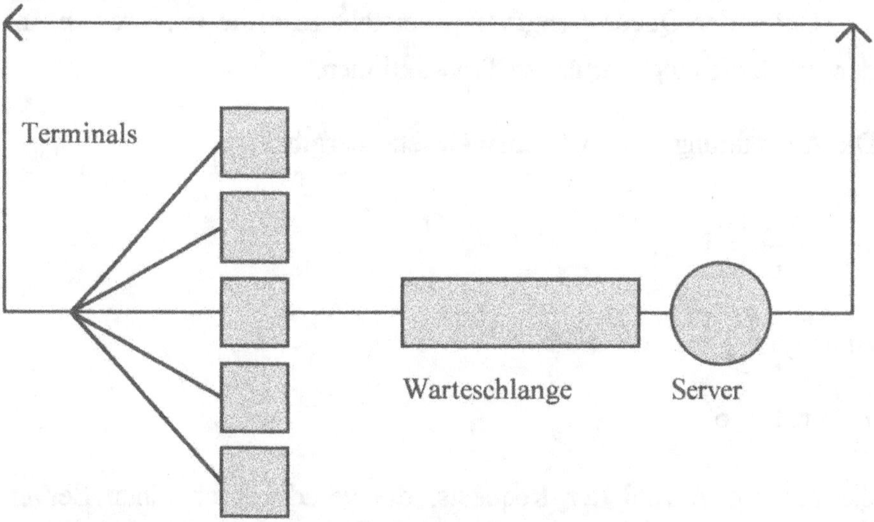

Abbildung 1.2.4: Geschlossenes Server-Netz

Sei nun k die Anzahl der Benutzer (= Terminals), dann gilt die Relation (Anwendung des Littleschen Gesetzes auf $t_r + t_u$)

$$k = r \cdot (t_r + t_u) \text{ oder } t_r = \frac{k}{r} - t_u \,.$$

Diese Relation wird uns noch einige Male beschäftigen. Sie dient uns beispielsweise im nächsten Kapitel zur Simulation von Lastzunahmen. Dabei sind zwei Ansätze möglich:

- Erhöhung der Anzahl Benutzer (=Terminalanzahl) k, aber Beibehaltung des Benutzerverhaltens (t_u bleibt unverändert) und dadurch eine indirekte Erhöhung der Transaktionslast r oder
- Veränderung des Benutzerverhaltens durch Reduzierung der User-Think-Time (t_u wird kleiner) bei unveränderter Benutzer-

anzahl (=Terminalanzahl) und dadurch indirekte Erhöhung der Transaktionslast.

Wir definieren weitere performancerelevante Größen und leiten Relationen her.

Queue-Length

Unter der Queue-Length n_q versteht man die mittlere Anzahl der auf Bedienung wartenden Transaktionen.

Die Anwendung des Littleschen Gesetzes ergibt

$$n_q = \frac{n \cdot t_q}{t} = r \cdot t_q .$$

Analog ist

$$n_s = r \cdot t_s = \delta$$

die mittlere Anzahl der Requests, die gerade durch einen Server bedient werden. Man nennt m auch die mittlere Anzahl aktiver Requests. Wir schreiben deshalb in Analogie zu n_q auch n_a. Es gilt

$$n_a = n_q + n_s = n_q + \delta .$$

Bezeichnen wir noch mit n_I die mittlere Anzahl der auf Benutzereingabe wartenden Requests (idle Transactions), so ist schließlich

$$k = n_I + n_a = n_I + n_q + n_s = n_I + n_q + \delta .$$

Das Verhältnis zwischen mittlerer Response-Time und mittlerer Service-Time einer Transaktion gibt Auskunft darüber, wie sich die Laufzeit einer Transaktion aufgrund eines Multi-User-Betriebs gegenüber der Alleinelaufzeit verändert.

Elapsed-Time-Multiplication-Factor

Unter dem Elapsed-Time-Multiplication-Factor e versteht man das Verhältnis zwischen der Response-Time und der Service-Time einer Transaktion. Es gilt

$$e = \frac{t_r}{t_s} = \frac{t_s + t_q}{t_s} = 1 + \frac{t_q}{t_s}.$$

Im Modellsystem ist $e = \frac{t_r}{t_s} = 1.7$.

Zwischen dem Multiprogramming-Level m und e gilt die Relation

$$m = r \cdot t_r = r \cdot e \cdot t_s = e \cdot \delta.$$

Den Eintreffprozeß der Transaktionen im System beschreibt man mit der sogenannten Zwischenankunftszeit oder Arrival-Time t_a.

Arrival-Time

Unter der Arrival-Time t_a versteht man die mittlere Zeitspanne zwischen dem Eintreffen der Requests im System. Der Kehrwert von t_a heißt Eintreffrate oder Arrival-Rate.

Wenn man voraussetzt, daß $t_a > t_s$ ist, folgt

$$\frac{1}{t_a} < \frac{1}{t_s}.$$

Da der "Ausstoß" (Bedienrate, Durchsatz, Transaction-Rate) nicht größer sein kann als die Anforderungsrate (Arrival-Rate), stimmen r und Arrival-Rate zahlenmäßig überein. Wir arbeiten ausschließlich mit Modellen, die die obige Voraussetzung erfüllen und machen deshalb keinen Unterschied zwischen den beiden Größen.

Wir fassen nun alle bisher definierten und abgeleiteten Größen sowie die wichtigsten Relationen tabellarisch in der Abbildung 1.2.5 zusammen.

Response-Time t_r: Zeitspanne zwischen dem Absenden eines Requests und dem Eintreffen des letzten Zeichens der Systemantwort am Terminal.
Queue-Time t_q: Zeit, während der eine Transaktion auf Bedienung wartet.
Service-Time t_s: Zeit, während der eine Transaktion von einem Server bedient wird.
Response-Time als Summe aus Queue- und Service-Time: $t_r = t_q + t_s$.
Transaction-Rate r: Anzahl der pro Zeiteinheit durchgesetzten Transaktionen.
Multiprogramming-Level n_a: Anzahl aktiver Requests.
Littles Gesetz für aktive Requests: $n_a = r \cdot t_r$.
Queue-Length n_q: Anzahl der auf Bedienung wartenden Requests.
Littles Gesetz für wartende Requests: $n_q = r \cdot t_q$.
Kapazität c: Maximal durchsetzbare Transaction-Rate.
Auslastungsgrad δ: Verhältnis zwischen Transaction-Rate r und Kapazität c.
Anzahl aktiver Requests als Summe aus wartenden und in Service befindlichen Requests: $n_a = n_q + n_s$.
Arrival-Time t_a: Zeitintervall zwischen dem Eintreffen der Requests im System.
Arrival-Rate $r = t_a^{-1}$: Kehrwert der Arrival-Time.
User-Think-Time t_u: Zeitspanne zwischen dem Ende und der Eingabe einer neuen Transaktion durch den Benutzer.
Anzahl User k: Anzahl der am Transaktionsprozeß beteiligten User (= Anzahl Terminals).
Response-Time in Abhängigkeit von r, k und t_u: $t_r = \frac{k}{r} - t_u$.
Elapsed-Time-Multiplication-Factor e: Verhältnis zwischen Response-Time t_r und Service-Time t_s.

Abbildung 1.2.5: Definierte und abgeleitete Größen

1.3 Analytische Systemmodelle

Grundsätzlich sehen wir die noch darzustellenden Rechnermodelle bzw. Modelle einzelner Systemkomponenten weniger unter dem Aspekt, das Verhalten eines realen Systems oder einer Systemkomponente berechenbar und vorhersagbar zu machen, als unter dem Aspekt, mit Hilfe dieser Modelle Zusammenhänge zu erkennen und zu durchdringen, um auf dieser Grundlage Systemverhalten und Systemleistung qualitativ beurteilen zu können. Wir werden also nicht den Versuch unternehmen, ein reales System mit all seinen Teilsystemen und Systemkomponenten in einem Modell abzubilden. Dazu gibt es komplexe Modellansätze (siehe zum Beispiel [7]) und umfangreiche Softwaresysteme (siehe [6]). Die analytischen Modelle lassen sich prinzipiell in zwei Kategorien einteilen, in deterministische und in stochastische Modelle (siehe[7]). Die Modelle der zweiten Kategorie werden auch häufig als Warteschlangenmodelle bezeichnet. Mit der ersten Modellkategorie werden wir uns nur beispielhaft befassen.

1.3.1 Deterministische Systemmodelle

Deterministische Modelle beschreiben in der Regel Einzelprogrammsysteme. Sie eigenen sich weniger zur Beschreibung und Analyse eines Multi-User-Betriebs. Sie arbeiten gewöhnlich mit einer kleinen Anzahl deterministischer Modellparameter und bestimmen nur einige wenige Leistungsindizes wie zum Beispiel die Job-Laufzeit eines Batch-Jobs. Ein Beispiel eines deterministischen Modells ist neben dem, das wir in diesem Abschnitt vorstellen, das "Blocksize-Modell", das wir im Zusammenhang mit Ein-/Ausgabe-Operationen im Kapitel 4 besprechen. Da deterministische Modelle nicht mit Zufallsvariablen arbeiten, können sie auch nicht das Auftreten von Warteschlangen vor den Servern berücksichtigen. Wie wir bereits bei unserem einfachen Systemmodell im Abschnitt 1.2 feststellen konnten, ist aber gerade dieser Aspekt äußerst wichtig für das Leistungsverhalten eines Systems. Unser Eingangsmodell verfügt über Elemente beider Modellkategorien. Während wir die Service-Time t_s als konstant angenommen hatten, wurden die Arrival-Time t_a und die User-Think-Time t_u als zufallsverteilt unterstellt. Eine analytische Formulierung der Verteilung dieser Größen werden wir im nächsten Abschnitt vornehmen. Zunächst werden wir ein Modell der ersten Kategorie vorstellen. Dieses Modell ist angelehnt an das in [11] beschriebene "Model of CPU-I/O-Overlap". In ihm geht es um die Darstellung der Effekte der überlappenden Verarbeitung von Prozessor und Ein-/Ausgabesystem. Wir besprechen zunächst die Parameter des Modells.

Systemparameter

Das Modellsystem besteht aus einem Prozessor, einem oder mehreren Magnetplattenspeichern (siehe Fallunterscheidung) und einem oder zwei - je nach Fallunterscheidung - Ein-/Ausgabepuffern.

Workloadparameter

Es werden Datenblöcke der Länge blksize, bestehend aus bf logischen Records, von einem Magnetplattenspeicher in einen Pufferbereich gelesen. Zur Aufnahme der Datenblöcke stehen ein oder zwei Puffer der Länge blksize (je nach Fallunterscheidung) zur Verfügung. Die Daten werden vom Prozessor verarbeitet und anschließend auf einen Magnetplattenspeicher zurückgeschrieben, je nach Fallunterscheidung auf denselben oder auf einen zweiten.

Leistungsparameter

Für die Bearbeitung eines Datenblocks werden tcpublk, für einen Record tcpurec Zeiteinheiten Prozessorzeit benötigt. Der Ein- sowie der Ausgabevorgang dauert tioblk Zeiteinheiten.

Leistungsindizes

Das Modell dient der Demonstration der Effekte überlappender Verarbeitung von Prozessor und Ein-/Ausgabe-Subsystem. Als Leistungsindizes wählen wir die Verarbeitungszeit t_s pro Record sowie den Kehrwert von t_s, die Anzahl der pro Zeiteinheit verarbeiteten Records r (= Durchsatz).

Wir führen Fallunterscheidungen durch und wählen unterschiedliche Überlappungsschemata. Innerhalb der Überlappungsschemata unterscheiden wir nach I/O- bzw. processorbounded Verarbeitung. Dabei heißt die Verarbeitung I/O-bounded, wenn die Bearbeitung eines Datenblocks weniger Zeit beansprucht als der Transfer des Datenblocks vom Speichermedium in den Puffer und vom Puffer auf das

Speichermedium. Dauert die Bearbeitung eines Datenblocks durch den Prozessor länger als der Transfer, so sprechen wir von einer processorbounded Verarbeitung.

Serielle Verarbeitung

Prozessor und Ein-/Ausgabesystem arbeiten nicht überlappt. Für die Aufnahme der Datenblöcke steht ein Datenpuffer zur Verfügung (siehe Abbildung 1.3.1).

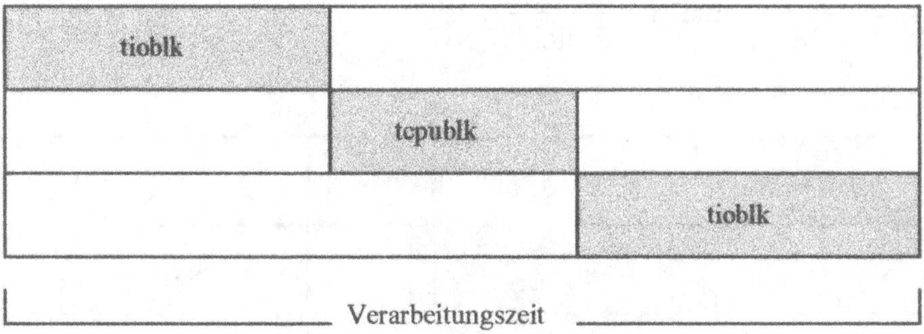

Abbildung 1.3.1: Serielle Verarbeitung

Für einen Verarbeitungszyklus (Verarbeitung eines Records) werden danach

$$t_s = \frac{\text{tioblk} + \text{tcpublk} + \text{tioblk}}{\text{bf}} = \frac{2 \cdot \text{tioblk} + \text{tcpublk}}{\text{bf}}$$

$= \frac{2 \cdot \text{tioblk}}{\text{bf}} + \text{tcpurec}$ Zeiteinheiten benötigt. Der Durchsatz r liegt bei

$$r = \frac{\text{bf}}{2 \cdot \text{tioblk} + \text{bf} \cdot \text{tcpurec}}.$$

Eine Unterscheidung zwischen processorbounded bzw. I/O-bounded erübrigt sich bei diesem Überlappungsschema. Wir kommen zum nächsten Verarbeitungstypus.

Zwei-Wege-parallele Verarbeitung

Prozessor und Ein-/Ausgabesystem arbeiten in diesem Falle überlappt. Die Ein-/Ausgabeoperationen erfolgen nach wie vor seriell. Es steht ein Ein-/Ausgabepuffer zur Verfügung. Wir treffen nun eine Fallunterscheidung.

a) I/O-bounded

Es gilt (tcpublk ≤ 2 tioblbk) und damit (siehe Abbildung 1.3.2)

$$t_s = \frac{2 \cdot \text{tioblk}}{\text{bf}} \text{ und } r = \frac{\text{bf}}{2 \cdot \text{tioblk}}.$$

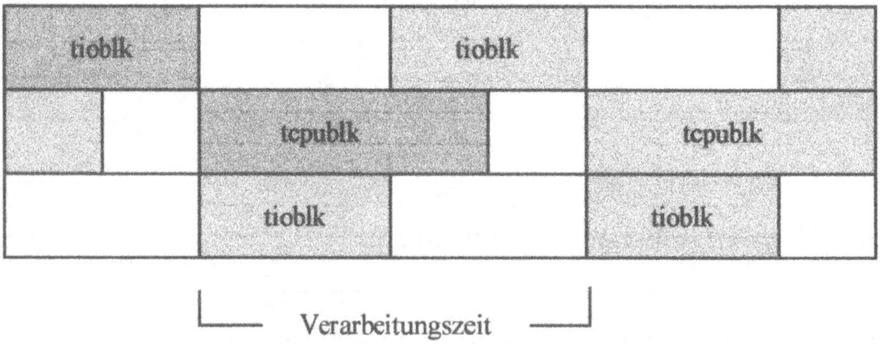

Abbildung 1.3.2: Zwei-Wege-parallel I/O-bounded

b) Processorbounded

Es gilt tcpublk ≥ 2 tioblbk und damit (siehe Abbildung 1.3.3)

$$t_s = \frac{\text{tcpublk}}{\text{bf}} = \frac{\text{bf} \cdot \text{tcpurec}}{\text{bf}} = \text{tcpurec} \quad \text{und} \quad r = \frac{1}{\text{tcpurec}}.$$

Drei-Wege-parallele Verarbeitung

Bei diesem Verarbeitungsschema stehen zwei Puffer für die Aufnahme der Datenblöcke zur Verfügung. Die Konfiguration verfügt über zwei Magnetplatten.

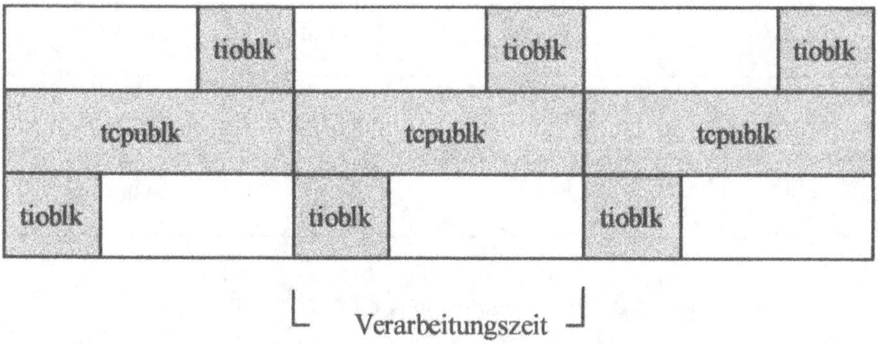

Abbildung 1.3.3: Zwei-Wege-parallel processorbounded

a) I/O-bounded

Es gilt tcpublk ≤ tioblk und damit (siehe Abbildung 1.3.4)

$$t_s = \frac{\text{tioblk}}{\text{bf}} \text{ und } r = \frac{\text{bf}}{\text{tioblk}}.$$

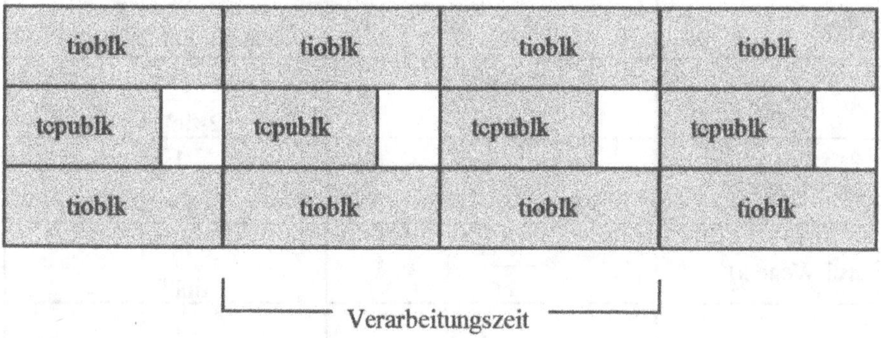

Abbildung 1.3.4: Drei-Wege-parallel I/O-bounded

b) Processorbounded

Es gilt tioblk ≤ tcpublk und damit (siehe Abbildung 1.3.5)

$$t_s = \frac{\text{tcpublk}}{\text{bf}} = \frac{\text{bf} \cdot \text{tcpurec}}{\text{bf}} = \text{tcpurec} \text{ und } r = \frac{1}{\text{tcpurec}}.$$

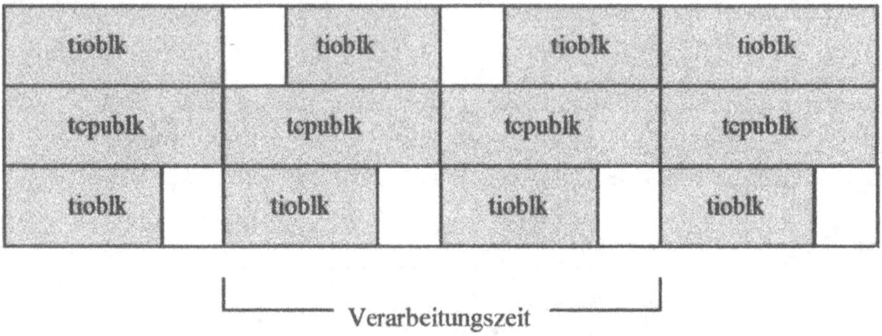

Abbildung 1.3.5: Drei-Wege-parallel processorbounded

Zusammenfassend stellen wir die Ergebnisse in Abbildung 1.3.6 tabellarisch dar.

Verfahren	**Verarbeitungszeit/ Record**	**Durchsatz**
seriell	$\frac{2 \cdot \text{tioblk}}{\text{bf}} + \text{tcpurec}$	$\frac{\text{bf}}{2 \cdot \text{tioblk} + \text{bf} \cdot \text{tcpurec}}$
zwei-Wege a)	$\frac{2 \cdot \text{tioblk}}{\text{bf}}$	$\frac{\text{bf}}{2 \cdot \text{tioblk}}$
zwei-Wege b)	tcpurec	$\frac{1}{\text{tcpurec}}$
drei-Wege a)	$\frac{\text{tioblk}}{\text{bf}}$	$\frac{\text{bf}}{\text{tioblk}}$
drei-Wege b)	tcpurec	$\frac{1}{\text{tcpurec}}$

Abbildung 1.3.6: Zusammenfassung der Modellergebnisse

Die Ergebnisse waren nicht schwer vorherzusehen. Je höher der Überlappungsgrad der Verarbeitung ist, um so leistungsfähiger mußte unser System im Sinne der definierten Leistungsindizes sein. Allerdings wird beim Übergang vom zweiten zum dritten Überlappungsschema genau dann keine Leistungssteigerung erreicht, wenn der Verarbeitungsprozeß processorbounded ist. Soll in diesem Falle die Leistung gesteigert werden, muß die Leistungsfähigkeit des Prozessors erhöht werden. Diese eigentlich triviale Feststellung zeigt, daß die Leistung eines Rechnersystems nicht nur abhängig ist von den zur Verfügung gestellten Hard- und Softwareressourcen, sondern, wie wir noch bei mehreren Gelegenheiten sehen werden, auch von der Zusammensetzung der Arbeitslast (des Workloads). Auf diesen Aspekt der Leistung eines Rechnersystems werden wir in den nachstehenden Kapiteln noch häufiger zurückkommen. Er ist einer der wesentlichen Gründe für das Fehlen einer objektiven Leistungsdefinition eines Rechnersystems.

1.3.2 Warteschlangenmodelle

Da die Anforderungen an ein Rechnersystem im allgemeinen in nicht vorherbestimmbarer Weise (nicht deterministisch) variieren, nennt man Modelle, die zufallsbedingte Einflüsse auf das System berücksichtigen, Wahrscheinlichkeits- oder stochastische Modelle oder auch, die Auswirkung zufallsbedingter Anforderungen in Betracht ziehend, Warteschlangenmodelle. Dieser Zusammenhang wird im Laufe der nun folgenden Diskussion noch deutlich. Zunächst geht es darum, die Verteilung bestimmter Zufallsgrößen zu berücksichtigen. Dazu gehören die Verteilung der Arrival-Time t_a und die Verteilung der Service-Time t_s.

Single-Node-Wartesysteme

Ein Single-Node-Wartesystem ist definiert durch (siehe zum Beispiel [7], [11] oder [45])

- eine Quelle (Source), die die Anforderungen (Requests) generiert,
- eine Warteschlange (Queue), in die die Anforderungen, die nicht unmittelbar nach Ankunft im System bearbeitet werden können, eingereiht werden,
- eine oder mehrere Instanzen (Server), in denen die Anforderungen bearbeitet werden.

Ein Single-Node-Wartesystem mit beispielsweise zwei Servern hat damit den in Abbildung 1.3.7 skizzierten Aufbau.

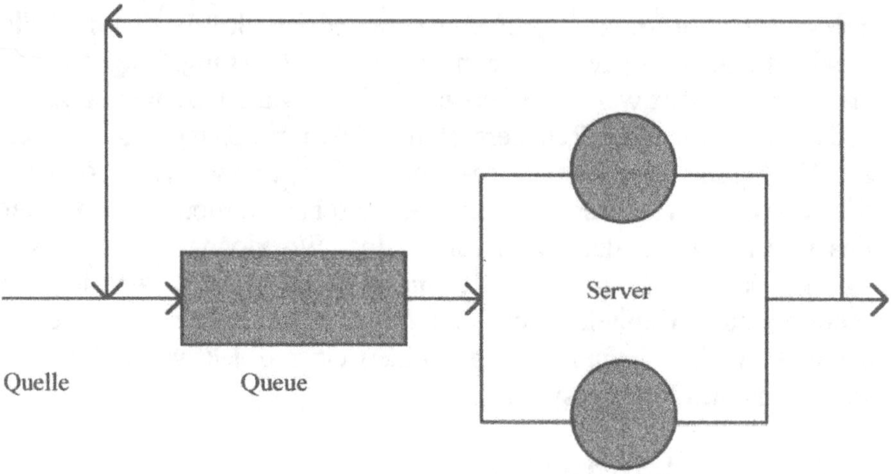

Abbildung 1.3.7: Beispiel eines Single-Node-Wartesystems

Nachdem ein Request vom Server bearbeitet worden ist, verläßt er das System oder wird erneut in die Warteschlange eingereiht (Preemption). Um Aussagen über das Verhalten eines solchen Wartesystems machen zu können, müssen zwei Eigenschaften über die Aufträge bekannt sein:

- die Wahrscheinlichkeitsverteilung für das Eintreffen der Requests ("Arrival- Process") und
- die Wahrscheinlichkeitsverteilung für die Bearbeitungszeit der Requests ("Service-Process").

Wenn noch der Scheduling-Algorithmus, das heißt, der Algorithmus, nach dem der nächste zur Bearbeitung anstehende Request aus der Warteschlange selektiert und der Bearbeitung zugeführt wird, bekannt ist, schreibt man zur Charakterisierung des Wartesystems "A/B/m-Scheduling-Algorithmus". Dabei steht A für die Wahrscheinlichkeitsverteilung des Ankunftsprozesses, B für die Wahrscheinlichkeitsverteilung des Bedienprozesses und m für die Anzahl der Instanzen für die Bedienung der Requests (Server). Die gebräuchlichsten Verteilungen A und B und deren Eigenschaften sind zum Beispiel in [7] beschrieben. Wir beschränken uns auf die Behandlung von Exponentialverteilungen sowohl für den Ankunfts- als auch für den Bedienprozeß. Während der Ankunftsprozeß in der Regel gut durch eine Exponentialverteilung modelliert werden kann, sind die

Bedienprozesse in realen Systemen eher nicht exponentialverteilt (siehe beispielsweise [11]). Wir geben für die Fälle einer konstanten Bedienzeit sowie einer allgemeinen Verteilung der Bedienzeit lediglich die aus dem Modell resultierenden Leistungsindizes an (siehe in diesem Abschnitt weiter unten). Die im übrigen auferlegte Beschränkung auf Exponentialverteilungen bedeutet für die Erklärung des Verhaltens von Rechnersystemen keinen Nachteil. Anders verhält es sich, wenn man das Verhalten realer Systeme mittels eines möglichst vollständigen Modellsystems vorhersagen und berechenbar machen will. Wir befassen uns nun zunächst mit den Eigenschaften der Exponentialverteilung beim Ankunftsprozeß und definieren, wann der Ankunftsprozeß exponential verteilt heißt.

Definition

Die Arrival-Time t_a heißt exponentialverteilt, wenn

$$p(t_a \le t) = 1 - e^{-\frac{t}{\bar{t}_a}}$$

gilt für die Wahrscheinlichkeit, daß der nächste Auftrag innerhalb der nächsten t Zeiteinheiten im System eintrifft. Dabei ist $\bar{t}_a$ der Mittelwert der Arrival-Time.

Wir fassen die Eigenschaften dieser Verteilungsfunktion zusammen (siehe zum Beispiel [45]):

- Der Ankunftsprozeß ist unabhängig vom Ursprung der Zeitmessung (der Prozeß hat kein "Gedächtnis").
- Die Aufträge sind unabhängig voneinander.
- Der Ankunftsprozeß ist vollständig bestimmt durch den Mittelwert der Arrival-Time $\bar{t}_a$.

Üblicherweise verwendet man für eine Verteilungsfunktion F der Zufallsvariablen X mit Werten $x \in W$ die Notation

$$F_X(x) = p(X \le x) = \int_{-\infty}^{x} f_X(x)dx.$$

Dabei heißt $f_X(x)$ die Dichte der Verteilung. Im Falle der Exponentialverteilung gilt

$$F_X(x) = \int_0^x a \cdot e^{-a \cdot x} dx = e^{-a \cdot x} \Big|_0^x = 1 - e^{-a \cdot x}.$$

Die Konstante a entspricht dem Mittelwert der Zufallsgröße X, so daß für den Arrival-Process

$$F_{t_a}(t) = \int_0^t \frac{1}{\bar{t}_a} \cdot e^{-\frac{1}{\bar{t}_a} \cdot t} dt = 1 - e^{-\frac{1}{\bar{t}_a} \cdot t}$$

gilt. Man setzt

$$\bar{r} = \frac{1}{\bar{t}_a}$$

und bezeichnet $\bar{r}$ als Arrival-Rate - auch Ankunftsrate oder Request-Rate. Für den Erwartungswert (= Mittelwert) E, die Varianz V und den Variationskoeffizienten C von t_a erhält man (siehe beispielsweise [7] und [45])

$$E(t_a) = \int_0^{+\infty} t \cdot f_{t_a}(t) dt = \int_0^{+\infty} t \cdot \bar{r} \cdot e^{-\bar{r} \cdot t} dt = \bar{r} \cdot \int_0^{\infty} t \cdot e^{-\bar{r} \cdot t} dt = \frac{1}{\bar{r}} = \bar{t}_a,$$

$$V(t_a) = E(t_a^2) - E(t_a)^2 = 2 \cdot E(t_a)^2 - E(t_a)^2 = E(t_a)^2 = \bar{t}_a^2 \quad \text{und}$$

$$C(t_a) = \frac{\sqrt{V(t_a)}}{E(t_a)} = \frac{\sqrt{E(t_a)^2}}{E(t_a)} = 1.$$

Exponentialverteilungen heißen auch Markow-Verteilungen. Man kürzt ab mit M. Für den Bedienprozeß erhält man in Analogie

$$F_{ts}(t) = \int_0^t \frac{1}{\bar{t}_s} \cdot e^{-\frac{1}{\bar{t}_s} \cdot t} dt = 1 - e^{-\frac{1}{\bar{t}_s} t}$$

Man setzt in diesem Falle

$$\bar{c} = \frac{1}{\bar{t}_s}$$

und nennt $\bar{c}$ die Kapazität - auch Service-Rate oder Bedienrate des Systems in bezug auf den durch $\bar{t}_s$ festgelegten Transaktionstyp. Auch hier gilt unter der Prämisse $\bar{t}_a > \bar{t}_s$, daß Arrival-Rate und Transaction-Rate (= Durchsatz) identisch sind, so daß wir keine unterschiedlichen Bezeichnungen für diese beiden Größen einführen müssen, solange wir ausschließlich mit der genannten Prämisse arbeiten. Für den Mittelwert, die Varianz und den Variationskoeffizienten gelten in Analogie zum Ankunftsprozeß

$$E(t_s) = \bar{t}_s,\ V(t_s) = \bar{t}_s^2 \text{ und } C(t_s) = 1.$$

Um unser Modellsystem zu vervollständigen, beschreiben wir noch einige der gebräuchlichsten Scheduling-Algorithmen (siehe zum Beispiel [7], [11] und [45]).

First-Come-First-Serve (FCFS)

Die Aufträge werden in der Reihenfolge ihres Eingangs im System bedient. Wir werden uns bis auf wenige Beispiele auf diesen Algorithmus beschränken. Falls im Folgenden kein Algorithmus explizit genannt ist, gilt deshalb FCFS.

Last-Come-First-Serve (LCFS)

Der zuletzt eingetroffene Auftrag wird zuerst bedient.

Round-Robin (RR)

Ist ein Auftrag in einer fest vorgegebenen Zeitscheibe noch nicht erledigt, so wird er aus der Verarbeitung verdrängt und erneut in die Warteschlange eingereiht, die dann nach FCFS abgearbeitet wird. Dieser Vorgang wird so oft wiederholt, bis der Auftrag erledigt ist.

Processor-Sharing (PS)

Dieser Algorithmus entspricht RR mit infinitesimal kleiner Zeitscheibe. Dadurch entsteht der Eindruck, daß alle Aufträge gleichzeitig mit entsprechend längerer Bedienzeit bearbeitet werden.

Externe Priorität

Die Aufträge sind mit einer externen Priorität versehen und werden in dieser Reihenfolge in die Warteschlange eingereiht und bearbeitet.

Wir können nun unser Standard Single-Node-Wartesystem wie folgt beschreiben.

M/M/m-FCFS bedeutet:

- der Ankunftsprozeß ist exponentialverteilt (markowverteilt),
- der Bedienprozeß ist exponentialverteilt (markowverteilt),
- das Wartesystem verfügt über m Server,
- der Scheduling-Algorithmus ist FCFS.

Wir werden neben den Leistungsindizes für dieses Standardmodell auch Leistungsindizes angeben für die Modelle M/D/1-FCFS und M/G/1-FCFS. Dabei steht D für deterministisch und bedeutet konstante Service-Time und G für general, das heißt für eine allgemeine Verteilung der Bedienzeit, deren Varianz V und Korrelationskoeffizient C bekannt sind.

Nachdem wir das Single-Node-Wartesystem durch die Modellparameter "A/B/m-Scheduling-Algorithmus" definiert haben, beschäftigen wir uns mit den aus dem Modell ableitbaren Leistungsgrößen. Wir verzichten auf eine Herleitung der Relationen und geben nur die Ergebnisse bekannt. Zur Herleitung siehe [7], [11] oder [45]). Vorausgesetzt wird in allen Fällen statistisches Gleichgewicht, d.h. die Anzahl der ankommenden und abgehenden Aufträge ist im Mittel identisch ($\bar{r} = \frac{1}{\bar{t}_a}$). Unter dieser Voraussetzung können alle Leistungsindizes aus der Zustandswahrscheinlichkeit $p(k)$ abgeleitet werden. Dabei bedeutet $p(k)$, daß sich genau k Aufträge im System befinden: $p(k) = p$ ("es befinden sich k Aufträge im System").

Leistungsindizes

a) Auslastungsgrad δ *des Servers*

Es gilt

$$\delta = \frac{\bar{t}_s}{\bar{t}_a} = \frac{\bar{r}}{\bar{c}} = 1 - p\ (0) \quad = 1 - p\,(\text{"Wartesystem ist inaktiv"}) \text{ für } m=1$$

und

$$\delta = \frac{\bar{r}}{m \cdot \bar{c}} = 1 - \sum_{k=0}^{m-1} \frac{m-k}{m} \cdot p(k) \text{ für } m > 1.$$

Dies entspricht der Anzahl der im Mittel aktiven Server. Im Gleichgewichtszustand muß $\delta < 1$ gelten, das heißt, im Mittel dürfen nicht mehr Aufträge eintreffen, als bedient werden können. Das ist die bereits bekannte Prämisse $\bar{t}_a > \bar{t}_s$.

b) Transaction-Rate $\bar{r}$ *(=Durchsatz)*

Im Gleichgewichtszustand ist die Transaction-Rate gleich der Arrival-Rate, also

$$\bar{r} = \frac{1}{\bar{t}_a}.$$

c) Response-Time (Verweilzeit) $\bar{t}_r$

Die Response-Time eines Auftrags entspricht der Aufenthaltsdauer des Auftrags im System. Bei nicht online orientierten Aufträgen (Batch-Jobs) spricht man in der Regel von der Verweilzeit (auch Execution-Time oder Elapsed Time). Da wir fast ausschließlich terminalgetriebene Aufträge behandeln, verwenden wir vorzugsweise den Terminus Response-Time. Die Response-Time setzt sich zusammen - wie im letzten Abschnitt bereits dargelegt - aus der Queue-Time $\bar{t}_q$ und der Service-Time $\bar{t}_s$

$$\bar{t}_r = \bar{t}_q + \bar{t}_s.$$

Da wir im Folgenden ausschließlich Mittelwerte betrachten, verzichten wir auf die Indikation als Mittelwert und schreiben statt

$\bar{t}_r$, $\bar{t}_q$ und $\bar{t}_s$ t_r , t_q und t_s. Sei nun $\bar{n}_a$ die mittlere Anzahl der Aufträge im System, die entweder auf Bedienung warten oder gerade bedient werden (aktive Requests), $\bar{n}_q$ die mittlere Anzahl der auf Bedienung wartenden Requests und $\bar{r}$ die Transaction-Rate, so gilt das Gesetz von Little

$$\bar{n}_a = \bar{r} \cdot \bar{t}_r \quad \text{bzw.} \quad \bar{n}_q = \bar{r} \cdot \bar{t}_q$$

für die aktiven bzw. für die wartenden Requests. Wir verzichten auch bei den Größen $\bar{r}$, $\bar{n}_a$ und $\bar{n}_q$ auf die Indikation als Mittelwert und schreiben

$$n_a = r \cdot t_r \text{ , } n_q = r \cdot t_q \text{ und damit } t_r = \frac{n_a}{r} \text{ und } t_q = \frac{n_q}{r}.$$

Das Gesetz von Little gilt für alle Wahrscheinlichkeitsverteilungen und ist eines der grundlegenden Gesetze der Warteschlangentheorie. Aus dem Littleschen Gesetz und der Relation $r = \delta \cdot m \cdot t_s^{-1}$ folgt

$$n_a = r \cdot t_r = r \cdot \left(t_q + t_s\right) = n_q + \delta \cdot m.$$

Wir fassen zusammen. Für ein Single-Node-Wartesystem "A/B/m-Scheduling-Algorithmus" gelten die in Abbildung 1.3.8 zusammengestellten Leistungsindizes und Relationen. Diese gelten für alle Wahrscheinlichkeitsverteilungen A und B sowie für alle genannten Scheduling-Algorithmen. Für die Wartesysteme M/M/1-FCFS, M/D/1-FCFS und M/G/1-FCFS gelten außerdem die folgenden Relationen (siehe beispielsweise [7], [11] oder [46]).

M/M/1-FCFS

Es gilt

$$n_a = \frac{\delta}{1-\delta}.$$

Daraus folgt mit dem Gesetz von Little

$$t_r = \frac{n_a}{r} = \frac{\delta}{r \cdot (1-\delta)} = \frac{t_s}{1-\delta}.$$

Wegen $n_q = n_a - \delta$ folgt für die Queue-Length n_q bzw. die Queue-Time t_q

$$n_q = n_a - \delta = \frac{\delta}{1-\delta} - \delta = \frac{\delta^2}{1-\delta} \quad \text{bzw.}$$

$$t_q = t_r - t_s = \frac{t_s}{1-\delta} - t_s = t_s \cdot \frac{\delta}{1-\delta}.$$

Leistungsindex	**Relation**
Auslastungsgrad eines Servers	$\delta = \frac{r \cdot t_s}{m}$ (m=1) $\delta = 1 - \sum_{k=0}^{m-1} \frac{m-k}{m} \cdot p(k)$ (m > 1)
Transaction-Rate	$r = \delta \cdot m \cdot t_s^{-1}$
Response-Time	$t_r = t_q + t_s = \frac{n_a}{r}$
Queue-Time	$t_q = \frac{n_q}{r}$
Multiprogramming-Level	$n_a = n_q + m \cdot \delta$
Queue-Length	$n_q = n_a - m \cdot \delta$

Abbildung 1.3.8: Leistungsindizes für Wartesysteme

M/D/1-FCFS

Es gilt

$$n_a = \delta + \frac{\delta^2}{2 \cdot (1-\delta)}.$$

Daraus folgt

$$n_q = n_a - \delta = \frac{\delta^2}{2\cdot(1-\delta)}$$

für die mittlere Queue-Length,

$$t_r = \frac{n_a}{r} = \frac{t_s}{\delta}\cdot\left(\delta + \frac{\delta^2}{2\cdot(1-\delta)}\right) = t_s \cdot \frac{2-\delta}{2\cdot(1-\delta)} \quad \text{und}$$

$$t_q = t_r - t_s = t_s \cdot \frac{\delta}{2\cdot(1-\delta)}$$

für die Response- bzw. Queue-Time.

M/G/1-FCFS

Es gilt

$$n_a = \delta + \frac{\delta^2}{2\cdot(1-\delta)}\cdot\left[1+\left(\frac{\sqrt{V(t_s)}}{E(t_s)}\right)^2\right].$$

Daraus folgt

$$n_q = n_a - \delta = \frac{\delta^2}{2\cdot(1-\delta)}\cdot\left[1+\left(\frac{\sqrt{V(t_s)}}{E(t_s)}\right)^2\right] \quad \text{und damit}$$

$$t_q = \frac{n_q}{r} = \frac{t_s}{\delta}\cdot n_q = t_s \cdot \frac{\delta}{2\cdot(1-\delta)}\cdot\left[1+\left(\frac{\sqrt{V(t_s)}}{E(t_s)}\right)^2\right] \quad \text{und}$$

$$t_r = t_q + t_s = t_s \cdot (1+\frac{\delta}{2\cdot(1-\delta)})\cdot\left[1+\left(\frac{\sqrt{V(t_s)}}{E(t_s)}\right)^2\right].$$

Bei der Bedienung peripherer Geräte gilt für den Variationskoeffizienten $C(t_s)$ der Bedienzeit t_s erfahrungsgemäß (siehe beispielsweise [7] und [11])

$$C(t_s) = \frac{\sqrt{V(t_s)}}{E(t_s)} \leq 1.$$

Damit gilt $1 + c(t_s)^2 \leq 2$. Somit kann die Exponentialverteilung als Worst Case betrachtet werden. Eine Ausnahme bildet der Bedienprozeß bei Zentralprozessoren. Für die Modellierung von Zentralprozessoren benutzt man besser Verteilungsfunktionen mit $C(t_s) > 1$. Dazu gehören die sogenannten Hyperexponentialverteilungen, die man interpretieren kann als eine Hintereinanderschaltung von gewichteten Exponentialverteilungen (siehe [7] und [11]). Wir fassen nun die Ergebnisse für die Leistungsindizes bei den Modellen M/M/1-FCFS, M/D/1-FCFS und M/G/1-FCFS tabellarisch zusammen (siehe Abbildung 1.3.9 - Abbildung 1.3.11)).

Leistungsindex	**Relation**
n_a	$n_a = \frac{\delta}{1-\delta}$
n_q	$n_q = \frac{\delta^2}{1-\delta}$
t_r	$t_r = \frac{t_s}{1-\delta}$
t_q	$t_q = t_s \cdot \frac{\delta}{1-\delta}$

Abbildung 1.3.9: Leistungsindizes für das M/M/1-FCFS-Modell

Leistungsindex	Relation
n_a	$n_a = \delta + \frac{\delta^2}{2\cdot(1-\delta)}$
n_q	$n_q = \frac{\delta^2}{2\cdot(1-\delta)}$
t_r	$t_r = t_s \cdot \frac{2-\delta}{2\cdot(1-\delta)}$
t_q	$t_q = t_s \cdot \frac{\delta}{2\cdot(1-\delta)}$

Abbildung 1.3.10: Leistungsindizes für das M/C/1-FCFS-Modell

Leistungsindex	Relation
n_a	$n_a = \delta + \frac{\delta^2}{2\cdot(1-\delta)}\cdot\left[1+C(t_s)^2\right]$
n_q	$n_q = \frac{\delta^2}{2\cdot(1-\delta)}\cdot\left[1+C(t_s)^2\right]$
t_r	$t_r = t_s \cdot \frac{2-\delta}{2\cdot(1-\delta)}\cdot\left[1+C(t_s)^2\right]$
t_q	$t_q = t_s \cdot \frac{\delta}{2\cdot(1-\delta)}\cdot\left[1+C(t_s)^2\right]$

Abbildung 1.3.11: Leistungsindizes für das M/G/1-FCFS-Modell

Am Beispiel eines peripheren Gerätes, das eine Magnetplatte sein kann, stellen wir t_r in Abhängigkeit vom Auslastungsgrad δ des Servers für die Modelle M/M/1 und M/C/1 dar (siehe Abbildung 1.3.12). Für t_s wählen wir $t_s = 0.020$ s. Dieser Wert entspricht in der Größenordnung der mittleren Bedienzeit einer Magnetplatte, wenn sie ohne Cache-Memory (siehe Kapitel 4) arbeitet. Das wesentliche Ergebnis nach Abbildung 1.3.12 ist, daß sich die Response-Time t_r mit zunehmender Last r exponentiell entwickelt.

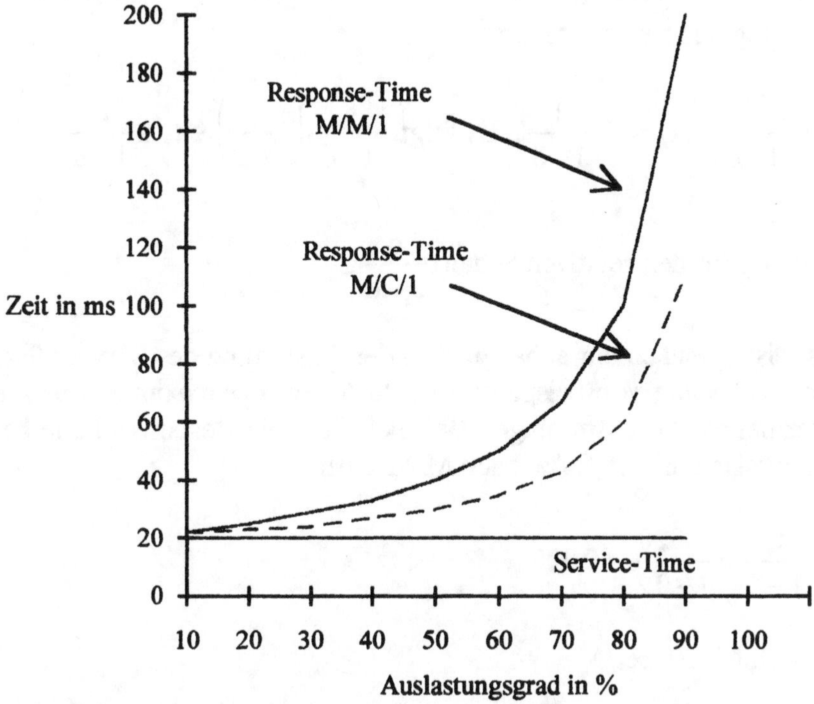

Abbildung 1.3.12: Response-Time einer Magnetplatte bei unterschiedlicher Verteilung der Bedienzeit

Wie die Abbildung außerdem zeigt, ist die Wartezeit t_q in der Warteschlange für dieses Verhalten verantwortlich. Die Entwicklung der Wartezeit nach

$$t_q = t_s \cdot \frac{\delta}{2(1-\delta)}\left[1 + C(t_s)^2\right].$$

wird verursacht durch die Zufälligkeit, mit der die Requests im System eintreffen und verarbeitet werden.

Wie schließen den Abschnitt ab mit einer Fehlerabschätzung für den Fehler bei der Response-Time t_r, wenn einerseits der Worst Case (exponentielle Verteilung beim Bedienprozeß), andererseits eine konstante Service-Time unterstellt wird (Best Case). Unter der

Annahme $C(t_s) \leq 1$ gilt für t_s bei Vorliegen einer allgemeinen Verteilung des Bedienprozesses

$$t_s \cdot \frac{2-\delta}{2\cdot(1-\delta)} \leq t_r \leq t_s \cdot \frac{1}{1-\delta}.\ \text{Es folgt}\ \frac{t_s}{1-\delta}\cdot\left(1-\frac{\delta}{2}\right) \leq t_r \leq \frac{t_s}{1-\delta}$$

und damit für den relativen Fehler $\frac{\delta}{2-\delta}$.

Dieser ist demnach nur abhängig von der Auslastung des Servers. Bei einer Auslastung von beispielsweise 20% liegt der maximale relative Fehler bei ca. 11%. Im obigen Beispiel liegt die Response-Time bei einer Auslastung von 20% nach M/M/1 bei

$$t_r = \frac{t_s}{1-\delta} = \frac{0.020}{1-0.2} = 0.025$$

und nach M/C/1 bei

$$t_r = t_s \cdot \frac{2-\delta_s}{2-2\cdot\delta} = 0.020 \cdot \frac{1.8}{2\cdot 0.8} = 0.0225.$$

Schätzt man also die Response-Time wie hier die Response-Time einer Magnetplatte mit Hilfe des M/M/1-Modells ab, macht man einen Fehler von maximal 2.5 Millisekunden, wenn die Magnetplatte zu 20% ausgelastet ist. Bei üblichen Auslastungsgraden bis ca. 30% liegt der maximale relative Fehler bei ca. 18%.

Netze von Single-Node-Wartesystemen (Server-Netze)

In dem vorliegenden Abschnitt beschäftigen wir uns mit Netzen von Single-Node-Wartesystemen, auch als Server-Netze bezeichnet. Server-Netze bestehen aus mehreren Single-Node-Wartesystemen, die man die Knoten (Nodes) des Server-Netzes nennt. Wir beschränken unsere Betrachtung ausschließlich auf Nodes vom Typ M/M/m-FCFS. Als einzige Ausnahme lassen wir einen Knoten vom Typ $M/M/\infty$ zu. Die Definition eines $M/M/\infty$ - Knotens werden wir weiter unten vornehmen. Die Knoten des Server-Netzes dienen der Modellierung der einzelnen Systemkomponenten eines Rechnersystems, wie beispielsweise Prozessor, Magnetplatteneinheiten und Terminals. Ein Auftrag (Transaktion, Job) durchläuft dabei die Knoten des Netzes und wird mit einer bestimmten Wahrscheinlichkeit - genannt Übergangswahrscheinlichkeit - von einem zum anderen Knoten durch das System geschleust. Er erzeugt dabei einen oder mehrere Requests an die Server. Man unterscheidet grundsätzlich zwischen offenen und geschlossenen Server-Netzen. Wir behandeln zunächst offene, im Anschluß geschlossene Netze.

Offene Server-Netze

Bei offenen Server-Netzen sind Aufträge von außen und Abgänge nach außen in jedem Knoten des Netzes zugelassen. Man definiert (siehe zum Beispiel [7]):

N	Anzahl der Knoten des Server-Netzes,
$r_{0,i}$	mittlere Ankunftsrate der Aufträge von außen im Knoten i,
r_i	mittlere Ankunftsrate der Requests im Knoten i (außen und innen),
m_i	Anzahl Server im Knoten i,
c_i	mittlere Service-Rate der Requests im Knoten i,
$p_{i,j}$	Wahrscheinlichkeit, daß ein im Knoten i bearbeiteter Auftrag zum Knoten j übergeht,
$p_{i,N+1}$	Wahrscheinlichkeit, daß ein im Knoten i bearbeiteter Auftrag das System verläßt,
$p_{0,i}$	Wahrscheinlichkeit, daß ein Auftrag von außen im Knoten i eintrifft.

Beispiel

Wir betrachten ein Server-Netz bestehend aus N=5 Servern S_i, i=1,...5:

- Input-Server S_1: Eingabe-Device, über das alle Aufträge in das Server-Netz gelangen ($p_{0,1} = 1$),
- Prozessor-Server S_2: CPU, die von jedem Auftrag, der über den Input-Server in das System gelangt, als erster Server frequentiert wird ($p_{1,2} = 1$),
- DASD-Server S_3: Magnetplatte, die von jedem Auftrag viermal beansprucht wird. Nach jeder Ein-/Ausgabe geht der Auftrag

zurück zum Prozessor und verläßt nach der vierten schließlich das System $(p_{2,3} = 0.4, p_{3,2} = 1)$,

- DASD-Server S_4: Magnetplatte, die von jedem Auftrag fünfmal beansprucht wird. Nach jeder Ein-/Ausgabe geht der Auftrag zurück zum Prozessor und verläßt nach der fünften schließlich das System $(p_{2,4} = 0.5, p_{4,2} = 1)$,
- Output-Server S_5: Ausgabe-Device, über das alle Aufträge das System verlassen $(p_{2,5} = 0.1, p_{5,6} = 1)$.

Wir stellen das beschriebene Server-Netz in Abbildung 1.3.13 schematisch dar und beschreiben die Parameter des Systems.

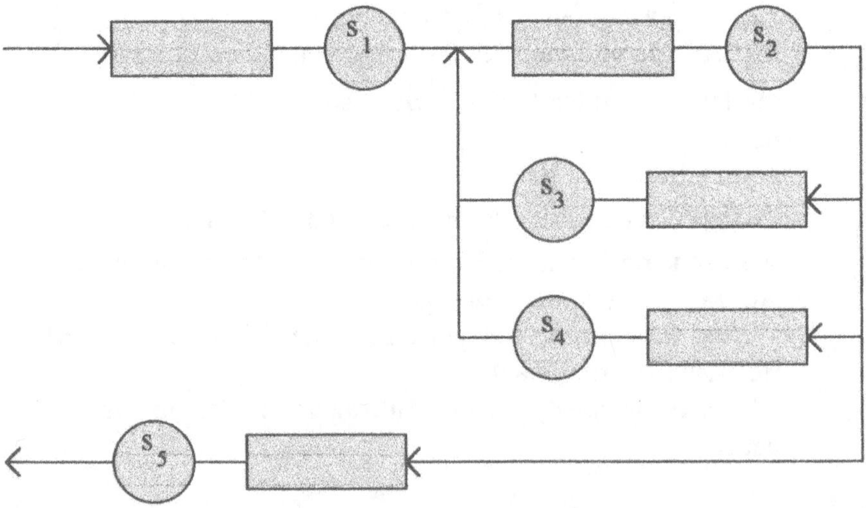

1.3.13: Beispiel eines offenen Server-Netzes

Modellparameter

Als Modellparameter bezeichnen wir alle Parameter, die das Modell vollständig beschreiben:

- Die Knoten des Server-Netzes durch "$A_i / B_i / m_i$-Scheduling-Algorithmus" $(i = 1, \ldots, N)$,
- den Netztyp - offen oder geschlossen und

- die Übergangswahrscheinlichkeiten $p_{i,j}$ $(i = 0,...,N; j = 1,...,N+1)$.

Lastparameter

Als Workload oder Lastparameter gilt die Requestrate r (=Gesamtdurchsatz):

$$r = \sum_i r_{o,i} .$$

Leistungsindizes

Leistungsindizes sind

- die mittlere Anzahl n_a der Aufträge im System,
- die mittlere Anzahl n_q der auf Bedienung wartenden Aufträge im System,
- die mittlere Response-Time t_r (Verweilzeit, Elapsed Time) eines Auftrages,
- die mittlere Queue-Time t_q eines Auftrages,
- die mittlere Anzahl n_{a_i} aktiver Aufträge im Server i,
- die mittlere Anzahl n_{q_i} der auf Bedienung wartenden Aufträge im Server i,
- die mittlere Verweilzeit t_{r_i} eines Requests im Knoten i,
- die mittlere Aufenthaltsdauer t_{q_i} eines Requests in der Warteschlange des Knotens i,
- die Transaction-Rate r,
- die Anzahl r_i der pro Zeiteinheit durchgesetzten Requests im Knoten i und der
- Auslastungsgrad δ_i des Servers i.

Wir formulieren nun den Satz von Jackson für den Spezialfall eines offenen Server-Netzes, bestehend aus N M/M/1-FCFS-Knoten (siehe [7]):

Theorem von Jackson

Falls das Gleichungssystem $r_i = r_{0,i} + \sum_j p_{j,i} \cdot r_j \quad (i = 1,\ldots,N)$ eindeutig lösbar ist und für die Lösungen r_i $r_i < t_{s_i}^{-1}$ gilt, ist die Wahrscheinlichkeit für den Gleichgewichtszustand $\vec{k} = (k_1,\ldots,k_N)$ durch das Produkt der Zustandswahrscheinlichkeiten der einzelnen Knoten (Randwahrscheinlichkeiten) $p_i(k_i) = p(k_i$ Aufträge im Knoten i) gegeben. Es gilt

$$p(\vec{k}) = p(k_1,\ldots,k_N) = \prod_{i=1}^{N} p(k_i) \quad k_i \in 0,\ldots,n_a .$$

Dabei steht $p(\vec{k}) = p(k_1,\ldots,k_N)$ für die Wahrscheinlichkeit, daß sich in den einzelnen Knoten i genau k_i Aufträge befinden (wartend oder gerade bedient werdend).

Die einzelnen Knoten können nach dem Theorem von Jackson als voneinander unabhängige M/M/1-FCFS-Knoten betrachtet werden mit der Ankunftsrate r_i und der Bedienrate $t_{s_i}^{-1}$, das heißt, für die Randwahrscheinlichkeiten $p_i(k_i)$ gelten die bekannten M/M/1-Relationen

$$n_{a_i} = \frac{\delta_i}{1-\delta_i}, \quad n_{q_i} = \frac{\delta_i^2}{1-\delta_i} \quad \text{und damit}$$

$$n_a = \sum_i n_{a_i} = \sum_i \frac{\delta_i}{1-\delta_i} \text{ und } n_q = \sum_i n_{q_i} = \sum_i \frac{\delta_i^2}{1-\delta_i}.$$

Aus $t_{r_i} = \frac{n_{a_i}}{r_i} = \frac{t_{s_i}}{1-\delta_i}$ und $t_{q_i} = \frac{n_{q_i}}{r_i} = t_{s_i} \cdot \frac{\delta_i}{1-\delta_i}$ folgt

$$t_r = \frac{n_a}{r} = \frac{1}{r}\sum_i n_{a_i} = \frac{1}{r}\sum_i \frac{\delta_i}{1-\delta_i} \text{ und } t_q = \frac{n_q}{r} = \frac{1}{r}\sum_i n_{q_i} = \frac{1}{r}\sum_i \frac{\delta_i^2}{1-\delta_i}.$$

Setzt man $d_i = \frac{r_i}{r}$, so ist d_i die mittlere Anzahl Requests, die von einem Auftrag im Knoten i generiert werden (auch Anzahl "Besuche" eines Auftrages im Knoten i). d_i läßt sich direkt aus den Übergangswahrscheinlichkeiten bestimmen. Wegen

$$r_{o,i} = r \cdot p_{o,i}$$

folgt

$$r_i = r_{o,i} + \sum_j r_j \cdot p_{j,i}\text{, damit } d_i = p_{o,i} + \sum_j d_j \cdot p_{j,i}$$

und schließlich

$$t_r = \frac{n_a}{r} = \frac{1}{r}\sum_i \frac{\delta_i}{1-\delta_i} = \sum_i \frac{r_i}{r} \cdot \frac{t_{s_i}}{1-\delta_i} = \sum_i d_i \cdot \frac{t_{s_i}}{1-\delta_i} = \sum_i d_i \cdot t_{r_i}\ .$$

Wir belegen nun das obige Beispiel mit Zahlen und berechnen für einige Fälle die Leistungsindizes nach dem Theorem von Jackson.

Es sei $r = 5$, $t_{s_1} = t_{s_5} = 0.020\text{s}$, $t_{s_2} = 0.015\text{s}$, $t_{s_3} = 0.020\text{s}$ und $t_{s_4} = 0.030\text{s}$. Die Matrix der Übergangswahrscheinlichkeiten $\left(p_{i,j}\right)$, i=2,..,5; j=2,..,5 habe die Werte ($(p_{i,o})$, i=1,..,5 und $(p_{5,j})$, j=1,..,5 sind 0)

1.0	0.0	0.0	0.0
0.0	0.4	0.5	0.1
1.0	0.0	0.0	0.0
1.0	0.0	0.0	0.0

Damit gehen wir in das Gleichungssystem $r_i = \sum_j p_{j,i} \cdot r_j$:

$$r_1 = r$$
$$r_2 = r_1 \cdot p_{1,2} + r_3 \cdot p_{3,2} + r_4 \cdot p_{4,2}$$

$r_3 = r_2 \cdot p_{2,3}$

$r_4 = r_2 \cdot p_{2,4}$

$r_5 = r_2 \cdot p_{2,5}$.

Als Lösung erhält man $r_1 = 5, r_2 = 50, r_3 = 20, r_4 = 25$ und $r_5 = 5$. Wir stellen die berechneten Leistungsgrößen $\delta_i, n_{a_i}, n_{q_i}, t_{r_i}$ und t_{q_i} für die einzelnen Knoten in Abbildung 1.3.14 tabellarisch zusammen.

S_i	δ_i	n_{a_i}	n_{q_i}	t_{r_i}	t_{q_i}
1	0.10	0.11	0.01	0.022	0.002
2	0.75	3.00	2.25	0.060	0.045
3	0.40	0.66	0.26	0.033	0.013
4	0.75	3.00	2.25	0.120	0.090
5	0.10	0.11	0.01	0.022	0.002

Abbildung 1.3.14: Serverbezogene Leistungsindizes für r =5

Aus den Werten nach Abbildung 1.3.14 folgt

$$n_a = \sum_i n_{a_i} = \sum_i \frac{\delta_i}{1-\delta_i} = 6.\overline{8},$$

$$n_q = \sum_i n_{q_i} = \sum_i \frac{\delta_i^2}{1-\delta_i} = 4.7\overline{8},$$

$$t_r = \frac{n_a}{r} = \frac{6.\overline{8}}{5} = 1.3\overline{7} \text{ und}$$

$$t_q = \frac{n_q}{r} = \frac{4.7\overline{8}}{5} = 0.95\overline{7}.$$

t_r läßt sich nach der oben abgeleiteten Relation auch direkt aus t_{r_i} bestimmen. Es ist

$$t_r = \sum_i d_i \cdot t_{r_i} = 0.0\overline{2} + 0.60 + 0.1\overline{3} + 0.60 + 0.0\overline{2} = 1.3\overline{7}.$$

Entsprechend gilt für t_q

$$t_q = \sum_i d_i \cdot t_{q_i} = \sum_i d_i \cdot \left(t_{r_i} - t_{s_i}\right)$$
$$= \sum_i d_i \cdot t_{r_i} - \sum_i d_i \cdot t_{s_i} = 1.3\overline{7} - 0.420 = 0.95\overline{7}\,.$$

Dabei ist $t_s = \sum_i d_i \cdot t_{s_i}$ die Service-Time der Anforderung über alle Server. Sie entspricht der Alleinelaufzeit.

Wir stellen die Behandlung offener Server-Netze abschließend das Verhalten des Workloads bei wachsender Transaktionslast r dar. Wir beschränken uns dabei auf die Bestimmung der Größen t_{r_i}, t_{q_i}, t_r und t_q. Die Werte für die Server S_1 und S_5 fassen wir zusammen. Die Ergebnisse (Werte in Millisekunden) stellen wir in Abbildung 1.3.15 tabellarisch und in Abbildung 1.3.16 grafisch dar.

r	$t_{q_{1/5}}$	t_{q_2}	t_{q_3}	t_{q_4}	t_q	t_s	t_r
1	1	3	2	5	64	420	484
2	2	6	4	13	143	420	563
3	3	12	6	25	272	420	692
4	3	23	9	45	494	420	914
5	4	45	13	90	956	420	1376
6	5	135	18	270	2777	420	3197

Abbildung 1.3.15: Response- und Queue-Time in Abhängigkeit von der Transaction-Rate r

Aus Abbildung 1.3.15 ist erkennbar, daß der Prozessor-Server S_2 und der DASD-Server S_4 den größten Anteil zur Queue-Time beitragen. Beispielsweise gilt für $r = 6$ (Werte gerundet in Millisekunden)

$$d_1 \cdot t_{q_1} \approx 1 \cdot 3 = 3\,,$$
$$d_2 \cdot t_{q_2} = 10 \cdot 135 = 1.350\,,$$

$$d_3 \cdot t_{q_3} = 4 \cdot 18 = 72,$$
$$d_4 \cdot t_{q_4} = 5 \cdot 270 = 1.350,$$
$$d_5 \cdot t_{q_5} \approx 1 \cdot 3 = 3 \text{ und}$$
$$t_q = \sum_i d_i \cdot t_{q_i} = 2.778.$$

Damit werden von diesen beiden Servern jeweils ca. 48.6% der Queue-Time bzw. 42.2% der gesamten Durchlaufzeit (Response-Time) der Transaktion in Anspruch genommen. Diese Server bilden einen Engpaß beim Durchfluß der Transaktionen. Der in diesem Kontext übliche Begriff Bottleneck-Server wird später noch exakt definiert werden.

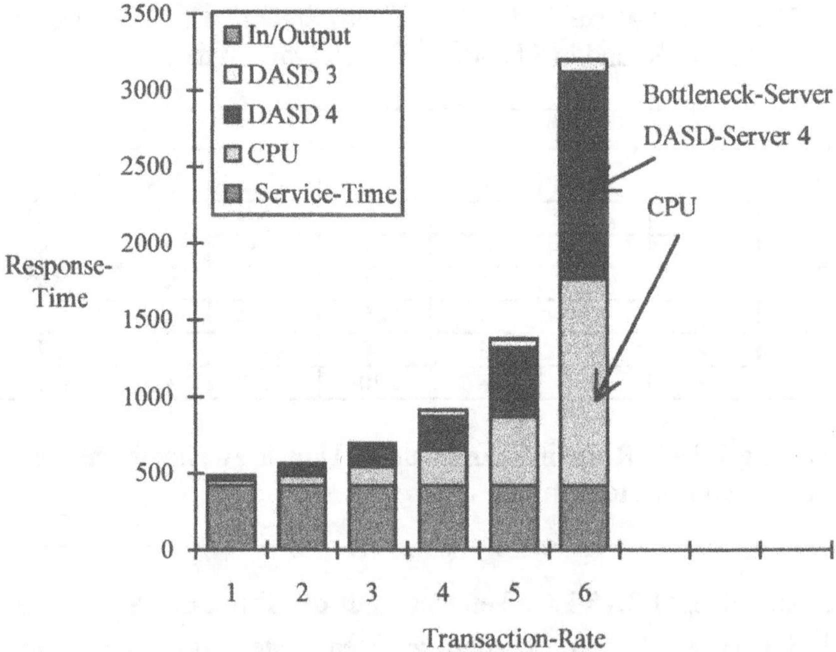

Abbildung 1.3.16: Response- und Queue-Time in Abhängigkeit von der Transaction-Rate r

Abbildung 1.3.16 zeigt sehr schön, wie sich die Queue-Time-Komponenten $d_i \cdot t_{q_i}$ der einzelnen Server und damit die Durchlaufzeiten $d_i \cdot t_{r_i}$ mit wachsender Transaktionslast exponentiell entwickeln.

Mit diesem für das Verhalten von Rechnersystemen wichtigen Ergebnis - Anstieg der Antwortzeiten bei zunehmender Last (Transaction-Rate) und zwar überproportional - schließen wir die Behandlung offener Server-Netze ab. Ziel eines Performance-Managements wird es sein - soviel kann an dieser Stelle schon gesagt werden -, die eventuell bestehenden Engpässe in einem System zu erkennen, das heißt, die Engpaßserver zu identifizieren. Auf einer so gesicherten Basis sind dann die richtigen Maßnahmen einzuleiten, um diese Engpässe unter wirtschaftlichen Gesichtspunkten zu entschärfen. Wir behandeln nun geschlossene Server-Netze.

Geschlossene Server-Netze

Ein geschlossenes Server-Netz ist dadurch charakterisiert, daß keine Zu- und Abgänge erfolgen. Aufträge verlassen, nachdem sie abgearbeitet sind, nicht das System, sondern werden nach ihrer Bearbeitung dem System als neuer Auftrag zugeführt. Geschlossene Netze eignen sich gut für die Modellierung von terminalgetriebenen Transaktionsklassen mit einer festen Anzahl von Benutzern (= Terminals). Die Terminals werden dabei durch einen Knotentyp modelliert (Knoten vom Typ $M/M/\infty$), den wir in dem vorliegenden Kontext noch definieren werden. Zunächst stellen wir analytisch dar, welche Auswirkungen die Annahme "keine Zu- und Abgänge" auf die bisher dargestellten Relationen hat. "Keine Zu- bzw. Abgänge" läßt sich formulieren mit Hilfe der Wahrscheinlichkeiten $p_{o,i}$ und $p_{i,N+1}$. Es gilt

$$p_{o,i} = p_{i,N+1} = 0 \quad (i = 1, \ldots, N),$$

das heißt, die Anzahl der Aufträge, die durch das System zirkulieren, ist konstant ($k = \sum_i k_i$). Damit gilt für die mittlere Ankunftsrate im Knoten i

$$r_i = \sum_{j=1}^{N} r_j \cdot p_{j,i}\,.$$

Ist $d_i = \frac{r_i}{r}$ wieder die mittlere Anzahl von Besuchen pro Auftrag im Server i, so folgt

$$d_i = \frac{r_i}{r} = \frac{\sum_{j=1}^{N} r_j \cdot p_{j,i}}{r} = \sum_{j=1}^{N} \frac{r_j}{r} \cdot p_{j,i} = \sum_{j=1}^{N} d_j \cdot p_{j,i}\,.$$

Wir beschränken uns auch bei den geschlossenen Server-Netzen auf Knoten vom Typ M/M/1 bis auf den bereits erwähnten Fall eines Knotens vom Typ M/M/∞ (siehe weiter unten), den wir für die Modellierung der Terminals benötigen. Alle Leistungsindizes und Lastgrößen bleiben unverändert definiert. Zur Bestimmung der Leistungsgrößen in einem geschlossenen Netz gibt es eine Reihe von Algorithmen, die der Bestimmung der Normierungskonstanten G(k) dienen. G(k) ist definiert durch den Satz von Gordon/Newell (siehe [7] und [11]). Nach dem Satz von Gordon/Newell gilt für ein geschlossenes Server-Netz im Gleichgewichtszustand die Relation

$$p(\vec{k}) = p(k_1,\ldots,k_N) = \frac{1}{G(k)} \cdot \prod_{i=1}^{N} \frac{x_i^{k_i}}{k_i\,!} \quad (x_i = d_i \cdot t_{si},\; i = 1,\ldots,N).$$

Zu den Algorithmen für die Bestimmung der Leistungsindizes gehören (siehe [7]) der Algorithmus von Buzen (1971/1973), der Algorithmus von Chandy, Herzog und Wov (1975) und der Algorithmus von Kobayashi (1978). Diese sind in [7] detailliert beschrieben und hergeleitet. Wir verzichten auf die Darstellung dieser Algorithmen und beschränken uns auf die sogenannte Mittelwertanalyse zur Bestimmung der Leistungsindizes t_r, t_q, n_a und n_q. Die Mittelwertanalyse basiert auf dem Gesetz von Little und dem nachfolgend formulierten Satz über die Verteilung beim Ankunftsprozeß (siehe [7]).

Satz über die Verteilung beim Ankunftsprozeß

Bei einem geschlossen Warteschlangennetz gilt für die Wahrscheinlichkeit $p(\vec{k})$, daß ein Auftrag, der in den Knoten i eintritt, den Netzzustand $\vec{k} = (k_1,...,k_N)$ mit $\sum_i k_i = k$ vorfindet

$$p(\vec{k}) = p(k_1,...,k_N) = p(k_1,...,k_i - 1,...,k_N).$$

Die rechte Seite dieser Relation beschreibt den Gleichgewichtszustand des Server-Netzes für einen Auftrag weniger im Knoten i $(k_i - 1)$.

Wir formulieren nun einen Iterationsprozeß zur Bestimmung der Mittelwerte t_r, r und n_a in einem geschlossenen Server-Netz von M/M/1- und $M/M/\infty$ -Knoten. Vorher definieren wir noch, was wir unter einem Knoten vom Typ $M/M/\infty$ verstehen.
Ein Knoten vom Typ $M/M/\infty$ besitzt keine Warteschlange und besteht aus beliebig vielen Servern. Mit einem Knoten dieses Typs läßt sich ein Terminalsystem gut modellieren. Die Service-Time der Server eines $M/M/\infty$ -Knotens entspricht dann der User-Think-Time t_u. Nach Ablauf der User-Think-Time erfolgt die Eingabe des neuen Requests. Dieser wird nach Ablauf dieser Zeit, ohne daß er in eine Warteschlange eingereiht wird, als im ersten "Systemserver" eingetroffen angenommen. Man kann sich auch vorstellen, daß der Knoten über unendlich viele Warteschlangen verfügt, die dann immer leer sind.
In Abbildung 1.3.17 zeigen wir die schematische Darstellung eines geschlossenen Server-Netzes mit einem $M/M/\infty$-Terminalknoten. Dieser hat den Input- und den Output-Server aus unserem Beispiel für offene Netze ersetzt. Die restlichen Knoten entsprechen den Knoten aus unserem Beispiel für offene Netze. Die Übergangswahrscheinlichkeiten $p_{i,j}$ des in Abbildung 1.3.17 dargestellten Netzes haben folgende Werte:

$p_{1,2} = 1.0$; $p_{2,3} = 0.4$; $p_{2,4} = 0.5$; $p_{2,1} = 0.1$; $p_{3,2} = 1.0$ und $p_{4,2} = 1.0$.

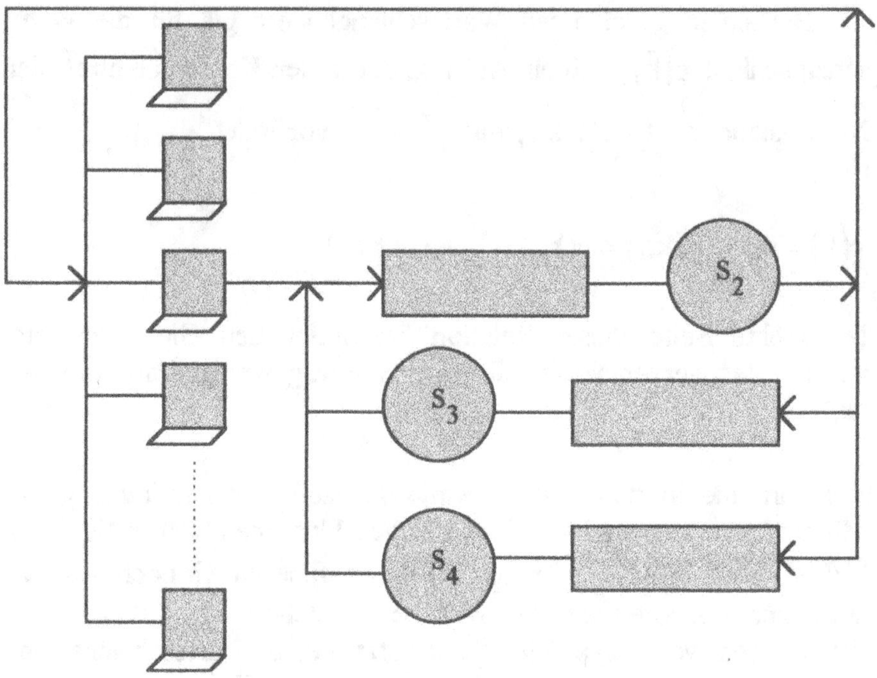

Abbildung 1.3.17: Beispiel eines geschlossenen Server-Netzes

Wir geben nun den Algorithmus für die Bestimmung der Leistungsgrößen an.

Algorithmus für die Berechnung der Leistungsindizes in einem geschlossenen Server-Netz mit Knoten vom Typ M/M/1-FCFS und M/M/∞ - FCFS (Mittelwertanalyse)

- Berechne $x_i = d_i \cdot t_{s_i}$ für i=1,.....,N
- Initiiere $k_i^0 = 0$ für i=1,.....,N
- Iteriere für j=1 bis k (k Anzahl der Aufträge im System)

Verweilzeiten: $t_{r_i}^j = \begin{cases} x_i \cdot \left(1 + k_i^{j-1}\right) & m_i = 1 \\ x_i & m_i = \infty \end{cases} \quad i = 1,....,N$

Durchsatz: $r^j = \frac{j}{\sum_{i=1}^{N} t_{r_i}^j}$ und $r_i^j = d_i \cdot r^j$, $i = 1,....,N$

Anzahl Aufträge: $k_i^j = r_i^j \cdot t_{r_i}^j$, $i = 1,....,N$

Die Größen $t_{r_i}^k, r^k, r_i^k$ $t_{r_i}^k$, r^k, r_i^k und k_i^k sind dann die gesuchten Leistungsindizes.

Beispiel

Wir rechnen das Modell nach Abbildung 1.3.17 ohne die Terminal-Server. Es gilt $d_1 = 10$, $d_2 = 4$ und $d_4 = 5$. Damit ist $\left(x_i = d_i \cdot t_{s_i}\right)$ für $i = 2,3,4$ $x_2 = 0.150$, $x_3 = 0.080$ und $x_4 = 0.150$. Wir rechnen dieses Beispiel für k=5 und iterieren j von 1 bis 5:

Initiiere $k_i^0 = 0$ für $i = 2,3,4$

1. Iterationsschritt (j=1)

Verweilzeiten: $t_{r_i}^j = x_i \cdot \left(1 + k_i^{j-1}\right)$: $t_{r_2}^1 = 0.150, t_{r_3}^1 = 0.080, t_{r_4}^1 = 0.150$.

Durchsatz : $r^j = \frac{j}{\sum_i t_{r_i}^j}$ und $r_i^j = d_i \cdot r^j$: $r^1 = \frac{1}{0.380} \approx 2.632$ und

$r_2^1 = 26.32, r_3^1 = 10.53, r_4^1 = 13.16$.

Anzahl Aufträge: $k_i^j = r^j \cdot t_{r_i}^j$: $k_2^1 = 0.395, k_3^1 = 0.211, k_4^1 = 0.395$.

2. Iterationsschritt (j=2)

Verweilzeiten: $t_{r_i}^j = x_i \cdot \left(1 + k_i^{j-1}\right)$: $t_{r_2}^2 = 0.209, t_{r_3}^2 = 0.097, t_{r_4}^2 = 0.209$.

Durchsatz: $r^j = \frac{j}{\sum_i t_{r_i}^j}$ und $r_i^j = d_i \cdot r^j$: $r^2 = \frac{2}{0.515} \approx 3.883$ und

$r_2^2 = 38.83, r_3^2 = 15.53, r_4^2 = 19.42$.

Anzahl Aufträge: $k_i^j = r^j \cdot t_{r_i}^j$: $k_2^2 = 0.812, k_3^2 = 0.377, k_4^2 = 0.812$.

3. Iterationsschritt (j=3)

Verweilzeiten: $t_{r_i}^j = x_i \cdot \left(1 + k_i^{j-1}\right): t_{r_2}^3 = 0.272\,, t_{r_3}^3 = 0.272\,, t_{r_4}^3 = 0.272\,.$

Durchsatz: $r^j = \dfrac{j}{\sum\limits_i t_{r_i}^j}$ und $r_i^j = d_i \cdot r^j : r^3 = \dfrac{3}{0.654} \approx 4.587$ und

$r_2^3 = 45.87\,, r_3^3 = 18.35\,, r_4^3 = 22.94\,.$

Anzahl Aufträge: $k_i^j = r^j \cdot t_{r_i}^j : k_2^3 = 1.248\,, k_3^3 = 0.505\,, k_4^3 = 1.248\,.$

4. Iterationsschritt (j=4)

Verweilzeiten: $t_{r_i}^j = x_i \cdot \left(1 + k_i^{j-1}\right): t_{r_2}^4 = 0.337\,, t_{r_3}^4 = 0.120\,, t_{r_4}^4 = 0.337\,.$

Durchsatz: $r^j = \dfrac{j}{\sum\limits_i t_{r_i}^j}$ und $r_i^j = d_i \cdot r^j : r^4 = \dfrac{4}{0.794} \approx 5.038$ und

$r_2^4 = 50.38\,, r_3^4 = 20.15\,, r_4^4 = 25.19\,.$

Anzahl Aufträge: $k_i^j = r^j \cdot t_{r_i}^j : k_2^4 = 1.698\,, k_3^4 = 0.605\,, k_4^4 = 1.698\,.$

5. Iterationsschritt (j=5)

Verweilzeiten: $t_{r_i}^j = x_i \cdot \left(1 + k_i^{j-1}\right): t_{r_2}^5 = 0.405\,, t_{r_3}^5 = 0.128\,, t_{r_4}^5 = 0.405\,.$

Durchsatz: $r^j = \dfrac{j}{\sum\limits_i t_{r_i}^j}$ und $r_i^j = d_i \cdot r^j : r^5 = \dfrac{5}{0.938} \approx 5.330$ und

$r_2^5 = 53.30\,, r_3^5 = 21.32\,, r_4^5 = 26.65\,.$

Anzahl Requests: $k_i^j = r^j \cdot t_{r_i}^j : k_2^5 = 2.159\,, k_3^5 = 0.682\,, k_4^5 = 2.159\,.$

Im Ergebnis erhält man die in den Abbildungen 1.3.18 und 1.3.19 dargestellten Werte. In der ersten Tabelle werden die globalen Leistungsindizes, in der zweiten die serverbezogenen angezeigt. Die Iteration realisieren wir nun mit einem einfachen BASIC-Programm, dessen Coding wir im Anhang A.1 zur Verfügung stellen. Wir rechnen damit das Modell inklusive der Terminal-Server.

Leistungsindex	Wert
r	5.330
t_r	0.938
t_q	0.558
n_a	5.000
n_q	2.970

Abbildung 1.3.18: Systemweite Leistungsindizes

Leistungsindex	S_2	S_3	S_4
r_i	53.30	21.32	26.65
t_{r_i}	0.405	0.128	0.405
t_{q_i}	0.255	0.048	0.255
n_{a_i}	2.159	0.682	2.159
n_{q_i}	1.359	0.256	2.159
δ_i	0.800	0.430	0.800

Abbildung 1.3.19: Serverbezogene Leistungsindizes

Dabei nehmen wir $t_{s_1} = 20$ $(= t_u)$ und $k = 100$ an. Das Ergebnis stellen wir in den Abbildungen 1.3.20 und 1.3.21 dar.

Leistungsindex	Wert
r	4.740
t_r	21.10
t_q	0.720
n_a	100.0
n_q	3.400

Abbildung 1.3.20: Systemweite Leistungsindizes

Leistungsindex	S_1	S_2	S_3	S_4
r_i	4.740	47.40	18.96	23.70
t_{r_i}	20.00	0.490	0.130	0.490
t_{q_i}	0.000	0.340	0.050	0.340
n_{a_i}	94.80	2.160	0.610	2.300
n_{q_i}	0.000	1.360	0.230	1.590
δ_i	0.950	0.800	0.380	0.710

Abbildung 1.3.21: Serverbezogene Leistungsindizes

Bei dieser Darstellung ist die User-Think-Time t_u in der Gesamtverweilzeit der Transaktion enthalten, weil das Modellsystem die Terminalserver und deren Service-Time (t_u), die gerade der Denkzeit des Benutzers entspricht, als Systemkomponente betrachtet. Der Benutzer sieht aber nur das System mit den Servern S_2 bis S_4. Aus dessen Sicht gilt deshalb

$$t_r = \sum_{i=2}^{4} d_i \cdot t_{r_i} = 1.098 \text{ und } n_a = r \cdot t_r = 4.740 \cdot 1.098 = 5.20 .$$

Wir unterscheiden im folgenden zwischen k und n_a und verstehen unter t_r stets die "interne" Systemverweilzeit. Damit gilt

$$r = \frac{k}{t_r + t_u} \text{ und im obigen Beispiel } r = \frac{k}{t_r + t_u} = \frac{100}{1.098 + 20} = 4.740 .$$

Auf diese Relation werden wir im Kapitel 2 bei der Behandlung der Gesamtleistung eines Rechnersystems zurückkommen. Sie ermöglicht uns, bei Systemmodellen mit wenigen Servern, eine direkte Berechnung der Leistungsindizes.

Wir besprechen nun noch den Spezialfall eines geschlossenen Server-Netzes, das als Central Server-Modell bezeichnet wird. Dieses Modell wurde zum ersten Mal von Buzen (siehe [7] und [11]) entwickelt. Im Central Server-Modell hat jeder Knoten eine Bedieneinheit ($m_i = 1$). Es gelten die Übergangswahrscheinlichkeiten

$$p_{i,j} = \begin{cases} p_j & i = 1 \wedge j = 1,\dots,N \\ 1 & j = 1 \wedge i = 2,\dots,N \, . \\ 0 & \text{sonst} \end{cases}$$

Der Server S_1 ist dabei der Central Server. Aufträge, die diesen Server verlassen, gehen mit der Wahrscheinlichkeit p_i zum Server S_i (i=1,....,). Aufträge, die durch die Server S_i gelaufen sind, kehren immer zum Central Server zurück ($p_{i,1} = 1$). Mit dem Server S_1 modelliert man gewöhnlich eine Central Processing-Unit (CPU), mit den Servern S_i (i=2,....,N) periphere Geräte wie beispielsweise Magnetplatten. In Abbildung 1.3.22 stellen wir ein typisches Central Server-Modell dar. Die Berechnung der Mittelwerte der Leistungsindizes erfolgt nach derselben Methode wie bei dem allgemeinen geschlossenen Server-Netz.

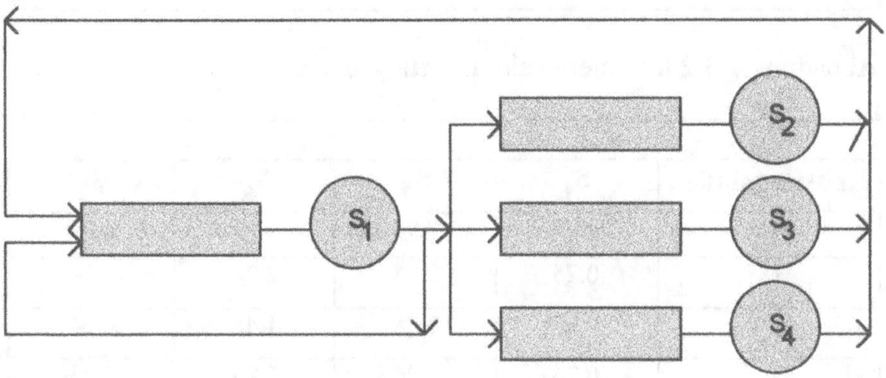

Abbildung 1.3.22: Beispiel eines Central Server-Modells

Das in Abbildung Abbildung 1.3.22 dargestellte Modell ist in [7] für k=6 mit $t_{s_1} = 0.020$, $t_{s_2} = 0.200$, $t_{s_3} = 0.400$, $t_{s_4} = 1.67^{-1}$ und $p_1 = 0.3$, $p_2 = 0.4$, $p_3 = 0.2$, $p_4 = 0.1$ gerechnet.

Zunächst folgt aus $d_i = \sum_{j=1}^{4} d_j \cdot p_j$, i =1,....,N $d_1 = 10$, $d_2 = 4$, $d_3 = 2$ und $d_4 = 1$.

Für x_i ergibt sich mit $x_i = d_i \cdot t_{s_i}$ $x_1 = 0.200$, $x_2 = 0.800$, $x_3 = 0.800$ und $x_4 = 0.599$.

Die Berechnung der Leistungsindizes lassen wir von unserem BASIC-Programm durchführen. Das Ergebnis stellen wir in den Tabellen Abbildung 1.3.23 und 1.3.24 dar.

Leistungsindex	Wert
r	0.99
t_r	6.05
t_q	3.65
n_a	6.00
n_q	3.62

Abbildung 1.3.23: Systemweite Leistungsindizes

Leistungsindex	S_1	S_2	S_3	S_4
r_i	9.92	3.97	1.99	0.99
t_{r_i}	0.25	2.28	2.28	1.24
t_{q_i}	0.05	1.48	1.48	0.64
n_{a_i}	0.24	2.26	2.26	1.23
n_{q_i}	0.05	1.47	1.47	0.64
δ_i	0.20	0.79	0.79	0.59

Abbildung 1.3.24: Serverbezogene Leistungsindizes

1.4 Ergänzung der Begriffsdefinitionen

Wir ergänzen die bisher definierten Leistungsgrößen mit Hilfe des Instrumentariums, das wir im Zusammenhang mit Server-Netzen kennengelernt haben. Wir beginnen auf der Ebene der Server.

Requests

Requests sind die von einem Auftrag generierten Einzelrequests an einen Server i. Beispielsweise ist ein Request an eine Magnetplatte eine Lese- oder Schreiboperation. Eine Transaktion kann während ihres Durchlaufs durch das System mehrere Requests an einen Server stellen. Die Anzahl der Requests einer Transaktion an einen Server i bezeichnen wir mit d_i (von Demand). d_i nennt man auch "Anzahl Besuche" einer Transaktion im Server i.

Request-Rate r_i

ist die mittlere Anzahl Requests pro Zeiteinheit an den Server i. Es gilt $r_i = r \cdot d_i$.

Service-Time t_{s_i}

ist die Service-Time eines Requests im Server i.

Service-Time $t_{s_i}^{trx}$

ist die mittlere Service-Time einer Transaktion im Server i (für d_i Besuche). Es gilt $t_{s_i}^{trx} = d_i \cdot t_{s_i}$.

Service-Time t_s

ist die Service-Time einer Transaktion systemweit. Es gilt $t_s = \sum_i t_{s_i}^{trx} = \sum_i d_i \cdot t_{s_i}$.

Queue-Time t_{q_i}

ist die Queue-Time eines Requests im Server i. Es gilt $t_{q_i} = t_{s_i} \cdot \dfrac{\delta_i}{1-\delta_i}$.

Queue-Time $t_{q_i}^{trx}$

ist die Queue-Time einer Transaktion im Server i (für d_i Besuche). Es gilt $t_{q_i}^{trx} = d_i \cdot t_{q_i} = d_i \cdot t_{s_i} \cdot \frac{\delta_i}{1-\delta_i}$.

Queue-Time t_q

ist die Queue-Time einer Transaktion systemweit. Es gilt $t_q = \sum_i t_{q_i}^{trx} = \sum_i d_i \cdot t_{q_i} = \sum_i d_i \cdot t_{s_i} \cdot \frac{\delta_i}{1-\delta_i}$.

Response-Time t_{r_i}

ist die Response-Time eines Requests im Server i. Es gilt $t_{r_i} = \frac{t_{s_i}}{1-\delta_i}$.

Response-Time $t_{r_i}^{trx}$

ist die Response-Time einer Transaktion im Server i (Verweilzeit der Transaktion im Server i für d_i Besuche). Es gilt

$$t_{r_i}^{trx} = d_i \cdot t_{r_i} = d_i \cdot \frac{t_{s_i}}{1-\delta_i}.$$

Response-Time t_r

ist die Response-Time einer Transaktion systemweit. Es gilt $t_r = \sum_i t_{r_i}^{trx} = \sum_i d_i \cdot t_{r_i} = \sum_i d_i \cdot \frac{t_{s_i}}{1-\delta_i}$.

Anzahl servisierter Transaktionen n_{s_i}

ist die mittlere Anzahl Transaktionen, die vom Server i servisiert werden. Es gilt $n_{s_i} = r_i \cdot t_{s_i} = \delta_i$ (eine Transaktion ist immer nur durch genau einen Request in genau einem Server des Server-Netzes vertreten).

Anzahl servisierter Transaktionen n_s

ist die mittlere Anzahl Transaktionen, die systemweit servisiert werden. Es gilt $n_s = \sum_i n_{s_i} = \sum_i r_i \cdot t_{s_i} = \sum_i \delta_i$.

Anzahl wartender Transaktionen n_{q_i}

ist die im mittlere Anzahl Transaktionen, die auf Bedienung durch den Server i warten (Queue-Length im Server i). Es gilt $n_{q_i} = r_i \cdot t_{q_i} = \dfrac{\delta_i^2}{1-\delta_i}$.

Anzahl wartender Transaktionen n_q

ist die mittlere Anzahl der systemweit auf Bedienung wartenden Transaktionen (Queue-Length systemweit). Es gilt

$$n_q = \sum_i n_{q_i} = \sum_i r_i \cdot t_{q_i} = \sum_i r_i \cdot t_{s_i} \cdot \frac{\delta_i}{1-\delta_i} = \sum_i \frac{\delta_i^2}{1-\delta_i}.$$

Anzahl aktiver Transaktionen n_{a_i}

ist die mittlere Anzahl Transaktionen, die im Server i entweder servisiert werden oder auf Bedienung warten. Es gilt

$$n_{a_i} = r_i \cdot t_{r_i} = r \cdot \frac{t_{s_i}}{1-\delta_i} = \frac{\delta_i}{1-\delta_i}.$$

Anzahl aktiver Transaktionen n_a

ist die mittlere Anzahl Transaktionen, die systemweit servisiert werden oder auf Bedienung warten. Es gilt

$$n_a = \sum_i n_{a_i} = \sum_i r_i \cdot t_{r_i} = \sum_i r_i \cdot \frac{t_{s_i}}{1-\delta_i} = \sum_i \frac{\delta_i}{1-\delta_i}.$$

Elapsed-Time-Multiplication-Factor e_i

ist der Quotient aus Response- und der Service-Time einer Transaktion im Server i. Es gilt $e_i = \dfrac{t_{r_i}^{trx}}{t_{s_i}^{trx}} = \dfrac{n_{a_i}}{r \cdot d_i \cdot t_{s_i}} = \dfrac{t_{r_i}}{\delta_i}$.

Elapsed-Time-Multiplication-Factor e

ist der Quotient aus Response- und Service-Time einer Transaktion systemweit. Es gilt $e = \frac{t_r}{t_s} = \frac{n_a}{r \cdot t_s} = \frac{n_a}{r \cdot \sum_i d_i \cdot t_{s_i}} = \frac{n_a}{\sum_i \delta_i}$.

Kapazität c_i

ist die maximale Basic-Request-Rate des Servers i (auch Nennleistung des Servers i in bezug auf Requests). Es gilt $c_i = \frac{1}{t_{s_i}}$.

Kapazität c_i^{trx}

ist die Transaktionskapazität des Servers i (auch Nennleistung des Servers Servers i in bezug auf Transaktionen). Es gilt

$c_i^{trx} = \frac{1}{t_{s_i}^{trx}} = \frac{1}{d_i \cdot t_{s_i}}$.

Kapazität c

ist Transaktionskapazität des Gesamtsystems. Die Transaktionskapazität des Gesamtsystem wird bestimmt durch die Kapazität des schwächsten Servers. Es gilt

$c = \min\left\{c_i^{trx}\right\}_{i=1,N} = \min\left\{\frac{1}{t_{s_i}^{trx}}\right\}_{i=1,N} = \max\left\{d_i \cdot t_{s_i}\right\}_{i=1,N}$. Der Server b, der das Minimum bestimmt, heißt Bottleneck-Server. Es ist

$c = \min\left\{d_i \cdot c_i\right\}_{i=1,N} = d_b \cdot c_b = c_b^{trx}$.

Auslastungsgrad δ_i

ist der Auslastungsgrad des Servers i als Quotient aus Request-Rate und Kapazität des Servers. Es

$\delta_i = \frac{r_i}{c_i} = r_i \cdot t_{s_i} = r \cdot d_i \cdot t_{s_i} = r \cdot t_{s_i}^{trx}$.

Auslastungsgrad δ

ist der Auslastungsgrad des Systems als Quotient aus Durchsatz und Kapazität des Bottleneck-Servers. Es gilt

$\delta = \frac{r}{c_b} = r \cdot t_{s_b}^{trx} = r \cdot d_b \cdot t_{s_b} = r_b \cdot t_{s_b} = \delta_b$.

2 Systemleistung

2.1 Einleitung

Nachdem wir in Kapitel 1 die wesentlichen Leistungsindizes eines Rechnersystems modelliert haben, beschäftigen wir uns in dem vorliegenden Kapitel 2 mit der Leistungsdefinition von realen Systemen. Wir betrachten dabei ausschließlich das Gesamtsystem, nicht einzelne Komponenten eines Rechnerkomplexes, wie Prozessor, I/O-Subsystem, Netz oder Speicher. Wir nehmen den Standpunkt des Systemnutzers ein. Systemnutzer in diesem Kontext ist einerseits der Terminalbenutzer, der interessiert ist an einer guten Antwortzeit des Systems, andererseits der Installationsmanager, der sein System möglichst hoch auslasten möchte. Unser einfachstes Systemmodell aus Kapitel 1 hat bereits gezeigt, daß es sich bei diesen Zielen um konträre Zielvorstellungen handelt. Nach

$$t_r = \frac{t_s}{1-\delta} = \frac{t_s}{1-r \cdot t_s}$$

führt eine Zunahme der Transaktionslast r auf einem gegebenen System mit gegebener Transaktionsstruktur (definiert durch t_s) zu einer beliebig hohen Response-Time. Dieser Konflikt muß durch eine entsprechende Leistungsdefinition aufgelöst werden. Ein zweites Problem liegt in dem Fehlen einer exakten Definition einer Arbeitseinheit. Wir haben bisher von Transaktion gesprochen, ohne genau festzulegen, was wir darunter verstehen. Genau dieses Problem ist aber nicht befriedigend lösbar. Selbst dann, wenn es gelänge, eine normierte oder auch einen Satz von normierten Arbeitseinheiten exakt zu definieren, wäre diese in bezug auf eine reale Last immer noch synthetisch. Das heißt, der Systembenutzer, der Auskunft haben möchte über die Leistung eines bestimmten Systems mit seinem konkreten Workload, wäre nach wie vor auf - wenn auch möglicherweise auf bessere - Näherungen angewiesen. Heutige Herstellerangaben machen maximal Aussagen zu bestimmten mehr oder weniger exakt definierten Transaktionsklassen wie

- IMS-Inquiry,
- IMS-Update,
- CICS/DB2-Inquiry,
- CICS/DB2-Update

und ähnliche.

Herstellerübergreifende Aussagen für identische Transaktionsklassen sind heute noch nicht üblich. Hinzu kommt, daß die Lasten kommerzieller Systeme in der Regel sehr inhomogen sind. Alle Vergleiche von Rechnersystemen über Herstellergrenzen hinweg sind deshalb für den Systemnutzer wenig transparent. Um so wichtiger ist es, die Angaben der Hersteller zu verstehen und die Probleme zu erkennen, die mit den gängigen Leistungsangaben verbunden sind. Wenn die Frage gestellt wird nach der Systemleistung, so zielt diese gewöhnlich auf die Leistungsfähigkeit, also auf den beispielsweise maximalen Durchsatz einer bestimmten Transaktionsklasse.
Wir hatten in Kapitel 1 die Größe Kapazität c eingeführt und diese gleichzeitig als Nennleistung bezeichnet. Es ist trivial, daß die Nennleistung im Sinne der Definition in Kapitel 1 in einem realen System, das terminalgetrieben Transaktionen verarbeitet, nicht durchsetzbar sein kann. Die Antwortzeiten würden, wieder obige Relation ausnutzend, beliebig hoch ausfallen, wenn auch ein reales System nicht notwendig dem M/M/1-Modell folgt. Der Frage, wie man die Leistungsfähigkeit eines realen Systems (als Gesamtsystemkomplex betrachtet) definiert und mißt wollen wir uns in den nächsten Abschnitten zuwenden. Zunächst verschaffen wir uns einen Überblick über den Aufbau eines realen Rechnerkomplexes. Dabei werden wir uns auf die Leistungsträger eines Systemkomplexes konzentrieren, deren Beitrag zur Gesamtsystemleistung wir in den folgenden Kapiteln noch eingehend untersuchen werden.

2.2 Prinzipieller Aufbau eines Rechnerkomplexes

Wir beginnen mit der schematischen Darstellung des inneren Aufbaues eines Rechnerkomplexes in Abbildung 2.2.1. Die Abbildung zeigt die internen Komponenten eines Rechnerkomplexes, die die wesentlichen internen Leistungsträger eines Systems ausmachen.

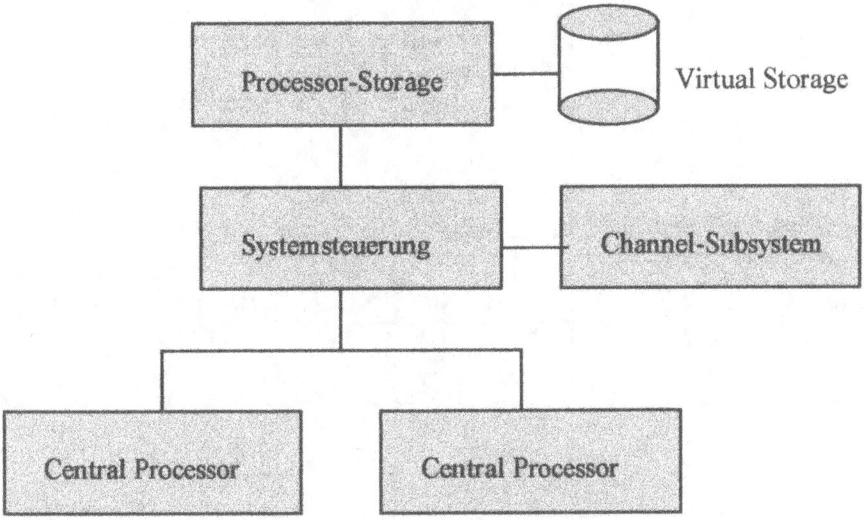

Abbildung 2.2.1: Interne Server eines Prozessorkomplexes

Dies sind

- die Zentralprozessoren (auch Central Processor, Instruction-Processor, Central Processing-Unit (=CPU)),
- der Prozessorspeicher (Processor-Storage) und der virtuelle Speicher (Virtual Storage) sowie
- das Channel-Subsystem.

Die Systemsteuerung ist eine Instanz, die die Prozesse der verschiedenen Komponenten aufeinander abstimmt, steuert und koordiniert. Externe Leistungsträger sind die I/O-Peripherie, vorzugsweise Magnetplatten und die Netzeinrichtungen, die die angeschlossenen Terminals mit dem Rechner verbinden. Die Anbindung dieser beiden wesentlichen externen Leistungsträger ist in Abbildung 2.2.2 schematisch dargestellt. Die Anbindung des Netzwerkes erfolgt über einen Spezialrechner (Network-Communication-Controller, abgekürzt NCC, auch Front-End-Processor, abgekürzt FEP), der den Zentralrechner von bestimmten, die Terminalsteuerung betreffenden Aufgaben entlastet (siehe Kapitel 6). Im NCC läuft das Network-Control-Program, abgekürzt NCP, das diese Funktionen wahrnimmt.

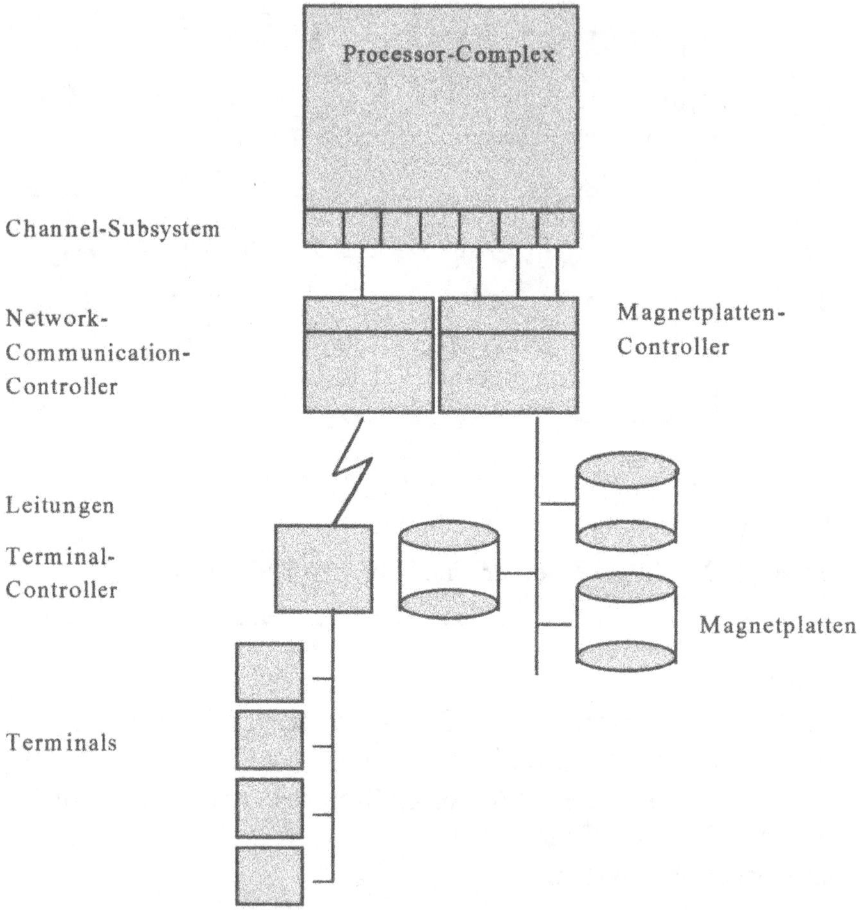

Abbildung 2.2.2: Externe Server eines Prozessorkomplexes

Eine wie auch immer definierte Working-Unit - wir sprechen auch im folgenden von einer Transaktion - durchläuft die Server (Prozessor, Magnetplatten, NCC) eines Systems nacheinander. Die Leistungsfähigkeit eines jeden Servers trägt zur Gesamtleistung des Rechnerkomplexes bei. Dabei läßt sich der leistungsschwächste Server mit dem schwächsten Glied einer Kette vergleichen. Dieser bestimmt die Leistungsfähigkeit des Systemkomplexes. Der in bezug auf die abgewickelte Transaktionslast leistungsschwächste Server heißt gemäß Abschnitt 1.4 Bottleneck-Server.

2.3 Definition und Ermittlung der Systemleistung

Wir unterstellen nun, daß die Arbeitseinheit "Transaktion" hinreichend präzise beschrieben werden kann, und definieren:

External Transaction-Rate

Unter der External Transaction-Rate r_e versteht man die maximale Anzahl Transaktionen, die ein System bei Einhaltung einer Obergrenze t_{r_0} für die Response-Time t_r pro Zeiteinheit (Transaction-Rate) , durchzusetzen in der Lage ist:

$$r_e = \max\left\{\frac{n}{t}\right\}_{t_r \leq t_{r_0}} \quad , \text{ t vorgegebenes Zeitintervall.}$$

Die External Transaction-Rate definiert die Leistung eines Rechnerkomplexes mit einer bestimmten Konfiguration unter einem definierten Workload. Alle möglicherweise vorhandenen Konfigurationsengpässe in bezug auf die gefahrene Last sind in die Betrachtung einbezogen (Leistung eines Systems, so wie es ist).

Relativer Leistungsfaktor

Verfügt ein System A über eine Leistung r_e^A, ein System über eine Leistung r_e^B, so versteht man unter dem relativen Leistungsfaktor $RLF_e^{A/B}$ zwischen den Systemen A und B den Faktor

$$RLF_e^{A/B} = \frac{r_e^A}{r_e^B} .$$

Wir beschreiben nun ein Verfahren, wie r_e in praxi bestimmt wird (siehe [1] und Abbildung 2.3.1):

- Mit Hilfe eines Transaction-Generators (beispielsweise TPNS von IBM) wird auf einem Transaction-Driver-System (TDS) eine Transaktionslast generiert und in das zu testende System (System

Under Test, abgekürzt SUT) über einen lokalen Network-Communication-Controller (NCC) eingeschleust.

- Die Last wird hochgefahren bis t_{r_0} erreicht oder der Prozessor gesättigt ist. Dabei wird die Lasterhöhung entweder durch Erhöhung der Benutzeranzahl k oder durch Reduzierung der User-Think-Time t_u gemäß $r = \frac{k}{t_r + t_u}$ simuliert.
- Schließlich wird die Anzahl n der in einem Zeitintervall t (in Sekunden) durchgesetzten Transaktionen gemessen und der Quotient $r_e = \frac{n}{t}$ gebildet.

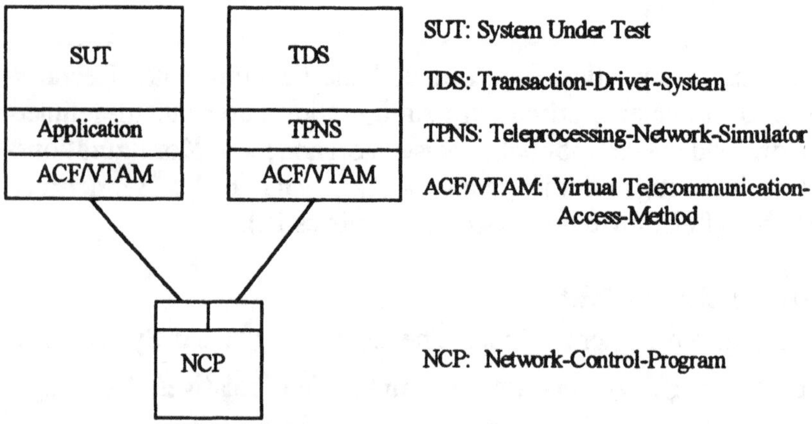

Abbildung 2.3.1: Meßvorgang zur Bestimmung der Systemleistung

In [1] findet man auf dieser Basis gezogene Vergleiche zwischen verschiedenen Amdahl-Rechnern. Ein Ergebnis stellen wir tabellarisch in Abbildung 2.3.2 auszugsweise für einen TSO-Workload (TSO = Time-Sharing-Option der IBM) dar. Die Systeme (SUT) waren maximal konfiguriert, das heißt, die Modelle 5890-300E und 5890-700 mit 64 Channels und 256 MB Real Storage, die 600E mit 128 Channels und 512 MB Real Storage.

Bildet man die Relativen Leistungsfaktoren RLF_e in Relation zu dem leistungsschwächsten Modell 5890-300E, so erhält man die in Abbildung 2.3.3 dargestellten Werte.

Rechnertyp	k	r_e	t_r	δ
5890-300E	520	36.13	1.12	98.84
5990-700	680	47.03	1.29	98.02
5990-600E	810	58.27	0.87	98.46

Abbildung 2.3.2: External Transaction-Rate (TSO) für Amdahl-Modelle

Rechnertyp	RLF_e
5890-300E	1.00
5990-700	1.30
5890-600E	1.61

Abbildung 2.3.3: Relative Leistungsfaktoren (TSO) für Amdahl-Modelle

Ziel der Hersteller ist es, die Leistungsfähigkeit maximal konfigurierter Systeme anzugeben. Für die Messung der Systemleistung werden deshalb die Rechner mit der maximal möglichen Channel-Anzahl und mit der maximalen Speicherkapazität ausgestattet. Zudem werden die Systeme im I/O-Umfeld engpaßfrei konfiguriert, so daß sich der Prozessor auf nahezu 100 Prozent hochfahren läßt. Bei den Amdahl-Performance-Messungen gilt der Prozessor als gesättigt, wenn er mindestens zu 95 Prozent ausgelastet ist.

2.4 Modell zur Bestimmung der Systemleistung

Im folgenden Abschnitt werden wir ein System under Test modellieren, den Leistungsindex r_e berechnen und uns verschiedene Effekte ansehen. Wir beschreiben zunächst das Modell.

Konfigurationsparameter

Das System besteht aus

- einem Prozessor,
- einem DASD-I/O-Actuator und
- k Terminals (= k Benutzer).

Modellparameter

Wir modellieren das System mit einem geschlossenen Warteschlangensystem. Der Prozessor- und der DASD-Server werden durch M/M/1-FCFS-Knoten modelliert, die Terminals durch einen M/M/∞ - Knoten:

- S_1 : Knoten vom Typ M/M/∞ -FCFS als Terminal-Server,
- S_2 : Knoten vom Typ M/M/1-FCFS als Processor-Server,
- S_3 : Knoten vom Typ M/M/1-FCFS als DASD-Server.

Die Übergangswahrscheinlichkeiten sind, wie folgt, definiert: $p_{1,2} = 1.0$, $p_{2,3} = 0.5$, $p_{2,1} = 0.5$ und $p_{3,2} = 1.0$ ($p_{i,j} = 0$ sonst). Eine Transaktion besteht demzufolge aus einer gegen den DASD-Server gerichteten I/O-Operation und aus zwei Requests an den Prozessor. Dies folgt unmittelbar aus dem Gleichungssystem

$$d_1 = d_2 \cdot p_{2,1}$$
$$d_2 = d_1 \cdot p_{1,2} + d_3 \cdot p_{3,2}$$
$$d_3 = d_2 \cdot p_{2,3},$$

wenn man $d_i = 1$ setzt (in einem geschlossenen Netzwerk existieren N-1 unabhängige Gleichungen, siehe [7]).

Lastparameter

Als Lastparameter gilt bei konstanter User-Think-Time t_u die Anzahl k der Benutzer (= Anzahl Terminals).

Leistungsparameter

Leistungsparameter sind die Bearbeitungszeiten t_{s_i} (i=2,3) der Server S_2 und S_3 sowie die User-Think-Time t_u der Benutzer, die als Service-Time der Terminal-Server interpretiert werden kann (siehe auch Kapitel 1).

In Abbildung 2.4.1 stellen wir das Modell schematisch dar.

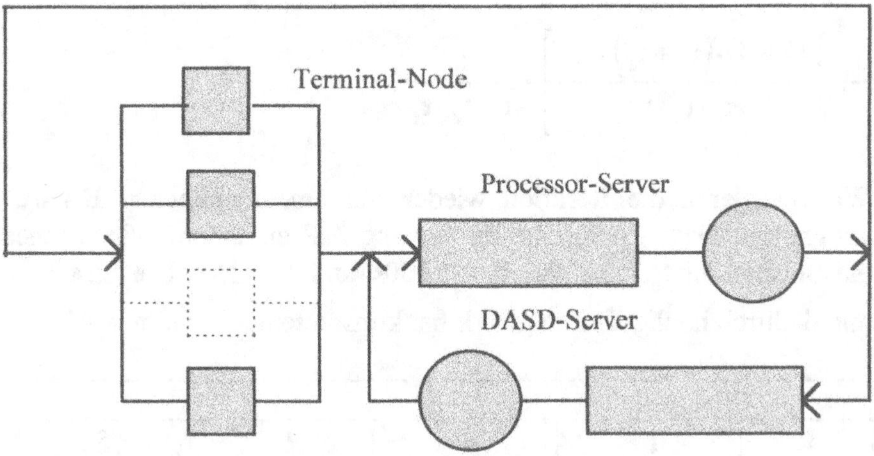

Abbildung 2.4.1: Modell zur Bestimmung der Systemleistung r_e

Aus $t_r = \frac{k}{r} - t_u$ folgt mit $t_r = \frac{t_{s_2}^{trx}}{1-\delta_2} + \frac{t_{s_3}^{trx}}{1-\delta_3}$

$$r^3 \cdot t_u \cdot t_{s_2}^{trx} \cdot t_{s_3}^{trx} - r^2 \cdot \left(k \cdot t_{s_2}^{trx} \cdot t_{s_3}^{trx} + 2 \cdot t_{s_2}^{trx} \cdot t_{s_3}^{trx} + t_u \cdot \left(t_{s_2}^{trx} + t_{s_3}^{trx}\right)\right)$$

$$+r \cdot \left(k \cdot \left(t_{s_2}^{trx} + t_{s_3}^{trx}\right) + t_{s_2}^{trx} + t_{s_3}^{trx} + t_u\right) - k = 0 .$$

Eine Lösung dieser Gleichung läßt sich beispielsweise iterativ mit dem Verfahren von Newton-Raphson ermitteln (siehe zum Beispiel [16]):

$$r_{\nu+1} = r_\nu - \frac{f(r_\nu)}{f'(r_\nu)} \quad \text{für} \quad \nu = 0,1,.....$$

Mit $t_p = t_{s_2}^{trx}$ und $t_d = t_{s_3}^{trx}$ abkürzend gilt

$$f(r) = r^3 - r^2 \cdot \left[\frac{(k+2)\cdot t_p \cdot t_d + t_u \cdot (t_p + t_d)}{t_p \cdot t_d \cdot t_u}\right]$$

$$+ r \cdot \left[\frac{(k+1)\cdot(t_p + t_d) + t_u}{t_p \cdot t_d \cdot t_u}\right] - \frac{k}{t_p \cdot t_d \cdot t_u}.$$

Wir realisieren die Iteration wieder mit einem einfachen BASIC-Programm. Das Coding ist im Anhang A.2 enthalten. Wir rechnen ein Beispiel mit $t_p = 0.050\mathrm{s}$, $t_d = 0.100\mathrm{s}$ und $t_u = 15\mathrm{s}$. Die Last wird nun dadurch hochgefahren, daß k bei konstantem t_u erhöht wird.

k	t_r	r	δ_2	δ_3
15	0.164	0.99	0.049	0.099
30	0.180	1.98	0.099	0.198
45	0.201	2.96	0.148	0.296
60	0.227	3.94	0.197	0.394
75	0.263	4.91	0.246	0.491
90	0.313	5.88	0.294	0.588
105	0.391	6.82	0.341	0.682
120	0.522	7.73	0.387	0.773
135	0.780	8.56	0.428	0.856
150	1.325	9.19	0.459	0.919
153	1.485	9.28	0.464	0.928
154	1.542	9.31	0.465	0.931
165	2.288	9.54	0.477	0.954
180	3.539	9.71	0.485	0.971
195	4.914	9.79	0.490	0.979
210	6.342	9.84	0.492	0.984
225	7.796	9.87	0.494	0.987

Abbildung 2.4.2: Modellrechnung mit $t_u = 15\mathrm{s}$, $t_{s_2}^{trx} = 0.05\mathrm{s}$ und $t_{s_3}^{trx} = 0.1\mathrm{s}$

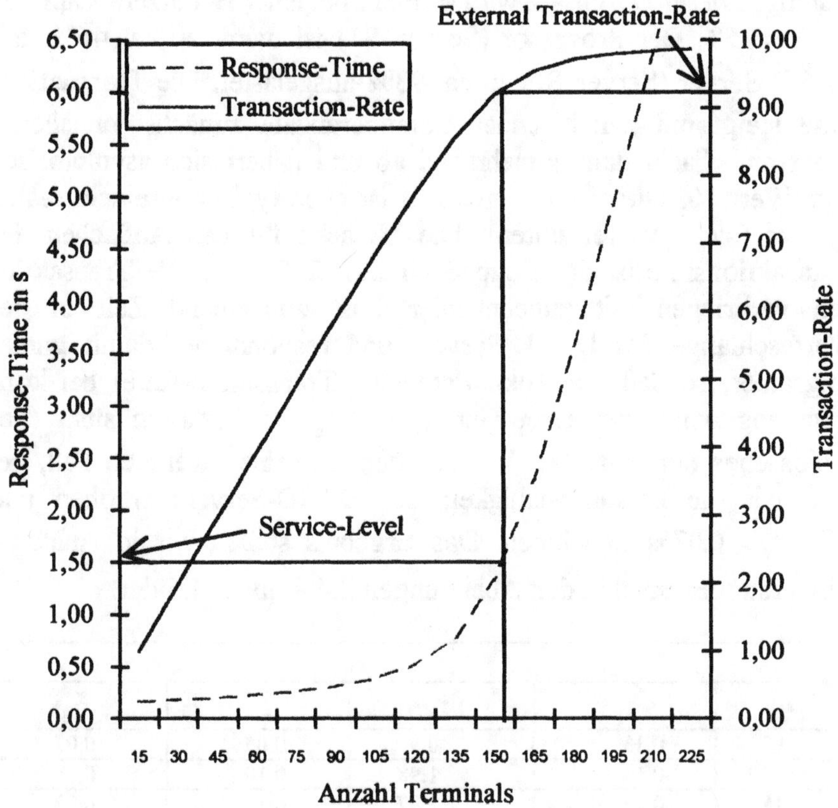

Abbildung 2.4.3: Modellrechnung mit $t_u = 15s$, $t_{s_2}^{trx} = 0.05s$ und $t_{s_3}^{trx} = 0.1s$

Die noch tolerierte Response-Time t_{r_0} fixieren wir auf 1.5s. Erwarten kann man, daß sich der Durchsatz unterhalb $r_e = 10$, was der Nennleistung des DASD-Servers entspricht, einpendelt. Der DASD-Server ist in diesem Falle der Bottleneck-Server. Der Prozessor wird sich mit dieser Last zu maximal 50% auslasten lassen. Das Ergebnis ist in Abbildung 2.4.2 tabellarisch und in Abbildung 2.4.3 grafisch dargestellt. Bei der tabellarischen Darstellung wird k um 15, in der Nähe des Sättigungspunktes in kürzeren Abständen inkrementiert. Im Ergebnis ist der Sättigungspunkt des Systems erreicht bei einem Durchsatz von $r \approx 9.3$ Transaktionen pro Sekunde. Dies ist definitionsgemäß die Leistung r_e unseres Modellsystems. Dieser Durchsatz wird erreicht bei einer Benutzeranzahl von ca. $k = 153$. Der Prozessor (Server S_2) ist damit zu ca. 46%, der DASD-Server (Server S_3) zu ca. 93% ausgelastet. Die Transaction-Rate steigt mit zunehmender Benutzeranzahl zunächst annähernd linear an, flacht dann zunehmend ab und nähert sich asymptotisch dem Wert 10. Dieser Kurvenverlauf ist auch typisch in einem realen System (siehe weiter unten). Die Ursache für das Abflachen der Transaktionsrate ist der Engpaß im DASD-Server. Die Transaktionen verbringen mit zunehmender Last zunehmend Zeit in der Warteschlange des DASD-Servers und respondieren damit immer langsamer, so daß die Ankunftsrate (= Transaction-Rate) bei konstant angenommener User-Think-Time t_u zwangsläufig sinkt (geschlossenes Server-Netz). Wir rechnen nun einen weiteren Fall, bei dem wir die Leistungsfähigkeit des DASD-Servers erhöhen und $t_{s_3}^{trx} = t_d = 0.075s$ annehmen. Das Ergebnis stellen wir in Analogie zum ersten Beispiel in den Abbildungen 2.4.4 und 2.4.5 dar.

k	t_r	r	δ_2	δ_3
15	0.13	0.99	0.05	0.07
30	0.14	1.98	0.10	0.15
45	0.16	2.97	0.15	0.22
60	0.17	3.96	0.20	0.30
75	0.19	4.94	0.25	0.37
90	0.21	5.92	0.30	0.44
105	0.23	6.89	0.35	0.52
120	0.27	7.86	0.39	0.59
135	0.31	8.82	0.44	0.66
150	0.38	9.75	0.49	0.73
165	0.48	10.66	0.53	0.80
180	0.66	11.49	0.58	0.86
195	1.00	12.19	0.61	0.91
206	1.41	12.55	0.63	0.94
207	1.46	12.58	0.63	0.94
208	1.50	12.60	0.63	0.95
210	1.60	12.65	0.63	0.95
225	2.44	12.90	0.65	0.97

Abbildung 2.4.4: Modellrechnung mit $t_u = 15s$, $t_{s_2}^{trx} = 0.05s$ und $t_{s_3}^{trx} = 0.075s$

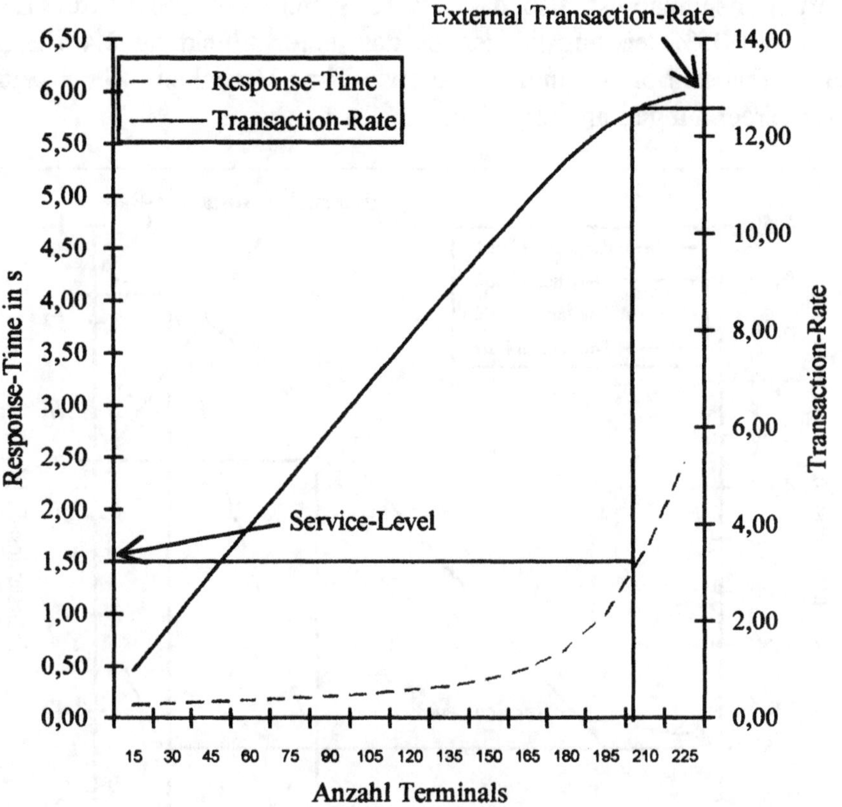

Abbildung 2.4.5: Modellrechnung mit $t_u = 15s$, $t_{s_2}^{trx} = 0.05s$ und $t_{s_3}^{trx} = 0.075s$

Die Abflachung der Transaktionskurve setzt nun erwartungsgemäß später ein. Der Sättigungspunkt liegt bei ca. $r = 12.6$ Transaktionen pro Sekunde, die Anzahl der unterstützten Terminals bei ca. $k = 208$. Der Prozessor (Server S_2) ist jetzt zu ca. 63% und der DASD-Server (Server S_3) zu ca. 95% ausgelastet. Bildet man nun den Relativen Leistungsfaktor RLF_e zwischen den beiden so gemessenen Systemen, so erhält man

$$RLF_e = \frac{r_e^2}{r_e^1} = \frac{12.6}{9.3} \approx 1.35.$$

Definitionsgemäß ist also das zweite System um den Faktor 1.35 bzw. um 35% leistungsfähiger als das erste. Abbildung 2.4.6 zeigt das Transaktions- und Response-Time-Verhalten für beide Modellrechnungen im Vergleich.

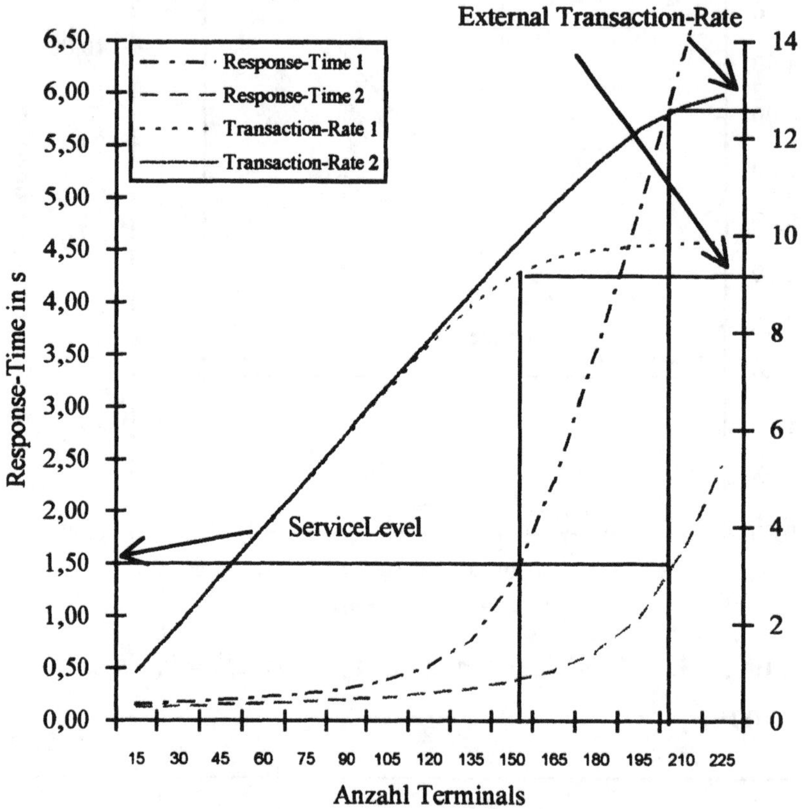

Abbildung 2.4.6: Beide Modellrechnungen im Vergleich

Dieses Ergebnis beschreibt die Leistung der Systeme, so wie sie sind, das heißt, die Leistung bei einer bestimmten, nicht notwendig maximalen Ausstattung und bei einer nicht notwendig optimalen Konfiguration (Engpaß im DASD-Server). Die Aussage gilt für eine bestimmte Transaktionsklasse, die die Systemserver in der angegebenen Weise frequentiert. Aussagen dieser Qualität werden beispielsweise benötigt, wenn es darum geht, die Auswirkung von Konfigurationsänderungen abzuschätzen ("Was ist wenn"-Analysen). Mit entsprechenden Modellierungs-Tools, die zunächst eine "Aufnahme" des Systems (Konfiguration, Leistung der Server, Laststrukturen) vornehmen und aufbauend auf diesen Daten das Live-System auf ein Modell abbilden, lassen sich derartige Analysen vornehmen. In der Regel werden damit die üblichen Leistungsindizes berechnet und die kritischen Server identifiziert. Auf dieser Basis können dann Last- und Konfigurationsänderungen "gespielt" werden (siehe beispielsweise [6]).

Die Hersteller von Rechnern sind daran interessiert, dem potentiellen Systemnutzer die maximal möglichen Leistungsindizes ihrer Systeme zu vermitteln. Deshalb werden bei den Meßvorgängen die maximalen Systemkonfigurationen hinterlegt und die Systeme im I/O-Bereich (DASD-Equipment) engpaßfrei konfiguriert.

Wir modellieren nun ein im I/O-Bereich engpaßfreies System, in dem wir den Knoten, der das DASD-Equipment repräsentiert, als $M/M/\infty$ - Knoten ausbilden (siehe Abbildung 2.4.7).

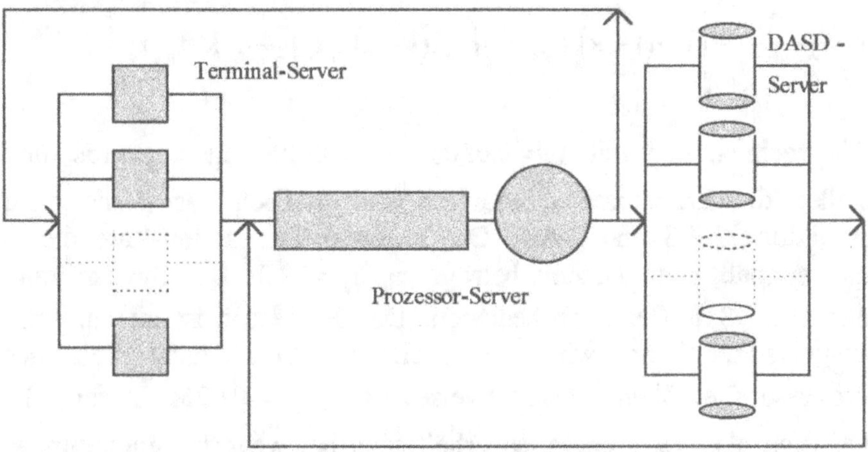

Abbildung 2.4.7: Modell eines engpaßfreien Systems

Es gilt ($t_{s_2}^{trx}$ und $t_{s_3}^{trx}$ wieder mit t_p bzw. t_d abkürzend)

$$t_r = \frac{t_p}{1-\delta_p} + t_d .$$

Mit $t_r = \frac{k}{r} - t_u$ folgt

$$r^2 - r \cdot \frac{t_p \cdot (1+k) + t_d + t_u}{t_p \cdot (t_d + t_u)} + \frac{k}{t_p \cdot (t_d + t_u)} = 0.$$

Setzt man noch $t_c = t_d + t_u$, so erhält man als Lösung dieser quadratischen Gleichung

$$r_{1/2} = \frac{t_p \cdot (1+k) + t_c}{2 \cdot t_p \cdot t_c} \pm \sqrt{\left(\frac{t_p \cdot (1+k) + t_c}{2 \cdot t_p \cdot t_c}\right)^2 - \frac{k}{t_p \cdot t_c}} \,.$$

Es ist leicht einzusehen, daß für die Lösung unseres Problems nur der "+"-Zweig in Frage kommt, so daß die Lösung schließlich lautet:

$$r = \frac{1}{2 \cdot t_p \cdot t_c} \cdot \left[t_p \cdot (1+k) + t_c + \sqrt{\left(t_p \cdot (1+k) + t_c\right)^2 - 4 \cdot k \cdot t_p \cdot t_c} \right].$$

Wir rechnen nun mit $t_p = 0.050\text{s}$, $t_d = 0.100\text{s}$ und $t_u = 15\text{s}$ und stellen die Ergebnisse tabellarisch und grafisch dar (siehe dazu Abbildung 2.4.8 und 2.4.9). Die External Transaction-Rate dieses nun engpaßfreien Systems beträgt ca. $r_e = 19.3$. Das System kann damit ca. 318 Benutzer bedienen. Der Prozessor ist zu ca. 96% ausgelastet. Wenn wir nun noch die Leistungsfähigkeit des Prozessors erhöhen, beispielsweise $t_p = t_{s_2}^{trx} = 0.025\text{s}$ setzen, die Leistung also verdoppeln, so erhält man bei weiterhin engpaßfreier Konfiguration ca. $r_e = 39.3$. Die Anzahl der Benutzer, die bedient werden können, beträgt ca. 648, der Relative Leistungsfaktor RLF_e zwischen den beiden Systemen

$$\text{RLF}_e^{2/1} = \frac{r_e^2}{r_e^1} = \frac{39.3}{19.3} \approx 2.04 \,.$$

k	t_r	r	δ_2
30	0.155	1.98	0.099
60	0.162	3.96	0.198
90	0.171	5.93	0.297
120	0.183	7.90	0.395
150	0.199	9.87	0.493
180	0.222	11.82	0.591
210	0.260	13.76	0.688
240	0.330	15.66	0.783
270	0.489	17.43	0.872
300	0.944	18.82	0.941
316	1.424	19.24	0.962
317	1.457	19.26	0.963
318	1.492	19.28	0.964
319	1.529	19.30	0.965
330	1.957	19.46	0.973
360	3.287	19.69	0.984
390	4.714	19.78	0.989

Abbildung 2.4.8: Modell eines engpaßfreien Systems

In der Literatur (beispielsweise in [1]) findet man auch oft die External Transaction-Rate gegen "Processor-Busy" aufgetragen. Siehe Abbildung 2.4.10. In Abbildung 2.4.11 und 2.4.12 zeigen wir Ergebnisse aus [1], bei denen ein Prozessorsystem (Amdahl 5890-300E) bei unterschiedlicher Realspeicherausstattung mit einem TSO-Workload getestet wurde. Die Kurvenverläufe sowohl bei der Transaction-Rate als auch bei der Response-Time stimmen qualitativ mit unserem Erklärungsmodell überein.

Wir schließen dieses Kapitel ab mit einer Abschätzung des Relativen Leistungsfaktors bei Systemen, die mit einen "Mixed Workload" gefahren werden. Dies ist in praxi der Normalfall. Nur selten werden Systeme mit wenigstens annähernd homogenen Transaktionslasten betrieben. Das gilt maximal für sehr große Installationen, die beispielsweise Platzbuchungssysteme fahren.

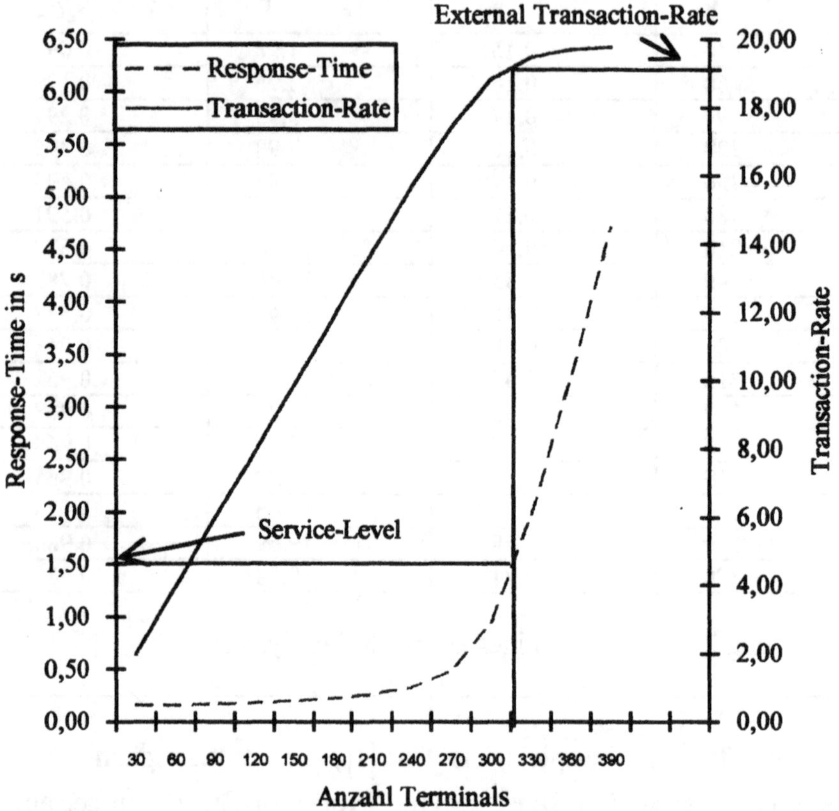

Abbildung 2.4.9: Modell eines engpaßfreien Systems

Wir betrachten Transaktionsklassen trx_i, die mit der relativen Häufigkeit h_i $\left(\sum h_i = 1\right)$ gefahren werden. Seien nun $r_{e,i}^A$ die External Transaction-Rates für die Transaktionsklassen trx_i auf einem System A, $r_{e,i}^B$ die entsprechenden Werte auf einem System B. Als grobe Näherung für den durchschnittlichen Relativen Leistungsfaktor $RLF_e^{A/B}$ zwischen den Systemen A und B benutzen wir

$$RLF_e^{A/B} = \sum_i h_i \cdot RLF_{e,i}^{A/B} = \sum_i h_i \cdot \frac{r_{e,i}^A}{r_{e,i}^B}.$$

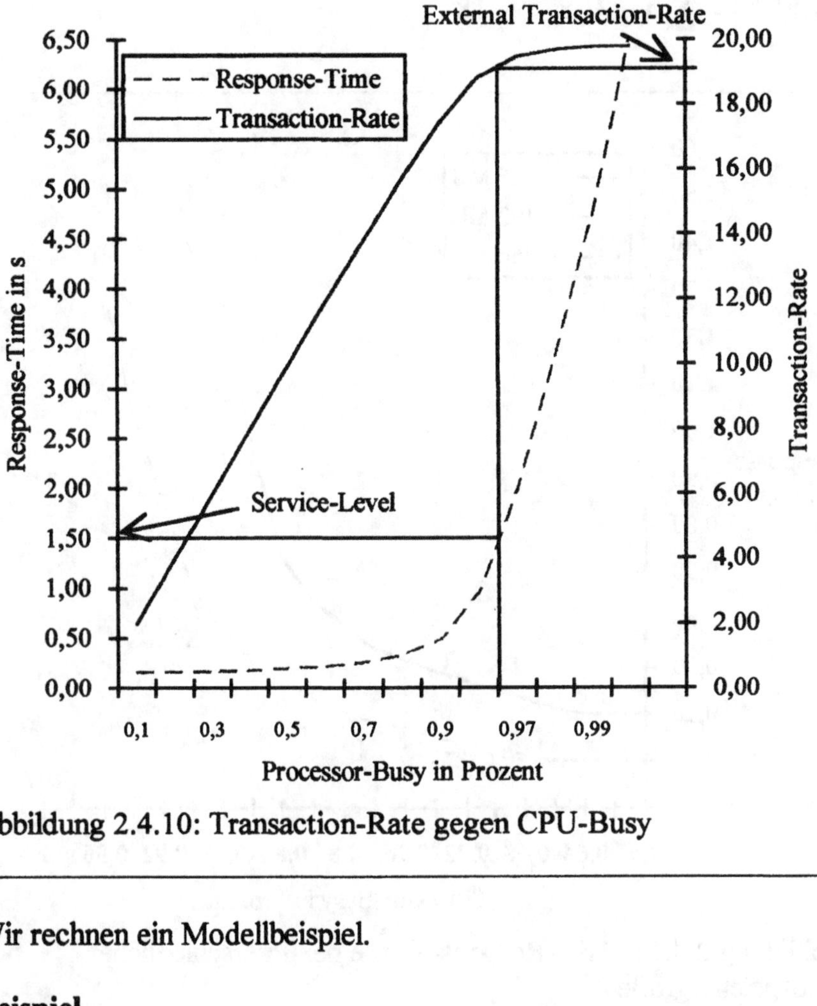

Abbildung 2.4.10: Transaction-Rate gegen CPU-Busy

Wir rechnen ein Modellbeispiel.

Beispiel

In Abbildung 2.4.13 sind die External Transaction-Rates $r_{e,i}^{A}$ und $r_{e,i}^{B}$ für zwei Systeme A und B für verschiedene Transaktionsklassen trx_i $(i = 1,\ldots,5)$ sowie die Relativen Leistungsfaktoren $RLF_{e,i}^{A/B}$ für die beiden Systeme dargestellt. Ist nun

$$h_1 = 0.1, h_2 = 0.1, h_3 = 0.2, h_4 = 0.1 \text{ und } h_5 = 0.5,$$

so gilt für den durchschnittlichen Relativen Leistungsfaktor zwischen den beiden Systemen

$$RLF_e^{A/B} = \sum_i h_i \cdot RLF_{e,i}^{A/B} \approx 1.8$$

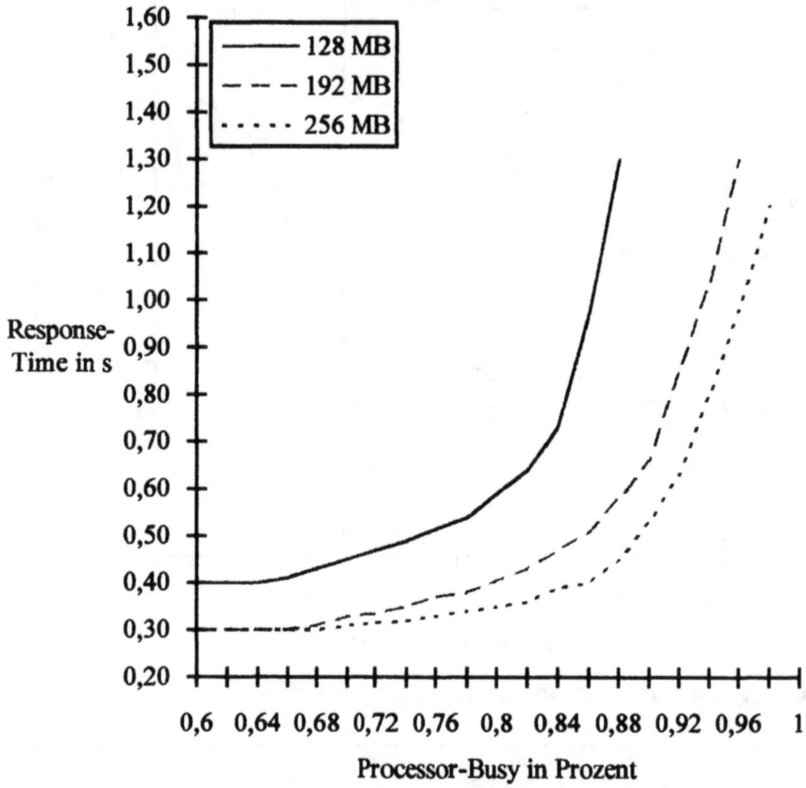

Abbildung 2.4.11: TSO-Response-Time bei unterschiedlicher Realspeichergröße

Im Ergebnis heißt das, daß schlecht performante Transaktionsklassen, wenn sie in einer signifikanten Häufigkeit gefahren werden, die Gesamtsystemleistung drücken können. Insofern müßten Leistungsangaben mittels der External Transaction-Rate immer mehrdimensional sein. Mit einer einzigen Größe r_e zu operieren ist deshalb vom theoretischen Ansatz her falsch. In praxi allerdings sind alle anderen Umgebungsparameter in der Regel so wenig exakt, daß detailliertere Betrachtungen gewöhnlich unüblich und auch nicht erforderlich sind.

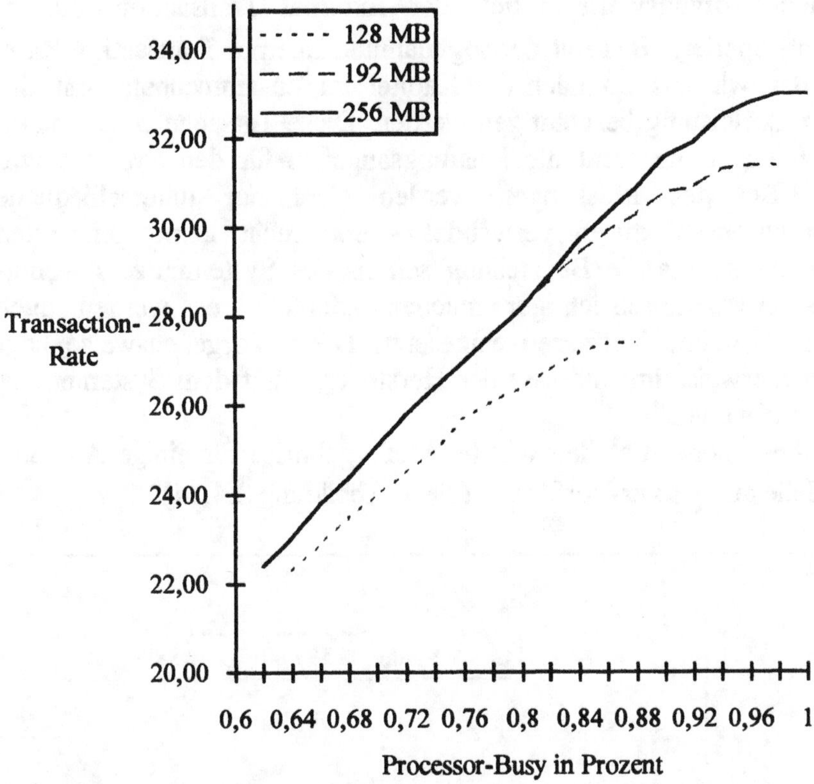

Abbildung 2.4.12: TSO-Transaction-Rate bei unterschiedlicher Realspeichergröße

trx_i	$r_{e,i}^{B}$	$r_{e,i}^{A}$	$RLF_{e,i}^{A/B}$
1	20	36	1.8
2	15	30	2.0
3	10	18	1.8
4	30	60	2.0
5	20	34	1.7

Abbildung 2.4.13: Relative Leistungsfaktoren eines Mixed Workloads

Während z. B. der Hersteller Amdahl die Leistung seiner Rechnermodelle vorzugsweise mittels der External Transaction-Rate r_e angibt, operiert IBM mit der sogenannten Internal Transaction-Rate, mit der wir uns im nächsten Kapitel im Zusammenhang mit der Prozessorleistung beschäftigen werden. Diese Tatsache zeigt erneut, wie wenig transparent die Leistungsangaben für den Systemnutzer sind. Bei den Messungen werden nicht nur unterschiedliche Transaktionsstrukturen verwendet - erst recht keine genormten Workloads, was die Beurteilung seitens des Systemnutzers wenigstens etwas durchsichtiger machen könnte - es werden auch unterschiedliche Verfahren eingesetzt. Diese Vorgehensweise liegt möglicherweise im Interesse der Hersteller, nützt dem Systemnutzer aber nur wenig.

Abschließend stellen wir die Meßergebnisse für einige Amdahl-Modelle aus [1] zur Verfügung (siehe Abbildung 2.4.14).

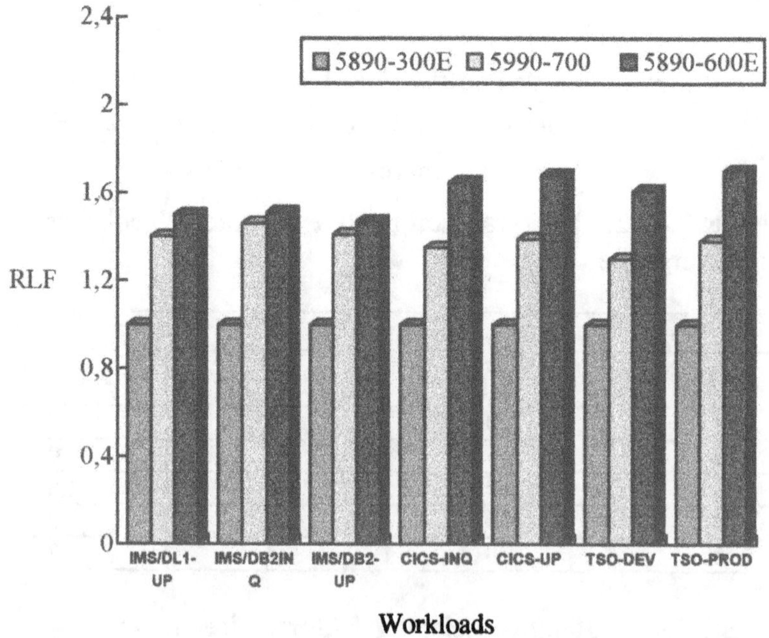

Abbildung 2.4.14: Relative Leistungsfaktoren für Amdahl-Modelle

Es handelt sich dabei um die Relativen Leistungsfaktoren RLF_e derjenigen Modelle, deren Leistung wir im letzten Abschnitt für einen TSO-Workload bereits dargestellt haben. Die Relativen Leistungsfaktoren sind wieder auf das Basismodell Amdahl 5890-300E bezogen. Die nach [1] vollständige Meßreihe umfaßt Messungen für die folgenden Workloads (Transaktionsklassen):

- IMS/DL1-Update,
- IMS/DB2-Inquiry,
- IMS/DB2-Update,
- CICS/Inquiry,
- CICS/Update,
- TSO-Development und
- TSO-Poduction.

In [1] findet man auch eine detaillierte Beschreibung dieser Workloads.

3 Zentralprozessoren

3.1 Einleitung

In dem vorliegenden Kapitel befassen wir uns mit der Leistungsmessung- und Leistungsbeurteilung von Zentralprozessoren. Ähnlich wie für die Leistungsbeurteilung des Gesamtsystems fehlt auch für die Leistungsbeurteilung eines Prozessors (auch Central Processing-Unit, abgekürzt CPU oder Instruction-Processor) eine einheitliche, allgemein anerkannte und genutzte Leistungseinheit. Wir werden in diesem Kapitel auf die heute in praxi verwendeten Größen eingehen und die damit verbundenen Probleme aufzeigen. Zunächst werden wir uns aber grundlegend mit dem Aufbau eines Rechners beschäftigen. Dabei stehen Technik und Design als die Leistungsträger eines Rechnersystems im Vordergrund. Im Anschluß werden wir bestimmte Effekte besprechen, die bei Diskussionen über die Leistungsfähigkeit von herstellerübergreifenden Systemen oft zu Irritationen führen. Abschließend werden wir uns mit Fragen des Kapazitäts-Managements befassen.

3.2 Technik und Design eines Rechnerkomplexes

Wir verfeinern das Bild, das wir uns in Kapitel 2 vom inneren Aufbau eines Rechnerkomplexes gemacht haben und stellen beispielhaft den Aufbau einer Amdahl 5995-3550M dar (siehe Abbildung 3.2.1 und [2]). Bei der Amdahl 5995-3550M handelt es sich um einen Rechner neuerer Technologie mit drei Instruktionsprozessoren (Triade). Wir gehen kurz auf die dargestellten Komponenten des Rechnerkomplexes ein. Dabei können wir an dieser Stelle auf die Funktionsbeschreibung von CPU, IOP, MSU und ESU verzichten. Diese werden wir später in diesem Kapitel (CPU) bzw. in den Folgekapiteln 4 (IOP) und 5 (MSU und ESU) eingehend besprechen.

SCU mit SC und SDS

Die System-Control-Unit koordiniert die Kommunikation und den Datentransfer zwischen den Units des Komplexes und kontrolliert den Zugriff auf den Processor-Storage (Main Storage und Expanded Storage, siehe Kapitel 5). Über den SDS (System-Data-Switch) läuft der Austausch von Daten, über den SC (System-Controller) der Austausch von Kontrollinformation.

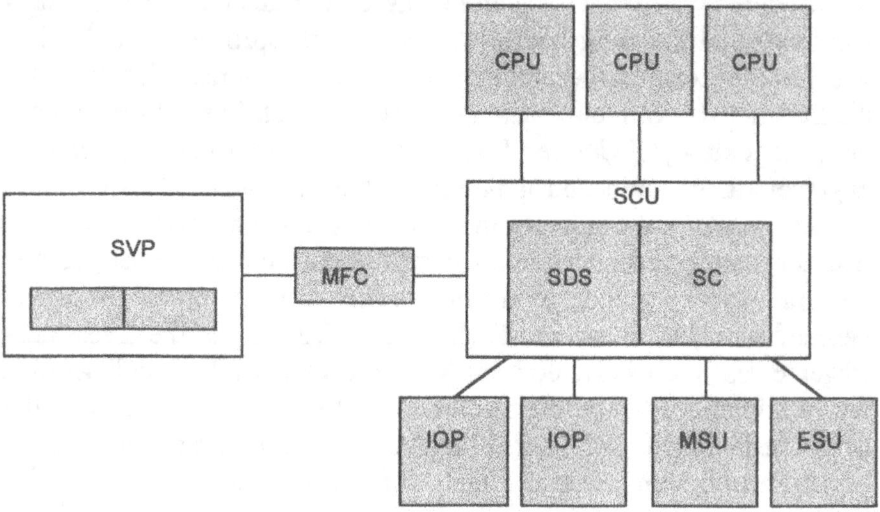

CPU	Central Processing-Unit
SCU	System-Control-Unit
MSU	Main Storage-Unit
ESU	Expanded Storage-Unit
IOP	Input/Output-Processor
SVP	Service-Processor
MFC	Mainframe-Controller
SDS	System-Data-Switch
SC	System-Controller

Abbildung 3.2.1: Schematische Darstellung des Rechnerkomplexes Amdahl 5995-3550M

SVP und MFC

Der Service-Processor SVP überwacht und kontrolliert als unabhängiger Prozessor den Gesamtkomplex. Über den Mainframe-Controller (MFC) werden Informationen über im Komplex aufgetretene Fehler an den SVP gesendet und dort auf einer Hard Disk abgelegt.

Der SVP ist außerdem für die gesamte Error-Recovery der 5995 zuständig.

Die Rechnerleistung (Prozessorleistung) wird im wesentlichen bestimmt durch die Faktoren

- Technologie und
- Design.

Zu den Technologiefaktoren gehören

- die Takt- oder Maschinenzykluszeit,
- die Logic Chip-Technologie (Anzahl Schaltkreise pro Chip und Schaltgeschwindigkeit),
- die Storage-Chip-Technologie (Speicherdichte der Memory-Chips in Bit/Chip, Speicherzugriffszeit oder Speicherzykluszeit, Verwendung von Static RAMs = SRAMs oder Dymanic RAMs = DRAMs) und die
- Übertragungskapazität (Leitungsbreite = Anzahl parallel übertragbarer Bytes, Busrate) der Pfade für den Austausch von Daten und Kontrollinformation zwischen den Rechnerkomponenten.

Taktzeit und Maschinenzykluszeit

Die Taktzeit oder Maschinenzykluszeit kann man sich nach [46] mit Hilfe der Abbildung 3.2.2 erklären.

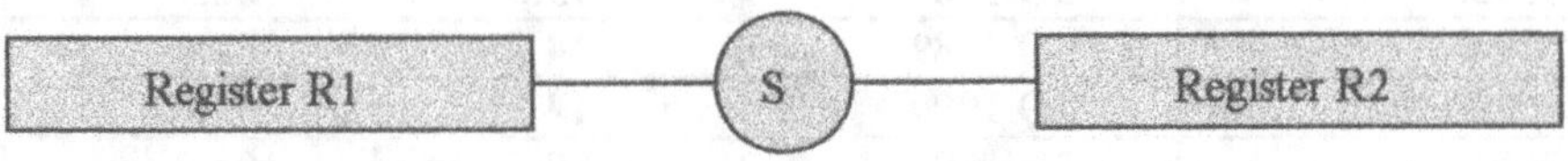

Abbildung 3.2.2: Zykluszeit oder Taktzeit

Man stellt sich dabei die CPU als ein vermaschtes Netz von Registern vor, die untereinander verbunden sind. Dann muß zum Beispiel bei der Übertragung von Daten aus dem Register R1 zum Register R2 (siehe Abbildung 3.2.2) der Schalter S geöffnet sein. Während der Übertragungszeit darf der Inhalt des Registers R1 nicht verändert werden, so daß alle Schalter, die zu Leitungen gehören, die zum Register R1 führen, geschlossen sein müssen. Die Zeit, die benötigt wird vom Öffnen bis zum Schließen der Schalter, heißt Takt- oder

Maschinenzykluszeit. Der Takt synchronisiert die diversen, unterschiedlich lange dauernden Vorgänge in der CPU. Häufig wird auch der Kehrwert der Taktzeit, die Taktgeschwindigkeit (in Megazyklen pro μs) angegeben. In Abbildung 3.2.3 sind beispielhaft die Zykluszeiten bzw. Taktgeschwindigkeiten für einige Amdahl-Prozessoren dargestellt. In Abbildung 3.2.4 zeigen wir die Entwicklung der Zykluszeit für IBM-Modelle seit ca. 1985. Danach wurde die Taktrate bei den IBM-Großsystemen innerhalb von ca. 5 Jahren verdoppelt.

Modell	**Zykluszeit in s**	**Takt in MH/ µs**
Amdahl 5890	$15 \cdot 10^{-9}$	66.7
Amdahl 5995A	$10 \cdot 10^{-9}$	100.0
Amdahl 5995M	$7 \cdot 10^{-9}$	142.9
Amdahl 5995ME	$6 \cdot 10^{-9}$	166.7

Abbildung 3.2.3: Zykluszeiten und Taktgeschwindigkeiten einiger Amdahl-Modelle

Modell	**Ankündigung**	**Zykluszeit**	**Taktrate**
3090	1Q 1985	18.5	54.1
3090E	1Q 1997	17.2	58.1
3090S	3Q 1988	15.0	66.7
3090J	4Q 1989	14.5	69.0
9021 H2	3Q 1990	14.5	69.0
9021 H5	3Q 1991	9.5	105.3

Zykluszeit in Nanosekunden , Taktrate in Megaherz pro Mikrosekunde

Abbildung 3.2.4: Zykluszeiten und Taktraten bei IBM-Rechnern

Chip-Technologie

Die Entwicklung der Chip-Technologie wird gewöhnlich mit den Gesetzen von Gordon Moor beschrieben (siehe [17] und [41]). Danach wird bei den Logic Chips der Integrationsgrad in Anzahl Transistoren pro Chip angegeben.

Dem Gesetz von Moor zufolge hat sich in den vergangenen Jahren seit etwa 1960 diese Anzahl ca. alle 3 Jahre um das 2^3-fache erhöht (siehe Abbildung 3.2.5 und [17], [41]).

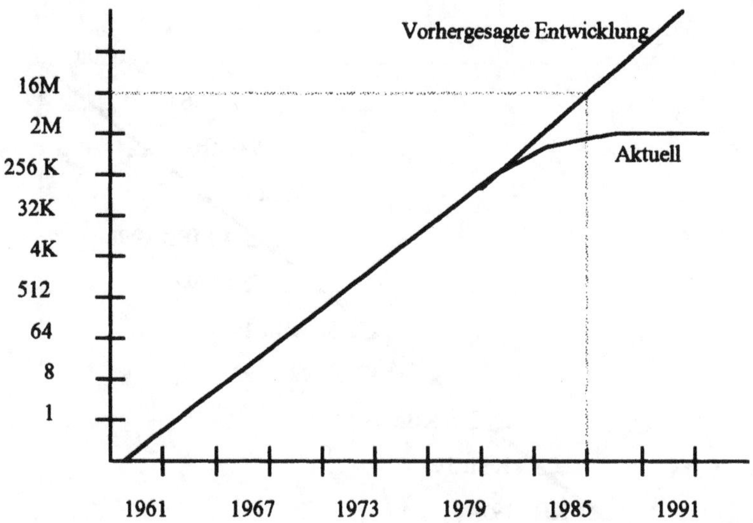

Abbildung 3.2.5: Anzahl Transistoren pro Chip nach Gordon Moor

Innerhalb von ca. 2 Dekaden wurde die Integration von 2 auf über 500.000 Transistoren pro Chip vorangetrieben, wobei man ab 20.000 Transistoren pro Chip von Very Large Scale Integration (VLSI) und ab ca. 500.000 pro Chip von Ultra Large Scale Integration (ULSI) spricht. Bei der Amdahl Modellreihe 5995M werden beispielsweise Logic Chips mit 15.000 Schaltkreisen (Circuits) pro Chip und Schaltzeiten von 70 und 80 Picosekunden verwendet. Kombinierte Logic und Random-Access Memory-Chips (RAMs) mit 64 KB RAM und 3.500 Schaltkreisen sowie mit 32 KB RAM und 8.000 Schaltkreisen werden für Buffer, Control-Storage und Register verwendet. Diese Chips verfügen über eine Schaltzeit von 80 Picosekunden und über eine Speicherzykluszeit von 1.6 Nanosekunden.

Bei den Speicherchips erfolgte in den letzten Jahren - ebenfalls nach Moor - alle 3 Jahre eine Vervierfachung der Speicherkapazität pro Chip. Siehe Abbildung 3.2.6, [17] und [41].

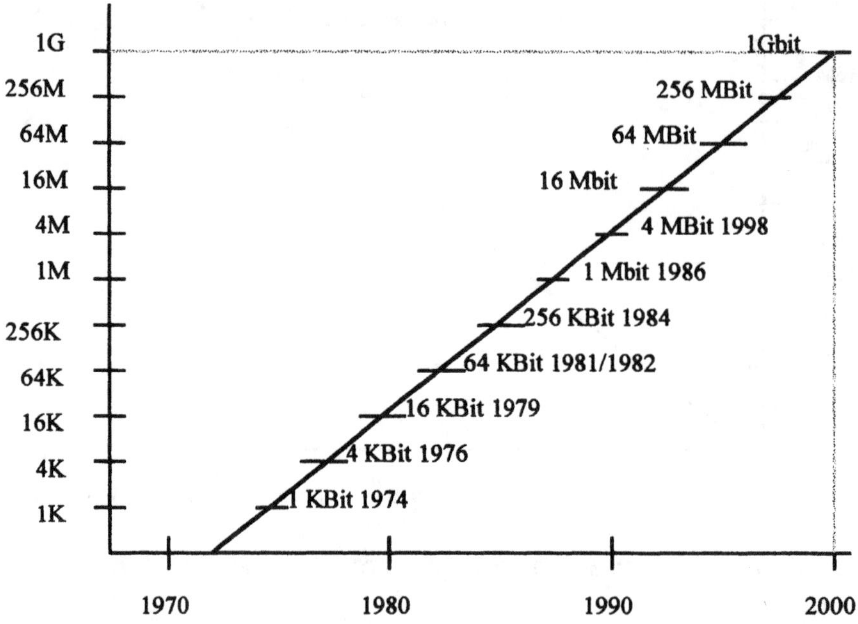

Abbildung 3.2.6: Entwicklung der Speicherkapazität pro Chip seit ca.1970

Man unterscheidet zwischen Static RAMs (SRAM) und Dynamic RAMs (DRAM). SRAMs können im Gegensatz zu DRAMs zerstörungsfrei gelesen werden. DRAMs benötigen beim Lesen eine Wiederauffrischung des Speicherinhaltes (Refresh). Die Memory-Access-Time (Speicherzugriffszeit) ist deshalb bei DRAMs zwei bis dreimal so hoch wie bei SRAMs. Bei der Modellreihe Amdahl 5995M liegt z.B. die Zugriffszeit beim Central Storage (Ausstattung mit SRAMs) bei ca. 35 Nanosekunden und beim Expanded Storage (Ausstattung mit DRAMs) bei ca. 120 Nanosekunden. In der MSU der 5995 werden 1 MBit Memory-Chips verwendet, in der ESU 4 MBit Memory-Chips.

Leitungsbreite und Busrate

Neben der Zugriffszeit auf den Speicher ist die Leitungsbreite von großer Bedeutung. Unter der Leitungsbreite versteht man die parallel übertragbare Informationsmenge z.B. vom Main Storage in den Pufferspeicher des Prozessors. Als Kennzahl dient die Bus- oder Sammelschienenrate (siehe beispielsweise [46]). Die Busrate drückt aus, wieviel Bytes pro Speicherzyklus parallel übertragbar sind. Eine Maschine mit einer Leitungsbreite von 8 Bytes und einer Speicherzykluszeit von 2 μs verfügt über eine Busrate von 4 MB pro Sekunde. Sie ist einer Maschine mit einer Leistungsbreite von 4 Bytes und einer Zykluszeit von 1.5 μs, was einer Busrate von 2.67 MB pro Sekunde entspricht, in dieser Leistungskomponente überlegen. Die Busrate stellt bei den heute verfügbaren Großsystemen allerdings keinen Engpaß mehr dar (siehe [46]).

Es ist trivial, daß keine der genannten Technologiegrößen isoliert betrachtet, in bezug auf die Leistungsfähigkeit einer Maschine, hinreichend aussagekräftig ist. Nur das Zusammenspiel aller Leistungsmerkmale ergibt die Gesamtleistung des Systems. Da aber eine die Rechnerleistung insgesamt beschreibende technologische Leistungsgröße nicht existiert, sind einzelne technologische Größen für einen Vergleich von Systemen nur bedingt tauglich.

Das Design eines Rechnerkomplexes betrifft Merkmale wie

- Rechnerorganisation (serieller, paralleler Aufbau, Multiprozessorsystem),
- Speicherorganisation (Hierarchie, Größe des Pufferspeichers, Größe des Zentralspeichers und des Erweiterungsspeichers),
- Kanalkonzept (Struktur, Anzahl Kanäle) und die
- Verwendung von μ-Code.

Serieller bzw. paralleler Aufbau eines Rechners

Wir behandeln nun einige Aspekte des Rechner-Designs. In Abbildung 3.2.7 stellen wir schematisch einen Rechner dar, dessen Aufbau als integriert bezeichnet werden kann (siehe beispielsweise [23]). Rechenwerk, Speicher, Kanäle und μ-Programm bilden eine "Processing-Unit". Es gibt zum Beispiel keinen eigenen Kanalprozessor, so daß der CPU Zyklen für das I/O-Processing verloren gehen (Cycle-Stealing).

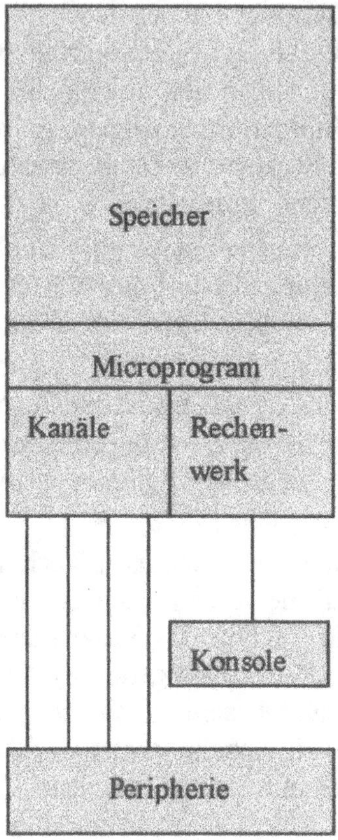

Abbildung 3.2.7: Integrierter Aufbau eines Rechners

Alle Komponenten des Rechners benutzen eine μ-Program-Logic. Die Instruktionsverarbeitung erfolgt sequentiell. In Abbildung 3.2.8 zeigen wir die grundsätzlichen Funktionen von I- und A-Werk. Dabei steht I für Instruktionswerk (I-Funktion) und A für Ausführungswerk (A-Funktion). Die Aufgabe des I-Werkes ist unter anderem die Dekodierung der Instruktion, die Aufgabe des A-Werkes die eigentliche Ausführung der Instruktion (siehe auch weiter unten in diesem Kapitel). Beide Funktionen können beim integrierten Aufbau eines Rechners nur sequentiell hintereinander ausgeführt werden. Zu den Rechnern mit integriertem Aufbau gehörte beispielsweise die IBM 4341 (siehe [23]).

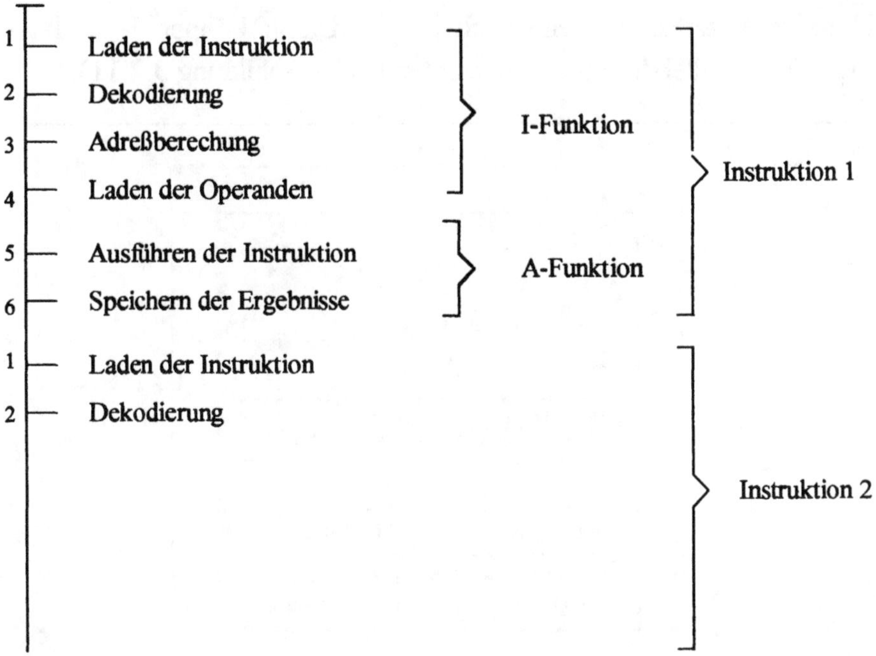

Abbildung 3.2.8: Serielle Ausführung von I- und A-Funktion

Der Parallelitätsgrad beim Rechneraufbau wurde mit fortschreitender Entwicklung immer weiter ausgebildet. Die Rechner der Modellreihe IBM 3031 waren die erste Generation, die als partiell parallel organisiert bezeichnet werden können. Abbildung 3.2.9 zeigt schematisch den Aufbau eines parallelen Rechners dieser ersten Stufe (siehe auch [23]). Dabei wurde erstmalig ein unabhängiger Kanalprozessor eingeführt. Dadurch können zentrale Prozesse und Kanalprozesse unabhängig voneinander durchgeführt werden, so daß Cycle-Stealing nicht mehr vorkommt. Die IBM 3031 verfügte zwar über einen von der CPU unabhängigen Kanalprozessor und über eine eigene Speichersteuerung, I- und A-Werk waren dagegen noch in einer Unit enthalten, so daß die eigentliche Instruktionsverarbeitung in der CPU immer noch seriell erfolgte. Wir werden nun weitere Aspekte der Parallelität beim Rechneraufbau besprechen. Wir beginnen mit dem Ausbau der Parallelität im Instruktionsprozessor selbst und skizzieren in Abbildung 3.2.10 den Aufbau eines Rechners, bei dem I-Funktion und A-Funktion in zwei separaten

Units realisiert sind (siehe auch [23]). Damit können I- und A-Funktion parallel durchgeführt werden (siehe Abbildung 3.2.11).

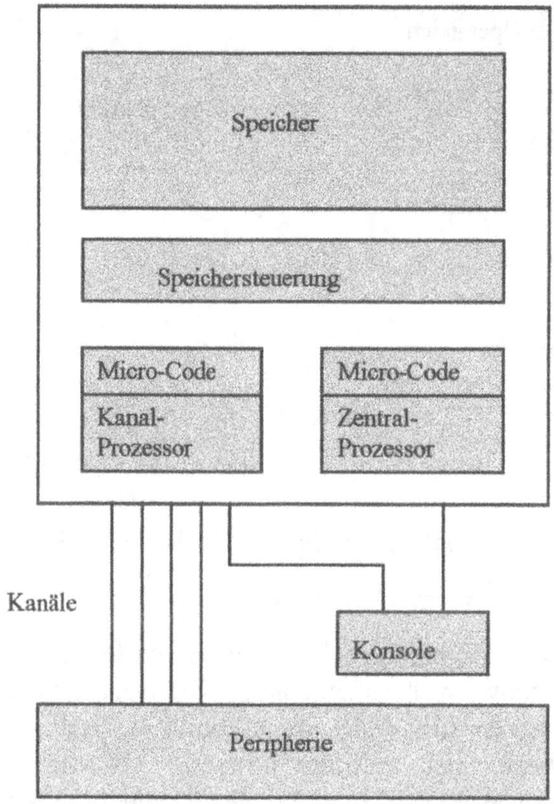

Abbildung 3.2.9: Rechner mit partiell parallelem Aufbau

Im weiteren Verlauf der Modellentwicklung wurden eingeführt (siehe [23]):

- Warte-Register für die Synchronisation von I- und A-Werk,
- Operanden-Register für das vorlaufende Einlesen der Operanden,
- Speicher-Register zum schnellen Wegspeichern der Ergebnisse parallel zur Ausführung der nächsten Instruktion,
- Einrichtungen zur parallelen Verarbeitung von mehreren Instruktionen (Instruction-Pipelines).

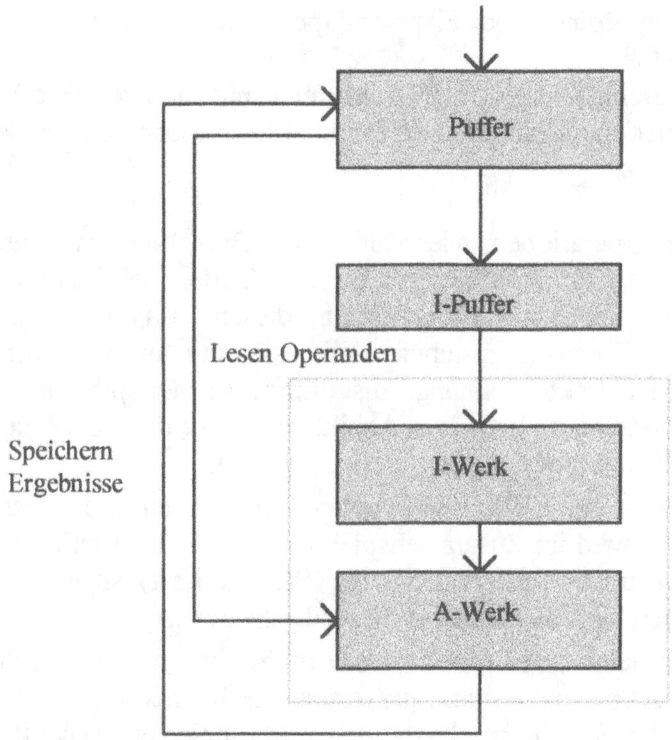

Abbildung 3.2.10: I- und A-Werk in getrennten Units

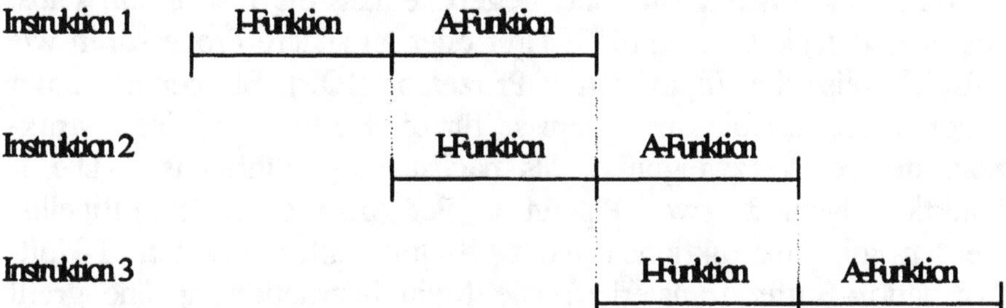

Abbildung 3.2.11: Überlappende Verarbeitung von I- und A-Werk

Später wurden I- und A-Werk in unabhängige Units für Spezialaufgaben aufgeteilt. Mit der Modellreihe IBM 3081 wurden beispielsweise Einheiten eingeführt für

- Floating Point- und Fixpoint-Operationen (Arithmetic-Element) sowie für
- die Durchführung von Instruktionen mit variabler Feldlänge wie Speicher → Speicher- und Dezimal-Operationen (Variables Feld-Element).

Logische Operationen wie Shift- und Branch-Operationen sowie Instruktionen für die Prozessorkommunikation bei Mehrprozessorsystemen (siehe weiter unten in diesem Kapitel) werden im Instruction-Element, zusammen mit I-Funktionen wie Instruction-Fetch und Adreßberechnung, ausgeführt. Am Beispiel des Amdahl-Modells 5995M stellen wir in Abbildung 3.2.12 die Vorgänge bei der Instruktionsverarbeitung dar (siehe auch [2]).

Die Aufgabe der CPU, Instruktionen auszuführen und Interrupts zu bearbeiten, wird im Zusammenspiel von I-Unit (Instruction-Unit), E-Unit (Execution-Unit) und S-Unit (Storage-Unit) abgewickelt. Wir beschreiben nun die Aufgaben dieser Einheiten nach [2].

Die I-Unit leitet den Instruktionsstrom. Sie bestimmt die Reihenfolge der Instruktionsausführung, präpariert die Instruktion für die Übergabe an die E-Unit, bearbeitet Interrupts, delegiert Teilaufgaben an die S- und E-Unit und koordiniert das Zusammenspiel der Units. Die I-Unit beauftragt die S-Unit mit dem Fetch der Instruktion und der Operanden vom Main Storage in den Buffer-Storage der S-Unit. Sie dekodiert die Instruktion, führt gegebenenfalls die Instruktion selbst aus oder delegiert sie an die E-Unit oder an andere Prozessoren wie beispielsweise den Input/Output-Prozessor (IOP). Sie benutzt unter anderem die Instruktionsergebnisse für die Bestimmung der Instruktion, die bei Verzweigungen als nächste auszuführen ist. Die I-Funktion benutzt zwei Pipelines. Per Instruction-Fetch-Pipeline werden die Instruktionen vom S-Unit-Buffer in den I-Unit-Instruction-Buffer transferiert. Die Main Instruction-Pipeline greift auf diesen Buffer zu und führt die Instruktionen einem "Six-Stage"-Verarbeitungsprozeß zu.

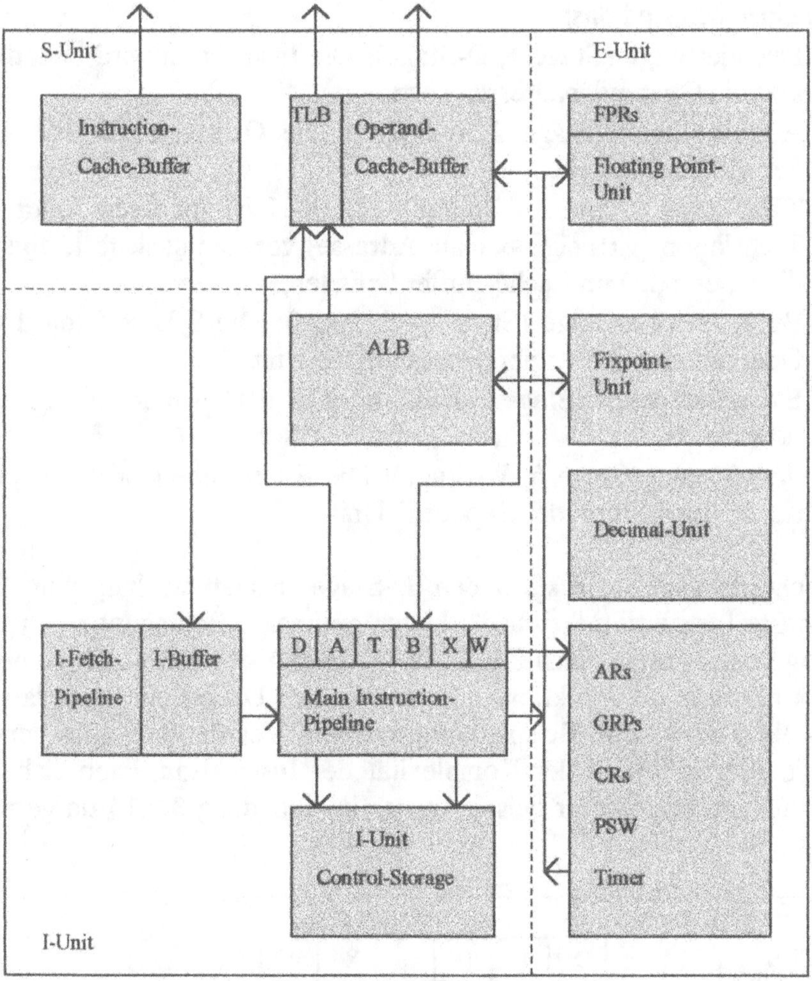

FPR	Floating Point-Register
TLB	Translation-Look-Aside-Buffer
ALB	Access-Register Translation-Look-Aside-Buffer
AR	Access-Register
GPR	General Purpose-Register
CR	Control-Register
PSW	Program-Status-Word

Abbildung 3.2.12: Instruktionsverarbeitung bei der Amdahl 5995M

Im einzelnen sind das:

- Decode-Stage (Stage 1, D-Stage): Die Instruktion wird dekodiert und die Operandenadressen bestimmt,
- Address-Stage (Stage 2, A-Stage): Die Operandenadresse wird der S-Unit übergeben,
- TLB-Stage (Stage 3, T-Stage): Die S-Unit nimmt die Address-Translation (virtuelle → reale Adresse) vor und stellt fest, ob sich die Operanden im Cache-Buffer befinden,
- Buffer-Access-Stage (Stage 4, B-Stage): Die S-Unit fetched die Operanden und übergibt diese an die E-Unit,
- Execution-Stage (Stage 5, E-Stage): Die E-Unit führt die Instruktion aus
- Write-Stage (Stage 6, W-Stage): Die E-Unit übergibt das Ergebnis der Instruktion der S- oder E-Unit.

Nachdem eine Instruktion den D-Stage ausgeführt hat, wird die nächste Instruktion "fetched". Unter optimalen Bedingungen - jeder Stage beansprucht einen Zyklus (CPU-Cycle) - befinden sich zu einer Zeit maximal 6 Instruktionen in der Pipeline. Dauert ein Stage länger als ein Zyklus, zum Beispiel aufgrund von Verzögerungen in der S-Unit oder aufgrund der Komplexität der Instruktion, kann sich ein Status ergeben, wie er beispielsweise in Abbildung 3.2.13 dargestellt ist.

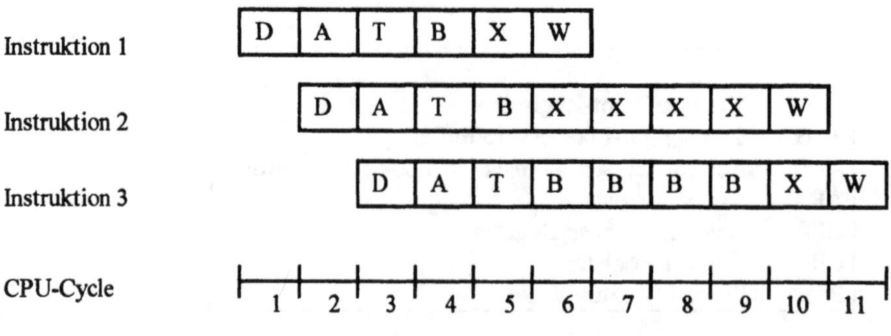

Abbildung 3.2.13: Instruktionsverarbeitung in der Amdahl 5995M

Danach wird Instruktion 1 mit der minimalen Anzahl von 6 Zyklen ausgeführt. Instruktion 2 benötigt insgesamt 4 Zyklen im X-Stage. Dadurch verbringt Instruktion 3 drei "Wartezyklen" im Stage B. Dieses Beispiel zeigt, daß die Prozessorbeanspruchung einer Instruktion (benötigte CPU-Zyklen) nicht nur abhängig ist von der Komplexität der Instruktion, sondern auch vom Kontext (was läuft gerade in welcher Zusammensetzung auf dem Rechner). Wir werden auf dieses Problem der workloadabhängigen Prozessorbeanspruchung in einem der nächsten Abschnitte zurückkommen, wenn wir uns mit der Leistungsdefinition des Prozessors beschäftigen.

Multiprozessorsysteme

Die Zusammenschaltung mehrerer Instruktionsprozessoren ist ein wesentliches Architekturmerkmal eines Prozessorkomplexes. Mit der Zusammenschaltung von mehreren Prozessoren zu einem Komplex verfolgt man erstens das Ziel einer Leistungsvervielfachung gegenüber einem Uniprozessorsystem und zweitens eine Erhöhung der Betriebssicherheit durch eine redundante Auslegung der Systemkomponenten. Dieses Konzept wurde IBM-seitig mit der Modellreihe IBM 3081 eingeführt und für alle Nachfolgegenerationen prinzipiell, wenn auch weiterentwickelt, beibehalten. Schon vor der 3081-Modellreihe bestehende Möglichkeiten zur Zusammenschaltung von Prozessoren lassen wir unberücksichtigt. Das Prinzip besteht darin, daß ein Uniprozessor mit einer bestimmten Leistung entwickelt und dieser dann als Basisprozessor für Multiprozessorsysteme verwendet wird. Maßgebend für die Leistung eines Mehrprozessorsystems sind damit die Leistung des Basisprozessors und die Anzahl der Prozessoren, die zusammengeschaltet werden. Auf Verluste, die aufgrund der erforderlichen Kommunikation und Abstimmung zwischen den Prozessoren entstehen, kommen wir bei der Besprechung des MP-Effekts in einem der folgenden Abschnitte zurück.

Beim Aufbau eines Multiprozessorsystems unterscheidet man zwischen einem n-adischen Komplex und einem MP-Komplex. N-adische Systeme sind fest aus n>1 Prozessoren zusammengeschaltete Systeme (Tightly Coupled). Bis auf den Prozessor sind prinzipiell keine weiteren Systemkomponenten redundant ausgelegt. N-adische

Systeme sind insbesondere nicht physisch in zwei Systeme teilbar (Physical Partitions). Im Gegensatz dazu sind MP-Systeme physisch in zwei eigenständige Systeme teilbar und auch so betreibbar, das heißt mit zwei unabhängig voneinander operierenden Betriebssystemen. Man spricht von doppelseitig aufgebauten Systemen (Double Sided Systems mit einer A- und einer B-Side), die auch unsymmetrisch sein können (beispielsweise eine Seite mit einem, die andere Seite mit zwei Prozessoren). Die n-adischen Systeme heißen auch Dyade (bei 2 Prozessoren), Triade (bei 3 Prozessoren) oder Vier-Wege-Prozessorkomplex (bei 4 Prozessoren). MP-Systeme sind damit zusammengeschaltet aus n-adischen und/oder Uniprozessorsystemen. In Abbildung 3.2.14 ist beispielhaft der Prozessorkomplex Amdahl 5995-6650M dargestellt. Er ist zusammengesetzt aus zwei Modellen Amdahl 5995-3550M.

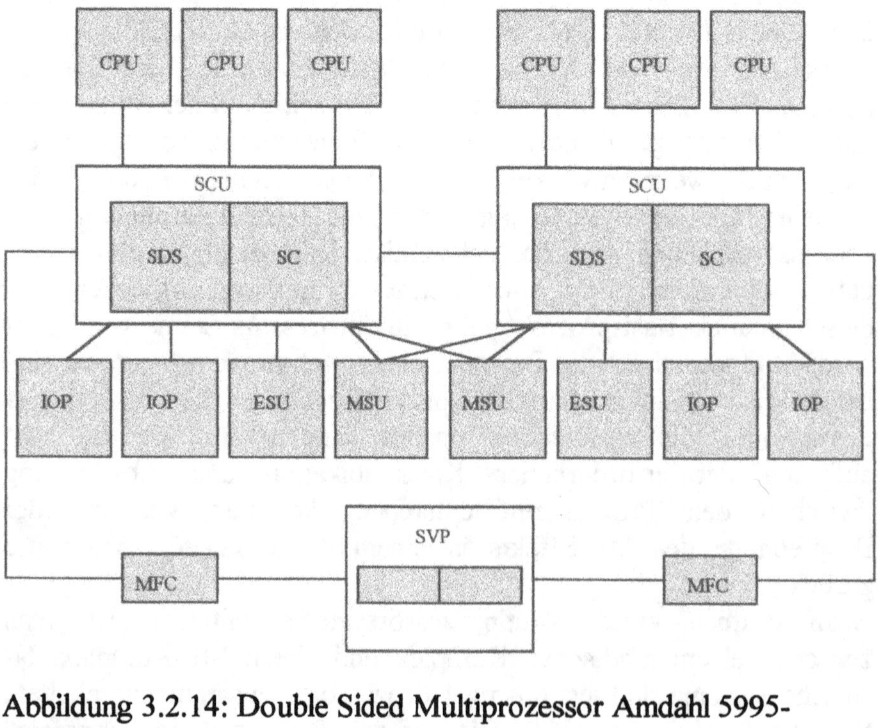

Abbildung 3.2.14: Double Sided Multiprozessor Amdahl 5995-6650M

Bei dem dargestellten Multiprozessorkomplex Amdal 5995-6650M sind die Komponenten IOP, MSU, ESU, SCU und MFC doppelt ausgelegt. Der Service-Processor SVP ist bereits bei der 5995-3550M doppelt vorhanden (siehe Abbildung 3.2.1). Beim Betrieb des Komplexes unter der Steuerung eines Betriebssystems (Single-Image-Mode) steht einer der SVPs Hot-Stand-By und übernimmt im Fehlerfalle die Kontrolle. Im Physical Partitioned Mode (unter der Steuerung von zwei Betriebssystemen, physisch geteilt) steht jeder Seite ein SVP zur Verfügung. Dabei existiert kein Backup für den SVP.

Speicherorganisation

Bei der Speicherorganisation eines Rechners unterscheidet man die Speicherebenen

- Buffer-Storage,
- Central Storage (auch Main Storage) und
- Expanded Storage.

Central Storage (CS) und Expanded Storage (ES) werden zusammen auch als Processor-Storage (PS) bezeichnet. Mit dem Zusammenspiel von CS und ES werden wir uns im Kapitel 5 beschäftigen. Die Pufferspeicher gleichen das Geschwindigkeitsgefälle zwischen Prozessor und Zentralspeicher aus. Der Wirkungsgrad des Pufferspeichers ist abhängig von

- der Größe des Speichers und
- dem Lastprofil.

Er läßt sich ausdrücken durch die Trefferrate (Hit-Ratio). Ein Zugriff gilt als Treffer, wenn die letztlich im CS gehaltene Information im Pufferspeicher angetroffen wird. Das Verhältnis zwischen der Anzahl Treffer und der Anzahl Zugriffe bezeichnet man als Trefferrate oder Hit-Ratio. In Abbildung 3.2.15 ist die Trefferrate in Abhängigkeit von der Puffergröße für zwei unterschiedliche Lastprofile (qualitativ) dargestellt (siehe auch [23]). Danach führen Datenkommunikations- und Datenbankanwendungen bei gleicher Puffergröße zu eher niedrigeren Trefferraten als beispielsweise Batcharbeiten. Das liegt letztlich daran, daß bei DC/DB-Applikationen die Anforderungen stärkeren Schwankungen unterworfen sind als bei Batchabläufen. Anders ausgedrückt erfordern in ihren Anforderungen stärker schwankende Applikationen größere Pufferspeicher, wenn entsprechend hohe Trefferraten erreicht werden sollen. Die Größe der Pufferspeicher bewegt sich in der Regel zwischen 64 und 256 KB. Die Amdahl 5995M-Modellreihe beispielsweise verfügt über einen Cache der Größe 256 KB. Dieser ist aufgeteilt in einen Instruction-Cache-Buffer und in einen Operanden-Cache-Buffer von je 128 KB.

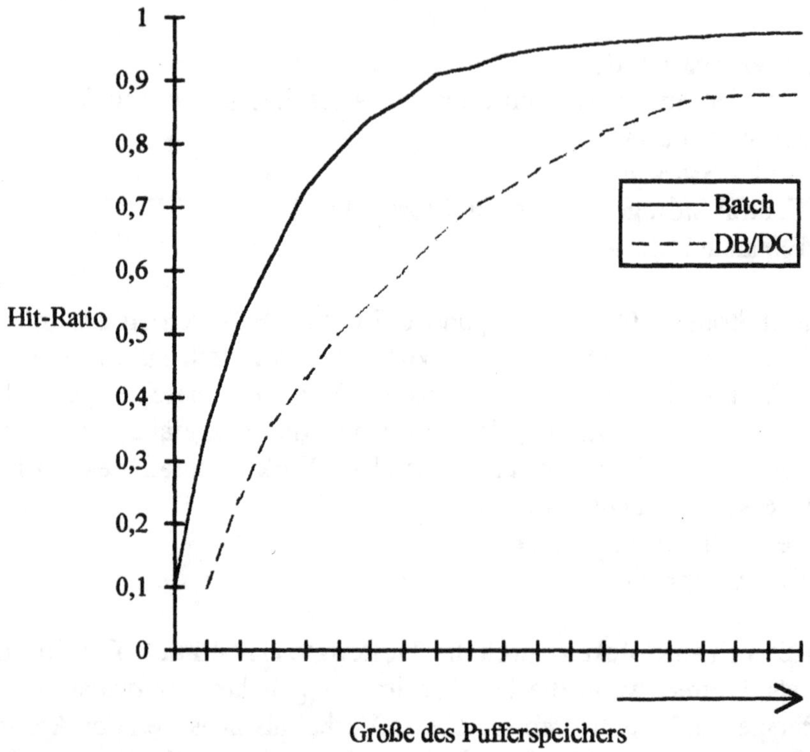

Abbildung 3.2.15 Trefferrate in Abhängigkeit von Lastprofil und Puffergröße

Neben der Cache-Größe und dem gefahrenen Lastprofil spielt die Zugriffszeit auf den Cache sowie die Zugriffstechnik eine wesentliche

Rolle. Die Zugriffszeit liegt bei den Amdahl-Modellen 5995M beispielsweise bei 1.6 ns. Das Geschwindigkeitsgefälle zwischen den Speicherebenen bei dieser Modellreihe stellen wir in Abbildung 3.2.16 dar. Instruktionen und Operanden werden in "Storage-Lines" von 128 Bytes in den Cache geladen.

Storage-Element	Zugriffszeit	Faktor
Expanded Storage	120 ns	1
Central Storage	35 ns	ca. 3
Buffer-Storage	ca. 2 ns	ca. 60

Abbildung 3.2.16: Geschwindigkeitsgefälle zwischen den Speicherebenen

Bei der Zugriffstechnik auf den Cache unterscheidet man zwei grundsätzliche Konzepte:

- Store-Through Buffer-Konzept und
- Store-In Buffer-Konzept.

Beim Store-Through werden bei jeder Veränderung des Speichers Cache und Hauptspeicher verändert. Beim Store-In wird nur die Information im Cache überschrieben (falls diese im Cache resident ist). Die Information im Hauptspeicher wird nur dann erneuert, wenn die im Cache gehaltene Information verändert wurde und der Cache geräumt bzw. überladen werden mußte. Die Zugriffe und Cache-Algorithmen spielen sich ausnahmslos in der Hardware ab. In den Abbildungen 3.2.17 und 3.2.18 stellen wir die beiden Konzepte schematisiert dar. Es liegt auf der Hand, daß Store-In mit weniger Speicherzyklen auskommt als Store-Through. Dafür müssen beim Store-In komplexere Recovery-Funktionen realisiert werden. Rechner der neueren Generation verwenden nur noch das Store-In bzw. Verfeinerungen des Konzepts.

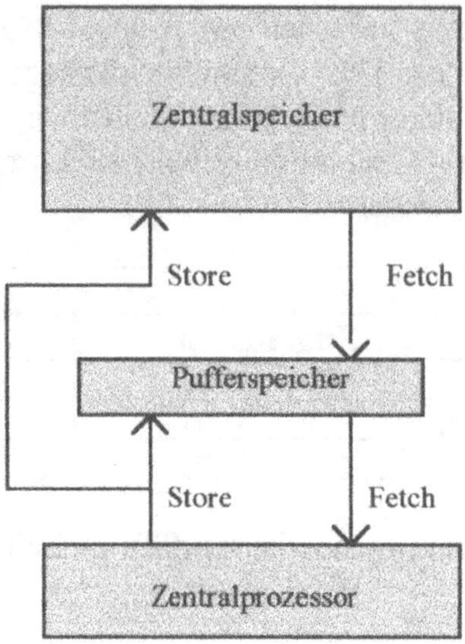

Abbildung 3.2.17: Store-Through Buffer-Konzept

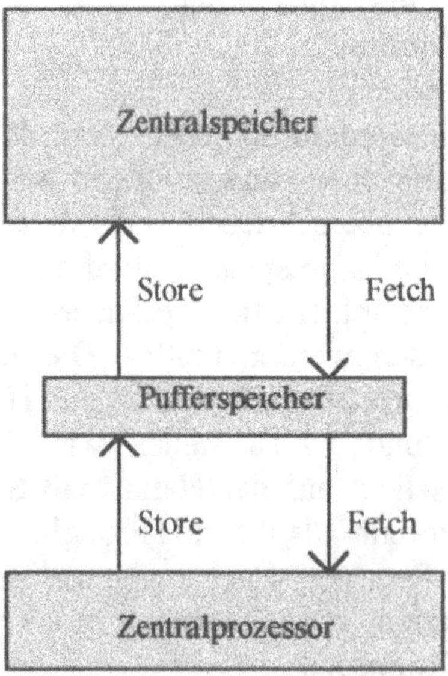

Abbildung 3.2.18: Store-In Buffer-Konzept

Ein wesentlicher Aspekt beim Zugriff auf den Zentralspeicher ist der Grad der Speicherverschränkung (siehe [23] und [46]). Darunter versteht man die Aufteilung des Speichers in logische Speicherelemente (LSEs, Logical Storage-Elements, auch Speicherbänke). Mit diesem Konzept ist es möglich, in einem Speicherzyklus quasi gleichzeitig aus mehreren LSEs zu lesen bzw. auf sie zu schreiben (Interleaving). In Abbildung 3.2.19 stellen wir schematisch eine 8 fache Verschränkung dar (siehe auch [23]).

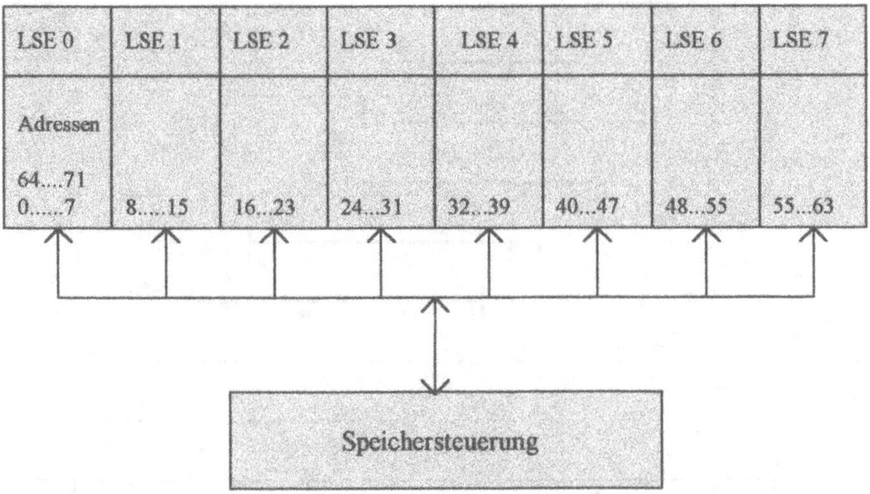

Abbildung 3.2.19: Beispiel einer 8 fachen Speicherverschränkung

Den Zugriff auf die Speicherinhalte kann man sich dann gemäß Abbildung 3.2.20 vorstellen. Dabei wird beispielsweise eine bestimmte Informationsmenge statt in 40 (ohne Verschränkung) in nur 12 Zyklen gelesen.

Kanalkonzept

Die Entwicklung des Kanalkonzepts führte zu einem eigenständigen Input/Output-Prozessor. Dieser erhält seine Aufträge von der Software (Start-IO) und bearbeitet diese dann unabhängig vom Zentralprozessor. Nach Fertigstellung des Auftrags erfolgt eine Rückmeldung an den Zentralprozessor. Sämtliche Funktionen laufen im µ-Code ab, ohne daß CPU-Zyklen verloren gehen. In Kapitel 4 werden wir uns genauer mit den Abläufen bei Input/Output-Operationen befassen. An dieser Stelle gehen wir nur kurz auf die Übertragungsleistung bei der Ansteuerung peripherer Geräte über Kanäle ein. Bei dem herkömmlichen Kanalkonzept (paralleles Übertragungsprotokoll, auch parallel Channels) wurden Übertragungsraten von bis zu 6 MB pro Sekunde realisiert.

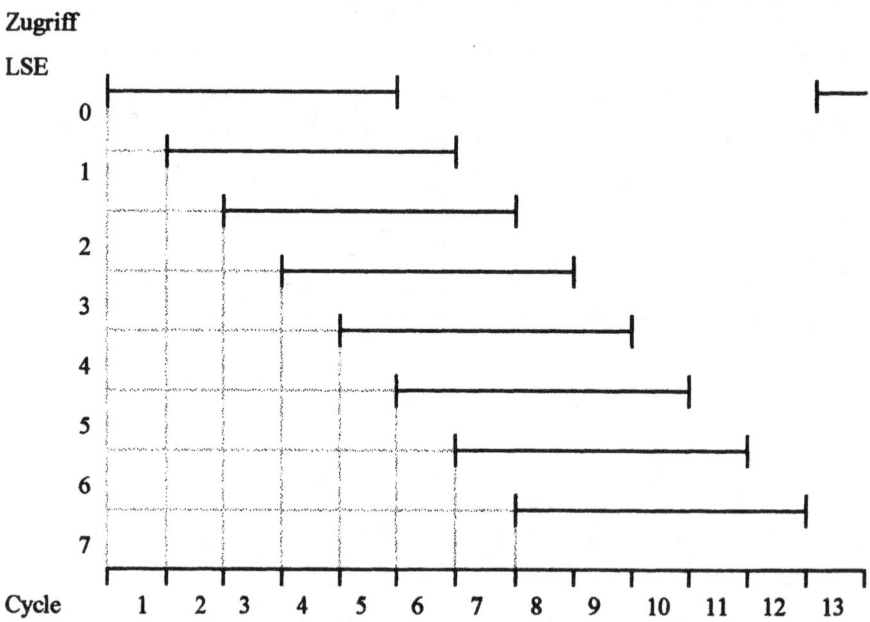

Abbildung 3.2.20: Speicherzugriff bei einer 8 fachen Verschränkung

Im Rahmen der neueren IBM-Modelle wurde ein serielles Protokoll entwickelt (ESCON-Channels), mit dem Übertragungsraten (zur Zeit) bis 17 MB pro Sekunde erreicht werden. Vorausgesetzt werden dabei Lichtwellenleiter als Übertragungsmedium. Neben der Übertragungsleistung wurden die überbrückbaren Entfernungen erhöht. Damit wurden insbesondere Backup-Konzepte in entfernt stehenden Lokationen ermöglicht. Trivialerweise müssen mit den höheren Übertragungsraten auch die Endgeräte, beispielsweise Magnetplatten in die Lage versetzt werden, diese Leistungen auch abzunehmen (siehe auch unter Kapitel 4).

μ- Code

Die Realisierung von bestimmten Systemfunktionen per μ-Code spielt bei der Leistungbetrachtung eine wesentliche Rolle. μ-Code-realisierte Funktionen beanspruchen grundsätzlich nicht den Zentralprozessor, so daß Leistungsvergleiche, die beispielsweise auf der Anzahl durchgeführter Prozessorinstruktionen basieren (siehe nächster Abschnitt), bei unterschiedlich realisierter μ-Code-Durchdringung des Prozessorkomplexes nicht sinnvoll möglich sind. Wir werden uns mit diesem Problem im nächsten Abschnitt eingehender befassen. μ-Code ermöglicht die Realisierung derselben Systemarchitektur für eine Familie von Rechnermodellen bei unterschiedlicher Rechnergeschwindigkeit, unterschiedlicher Speichergröße und unterschiedlichem Design. Zudem erreicht man mit μ-Code-realisierten Funktionen eine höhere Systemverfügbarkeit durch

- einfachere, übersichtlichere Hardware,
- leichtere Fehlerbehebung und
- wirksamere Diagnostikfunktionen.

Es können außerdem leichter Erweiterungen, das heißt zusätzliche Funktionen realisiert und die Performance von Softwareprodukten verbessert werden.

Entwicklung

Wir schließen den Abschnitt ab mit einem Ausblick auf die erwartete Entwicklung zukünftiger Rechnergenerationen. Eines der wesentlichen Architekturmerkmale zukünftiger Systeme ist die fortschreitende Parallelisierung im Aufbau der Systeme. Wir haben im Laufe dieses Abschnittes gesehen, wie das Designmerkmal Parallelität im Aufbau der Rechner stetig fortentwickelt wurde bis auf den Stand der heute noch im kommerziellen Umfeld vorherrschenden Großsysteme. Dabei handelt es sich um sogenannte symmetrische Multiprozessorsysteme (SMPs) - abgesehen von den Einzelprozessorsystemen (Uniprozessorystemen) -, die dadurch gekennzeichnet sind, daß mehrere gleichberechtigte Uniprozessoren

- fest (Thightly Coupled Systems) oder
- lose (Loosely Coupled Systems)

zu einem Multiprozessorsystem (Multiprozessorkomplex) zusammengefügt sind.

Thightly Coupled Systems bestehen aus mindestens zwei Uniprozessoren, die auf einen gemeinsamen Hauptspeicher zugreifen. Der Gesamtkomplex wird von einem Betriebssystem gesteuert. Dieses ordnet die Prozessoren gleichmäßig dem gefahrenen Workload zu. Die Kommunikation der Systemkomponenten untereinander erfolgt über einen internen Systembus. In 3.5 werden wir noch sehen, daß die Leistung eines derartig aufgebauten Systemkomplexes unter MVS keinesfalls linear mit der Anzahl der beteiligten Prozessoren wächst. Der zunehmende Kommunikationsaufwand und Serialisierungseffekte begrenzen die Möglichkeiten des Zusammenschlusses und damit die Leistungsfähigkeit dieser Systemarchitektur. Denn auch die Leistung eines Uniprozessors läßt sich mit den heute bekannten Techniken, auch aus wirtschaftlichen Gründen, nicht beliebig erhöhen. Die maximale Anzahl Prozessoren, die in einem symmetrischen Multiprozessorsystem unter MVS zum Einsatz kommt, liegt zur Zeit bei 12, realisiert bei der Amdahl-Modellreihe 5995M. Über die zur Zeit maximale Leistung eines Uni-Prozessors von ca. 120 Mips verfügt ein Prozessor der Firma Comparex. Auf die Nachfrage nach noch höherer Leistung im MVS-Bereich hat IBM im April 1994 mit der Ankündigung der Parallel Sysplex-Architektur reagiert. Bei dieser Architektur können - nach heutigem Stand - bis zu 32 MVS-Systeme (symmetrische Multiprozessorsysteme) über schnelle externe Datenleitungen zu einem Systemverbund zusammengeschlossen werden. Das Bild eines derart "lose" zusammengekoppelten Systemkomplexes ist ein Single System (Single-Image-System). Der Zugriff auf die allen beteiligten Systemen gemeinsamen Daten wird durch die Coupling-Facility (IBM System/390 Coupling-Facility 9674) sichergestellt und koordiniert. Für die effiziente Ausnutzung des Komplexes ist ein "Workload-Manager" verantwortlich, der die Last bis auf Transaktionsebene (CICS, IMS) gleichmäßig auf die beteiligten Systeme verteilen kann. Diese Architektur bietet traditionellen, transaktions- und batchorientierten MVS-Systemen eine aus heutiger Sicht nahezu unbegrenzte horizontale Wachstumsmöglichkeit. Dabei wird unterstellt, daß die heute verfügbaren Uni-Prozessoren über eine für die Abwicklung kommerzieller Applikationen hinreichende Leistung verfügen. Diese Architektur kommt auch bei den neuen, auf der CMOS-Technologie basierenden Systemen der IBM zum Einsatz (S/390 Parallel Enterprice-Server IBM 9672). Diese Server verfügen zur Zeit über maximal 10 Prozessoren (RX3-Modell). Über die

Coupling-Facility ist ein Verbund mit S/390-Servern und ES/9000-Systemen einschließlich automatischem Lastausgleich möglich. Komplexe DB2-Datenbankabfragen werden beispielsweise von einem ES/9000-System in Unterabfragen aufgeteilt, parallel auf S/390-Servern abgearbeitet und anschließend zur Gesamtabfrage (Gesamtantwort) zusammengefügt. Damit eröffnet IBM einen horizontalen Wachstumspfad bei der Transaktionsverarbeitung und den Datenbankanwendungen unter gleichzeitigem Schutz der getätigten Investitionen in die Entwicklung von Anwendungssystemen. Mit zunehmender Leistungsfähigkeit der CMOS-Prozessoren lassen sich die 9672-Systeme als universale MVS-Rechner einsetzen. In Abbildung 3.2.21 ist eine Parallel Sysplex-Konfiguration im Verbund mit einem 9672-Server skizziert.

Parallel zu der aufgezeigten Entwicklung der proprietären IBM-Systeme auf der Basis von MVS vollzieht sich eine zweite Entwicklung in massiv parallele Systeme (MPSs) auf UNIX-Basis. Massiv parallele Systeme werden bis dato vorzugsweise im technisch/wissenschaftlichen Bereich eingesetzt. Diesbezügliche Anforderungen im kommerziellen Umfeld werden von sogenannten Decision-Support-Systemen generiert. Decision-Support-Systeme sind gekennzeichnet durch hochkomplexe Datenbankabfragen, die aus den Unternehmensdatenbeständen entscheidungsrelevante Informationen wie beispielsweise das Marktverhalten einer Kundengruppe gewinnen helfen. Für derartige Applikationen sind andere als die bisher gängigen Systemarchitekturen erforderlich. Wichtig dabei ist, neben einer hochgradigen Parallelisierung, die lineare Skalierbarkeit der Leistung, d.h. die nahezu lineare Abhängigkeit zwischen der Anzahl der eingesetzten Prozessoren und der Leistung des Komplexes. Massiv parallele Systeme bestehen deshalb aus einer (theoretisch) unbegrenzten Anzahl von Knoten (Prozessoren) mit eigenem Hauptspeicher, getrieben durch je ein Betriebssystem. Damit werden Serialisierungseffekte weitestgehend eliminiert und eine nahezu lineare Skalierbarkeit erreicht. Im Gegensatz zu den symmetrischen Multiprozessorsystemen wird beim Einsatz massiv paralleler Systeme eine völlig andere Anwendungsarchitektur vorausgesetzt. Bemerkenswert dabei ist, daß dieser Architektur kein Data-Sharing-Konzept zugrunde liegt, d.h. die Daten müssen den einzelnen Prozessorknoten zugeordnet werden.

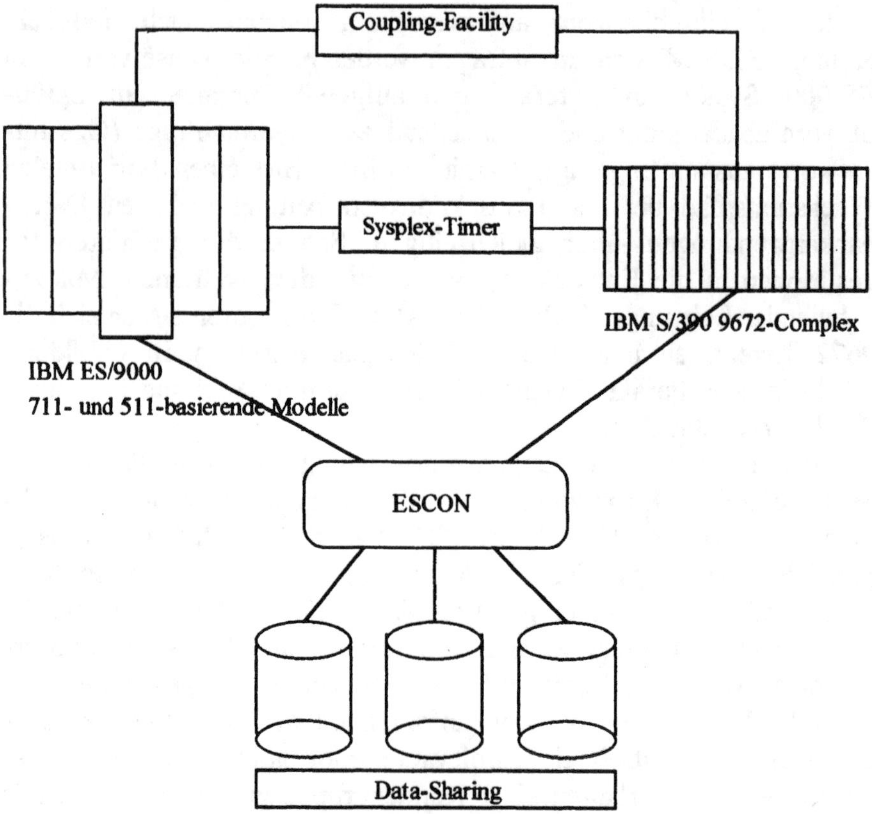

Abbildung 3.2.21: Beispiel einer Parallel Sysplex-Konfiguration

Ein Beispiel eines massiv parallelen Systems ist die IBM 9076 SP2 auf UNIX-Basis (AIX) mit bis zu 128 (zum Ankündigungszeitpunkt) Knoten. Die Maschine ist aufgebaut aus Compute- und Server-Knoten. Die Compute-Knoten sind die eigentlichen Arbeitsknoten, die Server-Knoten dienen als Boot-Server, als File-Server und als Gateways zu externen Geräten. Die Kommunikation zwischen den Knoten erfolgt über den High Performance-Switch, das Herzstück der SP2. Der Switch ermöglicht eine Any-To-Any-Verbindung zwischen den Knoten. Die Kommunikationsleistung ist dabei unabhängig von der Lage der Knoten zueinander und beträgt 40 MB pro Sekunde. Abbildung 3.2.22 zeigt den prinzipiellen Aufbau einer SP2. Die volle Nutzung eines massiv parallelen Systems setzt trivialerweise die Parallelisierbarkeit der Applikationen voraus.

Voraussetzung dafür sind beispielsweise dann auch entsprechende Compiler. Einsatzschwerpunkte für massiv parallele Systeme, speziell für die SP2 der IBM, sieht IBM im Betrieb der Maschine

- als UNIX-Universalrechner,
- als Rechner für Decision-Support-Systeme,
- als Data-Base- und Transaction-Server und
- zur Konsolidierung im LAN-Umfeld, um beispielsweise mehrere bestehende UNIX-Server zu einem Server zu konsolidieren.

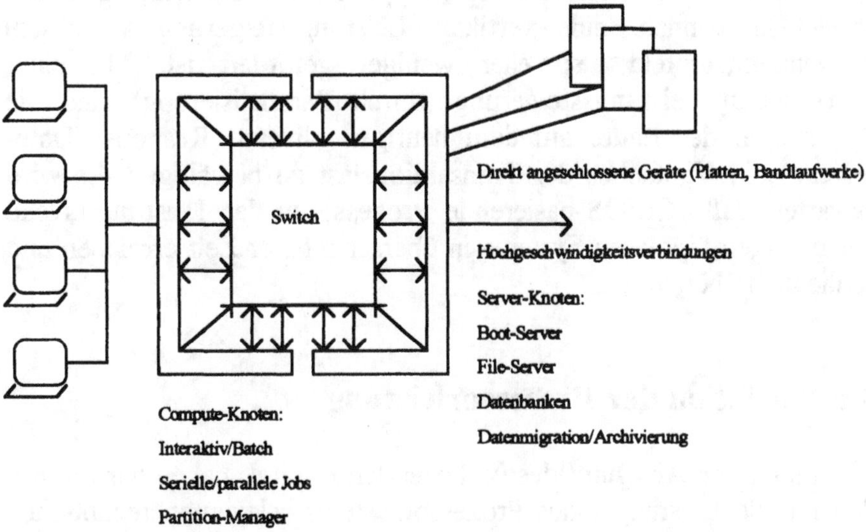

Abbildung 3.2.22 Systemstruktur des Parallelrechners IBM 9076 SP2

Der vom Marktführer IBM in Gang gesetzte Technologiewandel weg von der auf bipolaren Transistoren aufgebauten Chip-Technologie hin zu CMOS-basierenden integrierten Schaltungen berücksichtigt, daß eine vertikale Leistungssteigerung im Großsystembereich (aufbauend auf einer Erhöhung der Leistung eines Uni-Prozessors) an technische und wirtschaftliche Grenzen stößt (Herstellungs- und Betriebskosten). Auf der CMOS-Technologie basierende Prozessoren sind dagegen

- kostengünstiger herstellbar,

- dichter zu packen, d. h. es lassen sich höhere Speicherkapazitäten und mehr Schaltkreise auf kleinerem Raum realisieren (Pakkungsdichte),
- energietechnisch günstiger, da sie mit geringerer Leistungsaufnahme arbeiten, das heißt, die Anforderungen an die Infrastruktur werden reduziert (Klima, Strom).

Ein weiterer Aspekt dieser Entwicklung ist die Tatsache, daß die heute zur Verfügung gestellten Prozessorgeschwindigkeiten herkömmliche, transaktionsorientierte Applikationen hinreichend schnell abwickeln können, eine vertikale Leistungssteigerung in diesem Anwendungsumfeld also eher weniger gefordert ist. Mit einer horizontalen Leistungssteigerung (durch Parallelisierung) sind die Systeme in der Lage, auf dem heutigen Niveau (Response-Time-Niveau) ein Vielfaches der Transaktionslast zu bewältigen. Es wird erwartet, daß CMOS-basierende Prozessoren das Leistungsniveau der heutigen bipolaren Systeme in überschaubarer Zeit erreichen und schließlich übertreffen.

3.3 Definition der Prozessorleistung

Im letzten Abschnitt des vorliegenden Kapitels haben wir uns mit den für die Leistung eines Prozessorsystems relevanten technischen Faktoren und Designmerkmalen beschäftigt. Dabei standen die Größen, die die Leistung des Zentralprozessors ausmachen, wie Taktzeiten, Speicherzykluszeiten, Speicher- und Bufferkonzepte, Prozeßparallelisierung und Multiprozessorkonzepte im Vordergrund. In den folgenden Abschnitten werden wir uns mit der Definition der Prozessorleistung befassen. Allen noch zu definierenden Leistungseinheiten gemeinsam ist notwendigerweise die Abhängigkeit von der auf einem Rechner gefahrenen Last bzw. Laststruktur. Basis für jede der folgenden Definitionen ist eine wie auch immer definierte Arbeitseinheit. Ähnlich dem physikalischen Leistungsbegriff Arbeit pro Zeiteinheit kann mit dieser Voraussetzung die Definition der Leistung eines Zentralprozessors bzw. bei Multiprozessorsystemen die Leistung von mehreren, zu einer Einheit zusammengeschalteten, Einzelprozessoren vorgenommen werden. Die Definition einer geeigneten Arbeitseinheit ist aber genau das Problem, das nach wie vor nicht befriedigend gelöst ist. Unabhängig davon, daß die Definition von geeigneten Arbeitseinheiten nicht trivial ist, liegt es naturgemäß nicht im Interesse der Rechnerhersteller, mehr Transparenz zu erzeugen. Unterstellt man eine geeignete Definition, so ist das Problem der Übertragung einer in obigem Sinne definierten Prozessorleistung auf eine spezifische Kundenumgebung (Laststruktur) zwar immer noch nicht gelöst, aber immerhin könnte sich der Kunde eher ein Bild darüber machen, was er von einem System erwarten kann, als es heute der Fall ist. Die heutige Praxis ist dadurch gekennzeichnet, daß die Hersteller ihren Messungen zur Leistungsbestimmung nicht genormte Laststrukturen sowie unterschiedliche Verfahren und Definitionen zugrunde legen (siehe auch Kapitel 2). Wir werden uns in den nächsten drei Abschnitten mit den üblichen Definitionen der Prozessorleistung sowie mit den Verfahren bei der Leistungsbestimmung beschäftigen. Ohne das Ergebnis vorwegnehmen zu wollen, ist es einigermaßen überraschend, daß die unterschiedlichen Leistungsangaben zu Relativen Leistungsfaktoren (Faktor, der die Leistung eines Rechners in Relation zu einem zweiten angibt, siehe auch Kapitel 2 und weiter unten in diesem Kapitel) führen, die nur unwesentlich von einander abweichen. Damit führen alle Definitionen, die wir noch vorstellen, zu Fehlern, die bei der Ungenauigkeit der Umgebungsparameter (beispielsweise bei der Prognose der Lastentwicklung beim Kunden) ohne große Probleme in Kauf genommen werden können, wenn es beispielsweise darum geht, eine wirtschaftliche Systemauswahl vorzunehmen.

3.3.1 Instruction-Execution-Rate (IER)

Eine der noch am häufigsten anzutreffenden Definitionen der Prozessorleistung besteht in der Angabe der pro Sekunde durchführbaren Instruktionen (Instruction-Execution-Rate, abgekürzt IER) in der Einheit Million Instructions per Second (mips). Über diese Einheit gibt es nach wie vor auch die meisten Diskussionen. Sie wird aus Gründen, die wir anschließend erläutern, zumindest in Fachkreisen nicht als eine hinreichend exakte Definition für die Leistung eines Prozessors anerkannt. Für diese Einschätzung führen wir die wesentlichen Gründe an. Ein Betriebssystem wie das MVS verfügt über eine Vielzahl (einige hundert) qualitativ unterschiedlicher Instruktionen, das heißt unterschiedlich in der Inanspruchnahme des Prozessors (Prozessorzyklen pro Instruktion). A priori ist damit die Arbeitseinheit Instruktion kein geeigneter Kandidat für die Definition der daraus abzuleitenden Prozessorleistung. Bei gegebener Laststruktur liegt der Instruktionsstrom quasi fest, wenn man einen durch das Betriebssystem bzw. die Architektur fixierten Instruktionssatz unterstellt. Genau genommen muß auch eine bestimmte Microcode-Realisierung vorausgesetzt werden (siehe dazu weiter unten in diesem Abschnitt).

Sei nun $\{I_j\}_{j=1,m}$ der durch die Architektur zur Verfügung gestellte Instruktionssatz von m Instruktionen und $\left(I_{k_i}\right)_{k\in\{1,\dots,m\},i=1,\dots,n}$ ein Instruktionsstrom von n Instruktionen mit den folgenden Parametern.

- $h_k,\ k\in\{1,\dots,m\}$ sei die Häufigkeit mit der die Instruktion I_k ausgeführt wird,
- $p_k = \frac{h_k}{n},\ k\in\{1,\dots,m\}$ die relative Ausführungshäufigkeit und
- $t_k,\ k\in\{1,\dots,m\}$ die durch die Instruktion I_k beanspruchte Prozessorzeit in Sekunden.

Es ist $n = \sum_k h_k$ und $\sum_k h_k \cdot t_k$

die durch den Instruktionsstrom insgesamt verbrauchte Prozessorzeit. Pro Instruktion werden damit im Mittel

$$\frac{\sum_k h_k \cdot t_k}{n} = \sum_k \frac{h_k}{n} \cdot t_k = \sum_k p_k \cdot t_k$$

Prozessorsekunden benötigt. Damit können pro Prozessorsekunde

$$IER = \frac{1}{10^6 \cdot \sum_k p_k \cdot t_k}$$

Millionen Instruktionen (mips) ausgeführt werden (maximal bei 100%-iger Auslastung). Die vorausgegangenen Festlegungen zeigen, daß bei dieser Definition der Prozessorleistung ein ganz konkretes

Lastprofil (Instruktionsstrom) vorausgesetzt wird. $\sum_k p_k \cdot t_k$ läßt sich interpretieren als Prozessorzeit für eine mittlere "synthetische" Instruktion bei der gegebenen Laststruktur. Wir rechnen ein Beispiel.

Beispiel

Seien I_1 und I_2 zwei Instruktionen, die 5 bzw. 20 CPU-Zyklen beanspruchen. Die Zykluszeit betrage $17.2 \cdot 10^{-9}$s, die relative Ausführungshäufigkeit von I_1 bzw. I_2 sei 0.2 bzw. 0.8, dann gilt

$$\sum_k p_k \cdot t_k = 0.2 \cdot 5 \cdot 17.2 \cdot 10^{-9} + 0.8 \cdot 20 \cdot 17.2 \cdot 10^{-9}$$

$$= 17 \cdot 17.2 \cdot 10^{-9} = 0.2924 \cdot 10^{-6}.$$

Damit ist

$$\mathrm{IER} = \frac{1}{10^6 \cdot \sum_k p_k \cdot t_k} = \frac{1}{0.2924} \approx 3.42 \text{ mips.}$$

Der Modellprozessor ist also unter der angenommenen Last ein 3.4-mips-Prozessor.
Wir demonstrieren anhand dieses einfachen Beispiels die Lastabhängigkeit, indem wir $p_1 = 0.8$ und $p_2 = 0.2$ annehmen. Damit verändern wir die Laststruktur (Instruktionsstrom). Es folgt

$$\sum_k p_k \cdot t_k = 0.8 \cdot 5 \cdot 17.2 \cdot 10^{-9} + 0.2 \cdot 20 \cdot 17.2 \cdot 10^{-9}$$

$$= 8 \cdot 17.2 \cdot 10^{-9} = 0.1376 \cdot 10^{-6} \text{ und}$$

$$\mathrm{IER} = \frac{1}{10^6 \cdot \sum_k p_k \cdot t_k} = \frac{1}{0.1376} \approx 7.27 \text{ mips.}$$

Derselbe Modellprozessor verfügt damit unter der geänderten Laststruktur über eine Leistung von 7.3 mips.
Neben der demonstrierten Abhängigkeit von der Laststruktur birgt die IER ein weiteres Problem, nämlich, wie oben bereits

angesprochen, das Problem der Abhängigkeit von der μ-Code-Realisierung. μ-Code kann bisher in der CPU abgewickelte Instruktionen partiell oder ganz ersetzen. Ein Beispiel ist die Verlagerung der Durchführung von I/O-Operationen in den External Data-Controller der IBM 3081, die mit der XA-Architektur (siehe auch Kapitel 4) realisiert wurde. Eine I/O-Operation wird von der Software (Zentralrechner) per Start-IO-Operation nur noch "angestoßen" und läuft dann bis zur Erledigung bzw. zur Rückmeldung des Status vollständig im μ-Code des External Data-Controllers ab (siehe auch μ-Code-Durchdringung im letzten Abschnitt).

Beispiel

Wir ersetzen Teile unserer Instruktion I_2 durch μ-Code, so daß die neue Instruktion I_2' statt wie bisher 20 nur noch 5 Zyklen beansprucht. Die Laststruktur lassen wir gegenüber dem ersten Beispiel unverändert. Es gilt nun

$$\sum_k p_k \cdot t_k = 0.2 \cdot 5 \cdot 17.2 \cdot 10^{-9} + 0.8 \cdot 5 \cdot 17.2 \cdot 10^{-9}$$

$$= 5 \cdot 17.2 \cdot 10^{-9} = 0.086 \cdot 10^{-6} \quad \text{und damit}$$

$$\text{IER} = \frac{1}{10^6 \cdot \sum_k p_k \cdot t_k} = \frac{1}{0.086} \approx 11.63 \text{mips}.$$

Der Prozessor verfügt also bei Nutzung des definierten μ-Codes über eine Leistung von ca. 11.6 mips.

Die einfachen Beispiele zeigen, daß Prozessorleistungsangaben in mips ohne eine Beschreibung der Laststruktur, die der Messung zugrunde lag, nicht aussagekräftig sind, im Extremfall sicher auch zu falschen Einschätzungen führen können. Das angerissene Problem des Einflusses unterschiedlicher μ-Code-Realisierungen auf die mips-Leistung führt konsequenterweise dazu, daß Vergleiche zwischen Systemen mit unterschiedlichem μ-Code-Ausbau nicht zulässig sind. Maximal innerhalb der Modellreihen eines Herstellers mit einheitlichem μ-Code lassen sich auf mips-Basis Systeme zulässig vergleichen. In praxi wird nach diesen Regeln nicht immer verfahren. Häufig werden Leistungstabellen von EDV-Beratungsfirmen in

Anzeigen oder als Werbematerial herausgegeben. Die in Abbildung 3.3.1 dargestellten mips-Werte entstammen auszugsweise einer solchen Tabelle, die als Werbematerial herausgegeben wurde. Die Leistungsangaben sind ohne Hinweise auf Laststruktur, Betriebssystem und Architektur sowie über Modellreihen und Herstellergrenzen hinweg vorgenommen.

Hersteller	**Modell**	**IER [mips]**
IBM	9021-340	23.00
Amdahl	5995-250A	24.00
IBM	9021-500	44.00
Amdahl	5995-500A	45.00
IBM	9021-580	62.00
Amdahl	5995-700A	61.00
IBM	9021-620	82.00
Amdahl	5995-1100A	85.00
IBM	9021-720	114.00
Amdahl	5995-1400A	105.00
IBM	9021-820	166.00
Amdahl	5995-3550ME	157.00
IBM	9021-900	235.00
Amdahl	5995-4550ME	204.00

Abbildung 3.3.1: IER-Werte verschiedener Rechnermodelle

Wie bei der External Transaction-Rate bildet man relative Leistungsfaktoren.

Definition

Sei IER_A die Instruction-Execution-Rate eines Prozessors (Prozessorkomplexes) A, IER_B die eines Prozessors (Prozessorkomplexes) B, dann heißt

$$RLF_{IER}^{A/B} = \frac{IER_A}{IER_B}$$

Relativer Leistungsfaktor zwischen A und B.

Für die IBM-Modelle aus Abbildung 3.3.1 bilden wir die Relativen Leistungsfaktoren in Relation zur dem leistungsschwächsten Prozessorsystem IBM 9021-340 und zeigen das Ergebnis in Abbildung 3.3.2.

Modell	IER	RLF
9021-340	23.0	1.00
9021-500	44.0	1.91
9021-580	62.0	2.70
9021-620	82.0	3.57
9021-720	114.0	4.96
9021-820	166.0	7.22
9021-900	235.0	10.22

Abbildung 3.3.2: IER-Werte und Relative Leistungsfaktoren für einige IBM-Modelle

Wir fassen zusammen. Die Größe IER in der Einheit mips ist

- als Leistungsmaß für die Prozessorleistung nur bedingt geeignet.
- Sie ist maximal zulässig unter Angabe der Laststruktur (mindestens global charakterisiert durch Angaben wie zum Beispiel Batch, online oder interaktiv) und unter Angabe der der Messung zugrunde liegenden Architekturmerkmale sowie der Betriebssystem- und Subsystemversionen.
- Sie eignet sich nur mit Einschränkung für den Vergleich von Systemen mit unterschiedlichen Architekturen (370, XA).
- Sie ist nicht geeignet für den Vergleich von 370/390-Systemen mit Systemen anderer, außerhalb der 370/390-Welt liegender, Architekturen.

Bei der üblichen Ungenauigkeit der Umgebungsparameter (beispielsweise der Lastentwicklungsprognosen durch den potentiellen Systemnutzer) lassen sich mips-Werte bei Berücksichtigung der oben aufgeführten Merkmale aber mit hinreichender Zuverlässigkeit, beispielsweise als Grundlage bei Systementscheidungen, nutzen (siehe auch Vergleich unterschiedlicher Leistungsgrößen weiter unten in diesem Kapitel). Der Widerstand gegen mips-Angaben ist deshalb eher akademischer Natur.

3.3.2 Processor-Service-Unit-Rate (PSUR)

Processor-Service-Units sind ein Spezifikum des MVS-Betriebssystems. Sie dienen primär der prozessorunabhängigen Lastfeststellung und Abrechnungszwecken (Accounting, Leistungsverrechnung).

Definition

Ein Prozessor P gibt genau dann eine Prozessor-Service-Unit (psu) ab, wenn er c_p Sekunden aktiv ist. Dabei ist c_p eine prozessorabhängige Konstante.

Bei einer Processor-Active-Time von t_p Sekunden werden also $\frac{t_p}{c_p}$ Service-Units verbraucht. c_p und der Kehrwert von c_p mit der Dimension $\left[\frac{s}{psu}\right]$ bzw. $\left[\frac{psu}{s}\right]$ werden als "Seconds of Task- or SRB-Execution-Time per Processor-Service-Unit" bzw. als "Processor-Service-Units per Seconds of Task- or SRB-Execution-Time" bezeichnet und in der MVS-Systemliteratur (siehe beispielsweise [24]) veröffentlicht. Bei Multiprozessorsystemen (Single-Image-Betrieb, siehe 3.2) wird jeweils der Wert für den Basisprozessor angegeben, reduziert um die Verluste, die sich durch die Zusammenschaltung infolge des MP-Effekts (bei einem Single-Image-Betrieb) ergeben (siehe 3.2 und später in diesem Kapitel). Systemintern wird die Prozessorzeit gemessen, gemäß obiger Relation in Service-Units umgerechnet und mit einem installationsabhängigen Skalierungsfaktor c (Service-Definition-Coefficient, siehe [24]) multipliziert. Der so ermittelte Wert wird beispielsweise im Workload-Report der Resource-Measurement-Facility RMF der IBM pro Performance-Group oder Report-Performance-Group ausgewiesen (siehe [24]). Es gilt

$$psu = c \cdot n \cdot \frac{t_p}{c_p},$$

wobei n die Anzahl der Prozessoren eines Multiprozessorsystems im Single-Image-Betrieb ist.

Definition

Sei P der Basisprozessor eines Multiprozessorsystems P_n mit $n \geq 1$ Prozessoren und $c_{p(n)}^{-1}$ die Processor-Service-Units per Seconds of Task- or SRB-Execution-Time" gemäß [24], dann versteht man unter der Leistung des Prozessorkomplexes die Processor-Service-Unit-Rate $PSUR_{P_n}$ mit $PSUR_{P_n} = n \cdot c_{p(n)}^{-1}$.

In Abbildung 3.3.3 stellen wir die PSUR-Werte für einige IBM-Modelle nach [24] zusammen.

Modell	n	$c_{p(n)}^{-1}$	$PSUR_{P_n}$
9021-340	1	1162.38	1162.38
9021-500	2	1104.26	2208.52
9021-580	3	1069.39	3208.17
9021-620	4	1022.89	4091.56
9021-720	6	941.53	5649.18
9021-820	4	2053.33	8213.32
9021-900	6	1890.00	11340.00

Abbildung 3.3.3: Leistung einiger IBM-Modelle auf der Basis von Processor-Service-Units

Wir definieren nun Relative Leistungsfaktoren auf der Basis von Processor-Service-Units.

Definition

Sei $PSUR_A$ die Leistung eines Prozessors (Prozessorkomplexes) A und $PSUR_B$ die eines Prozessors (Prozessorkomlexes) B, dann versteht man unter dem Relativen Leistungsfaktor $RLF_{PSUR}^{A/B}$ zwischen A und B die Größe

$$RLF_{PSUR}^{A/B} = \frac{PSUR_A}{PSUR_B}.$$

In Abbildung 3.3.4 zeigen wir die aus den PSUR-Werten gebildeten Relativen Leistungsfaktoren für einige IBM-Modelle.

Prozessorkomplex	**n**	**PSUR** $\left(=c_p^{-1}\right)$	**RLF**
9021-340	1	1162.38	1.00
9021-500	2	1104.26	1.90
9021-580	3	1069.39	2.76
9021-620	4	1022.89	3.52
9021-720	6	941.53	4.86
9021-820	4	2053.33	7.07
9021-900	6	1890.00	9.76

Abbildung 3.3.4: Relative Leistungsfaktoren auf der Basis von Processor-Service-Units für einige IBM-Modelle

Wir fassen zusammen:

- Die Werte c_p bzw. c_p^{-1} werden vom Hersteller bestimmt. IBM veröffentlicht diese Werte in der MVS-Systemliteratur. Andere Hersteller liefern Zaps für den Update dieser systemintern gehaltenen Konstanten.
- Die Meßverfahren zur Festlegung der Werte werden nicht offengelegt. Insbesondere über die Laststruktur, unter der die Messungen durchgeführt werden, werden keine Angaben gemacht.
- Die Werte gelten jeweils für eine bestimmte Betriebssystemversion (Veröffentlichung in der Systemliteratur für die bestimmte Betriebssystemversion).

Alle im letzten Abschnitt zu beachtenden Einschränkungen in bezug auf die Verwendung der Instruction-Execution-Rate IER als Prozessorleistungsgröße gelten auch für die Processor-Service-Unit-Rate PSUR. IBM weist in [24] darauf hin, daß Processor-Service-Units nur als Näherungswerte beim Leistungsvergleich von Prozessoren verwendbar sind, und verweist im übrigen auf Leistungsangaben, die auf der Internal Transaction-Rate beruhen. Diese Leistungsgröße werden wir im folgenden Abschnitt besprechen.

Den Abschnitt abschließend stellen wir einen näherungsweisen Zusammenhang zwischen IER und PSUR her. Es gilt

$$\frac{\#\text{Instruktionen}}{\text{PSU}} = \frac{10^6 \cdot \text{IER}}{\text{PSUR}}.$$

In Abbildung 3.3.5 ist diese Relation für einige IBM-Modelle dargestellt. Danach können 20.000 Instruktionen pro Processor-Service-Unit als grobe Annäherung angenommen werden.

Modell	IER	PSUR	IER / PSUR
9021-340	23.0	1162.38	19.787
9021-500	44.0	2208.52	19.923
9021-580	62.0	3208.17	19.326
9021-620	82.0	4091.56	20.041
9021-720	114.0	5649.18	20.180
9021-820	166.0	8213.32	20.211
9021-900	235.0	11340.00	20.723

Abbildung 3.3.5: Anzahl Instruktionen pro Processor-Service-Unit für einige IBM-Modelle

3.3.3 Internal Transaction-Rate (ITR)

Wir definieren nun eine Metrik für die Messung der Prozessorleistung, die vorrangig von IBM benutzt wird (siehe beispielsweise [18]). Dabei wird unterstellt, daß die Arbeitseinheit Transaktion hinreichend präzise definiert ist. t_p sei die im Zeitintervall t (Meßintervall) durch die Transaktionslast induzierte Prozessorzeit in Sekunden.

Definition

Unter der Internal Transaction-Rate r_i versteht man die maximale Anzahl Transaktionen, die ein System pro Prozessorsekunde innerhalb eines Zeitintervalls t bei Einhaltung einer Obergrenze t_{r_0} für die Response-Time t_r in der Lage ist, durchzusetzen. Es ist

$$r_i = \max\left\{\frac{n}{t_p}\right\}_{t_r \le t_{r_0}}.$$

Die Internal Transaction-Rate definiert die Leistung eines Prozessors bezogen auf einen definierten Transaktionsworkload. Dabei wird ein engpaßfrei konfiguriertes System unterstellt.

Ist $\delta_p = \frac{t_p}{t}$ der Auslastungsgrad des Prozessors, so gilt wegen

$$\frac{n}{t_p} = \frac{\frac{n}{t}}{\frac{t_p}{t}} = \frac{r}{\delta_p}$$

$r_i = r_e$ für $\delta_p = 1$. Da $\delta_p = 1$ in der Regel nicht erreicht wird, ist

$$r_i = \max\left\{\frac{r}{\delta_p}\right\} = \max\left\{\frac{1}{\delta_p}\right\} \cdot \max\{r\} \geq r_e .$$

Wir definieren Relative Leistungsfaktoren auf der Basis der Internal Transaction-Rate.

Definition

Verfügt ein Prozessor (Prozessorkomplex) A über die Leistung r_i^A, ein Prozessor (Prozessorkomplex) B über die Leistung r_i^B, so versteht man unter dem Relativen Leistungsfaktor $RLF_i^{A/B}$ zwischen A und B den Faktor

$$RLF_i^{A/B} = \frac{r_i^A}{r_i^B} .$$

Zur Bestimmung der Internal Transaction-Rate r_i verwenden wir das zur Bestimmung von r_e analoge Verfahren:

- Generierung der Transaktionslast mit Hilfe eines Transaction-Generators (beispielsweise TPNS von IBM) auf einem Transaction-Driver-System (TDS) und Einschleusen der Last in das zu testende System (System Under Test, abgekürzt SUT) über einen lokalen Network-Communication-Controller (NCC).

- Hochfahren der Last bis t_{r_0} erreicht oder der Prozessor gesättigt ist (beispielsweise bei 95%). Die Lasterhöhung wird simuliert entweder durch Erhöhung der Benutzeranzahl k oder durch Reduzierung der User-Think-Time t_u gemäß $t_r = \frac{k}{r} - t_u$.
- Messen der Anzahl n der im Zeitintervall t (in Sekunden) durchgesetzten Transaktionen sowie Messen der verbrauchten Prozessorzeit t_p und Bildung des Quotienten $r_i = \frac{n}{t_p} = \frac{r_e}{\delta_p}$.

Wir wenden dieses Verfahren an auf das Beispiel aus Kapitel 2. In Abbildung 3.3.6 stellen wir die in Kapitel 2 mit Hilfe unseres Modellsystems ermittelten Werte für r_e noch einmal zusammen und ergänzen diese durch die Auslastung des Prozessor-Servers.

r_e	δ_p	**Bemerkung**
9.28	0.464	DASD-Bottleneck
12.60	0.629	DASD-Bottleneck
19.28	0.964	System ohne Bottlenecks

Abbildung 3.3.6: External Transaction-Rates und Processor-Busy (Modellergebnis)

Bildet man aus den Werten nach Abbildung 3.3.6 die Quotienten $r_i = \frac{r_e}{\delta_p}$, so erhält man in allen Fällen den Wert $r_i = 20$. Dieses Ergebnis ist solange trivial, wie unseren Modellannahmen eine mit der Transaktionslast linear wachsende Prozessorlast zugrunde liegt. Dann gilt nämlich

$$r_i = \frac{n}{t_p} = \frac{n}{n \cdot t_{s_2}^{trx}} = \frac{1}{t_{s_2}^{trx}} = \frac{1}{0.05} = 20\,.$$

Das würde bedeuten, daß r_i unabhängig ist vom Load-Point (Auslastungsgrad des Prozessors). Tatsächlich ist aber der Prozessorverbrauch pro Transaktion abhängig von der auf dem jeweiligen System gefahrenen Transaktionslast (siehe etwa [1]). Die Gesetzmäßigkeit dieses Zusammenhangs ist wiederum abhängig von der Transaktionsstruktur bzw. von der Arbeitsweise der eingesetzten Systemsoftware. Wir werden auf dieses Problem später noch detaillierter eingehen. Im Augenblick unterstellen wir, daß die Prozessorauslastung mit der Zunahme der Transaktionslast überproportional wächst. Es sei (Modellannahme)

$\delta_b = \delta_g + \delta_n + a \cdot \delta_n^2$, wobei

- δ_b die Bruttolast,
- $\delta_n = r \cdot t_{s_2}^{trx} = r \cdot t_n$ die unmittelbar von der Transaktionslast erzeugte Netto-Prozessorlast,
- δ_g eine von der Transaction-Rate unabhängige konstante Grundlast und
- a eine Konstante ist.

Die gemäß dieser Relation sich entwickelnde Bruttolast stellen wir in Abbildung 3.3.7 in Abhängigkeit von der Transaction-Rate dar. Dabei sind beispielhaft die Werte $\delta_g = 0.05$, $a = 0.5$ und $t_n = 0.05s$ angenommen.

Wir gehen nun mit dem Ansatz $\delta_b = \delta_g + \delta_n \cdot (1 + a \cdot \delta_n)$ in die Relation $t_r = \frac{k}{r} - t_u$ und bestimmen die Internal Transaction-Rate r_i analog zur External Transaction-Rate r_e gemäß Kapitel 2. Die Auflösung der Relation

$$t_r = \frac{t_n}{1-\delta_p} = \frac{t_n}{1-\left(\delta_g + \delta_n \cdot (1 + a \cdot \delta_n)\right)} = \frac{k}{r} - t_u \quad \text{nach } r$$

führt in Analogie zu der Ableitung in Kapitel 2 zu ($t_c = t_d + t_u$ und $t_n = n \cdot t_{s_2}^{trx}$ unterstellt)

$$r^3+\frac{t_c-a\cdot k\cdot t_n}{a\cdot t_c\cdot t_n^2}\cdot r^2-\frac{t_c\cdot\left(1-\delta_g\right)+t_n\cdot(k+1)}{a\cdot t_c\cdot t_n^2}\cdot r+\frac{k\cdot\left(1-\delta_g\right)}{a\cdot t_c\cdot t_n^2}=0.$$

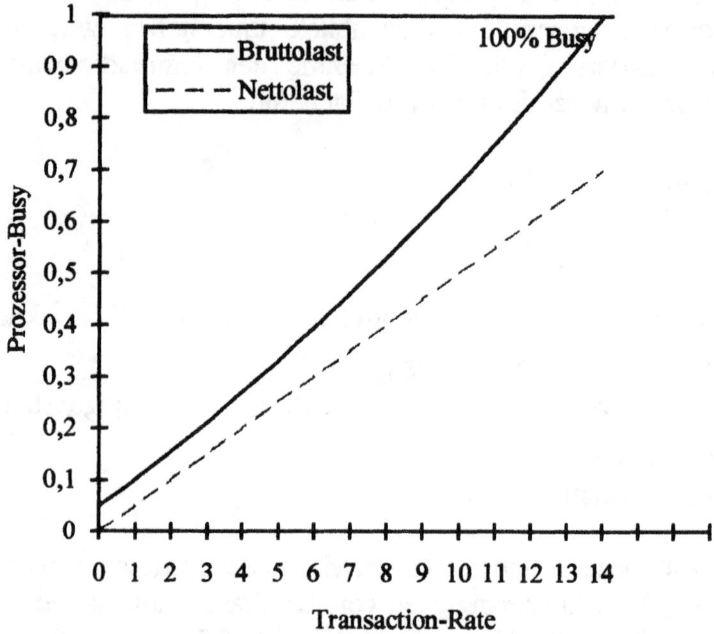

Abbildung 3.3.7: Lastabhängige Entwicklung der Brutto-Prozessorauslastung

Die Anwendung des Verfahrens von Newton-Raphson führt mit

$$f(r)=r^3+\frac{t_c-a\cdot k\cdot t_n}{a\cdot t_c\cdot t_n}\cdot r^2-\frac{t_c\cdot\left(1-\delta_g\right)+t_n\cdot(k+1)}{a\cdot t_c\cdot t_n^2}\cdot r+\frac{k\cdot\left(1-\delta_g\right)}{a\cdot t_c\cdot t_n^2},$$

$$f'(r)=3\cdot r^2+2\cdot\frac{t_c-a\cdot k\cdot t_n}{a\cdot t_c\cdot t_n}\cdot r-\frac{t_c\cdot\left(1-\delta_g\right)+t_n\cdot(k+1)}{a\cdot t_c\cdot t_n^2}$$

zu $r_{\nu+1}=r_\nu-\frac{f(r_\nu)}{f'(r_\nu)}$ mit $\nu=0,1,\ldots$.

Wir rechnen ein Beispiel mit den Werten $t_n = 0.05s$, $t_d = 0.100s$, $t_u = 15s$, $\delta_g = 0.05$ und $a = 0.5$. Das Ergebnis stellen wir in Abbildung 3.3.8 tabellarisch und in Abbildung 3.3.9 grafisch dar, jeweils einschließlich der Transaction-Rate.

k	t_r	δ_b	r_i	r
30	0.159	0.154	12.86	1.98
60	0.168	0.267	14.80	3,96
90	0.182	0.390	15.19	5.93
120	0.205	0.522	15.17	7,89
150	0.248	0.663	14.84	9.84
180	0.360	0.808	14.51	11.72
210	0.841	0.933	14.22	13.26
223	1.368	0.963	14.14	13.62
224	1.447	0.963	14.15	13.62
225	1.500	0.964	14.14	13.64
226	1.554	0.966	14.14	13.65
240	2.390	0.978	14.11	13.80
270	4.394	0.988	14.09	13.92
300	6.480	0.992	14.08	13.97
330	8.589	0.994	14.07	13.99

Abbildung 3.3.8: Internal und External Transaction-Rates (Modellrechnung)

Der Verlauf der r_i-Kurve (wir sprechen nicht ganz exakt von der r_i-Kurve und meinen den Verlauf von $r_i = \frac{r_e}{\delta_p}$ in Abhängigkeit von der Transaktionslast bzw. von der Anzahl der Benutzer) spiegelt erwartungsgemäß den Verlauf der oben dargestelltem Entwicklung der Prozessor-Bruttolast (siehe Abbildung 3.3.7) wider. Dieses Verlaufsmuster ist bei realen Systemen nicht in jedem Falle so anzutreffen. Abhängig von der Struktur der Workloads und Engpässen in Systemkomponenten ergeben sich davon abweichende Verläufe. Wir stellen nun einige Meßreihen vor, die in [3] dargelegt sind. Dort werden für die Rechnermodelle Amdahl 5995-1400A und Amdahl 5995-4050M die Internal Transaction-Rates für TSO-,

CICS- und IMS-Workloads gemessen (eine detaillierte Beschreibung der Workloads findet man in [3] selbst).

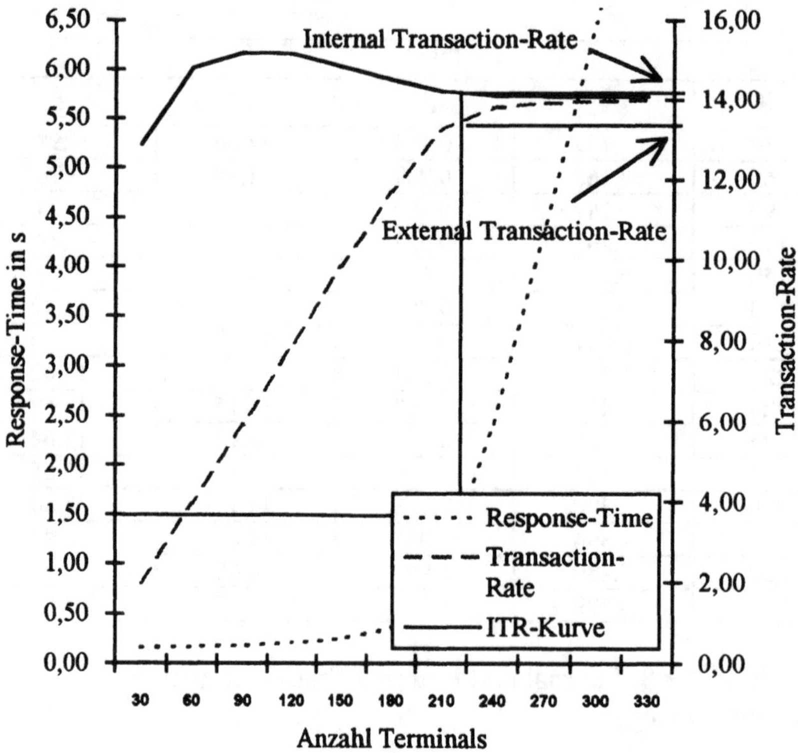

Abbildung 3.3.9: Modell eines engpaßfreien Systems mit r_i, r_e und t_r

In allen Meßreihen kommt nicht das Erreichen der Response-Time-Obergrenze t_{r_0} als Abbruchkriterium für den Meßvorgang zum Zuge, sondern das Erreichen des Sättigungspunktes des Prozessors. Dieser ist festgelegt auf eine Auslastung von 95%. Die Lasterhöhung wird simuliert durch die Reduzierung der User-Think-Time t_u (Option des Transaction-Generators TPNS). Zusätzlich zum maximalen Load-Point von mindestens 95% wurden zwei weitere Load-Points (ca. 50 und 75%) vermessen. Deutlich wird in allen Fällen, daß der Load-Point, bei dem die Internal Transaction-Rate fixiert wird, eine nicht zu vernachlässigende Relevanz hat. Wir besprechen die Ergebnisse aus der Amdahl-Meßreihe im einzelnen.

TSO-Workload

Die Ergebnisse der Meßreihe sind in Abbildung 3.3.10 für die Amdahl 5995-1400A und in Abbildung 3.3.11 für die Amdahl 5995-4050M tabellarisch und in Abbildung 3.3.12 zusammengefaßt grafisch dargestellt.

Leistungsindex	Load-Points		
	48.74%	**73.87%**	**96.40%**
r_e	34.74	50.82	62.49
r_i	71.28	68.80	64.82

Abbildung 3.3.10: TSO-Leistungsindizes Amdahl 5995-1400A

Leistungsindex	Load-Points		
	50.50%	**75.28%**	**96.36%**
r_e	57.62	82.95	102.17
r_i	114.10	110.19	106.03

Abbildung 3.3.11: TSO-Leistungsindizes Amdahl 5995-4050M

Die r_i -Kurven verlieren für beide Rechnermodelle mit zunehmender Prozessorauslastung deutlich an Höhe. Dieser Kurvenverlauf entspricht dem unseres Erklärungsmodells im oberen Lastbereich. Bei der leistungsschwächeren Maschine wächst beispielsweise auf dem letzten Kurvenabschnitt die durchgesetzte Transaktionslast (Transaction-Rate) um ca. 22.96%, während die Prozessorauslastung (überproportional zur Transaction-Rate) um ca. 30.5% ansteigt. Bei dem leistungsstärkeren und neueren Modell liegen diese Werte bei ca. 23.17 bzw. 28.0 %. Der Prozessorspeicher (Central und Expanded Storage, siehe auch Kapitel 5) ist in beiden Fällen auf Demand-Basis (Demand pro User) konfiguriert, so daß bei allen Messungen unabhängig von der Maschinenleistung vergleichbare Paging-Raten erzeugt wurden. Diese Vorgehensweise stellt sicher, daß die Leistung des Prozessors möglichst objektiv ermittelt werden kann. Erkennbare leichte Engpässe beim maximalen Load-Point auf der 5995-4050M (siehe [3]) wurden durch eine Speichererweiterung eliminiert und auf den Level der übrigen Messungen gebracht.

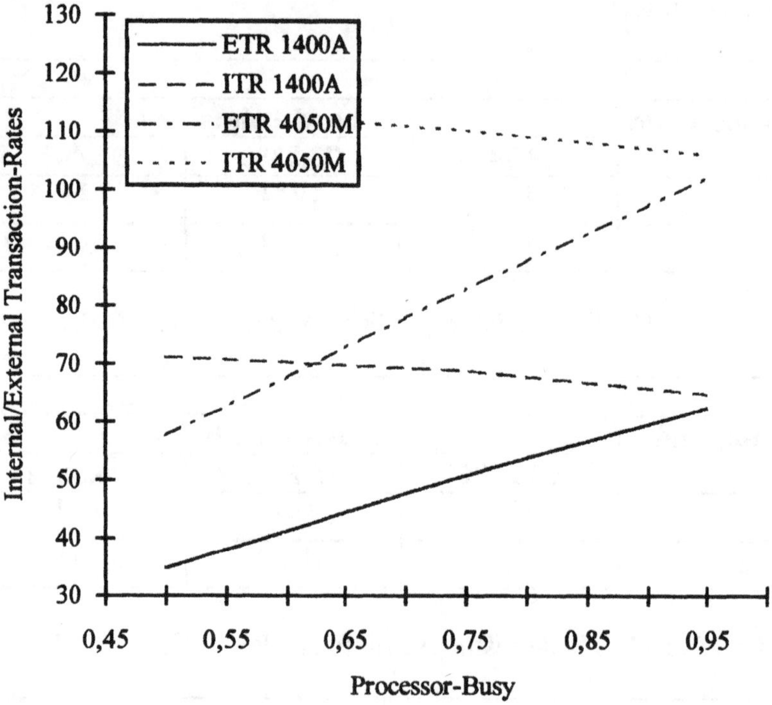

Abbildung 3.3.12: TSO-Leistungsindizes Amdahl-Modelle 5995

Im Ergebnis führte dies zu einer Erhöhung der Internal Transaction-Rate auf 103.22 (statt bisher 102.17) und einer Erhöhung der External Transaction-Rate auf 109.43 (statt 106.03). Die Prozessorauslastung reduzierte sich dabei von 96.36 auf 94.32%. Im letzten Kurvenabschnitt steigt damit die Transaktionslast um ca. 24.44%, die Prozessorlast um ca. 25.29%. Der Verlauf der Leistungskurve (r_i) verliert damit weniger an Höhe. Insgesamt folgt die Leistungskurve für den TSO-Workload bei mittlerer bis hoher Last unserem Erklärungsmodell.
Ein völlig anderes Verhalten beobachtet man bei dem gemessenen CICS-Workload.

CICS-Workload

Beim CICS-Workload nimmt die Internal Transaction-Rate mit zunehmender Prozessorauslastung in dem betrachteten Lastbereich stetig zu (bis auf den ersten Kurvenabschnitt bei der 1400A, auf dem sie leicht abfällt). Siehe dazu die Abbildungen 3.3.13-3.3.15.

Leistungsindex	Load-Points		
	47.25%	**72.08%**	**98.71%**
r_e	74.17	112.71	163.77
r_i	156.94	156.37	164.25

Abbildung 3.3.13: CICS-Leistungsindizes Amdahl 5995-1400A

Leistungsindex	Load-Points		
	58.04%	**74.50%**	**99.99%**
r_e	165.76	213.53	311.90
r_i	285.60	286.62	311.93

Abbildung 3.3.14: CICS-Leistungsindizes Amdahl 5995-4050M

Zu erklären ist dieser Kurvenverlauf mit dem Low-Utilization-Effect, den der CICS-Dispatcher verursacht. Wir beschäftigen uns mit diesem Effekt in einem eigenen Abschnitt weiter unten in diesem Kapitel. Im vorliegenden Zusammenhang ermitteln wir die pro CICS-Transaktion verbrauchte Prozessorzeit auf der 5995-1400A in Millisekunden. Siehe dazu Abbildung 3.3.16. Während im unteren Lastbereich die pro Transaktion im Schnitt verbrauchte Prozessorzeit nahezu identisch ist (feststellbar ist eine leichter Anstieg vom unteren zum mittleren Lastbereich), fällt der Wert im hohen Leistungsbereich um nicht ganz 5% ab. Der Verlauf nach Abbildung 3.3.16 entspricht dem leichten Abfall der Internal Transaction-Rate vom unteren zum mittleren Load-Point und dem dann deutlichen Anstieg zum maximalen Load-Point hin.

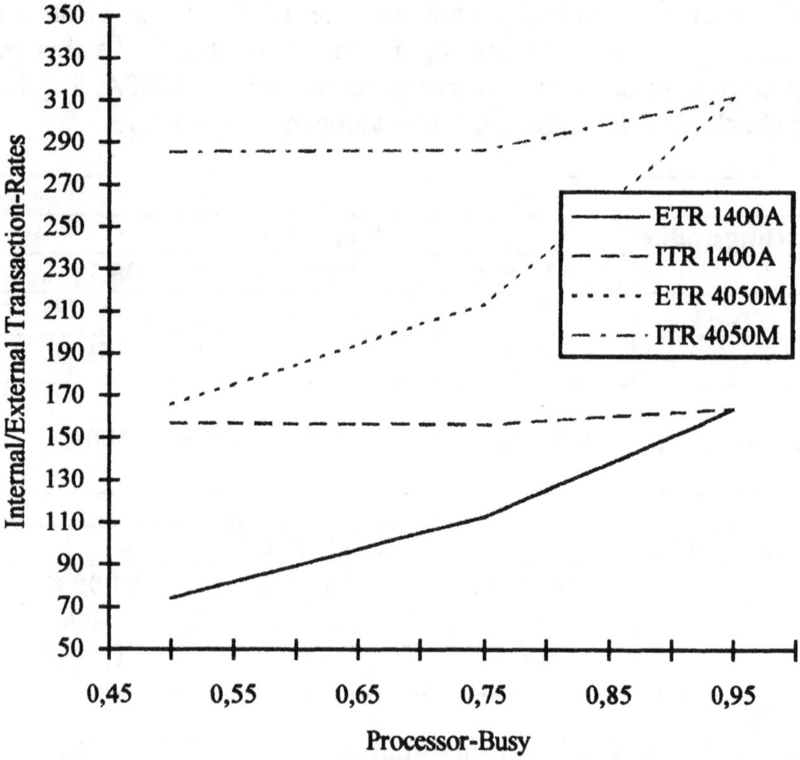

Abbildung 3.3.15: CICS-Leistungsindizes Amdahl-Modelle

Leistungsindex	Load-Points		
	47.25%	**72.08%**	**98.71%**
t_p / n	6.37	6.40	6.09

Abbildung 3.3.16: Prozessorzeit pro CICS-Transaktion Amdahl 5995-1400A

Beim Low-Utilization-Effect handelt es sich um einen softwareinduzierten (CICS-induzierten) Effekt. Damit besteht auch eine Abhängigkeit zur Softwareversion. Dies zeigen wir in der Abbildung 3.3.17. Dort ist der Verlauf der beiden Kurven noch einmal für die 5995-1400A dargestellt, wobei die Messungen mit den beiden CICS-

Versionen 3 (CICS/ESA, bisher ausschließlich betrachtet) und CICS-Version 2 durchgeführt wurden.

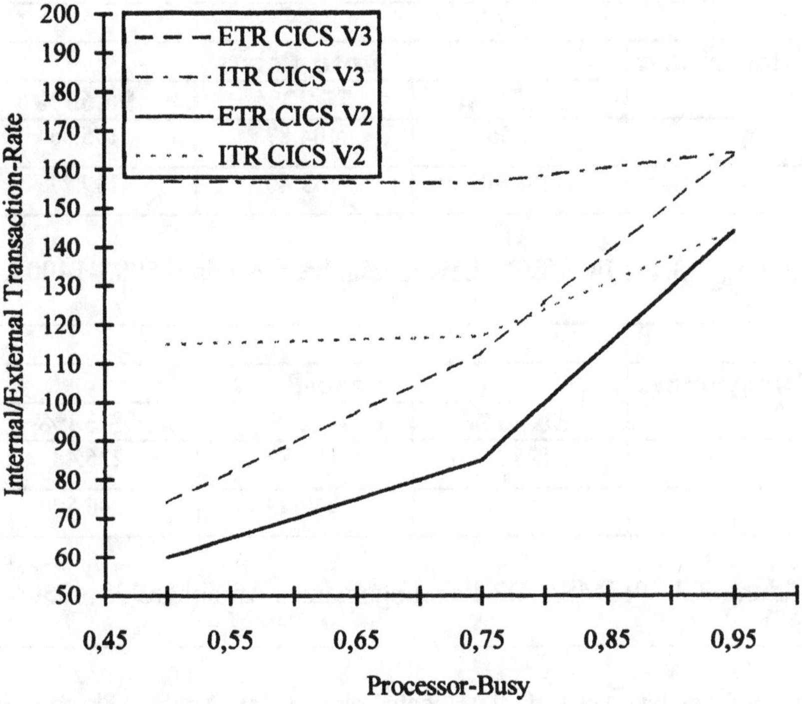

Abbildung 3.3.17: CICS-Leistungsindizes verschiedener CICS-Versionen Amdahl 5995-1400A

Das Ergebnis nach Abbildung 3.3.17 zeigt, daß sowohl der Kurvenverlauf als auch die Leistung insgesamt abhängig sind von den gefahrenen Softwareversionen. Im vorliegenden Fall ist offensichtlich neben der Gesamtleistung auch die Arbeitsweise des CICS-Dispatchers verbessert worden. Dies zeigt deutlich der weitaus gleichförmigere Verlauf der r_i -Kurve bei der moderneren Version 3.

Den Abschnitt abschließend zeigen wir noch Meßergebnisse für einen IMS/DB2-Workload.

IMS/DB2-Workload

Die Ergebnisse sind tabellarisch in den Abbildungen 3.3.18 und 3.3.19 und grafisch in Abbildung 3.3.20 dargestellt. Die Ergebnisse zeigen, daß die ITR-Kurve bei der Amdahl 5995-1400A mit Zunahme der Last leicht ansteigt. Bei der Amdahl 5995-4050M stellt man im letzten Kurvenabschnitt dagegen ein leichtes Absinken fest.

Leistungsindex	**Load-Points**		
	51.52%	**75.23%**	**96.63%**
r_e	71.56	104.87	135.06
r_i	138.90	139.40	139.77

Abbildung 3.3.18: IMS/DB2-Leistungsindizes Amdahl 5995-1400A

Leistungsindex	**Load-Points**		
	50.66%	**75.24%**	**95.38%**
r_e	125.13	187.72	235.48
r_i	247.00	249.49	246.89

Abbildung 3.3.19: IMS/DB2-Leistungsindizes Amdahl 5995-4050M

Dies wird (siehe [3]) auf die Beschränkung der Anzahl Threads im DB2 (Version 2.1 und 2.2) zurückgeführt. Die maximale Anzahl konkurrierender Threads liegt bei den eingesetzten DB2-Versionen bei 220. Der durch diese Beschränkung erzeugte Overhead für Thread-Creations führt bei der leistungsstärkeren Maschine zum Absinken der ITR im hohen Lastbereich. Diese Beschränkung wurde in späteren DB2-Versionen beseitigt. Im übrigen ist der Kurvenverlauf vergleichbar mit dem für CICS, wenn auch nicht in der dort festgestellten Ausprägung. Zurückzuführen ist dieser Verlauf genauso wie bei CICS auf den Low-Utilization-Effect (siehe weiter unten in diesem Kapitel). In [3] findet man noch Meßergebnisse für einen IMS/DL1-Workload, auf deren Darstellung wir verzichten. Im Ergebnis sinkt die ITR-Kurve für diesen Workload für beide Maschinen. Der Low-Utilization-Effect wird dabei durch andere softwareinduzierte Engpässe ausgeglichen bzw. überdeckt (siehe [3]).

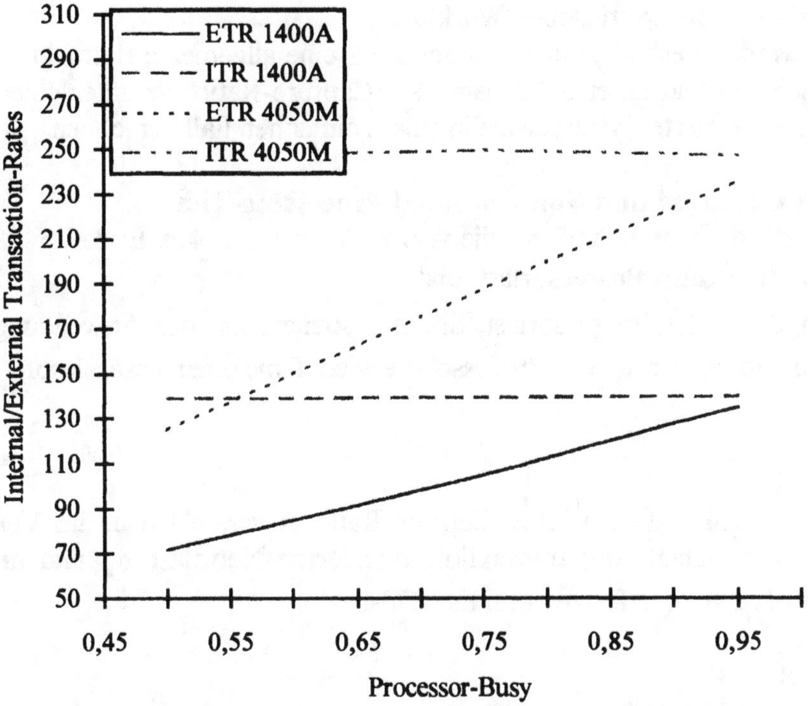

Abbildung 3.3.20: IMS/DB2-Leistungsindizes Amdahl-Modelle

3.4 Capture-Ratio

Die "Capture-Ratio" ist eine Größe, die beim Kapazitäts-Management eine nicht zu vernachlässigende Rolle spielt. Das Problem besteht darin, daß die für die Aufzeichnung der verbrauchten Prozessorzeit zuständigen Systemroutinen nur einen Teil der Zeit "einfangen" (capture). Und zwar werden nur die Zeiten erfaßt, die sich direkt Adreßräumen zuordnen lassen. Prozessorzeit, die von allgemeinen Systemfunktionen benötigt wird, bleibt dabei unberücksichtigt. Diese Zeit wird gewöhnlich als Overhead bezeichnet. Kapazitätsberechnungen, die mit Änderungen bei der Nettolast (Anwendungslast) spielen, müssen, um zu verläßlichen Ergebnissen zu kommen, diese induzierte, indirekte Prozessorzeit berücksichtigen. Im vorliegenden Abschnitt werden wir uns mit diesem Problem befassen.

Dabei kommt erschwerend hinzu, daß die Höhe des Overheads abhängig ist vom spezifischen Workload.
Wir werden deshalb zunächst unter 3.4.1 eine allgemeine Betrachtung vornehmen und unter 3.4.2 dann die Capture-Ratio für unterschiedlich strukturierte Systemlasten in einem einfachen Fall berechnen.

3.4.1 Captured und Non-Captured Processing-Time

Wir definieren zunächst die verwendeten Variablen. Es sei

- δ_b die Brutto-Prozessorlast und
- δ_n die Netto-Prozessorlast, direkt assoziiert mit der Anwendung, so daß $\delta_n = r \cdot t_s$ (t_s Processor-Service-Time einer Transaktion)

gilt.

Definition

Unter der systemweiten Capture-Ratio cr versteht man das Verhältnis zwischen der transaktionsinduzierten Nettolast δ_n und der Bruttolast δ_b des Prozessors. Es ist also

$$cr = \frac{\delta_n}{\delta_b} = \frac{r \cdot t_s}{\delta_b}.$$

Wir modellieren cr unter Ausnutzung des Ansatzes über die Lastentwicklung aus dem letzten Abschnitt

$$\delta_b = \delta_g + \delta_n + a \cdot \delta_n^2.$$

Dabei ist gemäß 3.3.3 δ_g eine von der Transaktionslast unabhängige konstante Grundlast und a eine Zahlkonstante. Gemäß Definition gilt für die Capture-Ratio

$$cr = \frac{\delta_n}{\delta_b} = \frac{\delta_n}{\delta_g + \delta_n + a \cdot \delta_n^2} = \frac{1}{1 + a \cdot \delta_n + \dfrac{\delta_g}{\delta_n}}.$$

Wir rechnen ein Beispiel mit $t_s = 0.05$, $\delta_g = 0.05$ und a = 0.5. Das Ergebnis stellen wir in den Abbildungen 3.4.1 und 3.4.2 dar.

r	δ_n	δ_b	cr
1	0.05	0.10	0.49
2	0.10	0.16	0,65
4	0.20	0.27	0,74
6	0.30	0.40	0,76
8	0.40	0.53	0,75
10	0.50	0.68	0,74
12	0.60	0.83	0,72
14	0,70	1.00	0,70

Abbildung 3.4.1: Modellierung der Capture-Ratio

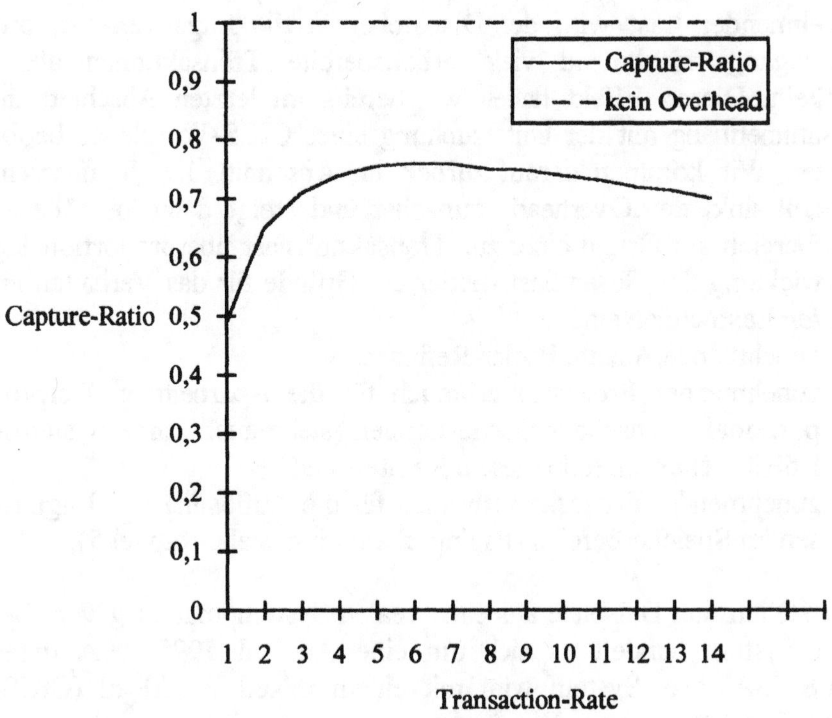

Abbildung 3.4.2: Modellierung der Capture-Ratio

Den nicht direkt der Transaktionslast zuordenbaren Anteil der Prozessorlast nennen wir Overhead.

Definition

Unter dem systemweiten Overhead ov versteht man den Anteil der Prozessorlast, der nicht unmittelbar mit der Transaktionslast assoziiert werden kann in Relation zur Gesamtlast. Es gilt also

$$ov = \frac{\delta_b - \delta_n}{\delta_b} = 1 - \frac{\delta_n}{\delta_b} = 1 - cr\,.$$

Der nach Abbildung 3.4.2 erkennbare hohe Overhead bei niedriger Auslastung des Systems läßt sich interpretieren als Low-Utilization-Effect. Erklären läßt sich dieses Verhalten mit der ineffizienten Arbeitsweise des Dispatchers bei niedriger Systemauslastung. Bei zunehmender Last wird der Dispatcher in die Lage versetzt, pro Durchgang zunehmend viele arbeitsbereite Transaktionen abzuwickeln. Diesen Effekt haben wir bereits im letzten Abschnitt im Zusammenhang mit der Untersuchung eines CICS-Workloads beobachtet. Wir kommen darauf zurück im Abschnitt 3.7. In unserem Modell sinkt der Overhead zunächst und steigt dann im höheren Lastbereich auf Grund einer zur Transaktionslast überproportionalen Entwicklung der Gesamtlast wieder an. Gründe für das Verhalten im oberen Lastbereich sind

- zunehmende Anzahl Buffer-Refreshs,
- zunehmender Prozessorverbrauch für die Abarbeitung überproportional wachsender Queue-Längen (siehe auch Large-Systems-Effect weiter unten in diesem Kapitel) und
- zunehmender Prozessorverbrauch für die Auflösung von Engpässen im Speicherbereich (Paging, Swapping, siehe Kapitel 5).

Wir stellen nun Beispiele aus einer realen Systemumgebung vor. Bei dem System handelt es sich um eine Amdahl 5995-700A unter MVS/ESA. Das System wird mit einem mixed Workload (CICS, TSO, Batch) gefahren. Die Auslastung bewegt sich im mittleren bis hohen Lastbereich (ca. 60-85% Prozessorauslastung im Peak-Intervall). Wir fixieren zunächst das Verfahren zur Bestimmung der Capture-Ratio und stellen dann zwei Meßreihen vor. Die erste bezieht sich auf ein Stundenintervall in der Hauptverarbeitungszeit (Peak-Intervall), die zweite auf ein Intervall im niedrigen Lastbereich bis ca. 20%.

Für die Berechnung benutzen wir zwei Reports der Resource-Measurement-Faclity (RMF) der IBM und zwar (siehe [25]) den

- RMF-Summary-Report und den
- RMF-Workload-Activity-Report.

Dem Summary-Report entnehmen wir die im Beobachtungsintervall t gemessene durchschnittliche Bruttoauslastung δ_b der Prozessoren in Prozent und dem Workload-Activity-Report die Gesamtzahl der verbrauchten Prozessor-Service-Units psu (Summe aus TCB- und SRB-Service-Units, siehe [25]). Es gilt

$$t_n = \frac{psu}{c \cdot c_p \cdot n}.$$

Dabei ist c die unter 3.2 definierte installationsabhängige Konstante, c_p die ebenfalls in 3.2 definierte prozessorabhängige Konstante mit der Dimension $\left[\frac{psu}{s}\right]$ und n die Anzahl der Instruktionsprozessoren des Rechnerkomplexes. Damit ist

$$\delta_n = \frac{t_n}{t} = \frac{psu}{t \cdot c \cdot c_p \cdot n} \text{ und schließlich}$$

$$cr = \frac{\delta_n}{\delta_b} = \frac{psu}{\delta_b \cdot t \cdot c \cdot c_p \cdot n}.$$

Im vorliegenden Fall ist $c = 10$, $c_p = 1425.1$ und $n = 2$. Die Meßreihe, einschließlich der berechneten Größen δ_n und cr stellen wir in Abbildung 3.4.3 zusammen. Die über die Meßreihe durchschnittliche cr liegt bei ca. $cr = 0.84$. Ohne den mathematischen Nachweis führen zu wollen, läßt sich in dem beobachteten Lastbereich bei zunehmender Bruttolast des Systems ein leichter Anstieg der Capture-Ratio feststellen.

δ_b%	psu	δ_n%	cr
68.7	58.473.000	57.0	0.83
71.6	61.951.000	60.4	0.84
61.7	52.048.000	50.7	0.82
77.5	66.977.000	65.3	0.84
72.6	62.345.000	60.8	0.84
76.6	67.828.000	66.1	0.86
83.3	73.097.000	71.2	0.85
84.7	74.616.000	72.7	0.86
64.1	54.327.000	53.0	0.83
69.4	60.563.000	59.0	0.85

Abbildung 3.4.3: Capture-Ratio in einem Live-System

Wir stellen nun in Abbildung 3.4.4 die zweite Meßreihe analog zur obigen Tabelle dar. Die Bruttolast des Systems liegt bei dieser Meßreihe in allen Fällen unter 20%. Im Ergebnis ergibt sich der Kurvenverlauf nach Abbildung 3.4.5. Dieses Ergebnis entspricht im unteren und mittleren Kurvenabschnitt qualitativ den Vorhersagen unseres Erklärungsmodells. In dem beobachteten oberen Leistungsbereich wirkt sich die zur Anwendungslast überproportionale Zunahme der Prozessorbeanspruchung aber offentsichtlich noch nicht aus.

δ_b%	psu	δ_n%	cr
6.8	5.073.600	4.9	0.72
7.9	5.935.700	5.8	0.73
6.8	5.064.400	4.9	0.72
6.3	4.606.000	4.5	0.71
10.8	8.599.000	8.4	0.78
10.7	8.568.900	8.4	0.79
11.5	9.255.000	9.0	0.78
11.8	9.523.000	9.3	0.79
17.6	15.474.000	15.1	0.86
18.1	1 5.837.000	15.4	0.85

Abbildung 3.4.4: Capture-Ratio bei niedriger Systemlast

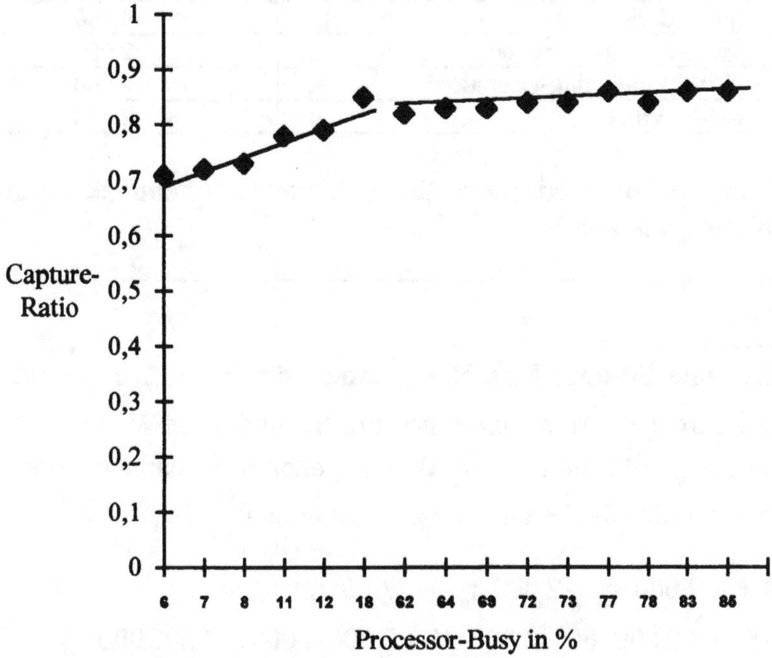

Abbildung 3.4.5: Capture-Ratio in einem Live-System

Diesen Abschnitt abschließend erklären wir einen Teil des Overheads mit bestimmten Systemfunktionen. Dazu gehören (zur Definition siehe unter Kapitel 4 und 5)

- Swap-Operationen,
- Paging-Operationen (Swap- und Non-Swap-Paging) und
- I/O-Interrupts.

In früheren Auflagen von [27] wurden die Pfadlängen dieser Systemfunktionen in Anzahl Instruktionen angegeben. Damit konnte die für diese Funktionen verbrauchte Prozessorzeit abgeschätzt werden. Heute wird auf die Angabe der Pfadlängen verzichtet. Mit ein Grund ist die Abhängigkeit der Pfadlängen von der Betriebssystemsoftware. Wir rechnen trotz dieser einschränkenden Bemerkung ein Beispiel mit den in Abbildung 3.4.6 angegebenen Pfadlängen.

Funktion	Pfadlänge
Swap-Cycle	4.000
Swap-Paging-Operation	2.000
Non-Swap-Paging-Operation	2.000
I/O-Interrupt	2.000

Abbildung 3.4.6: Pfadlängen für bestimmte Systemfunktionen in Anzahl Instruktionen

Beispiel

Für eine 30-mips-Maschine werden für r_s, r_{sp}, r_{nsp} und r_{io} (Anzahl durchgeführter Funktionen pro Sekunde) die Werte $r_s = 2.0$, $r_{sp} = 60$, $r_{nsp} = 40$ und $r_{io} = 1.000$ angenommen, dann werden pro Sekunde für die Abarbeitung dieser Funktionen

$$4.000 \cdot r_s + 2.000 \cdot r_{sp} + 2.000 \cdot r_{nsp} + 2.000 \cdot r_{io}$$
$$= 4.000 \cdot 2 + 2.000 \cdot 60 + 2.000 \cdot 40 + 2.000 \cdot 1.000 = 2.208.000$$

Instruktionen benötigt. Die 30-mips-Maschine ist damit zu ca. 7.4% ausgelastet. Bei einer angenommenen Bruttoauslastung der Maschine von beispielsweise 70% liegt der durch die obigen Funktionen erzeugte Overhead bei ca.

$ov = 1 - cr = 1 - \frac{70 - 7.4}{70} \approx 0.11$, die Capture-Ratio also bei ca. $cr \approx 0.89$.

Damit läßt sich zumindest ein Teil der Verluste erklären. Da sich die Algorithmen der Speicherverwaltung in der Vergangenheit häufig geändert haben und die Abläufe bei der Speicherverwaltung nicht zuletzt durch die Einführung des Expanded Storage (siehe Kapitel 5) komplexer geworden sind, ist diese Methode aber recht unzuverlässig. Sie kann deshalb in praxi nicht mehr empfohlen werden und dient an dieser Stelle ausschließlich als Erklärungsmodell.

3.4.2 Bestimmung der workloadspezifischen Capture-Ratios

Wie hatten bereits erwähnt, daß die Capture-Ratio von der Struktur des Workloads abhängt. Grund dafür ist beispielsweise die unterschiedliche Inanspruchnahme von Systemfunktionen. So ist zum Beispiel bei einem TSO-Workload jeder Benutzer durch einen eigenen Adreßraum (siehe Kapitel 5) repräsentiert. Die Prozeßumschaltung erfolgt auf der Betriebssystemebene durch einen Adreßraum-Switch. Dem gegenüber verfügt beispielsweise der Transaction-Manager CICS über eine eigene Taskverwaltung. Die Kontrolle wird dem Betriebssystem nur dann zurückgegeben, wenn keine arbeitsbereite Task vorliegt. Dies sind beispielhaft Gründe dafür, daß sich die Capture-Ratio mit der Workloadstruktur ändert. Zunächst definieren wir:

Definition

Unter der workloadinduzierten Nettolast $\delta_n(\Psi_i)$ eines Workloads Ψ_i verstehen wir die unmittelbar dem Workload zuordenbare Prozessorlast (ohne Overhead). Unter der workloadinduzierten Bruttolast $\delta_b(\Psi_i)$ eines Workloads Ψ_i verstehen wir die durch den Workload erzeugte Prozessorlast einschließlich Overhead. Die workloadspezifische Capture-Ratio $cr(\Psi_i)$ des Workloads Ψ_i ist dann der Quotient aus diesen beiden Größen

$$cr(\Psi_i) = \frac{\delta_n(\Psi_i)}{\delta_b(\Psi_i)}.$$

Wir differenzieren nach systemweiten und workloadspezifischen Größen. Es sei

- $\delta_b(\Sigma)$ die Bruttoauslastung des Gesamtsystems Σ,
- $\delta_n(\Sigma)$ die Nettoauslastung des Gesamtsystems Σ,
- $\delta_b(\Psi_i)$ die durch einen Workload Ψ_i induzierte Bruttolast,
- $\delta_n(\Psi_i)$ die durch einen Workload Ψ_i induzierte Nettolast,
- $cr(\Sigma)$ die systemweite Capture-Ratio und
- $cr(\Psi_i)$ die Capture-Ratio eines Workloads Ψ_i.

Die workloadspezifischen Nettolasten $\delta_n(\Psi_i)$ lassen sich analog zur systemweiten Nettolast δ_n aus dem Workload-Activity-Report der Resource-Measurement-Facility RMF ablesen. Voraussetzung ist, daß der betrachtete Workload in einer eigenen Performance-Group (siehe [25]) läuft oder per eigener Report-Performance-Group reportet wird. Vorausgesetzt werden kann nun, daß die Größen $\delta_b(\Sigma)$, $\delta_n(\Sigma)$, $cr(\Sigma)$ und $\delta_n(\Psi_i)$ bekannt sind. Gesucht werden die Größen $cr(\Psi_i)$ und $\delta_b(\Psi_i)$. Es gilt die Relation

$$\delta_b(\Sigma) = \frac{1}{cr(\Sigma)} \cdot \delta_n(\Sigma) = \frac{1}{cr(\Sigma)} \cdot \sum_i \delta_n(\Psi_i).$$

Wir gehen nun davon aus, daß eine Meßreihe der workloadspezifischen Nettolasten vorliegt sowie die Gesamtbrutto- und Nettolast

$\delta_n^j(\Psi_i)$ für j=1,2....,o und i=1,2,....,p, so daß

$$\delta_b^j(\Sigma) = \frac{1}{cr^j(\Sigma)} \cdot \delta_n^j(\Sigma) = \frac{1}{cr^j(\Sigma)} \cdot \sum_i \delta_n^j(\Psi_i) \quad \text{für } j=1,\ldots,o \text{ gilt.}$$

Wir stellen zunächst ein Beispiel aus einem Live-System vor, das mit einem mixed Workload (CICS, TSO und Batch) gefahren wird. Die workloadspezifischen Nettolasten bilden wir analog zur systemweiten Nettolast aus den Processor-Service-Units, die im Workload-Report pro Workload angegeben sind. Sind $psu(\Psi_i)$ die vom Workload Ψ_i verbrauchten Processor-Service-Units, so gilt

$$\delta_n(\Psi_i) = \frac{psu(\Psi_i)}{t \cdot c \cdot c_p \cdot n}.$$

In Abbildung 3.4.7 stellen wir nun die Ergebnisse einer Meßreihe von 10 Messungen dar. Dabei sind die Service-Units in Tausend angegeben. Die Workloads Ψ_i i=1,..,3 sind in der Reihenfolge ein TSO-, CICS- und ein Batch-Workload.

$\delta_b(\Sigma)$	$psu(\Sigma)$	$cr(\Sigma)$	$psu(\Psi_1)$	$psu(\Psi_2)$	$psu(\Psi_3)$
74.2	51.654	0.85	7.809	15.289	28.555
65.4	45.182	0.84	6.522	14.424	24.236
72.3	50.769	0.86	6.085	15.992	28.692
61.7	42.331	0.84	7.084	14.780	20.467
67.4	47.133	0.85	6.417	18.103	22.613
55.8	38.579	0.84	5.579	14.786	18.214
67.0	47.250	0.86	5.658	20.345	21.246
61.5	42.961	0.85	6.475	16.074	20.411
69.7	49.754	0.87	5.407	17.417	26.930
59.7	41.580	0.85	3.973	17.817	19.790

Abbildung 3.4.7: Meßreihe zur Bestimmung der workloadspezifischen Capture-Ratios

Wir rechnen die Processor-Service-Units nach obiger Formel um in Processor-Busy-Werte. Das Ergebnis stellen wir in Abbildung 3.4.8 tabellarisch dar.

$\delta_b(\Sigma)$	$\delta_n(\Sigma)$	$cr(\Sigma)$	$\delta_n(\Psi_1)$	$\delta_n(\Psi_2)$	$\delta_n(\Psi_3)$
74.2	63.0	0.85	9.5	18.6	34.8
65.4	55.1	0.84	8.0	17.6	29.5
72.3	61.9	0.86	7.4	19.5	35.0
61.7	51.6	0.84	8.6	18.0	25.0
67.4	57.5	0.85	7.8	22.1	27.6
55.8	47.0	0.84	6.8	18.0	22.2
67.0	57.6	0.86	6.9	24.8	25.9
61.5	52.4	0.85	7.9	19.6	24.9
69.7	60.7	0.87	6.6	21.2	32.8
59.7	55.8	0.85	4.8	21.7	24.1

Abbildung 3.4.8: Meßreihe zur Bestimmung der workloadspezifischen Capture-Ratios

Die Größen $\delta_b(\Psi_i)$ bestimmt man mit einer Regressionsanalyse. $cr(\Psi_i)$ läßt sich dann nach

$$cr(\Psi_i) = \frac{\delta_n(\Psi_i)}{\delta_b(\Psi_i)}$$

berechnen.

Bei der Darstellung des Verfahrens der Regressionsanalyse beschränken wir uns auf den einfachen Fall mit einer Variablen (siehe etwa [39]).

Regressionsanalyse

Sei (y_i, x_i), i=1,......,p eine Meßreihe von Wertepaaren x_i, y_i. Das Verfahren der Regressionsanalyse bestimmt die Parameter a und b einer Geraden $y = a + b \cdot x$ so, daß $\sum_i (y_i - a - b \cdot x_i)^2$ minimal ist.

Durch die Meßpunkte wird damit eine Gerade $y = a + b \cdot x$ gelegt, so daß die Summe der Abstandsquadrate zwischen der Gerade und den Meßpunkten minimal ist. Eine notwendige Bedingung für das Erreichen des Minimums ist, daß die Ableitung der obigen Funktion nach a und b den Wert 0 annimmt.

$\sum_i (y_i - a - b \cdot x_i) = 0$ (Ableitung nach a) und

$\sum_i (y_i - a - b \cdot x_i) \cdot x_i = 0$ (Ableitung nach b).

Es folgt

$$\sum_{i=1}^{p} y_i = p \cdot a + b \cdot \sum_{i=1}^{p} x_i \quad \text{und} \quad \sum_{i=1}^{p} x_i \cdot y_i = a \cdot \sum_{i=1}^{p} x_i + b \cdot \sum_{i=1}^{p} x_i^2 .$$

Löst man beide Gleichungen nach a und b auf, so erhält man als Lösungen:

$$a = \frac{\sum y_i \cdot \sum x_i^2 - \sum x_i \cdot \sum x_i \cdot y_i}{p \cdot \sum x_i^2 - (\sum x_i)^2} \quad \text{und} \quad b = \frac{p \cdot \sum x_i \cdot y_i - \sum x_i \cdot \sum y_i}{p \cdot \sum x_i^2 - (\sum x_i)^2}.$$

Als Maß für die Güte der Annäherung dient der Korrelationskoeffizient cor mit

$$\mathrm{cor} = \frac{p \cdot \sum x_i \cdot y_i - \sum x_i \cdot \sum y_i}{\sqrt{\left[p \cdot \sum x_i^2 - \left(\sum x_i\right)^2\right] \cdot \left[p \cdot \sum y_i^2 - \left(\sum y_i\right)^2\right]}}$$

Bei cor = 1 besteht eine vollständige Korrelation, bei cor = 1 keine. Wir lösen nun das vorliegende Problem der Bestimmung der workloadspezifischen Capture-Ratios Ψ_i mit folgendem Ansatz:

$$\delta_b^i(\Sigma) = \sum_{j=1}^{3} \frac{\delta_n^i(\Psi_j)}{\mathrm{cr}(\Psi_j)} = \frac{\delta_n^i(\Psi_1)}{\mathrm{cr}(\Psi_1)} + \left[\sum_{j=2}^{3} \frac{\delta_n^i(\Psi_j)}{\mathrm{cr}(\Psi_j)}\right]$$

und setzen

$$y_i = \frac{\delta_n^i(\Sigma)}{\delta_n^i(\Psi_1)},\quad a = \frac{1}{\mathrm{cr}(\Psi_1)},\quad x_i = \delta_n^i(\Psi_4) = \frac{\delta_n^i(\Psi_2) + \delta_n^i(\Psi_3)}{\delta_n^i(\Psi_1)} \quad \text{und}$$

$$b = \frac{1}{\mathrm{cr}(\Psi_4)}.$$

Damit entspricht Ψ_4 der Zusammenfassung der Workloads Ψ_2 und Ψ_3 (TSO und Batch), $\mathrm{cr}(\Psi_4)$ der Capture-Ratio von Ψ_4. Damit ist das Problem auf

$$\frac{\delta_n^i(\Sigma)}{\delta_n^i(\Psi_1)} = \frac{1}{\mathrm{cr}(\Psi_1)} + \frac{1}{\mathrm{cr}(\Psi_4)} \cdot \delta_n^i(\Psi_4)$$

zurückgeführt und entspricht somit der Form $y_i = a + b \cdot x_i$. In Abbildung 3.4.9 stellen wir die ermittelten Werte y_i und x_i dar. Für die benötigten Summen erhält man $\sum_i y_i = 32.84$, $\sum_i y_i^2 = 109.48$

$\sum_i x_i = 17.94$, $\sum_i x_i^2 = 33.32$ und $\sum_i x_i \cdot y_i = 60.27$. Damit ist $a = 1.143$ und b=1.193. Die Gerade hat also die Form

$$y = a + b \cdot x = 1.143 + 1.193 \cdot x.$$

y_i	x_i
3.99	2.38
3.72	2.13
3.70	2.17
3.43	1.87
3.05	1.60
3.07	1.61
2.70	1.32
3.14	1.67
3.29	1.86
2.75	1.33

Abbildung 3.4.9: Abgeleitete Werte des CICS-Workloads

Die zu bestimmenden Capture-Ratios der Workloads Ψ_1 und Ψ_4 haben die Werte

$$cr(\Psi_1) = \frac{1}{a} \approx 0.875 \text{ und } cr(\Psi_4) = \frac{1}{b} \approx 0.838.$$

Wir stellen die Regressionsgerade und die aus der Meßreihe abgeleiteten Wertepaare (y_i, x_i) n Abbildung 3.4.10 grafisch dar. Die Güte der Annäherung berechnen wir mit dem Korrelations-oeffizienten cor nach der oben angegebenen Relation. Das Ergebnis ist $cor \approx -0.16$.

Um die Capture-Ratios des TSO- und des Batch-Workloads zu bestimmen, benutzen wir:

$$\delta_b^i(\Sigma) - \delta_b^i(\Psi_1) = \delta_b^i(\Sigma) - \frac{\delta_a^i(\Psi_1)}{cr(\Psi_i)} = \delta_b^i(\Psi_2) + \delta_b^i(\Psi_3).$$

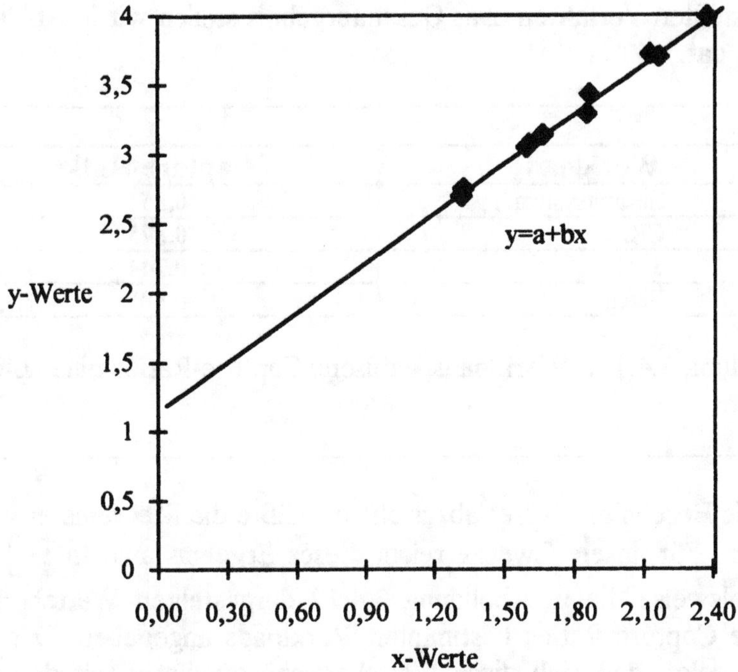

Abbildung 3.4.10: Regressionsgerade zur Bestimmung der Capture-Ratio eines CICS-Workloads

Es folgt

$$\frac{\delta_b^i(\Sigma) - \dfrac{\delta_n^i(\Psi_1)}{cr(\Psi_i)}}{\delta_n^i(\Psi_2)} = \frac{1}{cr(\Psi_2)} + \frac{1}{cr(\Psi_3)} \cdot \frac{\delta_n^i(\Psi_3)}{\delta_n^i(\Psi_2)}.$$

Wir setzen

$$y_i = \frac{\delta_b^i(\Sigma) - \dfrac{\delta_n^i(\Psi_1)}{cr(\Psi_i)}}{\delta_n^i(\Psi_2)}, \quad x_i = \frac{\delta_n^i(\Psi_3)}{\delta_n^i(\Psi_2)}, \quad a = \frac{1}{cr(\Psi_2)} \text{ und } b = \frac{1}{cr(\Psi_3)}.$$

Die Regressionsgerade erhalten wir nun analog zu dem oben dargestellten Verfahren. Das Gesamtergebnis stellen wir in Abbildung 3.4.11 dar.

Workload	Capture-Ratio
Gesamtsystem	0.851
CICS	0.875
TSO	0.744
Batch	0.881

Abbildung 3.4.11: Workloadspezifische Capture-Ratios eines Live-Systems

Um die Ergebnisse besser abzusichern, müßte die Meßreihe erweitert werden. Für unsere Zwecke reicht dieses Ergebnis aus. In [35] sind beispielsweise die in Abbildung 3.4.12 dargestellten Wertebereiche für die Capture-Ratios bestimmter Workloads angegeben. Der Vergleich zeigt, daß sich diese Wertebereiche qualitativ mit den oben ermittelten Werten des Live-Systems decken.

Workload	Capture-Ratio
ONLINE	0.75-0.85
Interaktiv (TSO)	0.65-0.75
Batch	0.85-0.92

Abbildung 3.4.12: Wertebereiche für workloadspezifische Capture-Ratios nach [35]

3.5 Multiprocessor-Effect

Beim Zusammenschalten von mehreren Prozessoren zu einem Prozessorkomplex entstehen durch bestimmte Effekte Leistungsverluste. Ein Prozessorkomplex, bestehend aus n leistungsgleichen Basisprozessoren, erreicht, wenn er im Single-Image-Mode (siehe 3.2.2) betrieben wird, nicht die n-fache Leistung des Basisprozessors.

Man spricht in diesem Zusammenhang vom Multiprozessoreffekt (MP-Effekt, Multiprocessor-Effect).

Definition

Sei L_p die Leistung des Basisprozessors P und L_p^n die Leistung des aus n Prozessoren bestehenden Komplexes P^n, dann heißt der Faktor

$$MPF_p^n = \frac{L_p^n}{L_p}$$

MP-Faktor.

Der MP-Faktor entspricht damit dem Relativen Leistungsfaktor zwischen dem Prozessorkomplex und seinem Basisprozessor. Die Ursachen für den Leistungsverlust lassen sich im wesentlichen auf zwei Gründe zurückführen:

- auf den notwendigen Kommunikations- und Abstimmaufwand zwischen den Prozessoren und
- auf die notwendige Serialisierung bei bestimmten Prozessen (siehe weiter unten in diesem Kapitel).

Beide Effekte werden wir auf einfache Erklärungsmodelle abbilden und mit Beispielen belegen. Wir modellieren zunächst den Aufwand für die Abstimmung zwischen den Prozessoren

Sei C_p^2 der Aufwand für die Kommunikation und Abstimmung zwischen zwei Prozessoren in einer beliebigen Leistungseinheit. für den Aufwand für Kommunikation und Abstimmung C_p^n bei n Prozessoren gilt dann (siehe Abbildung 3.5.1)

$$C_p^n = n \cdot (n-1) \cdot C_p^2 .$$

Die Leistung L_p^n des Prozessorkomplexes P^n modellieren wir durch

$$L_p^n = n \cdot L_p - n \cdot (n-1) \cdot C_p^2 = n \cdot L_p \cdot \left(1 - (n-1) \cdot \frac{C_p^2}{L_p}\right).$$

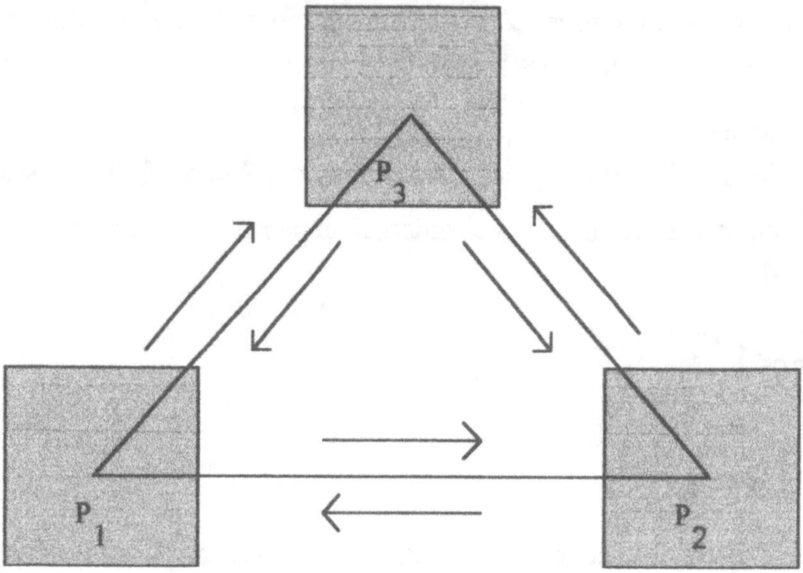

Abbildung 3.5.1: Prozessorkommunikation bei einem Multiprozessorsystem

Setzt man $C = \frac{C_p^2}{L_2}$ (Kommunikationsaufwand bei zwei Prozessoren in Relation zur Leistung des Basisprozessors), so gilt für den MP-Faktor

$$MPF_p^n = \frac{L_p^n}{L_p} = n \cdot \left(1 - (n-1) \cdot C\right).$$

Interessant ist noch die Ermittlung des relativen Kapazitätszuwachses bei Hinzufügung eines Prozessors (den Index p lassen wir im Folgenden weg)

$$\frac{L^{n+1} - L^n}{L^n} = \frac{MPF^{n+1}}{MPF^n} - 1$$

und der absolute Zuwachs in Einheiten des Basisprozessors

$$\frac{L^{n+1} - L^n}{L} = MPF^{n+1} - MPF^n .$$

In Abbildung 3.5.2 stellen wir die mit obigen Relationen gebildeten Werte für n = 1 bis n = 10 Prozessoren dar. C ist dabei mit 0.05 (5% der Basisprozessorleistung) angenommen.

n	MPF^n	$\frac{MPF^{n+1}}{MPF^n} - 1$	$MPF^{n+1} - MPF^n$
1	1.0		
2	1.9	0.90	0.90
3	2.7	0.42	0.80
4	3.4	0.26	0.70
5	4.0	0.18	0.60
6	4.5	0.13	0.50
7	4.9	0.09	0.40
8	5.2	0.06	0.30
9	5.4	0.04	0.20
10	5.5	0.02	0.10

Abbildung 3.5.2: Leistungszuwachs durch einen Prozessor (Modell)

Daraus ergibt sich beispielsweise für n = 5, daß durch die Hinzuschaltung von einem weiteren Prozessor nur noch ein relativer Leistungszuwachs von ca. 13% erreicht wird. In Einheiten des Basisprozessors ausgedrückt bringt ein weiterer Prozessor nur die Leistung eines halben Basisprozessors. Dieser aufgrund des Kommunikationsaufwands mit der Anzahl der Prozessoren zunehmende Leistungsverlust ist auch der Grund dafür, daß in praxi unter MVS bisher maximal 12 Prozessoren zu einem Komplex zusammengeschaltet wurden (beispielsweise das Modell 5995-8650M von Amdahl).
Nach unserem Modell erbringt die Zuschaltung eines elften Prozessors keinen Leistungszuwachs mehr:

$$\frac{L^{n+1} - L^n}{L} = \frac{L^{n+1}}{L} - \frac{L^n}{L} = (n+1) \cdot (1 - n \cdot C) - n \cdot (1 - (n-1) \cdot C)$$

$= 1 - 2 \cdot n \cdot C = 0$, falls n = 10 und C = 0.05 ist.

In Abbildung 3.5.3 stellen wir den MP-Faktor in Abhängigkeit von der Anzahl der Prozessoren grafisch dar.

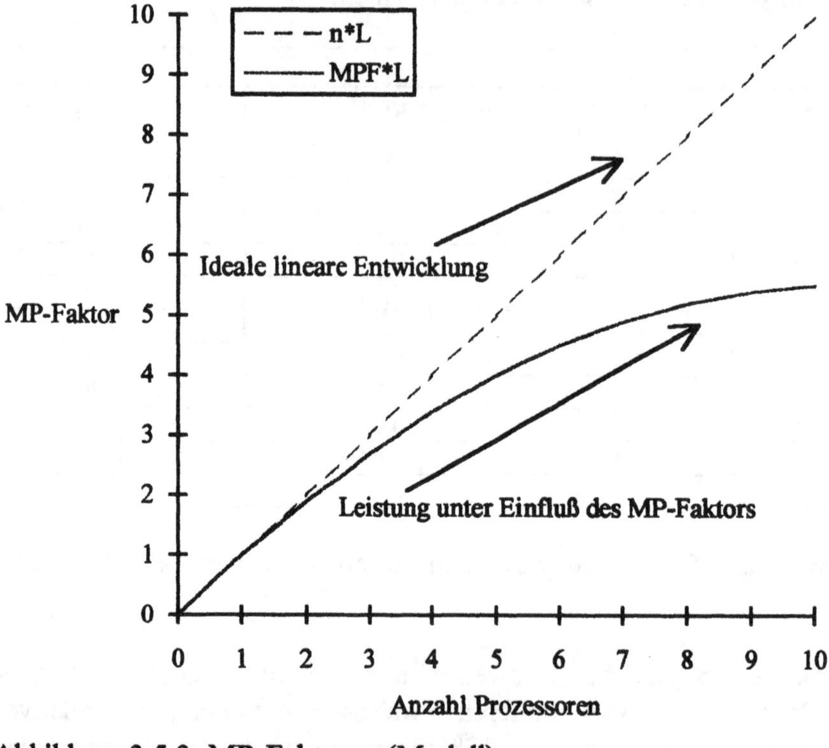

Abbildung 3.5.3: MP-Faktoren (Modell)

Das Modell ist - wie wir noch sehen werden - etwas zu pessimistisch. Bei realen Systemen flacht die Leistungslinie nicht so stark ab wie bei unserem Modell.

Wie sehen uns die MP-Faktoren bei einer konkreten IBM-Modellreihe an. Dabei stützen wir uns auf Leistungsangaben, die auf den in Abschnitt 3.3 vorgestellten Leistungsgrößen beruhen. Wir vergleichen diese mit unserem Modell. Dabei verwenden wir als Approximation für C den Anteil der Basisprozessorleistung, den die Dyade der Modellreihe gegenüber der zweifachen Uniprozessorleistung verliert.

Aus $L^n = n \cdot L - n \cdot (n-1) \cdot C^2$ folgt mit $n = 2$

$$L^2 = 2 \cdot L - 2 \cdot C^2 \text{ und damit } C = 1 - \frac{L^2}{2 \cdot L}.$$

Als Modellreihe wählen wir die IBM ES/9000-Modellreihe mit dem Uniprozessor IBM 9021-340. Abbildung 3.5.4 zeigt den Aufbau der Modellreihe.

Systemkomplex	CPUs	Aufbau
9021-340	1	Uniprozessor
9021-500	2	Dyade
9021-580	3	Triade
9021-620	4	MP/2 Dyaden
9021-720	6	MP/2 Triaden

Abbildung 3.5.4: Aufbau der Modellreihe IBM 9021

Zunächst berechnen wir nach $C = 1 - \frac{L^2}{2 \cdot L}$ den Abstimmaufwand für zwei Prozessoren auf Basis der verschiedenen Leistungsangaben. IER-basierend erhält man nach Abbildung 3.3.1

$$C = 1 - \frac{L^2}{2 \cdot L} = 1 - \frac{L_{500}}{2 \cdot L_{340}} = 1 - \frac{44.0}{2 \cdot 23.0} = 0.0435.$$

Die PSUR-Werte nach [24] liefern:

$$C = 1 - \frac{L^2}{2 \cdot L} = 1 - \frac{L_{500}}{2 \cdot L_{340}} = 1 - \frac{2208.52}{2 \cdot 1162.38} = 0.05.$$

Schließlich ergibt sich aus den ITR-basierenden MPF-Werten nach [28]

$$C = 1 - \frac{L^2}{2 \cdot L} = 1 - \frac{L_{500}}{2 \cdot L_{340}} = 1 - \frac{MPF}{2} = 0.05.$$

Insgesamt ist damit unser ursprünglicher Modellansatz mit C = 0.05 (5% der Basisprozessorleistung für Kommunikation und Abstimmung zwischen den Prozessoren) eine gute Näherung.
Wir stellen nun die MP-Faktoren, basierend auf den unterschiedlichen Leistungsangaben zusammen und vergleichen mit unserem Modellansatz (siehe Abbildung 3.5.5).

Rechner	n	Mod	ITR	PSUR	IER
340	1	1.00	1.00	1.00	1.00
500	2	1.90	1.90	1.90	1.91
580	3	2.70	2.66	2.76	2.70
620	4	3.40	3.46	3.52	3.57
720	6	4.50	4.75	4.86	4.96

Abbildung 3.5.5: MP-Faktoren basierend auf unterschiedlichen Leistungsangaben

Die in Abbildung 3.5.5 benutzten ITR-Werte sind in [28] so nicht komplett angegeben. Zum Teil sind Wertebereiche, beispielsweise 1.9-2.0, angegeben. In diesen Fällen wurde gemittelt. In anderen Fällen sind die Relativen Leistungsfaktoren zu einer anderen Basis angegeben. In diesem Falle wurde der MP-Faktor aus den angegebenen Relativen Leistungsfaktoren errechnet. Zusammenfassend gilt, daß im unteren Leistungsbereich (bis zur Triade) eine gute Übereinstimmung sowohl zwischen den Leistungsangaben als auch zwischen Leistungsangaben und Modellwerten besteht. Im oberen Leistungsbereich sind die Modellwerte eher pessimistisch, die IER-Werte eher optimistisch und die PSUR-Werte dazwischen liegend.

Wir gehen nun auf ein Modell ein, das den Serialisierungseffekt modelliert. Dieses Modell wurde von G. Amdahl definiert (siehe [5]). Zunächst besprechen wir die Ursachen, die zur Serialisierung führen. Es wird generell unterschieden zwischen hard- und softwareinduzierter Serialisierung. Man spricht beispielsweise in folgenden Fällen von hardwareinduzierter Prozeßserialisierung:

- Beim Zugriff der Instruktionsprozessoren und des Channelprozessors auf den Zentralspeicher (MSU-Contention) und
- bei der Synchronisation der High-Speed-Buffer (HSB-Contention)

Softwareinduzierte Serialisierung ist beispielsweise erforderlich bei der Zuordnung von Ressourcen:

- CPU-Dispatching,
- Storage-Allocation und
- Device-Allocation.

Darüberhinaus erfordert die Sicherstellung der Datenintegrität eine Prozeßserialisierung (softwareinduziert)

- beim Dateizugriff,
- beim Buffer-Pool-Management,
- beim "shared" Zugriff auf Datenbanken (Latch-Conflicts bei IMS, Lock-Suspensions bei DB2).

Alle genannten Erfordernisse führen im Ergebnis dazu, daß letztlich Leistung verlorengeht, wenn mehrere Prozessoren zusammengeschaltet werden. Dieser Verlust ist auch abhängig vom gefahrenen Workload (Softwareserialisierung) und vom Load-Point. Gewöhnlich werden Serialisierungsverluste erst bei einer Auslastung von über 50% nachweisbar (siehe [5]). In Abbildung 3.5.6 sind die Bestimmungsgrößen für die Leistung eines Mehrprozessorsystems in einer grafischen Übersicht dargestellt.

Definition

Unter dem Serialisierungsgrad s versteht man den Anteil an der Uniprozessorzeit (eine Auslastung nahe der Kapazitätsgrenze unterstellt), während der eine hard- und/oder softwareinduzierte Serialisierung bei der Prozessorzuordnung erfolgt.

Nach [5] gilt

$$MPF^n = \frac{L^n}{L} = \frac{n}{s \cdot (n-1) + 1}.$$

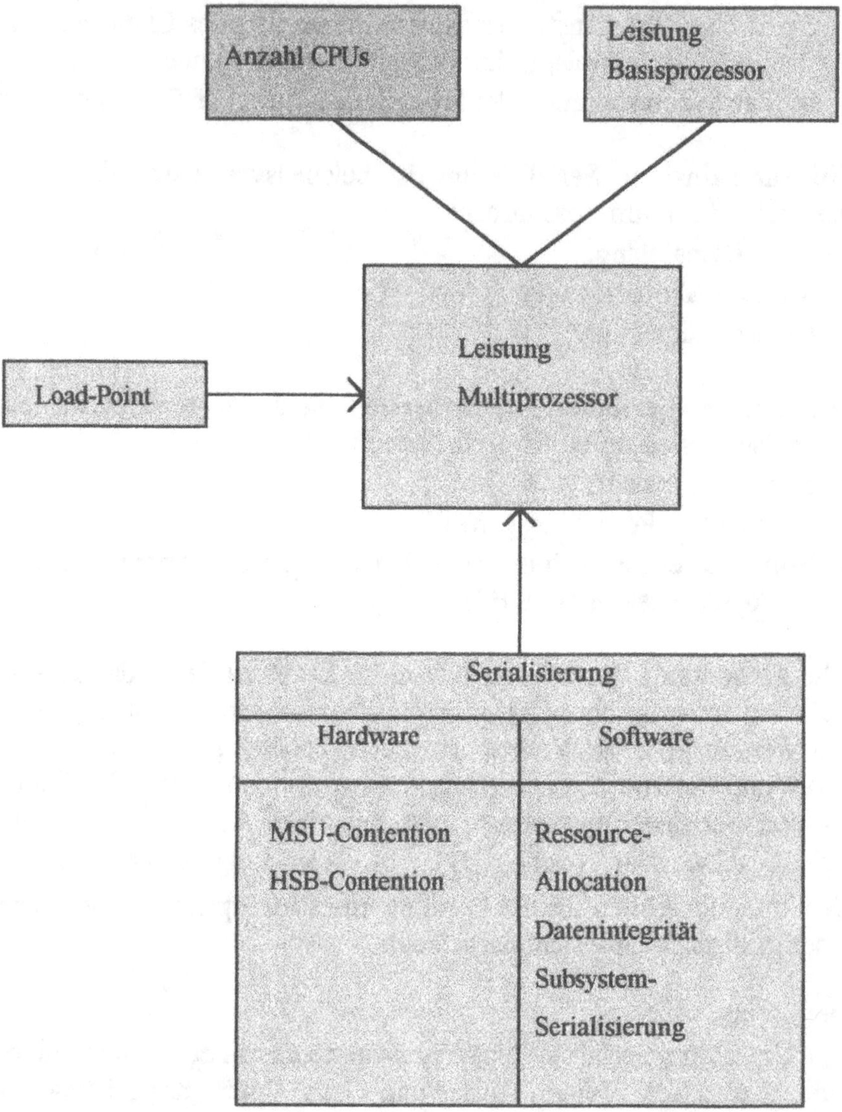

Abbildunf 3.5.6: Bestimmungsgrößen für die MP-Leistung

Die effektive Leistung eines Multiprozessorkomplexs L^n mit n Prozessoren ergibt sich damit aus der Leistung L des zugrunde liegenden Uniprozessors (Basisprozessors) nach

$$L^n = MPF^n \cdot L = \frac{n}{s \cdot (n-1)+1} \cdot L$$

Darin sind nach [5] hard- und softwareinduzierte Serialisierungseffekte, das heißt auch der oben modellierte Abstimmaufwand zwischen den Prozessoren, enthalten. Für Batch-, TSO- und CICS/IMS-Workloads gelten gemäß [5] folgende Größenordnungen für s (siehe Abbildung 3.5.7).

Batch	TSO	CICS/IMS
0.05	0.10	0.15

Abbildung 3.5.7: Typische Serialisierunggrade für verschiedene Workloads

In Abbildung 3.5.8 stellen wir die Ergebnisse einer Modellrechnung für 1 bis 10 Prozessoren in Abhängigkeit vom Workload (Batch, TSO und CICS/IMS) dar.

n	Batch S=0.05	TSO S=0.10	CICS/IMS S=0.15
1	1.00	1.00	1.00
2	1.90	1.82	1.74
3	2.73	2.50	2.31
4	3.48	3.08	2.76
5	4.17	3.57	3.13
6	4.80	4.00	3.43
7	5.38	4.38	3.68
8	5.93	4.71	3.90
9	6.43	5.00	4.09
10	6.90	5.26	4.26

Abbildung 3.5.8: Modell der workloadabhängigen MP-Leistung

Wir vergleichen die Modellwerte mit Meßwerten realer Systeme. In Abbildung 3.5.9 stellen wir eine Meßreihe dar, die von Amdahl für unterschiedliche Workloads auf einer Amdahl 5890-300E (Dyade) und einer 5890-600E (4 Prozessoren, 2 Dyaden) vorgenommen wurden (siehe [1]). Die Relativen Leistungsfaktoren zwischen den beiden Systemen beruhen auf gemessenen ITR-Werten bei einem Load-Point nahe der Kapazitätsgrenze (Auslastung $\geq 95\%$). Eine detaillierte Beschreibung der Workloads findet man in [1].

Workload	Modellwert	Meßwerte
TSO-Production	1.69	1.71
TSO-Development	1.69	1.62
CICS-Inquiry	1.59	1.65
CICS-Update	1.59	1.69
IMS/DL1-Update	1.59	1.47
IMS/DB2-Inquiry	1.59	1.55
IMS/DB2-Update	1.59	1.49

Abbildung 3.5.9: Relative Leistungsfaktoren Amdahl 5890-600E zu 5890-600E (Modell- und Meßwerte)

Qualitativ spiegeln die Meßwerte für TSO und IMS die Vorhersagen des Modells wieder. Beim TSO-Workload machen sich Serialisierungseffekte eher weniger bemerkbar, bei IMS eher mehr. Das hängt im vorliegenden Falle insbesondere mit Konflikten bei Datenbankzugriffen beim IMS zusammen. Diese sogenannten Latch-Conflicts nehmen zu, wenn durch zusätzliche Prozessoren die Parallelität erhöht wird (siehe auch [1]). Beim CICS-Workload ist die Übereinstimmung von Modellwerten und tatsächlich gemessenen Werten am wenigsten zu erkennen, was damit zusammenhängt, daß die vorliegende CICS-Konfiguration auf die optimale Nutzung eines Mehrprozessorsystems, das heißt auf Parallelität, getrimmt wurde. Die der Messung zugrunde liegende CICS-Konfiguration (siehe Abbildung 3.5.10) besteht aus

- 2 TOR-Regions (Terminal-Owning-Regions),
- 3 AOR-Regions (Application-Owning-Regions) mit VSAM-Applikationen und

- 3 AOR-Regions mit DB2-Applikationen, wobei die Anwendung in ca. 50% VSAM- und 50% DB2-Applikationen gesplittet ist.

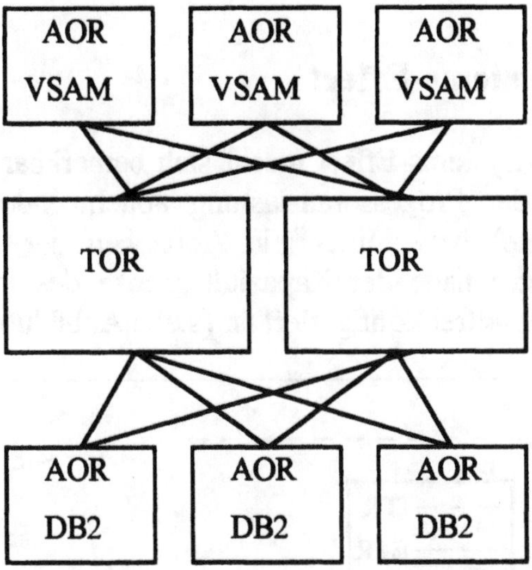

Abbildung 3.5.10: CICS-Konfiguration bei der Amdahl-Messung

Frühere Messungen seitens Amdahl (siehe [1]) mit reinen VSAM-Anwendungen lassen vermuten, daß sich bei Erhöhung des DB2-Anteils der Serialisierungsgrad verstärkt und der dadurch induzierte MP-Faktor in die Nähe des MP-Faktors, der bei IMS gemessen wurde, bewegt.
Abschließend schätzen wir die MP-Faktoren bei einem "Mixed Workload" ab. Seien w_j (j=1,..,m) unterschiedliche Workloads mit unterschiedlichen Serialisierungsgraden s_j (j=1,..,m) und MPF_j^n (j=1,..,m) die entsprechenden MP-Faktoren. Werden nun die Workloads w_j (j=1,..,m) mit einem relativen Anteil von p_j (j=1,..,m) gefahren, so läßt sich der "Gesamt"-MP-Faktor abschätzen durch

$$MPF^n = \sum_j p_j \cdot MPF_j^n .$$

Die Gesamtleistung des MP-Systems ergibt sich danach aus der Leistung des Basisprozessors durch Multiplikation mit einem gewichteten Mittel der workloadspezifischen MP-Faktoren.

3.6 Large-Systems-Effect

Der Large-Systems-Effect macht sich bemerkbar durch eine mit der Zunahme der Prozessorauslastung abnehmende ITR (Internal Transaction-Rate) bzw. durch ein Abflachen der ETR (External Transaction-Rate) nahe der Kapazitätsgrenze des Prozessors, falls das System engpaßfrei konfiguriert ist (siehe Abbildung 3.6.1).

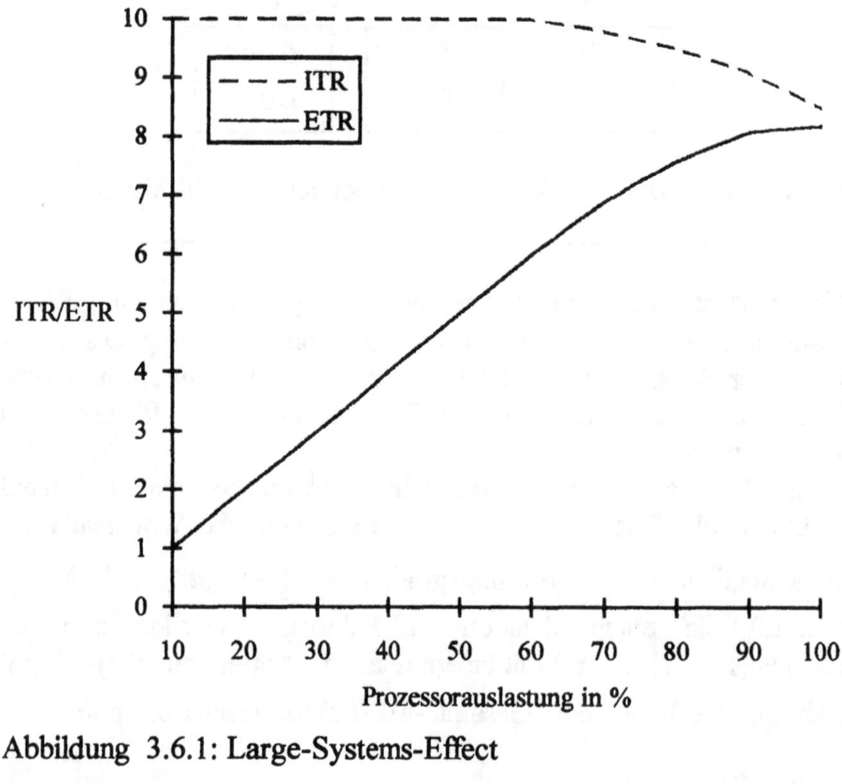

Abbildung 3.6.1: Large-Systems-Effect

Gründe für dieses Verhalten sind beispielsweise

- der zunehmende Aufwand für die Verwaltung der in der Anzahl zunehmenden aktiven Betriebsmittel,
- der zunehmende Aufwand für die Verwaltung der länger werdenden Warteschlangen,
- der zunehmende Aufwand für die zunehmende Anzahl notwendiger High-Speed-Buffer-Refreshs und
- der zunehmende Aufwand für Konfliktlösungsmechanismen bei insgesamt zunehmenden Konfliktsituationen.

Der "Systemoverhead", in der Hardware durch Hardware-Interlocks, im Betriebssystem und in den involvierten Subsystemen durch erhöhten Aufwand beim Scannen der Warteschlangen und bei der Behandlung von Konflikten (Serialisierungseffekt), nimmt also mit wachsender Auslastung zu. Signifikant wird der Effekt üblicherweise bei Auslastungen ab ca. 70%. Grundsätzlich sind alle Workload-Typen vom Large-Systems-Effect betroffen. Bei einigen, beispielsweise bei CICS-Workloads, wird der Effekt überdeckt vom Low-Utilization-Effect (siehe Abschnitt 3.7), der entgegengesetzt wirkt, so daß der Large-Systems-Effect bei einem typischen CICS-Workload nicht sichtbar wird (siehe auch weiter unten in diesem Abschnitt). Modellieren läßt sich der Effekt mit dem Modellansatz aus Kapitel 3, Abschnitt 3.3. Das Modell, das wir dort benutzt hatten, diente als Erklärungsmodell für den generellen Verlauf der ITR-Kurve. Es wurde angenommen, daß die Prozessorlast mit zunehmender Transaktionslast überproportional - also nicht linear - zu dieser ansteigt. Gründe dafür sind die hier unter dem Begriff Large-Systems-Effect zusammengefaßten.
Wir zeigen nun einige Ergebnisse realer Systemmessungen für unterschiedliche Workloads nach [3].

IMS/DB2-Workload auf einer Amdahl 5995-4550M

ITR- und ETR-Kurve sind in Abbildung 3.6.2 dargestellt. Die ITR verläuft zunächst - bis zu einer Auslastung von ca. 50% - ansteigend. Das läßt sich zurückführen auf den Low-Utilization-Effect (siehe nächster Abschnitt). Ab ca. 75% Auslastung macht sich dann der Large-Systems-Effect bemerkbar durch ein Absinken der Kurve um ca. 1 % (auf dem Kurvenabschnitt 75-95%). Die ETR-Kurve steigt bis ca. 75% linear an und knickt dann leicht ab.

Während sie zwischen 50 und 75% mit einer Steigung von ca. 2.5 wächst, steigt sie anschließend nur noch mit dem Faktor von ca. 2.4.

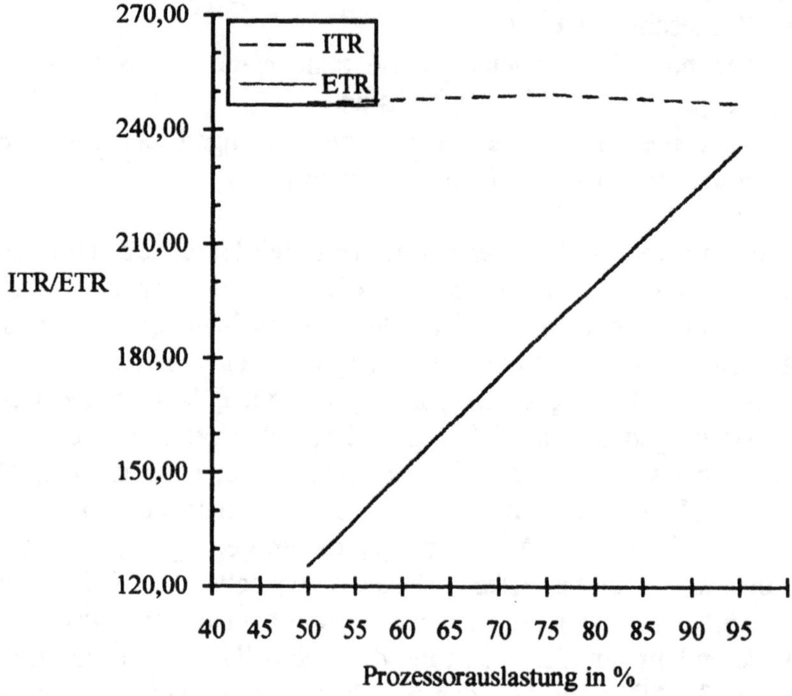

Abbildung 3.6.2: IMS/DB2-Workload auf einer Amdahl 5995-4550M

IMS/DL1-Workload auf einer Amdahl 5995-4550M

ITR- und ETR-Verlauf sind in Abbildung 3.6.3 dargestellt. Die Kurvenverläufe sind ähnlich den Verläufen beim IMS/DB2-Workload. In diesem Falle sinkt die ITR allerdings bereits im Abschnitt zwischen 50 und 75% leicht ab. Der Low-Utilization-Effect wird überdeckt vom Large-Systems-Effect.

TSO-Workload auf einer Amdahl 5995-4550M

Die Kurvenverläufe (ITR und ETR) sind in Abbildung 3.6.4 abgebildet. Die ITR sinkt bereits ab einer Auslastung von 50%, mit einer leichten Verstärkung ab 75%.

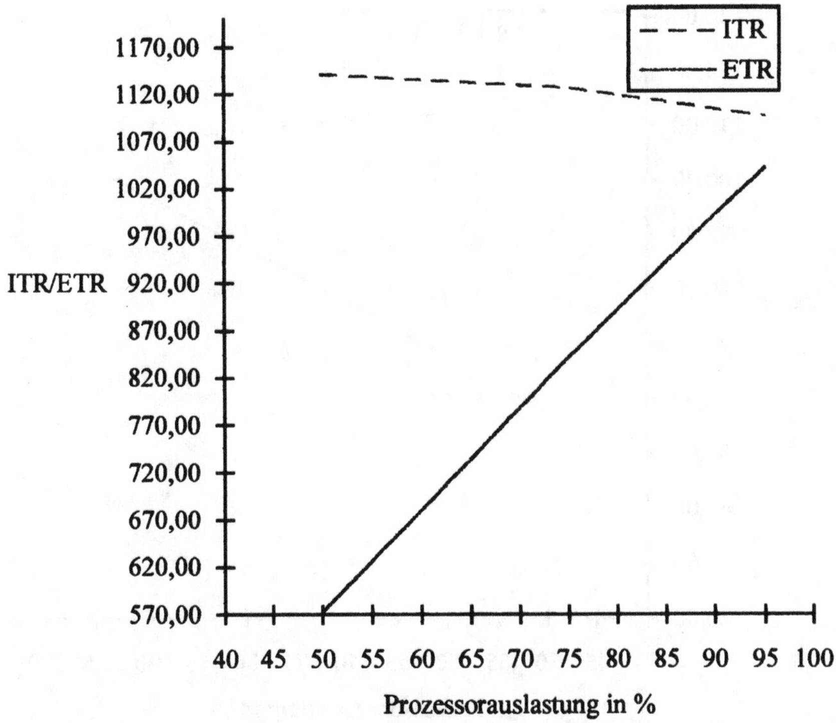

Abbildung 3.6.3: IMS/DL1-Workload auf einer Amdahl 5995-4550M

CICS-Workload auf einer Amdahl 5995-4550M

Wie bereits weiter oben bemerkt, wird bei einem typischen CICS-Workload der Large-Systems-Effect in der Regel nicht sichtbar, weil er überdeckt wird von dem gegenläufigen und stärkeren Low-Utilization-Effect. Wir verzichten deshalb in diesem Kontext auf die Darstellung der Kurvenverläufe und zeigen diese stattdessen im nächsten Abschnitt, in dem wir uns mit diesem Aspekt der Prozessorleistung befassen. Zusammenfassend stellen wir fest, daß der Load-Level, bei dem die Leistungsmessung vorgenommen wird, signifikant auf das Ergebnis wirkt. Bei unterschiedlichen Load-Points durchgeführte Messungen können deshalb leicht zu falschen Einschätzungen beim Prozessorvergleich führen.

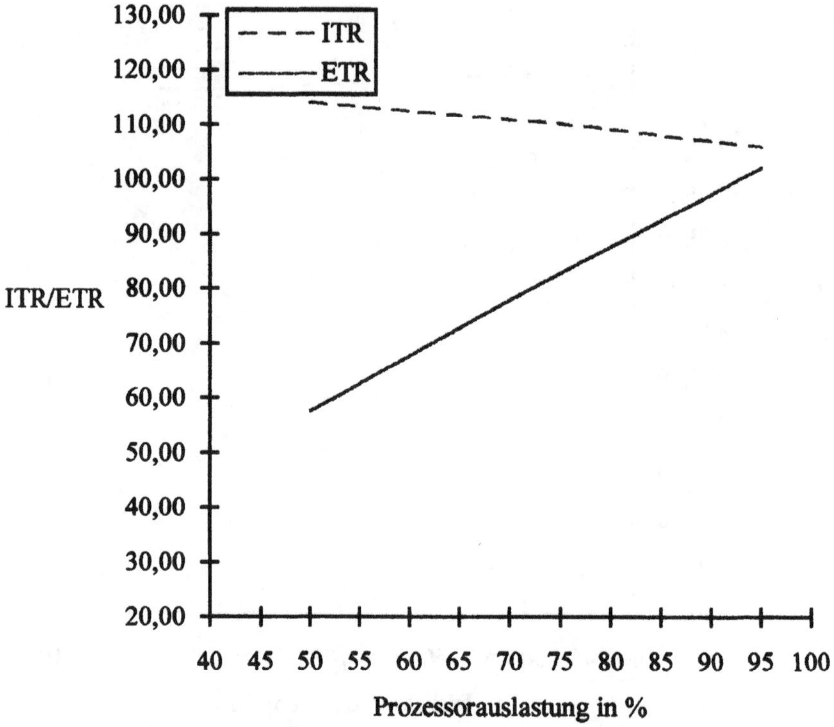

Abbildung 3.6.4: TSO-Workload auf einer Amdahl 5995-4550M

Wir demonstrieren dies mit einer einfachen Modellrechnung. Seien A und B zwei Prozessorsysteme mit einem bei gleicher Auslastung gemessenen Relativen Leistungsfaktor (auf Basis der ITR) von $RLF^{A/B} = 2.0$. Für die beiden Systeme wird der in Abbildung 3.6.5 dargestellte Verlauf der ITR-Kurve angenommen.

System	**Load-Point**		
	50%	**75%**	**95%**
A	20.0	19.6	18.0
B	10.0	9.8	9.0

Abbildung 3.6.5: ITR bei verschiedenen Load-Points (Modell)

Werden nun die beiden Systeme auf verschiedenen Load-Points vermessen und verglichen, beipielsweise System A bei 75% und System B bei 95%, so erhält man das gegenüber der Realität günstigere Ergebnis von $RLF^{A/B} \approx 2.18$

3.7 Low-Utilization-Effect

Low-Utilization-Effect beschreibt das Phänomen, daß bestimmte Workloads mehr Prozessorsekunden pro Transaktion beanspruchen, wenn sie auf einem niedrigen Load-Level gefahren werden als beispielsweise nahe der Kapazitätsgrenze. Wir hatten dieses Problem bereits angesprochen bei der Behandlung der Internal Transaction-Rate im Kapitel 3, Abschnitt 3.3. CICS und IMS beispielsweise zeigen signifikante Low-Utilitazion-Effects, während bei TSO dieses Phänomen nicht oder kaum nachweisbar ist. Wir sehen uns zunächst die prinzipielle Arbeitsweise der Transaction-Manager CICS und IMS an.

CICS

Eine im System eintreffende CICS-Transaktion wird in der Input-Queue plaziert und vom CICS-Dispatcher, der die Input-Queue scannt, entdeckt. Die Transaktion wird dem Scheduler zugeführt, "scheduled" und ausgeführt. Nach Ablauf der Transaktion erfolgt ein "Region-Clean-Up" durch den Dispatcher. Die Region ist "ready" für die nächste Transaktion. Der Dispatcher scannt erneut die Input-Queue. Steht keine Transaktion zur Verarbeitung an, "entert" CICS ein OS-Wait (Operating-System-Wait) und gibt die Kontrolle an das Betriebssystem. Steht eine weitere Transaktion zur Verarbeitung an, wird diese gemäß obigem Algorithmus abgearbeitet. Bei einer niedrigen Ankunftsrate entsteht tendenziell die Situation, daß zwischen zwei OS-Waits nur eine oder wenige Transaktionen abgearbeitet werden. Der beschriebene Prozeß wird für jede Transaktion durchgeführt. Nimmt die Ankunftsrate zu, wächst die Wahrscheinlichkeit, daß mehrere Transaktionen zur Verarbeitung anstehen. Damit wächst die Wahrscheinlichkeit, daß in einem Zyklus, das heißt zwischen zwei OS-Waits, eine zunehmende Anzahl von Transaktionen abgewickelt werden kann. Eine ähnliche Arbeitsweise gilt für das IMS.

IMS

Die IMS-Control-Region scheduled Transaktionen in den abhängigen Regions (dependent Message-Processing-Regions). Ein Overhead wird dadurch erzeugt, daß die Region gegebenenfalls "aktiviert" und nach Beendigung der Transaktion "closed" werden muß. Ist nach Beendigung der Transaktion die nächste Transaktion arbeitsbereit, kann diese sofort der Verarbeitung zugeführt werden. Der Aktivierungs- und Schließungsprozeß entfällt für diese Transaktion. Performance-Monitore indizieren dies gewöhnlich unter "Transaction per Schedule".

Wir veranschaulichen das Problem am Beispiel von CICS in Abbildung 3.7.1.

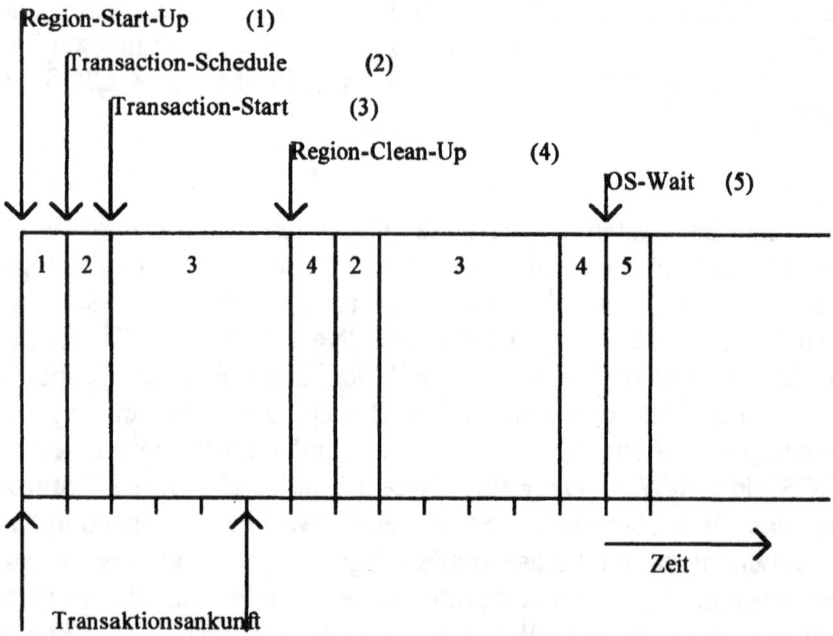

Abbildung 3.7.1: Low-Utlization-Effect des CICS

Unterstellt man, wie in der Abbildung angedeutet, daß für die einzelnen Funktionen

- Region-Start-Up (1),

- Tranaction-Schedule (2),
- Transaction-Start (3),
- Region-Clean-Up (4) und
- Enter OS-Wait (5)

jeweils eine Prozessorzeiteinheit erforderlich ist und für die Durchführung der Transaktion vier Einheiten, so liegt die durchschnittliche Anzahl Transaktionen pro Zeiteinheit bei ca. 0.143.
Wird nun die Prozessorleistung verdoppelt, so ergibt sich bei unveränderter Ankunftsrate die in Abbildung 3.7.2 dargestellte Situation. Danach hat sich die Anzahl der pro Prozessorzeiteinheit durchgeführten Transaktionen auf 0.250 erhöht. Damit liegt der Relative Leistungsfaktor (auf ITR-Basis) der beiden Systeme bei RLF = 1.75, während man wegen der Leistungsverdoppelung einen Faktor von 2 erwartet hätte. Dieser Effekt demonstriert, daß Leistungsvergleiche bei signifikantem Low-Utilization-Effect nur bei vergleichbarem Load-Level zulässig sind.

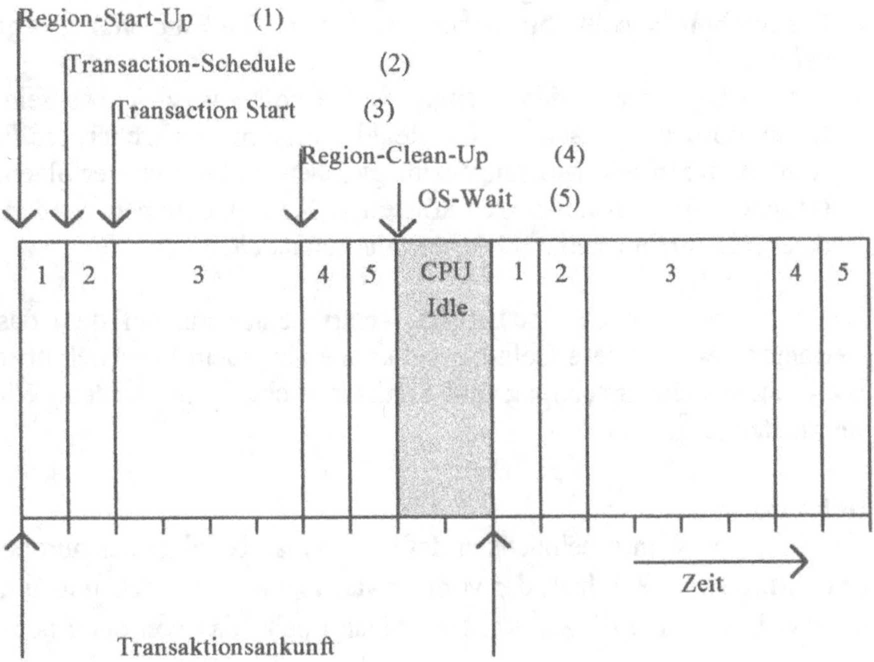

Abbildung 3.7.2: Low-Utlization-Effect des CICS

3.8 Prozessorleistung eines Produktionssystems

Im vorliegenden Abschnitt stellen wir ein statistisches Verfahren vor, mit dem man den Relativen Leistungsfaktor zwischen zwei Prozessormodellen in einer Produktionsumgebung verifizieren kann. Dieses Verfahren ermöglicht es, die Leistungsangaben des Herstellers in der eigenen Produktionsumgebung zu überprüfen bzw. zu verifizieren. Wir stützen uns auf [44].

Die im Folgenden abgeleitete Leistungsaussage bezieht sich auf einen bestimmten Workload. Der Genauigkeit der Aussage kommt es entgegen, wenn dieser Workload in der gemessenen Produktionsumgebung dominiert. Als Maß für die Leistung werden "Prozessorsekunden pro Transaktion" verwendet. Bei den Meßvorgängen sind einige Punkte zu beachten (siehe auch [44]):

- Die Transaktionsklasse, für die die Leistungsaussage getroffen wird, sollte der dominierende Workload sein.
- Während des gesamten Meßvorgangs sollte kein grundsätzlicher Workload-Change erfolgen.
- Die Stichprobe sollte hinreichend groß sein. Die Empfehlung liegt bei $n \geq 20$.
- Die Laststruktur in den Meßintervallen sollte vergleichbar sein. Diese Forderung kann in der Regel einigermaßen sicher erfüllt werden, wenn alle Messungen im gleichen Zeitintervall erfolgen. Übliche Tagesschwankungen können in Kauf genommen werden, da es sich um ein statistisches Verfahren handelt.

Wir definieren nun das statistische Instrumentarium, auf dem das Verfahren beruht. Diese Definitionen können in jedem Lehrbuch über Wahrscheinlichkeitsrechnung und Statistik nachgelesen werden. Wir verwenden [36].

Definition

Sei γ die Wahrscheinlichkeit dafür, daß man bei einer Stichprobe einen Mittelwert $\overline{x}$ erhält, der vom Erwartungswert μ höchstens um c_γ abweicht, d.h. $P(|\overline{x} - \mu| \leq c_\gamma) = \gamma$. Dann heißt das von der Stichprobe gelieferte Intervall $[\overline{x} - c_\gamma ; \overline{x} + c_\gamma]$ Vertrauensintervall für den Erwartungswert μ mit der Sicherheitswahrscheinlichkeit γ.

Satz

Sei X eine normalverteilte Zufallsgröße und σ die Standardabweichung. Dann liefert eine Stichprobe vom Umfang n mit der Wahrscheinlichkeit γ einen Mittelwert $\overline{x}$, so daß der Erwartungswert μ im Vertrauensintervall

$$\left[\overline{x} - \frac{\sigma}{\sqrt{n}} \cdot z_\gamma ; \overline{x} + \frac{\sigma}{\sqrt{n}} \cdot z_\gamma\right] \text{ liegt.}$$

Dabei ist z_γ bestimmt durch

$$\Phi(z_\gamma) = \frac{1+\gamma}{2} \text{ und } \Phi(z) = \frac{1}{\sqrt{2 \cdot \pi}} \cdot \int_{-\infty}^{z} e^{-\frac{1}{2} \cdot t} dt$$

die Funktion der Normalverteilung.

Eine Wertetabelle zu Φ findet man zum Beispiel in [36]. Für unseren Leistungstest werden wir nun den folgenden Satz zu Grunde legen.

Satz

Sei X eine normalverteilte Zufallsgröße mit den Parametern μ (Erwartungswert) und σ (Standardabweichung), dann ist für eine vorgegebene Zahl μ_0 die Nullhypothese $\mu = \mu_0$ bei einer Stichprobe des Umfanges n mit dem Mittelwert $\bar{x}$ bei einer zugelassenen Irrtumswahrscheinlichkeit α genau dann zu verwerfen, wenn $|\overline{x} - \mu_0| > c_\alpha$ ist, wobei $c_\alpha = \frac{\sigma}{\sqrt{n}} \cdot z_\alpha$ und z_α bestimmt sind durch $\Phi(z_\alpha) = \frac{1-\alpha}{2}$. Der Test auf $|\overline{x} - \mu_0| > c_\alpha$ heißt Signifikanztest auf dem Niveau α.

Bemerkung

σ ist gewöhnlich nicht bekannt. In diesen Fällen ersetzt man σ^2 durch die Stichprobenvarianz

$s^2 = \frac{1}{n-1} \cdot \sum_i (x_i - \overline{x})^2$, σ also durch $s = \sqrt{\frac{1}{n-1} \cdot \sum_i (x_i - \overline{x})^2}$.

Das ist für hinreichend große Stichproben n erlaubt (siehe [36]).

Bemerkung

Wird eine Nullhypothese bei einer vorgegebenen Irrtumswahrscheinlichkeit α abgelehnt, ist also $|\overline{x} - \mu_0| > c_\alpha$, so bedeutet das, daß die Hypothese abgelehnt wird, weil man bei Durchführung von Stichproben in durchschnittlich $\alpha\%$ aller Fälle eine Stichprobe erhält, welche zur irrtümlichen Ablehnung der Hypothese führt. Kann eine Hypothese nicht abgelehnt werden, ist also $|\overline{x} - \mu_0| \le c_\alpha$, so bedeutet das, daß man die Hypothese nicht verwerfen kann, wenn man ein Risiko von $\alpha \cdot 100\%$ eingehen will.

Wir formulieren nun die Aufgabenstellung unter Ausnutzung des statistischen Instrumentariums, das wir gerade erörtert haben. Es ist mit einem Signifikanztest festzustellen (zu testen), ob der Relative Leistungsfaktor zwischen zwei Systemen A und B, wie er vom Hersteller für eine bestimmte Transaktionsklasse angegeben wird (Nullhypothese) in einer Produktionsumgebung realisiert werden kann. Es seien nun folgende Voraussetzungen gegeben:

- Es liegen für einen bestimmten Workload Stichproben x_i^A $(i = 1,\dots,n)$ und x_i^B $(i = 1,\dots,n)$ der Leistungsgröße Prozessorsekunden pro Transaktion für zwei Systeme A und B vor.
- m_A bzw. m_B sei die Anzahl der Prozessoren von System A bzw. B und
- f der Relative Leistungsfaktor zwischen den beiden Systemen.

Mit diesen Werten wird eine Normalisierung der Meßreihen vorgenommen

$$x_i^A := \frac{x_i^A}{m_A} \quad (i = 1,\dots,n), \quad x_i^B := \frac{x_i^B}{m_B} \cdot f \quad (i = 1,\dots,n)$$

und anschließend die Mittelwerte

$$\overline{x}^A = \frac{1}{n} \cdot \sum_i x_i^A \quad \text{und} \quad \overline{x}^B = \frac{1}{n} \cdot \sum_i x_i^B$$

sowie die Stichprobenvarianzen beider Stichproben

$$s^{A^2} = \frac{1}{n-1} \cdot \sum_i \left(x_i^A - \overline{x}^A\right)^2 \quad \text{und} \quad s^{B^2} = \frac{1}{n-1} \cdot \sum_i \left(x_i^B - \overline{x}^B\right)^2$$

gebildet. Seien μ_A und μ_B die Erwartungswerte der beiden normalisierten Meßreihen, dann lautet die Nullhypothese $\mu_A - \mu_B = 0$. Der Signifikanztest auf dem Signifikanzniveau α führt zur Annahme der Hypothese, wenn

$$\left|\overline{x}^B - \overline{x}^A\right| \leq \sqrt{\frac{s^{A^2} + s^{B^2}}{n}} \cdot z_\alpha \text{ gilt.}$$

Ist dagegen

$$\left|\overline{x}^B - \overline{x}^A\right| > \sqrt{\frac{s^{A^2} + s^{B^2}}{n}} \cdot z_\alpha ,$$

so muß die Hypothese abgelehnt werden. Auf dem vereinbarten Signifikanzniveau würden $\alpha \cdot 100\%$ der Stichproben zu einer fälschlichen Ablehnung der Hypothese führen.

Wir stellen nun zwei Beispiele vor. Da wir nur das Verfahren demonstrieren wollen, verzichten wir auf die komplette Einhaltung der eingangs formulierten Anforderungen an die Messung und die Systemumgebung. So dominiert der gemessene Workload - in beiden Fällen ein TSO-Workload - in beiden Beispielen nicht den Prozessor. Außerdem beschränken wir uns auf Meßreihen von 21 bzw. 11 Messungen. Alle anderen Empfehlungen sind eingehalten.

Beispiel 1

Wir betrachten einen TSO-Workload auf Amdahl-Rechnern Amdahl 5890-200E und Amdahl 5890-300E. Beide Rechner sind Dyaden, so daß eine Normalisierung über die Anzahl der Prozessoren nicht erforderlich ist. Zur Feststellung des Leistungsfaktors bedienen wir uns der Processor-Service-Units per Seconds TCB- und SRB-Execution-Time. Es gilt $RLF^{300E/200E} = \frac{976.5}{797.1} \approx 1.225$.

Gemessen wurde die Anzahl der TSO-Transaktionen in einem Stundenintervall sowie die Anzahl der absorbierten TCB- und SRB-Service-Units. Daraus abgeleitet wurde die Anzahl Service-Units pro Transaktion und die Prozessorzeit t_p pro Transaktion in ms. Die beiden Meßreihen sind mit den abgeleiteten Werten in den Abbildungen 3.8.1 und 3.8.2 dargestellt.

n	psu	psu / n	t_p
10.035	999.664	99.62	12.50
9.634	1.040.614	108.01	13.55
8.563	868.886	101.47	12.73
10.399	1.180.703	113.47	14.24
9.099	875.393	96.21	12.07
7.686	711.718	95.60	11.99
8.634	847.966	98.21	12.32
9.208	1.057.928	114.89	14.41
7.656	907.705	118.56	14.87
6.942	805.785	116.07	14.56
7.866	885.065	112.52	14.12
7.617	735.060	96.50	12.11
7.971	907.094	113.80	14.28
7.569	878.689	116.09	14.56
9.434	1.012.729	107.35	13.47
9.956	1.248.956	125.45	15.74
8.449	861.769	102.00	12.80
9.605	1.038.725	108.14	13.57
8.367	813.417	97.22	12.20
7.186	740.399	103.03	12.93
7.099	738.722	104.06	13.05

Abbildung 3.8.1: TSO-Workload auf einer Amdahl 5890-200E

Wir normalisieren nun die Meßreihe für die Amdahl 5890-200E, indem wir die abgeleiteten Werte t_p mit dem Faktor 1.225 faktorisieren.

n	psu	psu / n	t_p
7.340	752.176	102.48	10.49
7.302	761.609	104.30	10.68
11.162	1.083.462	97.07	9.94
9.357	1.025.616	109.61	11.22
7.861	848.026	107.88	11.05
6.626	783.764	118.29	12.11
11.980	1.484.981	123.96	12.69
10.260	1.028.584	100.25	10.27
6.760	787.982	116.57	11.94
8.600	917.861	106.73	10.93
10.143	1.106.982	109.14	11.18
10.218	1.104.520	108.10	11.07
10.384	1.021.294	98.35	10.07
9.598	1.039.969	108.35	11.10
8.714	878.945	100.87	10.33
12.593	1.215.185	96.50	9.88
7.752	729.732	94.13	9.64
9.315	1.079.307	115.87	11.87
7.820	999.196	127.77	13.08
7.429	749.997	100.96	10.34
7.001	790.900	112.97	11.57

Abbildung 3.8.2: TSO-Workload auf einer Amdahl 5890-300E

Aus den normalisierten Meßreihen berechnen wird

$\overline{x}_B - \overline{x}_A$,

$$s^{A^2} = \frac{1}{n-1} \cdot \sum_i \left(x_i^A - \overline{x}^A\right)^2 \text{ und } s^{B^2} = \frac{1}{n-1} \cdot \sum_i \left(x_i^B - \overline{x}^B\right)^2 .$$

Es ist $\overline{x}_B - \overline{x}_A = 0.07$, $s^{A^2} = 1.17$ und $s^{B^2} = 1.06 = 1.06$.

Daraus folgt $\dfrac{\left|\overline{x}_B - \overline{x}_A\right|}{\sqrt{\dfrac{s^{A^2} + s^{B^2}}{n}}} \approx \dfrac{0.07}{0.33} \approx 0.21.$

Unsere Hypothese kann damit auf keinem der üblichen Signifikanzniveaus $\alpha = 0.05$, $\alpha = 0.01$ und $\alpha = 0.001$ abgelehnt werden. Siehe Abbildung 3.8.3, in der die Werte z_α für diese Niveaus dargestellt sind.

α	z_α
0.05	1.960
0.01	2.575
0.001	3.270

Abbildung 3.8.3: z_α für verschiedene α

Beispiel 2

Wir betrachten einen TSO-Workload auf IBM-Rechnern IBM 3090-380J und IBM 3090-400J. Die 3090-380J ist ein MP-System mit drei, die 3090-400J ein MP-System mit vier Prozessoren. Zur Feststellung des Leistungsfaktors bedienen wir uns wieder der Processor-Service-Units per Seconds TCB- und SRB-Execution-Time. Es ist $RLF^{400J/380J} = \dfrac{4 \cdot 1022.89}{3 \cdot 1069.40} \approx 1.275$.

Gemessen wurde auch bei diesem Test die Anzahl der TSO-Transaktionen in einem Stundenintervall sowie die Anzahl der absorbierten TCB- und SRB-Service-Units. Die Meßwerte und die daraus abgeleiteten Werte (Service-Units pro Transaktion und Prozessorzeit t_p pro Transaktion in ms) sind in den Abbildungen 3.8.4 und 3.8.5 dargestellt. Die Berechnung von $\overline{x}^B - \overline{x}^A$, s^{A^2} und s^{B^2} liefert

$$\overline{x}^B - \overline{x}^A = 0.03,\ s^{A^2} = 0.0175 \text{ und } s^{B^2} = 0.0161.$$

Im Ergebnis ist

$$\frac{\left|\overline{x}^B - \overline{x}^A\right|}{\sqrt{\dfrac{s^{A^2} + s^{B^2}}{n}}} \approx \frac{0.03}{0.06} = 0.5.$$

Damit kann auch in diesem Falle auf den üblichen Signifikanzniveaus die Hypothese angenommen werden.

n	psu	psu / n	t_p	t_p / 3
6892	814409	118,17	11,05	3,68
7795	872319	111,91	10,46	3,49
4361	467900	107,29	10,03	3,34
7187	805831	112,12	10,48	3,49
6971	796535	114,26	10,68	3,56
7091	757833	106,87	9,99	3,33
6679	778042	116,49	10,89	3,63
5417	649745	119,95	11,22	3,74
6138	689215	112,29	10,50	3,50
7879	876338	111,22	10,40	3,47
8001	897952	112,23	10,49	3,50

Abbildung 3.8.4: TSO-Workload auf einer IBM 3090-380J

n	psu	psu / n	t_p	t_p / 4
7742	901402	116,43	11,38	3,63
6156	694166	112,76	11,02	3,51
9810	1080343	110,13	10,77	3,43
6009	703127	117,01	11,44	3,65
11118	1228763	110,52	10,80	3,44
7044	772483	109,67	10,72	3,42
7995	931012	116,45	11,38	3,63
8618	1048344	121,65	11,89	3,79
6144	665515	108,32	10,59	3,38
5019	593807	118,31	11,57	3,69
5680	642010	113,03	11,05	3,52

Abbildung 3.8.5: TSO-Workload auf einer IBM 3090-400J

3.9 Kapazitäts-Management

Ziel des Kapazitäts-Managements ist es, rechtzeitig genügend Ressourcen zur Erfüllung des Service-Auftrages bereitzustellen - bei möglichst niedrigen Kosten (siehe auch [35]). Im vorliegenden Abschnitt setzen wir uns mit Fragen des Kapazitäts-Managements auseinander. Wir beziehen uns dabei vorwiegend auf die Kapazität des Prozessors. Für das Kapazitäts-Management anderer Ressourcen können ähnlichen Verfahren angewendet werden. Im Rahmen des Kapazitäts-Managements sind folgende Fragen zu beantworten (siehe [35]):

- Wie sieht die derzeitige Arbeitslast aus ? (Arbeitslastanalyse)
- Wie groß ist die installierte Kapazität ? (Kapazitätsanalyse)
- Wie verändert sich die Arbeitslast in der Zukunft ? (Arbeitslastprognose)
- Wann wird welche Kapazität benötigt ? (Kapazitätsprognose)
- Wie läßt sich die benötigte Kapazität unter wirtschaftlichen Aspekten bereitstellen ? (Ressourcenauswahl und -beschaffung)

Mit der Beantwortung dieser Fragen werden wir uns im Rahmen des vorliegenden Abschnitts befassen, wobei wir einige Themen nur anreißen können.

3.9.1 Arbeitslastanalyse

Bei der Arbeitslastanalyse wird die Arbeitslast üblicherweise nach geeigneten Kriterien klassifiziert und der Ressourcenverbrauch dieser Klassen festgestellt. Ein Beispiel ist die Klassifizierung nach dem Verarbeitungstyp wie Batch, online, interaktiv und innerhalb dieser Klassen etwa nach Produktion und Test. Wichtig in diesem Zusammenhang ist bei der Prozessorbeanspruchung die Feststellung der workloadspezifischen Capture-Ratio. In Abbildung 3.9.1 stellen wir eine typische Verteilung der Lasten in einem mixed Environment dar, zunächst ohne Berücksichtigung der Capture-Ratio und in Abbildung 3.9.2 mit Berücksichtigung der workloadspezifischen Capture-Ratios. Die Unterschiede sind im Beispiel relativ gering. In praxi können sich, je nach Zusammensetzung des Workloads, durchaus signifikantere Verschiebungen ergeben.

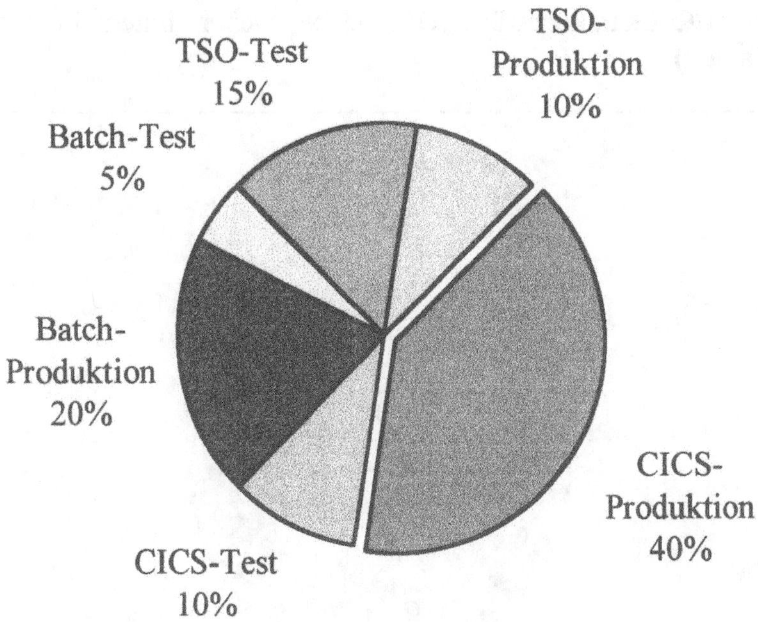

Abbildung 3.9.1: Arbeitslastanalyse ohne Berücksichtigung der Capture-Ratio

3.9.2 Kapazitätsanalyse

Ziel der Kapazitätsanalyse ist es, die maximal verfügbare Kapazität zu ermitteln sowie den derzeit noch nutzbaren Anteil.

Bei der Kapazitätsanalyse sind zu berücksichtigen:

- Overhead (Capture-Ratio),
- Peak-To-Average-Ratios (siehe weiter unten in diesem Kapitel),
- Reserven zur Sicherstellung des Service-Levels (siehe Kapitel 7),
- gegebenenfalls die besprochenen Effekte (Multiprocessor-Effect, Low-Utilization-Effect, Large-Systems-Effect),

- verborgene Lasten, die sich in der Regel am Ende der Nutzungszeit eines Systems bemerkbar machen (siehe weiter unten in diesem Kapitel) und
- die I/O-Charakteristik (IOC, siehe weiter unten in diesem Kapitel).

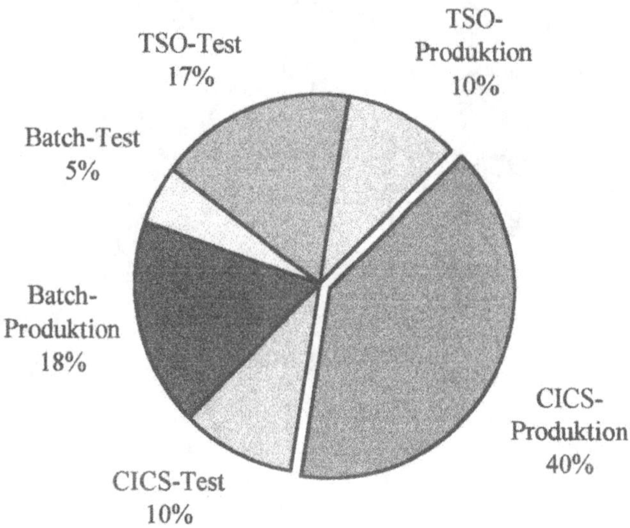

Abbildung 3.9.2: Arbeitslastanalyse unter Berücksichtigung der Capture-Ratio

Zunächst definieren wir, was unter der Kapazität des Prozessors bzw. bei Multiprozessorsystemen des Prozessorsystems zu verstehen ist.

Definition

Unter der Nutzkapazität eines Prozessors (Prozessorsystems) versteht man die maximale Anzahl Work-Units, die der Prozessor (das Prozessorsystem) unter Einhaltung des Service-Levels (Antwortzeiten, siehe auch Kapitel 7) pro Prozessorzeiteinheit (in der Regel pro Prozessorsekunde) in der Lage ist zu verarbeiten.

Diese Definition entspricht der Definition der Prozessorleistung aus Kapitel 3. Legt man als Work-Units eine wohldefinierte Transaktionsklasse zugrunde, so entspricht die Definition der workloadspezifischen Internal Transaction-Rate ITR. Im Kapitel 1 wurde der Begriff Kapzität ohne Berücksichtigung von Service-Level-Objectives benutzt. Wir verwenden dafür in diesem Kontext nur noch den Begriff Nennleistung (siehe Kapitel 1).
Kapazitätsberechnungen lassen sich einfacher durchführen, wenn man mit Auslastungsgraden arbeitet. Wie unter 3.4 definiert, verwenden wir:

- Nettolast δ_n als die unmittelbar durch die Transaktionslast induzierte Prozessorauslastung ohne Overhead (die Nettolast entspricht somit der Nutzkapazität) und
- Bruttolast δ_b als die von der Transaktionslast generierte Prozessorauslastung einschließlich des Overheads.

Sei nun δ_b die Bruttoauslastung eines Prozessors (Prozessorsystems), dann entspricht $\delta_b^r = 1 - \delta_b$ der Bruttorestkapzität des Prozessors. Zur Sicherstellung des Service-Levels läßt sich ein System nicht ständig mit Vollast fahren. Den aus diesem Grunde in Abzug zu bringenden Anteil an der Prozessorauslastung bezeichnen wir mit δ_b^s. Es gilt dann $\delta_b^r = 1 - \delta_b{}^s - \delta_b$. δ_b^p sei nun die abzudeckende Spitzenauslastung. Beispielsweise könnte δ_b die durchschnittliche Auslastung pro Monat und δ_b^p die Auslastung des stärksten Produktionstages des Monats sein. Relationen der Form $\frac{\delta_b{}^p}{\delta_b}$ nennt man Peak-To-Average-Ratios (siehe auch im nächsten Abschnitt). Es gilt nun

$$\delta_b^p = \delta_b \cdot \left(1 + \frac{\delta_b^p - \delta_b}{\delta_b}\right).$$

Wir berücksichtigen nun noch die Capture-Ratio cr und erhalten als Nettorestkapazität zur Abdeckung der Spitzenlast bezogen auf das Durchschnittsintervall

$$\delta_n^r = \frac{\delta_b^r}{1+\frac{\delta_b^p - \delta_b}{\delta_b}} \cdot cr.$$

Der Faktor

$$c := \frac{1+\frac{\delta_b^p - \delta_b}{\delta_b}}{cr} = 1 + \frac{(1-cr)+\frac{\delta_b^p - \delta_b}{\delta_b}}{cr}$$

heißt Kapazitätskoeffizient (siehe auch [35]). Liegt also eine Bruttolast δ_b des Systems vor, so ergibt sich die verbleibende nutzbare Nettolast nach

$$\delta_n^r = \frac{\delta_b^r}{c} = \frac{1-\delta_b^s - \delta_b}{c} = 1 + \frac{(1-cr)+\frac{\delta_b^p - \delta_b}{\delta_b}}{cr}.$$

Beispiel

Sei $\delta_b = 0.65$, $\frac{\delta_b^p}{\delta_b} = 1.20$, $\delta_b^s = 0.05$ und $cr = 0.80$, dann ist

$$\delta_b^r = 1 - \delta_b^s - \delta_b = 0.30,$$

$$c = 1 + \frac{(1-cr)+\frac{\delta_b^p - \delta_b}{\delta_b}}{cr} = 1 + \frac{0.2+0.2}{0.8} = 1.5$$

und damit

$$\delta_n^r = \frac{\delta_b^r}{c} = \frac{0.30}{1.50} = 0.20.$$

Ist nun noch der Nettoprozessorverbrauch t_s pro Transaktion bekannt, so läßt sich die Nettorestkapazität r_n^r im Sinne der obigen

Definition aus dem Wert δ_n^r berechnen. Sei beispielsweise $t_s = 0.020$, dann gilt $r_n^r = \frac{\delta_n^r}{t_s} = 10$. In Abbildung 3.9.3 stellen wir die Situation grafisch dar.

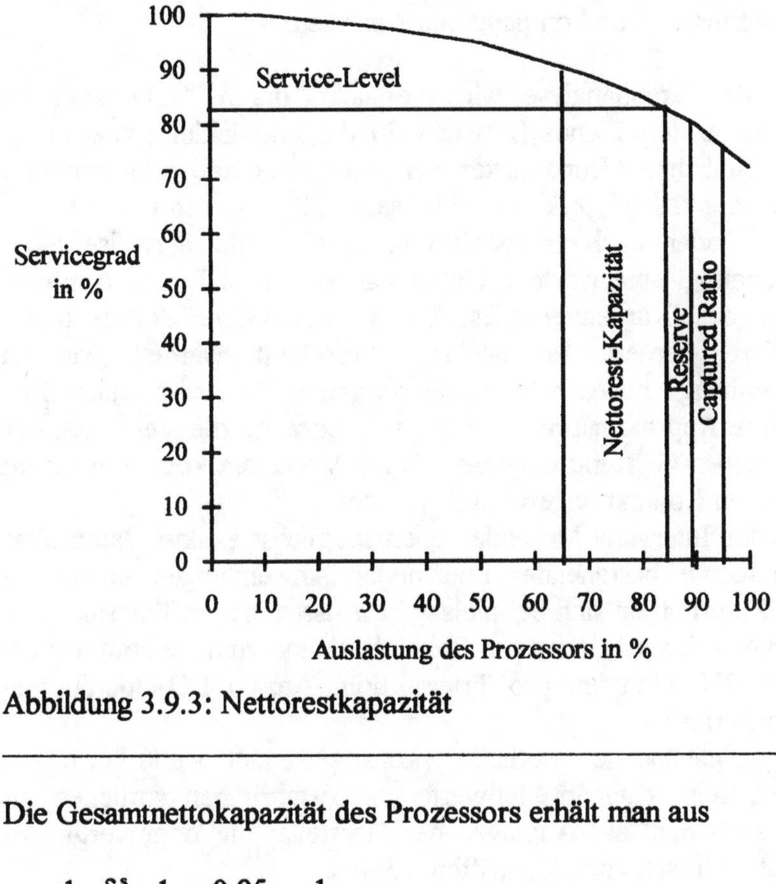

Abbildung 3.9.3: Nettorestkapazität

Die Gesamtnettokapazität des Prozessors erhält man aus

$$r_n = \frac{1-\delta_b^s}{c} \cdot \frac{1}{t_s} = \frac{0.95}{1.5} \cdot \frac{1}{0.020} = 0.6\overline{3} \cdot 50 = 31.\overline{6}.$$

3.9.3 Arbeitslastprognose

Eines der schwierigsten Kapitel beim Kapazitäts-Management ist die verläßliche Prognose der zukünftigen Arbeitslast. Wir werden die dabei entstehenden grundsätzlichen Probleme nur kurz diskutieren und verweisen im übrigen auf [35]. Ziel der Arbeitslastprognose ist es, über einen gewählten Planungszeitraum eine verläßliche Aussage über die Entwicklung der Arbeitslast zu gewinnen. Prinzipiell werden dabei drei Methoden, häufig auch Kombinationen davon, angewendet:

- Durchführung von Trendanalysen,
- Durchführung von Interviews mit Systementwicklern und Benutzern,
- Durchführung von komparativen Analysen.

Mit der Trendanalyse wird versucht, durch Untersuchung historischer Daten Trends (Muster) für die Entwicklung abzuleiten. Die gewöhnlichen Grundmuster der Kurvenverläufe wie monoton steigend oder fallend, zyklisch (z.B. saisonal), exponentiell (z.B. bei Sättigung) oder auch treppenförmig werden üblicherweise einer Trendrechnung unterworfen. Dabei handelt es sich um Approximationen des Kurvenverlaufes, die in zukünftige Zeitabschnitte extrapoliert werden. Im nächsten Abschnitt werden wir im Zusammenhang mit der Kapazitätsprognose in einem Beispielfall eine lineare Approximation rechnen und kurz auf die Verfahren der Exponentiellen Glättung eingehen. Beide Verfahren können auch im vorliegenden Kontext angewendet werden.

Bei der Interview-Methode sollen möglichst exakte Daten über das Wachstum bestehender und neuer Anwendungen gewonnen werden. Zu ermitteln sind beispielsweise Aussagen zum Transaktionsaufkommen (Transaktionen pro Zeiteinheit) und zum Ressourcenverbrauch (CPU-Sekunden pro Transaktion, Anzahl I/O-Operationen pro Transaktion).

Die vergleichende Methode wird angewendet, wenn bei neuen Verfahren keine eigenen Meßwerte und Erfahrungen vorliegen. In diesen Fällen muß auf Aussagen der Hersteller und/oder vergleichbarer Installationen zurückgegriffen werden.

Da die Arbeitslastprognosen naturgemäß mit relativ hoher Unsicherheit behaftet sind, arbeitet man üblicherweise mit Bandbreiten der Entwicklung und rechnet verschiedene Wachstumsszenarien.

3.9.4 Kapazitätsprognose

Ziel der Kapazitätsprognose ist es, für einen definierten Planungszeitraum eine verläßliche Aussage über die benötigte Kapazität zu gewinnen. Wir besprechen zunächst die einfache Kapazitätsprognose, bei der nur globale, das heißt keine workloadspezifischen, Lasten berücksichtigt werden. In der Vergangenheit gemessene Auslastungsrade, Peak- und Durchschnittswerte werden dabei verschiedenen Wachstumsszenarien unterworfen. In Abbildung 3.9.4 und 3.9.5 stellen wir eine typische Entwicklung der Prozessorauslastung dar.

Quartal	Average	Peak	Peak/Average
1/90	32,5	39,0	1,20
2/90	32,5	38,4	1,18
3/90	34,6	42,2	1,22
4/90	37,6	45,1	1,20
1/91	39,4	49,3	1,25
2/91	40,9	47,0	1,15
3/91	39,9	47,9	1,20
4/91	44,8	53,8	1,20
1/92	44,4	55,5	1,25
2/92	49,3	56,7	1,15
3/92	51.4	61,7	1,20
4/92	56,8	68,2	1,20
1/93	63,9	78,0	1,22

Abbildung 3.9.4: Gemessene Prozessorauslastung

Bei den Belastungswerten handelt es sich um die durchschnittliche Auslastung in bestimmten Intervallen eines Beobachtungszeitraumes sowie um den Spitzenwert in diesem Zeitraum. Beobachtungszeitraum ist ein Quartal. Die mittlere Peak-To-Average-Ratio liegt bei 1.20. Abbildung 3.9.5 zeigt ein zur anfänglichen Entwicklung relativ starkes Wachstum in den beiden letzten Quartalen. Für die Kapazitätsprognose kann man nun unterschiedliche Ansätze wählen, beispielsweise

- Annahme einer linearen Entwicklung über den gesamten Zeitraum und lineare Extrapolation in die Zukunft,
- stärkere Gewichtung der länger zurückliegenden Werte, wenn die Entwicklung in den jüngsten Beobachtungszeiträumen atypisch oder eindeutig zurückführbar ist auf außergewöhnliche Veränderungen, und auf dieser Basis lineare Extrapolation in die Zukunft (Verfahren der Exponentiellen Glättung),

- stärkere Gewichtung der jüngsten Vergangenheitswerte, wenn die Vermutung besteht, daß dieses Wachstum auch in Zukunft eher wahrscheinlich ist, und auf dieser Basis lineare Extrapolation in die Zukunft (Verfahren der Exponentiellen Glättung).

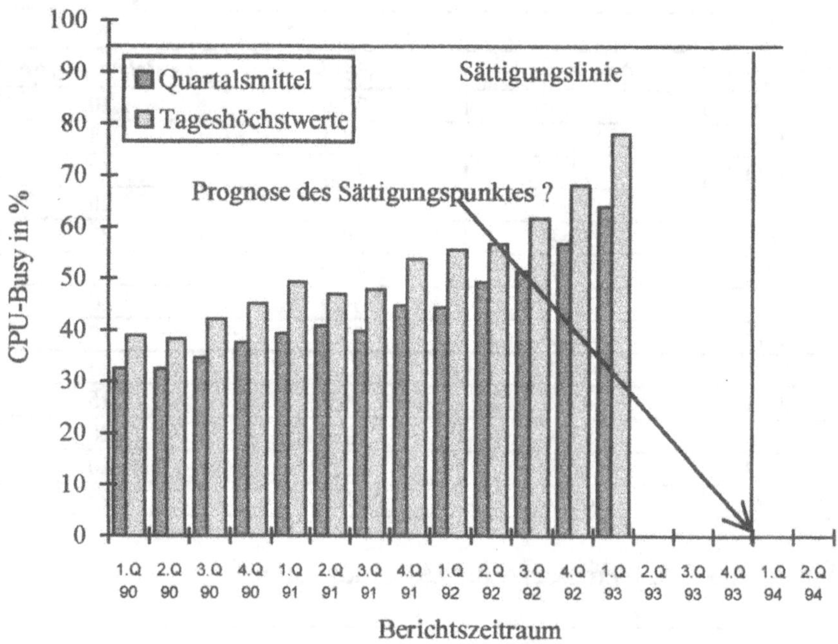

Abbildung 3.9.5: Kapazitätsprognose aufgrund von Vergangenheitswerten

Wir gehen nur auf das Verfahren der linearen Näherung ein und zeigen für das Verfahren der Exponentiellen Glättung das Ergebnis einer Berechnung. Das Verfahren selbst findet man in [39]. Wir legen nun eine Gerade

$$y = a + b \cdot x$$

durch die Peakwerte mit der besten quadratischen Näherung

$$\sum (a + b \cdot x_i - y_i)^2 = \min!$$

Dabei seien y_i die gemessenen Auslastungsgrade, in diesem Falle die Peakwerte. Da die x-Werte (Quartalsnummern von 1 bis 13) ganzzahlig sind, erhält man besonders einfache Relationen für a und b, wenn man den Kurvenbeginn in die Mitte des Beobachtungszeitraums, hier also auf das 7. Quartal legt. Allgemein gilt (siehe [39])

$$a = \frac{1}{n} \cdot \sum_i y_i \quad \text{und} \quad b = \frac{12}{n \cdot \left(n^2 - 1\right)} \cdot \sum_i y_i \cdot \left(i - \frac{n+1}{2}\right).$$

Bei Anwendung auf das obige Beispiel erhält man $a = 0.525$ und $b = 0.0283$, also die Gerade

$$y = 0.525 + 0.0283 \cdot x.$$

Die Gerade schneidet die Sättigungslinie (eine maximale Auslastung von 95% angenommen) bei $0.95 = 0.525 + 0.0283 \cdot x$, also im Sättigungspunkt $x = 15$. Dies entspricht dem 2. Quartal 95. Spätestens dann muß (nach dem Modell) eine Ersatzbeschaffung erfolgt sein, wenn der Service-Level gesichert bleiben soll. Wir stellen das Ergebnis in Abbildung 3.9.6 dar.

Unterwirft man die Meßdaten dem Verfahren der Exponentiellen Glättung mit dem Gewichtungsfaktor $\alpha = 0.2$ (entspricht einer nicht allzu starken Berücksichtigung der jüngsten Meßwerte, siehe auch [39]), so erhält man die Gerade

$$\bar{y}_{t+\tau} = a_t + b_t \cdot \tau = 0.764 + 0.0285 \cdot \tau.$$

Dabei beginnt die Gerade im letzten Meßpunkt. $\tau = 1, \ldots$ sind die in der Zukunft liegenden Zeitintervalle (Quartale). Wir stellen die daraus abgeleitete Prognose in Abbildung 3.9.7 grafisch dar. Der Sättigungspunkt liegt nun im 3. Quartal 1994. Das in diesem Falle frühere Erreichen des Sättigungspunkts war zu erwarten, da die jüngsten Vergangenheitswerte gegenüber dem linearen Verfahren stärker gewichtet werden und diese eine signifikante Steigerung ausweisen.

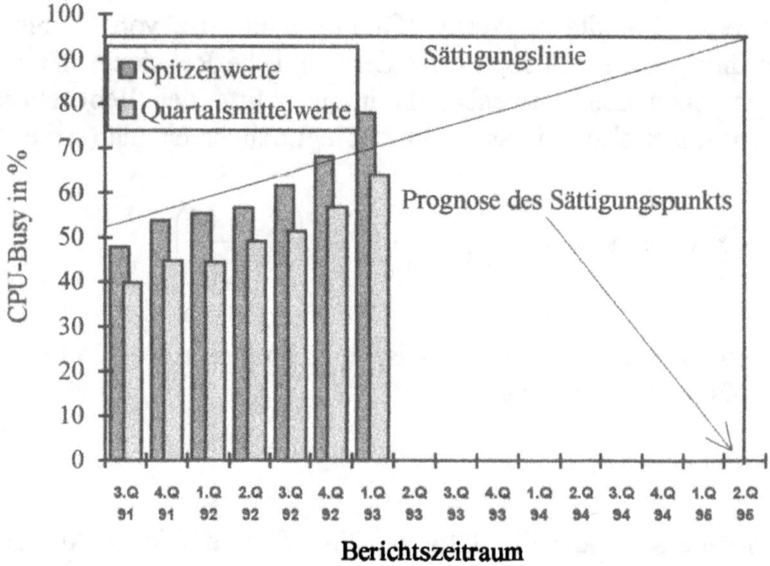

Abbildung 3.9.6: Kapazitätsprognose mit linearer Approximation

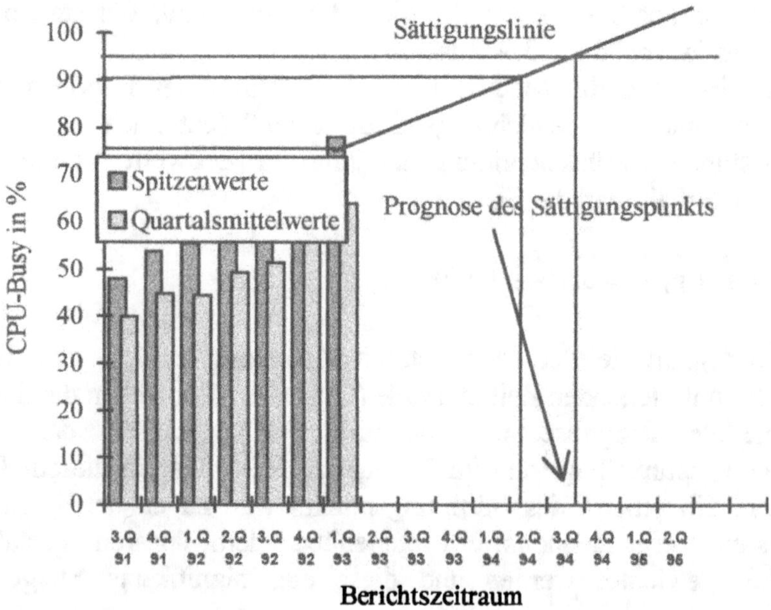

Abbildung 3.9.7: Kapazitätsprognose mit dem Verfahren der Exponentiellen Glättung

Im Folgenden werden wir die Kapazitätsprognose verfeinern und ausgehend von der Arbeitslastprognose (Nettoarbeitslast) unter Berücksichtigung der in den unterschiedlichen Arbeitsgebieten erwarteten Laststeigerungen eine Kapazitätsprognose vornehmen. Dabei werden Peak-To-Average-Ratios und workloadspezifische Capture-Ratios in die Berechnungen einbezogen. Seien k = 1,...,m unterschiedliche Workloads, Δ_k die pro Prognoseintervall erwarteten prozentualen Steigerungen der Nettoarbeitslast des Workloads k. Ist δ_{k_t} die durch den Workload k induzierte Nettoauslastung des Prozessors im Zeitintervall t, so gilt für das Intervall $t+\tau$

$$\delta_{k_{t+\tau}} = \delta_{k_t} \cdot (1+\Delta_k)^\tau .$$

Es wird also unterstellt, daß alle Workloads einem exponentiellen Wachstum unterliegen. In praxi sind für die einzelnen Workloads unterschiedliche Wachstumsmuster denkbar. Wir beschränken uns auf die Darstellung des exponentiellen Verlaufsmusters. Ist nun noch

- cr_k die workloadspezifische Capture-Ratio des Workloads k und
- p_k die Peak-To-Average-Ratio des Workloads k,

so ist zur Abdeckung der Spitzenlast im Prognoseintervall $t+\tau$ eine Bruttokapazität von

$$\delta_{t+\tau} = \sum_k p_k \cdot \frac{1}{cr_k} \cdot \delta_k \cdot (1+\Delta_k)^\tau$$

erforderlich.

Beispiel

Zunächst stellen wir die Basiswerte in Abbildung 3.9.8 dar.

Workload	Nettolast	p_k	cr_k	Δ_k
1	34.0%	1.2	0.85	0.3
2	22.5%	1.2	0.75	0.5
3	9.0%	1.1	0.90	0.0

Abbildung 3.9.8: Basisdaten für eine Kapazitätsprognose

Wir berechnen nun die Prognosewerte für drei zukünftige Planungsabschnitte und stellen das Ergebnis in Abbildung 3.9.9 tabellarisch und in Abbildung 3.9.10 grafisch dar.

Workload	Periode 1	Periode 2	Periode 3
1	62.4%	81.1%	105.5%
2	54.0%	81.0%	121.5%
3	11.0%	11.0%	11.0%
Summe	127.4%	173.1%	238.0%

Abbildung 3.9.9: Kapazitätsprognose bei exponentiellem Wachstum

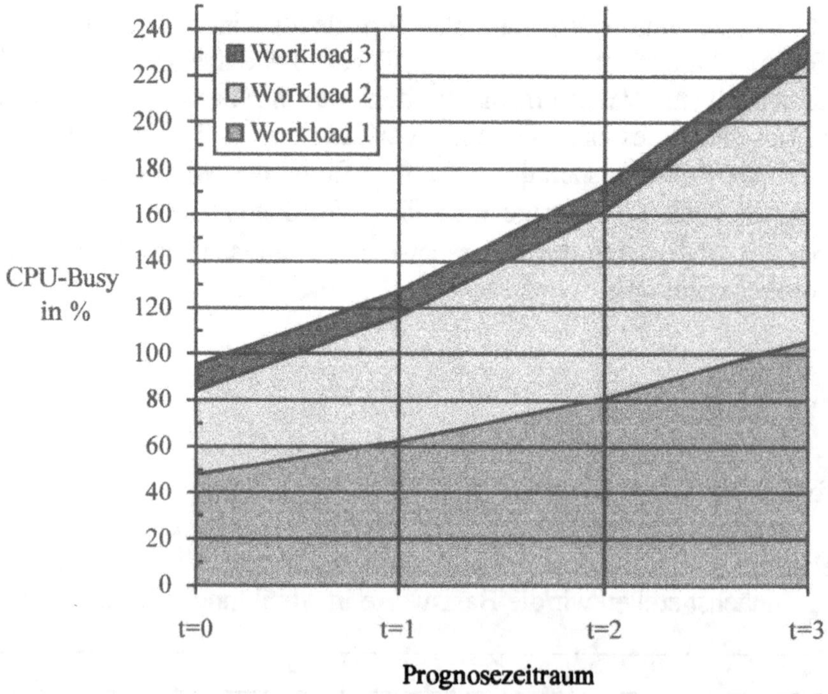

Abbildung 3.9.10: Kapazitätsprognose bei exponentiellem Wachstum

Berücksichtigt man nicht die workloadspezifischen Capture-Ratios, sondern nur die systemweite, etwa mit dem Wert 0.85, so erhält man ein möglicherweise doch signifikant unterschiedliches Ergebnis (siehe

Abbildung 3.9.11). Die Gesamtlast am Ende der 3. Periode unterscheidet sich im Beispiel immerhin um ca. 13%.

3.9.5 Ressourcenauswahl und -beschaffung

Ziel dieses Arbeitsschrittes ist es, die aus wirtschaftlichen Gesichtspunkten optimale Anlage auszuwählen. Dabei spielen neben der Leistung der Anlage, die die prognostizierte Last mit dem gewünschten Service-Level abzuwickeln in der Lage sein muß, Aspekte eine Rolle, wie beispielsweise

- die sich abzeichnende technische Entwicklung,
- die Erweiterbarkeit der Anlage und
- die beabsichtigte Nutzungsdauer der Anlage.

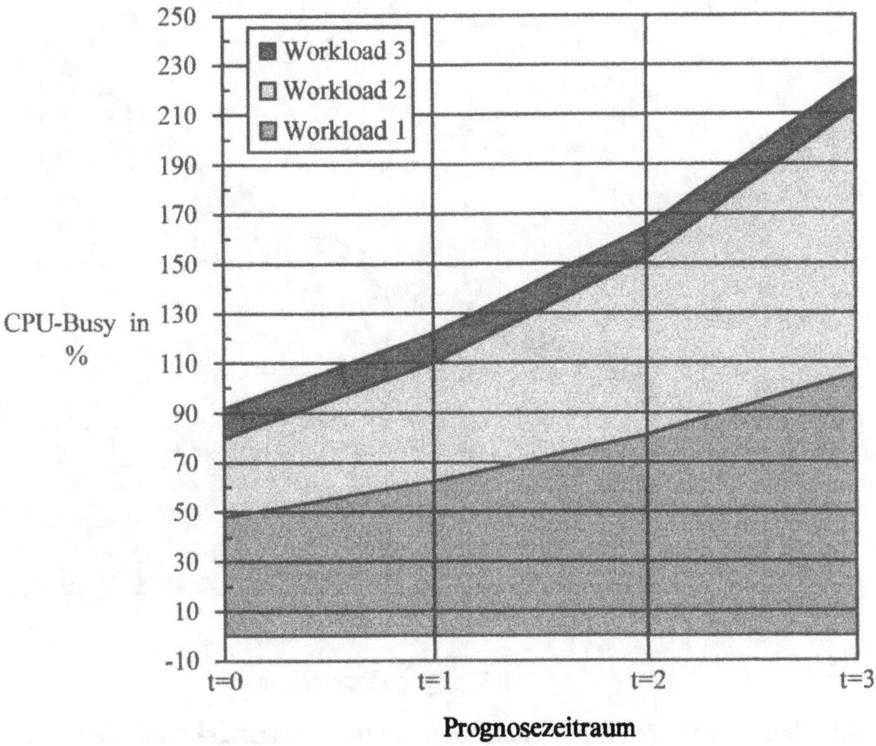

Abbildung 3.9.11: Kapazitätsprognose mit systemweiter Capture-Ratio

Wir beschäftigen uns ausschließlich mit dem Leistungsaspekt. Um unter Leistungsgesichtspunkten die richtige Anlage auswählen zu können, bedient man sich sogenannter Leistungskennlinien. Unter der Leistungskennlinie eines Prozessors versteht man dessen Sättigungslinie in bezug auf die gefahrene Systemlast. Diese kann in Abhängigkeit von Laststruktur und Anforderung unterschiedlich hoch gesetzt sein. Sie bezieht sich in der Regel auf das abzudeckende Spitzenintervall. In Abbildung 3.9.12 legen wir Leistungskennlinien über die im letzten Abschnitt durchgeführte Kapazitätsprognose für Systeme, die gegenüber dem Ausgangssystem über einen Relativen Leistungsfaktor von 1.5, 2.0 bzw. 2.5 verfügen. Die Sättigungslinie ist dabei auf 95% der Kapazität des jeweiligen Systems festgelegt.

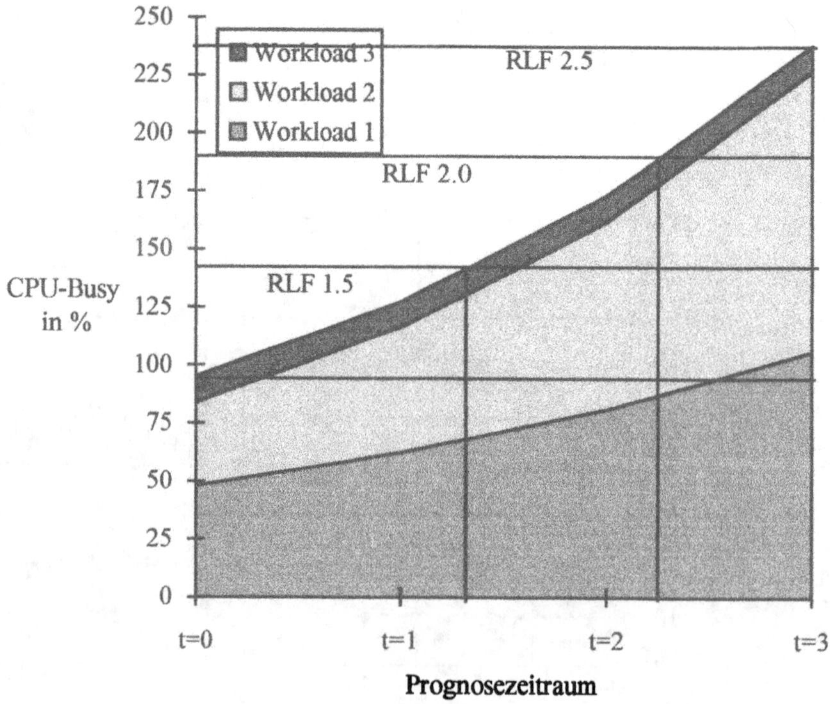

Abbildung 3.9.12: Kapazitätsprognose mit Leistungskennlinien

Die Abbildung zeigt, daß ein System mit dem Leistungsfaktor 1.5 im ersten Drittel der zweiten Vorhersageperiode und ein System mit dem Leistungsfaktor 2.0 im ersten Drittel der dritten Vorhersageperiode den Sättigungspunkt erreichen würde. Ein System mit der 2.5 fachen Leistung müßte erst am Ende des Planungszeitraums abgelöst bzw. erweitert werden.

3.9.6 Kapazitäts-Management gestützt durch M/M/1-Modelle

Im vorliegenden Abschnitt modellieren wir Kapazitätserhöhungen und deren Auswirkung auf verschiedene Leistungsindizes. Das M/M/1-Modell kann bei der Kapazitätsplanung wertvolle Hilfe leisten. Nachstehend wird diese Thematik anhand von Fallbeispielen behandelt. Die Modelle dienen ausschließlich als Erklärungsmodelle. Die Ergebnisse lassen sich deshalb nur in qualitativer Form verwenden. Für jeden Fall, davon ausgehend, daß die Leistung des Prozessors (oder einer anderen Ressource) erhöht wird, weisen wir aus:

- Die Reduzierung der Response-Time relativ zum Ausgangswert bei gleichbleibendem Durchsatz und
- die Erhöhung des Durchsatzes relativ zum Ausgangswert bei gleichbleibender Response-Time.

Wir definieren zunächst die Parameter des Ausgangsmodells. Sei t_r die mittlere Response-Time einer Transaktion, t_s die Service-Time des Servers pro Server-Request, r die Transaktion-Rate und d die Anzahl der pro Transaktion an den Server gestellten Requests (Anzahl Besuche im Server, siehe auch Kapitel 1). Für das Ausgangsmodell gilt

$$t_r = \frac{d \cdot t_s}{1-\delta} = \frac{d \cdot t_s}{1 - r \cdot d \cdot t_s} \text{ und } r = \frac{1}{d \cdot t_s} - \frac{1}{t_r}.$$

Setzt man noch $c = \frac{1}{t_s}$ (c Nennleistung des Servers in Basisrequests), so ist

$$r = \frac{1}{d \cdot t_s} - \frac{1}{t_r} = \frac{c}{d} - \frac{1}{t_r}.$$

Wir ändern nun einzelne Modellparameter und berechnen die Veränderungen, die sich in bezug auf Response-Time und Durchsatz erge-

ergeben. Die berechneten Werte setzen wir in Relation zu den Ausgangswerten. Alle veränderten Größen markieren wir mit "′".

Erhöhung der Nennleistung des Servers

Die Nennleistung des Servers wird um den Faktor k erhöht. Die neue Nennleistung und die neue Service-Time des Servers ist dann

$$c' = k \cdot c = \frac{k}{t_s} \quad \text{bzw.} \quad t_s' = \frac{1}{c'} = \frac{1}{k \cdot c} = \frac{1}{k} \cdot t_s.$$

Für die Response-Time bei unveränderter Transaction-Rate erhält man

$$t_r' = \frac{d \cdot t_s'}{1 - r \cdot d \cdot t_s'} = \frac{d \cdot t_s}{k \cdot \left(1 - r \cdot d \cdot \frac{t_s}{k}\right)} = \frac{d \cdot t_s}{k - r \cdot d \cdot t_s} = \frac{d \cdot t_s}{k - \delta}.$$

Relativ zum Ausgangswert ergibt sich

$$\frac{t_r'}{t_r} - 1 = \frac{1-\delta}{k-\delta} - \frac{k-\delta}{k-\delta} = \frac{1-k}{k-\delta}.$$

Das entspricht einem Reduktionsfaktor von $\frac{t_r'}{t_r} = \frac{1-\delta}{k-\delta}$.

Es gilt also

$$t_r' = t_r \cdot \frac{1-\delta}{k-\delta}.$$

Für die Transaction-Rate bei unveränderter Response-Time erhält man

$$r' = \frac{1}{d \cdot t_s'} - \frac{1}{t_r} = \frac{k}{d \cdot t_s} - \frac{1}{t_r}.$$

In Relation zum Ausgangswert ergibt sich

$$\frac{r'}{r}-1=\frac{k\cdot t_r-d\cdot t_s}{t_r-d\cdot t_s}-\frac{t_r-d\cdot t_s}{t_r-d\cdot t_s}=\frac{t_r\cdot(k-1)}{t_r\cdot\left(1-\frac{d\cdot t_s}{t_r}\right)}=\frac{k-1}{\delta}$$

Das entspricht einem Faktor von $\frac{k-1}{\delta}+1$. Es gilt also

$$r'=\left(\frac{k-1}{\delta}+1\right)\cdot r$$

Beispiel

Eine im Peak-Intervall zu 95% ausgelastete CPU werde ersetzt durch eine doppelt leistungsfähige (Nennleistung). Bei unveränderter Transaktionslast reduzieren sich die Antwortzeiten (Modell) um

$$\frac{1-k}{k-\delta}\cdot 100=\frac{-1}{1.05}\cdot 100\approx -95\%$$

auf $\approx$ 5% der ursprünglichen. Bei derselben Response-Time ist der neue Prozessor in der Lage,

$$\frac{k-1}{\delta}\cdot 100=\frac{1}{0.95}\cdot 100\approx 105\%$$

mehr Transaktionen durchzusetzen. Dies entspricht einem Faktor von ca. 2.05.

Bei einer niedrigeren Ausgangslast, beispielsweise bei 70%, erhält man bei den Antwortzeiten eine Reduzierung um ca. 77% auf ca. 33% des Ausgangswertes, bei der Transaktionsrate eine Steigerung um den Faktor 2.43. In Abbildung 3.9.13 stellen wir die Faktoren in Abhängigkeit von der Ausgangslast grafisch dar. Das Ergebnis zusammenfassend ergibt sich bei niedriger Ausgangslast eine weniger hohe Reduktion der Antwortzeiten als bei hoher Ausgangslast. Das Verhalten bei den Transaktionsraten ist genau umgekehrt. Den höheren Faktor erhält man bei niedriger Ausgangslast.

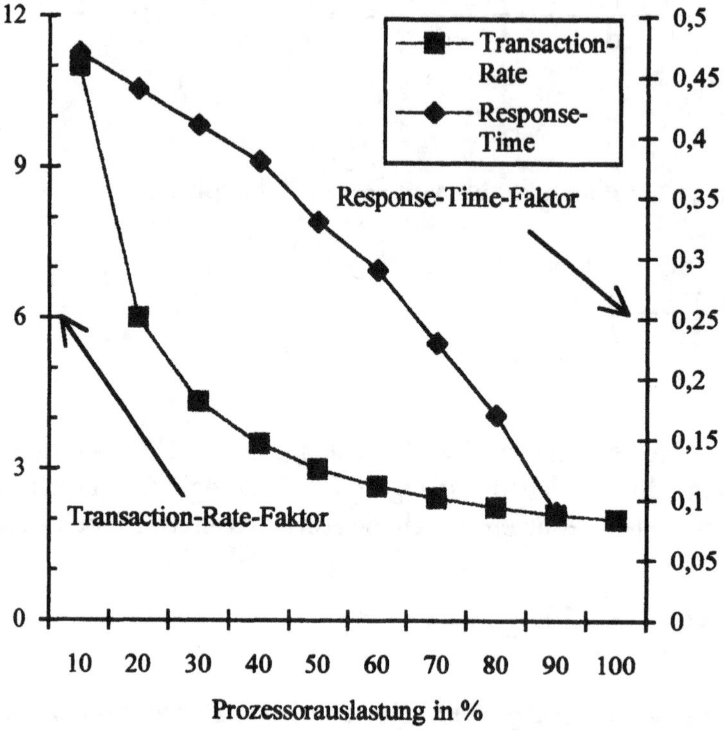

Abbildung 3.9.13: Leistungsfaktoren bei Erhöhung der Server-Leistung

Reduzierung der Serverbeanspruchung pro Transaktion

Die Serverbeanspruchung wird pro Transaktion um den Faktor k reduziert. Es gilt also $d' = \frac{d}{k}$. Eine Reduzierung der Beanspruchung eines Prozessors kann man sich beispielsweise dadurch realisiert denken, daß die Pfadlängen durch Optimierung reduziert werden. Ein anderes Beispiel könnte bei Magnetplatten die Reduktion der pro Transaktion benötigten physischen Ein-/Ausgabeoperationen sein, beispielsweise durch den Einsatz von Cache-Memories (siehe Kapitel 4) oder durch Vermeidung von I/Os auf den INDEX einer VSAM-Datei, indem man eine geeignetere Parameterisierung vornimmt. Für die Response-Time bei unveränderter Transaktionsrate ergibt sich

$$t_r' = \frac{d' \cdot t_s}{1-\delta'} = \frac{d' \cdot t_s}{1-r \cdot d' \cdot t_s} = \frac{d \cdot t_s}{k \cdot \left(1 - r \cdot \frac{d}{k} \cdot t_s\right)} = \frac{d \cdot t_s}{k-\delta} \text{ und}$$

$$\frac{t_r'}{t_r} - 1 = \frac{1-\delta}{k-\delta} - 1 = \frac{1-k}{k-\delta}$$

Es gilt also

$$t_r' = \frac{1-\delta}{k-\delta} \cdot t_r .$$

Für die Transaction-Rate bei unveränderter Response-Time folgt

$$r' = \frac{1}{d' \cdot t_s} - \frac{1}{t_r} = \frac{k}{d \cdot t_s} - \frac{1}{t_r} \text{ und damit}$$

$$\frac{r'}{r} - 1 = \frac{k-1}{\delta} \text{ und } r' = \left(\frac{k-1}{\delta} + 1\right) \cdot r .$$

Die Reduktion der Inanspruchnahme eines Servers um den Faktor k führt damit zu denselben Ergebnissen wie eine Erhöhung der Nennleistung des Servers um den Faktor k bzw. eine Reduzierung der Service-Time des Servers um den Faktor k.

Hinzunahme von Servern

Wir unterstellen, daß die bisher gegen einen Server gerichtete Last auf k Server gleichmäßig verteilt wird. Die hinzukonfigurierten Server verfügen über dieselbe Nennleistung wie der Ausgangsserver. Für jeden Server gilt dann

$$d' = \frac{d}{k}$$

Für die Response-Time bei unveränderter Transaction-Rate folgt

$$t_r' = k \cdot \frac{d' \cdot t_s}{1 - r \cdot d' \cdot t_s} = \frac{d \cdot t_s}{\left(1 - r \cdot \frac{d}{k} \cdot t_s\right)} = \frac{k \cdot d \cdot t_s}{k - \delta},$$

$$\frac{t_r'}{t_r} - 1 = \frac{k \cdot (1 - \delta)}{k - \delta} - 1 = \frac{\delta \cdot (1 - k)}{k - \delta} \text{ und damit}$$

$$t_r' = \frac{k \cdot (1 - \delta)}{k - \delta} \cdot t_r$$

Für die Transaction-Rate bei unveränderter Response-Time gilt

$$r' = \frac{1}{d' \cdot t_s} - \frac{k}{t_r} = \frac{k}{d \cdot t_s} - \frac{k}{t_r} = k \cdot \left(\frac{1}{d \cdot t_s} - \frac{1}{t_r}\right),$$

$$\frac{r'}{r} - 1 = k - 1 \text{ und damit } r' = k \cdot r.$$

Beispiel

Eine im Peak-Intervall zu 95% ausgelastete CPU werde ersetzt durch einen dyadischen Prozessorkomplex. Die Leistung der Instruktionsprozessoren der Dyade entspreche der des Ausgangssystems. Bei unveränderter Transaktionslast reduzieren sich die Antwortzeiten um

$$\frac{\delta \cdot (1 - k)}{k - \delta} \cdot 100 = \frac{-0.95}{1.05} \cdot 100 \approx -90\% \text{ auf} \approx 10\%$$

der ursprünglichen Antwortzeit. Bei derselben Response-Time ist der neue Prozessor in der Lage,

$$(k - 1) \cdot 100 = 100\%$$

mehr Transaktionen durchzusetzen. Der Vergleich mit dem obigen Beispiel zeigt, daß der doppelt leistungsfähige Uniprozessor besser abschneidet als die Dyade. Noch deutlicher wird dies, wenn man von einer weniger hohen Ausgangslast ausgeht. Ist zum Beispiel $\delta = 0.75$, so erhält man beim Übergang auf einen zweifach leistungsfähigen Uniprozessor

$$\frac{t_r'}{t_r} - 1 = \frac{1-k}{k-\delta} = -0.80 \text{ und } \frac{r'}{r} - 1 = \frac{k-1}{\delta} = 1.33.$$

Das entspricht einer Reduzierung der Response-Time auf 20% und einer Erhöhung des Durchsatzes um das 2.3 fache (siehe auch Abbildung 3.9.14). Beim Übergang auf die Dyade ist

$$\frac{t_r'}{t_r} - 1 = \frac{\delta \cdot (1-k)}{k-\delta} = -0.60 \text{ und } \frac{r'}{r} - 1 = k - 1 = 1.0.$$

Das entspricht einer Reduzierung der Response-Time auf 40% und einer Erhöhung des Durchsatzes um das Doppelte. In Abbildung 3.9.14 und 3.9.15 haben wir die Situation bei Übergang auf einen Uniprozessor bzw. auf eine Dyade grafisch dargestellt. Dabei ist die Leistung des Ausgangssystems definiert durch $t_s = 0.010\text{s}$ mit $d = 1$. Bei einer bestehenden Uniprozessor-Konfiguration ist der Übergang auf einen doppelt leistungsfähigen Uniprozessor in jedem Falle vorteilhafter, wenn nicht wirtschaftliche Gesichtspunkte dagegen sprechen. Soll nur der Durchsatz beim Systemwechsel erhöht werden, sind also die Antwortzeiten zufriedenstellend, bietet sich der Übergang auf eine Dyade an.

Reduzierung des Workloads

Die gegen den Server gerichtete Transaktionslast werde um den Faktor k reduziert, also $r' = \frac{r}{k}$.

In diesem Fall stellt sich nur die Frage nach der Veränderung der Response-Time unter der geänderten Last. Es folgt

$$t_r' = \frac{d \cdot t_s}{1 - r' \cdot d \cdot t_s} = \frac{k \cdot d \cdot t_s}{k-\delta}, \quad \frac{t_r'}{t_r} - 1 = \frac{k \cdot (1-\delta)}{k-\delta} - 1 = \frac{\delta \cdot (1-k)}{k-\delta} \text{ und}$$

damit

$$t'_r = \frac{k \cdot (1-\delta)}{k-\delta} \cdot t_r.$$

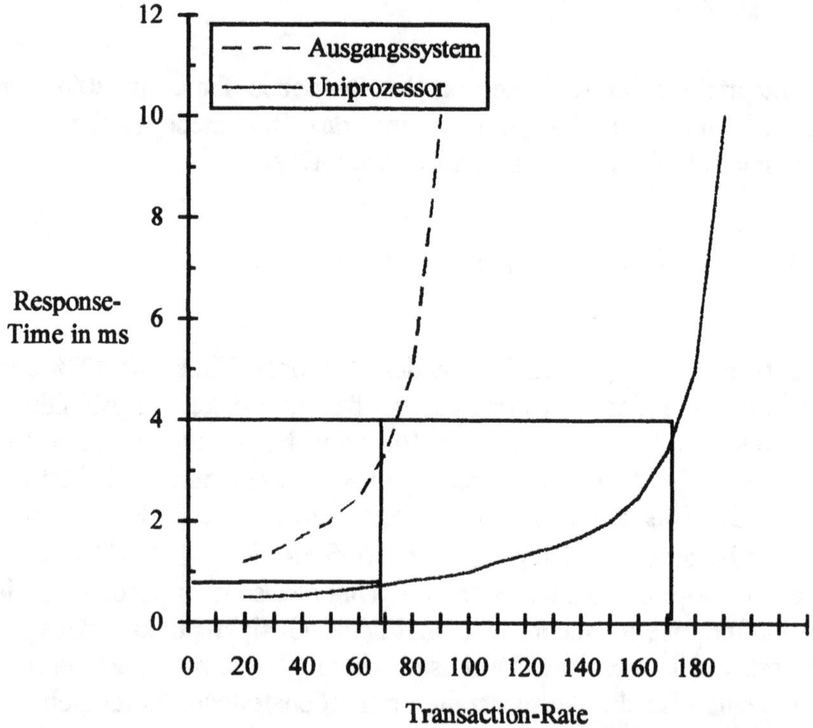

Abbildung 3.9.14: Übergang auf einen zweifach leistungsfähigen Uniprozessor

Beispiel

Die gegen eine Magnetplatte gerichtete Last werde auf die Hälfte reduziert. Dann ist

$$\frac{t'_r}{t_r} = k \cdot \frac{1-\delta}{k-\delta} = 2 \cdot \frac{1-\delta}{2-\delta}.$$

Bei einer Ausgangsauslastung von beispielsweise 40% reduziert sich damit die Response-Time auf

$$\frac{t'_r}{t_r} = k \cdot \frac{1-\delta}{k-\delta} = 2 \cdot \frac{1-\delta}{2-\delta} = 0.75,$$

das heißt um 25%. Um das gleiche Ergebnis durch eine Leistungssteigerung des Actuators zu erzielen, müßte die Ausgangsleistung um den Faktor k mit

$$0.75 = \frac{1-\delta}{k-\delta} = \frac{1.6}{k-0.4}, \text{ also um } k = \frac{0.6}{0.75} + 0.4 = 1.2,$$

das heißt um 20% erhöht werden.

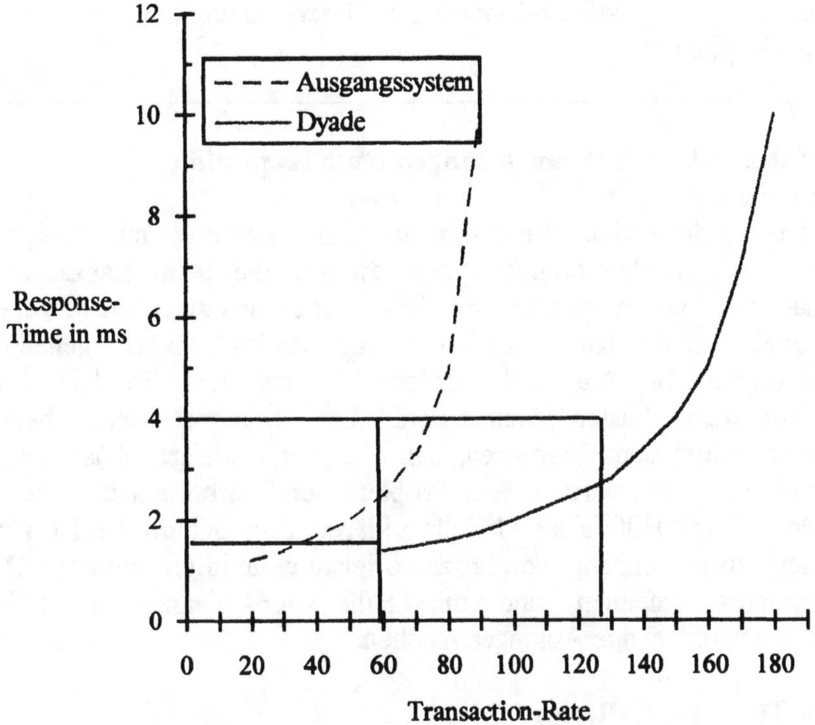

Abbildung 3.9.15: Übergang auf eine Dyade

Den Abschnitt abschließend stellen wir die Modellergebnisse in Abbildung 3.9.16 tabellarisch zusammen.

	Kapazitäts-erweiterung	**Reduzierung Inanspruch-nahme**	**Erhöhung Server-Anzahl**	**Reduzierung Transaction-Rate**
$\frac{t'_r}{t_r}-1$	$\frac{1-k}{k-\delta}$	$\frac{1-k}{k-\delta}$	$\frac{\delta\cdot(1-k)}{k-\delta}$	$\frac{\delta\cdot(1-k)}{k-\delta}$
$\frac{t'_r}{t_r}$	$\frac{\delta-1}{k-\delta}$	$\frac{\delta-1}{k-\delta}$	$k\cdot\frac{\delta-1}{k-\delta}$	$k\cdot\frac{\delta-1}{k-\delta}$
$\frac{r'}{r}-1$	$\frac{k-1}{\delta}$	$\frac{k-1}{\delta}$	$k-1$	————
$\frac{r'}{r}$	$\frac{k-1}{\delta}+1$	$\frac{k-1}{\delta}+1$	k	————

Abbildung 3.9.16: M/M/1-Modelle zur Unterstützung der Kapatitätsplanung

3.9.7 Besondere Problemstellungen beim Kapazitäts-Management.

Im vorliegenden Abschnitt werden wir uns mit einigen besonderen Problemstellungen beschäftigen, die beim Kapazitäts-Management beachtenswert sind. Wir werden uns zunächst mit den mehrmals erwähnten Peak-To-Average-Ratios etwas genauer beschäftigen. Im Anschluß werden wir uns dem Problem der "Verborgenen Lasten" annehmen. Oft begegnet man beim Systemwechsel dem Phänomen, daß die prognostizierte Auslastung weit überschritten wird. Dieses Problem der "Verborgenen Lasten" werden wir mit Hilfe eines Modells erklären. Zum Schluß werden wir auf den Zusammenhang von Prozessorleistung und Leistung des I/O-Subsystems eingehen und mit Hilfe der Kenngröße "I/O-Charakteristik" einige Aussagen machen.

Peak-To-Average-Ratios

Die Nutzung von Peak-To-Average-Ratios hat zum Ziel, die Datenhaltung (Basisdaten) für das Kapazitäts-Management zu vereinfachen. Man nutzt dabei aus, daß die Auslastung der Prozessorkapazität häufig relativ stabilen Verlaufsmustern folgt. So werden beispielsweise im Tagesverlauf oftmals Intervalle mit Spitzenbelastungen am Vor- und am Nachmittag beobachtet (siehe Abbildung 3.9.17).

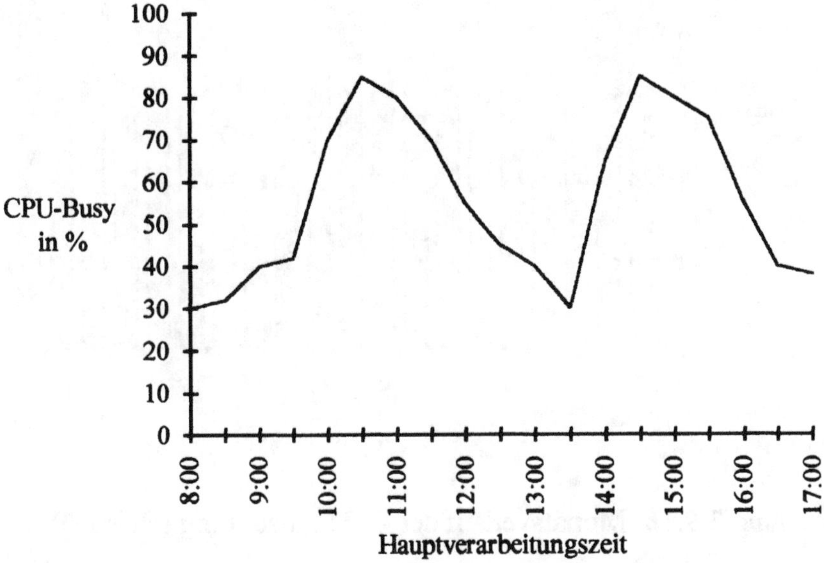

Abbildung 3.9.17: Typischer Tagesverlauf der CPU-Auslastung

Im Monatsverlauf beobachtet man beispielsweise Spitzenbelastungen am Monatsultimo sowie in der Monatsmitte (siehe Abbildung 3.9.18). Entsprechenden Verlaufsmustern begegnet man bei den monatlichen Durchschnittsbelastungen im Verlaufe eines Jahres (Siehe Abbildung 3.9.19).

Voraussetzung für die Benutzung von Peak-To-Average-Ratios beispielsweise bei Kapazitätsprognosen ist die Erhaltung dieser Strukturen beim Wachstum. Wir definieren im folgenden beispielhaft Peak-To-Average-Ratios. Es sind auch andere als die hier definierten Relationen denkbar. Wesentlich dabei ist, daß aus den Basisdaten (Meßdaten) mit Hilfe dieser Relationen auf die Kapazität geschlossen werden kann, die das System abzudecken in der Lage sein soll. Dabei kann es sich beispielsweise um die Peak-Stunde des am stärksten ausgelasteten Monats im Prognosezeitraum handeln.

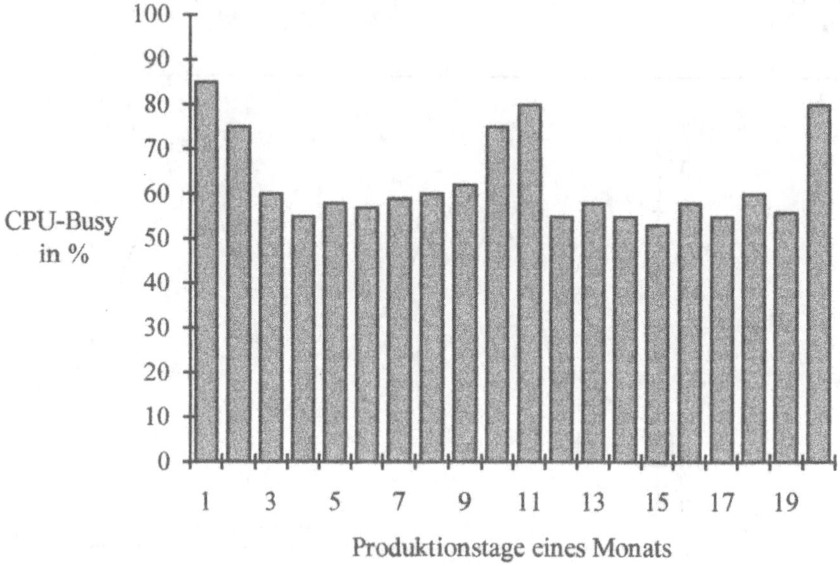

Abbildung 3.9.18: Monatsverlauf der CPU-Auslastung (Beispiel)

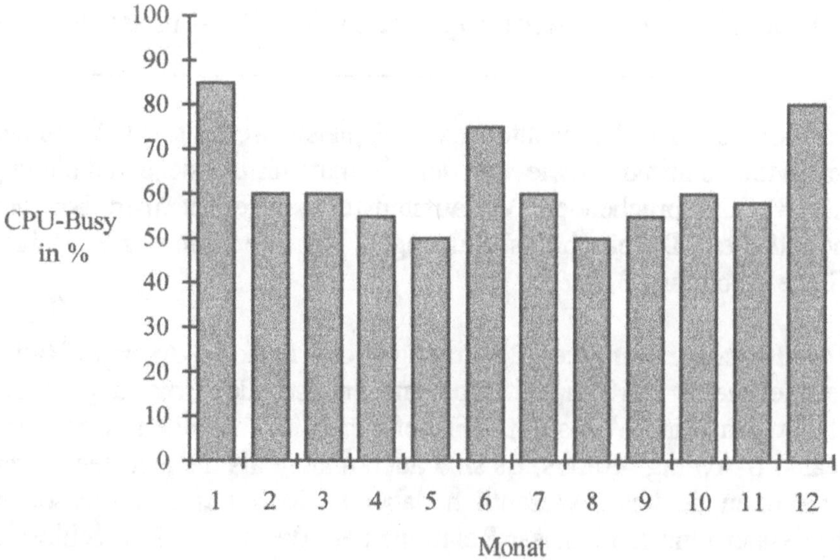

Abbildung 3.9.19: Jahresverlauf der CPU-Auslastung (Beispiel)

Definitionen

Unter dem Tagesintervall verstehen wir einen Zeitraum von mehreren zusammenhängenden Stunden in der Hauptverarbeitungszeit eines Produktionstages. Die durchschnittliche Auslastung des Prozessors im Tagesintervall nennen wir abkürzend Tagesmittel und schreiben δ_T.

Unter dem Tages-Peak-Intervall verstehen wir ein zusammenhängendes Zeitintervall von ein bis zwei Stunden innerhalb des Tagesintervalls, in dem die durchschnittliche Prozessorauslastung den höchsten Wert annimmt. Die durchschnittliche Auslastung im Tages-Peak-Intervall nennen wir abkürzend Tages-Peak und schreiben δ_T^P.

Unter dem Monatsmittel verstehen wir die mittlere Auslastung δ_M eines Monats (Mittel über alle Tagesmittel des Monats), unter dem Monats-Peak das Tagesmittel des am stärksten ausgelasteten Tages im Monat, abgekürzt δ_M^P.

Unter dem Jahresmittel verstehen wir die mittlere Auslastung δ_J eines Jahres (Mittel über alle Monatsmittel eines Jahres), unter dem Jahres-Peak das Monatsmittel des am stärksten ausgelasteten Monats im Jahr, abgekürzt δ_J^P.

Sei nun $p_1 = \dfrac{\delta_T^P}{\delta_T}$.

p_1 heißt Tages-Peak-To-Average-Ratio. Entsprechend heißt

$p_2 = \dfrac{\delta_M^P}{\delta_M}$ Monats-Peak-To-Average-Ratio und

$p_3 = \dfrac{\delta_J^P}{\delta_J}$ Jahres-Peak-To-Average-Ratio.

Wir unterstellen, daß Meßreihen, beispielsweise auf Basis der Monatsmittel δ_M, vorliegen. Aufgrund dieser Daten sei eine Prognose erstellt worden mit den Methoden, die wir in den vorangegangenen Abschnitten vorgestellt haben. Ein prognostiziertes Monatsmittel von δ führt dann zu einem Tagesmittel am stärksten ausgelasteten Tag des Monats von

$$\delta_M^P = p_2 \cdot \delta .$$

Ist beispielsweise der Prozessor per definitionem gesättigt bei $\delta_M^P = 0.80$ (installationsabhängige individuelle Festlegung, abhängig von der Laststruktur und dem zu leistenden Service), so ist die Sättigung erreicht bei einem prognostizierten Monatsmittel von

$$\delta = \frac{0.80}{p_2}.$$

Ist zum Beispiel $p_2 = 1.25$, so gilt der Prozessor als gesättigt, wenn die prognostizierte Last den Prozessor zu ca. 64 % auslastet. Stellt man schärfere Anforderungen und verlangt beispielsweise $\delta_T^P \leq 0.90$ an dem am stärksten ausgelasteten Tag des Monats, so gilt

$$0.90 \geq \delta_T^P = p_1 \cdot \delta_T = p_1 \cdot \delta_M^P = p_1 \cdot p_2 \cdot \delta_M = p_1 \cdot p_2 \cdot \delta$$

Ist zum Beipsiel $p_2 = 1.2$, so ist $p_1 \cdot p_2 = 1.25 \cdot 1.2 = 1.5$, der Prozessor also gesättigt wenn das Monatsmittel bei $\delta \cdot p_1 \cdot p_2 = \delta_T^P \leq 0.90$, also δ bei maximal ca. 0.60 liegt. Wir schließen dieses Thema ab mit der Auflistung von Werten aus einem Live-System. In Abbildung 3.9.20 stellen wir die Werte δ_T und δ_T^P für die Produktionstage eines Monates zusammen und in Abbildung 3.9.21 die Werte δ_M und δ_M^P für die Monate eines Jahres dar.

Eine Indikation für die Annäherung an den Sättigungspunkt des Prozessors ist die Abnahme der Peak-To-Average-Ratio. Insbesondere die "Täler" beim Tagesverlauf (siehe Abbildung 3.9.22) laufen zu und

$$p_1 = \frac{\delta_T^P}{\delta_T}$$

nimmt notwendigerweise ab (siehe Abbildung 3.9.23).

Tag	δ_T^P	δ_T	$p_1 = \frac{\delta_T^P}{\delta_T}$
1	74.4	65.5	1.14
2	68.0	58.0	1.17
3	72.7	64.6	1.13
4	60.7	55.2	1.10
5	84.1	73.6	1.14
6	68.8	60.9	1.13
7	91.4	69.5	1.32
8	81.4	69.1	1.18
9	73.7	66.0	1.12
10	76.4	65.5	1.17
11	66.9	58.0	1.15
12	61.9	59.1	1.05
13	72.1	58.9	1.22
14	64.3	52.2	1.23
15	54.8	53.7	1.02
16	67.0	60.6	1.11
17	67.0	60.8	1.10
18	65.4	64.2	1.02
19	67.1	59.9	1.12
20	70.2	66.2	1.06
21	64.9	56.4	1.15
22	84.6	77.5	1.09
			∅1.13

Abbildung 3.9.20: Tages-Peak-To-Average-Ratios

Verborgene Lasten

Beim Wechsel einer Maschine beobachtet man häufig, daß die aufgrund der Leistungsfähigkeit der neuen Maschine prognostizierte Auslastung des Prozessors deutlich überschritten wird, ohne daß eine erkennbar zusätzliche Last gefahren wird. Dieses Phänomen beruht auf der Tatsache, daß sich am Ende der Maschinennutzungszeit Anforderungsstaus gebildet haben, die dann, bei Erhöhung der Leistung, frei werden und die Auslastung höher treiben als bei oberflächlicher Betrachtung erwartet. Wir modellieren dieses Phänomen mit einem geschlossenen Netzwerkmodell, wie wir es bereits mehrfach benutzt haben.

Monat	δ_M^P	δ_M	$p_1 = \frac{\delta_M^P}{\delta_M}$
1	77.5	62.5	1.24
2	70.8	64.5	1.10
3	72.6	65.7	1.11
4	78.0	67.8	1.15
5	76.9	66.3	1.16
6	76.7	68.5	1.12
7	73.7	65.9	1.12
8	71.3	67.0	1.06
9	73.3	60.8	1.21
10	68.0	58.0	1.17
11	75.1	63.4	1.18
12	74.6	58.9	1.27
			∅1.16

Abbildung 3.9.21: Monats-Peak-To-Average-Ratios

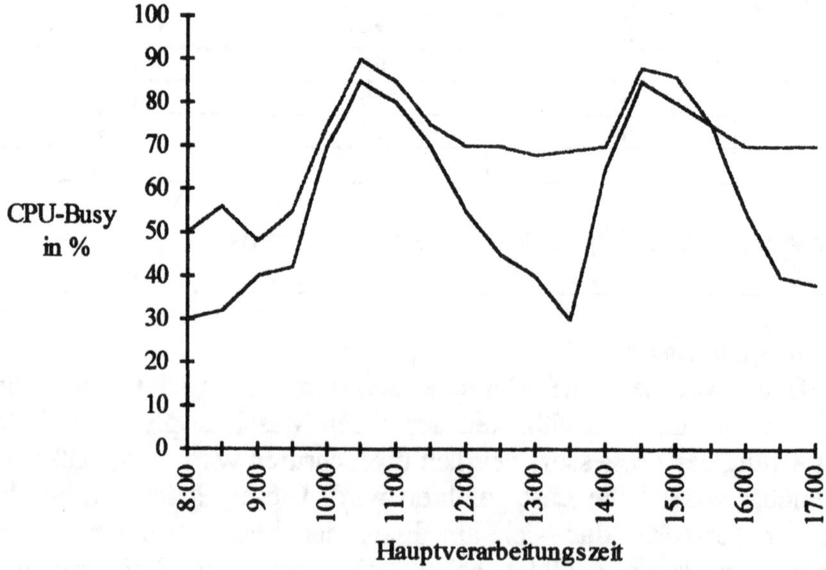

Abbildung 3.9.22: Zulaufen der Täler beim Erreichen der Kapazitätsgrenze

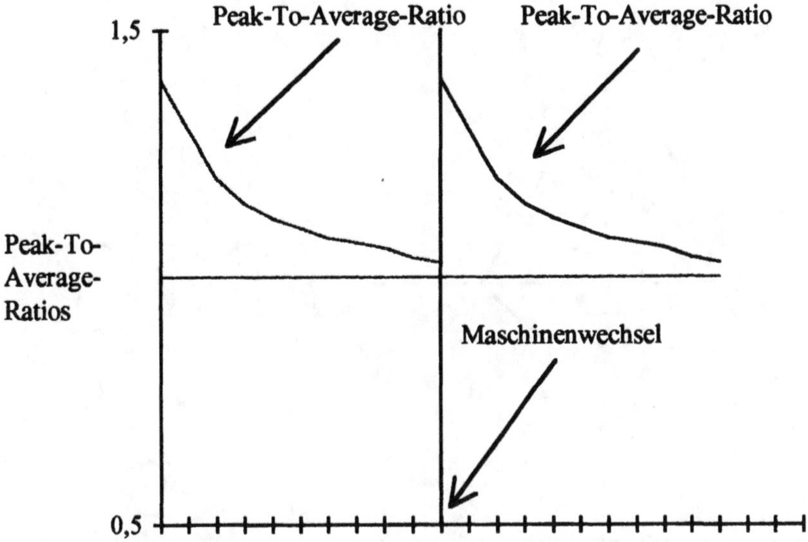

Abbildung 3.9.23: Peak-To-Average-Ratios bei Erreichen der Kapazitätsgrenze

Wir skizzieren in Abbildung 3.9.24 zunächst das Modell, das aus einem M/M/1-Knoten (Prozessor-Server) und einem M/M/∞ -Knoten (Terminal-Server) besteht. Das Modell repräsentiert ein Time-Sharing-Modell mit folgenden Parametern:

- Anzahl Benutzer (= Anzahl Terminals) k,
- Benutzerdenkzeit t_u,
- Service-Time des Prozessor-Server t_s (Servers S_1),
- Response-Time t_r und
- Transaktionsrate r.

Wie bereits in Abschnitt 3.3 hergeleitet gilt

$$r = \frac{k}{t_r + t_u}.$$

Wir schätzen zunächst t_r nach oben ab.

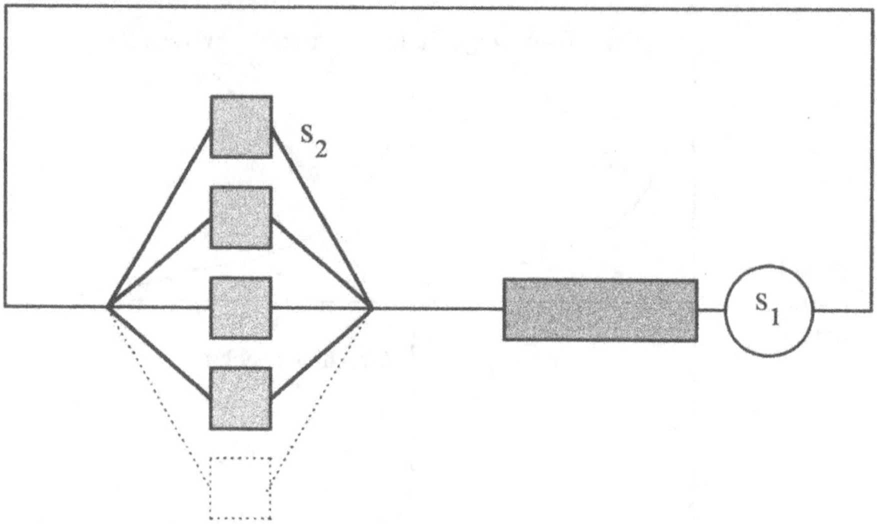

Abbildung 3.9.24: Time-Sharing-Modell

Es gilt

$$t_r = \frac{t_s}{1-\delta_s} = \frac{t_s}{1-r\cdot t_s} = \frac{t_s}{1-\dfrac{k}{t_r+t_u}\cdot t_s} \le \frac{t_s}{1-\dfrac{k}{t_s+t_u}\cdot t_s} = \frac{t_s}{1-\dfrac{k}{1+\dfrac{t_u}{t_s}}}.$$

Setzt man

$k^* := 1+\frac{t_u}{t_s}$, so folgt

$$t_r \le \frac{1}{1-\dfrac{k}{k^*}}\cdot t_s.$$

Andererseits folgt aus $r = \dfrac{k}{t_r+t_u}$ (δ_s der Auslastungsgrad des Servers)

$$t_r = \frac{k}{r} - t_u = \frac{k}{\delta_s} \cdot t_s - t_u.$$

Mit $k \to \infty$ folgt trivialerweise $\delta_s \to 1$ und deshalb $t_r \to k \cdot t_s - t_u$.

Für alle k gilt

$$t_r = \frac{k}{\delta_s} \cdot t_s - t_u \geq k \cdot t_s - t_u.$$

Da t_r minimal mit der Servive-Time t_s zusammenfällt, schneidet man $k \cdot t_s - t_u$ mit der Service-Time t_s. Man erhält die bereits bekannte Relation $k =: k^* = 1 + \frac{t_u}{t_s}$.

k^* heißt auch Sättigungspunkt des Systems (siehe auch ([45]). Den exakten Wert für t_r erhalten wir aus der bereits im Abschnitt 3.3 abgeleiteten Relation

$$t_r = -\left(\frac{t_u - (k+1) \cdot t_s}{2}\right) + \sqrt{\left(\frac{t_u - (k+1) \cdot t_s}{2}\right)^2 + t_u \cdot t_s}\,.$$

Wir stellen nun in Abbildung 3.9.25 die Gesamtsituation grafisch in Abhängigkeit von k dar. Dabei ist

$t_u = 30s$ und $t_s = 0.5s$

gesetzt.

Wir unterstellen nun, daß sich die Anzahl der Terminals (= Benutzer) um Δk auf $k + \Delta k$ erhöht. Damit verändert sich sowohl die Transaction-Rate (unverändertes Benutzerverhalten unterstellt) als auch die Response-Time. Es gilt

$$r + \Delta r = \frac{k + \Delta k}{t_r + \Delta t_r + t_u}.$$

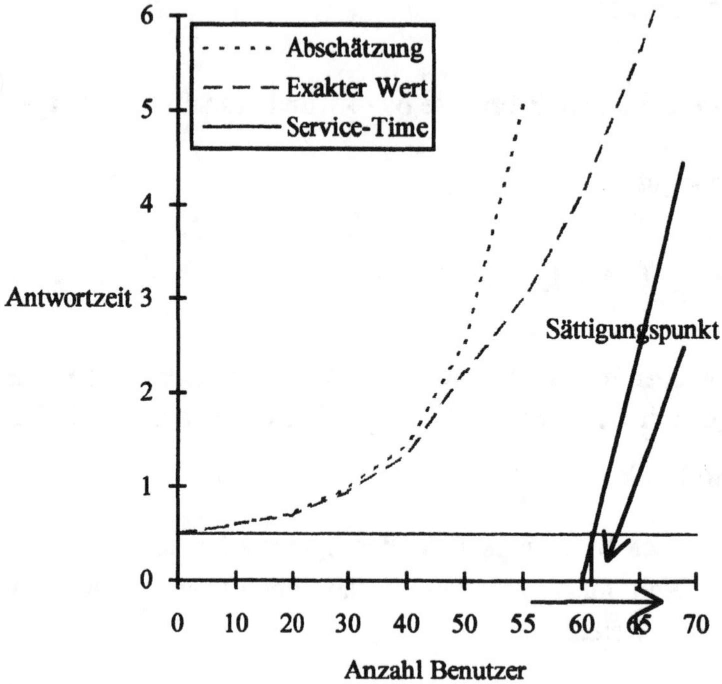

Abbildung 3.9.25: Abschätzung der Antwortzeit t_r und Sättigung des Systems bei k^*

Beispiel

Sei $k = 100$, $t_s = 0.2s$ und $t_u = 20s$, dann ist

$$t_r = -\left(\frac{t_u - (k+1)\cdot t_s}{2}\right) \pm \sqrt{\left(\frac{t_u - (k+1)\cdot t_s}{2}\right)^2 + t_u \cdot t_s} \approx 2.1 \text{ und}$$

$$r = \frac{k}{t_r + t_u} \approx 4.5.$$

Das System (der Prozessor-Server) ist damit zu 90% ausgelastet und befindet sich per definitionem in der Nähe ($k^* = 1 + \frac{t_u}{t_s} = 101$) seines Sättigungspunktes. Nach Erhöhung der Benutzeranzahl um $\Delta k = 20$ ergibt sich ($k' = k + \Delta k$)

$$t_r + \Delta t_r = -\left(\frac{t_u - (k'+1)\cdot t_s}{2}\right) \pm \sqrt{\left(\frac{t_u - (k'+1)\cdot t_s}{2}\right)^2 + t_u \cdot t_s}$$

$$\approx 2.1 + 2.9 = 5.0$$

und damit

$$r + \Delta r = \frac{k + \Delta k}{t_r + \Delta t_r + t_u} = \frac{120}{25} = 4.8 .$$

Das System ist nun zu 96% ausgelastet. Während sich die Benutzeranzahl um 20% erhöht hat, liegt die Erhöhung bei der Transaktionsrate nur bei ca. 6.7%. Ursache ist ein Request-Stau aufgrund der Erhöhung der Benutzeranzahl bei nahezu erreichter Sättigung des Systems. Ohne Kenntnis dieses Sachverhaltes müßte man annehmen, daß eine Leistungserhöhung des Servers, beispielsweise um den Faktor 2.0 zu einer Auslastung des leistungsstärkeren Systems in Höhe von ca. 48% führt.

Was tatsächlich passiert, ist folgendes:

Die Response-Time t_r wird aufgrund der höheren Leistungsfähigkeit $t'_s = \frac{t_s}{2}$ reduziert auf

$$t_r = -\left(\frac{t_u - (k+1)\cdot t'_s}{2}\right) \pm \sqrt{\left(\frac{t_u - (k+1)\cdot t'_s}{2}\right)^2 + t_u \cdot t'_s} \approx 0.25 .$$

Damit erhöht sich die Requestrate (unverändertes Benutzerverhalten unterstellt) auf

$$r = \frac{k}{t_r + t_u} = \frac{120}{0.25 + 20} \approx 5.9 .$$

Das System ist damit zu 59% ausgelastet. Dieser Wert liegt um ca. 23% über dem erwarteten Wert von 48%. Wir stellen die Situation in

Abbildung 5.9.26 grafisch dar. Dabei beziehen sich die mit 1 bzw. 2 indizierten Größen auf die Situation vor bzw. nach der Leistungserhöhung des Prozessor-Servers.

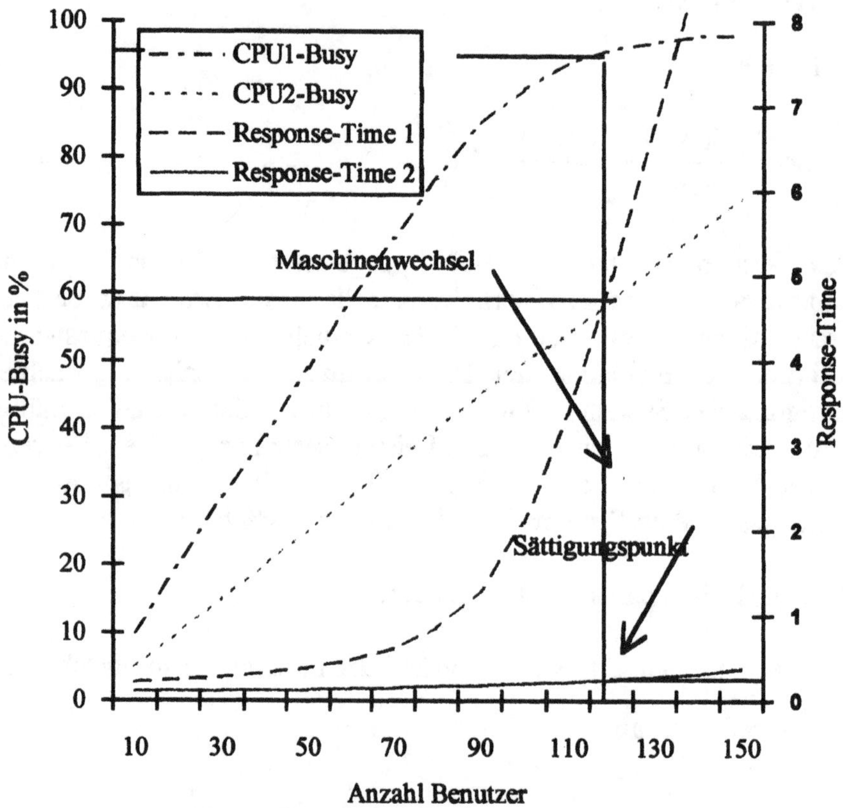

Abbildung 3.9.26: Request-Stau durch "Verborgene Lasten"

Abbildung 3.9.27 verdeutlicht noch einmal abschließend, daß man bei einem Maschinenwechsel häufig aufgrund der verborgenen Lasten mit nicht erwarteten Lastsprüngen rechnen muß. Dies ist um so mehr der Fall, je höher der Engpaß im alten System war. Wird aber die erhöhte Prozessorleistung beim Systemwechsel nicht durch entsprechend angepaßte Speicher- und/oder I/O-Konfigurationen unterstützt, können die Lastsprünge durchaus entweder kleiner ausfallen oder ganz ausbleiben.

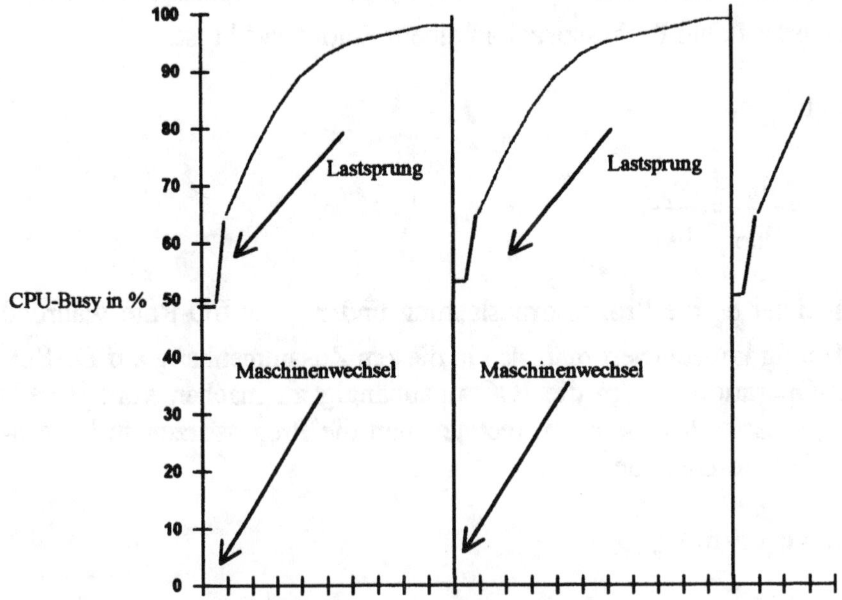

Abbildung 3.9.27: Lastsprung beim Systemwechsel

I/O-Charakteristik

Die I/O-Charakteristik (auch Relativer I/O-Content) dient als Kennzahl für die Beschreibung einer Last in bezug auf ihre Prozessor- bzw. I/O-Intensität. Eine Last mit einer hohen I/O-Charakteristik ist eher CPU-intensiv, eine mit einer niedrigen Charakteristik eher I/O-intensiv. Das Wissen über diese Kennzahl kann behilflich sein bei der Kapazitätsplanung. Bei einer Erhöhung der Prozessorkapazität kann die erforderliche I/O-Kapazität bestimmt werden, damit das System ausbalanciert bleibt und die zur Verfügung gestellte Prozessorkapazität auch ausgeschöpft werden kann.

Definition

Unter der I/O-Charakteristik IOC versteht man die pro I/O-Operation verbrauchte Prozessorzeit ("Prozessorzeit zwischen I/Os"). Es gilt

$$IOC = \frac{t_p}{n_{I/O}},$$

wobei $n_{I/O}$ die Anzahl der durchgeführten I/O-Operationen und t_p die verbrauchte Prozessorzeit in einem Zeitintervall t ist.

Es gilt

$$IOC = \frac{t_p}{n_{I/O}} = \frac{\delta_p}{r_{I/O}}.$$

Dabei sei δ_p die Prozessorauslastung und $r_{I/O}$ die I/O-Rate während t. Häufig konzentriert man sich in diesem Zusammenhang auf DASD-I/O-Operationen. Um die IOC unabhängig zu machen vom jeweils eingesetzten Prozessortyp, rechnet man die Prozessorzeit in Processor-Service-Units um

$$psu = c \cdot c_p \cdot n_P \cdot t_p.$$

Dabei sind c, c_p die im Abschnitt 3.3 eingeführten Konstanten und n_P die Anzahl der Instruktionsprozessoren des Prozessorkomplexes. Schließlich ist

$$IOC = c \cdot c_p \cdot n_P \cdot \frac{\delta_p}{r_{I/O}}.$$

Beispiel

Wir bringen ein Beispiel aus einem Live-System. Die Werte $r_{I/O}$ (nur DASD-Operationen) und δ_p entnehmen wir dem RMF-Summary-Report. Es sei $c = 10.0$, $cp = 975.5$ und $n_P = 2$. In Abbildung. 3.9.28 stellen wir die Werte zusammen. Die Werte streuen relativ stark. Dies liegt nicht zuletzt daran, daß auf dem zugrunde liegenden System auch Testarbeiten durchgeführt wurden und zum Beispiel auch eine Time-Sharing-Anwendung im Einsatz war.

Stabilere Werte erhält man bei der Betrachtung einzelner Workloads, wenn diese strukturell stabil sind, wie etwa produktive Online-Applikationen, die täglich in nahezu vergleichbarer Weise abgewickelt werden. Wir werden das in einem weiteren Beispiel noch feststellen.

$r_{I/O}$	δ_P	IOC
474.8	0.742	30.5
433.5	0.654	29.4
520.9	0.723	27.1
335.9	0.617	35.8
416.0	0.674	31.6
287.9	0.558	37.8
365.7	0.670	35.7
328.2	0.615	36.6
323.9	0.697	42.0
366.0	0.597	31.8
∅385.3	∅0.655	∅33.2

Abbildung 3.9.28: IOC in einem Live-System

Zunächst gehen wir davon aus, daß bei Wachstum die Struktur erhalten bleibt und der Prozessor mit 95% Auslastung als gesättigt gilt. Gefragt wird nach der I/O-Last, die das System dann abzuwickeln in der Lage sein müßte, wenn die IOC bei 33.2 liegt. Es gilt

$$r_{I/O} = c \cdot cp \cdot n_P \cdot \frac{\delta_P}{IOC} = 10 \cdot 975.5 \cdot 2 \cdot \frac{0.95}{33.2} \approx 558.$$

Um den Prozessor auszulasten, muß demnach das DASD-I/O-Equipment in der Lage sein, ca. 560 I/O-Operationen pro Sekunde abzuwickeln. Legt man noch die Leistungsanforderungen an das DASD-I/O-Equipment fest, läßt sich daraus die Anzahl der benötigten Kanäle und DASD-Actuators berechnen. Selbst dann, wenn kein Wachstum bei der DASD-Belegung prognostiziert wird, ist dieser Zusammenhang bei der Kapazitätsplanung beachtenswert. Er berücksichtigt die beiden grundsätzlichen Funktionen der Speichermedien, nämlich Daten zu halten (Speicherfunktion) und Daten zur Verfügung zu stellen (Zugriffsfunktion). Die IOC-Analyse läßt sich, wie bereits angedeutet, verfeinern, wenn man applikationsbezogen vorgeht. Wir bringen dazu wieder ein Beispiel aus einem Live-System.

Beispiel

Bei dem betrachteten Workload handelt es sich um einen gemischten Betrieb mit CICS, TSO und Batch. Dem RMF-

Workload-Aktivity-Report entnehmen wir die Processor-Service-Units (TCB- und SRB-Time) sowie die I/O-Service-Units (entspricht bis auf eine Konstante der Anzahl der durchgeführten I/O-Operationen). Die Processor-Service-Units, die die Nettoprozessorlast widerspiegeln, rechnen wir mittels der Capture-Ratio in Bruttolasten um. Wir benutzen dazu die in 3.8 ermittelten Werte für CICS, TSO und Batch. In den Abbildungen 3.9.29, 3.9.30 und 3.9.31 stellen wir die Werte zusammen.

$r_{I/O}$	δ_P	IOC
61.3	0.186	59.2
57.8	0.176	59.4
68.6	0.195	55.5
61.6	0.180	57.0
74.5	0.221	57.9
60.6	0.180	58.0
82.2	0.248	58.9
63.4	0.196	60.3
62.7	0.212	66.0
70.0	0.217	60.5
∅66.3	∅0.201	∅59.1

Abbildung 3.9.29: IOC eines CICS-Workloads

$r_{I/O}$	δ_P	IOC
56.5	0.095	32.8
53.0	0.080	29.4
34.0	0.074	42.5
52.0	0.086	32.3
54.1	0.078	28.1
33.5	0.068	39.6
44.0	0.069	30.6
51.1	0.079	30.2
40.9	0.066	31.5
39.9	0.048	23.5
∅45.9	∅0.074	∅31.5

Abbildung 3.9.30: IOC eines TSO-Workloads

$r_{I/O}$	δ_P	IOC
387	0.348	17.5
319	0.295	18.0
426	0.350	16.0
198	0.250	24.6
251	0.276	21.5
162	0.222	26.7
203	0.259	24.9
203	0.249	23.9
244	0.328	26.2
255	0.241	18.4
Ø265	Ø0.282	Ø20.8

Abbildung 3.9.31: IOC eines Batch-Workloads

Zusammengefaßt ergibt sich für den CICS-Workload eine durchschnittliche IOC von ca. 60, für TSO von ca. 30 und für Batch von ca. 20. Unter diesem Aspekt ist es durchaus relevant, wie sich ein mixed Workload in der Zukunft entwickelt bzw. strukturell verändert. Nach dem obigen Ergebnis würde sich ein im CICS-Bereich starkes Wachstum ungleich weniger stark auf die I/O-Ressourcen auswirken als beispielsweise ein vergleichsweise stärkeres Wachstum im Batch-Bereich. Beispielsweise ergibt sich mit den obigen Zahlen für eine reine Batch- bzw. CICS-Umgebung

$$r_{I/O} = c \cdot cp \cdot n_P \cdot \frac{\delta_P}{IOC} = 10 \cdot 975.5 \cdot 2 \cdot \frac{0.95}{20} \approx 927 \text{ bzw.}$$

$$r_{I/O} = c \cdot cp \cdot n_P \cdot \frac{\delta_P}{IOC} = 10 \cdot 975.5 \cdot 2 \cdot \frac{0.95}{60} \approx 309.$$

Bei einem reinen Batch-Load müßte danach eine I/O-Rate in der Größenordnung von 900 Operationen pro Sekunde abgewickelt werden können, bei einem reinen CICS-Load nur eine Rate von 300 I/O-Operationen pro Sekunde.

Bei Vorliegen eines mixed Workloads sei δ_i die vom Workload i induzierte Bruttoprozessorlast und r_i die von diesem induzierte I/O-Rate. Ist noch

$a_i = \frac{r_i}{r}$ und IOC_i die IOC des Workloads i, dann gilt für die IOC des mixed Workloads

$$IOC = \frac{\delta}{r} = \frac{\sum \delta_i}{r} = \sum \frac{\delta_i}{r} = \sum a_i \cdot \frac{\delta_i}{r_i} = \sum a_i \cdot IOC_i \,.$$

4 Magnetplatten

4.1 Einleitung

Die Leistung eines Rechnersystems wird wesentlich mitbestimmt durch die Leistung seines I/O-Subsystems. Die unter Performance-Gesichtspunkten wichtigsten peripheren Einheiten sind in online getriebenen Systemen die Magnetplatten. Wir werden uns deshalb in diesem Kapitel mit dem Verhalten von "Direct Access Storage-Devices", kurz DASD-Devices befassen. Zunächst werden wir uns den Ablauf einer I/O-Operation im allgemeinen ansehen und darauf aufbauend ein mathematisches Modell einer DASD-I/O-Operation herleiten. Anschließend werden wir uns mit Besonderheiten im DASD-Umfeld beschäftigen. Dabei modellieren wir die mittlere Seek-Time, die Reconnect-Delay-Time sowie die Auswirkungen unterschiedlicher Blocklängen und befassen uns mit einigen Problemen bei Shared DASD-Konfigurationen. Im Anschluß entwickeln wir einen Leitfaden für das Tuning einzelner DASD-Actuators. Dann modellieren wir die Subsystem-Service-Time bei Cache-gestützten DASD-I/O-Operationen und wenden das entwickelte DASD-I/O-Modell auf Solid-State-Devices an. Wir werfen einen Blick auf neuere Entwicklungen und befassen uns kurz mit der RAID-Archtektur. Das Kapitel abschließend besprechen wir generelle Design-Merkmale für DASD-Konfigurationen.

4.2 Ablauf einer I/O-Operation

Bei der folgenden Beschreibung des Ablaufs einer I/O-Operation legen wir die XA-Systemarchitektur (Extended Architecture) zugrunde (siehe auch [19]). Da sich die anschließende Modellierung des I/O-Vorgangs nur auf die im Channel-Subsystem ablaufenden Prozesse bezieht, ist der vorliegende Abschnitt für das Verständnis des Modells nicht unbedingt erforderlich.
Eine Ein-/Ausgabe-Operation kann man sich auf fünf funktionell unterschiedlichen Ebenen ablaufend vorstellen (siehe Abbildung 4.2.1):

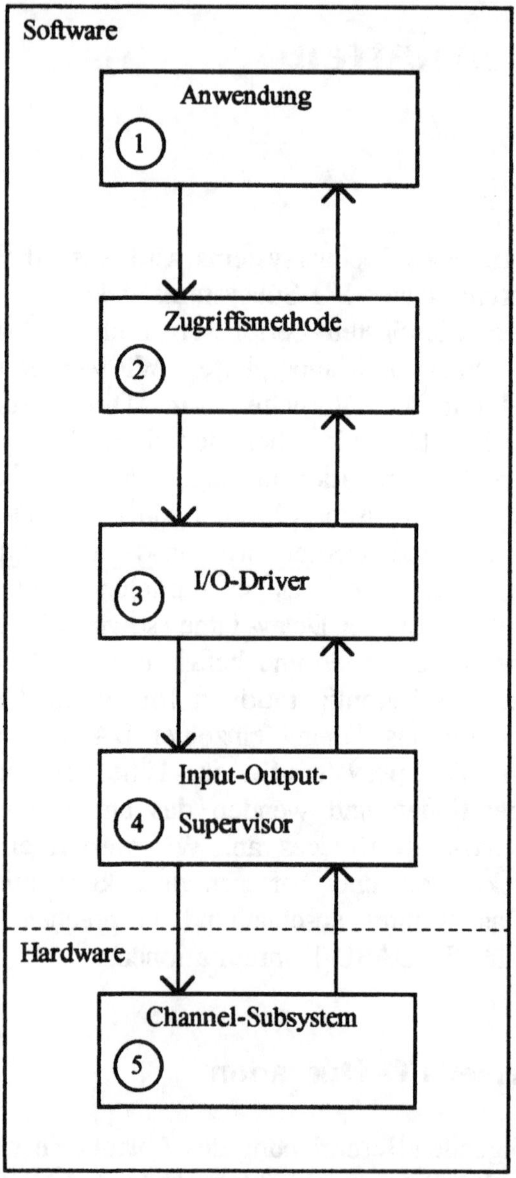

Abbildung 4.2.1: Funktionsebenen beim I/O-Vorgang

- Das Anwendungsprogramm eröffnet einen Ein-/Ausgabe-Vorgang mit dem OPEN-Macro. Die OPEN-Routinen erstellen eine komplette Beschreibung der referenzierten Datei. Sie greifen dazu auf unterschiedliche Quellen zurück. Beispielsweise wird eine

Mindestinformation über die Datei im Anwendungsprogramm selbst gehalten, weitere notwendige Informationen über die Job-Control-Language (JCL) nachgeführt. Das Ergebnis wird im DCB (Data-Control-Block) abgelegt. Der I/O-Vorgang selbst wird auf dieser Ebene mit einem der I/O-Macros GET, PUT, READ, WRITE - je nach Anforderung (schreiben oder lesen) und der zu verwendenden Zugriffsmethode - eingeleitet. Mit dem I/O-Macro wird der I/O-Request an die zuständige Zugriffsmethode (Access-Method) übergeben.

- Die für den I/O-Vorgang zuständige Zugriffsmethode bildet das für den Datentransfer erforderliche - zunächst virtuelle - Kanalprogramm. Dieses besteht aus einer Kette von Channel-Command-Words (CCWs), die die verlangten Kanaloperationen beschreiben. Bei sämtlichen Adressen handelt es sich um virtuelle Adressen. Die Zugriffsmethode übergibt die Kontrolle an den I/O-Driver.
- Der I/O-Driver - im Kontext üblicher Anwendungsprogramme der EXCP-Prozessor, gerufen durch das EXCP-Macro - transferiert das Kanalprogramm in ein für Channel-Subsystem interpretierbares Format. Alle virtuellen Adressen werden dabei in reale transferiert und das Kanalprogramm sowie die verwendeten Ein-/Ausgabebereiche im Realspeicher fixiert. EXCP-Processing übergibt den Request per STARTIO-Macro an den Input-Output-Supervisor (IOS).
- Input-Output-Supervisor plaziert den Request in der Warteschlange des selektierten Devices und initiiert die I/O-Operation im Channel-Subsystem per START SUBCHANNEL. Der Zentralprozessor kann bis zur Rückmeldung durch Channel-Subsystem andere anstehende Arbeiten ausführen.
- Channel-Subsystem führt das Kanalprogramm aus. Die Beendigung des I/O-Vorgangs wird per I/O-Interrupt angezeigt.
- IOS evaluiert per I/O-Interrupt-Handling den Interrupt und gibt die Kontrolle an den EXCP-Prozessor zurück.
- EXCP "postet" den von der Zugriffsmethode erzeugten ECB (Event-Control-Block) und ruft den Dispatcher.
- Der Dispatcher reaktiviert die Zugriffsmethode.
- Die Zugriffsmethode gibt die Kontrolle an das Anwendungsprogramm zurück. Dieses kann mit der auf die I/O-Instruktion folgenden Instruktion fortfahren.

In Abbildung 4.2.2 ist der gesamte Ablauf einer I/O-Operation einschließlich der bei den Übergängen zwischen den Funktionsebenen verwendeten Control-Blocks dargestellt.

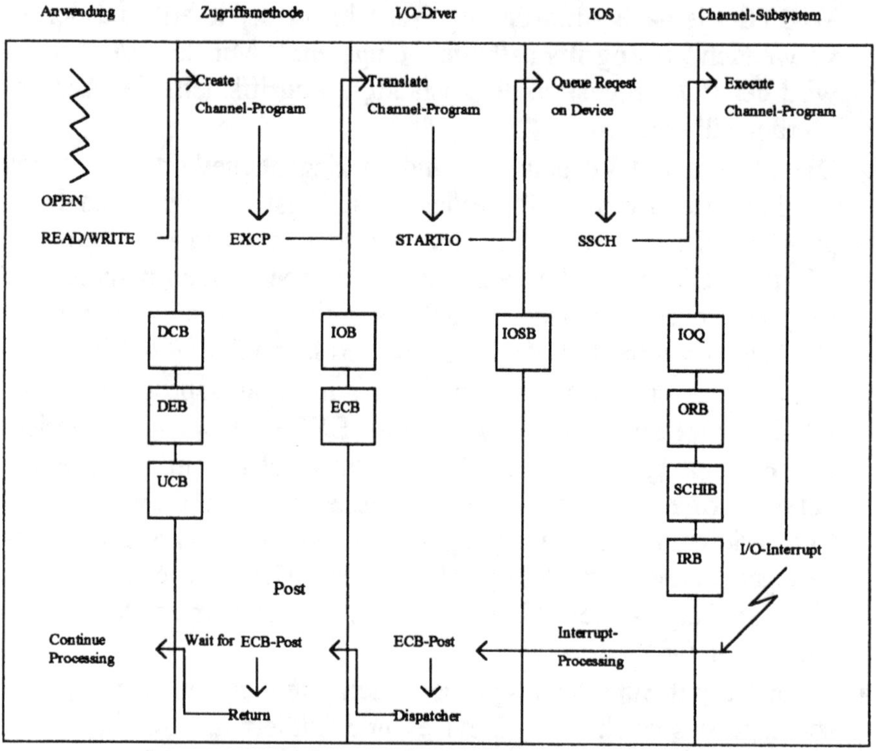

Abbildung 4.2.2: Ablauf einer I/O-Operation

Die Control-Blocks enthalten unter anderem folgende Daten:

- Data-Control-Block (DCB) enthält Informationen wie Organisationsform und Lokation der Datei.
- Data-Extent-Block (DEB) enthält Informationen wie die Bezeichnung der Magnetplatte, die Anzahl der "Physical Extents" der Datei, die Adresse von möglichen User-Exits, sogenannten I/O-Appendages sowie die Adresse der zuständigen Zugriffsroutine.

- Unit-Control-Block (UCB) ist ein gerätebezogener Control-Block. Er enthält Statusinformationen wie "Device-Busy" und "Device-Reserved".
- Input-Output-Block (IOB) wird von der Zugriffsmethode erstellt. Er zeigt auf DCB, DEB und UCB sowie auf das von der Zugriffsmethode erzeugte virtuelle Kanalprogramm. IOB wird an den I/O-Driver übergeben. Dieser verfügt nun über die gesamte bisher bekannte Information bezüglich des I/O-Vorgangs.
- Event-Control-Block (ECB) ist kein spezifisch mit I/O-Vorgängen zusammenhängender Control-Block. Mit ihm wird allgemein der Programmfluß ereignisabhängig gesteuert.
- Input-Output-Supervisor-Block (IOSB) wird vom I/O-Driver erstellt. IOSB zeigt unter anderem auf das vom I/O-Driver fixierte Kanalprogramm und auf den UCB. IOSB wird per STARTIO-Macro vom Driver an IOS übergeben.
- I/O-Queue-Block (IOQB) wird von IOS erzeugt und repräsentiert den I/O-Request für das spezifizierte Device.
- Operation-Request-Block (ORB) wird ebenfalls von IOS erzeugt. ORB enthält Informationen über den I/O-Vorgang, die von Channel-Subsystem für die Durchführung des Requests benötigt werden. ORB wird von IOS per START SUBCHANNEL an Channel-Subsystem weitergereicht.
- Subchannel-Information-Block (SCHIB) wird von Channel-Subsystem mit Informationen über den Device-Status gefüllt und an IOS zurückgegeben.
- Interrupt-Response-Block (IRB) enthält Informationen über die durchgeführte I/O-Operation. Diese werden von IOS zur Auflösung des I/O-Interrupts benutzt.

4.3 Modell einer DASD-I/O-Operation

Das mathematische Modell einer DASD-I/O-Operation, das wir in diesem Abschnitt vorstellen werden, hat zum Ziel, die performancerelevanten Aspekte einer DASD-I/O-Operation zu erklären. Der Beitrag sämtlicher in der Software (Instruction-Processor) ablaufenden Prozesse zur Dauer des Gesamtvorgangs einer DASD-I/O-Operation ist dabei vernachlässigbar. Er spielt sich in Abhängigkeit von der Prozessorgeschwindigkeit im Bruchteil einer Millise-

sekunde ab. Der Gesamtvorgang dagegen dauert ohne Cache-Unterstützung (siehe Abschnitt 4.6) ca. 20 Millisekunden. Im Modell werden wir deshalb die sich in der Software abspielenden Prozesse unberücksichtigt lassen und mit dem Modell auf der Ebene des IOS aufsetzen. Damit sind für die weitere Diskussion die unter 4.2 beschriebenen Vorgänge nicht mehr relevant.
Nach Übergabe des I/O-Requests an IOS kann es passieren, daß die angesprochene Magnetplatte nicht frei, das heißt, gerade mit einer anderen I/O-Operation beschäftigt ist. Dann wird der Request in der Software geparkt ("queued"). Die Zeit, die der Request auf Bedienung wartend in der Software verbringt, nennt man "Software-Queuing-Time". Sie entspricht der Zeitspanne zwischen der Feststellung von "Device-Busy" und "START SUBCHANNEL", der Übergabe des Requests an Channel-Subsystem. Die Wartezeit in der Software kann, wie wir noch sehen werden, den I/O-Vorgang merkenswert verzögern. Die Abläufe im Channel-Subsystem selbst können wir uns durch das nachstehende einfache Kanalprogramm repräsentiert vorstellen:

- SEEK,
- SET SEKTOR,
- SEARCH,
- READ/WRITE.

In dem DASD-I/O-Modell, das wir nun vorstellen, wird dieses einfache Kanalprogramm zugrunde gelegt. Bevor wir das Modell entwickeln, sehen wir uns die Abläufe im Channel-Subsystem etwas genauer an.

4.3.1 Ablauf einer DASD-I/O-Operation im Channel-Subsystem

Nachdem Channel-Subsystem den I/O-Request vom I/O-Supervisor übernommen hat, wird von diesem geprüft, ob alle Pfadkomponenten wie Channel, Head of String (siehe weiter unten in diesem Kapitel) und Magnetplatteneinheit (Actuator) frei sind. Ist das nicht der Fall, wird der Request in der Hardware (im Channel-Subsystem) "queued". Die Gründe für eine erst von der Hardware feststellbare Busy-Situation werden wir weiter unten in diesem Kapitel noch genauer analysieren. Wenn alle Pfadkomponenten frei sind, wird der erste Befehl des Kanalprogramms über die Steuereinheit an das Device gegeben. Bei unserem Kanalprogramm ist das der SEEK-Befehl. Die Magnetplatte wird damit aufgefordert, ihren Zugriffsarm über dem gesuchten Datenzylinder zu positionieren. Gleichzeitig (Command-Stacking) erhält sie mit SET SEKTOR den Befehl, den richtigen Sektor aufzusuchen. Jede Plattenoberfläche ist dazu in eine bestimmte Anzahl von Sektoren eingeteilt (128 Sektoren beispielsweise bei IBM 3380- und 3390-Modellen). SET SEKTOR bringt den Zugriffskopf bis auf ca. 3 Sektoren genau an den gesuchten Datenrecord. In der aus Sicht des Kanals relativ großen Zeitspannne, die von der Magnetplatte für diese Vorgänge (SEEK und SET SEKTOR) benötigt wird - einige Millisekunden - , kann sich der Kanal einer anderen I/O-Operation zuwenden. Deshalb wird für diese Zeitspanne die Verbindung zwischen Kanal und Device getrennt ("disconnected"). Wenn der gesuchte Sektor eingestellt ist, erfolgt ein "Reconnect". Zu diesem Zweck muß zum richtigen Zeitpunkt ein für die I/O-Operation in Frage kommender Channel frei sein. Andernfalls mißlingt die "Reconnect"-Operation (Reconnect-Position-Sensing-Miss, abgekürzt RPS-Miss). Die I/O-Operation wird dann um mindestens eine volle Plattenumdrehung verzögert, bis der gesuchte Sektor erneut unter dem Zugriffskopf angelangt ist und erneut ein Reconnect versucht werden kann. Diese Situation ist in Abbildung 4.3.1 skizziert.

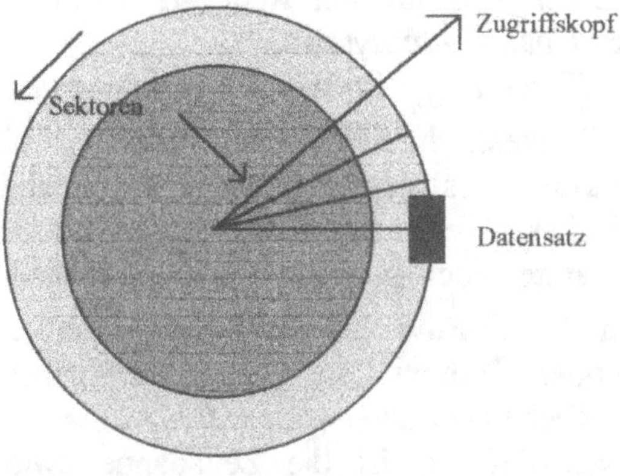

Abbildung 4.3.1: Reconnect-Position-Sensing-Miss

Die Wartezeit wird zusammengefaßt unter dem Begriff RPS-Delay- oder auch Reconnect-Delay-Time. Nach erfolgreichem Reconnect beginnt der Search-Vorgang - das Aufsuchen des gewünschten Datensatzes - und schließlich der Transfer des Datenrecords von der Platte in den Zentralspeicher (READ) oder vom Zentralspeicher auf die Platte (WRITE). Damit ist der I/O-Vorgang beendet. Es erfolgt ein "Device-End/Channel-End"-Signal an den Prozessor.

4.3.2 Modellierung des DADS-I/O-Vorgangs

Zunächst definieren wir die im Modell benutzten zeitlichen Komponenten des Gesamtvorgangs sowie einige technische, das Device betreffende Basisgrößen. Im Anschluß werden die Parameterwerte mathematisch abgeleitet bzw. unter bestimmten statistischen Annahmen über die I/O-Vorgänge geschätzt und zu einem Modell des Gesamtvorgangs zusammengefügt.

Definition

- I/O-Request-Time t_r ist die Zeitspanne zwischen der Annahme des Request durch IOS bis zur Beendigung durch Channel-Subsystem ("Device-End/Channel-End"). Diese Zeitspanne entspricht wegen der in Relation zum Gesamtvorgang sehr kurzen Verweildauer des I/O-Vorgangs in der Software de facto der Gesamtdauer der Operation.
- I/O-Queue-Time t_q (Software-Queueing-Time) ist die Zeitspanne zwischen der Annahme des Requests durch IOS bis zur Annahme durch Channel-Subsystem.
- I/O-Pending-Time t_{pend} ist die Zeitspanne zwischen der Annahme des Requests durch Channel-Subsystem bis zum Beginn der Ausführung des ersten Channel-Command-Words (hier SEEK). Mit dieser Zeitkomponente werden wir uns weiter unten in diesem Kapitel noch genauer auseinandersetzen. t_{pend} ist in Non-Shared DASD-Environments in der Regel vernachlässigbar. Im vorliegenden Kontext lassen wir sie deshalb zunächst unberücksichtigt. Siehe aber unter 4.4.5 und 4.4.6.
- DASD-Service-Time t_s ist die Zeitspanne zwischen der Annahme der Seek-Operation durch die Magnetplatte bis zum Ende der Operation durch Channel-Subsystem (Device-End/Channel-End-Signal). Während dieser Zeitspanne ist die Magnetplatte busy (siehe auch weiter unten in diesem Abschnitt).

Aus den bisherigen Definitionen folgt

$$t_r = t_q + t_s.$$

t_s setzt sich zusammen aus der Disconnect-Time t_d und der Connect-Time t_c.

Definition

- Disconnect-Time t_d ist die Zeitdauer, die das Device für die Positionierung des Zugriffsarms, die Einstellung des Sektors und die Wiederanbindung an den Channel (Reconnect) benötigt. Die Verbindung zwischen Kanal und Device wird bei den aus Kanalsicht lange dauernden Plattenoperationen SEEK und SET SEKTOR unterbrochen. Der Kanal kann in dieser Zeit andere I/O-Requests gegen andere Platteneinheiten bedienen. Während der Disconnect-Time (auch Channel-Disconnect-Time) ist also der Channel frei, das Device aber busy.
- Connect-Time t_c ist die Zeitdauer, die die Search-Operation und der eigentliche Datentransfer vom Device zum Zentralspeicher (READ) bzw. vom Zentralspeicher zum Device (WRITE) in Anspruch nimmt. Da während dieser Zeit der Kanal mit dem Device verbunden ("connected") ist - beide, Channel und Device sind busy - nennt man diese Zeit auch Channel-Connect-Time.

Bisher gilt

$$t_r = t_q + t_s = t_q + t_d + t_c.$$

Die Disconnect- bzw. Connect-Time läßt sich nach dem bisher gesagten weiter aufteilen, die Disconnect-Time in die Seek-Time t_{seek}, die Set Sektor-Time t_{ssek} und die Reconnect-Delay-Time (RPS-Delay-Time) t_{rpsd}, die Connect-Time in die Search-Time t_{search} und die Transfer-Time t_{trans}.

Definition

- Seek-Time t_{seek} ist die Zeit, die für die Positionierung des Zugriffsarms über dem gesuchten Datenblock benötigt wird. Diese Zeit ist abhängig von der technischen Leistungsgröße "Seek-

Time" (siehe weiter unten in diesem Kapitel) sowie von der momentanen und der Zielposition des Zugriffsarms (Anzahl der zu überquerenden Datenzylinder).

- Set-Sektor-Time t_{ssek} ist die Zeit, die benötigt wird, um einen bestimmten Sektor unter den Zugriffskopf des Zugriffsarms zu bringen. Sie ist abhängig von der Umdrehungszeit der Plattenoberfläche, dem momentan unter dem Zugriffskopf liegenden Sektor und dem Zielsektor, der unter den Zugriffskopf zu bringen ist.
- RPS-Delay-Time t_{rpsd} ist die Zeit, die benötigt wird, um nach SET SEKTOR wieder an einen für die Datenübertragung zuständigen Kanal anzubinden. Diese Zeit ist abhängig von der Kanalauslastung, der Anzahl der für die Übertragung in Frage kommenden Kanäle und von der Umdrehungszeit der Plattenoberfläche (siehe auch Architekturunterschiede weiter unten in diesem Kapitel).
- Search-Time t_{search} ist die Zeit, die für das Aufsuchen des Datensatzes benötigt wird. Diese Zeit entspricht der Zeitspanne für die Drehung der Plattenoberfläche um ca. drei Sektoren. Sie ist damit nur abhängig von der Umdrehungszeit der Plattenoberfläche und der Sektoreinteilung.
- Transfer-Time t_{trans} ist die Zeit, die für die Übertragung des angeforderten Datenblocks vom Device in den Zentralspeicher (READ) bzw. vom Zentralspeicher auf das Device (WRITE) benötigt wird. Diese Zeit ist abhängig von der Übertragungsrate der Magnetplatte und der Länge des zu übertragenden Datenblocks.

Die I/O-Request-Time ergibt sich damit aus

$$t_r = t_q + t_s = t_q + t_d + t_c = t_q + t_{seek} + t_{ssek} + t_{rpsd} + t_{search} + t_{trans}\ .$$

Um das Modell endgültig formulieren zu können, wird die Channel-Auslastung δ_c und die Device- oder Actuator-Auslastung δ_d benötigt.

Definition

- Unter dem Channel-Auslastungsgrad δ_c in einem Zeitintervall t versteht man den Quotienten aus der Channel-Belegungszeit und t. Die Channel-Belegungszeit ist die Zeit, in der der Channel mit I/O-Operationen beschäftigt ist (Channel-Busy). Es gilt $\delta_c = r_c \cdot t_c$. Dabei ist r_c die Anzahl der pro Zeiteinheit durchgeführten Kanaloperationen (Channel-Activity-Rate) und t_c die durchschnittliche Kanalzeit (= Connect-Time) pro Platten-I/O-Operation.
- Unter dem Device-Auslastungsgrad δ_d in einem Zeitintervall t versteht man den Quotienten aus der Device-Belegungszeit und t. Die Device-Belegungszeit ist die Zeit, in der das Device mit einer I/O-Operation beschäftigt ist (Device-Busy). Es gilt $\delta_d = r_d \cdot t_s$. Dabei ist r_d die Anzahl der pro Zeiteinheit durchgeführten Platten-Operationen (Device-Activity-Rate) und t_s die durchschnittliche Service-Time.

Wir modellieren nun die definierten Zeitkomponenten. Wir gehen dabei im Gegensatz zur obigen Reihenfolge von "innen" nach "außen" vor und beginnen mit der ersten, auf der Magnetplatte ablaufenden Operation, der Seek-Operation.

Seek-Time t_{seek}

Die Hersteller von Magnetplattenspeichern geben als eine der Leistungsgrößen einer Magnetplatte die minimale, maximale sowie die mittlere Seek-Time an. Mit der mittleren Seek-Time werden wir uns in einem der folgenden Abschnitte noch näher befassen. Die minimale Seek-Time ist die Zeit, die für die Überquerung der minimalen Seek-Distanz, die maximale Seek-Time die Zeit, die für die Überquerung der maximalen Seek-Distanz benötigt wird. Zahlreiche Untersuchungen (siehe beispielsweise [40]) haben gezeigt, daß in einer Produktionsumgebung relativ viele I/O-Vorgänge ohne Bewegung des Zugriffsarms ("No-Motion-Seeks") bzw. mit nur geringer Seek-Distanz ("Low-Motion-Seeks") abgewickelt werden können (nach [40] ca. 70% aller DASD-I/O-Operationen). Deshalb eignet sich im Grunde keine der Herstellerangaben als Ansatz für die mittlere Seek-Time in unserem Standardmodell. Wir setzen t_{seek} relativ willkürlich auf die Hälfte der vom Hersteller angegebenen mittleren Seek-Time t_{aseek} und berücksichtigen damit eine Art Lokalitätsprinzip beim Zugriff auf Magnetplattenspeicher. Wir setzen also

$$t_{seek} = \frac{t_{aseek}}{2}.$$

Set Sektor-Time t_{ssek}

Die Set Sektor-Time ist abhängig von der Umdrehungszeit der Magnetplattenoberfläche t_{rot}, dem momentan unter dem Zugriffskopf positionierten Sektor sowie dem Zielsektor. Es wird unterstellt, daß im statistischen Mittel noch genau eine halbe Plattenumdrehung erforderlich ist, um den Zielsektor unter den Zugriffskopf zu bringen. Wir setzen deshalb

$$t_{ssek} = \frac{t_{rot}}{2} .$$

Reconnect-Delay-Time t_{rpsd}

RPS-Delay ist abhängig von der Kanalauslastung der für das Reconnect in Frage kommenden Kanäle, von der Anzahl dieser Kanäle und von der Umdrehungszeit der Magnetplattenoberfläche. Eine Abschätzung für die Verzögerung ist (siehe beispielsweise [40])

$$t_{rpsd} = t_{rot} \cdot \frac{\delta_c}{1-\delta_c}.$$

Dabei ist unterstellt, daß nur ein Kanal für den I/O-Vorgang zur Verfügung steht. Kommen mehr als ein Kanal - n_c, maximal vier - in Frage (ab XA-Architektur), so gilt

$$t_{rpsd} = t_{rot} \cdot \frac{\delta_c^{n_c}}{1-\delta_c^{n_c}} .$$

$\delta_c^{n_c}$ bezeichnet man als "Effektive Pfadauslastung" ("Effective Path-Busy"). Siehe dazu weiter unten in diesem Kapitel und [10]).

Disconnect-Time t_d

Die Disconnect-Time ergibt sich nach den bisher getroffenen Definitionen aus

$$t_d = t_{seek} + t_{ssek} + t_{rpsd} = \frac{t_{aseek} + t_{rot}}{2} + t_{rot} \cdot \frac{\delta_c^{n_c}}{1-\delta_c^{n_c}}.$$

Wir fahren fort mit der Modellierung der Connect-Time t_c.

Search-Time t_{search}

Die Search-Time ist abhängig von der Umdrehungszeit der Magnetplattenoberfläche und von der Anzahl der Sektoren, die durchsucht werden müssen. Bei den Magnetplattenmodellen IBM 3380 und 3390 beispielsweise sind das 3 von insgesamt 128 Sektoren. Daraus folgt

$$t_{search} = \frac{3}{128} \cdot t_{rot} \approx 0.023 \cdot t_{rot}.$$

Transfer-Time t_{trans}

Die Transfer-Time t_{trans} ist abhängig von der maximalen Übertragungsrate r_{trans} der Magnetplatte in KB pro Sekunde und der Länge b des zu transferierenden Datensatzes in KB. Es gilt

$$t_{trans} = \frac{b}{r_{trans}}.$$

Ausgehend von der Device- oder DASD-Service-Time (Actuator-Service-Time) t_s mit

$$t_s = t_d + t_c = t_{seek} + t_{ssek} + t_{rpsd} + t_{search} + t_{trans}$$

$$= \frac{t_{aseek} + t_{rot}}{2} + t_{rot} \cdot \frac{\delta_c^{n_c}}{1-\delta_c^{n_c}} + 0.023 \cdot t_{rot} + \frac{b}{r_{trans}}$$

läßt sich das Modell einer DASD-I/O-Operation mit Hilfe unserer Standardmodelle M/G/1, M/C/1 oder M/M/1 vervollständigen. Nach dem M/G/1-Modell ist

$$t_r = t_s + \frac{t_s \cdot \delta_d}{2 \cdot (1 - \delta_d)} \cdot \left(1 + \left[\frac{\sigma_d}{t_s}\right]^2\right).$$

Die Sonderfälle M/C/1 bzw. M/M/1 erhält man mit $\sigma_d = 0$ bzw. $\sigma_d = t_s$. Es ist

$$t_r = t_s + \frac{t_s \cdot \delta_d}{2 \cdot (1 - \delta_d)} \text{ (M/C/1) und } t_r = t_s + \frac{t_s \cdot \delta_d}{1 - \delta_d} = \frac{t_s}{1 - \delta_d} \text{ (M/M/1).}$$

Beispiel

Wir rechnen ein Beispiel nach dem M/M/1-Modell. Es sei

- $t_{aseek} = 0.016$ s (Average Seek-Time gemäß Herstellerangabe),
- $t_{rot} = 0.0167$ s (Rotational-Time gemäß Herstellerangabe),
- $r_{trans} = 3.000$ KB/s (Transferrate gemäß Herstellerangabe),
- $\delta_c = 0.30$ (unterstellte Channel-Auslastung bei $n_c = 2$ Kanälen),
- $b = 4$KB (unterstellte mittlere Blocklänge) und
- $r_d = 10$ (unterstellte DASD-I/O-Rate).

Damit ist

$$t_{seek} = \frac{t_{aseek}}{2} = 0.008, \; t_{ssek} = \frac{t_{rot}}{2} \approx 0.0084 \text{ und}$$

$$t_{rpsd} = t_{rot} \cdot \frac{\delta_c^{n_c}}{1 - \delta_c^{n_c}} \approx 0.0017.$$

Die Disconnect-Time t_d liegt also bei $t_d \approx 0.0181$. Weiter gilt

$$t_{search} = 0.023 \cdot t_{rot} \approx 0.0004 \text{ und } t_{trans} = \frac{b}{r_{trans}} \approx 0.0013.$$

Damit liegt die Connect-Time bei $t_c \approx 0.0017$. Für die DASD-Service-Time t_s erhält man

$$t_s = t_d + t_c \approx 0.020$$

und schließlich für die Queue-Time nach dem M/M/1-Modell

$$t_q = t_s \cdot \frac{\delta_d}{1-\delta_d} = t_s \cdot \frac{r_d \cdot t_s}{1-r_d \cdot t_s} = 0.005 \text{ , so daß}$$

die DASD-Response-Time

$$t_r = \frac{t_s}{1-\delta_c} = 0.025 \text{ Sekunden beträgt.}$$

In Abbildung 4.3.2 stellen wir die einzelnen Zeitabschnitte der modellierten DASD-I/O-Operation in Relation zur Gesamtdauer des Vorgangs prozentual dar. Die Abbildung zeigt, daß Set Sektor-Time, Seek-Time und Queue-Time den höchsten Anteil zur Gesamtzeit beitragen. Unter geänderten Annahmen - beispielsweise unter der Annahme größerer Datenblöcke oder höherer Suchzeiten infolge ungünstiger Verteilung der referenzierten Data-Sets - ergeben sich trivialerweise andere Aufteilungen.
Den Abschnitt abschließend, stellen wir die Response-Time sowie die Queue-Time in Abhängigkeit von "Device-Busy" grafisch dar (siehe Abbildung 4.3.3). Dabei ist unterstellt, daß die Channel-Auslastung konstant bei 30% liegt. Diese Annahme läßt sich so deuten (Gedankenexperiment), daß ein von zwei Kanälen versorgter String vorliegt und die I/O-Last - gleichmäßige Verteilung auf alle Actuators unterstellt - auf zunehmend weniger Actuators verlagert wird.

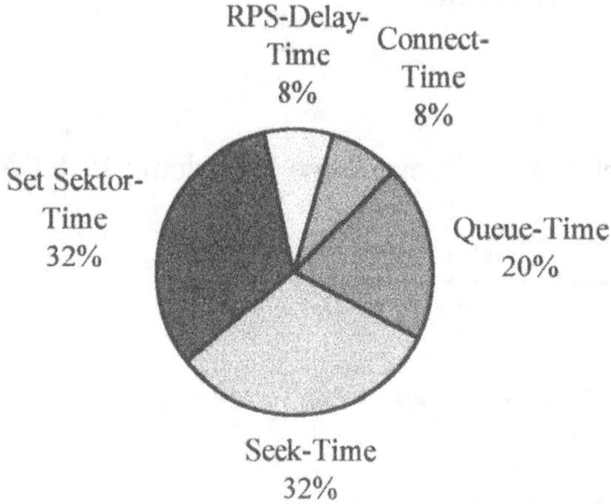

Abbildung 4.3.2: Prozentuale Anteile der Zeitkomponenten bei einer DASD-I/O-Operation (Modell)

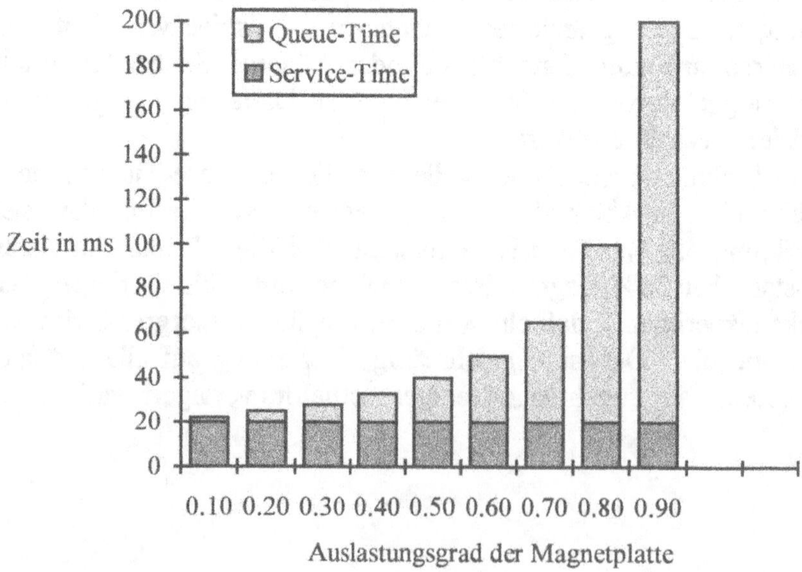

Abbildung 4.3.3: Response- und Queue-Time in Abhängigkeit vom Auslastungsgrad (Modell)

4.3.3 Modell- kontra Meßwerte

Im vorliegenden Abschnitt vergleichen wir Modellwerte nach den Modellen M/G/1, M/C/1 und M/M/1 mit Werten aus einer realen Systemumgebung. Bereits in Kapitel 3 hatten wir den M/M/1-Fall als Worst Case und den M/C/1-Fall als Best Case interpretiert. Der relative Fehler zwischen beiden Modellen beträgt (siehe auch Kapitel 3)

$$\frac{1}{1-\frac{\delta_c}{2}}-1=\frac{2}{2-\delta_c}-1.$$

In Abbildung 4.3.4 sind die relativen Fehler für einige Zahlenwerte von δ_c (Device-Busy) zusammengestellt. Die Werte zeigen, daß sich der Fehler bei im Magnetplattenbereich üblichen Auslastungen bis 30%, im Rahmen von 20% bewegt.

δ_c	$\frac{2}{2-\delta_c}-1$	≈ %
0.1	0.05	05
0.2	0.11	11
0.3	0.18	18
0.4	0.25	25
0.5	0.33	33
0.6	0.43	43
0.7	0.54	54
0.8	0.66	66
0.9	0.82	82

Abbildung 4.3.4: Relativer Fehler zwischen M/M/1- und M/C/1-Modell

In Abbildung 4.3.5 stellen wir die nach den drei Modellen errechneten Modellwerte grafisch dar. Dabei ist wieder $t_s = 0.020$s verwendet. Das M/G/1-Modell bewegt sich dabei innerhalb der Worst Case- (M/M/1) und Best Case- (M/C/1) Kurven.

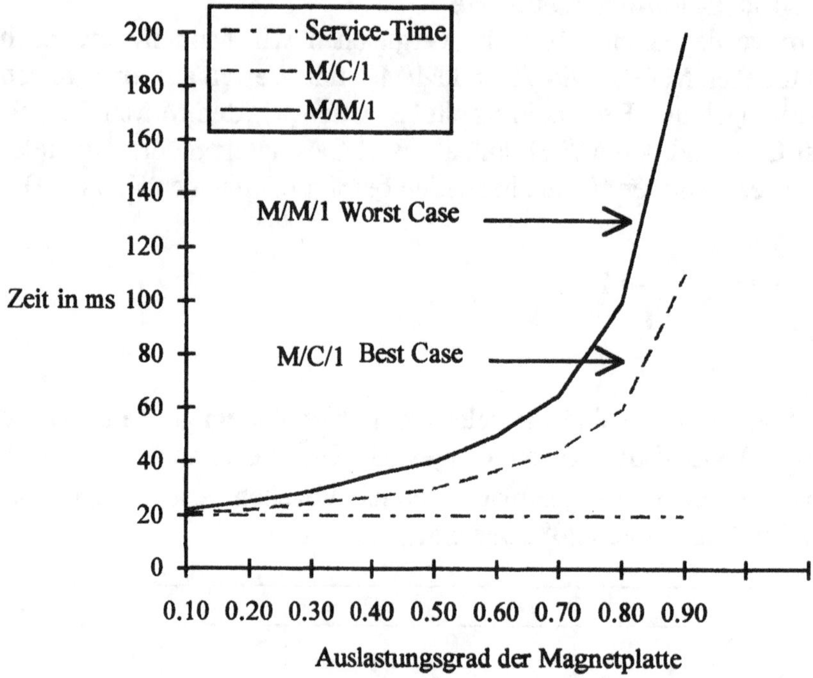

Abbildung 4.3.5: Response-Time nach dem M/M/1- und M/C/1-Modell

In Abbildung 4.3.6 stellen wir nun eine Meßreihe vor, die mit einem DASD-Analyse-Tools (siehe [38]) in einem Produktionssystem ermittelt wurde. Die zugrunde liegende DASD-Konfiguration besteht aus einem Kurzstring IBM 3380 K mit 8 Volumes und einem Storage-Direktor IBM 3880, der von zwei Kanälen versorgt wird. Die Tabelle enthält neben den Meßwerten die DASD-I/O-Rate, die Standardabweichung und die errechneten Modellwerte nach M/C/1, M/G/1 und M/M/1. Die Ergebnisse zeigen, daß sich die Modellwerte in dem erwarteten Rahmen bewegen. Das M/M/1-Modell reicht für qualitative Aussagen in den meisten Fällen aus. Größere Abweichungen der Modellergebnisse von den realen Werten entstehen dann, wenn von den Modellannahmen in wesentlichen Punkten abgewichen wird. Ein wesentlicher Faktor dabei ist die Verteilung der Zwischenankunftszeit. Den Abschnitt abschließend stellen wir die relativen Fehler zwischen Meß- und Modellwerten für einen Praxisfall dar (siehe Abbildung 4.3.7).

Vol	r	t_s	σ	t_r	t_r 1)	t_r 2)	t_r 3)
VOL1	26.1	15.6	09.1	23	21.0	22.9	26.4
VOL2	14.2	18.8	13.5	24	22.2	23.9	25.6
VOL3	13.5	20.6	12.1	27	24.6	25.9	28.5
VOL4	10.5	14.2	11.2	16	15.4	16.2	16.7
VOL5	08.4	17.4	09.1	17	18.9	19.3	20.3
VOL6	07.9	19.3	12.5	22	21.0	21.8	22.8
VOL7	07.6	26.4	13.0	31	29.7	31.0	33.0
VOL8	07.3	18.4	08.1	23	20.8	20.0	21.2

1) M/C/1-Modell, 2) M/G/1-Modell, 3) M/M/1-Modell

Abbildung 4.3.6: Meß- und Modellwerte im Vergleich

Volume	t_s	f 1)	f 2)	f 3)
VOL001	23	0.09	0.04	0.15
VOL002	24	0.08	0.04	0.07
VOL003	27	0.09	0.04	0.06
VOL004	16	0.04	0.01	0.04
VOL005	18	0.04	0.03	0.06
VOL006	22	0.04	0.09	0.04
VOL007	31	0.01	0.00	0.06
VOL008	23	0.10	0.13	0.08

1) M/C/1-Modell, 2) M/G/1-Modell, 3) M/M/1-Modell

Abbildung 4.3.7: Relative Fehler zwischen Meß- und Modellwerten

4.4 Besonderheiten bei DASD-I/O-Operationen

Im vorliegenden Abschnitt werden einige Besonderheiten des DASD-I/O-Bereichs diskutiert. Es handelt sich dabei um

- die Interpretation der Herstellerangabe Average Seek-Time,
- eine analytische Abschätzung der Seek-Time,
- eine detaillierte Analyse der Reconnect-Delay-Time,
- die Auswirkung der Blocklänge auf das DASD-I/O-Verhalten,
- die Auswirkung von Path- und Control-Unit-Contentions sowie
- das I/O-Verhalten in einem Shared DASD-Environment.

4.4.1 Average Seek-Time

Als eine der Leistungsgrößen von Magnetplattenspeichern wird von den Herstellern die Seek-Time angegeben. Dabei werden üblicherweise drei Werte verwendet: Die Minimum Seek-Time für Minimum Seeks (Seek über einen Zylinder), die Maximum Seek-Time für die Überquerung der maximal vom Actuator bedienten Zylinderanzahl und die Average Seek-Time für die Überquerung einer mittleren Anzahl von Datenzylindern. Mit der letzt genannten Größe werden wir uns im Folgenden genauer befassen. Zunächst stellen wir in Abbildung 4.4.1 die Werte für einige IBM-Modelle zusammen. Die Angabe "Average Seek-Time" suggeriert, daß der Anwender mit einer mittleren Seek-Time in der angegebenen Höhe rechnen muß.

Modell	**Seek-Time**		
	Minimum	**Maximum**	**Average**
IBM 3380 S 1)	0.0030	0.030	0.0160
IBM 3380 D	0.0030	0.028	0.0150
IBM 3380 E	0.0030	0.031	0.0170
IBM 3380 J	0.0020	0.021	0.0120
IBM 3380 K	0.0020	0.029	0.0160
IBM 3390-1	0.0015	0.018	0.0095
IBM 3390-2	0.0015	0.023	0.0125

1) IBM 3380 Standard Modell

Abbildung 4.4.1: Seek-Time in Sekunden für einige IBM-Modelle

Wie wir im Folgenden noch sehen werden, würde das bedeuten, daß im Mittel ein Drittel der zu bedienenden Datenzylinder zu überqueren wäre. Wie bereits erwähnt, zeigen aber zahlreiche Untersuchungen (siehe beispielsweise [40]), daß ein relativ hoher Anteil von Zugriffen entweder ohne Bewegung des Zugriffsarms (No-Motion-Seeks) oder zumindest mit der Überquerung von relativ wenigen Zylindern (Low-Motion-Seeks) ablaufen können. Hinzu kommt, daß neuere Plattenmodelle mit zwei Schreib-/Leseköpfen pro Plattenoberfläche ausgestattet sind. Dabei steht der zweite Zugriffskopf über dem jeweils folgenden Zylinder. Das bedeutet, daß im Mittel bei 50% der Minimum Seeks die physikalische Bewegungszeit eliminiert wird und die Suchzeit sich auf die Zeit für die elektronische Umschaltung zum nächsten Schreib-/Lesekopf reduziert. Sie kann in diesen Fällen vernachlässigt werden. Zusammengefaßt kann im statistischen Mittel mit einer unter der Average Seek-Time liegenden Suchzeit gerechnet werden. In unserem Standardmodell haben wir dieses Verhalten durch die relativ willkürliche Annahme einer mittleren Suchzeit in Höhe von 50% der entsprechenden Herstellerangabe berücksichtigt. Wir gehen nun auf das mathematische Modell ein, das der Größe "Average Seek-Time" zugrunde liegt. Das Modell unterstellt, daß auf alle Zylinder gleichmäßig verteilt zugegriffen wird. Sei nun n die Anzahl der vom Actuator bedienten Zylinder und p_j die Wahrscheinlichkeit eines Zugriffes auf den Zylinder j mit j=1,....,n. p_j ist trivialerweise identisch mit der Wahrscheinlichkeit, daß ein Zugriff vom Zylinder j weg zu irgendeinem anderen Zylinder erfolgt. Sei nun g_k die Wahrscheinlichkeit, daß genau k Datenzylinder überquert werden. Dann gilt für einen Zugriff vom Zylinder j zum Zylinder i über eine Distanz von k ($k = |j - i|$) Zylindern (siehe auch [46] und Abbildung 4.4.2)

$$g_k = p_i \cdot p_j.$$

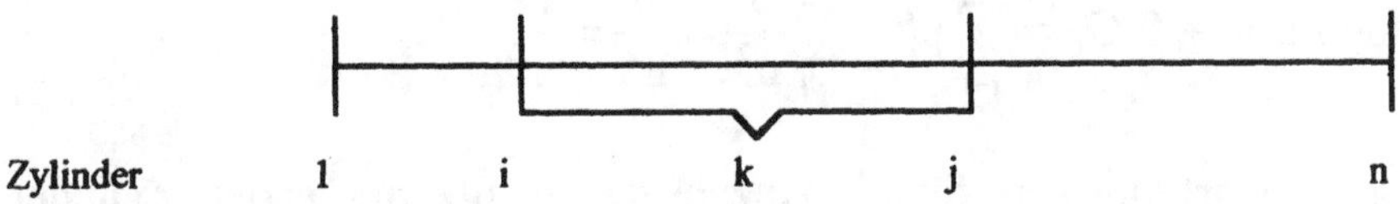

Abbildung 4.4.2: Bestimmung der mittleren Seek-Time

Daraus folgt für die Wahrscheinlichkeit G_k^+ eines Zugriffs über $k = j - i > 0$ Zylinder

$$G_k^+ = \sum_{k>0} g_k = \sum_{i-j>0} p_i \cdot p_j = \sum_{i=1}^{n-k} p_i \cdot p_{i+k} = \sum_{i=1}^{n-|k|} p_i \cdot p_{i+|k|} \cdot$$

Entsprechend gilt für G_k^-, also für $k = j\text{-}i < 0$

$$G_k^- = G_{-k}^+ = \sum_{-k>0} g_k = \sum_{i-j>0} p_j \cdot p_i = \sum_{j=1}^{n-|k|} p_j \cdot p_{j+|k|} = \sum_{i=1}^{n-|k|} p_i \cdot p_{i+|k|}.$$

Zusammengefaßt ist für alle k mit $|k| > 0$

$$G_{|k|} = 2 \cdot \sum_{i=1}^{n-|k|} p_i \cdot p_{i+|k|}.$$

$k = 0$ $(j = i)$ führt zu $G_0 = \sum_{i=1}^{n} p_i^2$.

Da nach Voraussetzung die Verteilung der Zugriffe auf die Datenzylinder gleichmäßig ist, gilt $p_i = \frac{1}{n}$ für alle i=1,.....,n. Für $m = |k| > 0$ ist dann

$$G_m = 2 \cdot \sum_{i=1}^{n-m} p_i \cdot p_{i+m} = 2 \cdot \sum_{i=1}^{n-m} \frac{1}{n^2} = 2 \cdot \frac{n-m}{n^2}$$

und für $m = 0$ $G_0 = \sum_{i=1}^{n} p_i^2 = \sum_{i=1}^{n} \frac{1}{n^2} = \frac{n}{n^2} = \frac{1}{n}$.

Der Erwartungswert für die Anzahl der zu überquerenden Zylinder liegt damit bei

$$\sum_{m=0}^{n-1} m \cdot G_m = \sum_{m=1}^{n-1} m \cdot G_m$$

$$= \sum_{m=1}^{n-1} 2 \cdot m \cdot \frac{n-m}{n^2} = \sum_{m=1}^{n-1} 2 \cdot m \cdot \frac{n}{n^2} - \sum_{m=1}^{n-1} 2 \cdot \frac{m^2}{n^2} = \frac{2}{n} \cdot \sum_{m=1}^{n-1} m - \frac{2}{n^2} \cdot \sum_{m=1}^{n-1} m^2$$

$$= \frac{2}{n} \cdot \frac{n \cdot (n-1)}{2} - \frac{2}{n^2} \cdot \frac{n \cdot (n-1) \cdot (2 \cdot n - 1)}{6} = n - 1 - (n-1) \cdot \frac{2 \cdot n - 1}{3 \cdot n}$$

$$= \frac{3 \cdot n^2 - 3 \cdot n - 2 \cdot n^2 + 2 \cdot n + n - 1}{3 \cdot n} = \frac{n^2 - 1}{3 \cdot n} \approx \frac{n^2}{3 \cdot n} = \frac{n}{3}.$$

Nach diesem Modell werden also im Mittel ein Drittel der vom Actuator insgesamt bedienten Zylinder überquert. Die Average Seek-Time ist die dafür benötigte Zeit.

4.4.2 Analytische Abschätzung der Seek-Time

Im vorliegenden Abschnitt werden wir die Zeit, die der Zugriffsmechanismus für das Überqueren von m ($1 \leq m \leq n$) Datenzylindern benötigt, analytisch abschätzen. Dabei sei n die Anzahl der vom Actuator insgesamt bedienten Zylinder, $t_{seek}(MIN)$ die Minimum, $t_{seek}(MAX)$ die Maximum und $t_{seek}(AVG)$ die Average Seek-Time. Wir beginnen mit einer linearen Näherungsformel. Der lineare Ansatz führt zu

$$t_{seek}(m) = a + b \cdot m\,.$$

Dabei ist $t_{seek}(m)$ die für die Überquerung von m Datenzylindern benötigte Zugriffszeit, a und b vom Magnetplattenmodell abhängige Konstanten, die aus den Herstellerangaben nach

$$t_{seek}(MIN) = a + b \text{ und } t_{seek}(MAX) = a + b \cdot (n-1)$$

bestimmt werden können. Die Auflösung der Gleichungen nach a und b ergibt

$$a = t_{seek}(MIN) - \frac{t_{seek}(MAX) - t_{seek}(MIN)}{n-2} \text{ und}$$

$$b = \frac{t_{seek}(MAX) - t_{seek}(MIN)}{n-2}.$$

Schließlich gilt für m = 1, ..., n

$$t_{seek}(m) = t_{seek}(MIN) - \frac{t_{seek}(MAX) - t_{seek}(MIN)}{n-2} + m \cdot \frac{t_{seek}(MAX) - t_{seek}(MIN)}{n-2}$$

Für m = 0 (No-Motion-Seek) setzen wir $t_{seek}(0) = 0$.

Für die in Abbildung 4.4.1 enthaltenen Modelle berechnen wir die Konstanten a und b und stellen das Ergebnis in Abbildung 4.4.3 tabellarisch dar. Für die Distanz über ein Drittel der zur Verfügung stehenden Zylinder ergeben sich pro Plattentyp die in Abbildung 4.4.4 dargestellten Werte. Aus der Tabelle ist zu erkennen, daß die Modellwerte im Bereich der in obigem Sinne mittleren Distanz von einem Drittel der zur Verfügung stehenden Zylinder deutlich hinter den Herstellerangaben zurückbleiben.

Modell	a	b
IBM 3380 S	$2.9694 \cdot 10^{-3}$	$3.05 \cdot 10^{-5}$
IBM 3380 D	$2.9716 \cdot 10^{-3}$	$2.83 \cdot 10^{-5}$
IBM 3380 E	$2.9841 \cdot 10^{-3}$	$1.58 \cdot 10^{-5}$
IBM 3380 J	$1.9784 \cdot 10^{-3}$	$2.15 \cdot 10^{-5}$
IBM 3380 K	$1.9898 \cdot 10^{-3}$	$1.01 \cdot 10^{-5}$
IBM 3390-1	$1.4851 \cdot 10^{-3}$	$1.48 \cdot 10^{-5}$
IBM 3390-2	$1.4903 \cdot 10^{-3}$	$0.96 \cdot 10^{-5}$

Abbildung 4.4.3: Konstanten für die Abschätzung der Seek-Time bei linearem Ansatz

Modell	Herstellerangabe	Modellrechnung
IBM 3380S	0.0160	0.0120
IBM 3380D	0.0150	0.0110
IBM 3380E	0.0170	0.0120
IBM 3380J	0.0120	0.0080
IBM 3380K	0.0160	0.0110
IBM 3380/1	0.0095	0.0070
IBM 3390/2	0.0125	0.0086

Abbildung 4.4.4: Average Seek-Time / Herstellerangaben kontra Modellwerte bei linearer Näherung

Das liegt daran, daß der lineare Ansatz die physikalische Trägheit des Zugriffsmechanismus nicht hinreichend berücksichtigt. Eine bessere Approximation liefert deshalb ein nichtlinearer Ansatz. Wie beispielsweise in [38] verlangen wir deshalb

$$t_{seek}(m) = a + b \cdot \sqrt{m}\,.$$

Analog zu oben folgt aus

$$t_{seek}(MIN) = a + b \text{ und } t_{seek}(MAX) = a + b \cdot \sqrt{n-1}$$

$$a = t_{seek}(MIN) - \frac{t_{seek}(MAX) - t_{seek}(MIN)}{\sqrt{n-1}-1} \text{ und}$$

$$b = \frac{t_{seek}(MAX) - t_{seek}(MIN)}{\sqrt{n-1}-1}.$$

In Abbildung 4.4.5 sind die Werte a und b wieder für die unterschiedlichen Plattenmodelle dargestellt. Die Modellergebnisse für die Distanz von $\frac{n}{3}$ Zylinder zeigen wir in Abbildung 4.4.6. Insgesamt läßt sich feststellen, daß die nichtlineare Approximation relativ gut mit den Herstellerangaben übereinstimmt, so daß dieses Modell für eine Abschätzung der Seek-Time hinreichend genau ist. Abschließend stellen wir in Abbildung 4.4.7 die nach den beiden Modellen ermittelten Seek-Zeiten den Herstellerangaben gegenüber. Dabei ist beispielhaft das Modell 3380 J gewählt.

Modell	**a**	**b**
IBM 3380 S	$2.0609 \cdot 10^{-3}$	$9.391 \cdot 10^{-4}$
IBM 3380 D	$2.1305 \cdot 10^{-3}$	$8.695 \cdot 10^{-4}$
IBM 3380 E	$2.3181 \cdot 10^{-3}$	$6.819 \cdot 10^{-4}$
IBM 3380 J	$1.3392 \cdot 10^{-3}$	$6.608 \cdot 10^{-4}$
IBM 3380 K	$1.4656 \cdot 10^{-3}$	$5.344 \cdot 10^{-4}$
IBM 3390-1	$0.9899 \cdot 10^{-3}$	$5.101 \cdot 10^{-4}$
IBM 3390-2	$1.0343 \cdot 10^{-3}$	$4.657 \cdot 10^{-4}$

Abbildung 4.4.5: Konstanten für die Abschätzung der Seek-Time bei nicht linearem Ansatz

Modell	Herstellerangabe	Modellrechnung
IBM 3380 S	0.0160	0.0180
IBM 3380 D	0.0150	0.0170
IBM 3380 E	0.0170	0.0190
IBM 3380 J	0.0120	0.0130
IBM 3380 K	0.0160	0.0170
IBM 3380-1	0.0095	0.0108
IBM 3390-2	0.0125	0.0137

Abbildung 4.4.6 : Average Seek-Time / Herstellerangaben kontra Modellwerte bei nicht linearer Näherung

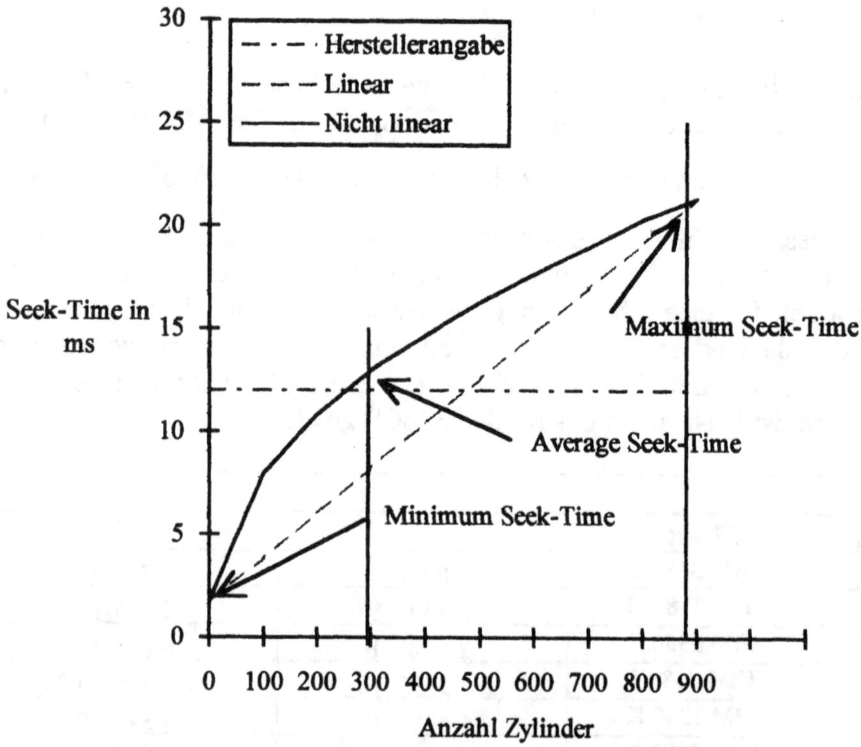

Abbildung 4.4.7: Modelle für die Abschätzung der Seek-Time

4.4.3 Analyse der Reconnect-Delay-Time

Per definitionem verstehen wir unter der Reconnect-Delay-Time t_{rpsd} die Zeit, die benötigt wird, um nach SET SEKTOR wieder eine

Anbindung des Devices an einen für die I/O-Operation zuständigen Channel herzustellen. Wie bereits festgestellt, ist diese Wartezeit abhängig von der Auslastung des Kanäle, der Anzahl der in Frage kommenden Kanäle und der Umdrehungszeit der Plattenoberfläche. Erst ab der XA-Architektur stehen per "Dynamic Reconnect" (siehe [19]) mehrere Kanäle - maximal 4 - für die Reconnect-Operation zur Verfügung. In der 370-Welt konnte die Wiederanbindung nur über den Kanal erfolgen, über den die I/O-Operation initiiert wurde. Die Unterschiede, die sich dadurch für die Reconnect-Delay-Time ergeben, werden wir in diesem Abschnitt diskutieren. Grundsätzlich gilt, daß ein Reconnect mißlingt, wenn alle in Frage kommenden Channels busy sind. Ist das der Fall, müssen eine oder mehrere volle Plattenumdrehungen abgewartet werden. Im Modell kann man sich das - abgeleitet aus dem M/M/1-Modell - so vorstellen, daß eine Wartezeit von (siehe [10], [40])

$$t_{rot} \cdot \frac{\delta_p}{1-\delta_p}$$

entsteht, wobei δ_p für die "Effektive Pfadauslastung" ("Effective Path-Busy") steht (siehe [10]). Die Effektive Pfadauslastung ist abhängig von der Auslastung der zur Verfügung stehenden Kanäle, von der Anzahl der Kanäle und damit auch von der Systemarchitektur (370 oder XA). Wir werden im Folgenden sehen, daß auch Eigenschaften der Plattenkonfiguration dabei eine wesentliche Rolle spielen. Wir werden die Effektive Pfadauslastung für einige Modellkonfigurationen abschätzen. Dabei kommt es uns nur auf Näherungswerte an. Genauere Angaben sind schon aufgrund der übrigen, recht theoretischen Modellannahmen (siehe unten) nicht erforderlich. Um die Entwicklung in diesem Bereich nachvollziehen zu können, werden wir in einigen Fällen auf die 370-Architektur zurückgreifen und mit älteren Plattenmodellen arbeiten. Wir beginnen deshalb auch mit einer IBM 3350-Konfiguration unter der 370-Architektur. Die Modellkonfiguration stellen wir in Abbildung 4.4.8 schematisch dar. Die Konfiguration besteht aus zwei Storage-Directors IBM 3880, zwei Channel-Pathes und zwei Strings IBM 3350 mit jeweils acht Actuators. Diese Konfiguration fahren wir zunächst ohne String-Switching, das heißt, jeder Kanal und jeder

Storage-Director bedient genau einen String. Es wird unterstellt, daß die I/O-Operationen gleichmäßig auf alle Actuators und Kanäle verteilt sind. Die Auslastung beider Kanäle sei δ_c. Wir modellieren nun einen Reconnect-Versuch für den in Abbildung 4.4.8 markierten Actuator (über Channel c_1, 370-Architektur unterstellt). Der Reconnect-Versuch mißlingt genau dann, wenn Channel c_1 busy ist. Das ist dann der Fall, wenn er mit einem der restlichen sieben Actuators beschäftigt ist.

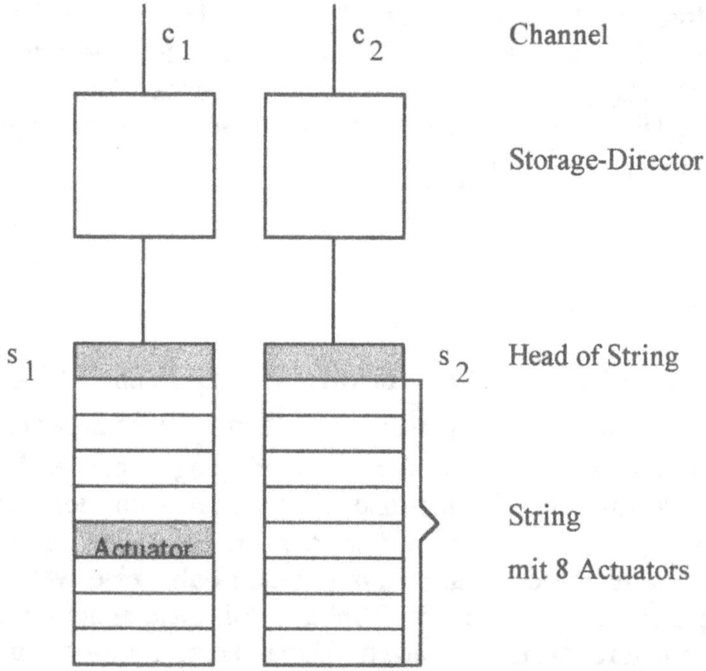

Abbildung 4.4.8: IBM 3350-Konfiguration ohne String-Switching

Die Wahrscheinlichkeit dafür ist

$$\delta_p = \frac{7}{8} \cdot \delta_c .$$

δ_p bezeichnen wir als "Effective Path-Busy". Etwas komplexer wird die Situation, wenn mit String-Switching gearbeitet wird, wenn also beide Kanäle alle angeschlossenen Devices bedienen können. Siehe dazu Abbildung 4.4.9. Wir modellieren auch für diesen Fall ein Reconnect von dem markierten Actuator über c_1. Die Reconnect-Operation mißlingt in diesem Fall, wenn

- Channel c_1 oder c_2 busy sind mit s_1 (String 1) oder
- Channel c_1 busy ist mit s_2 (String 2).

Die Wahrscheinlichkeit für beide Ereignisse ist

$$\frac{7}{8}\cdot\delta_c+\frac{1}{2}\cdot\delta_c=\frac{11}{8}\cdot\delta_c.$$

Da sich die Ereignisse überschneiden können, wenn nämlich c_1 mit s_2 und c_2 mit s_1 busy ist, gilt

$$\delta_p=\frac{11}{8}\cdot\delta_c-\frac{7}{32}\cdot\delta_c^2.$$

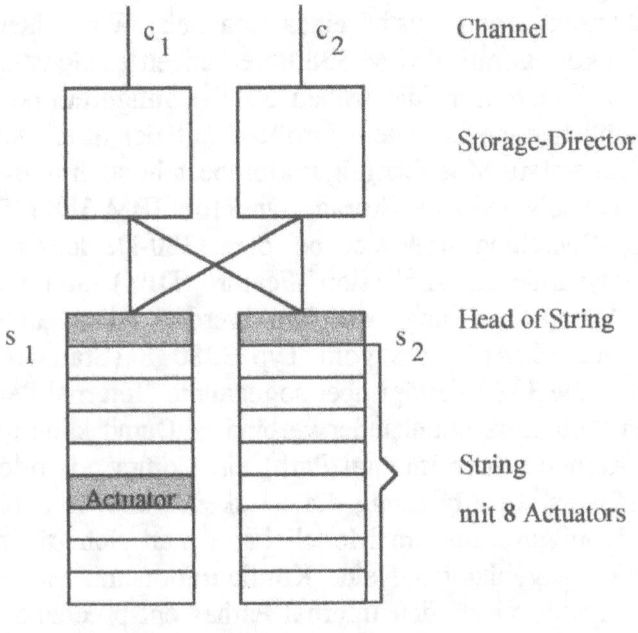

Abbildung 4.4.9: IBM 3350-Konfiguration mit String-Switching

Bei einer Channel-Auslastung von beispielsweise $\delta_c = 0.30$ ist dann $\delta_p \approx 0.39$. In diesem Fall liegt also Effective Path-Busy ca. 9 Prozentpunkten über Channel-Busy. Dies führt zu einer Verzögerung des I/O-Vorgangs in der Größenordnung von

$$t_{rpsd} = t_{rot} \cdot \frac{\delta_p}{1-\delta_p} \approx 0.0107,$$

also von ca. 11 Millisekunden. Bei der Konfiguration ohne String-Switching haben wir unter den gleichen Voraussetzungen dagegen nur mit einer Verzögerung von

$$t_{rpsd} = t_{rot} \cdot \frac{\delta_p}{1-\delta_p} \approx 0.0059,$$

also von ca. 6 Millisekunden zu rechnen. Wenn auch bei String-Switching ein Performance-Verlust eintreten kann, benutzte man diese Konfigurationen in praxi aus Gründen der Betriebssicherheit zur Absicherung gegen Ausfall eines Channels. Wir gehen über zu einer Modellkonfiguration IBM 3380, verbleiben zunächst aber noch bei der 370-Architektur (die frühen 3380-Konfigurationen wurden auch tatsächlich noch zu einem Großteil mit der alten Architektur betrieben). Die erste Modellkonfiguration besteht auch in diesem Fall aus zwei Channels und zwei Storage-Directors IBM 3880. Die Frage nach String-Switching stellt sich bei den 3380-Devices nicht, weil diese per "Dynamic Path-Selection"-Feature (DPS) automatisch mit einer Art String-Switching betrieben werden (siehe unten). Der String ist mit 16 Actuators vom Typ 3380 S (Standardmodelle) ausgestattet. Die 3380 verfügt über sogenannte "Internal Pathes", die jeweils vier Actuators miteinander verbinden. Damit kann immer nur zu einem Actuator (per Internal Path) ein Command- oder Datentransfer erfolgen. In Abbildung 4.4.10 skizzieren wir zunächst die physische Konfiguration. Im Modell kann man sich die physische Konfiguration abgebildet auf eine Konfiguration mit vier logischen Strings der Länge vier - den Internal Pathes entsprechend - denken (siehe [10] und Abbildung 4.4.11). Wir modellieren auch für diesen Fall ein Reconnect von dem markierten Actuator. Der Reconnect-

Versuch mißlingt in diesem Fall, wenn c_1 oder c_2 busy ist mit s_1 oder c_1 busy ist mit s_2, s_3 oder s_4. Da sich beide Ereignisse zeitlich wieder überschneiden können, ist das Ereignis

c_1 busy mit s_2, s_3 oder s_4 und c_2 busy mit s_1

wieder in Abzug zu bringen. Insgesamt gilt

$$\delta_p = \frac{3}{8} \cdot \delta_c + \frac{3}{4} \cdot \delta_c - \frac{9}{64} \cdot \delta_c^2 = \frac{9}{8} \cdot \delta_c - \frac{9}{64} \cdot \delta_c^2 .$$

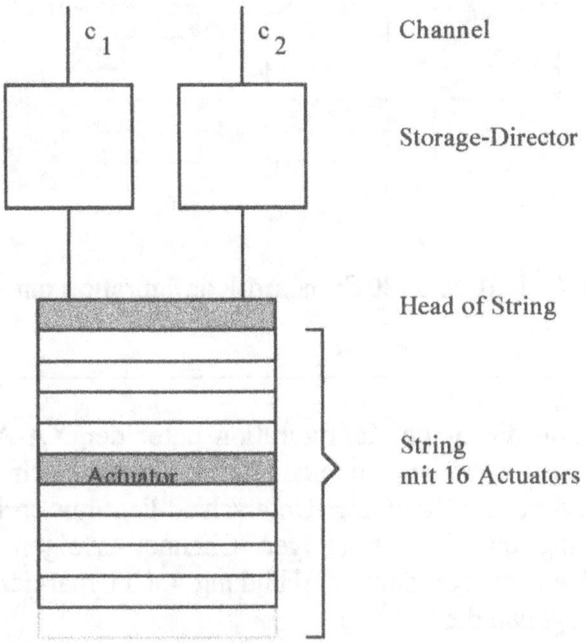

Abbildung 4.4.10: IBM 3380 S-Konfiguration

Bei einer Channel-Auslastung von $\delta_c = 0.30$ ergibt sich eine Effektive Pfadauslastung von ca. 32.5% ($\delta_p = 0.325$). Die Reconnect-Delay-Time liegt damit bei

$t_{rpsd} = t_{rot} \cdot \frac{\delta_p}{1-\delta_p} \approx 0.008$, also bei ca. 8 Millisekunden.

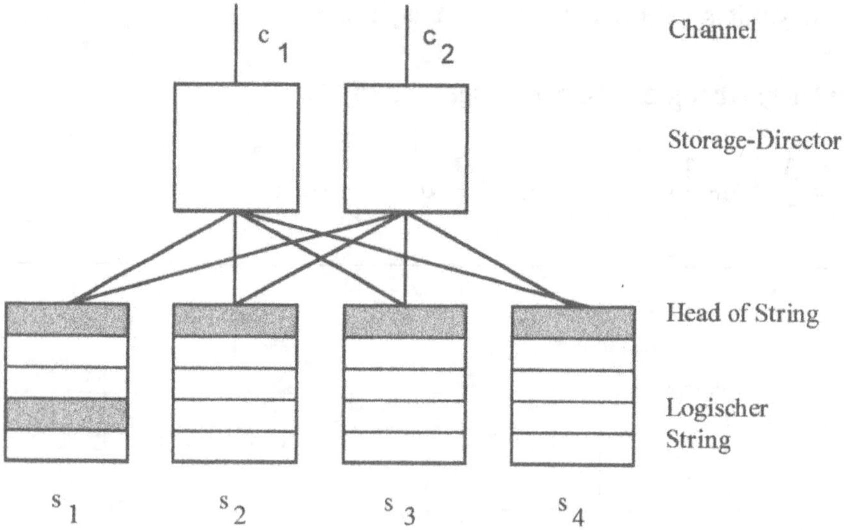

Abbildung 4.4.11: IBM 3380 Standard-Konfiguration mit 4 logischen Strings

Wir fahren nun die obige Konfiguration unter der XA-Architektur. Weder an der physischen noch an der logischen Sicht sind dazu Korrekturen durchzuführen. Der Unterschied liegt nur darin, daß nun die Anbindung an einen beliebigen Channel erfolgen kann. Ein Reconnect-Versuch von dem in Abbildung 4.4.11 markierten Device scheitert nun genau dann, wenn

c_1 oder c_2 busy ist mit s_1 oder c_1 und c_2 mit s_2, s_3 oder s_4.

Insgesamt ergibt sich damit für die Wahrscheinlichkeit eines RPS-Miss ca.

$$\delta_p \approx \frac{3}{8} \cdot \delta_c + \frac{9}{16} \cdot \delta_c^2 .$$

Eine angenommene Channel-Last von 30% führt jetzt zu einer Effektiven Pfadauslastung von ca. 16%. Damit liegt die Reconnect-Delay-Time bei ca.

$$t_{rpsd} = t_{rot} \cdot \frac{\delta_p}{1-\delta_p} \approx 0.0167 \cdot \frac{0.16}{0.84} \approx 0.003,$$

also bei ca. 3 Millisekunden. Zusammen mit den verbesserten physikalischen Leistungsmerkmalen der IBM 3380 werden durch Ausnutzung der XA-Architektur beim Übergang von der 3350/370-Welt in die 3380/XA-Welt deutliche Verbesserungen im DASD-I/O-Verhalten erreicht. Wir werden darauf im Abschnitt 4.8 zurückkommen. Mit den IBM 3380 D-Modellen wurde durch das "Device-Level-Selection"-Feature (DLS) eine weitere Verbesserung erzielt. Devices mit diesem Feature verfügen über einen "Internal Path" zu jedem Actuator, das heißt, alle Actuators können unabhängig voneinander bedient werden. Im Modell läßt sich DLS abbilden wie in Abbildung 4.4.12 mit acht logischen Strings - entspricht acht Actuators - dargestellt.

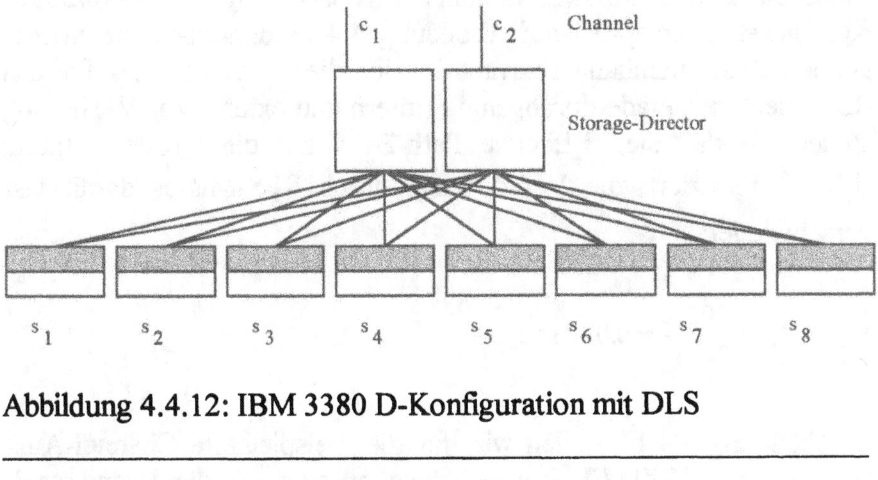

Abbildung 4.4.12: IBM 3380 D-Konfiguration mit DLS

Die logischen Strings bestehen nun nur noch aus jeweils einem Actuator. Beim Reconnect entstehen auf String-Ebene keine Interferenzen mit Aktivitäten auf anderen Devices. Ausschlaggebend ist nur noch die Kanallast und die Länge des physischen Strings (Anzahl

Einheiten hinter einer Steuerung). Effective Path-Busy liegt zum Beispiel für einen String mit 16 Actuators in der Größenordnung von

$$\delta_p \approx \left[\frac{15}{16}\cdot\delta_c\right]^2 = \frac{225}{256}\cdot\delta_c^2 .$$

Unterstellt man wieder eine Kanallast von 30%, so gilt $\delta_p \approx 0.08$. Die Reconnect-Delay-Time liegt jetzt bei ca.

$$t_{rpsd} = t_{rot}\cdot\frac{\delta_p}{1-\delta_p} \approx 0.0015,$$ also 1.5 Millisekunden.

Mit der Plattensteuereinheit IBM 3990 wird DLS erweitert. Die erweiterte Funktion heißt "Device-Level-Selection-Extention" (DLSE, siehe auch [21]). Das bedeutet, daß zu jedem Actuator statt wie bisher zwei, vier interne Pfade geführt werden. Mit einer 3380-Konfiguration konnte dieses Feature durch Zusammenschalten von zwei "Kopfeinheiten" IBM 3380 (A-Modelle) realisiert werden. Erst die Plattenmodelle IBM 3390 verfügen über A-Units, die vier externe Pfade aufnehmen können. Schematisiert läßt sich eine 3990/3390-Konfiguration entsprechend Abbildung 4.4.13 darstellen. Im vorliegenden Zusammenhang relevant ist nur die Tatsache, daß für das Reconnect vier Pfade durchgängig (intern und extern) zur Verfügung stehen, so daß sich Effective Path-Busy auf die Größenordnung $\delta_p \approx \delta_c^4$ reduziert, die Verzögerung durch RPS-Misses damit fast verschwindet:

$$t_{rpsd} = t_{rot}\cdot\frac{\delta_p}{1-\delta_p} \approx 0.00015 .$$

In Abbildung 4.4.14 stellen wir für die beispielhafte Channel-Auslastung von 30% die Effektive Pfadauslastung sowie die daraus resultierenden Reconnect-Delay-Zeiten bei den unterschiedlichen Modellkonfigurationen zusammen.

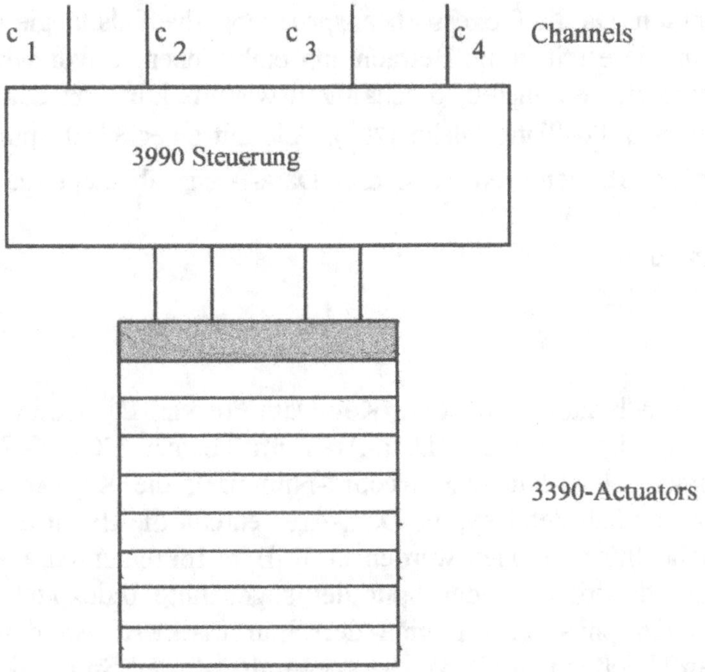

Abbildung 4.4.13: 3990 4-Pfad-String mit 3390-Einheiten

Konfiguration	δ_p	t_{rpsd}
3350	0.260	0.0060
3350 String-Switching	0.390	0.0110
3380S/370	0.325	0.0080
3380S/XA	0.160	0.0030
3380D/XA	0.080	0.0015
3380K 4 Pfad	0.010	0.0002
3390-2 4 Pfad	0.010	0.0001

Abbildung 4.4.14: Effective Path-Busy und Reconnect-Delay-Time (Modell)

4.4.4 Einfluß der Physical Blocksize

In dem vorliegenden Abschnitt werden wir die Auswirkungen der "Physical Record-Size" auf das DASD-I/O-Verhalten untersuchen. Wir werden dies mittels eines deterministischen Modells tun. Vorrangig geht es dabei um die Auswirkung auf die Auslastung der

I/O-Komponenten. Da die Prozessorbeanspruchung ebenfalls tangiert ist, werden wir diese mit in die Betrachtung einbeziehen. Bevor wir die Modellparameter definieren, beschäftigen wir uns kurz mit dem Spurformat einer 3380-Platte (siehe [20]). Alle auf einer 3380-Spur gehaltenen Informationen werden in drei Data-Areas abgelegt und zwar in der

- Count-Area, der
- Key-Area und der
- Data-Area.

Man spricht deshalb auch vom Count-Key-Data-Format. Die Count-Area enthält die Lokation der Data-Area im Format CCHHRR (Zylindernummer, Head-Nummer, Record-Nummer), die Key-Area ist optional und enthält den Key, die Data-Area enthält die Benutzerdaten. Sämtliche Informationen werden in 32-Byte-Inkrementen abgelegt. Zusätzlich wird auf jeder Spur der sogenannte Indexpunkt gehalten, der den physischen Beginn der Spur markiert. An den Indexpunkt anschließend, folgt die "Home-Address" der Spur. Sie enthält die Spuradresse im Format CCHH sowie ein Flag-Byte, das die Spur als benutzbar oder als defekt kennzeichnet. Der folgende erste Block einer Spur, Record R_0, enthält im Standardformat (siehe auch [20]) keine Key-Area. Die Count-Area von R_0 enthält die Adresse einer alternativen Spur (Alternate Track), wenn die vorliegende Spur in der Home-Address als defekt gekennzeichnet ist. Im Anschluß an den Record R_0 beginnen die User-Records mit dem Record R_1. In Abbildung 4.4.15 ist das allgemeine Format einer 3380-Spur schematisch dargestellt.

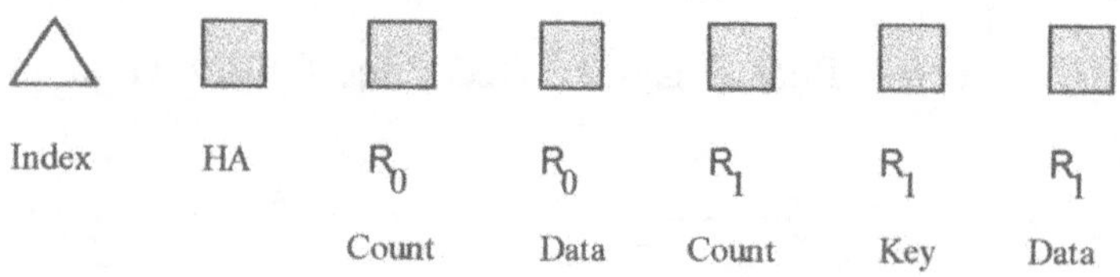

Abbildung 4.4.15: Count-Key-Data-Format einer 3380-Spur

Die Anzahl n der Physical Records pro Track ergibt sich nach der Relation (siehe auch [20])

$$n = \frac{1499}{c+k+d}.$$

Dabei ist
- 1499 die Anzahl der für User-Daten zur Verfügung stehenden 32-Byte-Inkremente pro Track,
- c die Anzahl der 32-Byte-Inkremente für Gaps (Zwischenräume) und Count-Areas,
- k die Anzahl der 32-Byte-Inkremente für die Key-Areas und
- d die Anzahl der 32-Byte-Inkremente für die Data-Areas.

Falls kl die Länge des Schlüssels und dl die Blocklänge ist, gilt für c, k und d

$$c = \begin{cases} 15 & \text{falls } kl = 0 \\ 22 & \text{falls } kl \neq 0 \end{cases},$$

$$k = \begin{cases} 0 & \text{falls } kl = 0 \\ \left]\dfrac{kl+12}{32}\right[& \text{falls } kl \neq 0 \end{cases} \quad \text{und}$$

$$d = \left]\frac{dl+12}{32}\right[.$$

Dabei bedeutet "] [" Aufrunden auf die nächst größere natürliche Zahl. Für einige Blocklängen ist die Anzahl der Physical Records pro Spur in der Abbildung 4.4.16 dargestellt. Wir unterstellen dabei kl = 0 (siehe [20]). Wir modellieren nun die Verarbeitung eines Datenbestands, dessen Records eingelesen, verarbeitet und auf einen zweiten Datenträger ausgegeben werden (siehe Abbildung 4.4.17). Der Bestand wird sequentiell verarbeitet. Pro Verarbeitungszyklus werden einer oder mehrere Datenblöcke gelesen - je nach Anzahl der zur Verfügung gestellten Ein-/Ausgabepuffer -, die Daten verarbeitet und dann auf den zweiten Datenträger ausgegeben.

Blocklänge in KB	Anzahl Records pro Spur
0.125	74
1.0	31
2.0	18
4.0	10
6.0	7
8.0	5
10.0	4
12.0	3
16.0	2
20.0	2
32.0	1

Abbildung 4.4.16: Anzahl Physical Records pro Spur

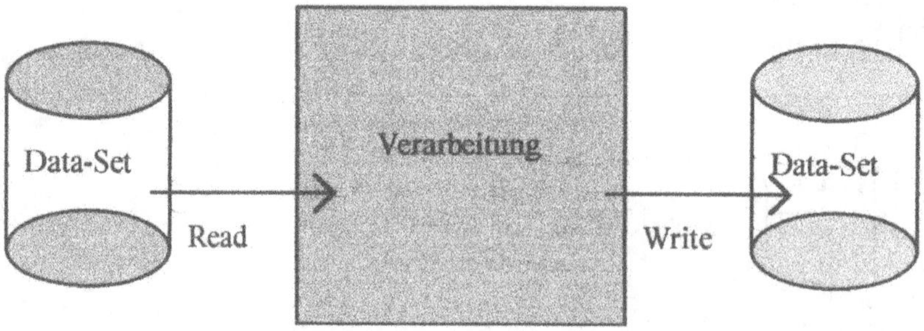

Abbildung 4.4.17: Verarbeitung eines Datenbestands

Zwischen der Verarbeitung durch den Prozessor und den Ein-/Ausgabeoperationen sowie zwischen den Ein-/Ausgabeoperationen selbst findet keine zeitliche Überlappung der Verarbeitung statt. Die gesamte Verarbeitung verläuft im Einzelprogrammbetrieb, das heißt ohne Bottlenecks. Wir definieren zunächst die Modellgrößen und anschließend für jede beteiligte Ressource die Verarbeitungszeiten sowie die Gesamtlaufzeit. Es sei

- n die Anzahl der logischen Records,
- r die Logical Record-Length in KB,

- c die Kapazität des Datenbestandes in KB $(c = n \cdot r)$,
- b die Physical Record-Length in KB (Blocksize),
- f der Blockungsfaktor $(b = f \cdot r)$ und
- p die Anzahl der Ein-/Ausgabepuffer der Länge b.

Aus den obigen Größen folgt für die Anzahl der durchzuführenden Ein-/Ausgabeoperationen für die Verarbeitung des Datenbestands die Relation

$$\frac{c}{b \cdot p} = \frac{n \cdot r}{f \cdot r \cdot p} = \frac{n}{f \cdot p}.$$

Wir modellieren nun die Belegungszeiten der Ressourcen Prozessor, Channel und Device (Magnetplatte).

Belegung des Prozessors

Die Prozessorbeanspruchung setzt sich zusammen aus der Prozessorzeit, die für den I/O-Vorgang selbst erforderlich ist und aus der Zeit für die Verarbeitung der Datensätze. Sei

- $t_{p(I/O)}$ die Prozessorzeit für einen I/O-Vorgang,
- $t_{p(r)}$ die Prozessorzeit für die Verarbeitung eines Records und
- t_p die Prozessorzeit für die Verarbeitung des gesamten Datenbestands.

Daraus folgt

$$t_p = 2 \cdot \frac{n}{f \cdot p} \cdot t_{p(I/O)} + n \cdot t_{p(r)} = n \cdot \left(\frac{2}{f \cdot p} \cdot t_{p(I/O)} + t_{p(r)} \right).$$

Belegung des Channels

Sei $t_{c(I/O)}$ die Channelzeit für einen I/O-Vorgang. Dann gilt für die Gesamtbelegungszeit t_c

$$t_c = 2 \cdot \frac{n}{f \cdot p} \cdot t_{c(I/O)}.$$

Belegung der Magnetplatten

Sei $t_{d(I/O)}$ die Device-Belegungszeit für einen I/O-Vorgang. Dann gilt für die Gesamtbelegungszeit t_c (beide Datenträger)

$$t_d = 2 \cdot \frac{n}{f \cdot p} \cdot t_{d(I/O)}.$$

Die Gesamtverarbeitungszeit t_e ergibt sich damit nach (t_c ist anteilig in t_d enthalten)

$$t_e = t_p + t_d = n \cdot \left(\frac{2}{f \cdot p} \cdot \left(t_{p(I/O)} + t_{d(I/O)} \right) + t_{p(r)} \right).$$

Beispiel

Es sei

- $n = 3.000.000$,
- $r = 0.125$ KB (128 Bytes),
- $p = 5$,
- $t_{p((I/O)} = 0.0001\text{s}$ und
- $t_{p(r)} = 0.0001\text{s}$.

Damit folgt

$$t_p = n \cdot \left(\frac{2}{f \cdot p} \cdot t_{p(I/O)} + t_{p(r)} \right) = 3.000.000 \cdot \left(\frac{2}{f \cdot 5} \cdot t_{p(I/O)} + t_{p(r)} \right), \text{ also}$$

$$t_p = \frac{120}{f} + 300.$$

In Abhängigkeit vom Blockungsfaktor f stellen wir t_p in Abbildung 4.4.18 grafisch dar. Im Ergebnis nimmt die Prozessorzeit mit Zunahme des Blockungsfaktors bzw. mit Zunahme der Blockgröße sehr rasch exponentiell ab. Ein entsprechendes Ergebnis erwarten wir von der Channel- und Device-Belegungszeit und in Konsequenz auch von der Gesamtverarbeitungszeit.

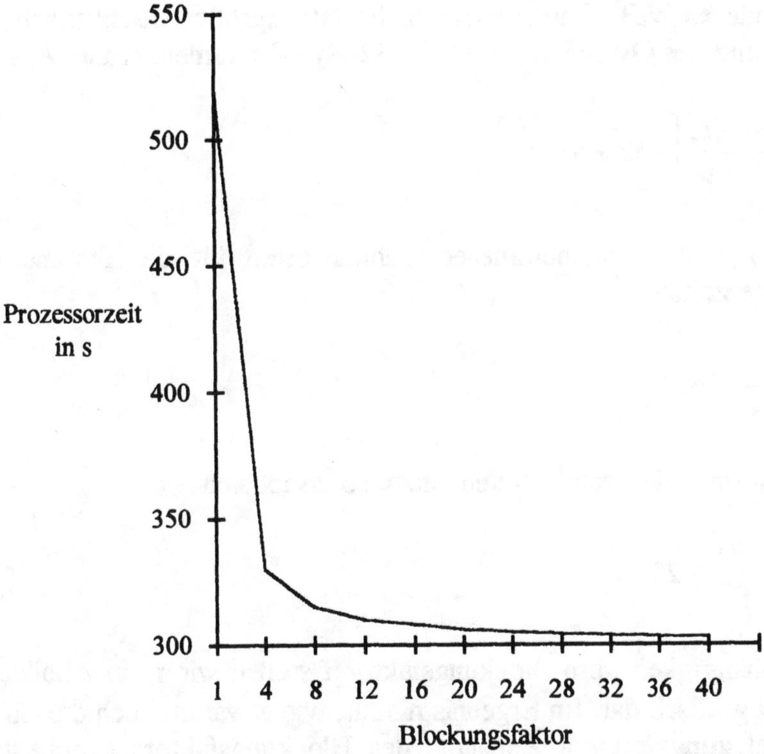

Abbildung 4.4.18: Modellierung der Prozessorzeit in Abhängigkeit vom Blockungsfaktor

Um dies zu zeigen, definieren wir zunächst die Größen für die Bestimmung der Channel-Belegung pro I/O-Vorgang (Search-Time und Transfer-Time). Die Zeit für den Search-Vorgang entnehmen wir Abschnitt 4.4.1 mit

$$t_{search} = \frac{3}{128} \cdot t_{rot}.$$

Unterstellt man $t_{rot} = 0.0167$, so gilt $t_{search} \approx 0.0004$. Die Übertragungszeit t_{trans} ergibt sich entsprechend Abschnitt 4.4.1 nach

$$t_{trans} = \frac{b}{r_{trans}}.$$

Dabei ist r_{trans} die Übertragungsrate des Channels, hier 3 MB pro Sekunde (3 MB-Channel) und b die Blockgröße einschließlich der Gaps und des Overheads durch die 32-Byte-Inkrementierung. Aus

$$b = \left]\frac{b+12}{32}\right[\cdot 32 + 480$$

folgt mit den angenommenen Zahlenwerten für die Summe der Transferzeiten

$$\frac{1024}{f} + 256.$$

Nimmt man die Search-Zeiten hinzu, so ergibt sich

$$t_c = \frac{1494}{f} + 256.$$

In Abhängigkeit vom Blockungsfaktor f stellen wir t_c in Abbildung 4.4.19 grafisch dar. Im Ergebnis nimmt, wie erwartet, auch die Channel-Belegungszeit mit Zunahme des Blockungsfaktors exponentiell ab. Bei der Berechnung der Device-Belegungszeit kommen noch die Zeiten für die Set Sektor- und die Seek-Operationen hinzu. Die gesamte Set Sektor-Zeit ergibt sich aus

$$\frac{2 \cdot n}{f \cdot p} \cdot \frac{t_{rot}}{2} \text{ mit } \frac{10.020}{f} \text{ Sekunden.}$$

Bei der Bestimmung der Seek-Zeit unterstellen wir z Minimum-Seeks mit 0.002 Sekunden, wobei z die Anzahl der belegten Datenzylinder ist. In Abbildung 4.4.20 ist die Anzahl der Zylinder in Abhängigkeit vom Blockungsfaktor für einige Werte dargestellt einschließlich der berechneten Seek-Zeiten. Die Tabelle zeigt, daß man in diesem Fall die Seek-Zeiten bei der Berechnung der Device-Belegungszeit vernachlässigen kann. Für die Device-Belegungszeit ergibt sich damit

$$t_d = \frac{11.514}{f} + 256.$$

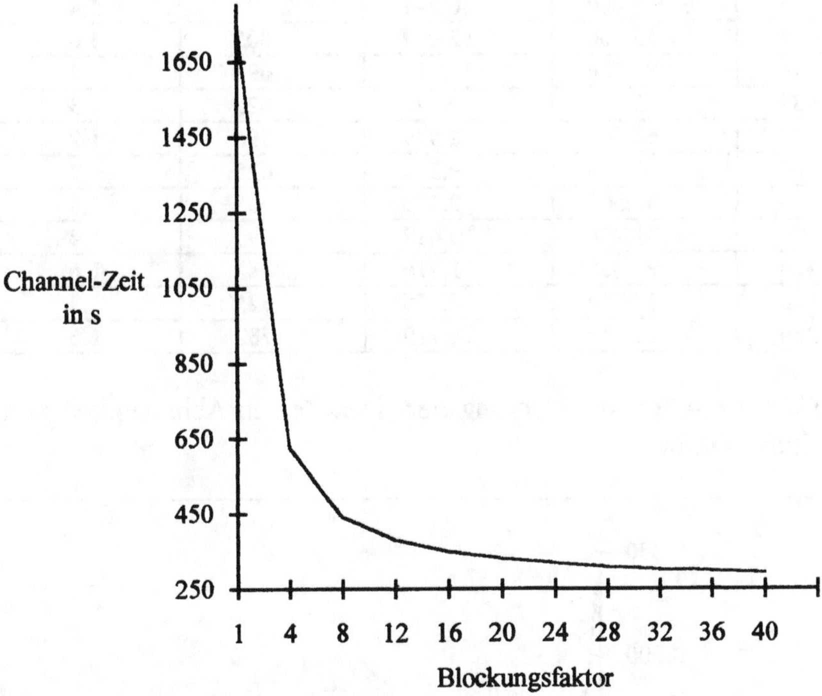

Abbildung 4.4.19: Modellierung der Channel-Zeit in Abhängigkeit vom Blockungsfaktor

Die Gesamtverarbeitungszeit t_e liegt schließlich bei

$$t_e = t_p + t_d = \frac{11.634}{f} + 556.$$

Diese stellen wir - wieder in Abhängigkeit vom Blockungsfaktor - in Abbildung 4.4.21 grafisch dar.

Die modellierten Werte ergänzen wir, wie angekündigt, um einen Praxisfall. Es handelt sich dabei um eine sequentielle, 133 stellige Datei mit 73.403 Records, die mittels eines PL/1-Programms gelesen, verarbeitet und auf einen zweiten Datenträger geschrieben werden. Die Verarbeitung wird simuliert durch eine Prozessorschleife mit $t_{p(r)} \approx 6 \cdot 10^{-5}$ Sekunden. Die DASD-Aktivitäten werden per GTF-Trace (General Trace-Facility) aufgezeichnet.

f	# Blocks	# Spuren	# Zylinder	Seek-Zeit
1	3.000.000	40.541	2.703	5.4
8	375.000	12.097	807	1.6
16	187.500	10.417	695	1.4
32	93.750	9.375	625	1.3
48	62.500	8.929	596	1.2
64	46.875	9.375	625	1.3
80	37.500	9.375	625	1.3
96	31.200	10.417	695	1.4
128	23.438	11.719	782	1.6
160	18.750	9.375	625	1.3
256	11.719	11.719	782	1.6

Abbildung 4.4.20: Modellierung der Seek-Zeit in Abhängigkeit vom Blockungsfaktor

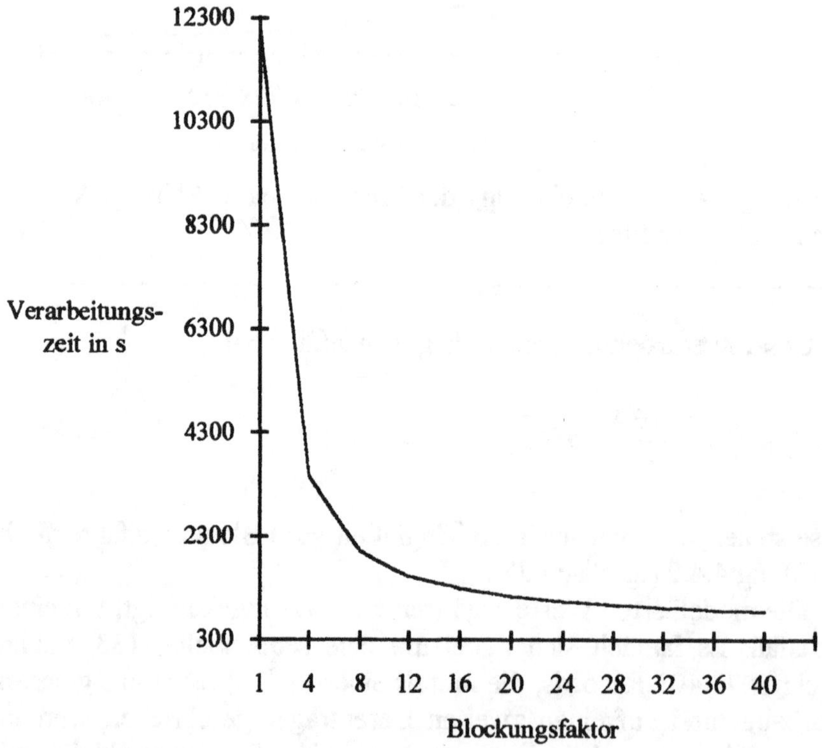

Abbildung 4.4.21: Modellierung der Gesamtverarbeitungszeit in Abhängigkeit vom Blockungsfaktor

Gemessen werden

- die Prozessorzeit t_p,
- die Anzahl n der I/O-Operationen (Summe über beide Datenträger),
- die mittlere DASD-Service-Time $t_{d(I/O)}$ und
- die Gesamtlaufzeit t_e des Jobs.

Die DASD-Belegungszeit wird berechnet nach $t_d = n \cdot t_{d(I/O)}$. Das Ergebnis stellen wir in Abbildung 4.4.22 tabellarisch und in Abbildung 4.4.23 grafisch dar. Ein Beispiel, das qualitativ zu dem gleichen Ergebnis kommt, findet man in [12]. Im Ergebnis nehmen sämtliche Belegungszeiten und damit auch die Gesamtverarbeitungszeit mit zunehmender Blockgröße drastisch ab. Auf diese Weise optimierte Jobs behindern potentiell den Zugriff auf die belegten Ressourcen durch andere Abläufe. So können Online-Applikationen, die auf den schnellen Zugriff zu den Magnetplatten angewiesen sind, verzögert werden. Außerdem scheint es nicht sinnvoll, Random-Zugriffe auf einzelne Records durch die Übertragung zu großer physischer Blöcke unnötigerweise zu verlängern. In praxi werden aber Dateien häufig sowohl sequentiell (Batch-Verarbeitung) als auch wahlweise (Transaktionsverarbeitung) verarbeitet, so daß ein Kompromiß erforderlich wird.

Die Übertragungszeit spielt allerdings bei den inzwischen erreichten Transferraten - insbesondere, wenn Cache-gestützte Magnetplatten im Einsatz sind (siehe 4.6) -, nur noch eine relativ untergeordnete Rolle. Dennoch sollte es Ziel sein, DASD-I/Os zu vermeiden - gegebenenfalls zu vernichten - durch

- Einsatz von Cache-gestützten Devices (siehe 4.6) und durch
- Nutzung des Prozessorspeichers für Buffer-Pools (Angabe von Puffern, Nutzung von Buffer-Management-Funktionen der Software-Systeme).

4.4.5 Control-Unit- und Path-Contentions

In den beiden folgenden Abschnitten werden wir auf die in unserem Standard-DASD-I/O-Modell mit t_{pend} bezeichnete Pending-Time näher eingehen.

f	b 1)	n	$t_{d(I/O)}$	t_p	t_d	t_e
1	133	24.385	0.0151	31.3	368.2	395
4	532	7.376	0.0159	12.2	117.3	130
8	1.064	3.700	0.0162	9.1	59.9	69
10	1.330	2.964	0.0178	8.4	52.5	61
20	2.660	1.494	0.0171	7.1	25.5	33
30	3.990	1.004	0.0190	6.7	19.1	26
40	5.320	759	0.0234	6.5	17.8	24
50	6.650	613	0.0267	6.4	16.4	23
60	7.980	515	0.0283	6.3	14.6	21
70	9.310	446	0.0359	6.2	16.0	22
80	10.640	391	0.0355	6.2	13.9	20
90	11.970	354	0.0381	6.1	13.5	20
100	13.300	319	0.0404	6.1	12.9	19
200	26.600	180	0.0795	6.0	14.3	21
245	32.585	149	0.0798	5.9	11.9	18

Abbildung 4.4.22: Belegungszeiten und Gesamtverarbeitungszeit in Abhängigkeit vom Blockungsfaktor (Praxisfall)

Zunächst kommen wir zurück auf die Definition der Pending-Time. Die Pending-Time t_{pend} ist definiert als die Zeitspanne zwischen der Annahme des I/O-Requests durch Channel-Subsystem und der Annahme des ersten Channel-Command-Words (SEEK) des Kanalprogramms durch das Device. Diese Zeit wird durch Channel-Subsystem gemessen, an die Software zurückgemeldet und durch die Resource-Measurement-Facility RMF im DASD-Activity-Report unter AVG PEND TIME $\left(t_{pend}\right)$ reportet. t_{pend} umfaßt

- die Service-Time des Input-Output-Processors (IOP) für das Management des I/O-Vorgangs wie Path-Management und Initial-Selection (siehe weiter unten in diesem Abschnitt) und
- Delays aufgrund von Channel-Busy, Control-Unit-Busy und Device-Busy (Actuator-Busy).

Da IOS (Input-Output-Supervisor) Requests gegen denselben Actuator per Queuing-Mechanismus (Software-Queuing) serialisiert, das heißt, aus Sicht von IOS immer nur ein Request pro Actuator im IOP "unterwegs" ist, können Actuator-Busy-Delays nur in einem Shared DASD-Environment vorkommen.

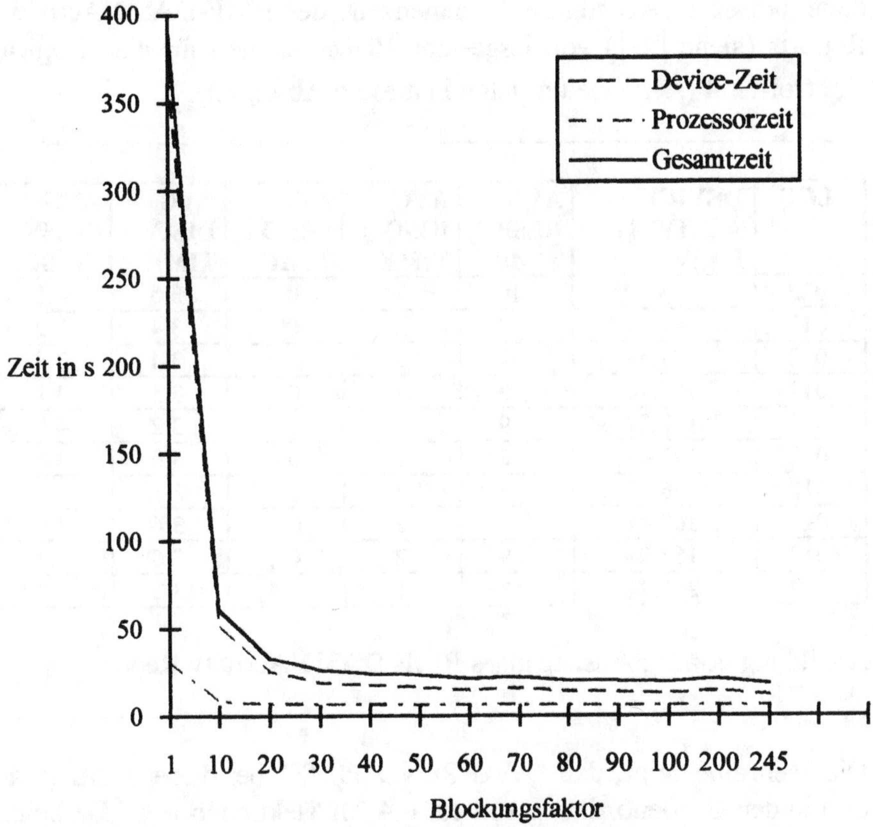

Abbildung 4.4.23: Belegungszeiten und Gesamtverarbeitungszeit in Abhängigkeit vom Blockungsfaktor (Praxisfall)

Probleme im Zusammenhang mit Shared DASD-Aktivitäten behandeln wir im nächsten Abschnitt. Im vorliegenden beschränken wir uns ausschließlich auf Single-System-Umgebungen, so daß nur Delay-Zeiten der beiden erst genannten Kategorien auftreten können. Zunächst verschaffen wir uns eine Vorstellung über die Größenordnung der Pending-Time. Wir tun dies mit Hilfe einer Meßreihe aus einem Live-System. Es handelt sich um die Messung der Aktivitäten gegen einen 3380 Modell K 4 Pfad-String mit 16 Actuators hinter einer 3990-Steuerung mit 32 MB Cache-Memory (Cache-Memories behandeln wir unter 4.6). Der gemessene String zeigt keinerlei Engpässe. Die Meßreihe, die über einen Meßzeitraum von 3.600

Sekunden geht, stellen wir in Abbildung 4.4.24 dar. Es handelt sich dabei um einen Auszug der Summenzeile des RMF-DASD-Activity-Reports (siehe [25]) von insgesamt 10 Messungen für eine Logical Control-Unit (siehe weiter unten in diesem Abschnitt).

LCU	DEVICE ACTIVITY RATE	AVG RESP TIME	AVG IOSQ TIME	AVG PEND TIME	AVG DISC TIME	AVG CONN TIME
012	173.19	10	2	0.4	3.5	4.1
012	191.13	9	2	0.4	3.4	3.9
012	151.53	9	2	0.3	3.4	3.4
012	157.78	9	2	0.4	3.3	4.1
012	172.37	9	1	0.3	3.2	4.0
012	197.40	8	1	0.4	3.0	3.6
012	186.51	8	1	0.4	3.1	3.5
012	169.84	9	2	0.4	3.4	4.0
012	167.04	9	2	0.4	3.6	3.4
012	201.94	8	1	0.4	3.2	2.9

Abbildung 4.4.24: Auszug eines RMF-DASD-Activity-Reports

Die Meßreihe zeigt, daß "AVG PEND TIME" bei dieser Konfiguration in der Größenordnung von ca. 0.4 Millisekunden liegt. Da keine Engpässe in dem gemessenen String erkennbar sind, gehen wir im Folgenden von einem Wert bis zu 0.5 Millisekunden aus. Dieser Wert ist auch abhängig von dem zugrunde liegenden Prozessormodell. Er soll deshalb nur eine grobe Vorstellung über die Größenordnung vermitteln, mit der man in einem engpaßfreien System rechnen kann. Höhere Werte indizieren potentiell ein Problem, Werte in der Größenordnung können als unproblematisch angesehen werden. Bevor wir uns mit den Ursachen für die Entstehung von Delays innerhalb des Channel-Subsystems befassen, definieren wir noch den Begriff Logical Control-Unit.

Definition

Unter einer Logical Control-Unit (LCU) verstehen wir die Zusammenfassung aller Physical Control-Units, über die ein bestimmter Actuator erreicht wird.

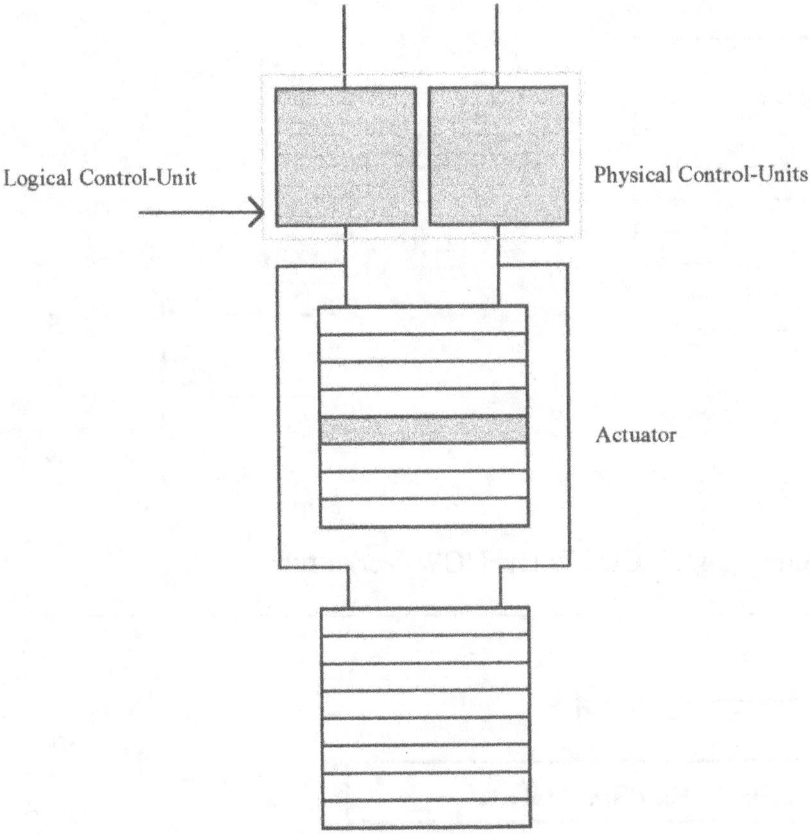

Abbildung 4.4.25: Logical und Physical Control-Unit

Jeder Actuator ist eindeutig einer LCU zugeordnet (aus Sicht eines IOP). In Abbildung 4.4.25 ist beispielhaft eine LCU mit zwei Physical Control-Units dargestellt. Eine LCU wird innerhalb des IOP repräsentiert durch das Control-Unit-Control-Word (CUCW). Das CUCW ist der Ankerpunkt für alle gegen die der LCU zugeordneten Actuators gerichteten I/O-Requests. Der einzelne Actuator wird im IOP durch das Unit-Control-Word (UCW) repräsentiert. Offen stehende Requests werden in einer UCW-Kette an das CUCW gekettet. Siehe dazu Abbildung 4.4.26. Die Plazierung der Requests in der Kette erfolgt in der Reihenfolge ihres Eingangs (FIFO). Das IOP-Processing für ein UCW beginnt mit der Selektion eines geeigneten Channel-Pfades.

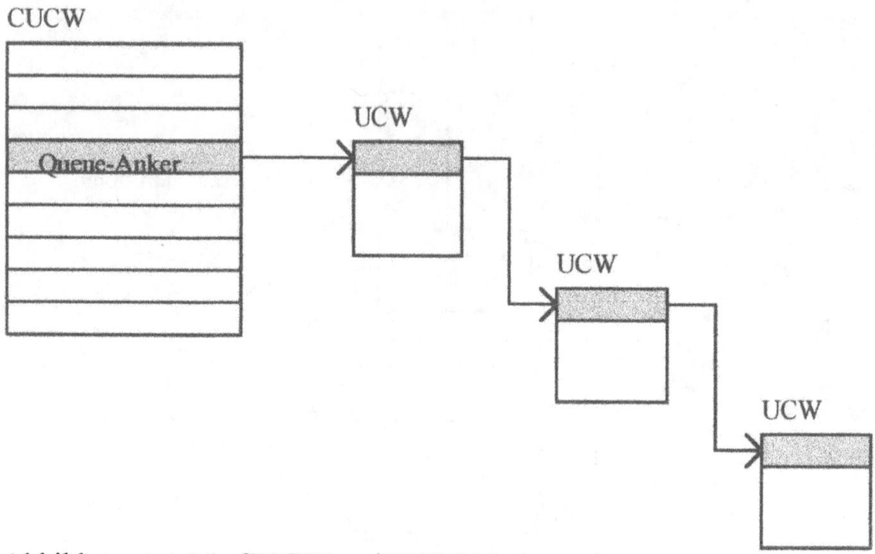

Abbildung 4.4.26: CUCW und UCW-Verkettung

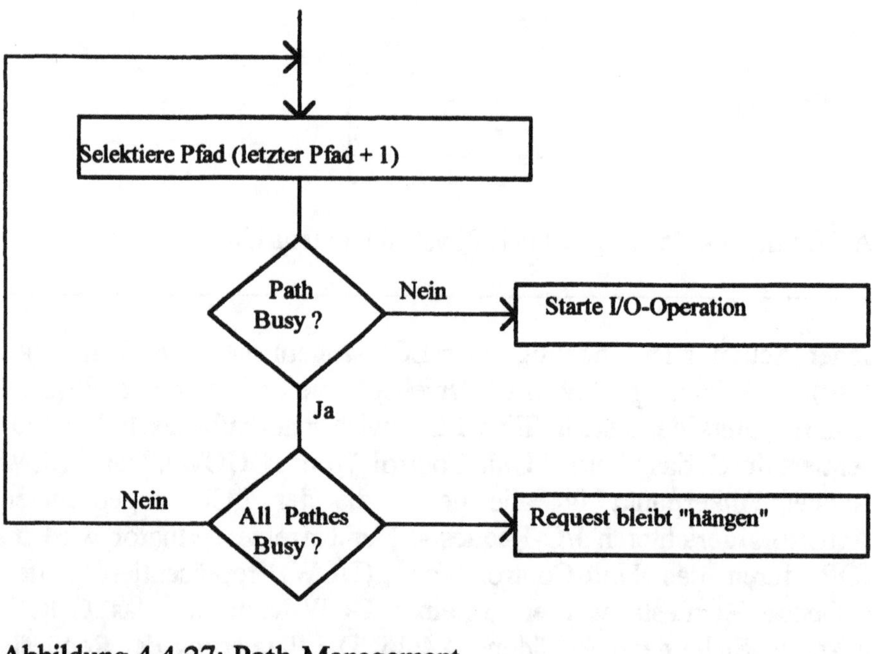

Abbildung 4.4.27: Path-Management

Der zugrunde liegende Algorithmus ist in Abbildung 4.4.27 skizziert. Sind alle Pathes busy, wird der Request an die UCW-Kette ange-

hängt. Die Wahrscheinlichkeit für das Ereignis "All Channel-Pathes-Busy" beträgt bei vier Channel-Pathes $\delta_1 \cdot \delta_2 \cdot \delta_3 \cdot \delta_4$, wobei δ_i $(i = 1,\dots,4)$ die Auslastung des i-ten Pfades ist. Ist beispielsweise $\delta_i = 0.30$ für alle i, so liegt die Wahrscheinlichkeit für "All Channel-Pathes-Busy" bei 0.0625. Geht man von einer Channel-Zeit von beispielsweise 0.004 Sekunden aus, ergibt sich eine vernachlässigbare Verzögerung in der Größenordnung von $2 \cdot 0.0625 \approx 0.125$ Millisekunden. Nachdem ein freier Pfad gefunden ist, wird "Initial Selection" durchgeführt. Inhaltlich geht es dabei um die erste Kontaktaufnahme mit dem Device, nach der dann das Kanalprogramm für den selektierten Actuator in Aktion treten kann. Ist Initial Selection nicht erfolgreich wegen Control-Unit-Busy, wird das UCW "requeued", das heißt am Ende der UCW-Kette eingereiht und die Verarbeitung mit der nächsten LCU fortgesetzt. Ähnlich wird bei Device-Busy verfahren, allerdings bleibt das UCW dann in der alten Postion "hängen".
Im RMF-I/O-Queuing-Activity-Report (siehe [25]) wird unter DELAY Q LNGTH die Anzahl der wartenden Requests pro LCU angezeigt.

Mit Hilfe dieser Größe läßt sich t_{pend} grob abschätzen. Es gilt

$$t_{pend} \approx \left(n_q + \frac{1}{2}\right) \cdot t_s .$$

Dabei sei n_q die angegebene Queue-Length und t_s die Service-Time des IOP. Mit dem unterstellten Wert von bis zu 0.0005s für t_s kommt man mit $n_q \geq 1.5$ in die Größenordnung Millisekunde.

Das Ergebnis zusammenfassend läßt sich feststellen, daß bei einer "üblichen" Konfiguration und bei funktionierender Hardware Performance-Probleme im Bereich der Pending-Time kaum Einfluß nehmen, solange eine Single-System-Umgebung vorliegt. Den Abschnitt abschließend stellen wir in Abbildung 4.4.28 auszugsweise einen RMF-I/O-Queuing-Activity-Report dar. Die in der Abbildung verwendeten Überschriftszeilen sind Abkürzungen der im Originalreport verwendeten. Die Reportüberschriften des Originalreports werden im Folgenden genannt und inhaltlich erläutert.

LCU	CR	Q	% PATH	CU	PATHS	CHPID	%CU
004	1.622	0.85	1.93	500	03	87.700	16.70
					50	85.800	17.10
				501	0D	85.500	17.50
					46	89.000	16.80
00E	0.129	0.36	0.00	542	18	23.000	2.70
					48	22.900	2.80
				543	19	22.800	2.80
					49	22.900	3.00

Abbildung 4.4.28: Beispiel eines RMF-I/O-Queuing-Activity-Reports

Es ist

- LCU die Nummer der Logical Control-Unit,
- Contention-Rate (CR) die Rate, mit der Requests an das CUCW aufgrund von "All Channel-Pathes-Busy" angehängt werden,
- Delay-Queue-Length (Q) die Anzahl der in der LCU wartenden Requests und
- %ALL CH PATH BUSY (%PATH) das Produkt der Pfadauslastungen für die der LCU zugeordneten Pfade.
- CONTROL UNITS (CU) sind die Nummern der zugeordneten Physical Control-Units,
- CHAN PATHS (PATHS) die Channel-Path-IDs der zugeordneten physischen Pfade,
- CHPID TAKEN (CHPID) die Activity-Rate des physischen Channels und
- %CU BUSY (%CU) das Verhältnis zwischen "queued" Requests wegen CU-Busy und der Gesamtzahl der Requests für diese CU.

Bei den in Abbildung 4.4.28 reporteten LCUs handelt es sich um IBM 3990-Steuerungen mit 64 MB Cache-Memory (siehe weiter unten in diesem Kapitel). Die Steuerungen bedienen jeweils 32 Actuators IBM 3380 Modell K (LCU 004) bzw. IBM 3390 Modell 2 (LCU 00E).

4.4.6 I/O-Verhalten bei Shared DASD-Konfigurationen

Eine DASD-Konfiguration bezeichnen wir als "shared", wenn mehr als ein System (Betriebssystem) gleichzeitig auf die konfigurierten DASD-Datenträger zugreifen kann (siehe auch [47]). In den Abbildungen 4.4.29 bis 4.4.32 stellen wir Beispiele typischer Shared DASD-Konfigurationen mit zwei beteiligten Systemen dar.

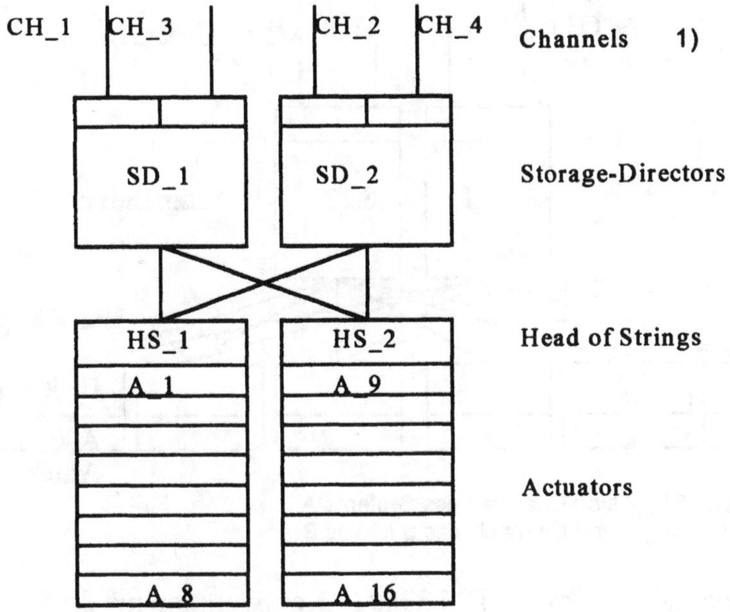

1) CH_1 und CH_2 sind Channels des Systems A,
CH_3 und CH_4 sind Channels des Systems B

Abbildung 4.4.29: Shared IBM 3350-Konfiguration

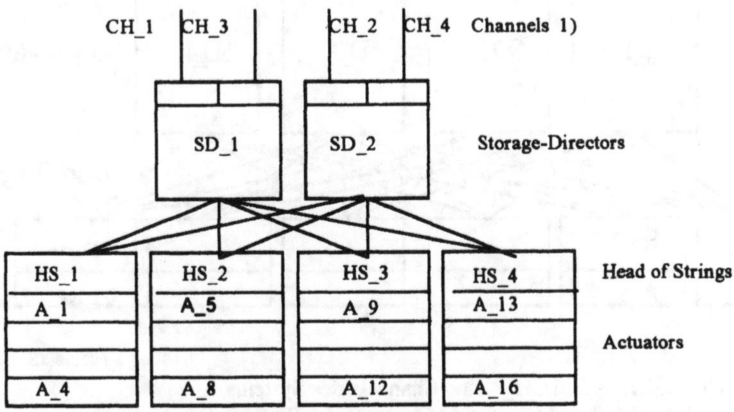

1) CH_1 und CH_2 sind Channels des Systems A
CH_3 und CH_4 sind Channels des Systems B

Abbildung 4.4.30: Shared IBM 3380 S-Konfiguration

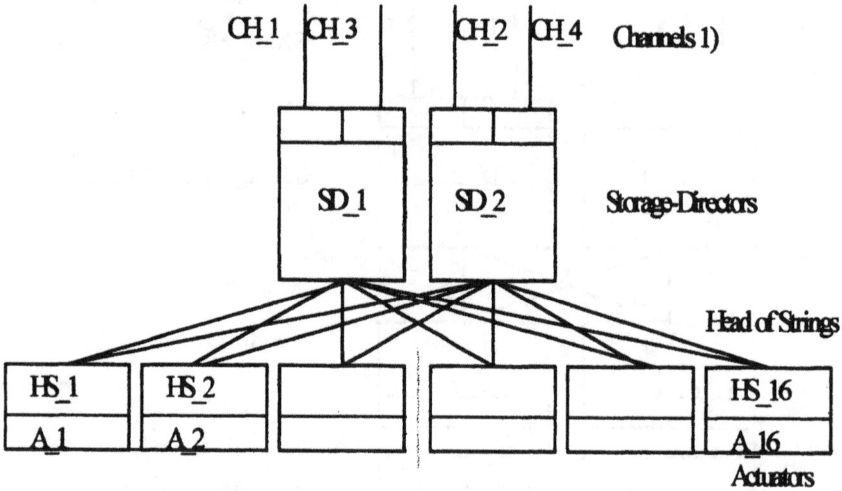

1) CH_1 und CH_2 sind Channels des Systems A
CH_3 und CH_4 sind Channels des Systems B

Abbildung 4.4.31: Shared IBM 3380 D-Konfiguration mit DLS

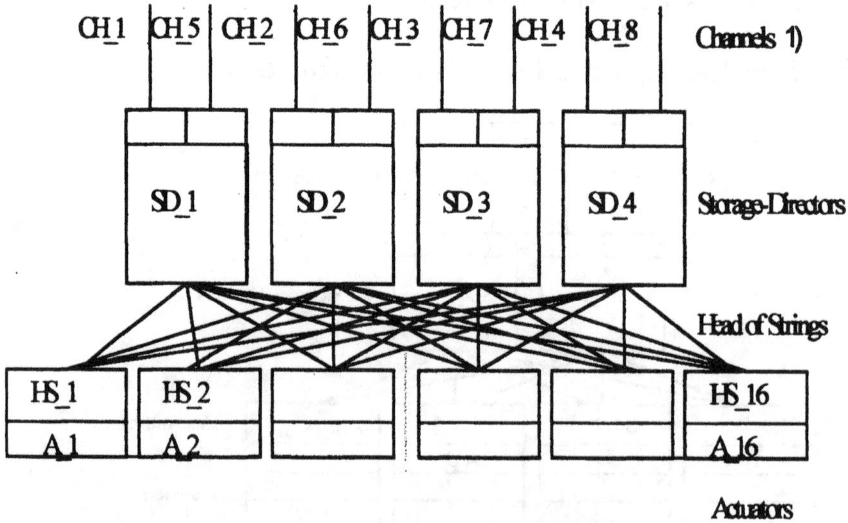

1) CH_1, CH_2, CH_3 und CH_4 sind Channels des Systems A
CH_5, CH_6, CH_7 und CH_8 sind Channels des Systems B

Abbildung 4.4.32: Shared IBM 3380 D-Konfiguration mit DSLE

Bei den Darstellungen benutzen wir wieder die bereits früher mehrfach genutzte "logische" Sicht der Device-Anbindung. Die möglichen Contention-Situationen diskutieren wir anhand eines 3380 K-Strings (siehe Abbildung 4.4.30), weil dieser alle klassischen Konfliktsituationen zuläßt. Bei den DLS- und DLSE-Devices können im Gegensatz dazu bestimmte Konflikte nicht mehr auftreten. Grundsätzlich gilt, daß alle Zeiten, die aufgrund von beim shared Betrieb auftretenden Konflikten entstehen, in die Pending Time t_{pend} eingehen und in den Reporting-Tools, beispielsweise RMF, entsprechend dargestellt werden. Der Grund liegt darin, daß die Software über die Belegung eines Actuators durch ein "fremdes" System nicht informiert wird. Das heißt, Requests gegen einen shared Actuator werden ungeachtet der möglichen Belegung durch ein weiteres System an Channel-Subsystem weitergegeben. Erst im Channel-Subsystem werden mögliche Contentions erkannt und aufgelöst. Wir besprechen Beispiele von möglichen Contention-Situationen.

Control-Unit-Busy

System B sei über Storage-Director SD_1 und Storage-Director SD_2 mit den Actuators A_4 bzw. A_8 verbunden (siehe Abbildung 4.4.31). In dieser Situation starte System A einen Request gegen Actuator A_1. Der Request kann dann wegen Control-Unit-Busy nicht sofort bearbeitet werden.

Head of String-Busy

System B sei über den Head of String HS_1 mit dem Actuator A_4 verbunden (siehe Abbildung 4.4.31). In dieser Situation starte System A einen Request gegen Actuator A_1. Der Request kann dann wegen Head of String-Busy nicht sofort bearbeitet werden.

Actuator-Busy

System B sei mit dem Actuator A_1 verbunden. System A starte ebenfalls einen Request gegen A_1. Der Request muß dann wegen Device-Busy warten.

Wie im letzten Abschnitt erörtert, sind Verzögerungen aufgrund von Control-Unit-Busy-Situationen in praxi kaum relevant. Genau wie in Single-System-Umgebungen gilt auch in einem shared Environment, daß wirksame CU-Busy-Delays eher die Ausnahme sind und maximal

bei sehr hohen Auslastungsgraden eine nennenswerte Rolle spielen. Head of String-Contentions haben mit dem Einsatz von DLS- und DSLE-Devices keine Bedeutung mehr, so daß maximal der Fall Device-Busy eine potentielle Problemsituation darstellt.
Um eine Vorstellung von den durch Actuator-Busy verursachten Delay-Zeiten zu bekommen, modellieren wir im Folgenden I/O-Operationen in einem Shared DASD-Environment.

Modell eines Shared DASD-Environments

Wir verbleiben zunächst in einer Single-System-Umgebung. Ein Actuator halte zwei Data-Sets, die von einem System A unterschiedlich stark mit einer Rate r_A bzw. r_B frequentiert werden. Die zugrunde liegenden Applikationen seien unterschiedlich hoch priorisiert, es sei I/O-Priority vereinbart. Die Requests, die mit der Rate r_A abgesetzt werden, seien die mit der höheren Priorität. Die Device-Service-Zeiten seien für beide Data-Sets identisch. Für die Auslastung des Actuators gilt dann

$$\delta_D = r \cdot t_s = (r_A + r_B) \cdot t_s .$$

Wegen der unterschiedlich hohen Prioritäten folgt

$$t_r = \frac{t_s}{1 - r_A \cdot t_s}$$

für alle mit der höheren Priorität laufenden Requests und

$$t_r = \frac{t_s}{1 - (r_A + r_B) \cdot t_s}$$

für alle nicht priorisierten Requests. Wir verlegen nun die nicht priorisierte Applikation (Applikation B) auf ein "shared" System (System B). Zunächst ist klar, daß die bisher priorisierte Applikation A ihre Priorisierung gegenüber B verliert. Insgesamt ist zu erwarten, daß die I/O-Requests von A schlechter und die von B besser residieren als bisher. Applikation A wird aufgrund von Contentions mit den Aktivitäten des shared Systems Service einbüßen, Applikation B durch den Wegfall der Priorisierung von A Service gewinnen.

Die Situation nähert sich damit der Situation, wie wir sie in einer Single-System-Umgebung vorfinden, wenn für beide Applikationen keine I/O-Priorisierung vereinbart ist. Wenn allerdings die I/O-Rate beider Applikationen stark von einander abweicht, entstehen Effekte, die wir im Folgenden auf ein einfaches Modell abbilden. Zunächst zeigen wir in den Abbildungen 4.4.33 und 4.4.34 Ergebnisse aus einer Produktionsumgebung mit zwei Systemen A und B. Es handelt sich um shared Actuators hinter einer 3990-Steuerung. Auszugsweise wird der DASD-Activity-Report dargestellt. Die fehlenden Eintragungen in dem System-A-Report (Spalten t_{CUB} und t_{DB}) sind zurückzuführen auf eine ältere technische Plattform dieses Systems, das CUB- und DB-Delays nicht reportet.

System A							
r	t_r	t_q	t_{CUB}	t_{DB}	t_{pend}	t_d	t_c
2.2	29	0			8.3	4.8	15.5
1.9	14	0			0.5	12.7	1.1
0.2	14	0			0.4	7.5	6.4
78.3	2	0			0.3	0.1	1.4
1.4	4	0			0.3	1.0	2.9
0.5	2	0			0.3	0.8	1.2
0.5	3	0			0.7	0.2	2.4
5.4	7	1			1.1	1.4	3.6
4.0	4	0			0.8	1.6	1.9
4.5	4	0			0.6	1.4	1.9
4.2	5	1			0.7	1.4	1.9
13.4	5	0			0.5	2.5	1.9
2.9	26	6			1.9	15.6	3.1

CUB- und DB-Busy-Delays wurden in diesem System nicht reportet

Abbildung 4.4.33: Shared DASD-Performance in einem Live-System

Die dargestellten Ergebnisse lassen vermuten, daß die Höhe der Pending-Time von der Activity-Rate der Systeme gegen den gemeinsamen Actuator abhängt. Je höher die Activity-Rate des Partnersystems gegen den shared Actuator ist, umso höher scheint die Wartezeit im eigenen IOP auf die Annahme des ersten Befehls des Kanalprogramms.

System B							
r	t_r	t_q	t_{CUB}	t_{DB}	t_{pend}	t_d	t_c
3.2	19	0	0.0	4.3	4.4	1.8	13.1
1.1	16	0	0.0	3.3	3.4	11.2	1.2
0.8	14	0	0.0	0.1	0.1	7.8	6.3
9.1	6	1	0.0	2.6	2.7	0.5	2.2
4.4	2	0	0.0	0.1	0.1	0.3	1.8
2.0	3	0	0.0	0.0	0.1	1.1	1.9
3.3	12	0	0.0	0.0	0.1	6.2	5.4
13.9	8	2	0.0	0.3	0.3	2.1	3.2
12.8	5	1	0.0	0.1	0.1	2.1	1.9
12.8	5	1	0.0	0.1	0.1	2.1	1.9
11.8	5	1	0.0	0.1	0.1	2.2	2.0
2.2	13	0	0.0	0.8	0.8	8.3	3.4
1.7	51	16	0.0	4.0	4.0	29.6	1.0

Abbildung 4.4.34: Shared DASD-Performance in einem Live-System

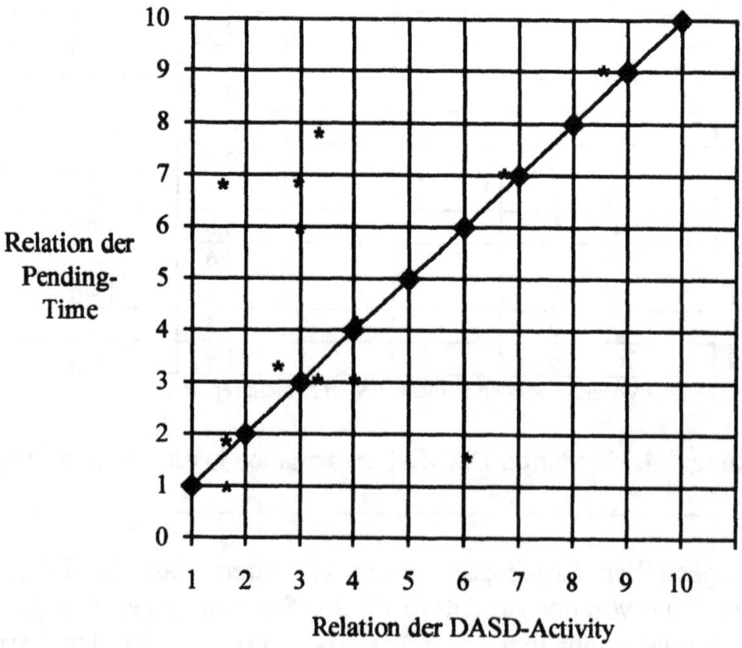

Abbildung 4.4.35: Shared DASD-Pending-Time (Live-System)

Wir bilden aus den Werten gemäß Abbildung 4.4.33 und 4.4.34 die Quotienten

$$\frac{r_A}{r_B} \text{ bzw. } \frac{r_B}{r_A} \text{ und } \frac{t_{pend(B)}}{t_{pend(A)}} \text{ bzw. } \frac{t_{pend(A)}}{t_{pend(B)}}$$

und stellen diese einander gegenüber (siehe Abbildung 4.4.35). Daraus ist zu erkennen, daß die Relationen zwar relativ breit streuen, eine Korrelation zwischen den dargestellten Größen aber existiert. Um dies zu erhärten, zeigen wir in Abbildung 4.4.36 zwei weitere Messungen aus Live-Systemen, bei denen die Activity-Rate der Systeme gegen zwei shared Actuators deutlicher von einander abweicht.

System A					**System B**				
r	t_r	t_q	t_{pend}	t_s	**r**	t_r	t_q	t_{pend}	t_s
13.7	19	0	0.5	17.1	1.4	54	0	42.3	12.2
10.8	17	0	0.5	16.4	1.8	35	0	22.5	12.2

Abbildung 4.4.36: Shared DASD Pending-Time in einem Live-System

Die gezeigten hohen Werte bei System B lassen sich dadurch erklären, daß das aktivere System, im vorliegenden Falle System A, das weniger aktive dominiert. Beide IOPs führen Initial Selection unabhängig voneinander durch. Beim weniger aktiven System stößt der Versuch der ersten Kontaktaufnahme mit dem Device auf Device-Busy durch das aktivere System. Der Request bleibt "hängen". Es besteht eine mit der Activity-Rate wachsende Wahrscheinlichkeit, daß auf dem weniger aktiven System mehrere Versuche unternommen werden müssen, bis Initial Selection schließlich erfolgreich ist. Ähnlich, wie bereits für die Reconnect-Delay-Time abgeleitet (siehe Abschnitt 4.4.3), müssen mehrere "Runden" durch das IOP "gedreht" werden, bis Initial Selection positiv ausgeht. Wir skizzieren diese Situation in Abbildung 4.4.37.

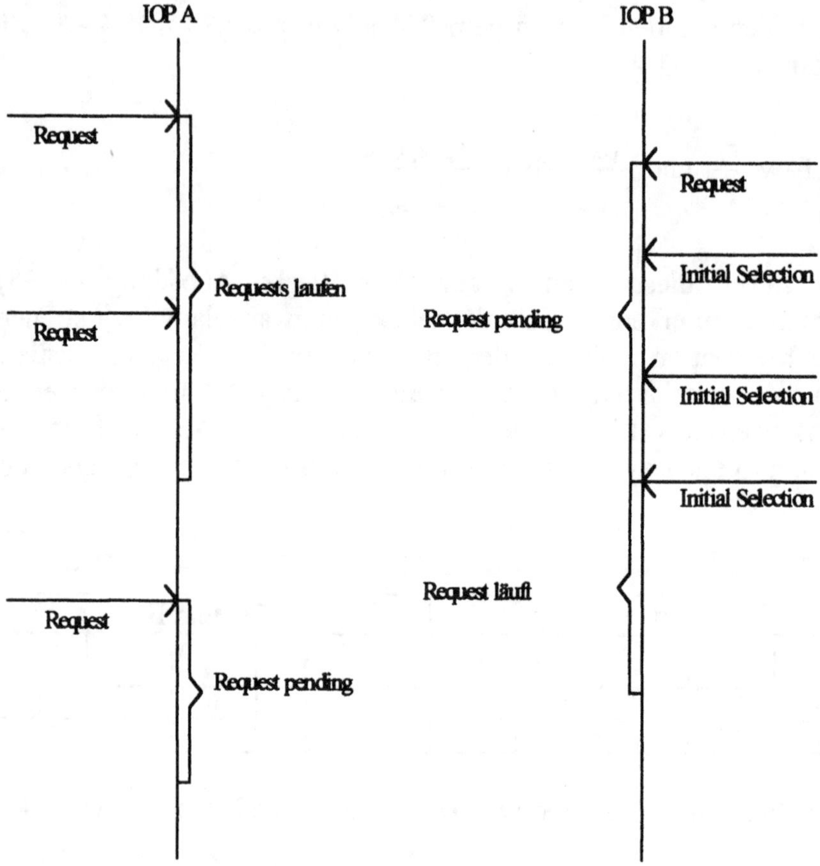

Abbildung 4.4.37: Pending Requests in einem Shared DASD-Environment

Im Modell läßt sich diese Situation abbilden durch

$$t_{pend(A)} = t_s \cdot \frac{\delta_B}{1-\delta_B} \text{ und } t_{pend(B)} = t_s \cdot \frac{\delta_A}{1-\delta_A}$$

für System A bzw. System B. Dies entspricht einer Priorisierung der Requests für das "eigene" System. Unterstellt man $c = \frac{r_A}{r_B}$, so folgt

$$t_{pend(B)} = t_s \cdot \frac{\delta_A}{1-\delta_A} = t_s \cdot \frac{c \cdot r_B \cdot t_s}{1 - c \cdot r_B \cdot t_s} \quad \text{und} \quad \frac{t_{pend(B)}}{t_{pend(A)}} = \frac{1-\delta_B}{\frac{1}{c} - \delta_B}.$$

c	$t_{pend(A)}$	$t_{pend(B)}$	$t_{pend(B)} / t_{pend(A)}$
1	13.3	13.3	1.0
2	7.3	22.9	3.1
3	5.0	30.0	6.0
4	3.8	35.6	9.4
5	3.1	40.0	12.9
6	2.6	43.6	16.8
7	2.2	46.7	21.2
8	2.0	49.2	24.6
9	1.7	51.4	30.2
10	1.6	53.3	33.3

Abbildung 4.4.38: Pending-Time in einer Shared DASD-Umgebung

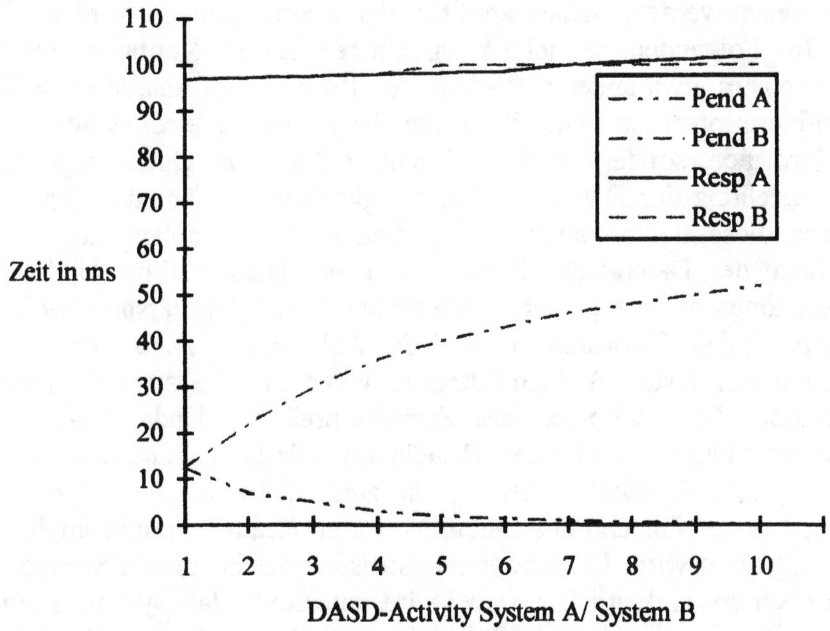

Abbildung 4.4.39: Response- und Pending-Time (Shared DASD)

In Abbildung 4.4.38 sind die Werte für die nach dieser Relationen ermittelten Pending-Time-Werte in Abhängigkeit von dem Faktor c zusammengestellt. Dabei ist beispielhaft $r = r_A + r_B = 40$ gesetzt. In Abbildung 4.4.39 sind die aus Abbildung 4.4.38 resultierenden Response-Zeiten nach

$$t_r = \frac{t_s + t_{pend}}{1 - r \cdot (t_s + t_{pend})}$$

in Abhängigkeit von c grafisch dargestellt. Dabei ist t_s die native Service-Time und t_{pend} die nach den obigen Relationen hergeleitete Pending-Time. Danach läuft die Pending-Time für beide Systeme abhängig von c relativ stark auseinander. Durch die unterschiedlichen Requestraten und die daraus resultierende unterschiedlich lange Software-Queue-Length, wird dieser Effekt wieder ausgeglichen. Zusammengefaßt sind Shared DASD-Konfigurationen extrem anfällig für schlechte DASD-Performance. Aus diesem Grunde sollte nach Möglichkeit eine kontrollierte Belegung der DASD-Datenträger vorgenommen werden, wenn shared Konfigurationen genutzt werden.

Im Folgenden betrachten wir Shared DASD-Konfigurationen unter einem etwa anderen Blickwinkel. Problem bei Shared DASD-Konfigurationen ist nicht alleine die Sicherstellung einer adäquaten Performance, sondern auch die Sicherstellung der Datenintegrität. Sicherstellung der Datenintegrität bei gleichzeitig adäquater Performance, diese Zielkombination wirft in praxi einige Probleme auf. Das Problem der Datenintegrität stellt sich allerdings erst bei Update-Operationen auf die gemeinsamen Daten. Das Integritätsproblem in einem Update-Environment wird in Abbildung 4.4.40 skizziert. Danach liest System A einen Datensatz von dem mit System B shared Actuator. Zum Zeitpunkt des Zurückschreibens (Update) ist der Datensatz bereits von System B geändert. Die Daten sind aus Sicht von System A nicht "integer", da zum Zeitpunkt des Update-Vorgangs der Zustand des Datensatzes zum Read-Zeitpunkt implizit vorausgesetzt wird. Ein Anwendungsbeispiel macht diesen Sachverhalt noch etwas deutlicher. Dabei wird unterstellt, daß System A auf einem Konto eine Lastschrift und System B eine Gutschrift bucht (siehe Abbildung 4.4.41). Aus Sicht von System B ist der endgültig auf der Platte gespeicherte Kontostand ungültig.

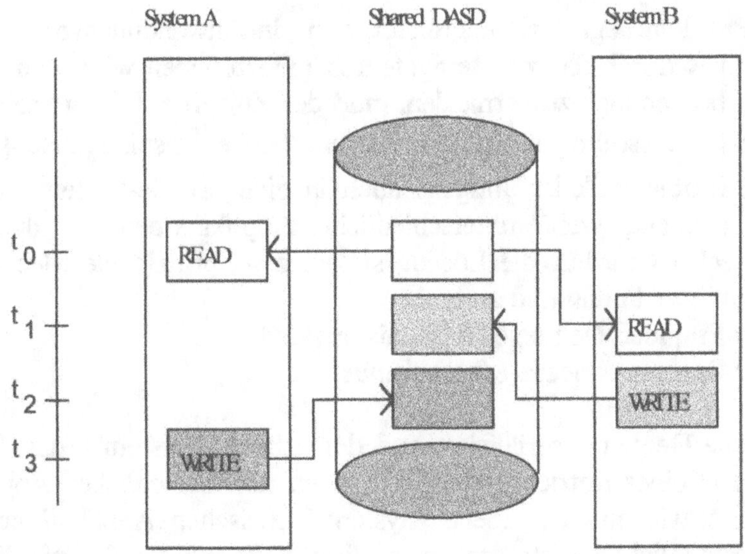

Abbildung 4.4.40: Integritätsproblem in einem Shared DASD-Environment

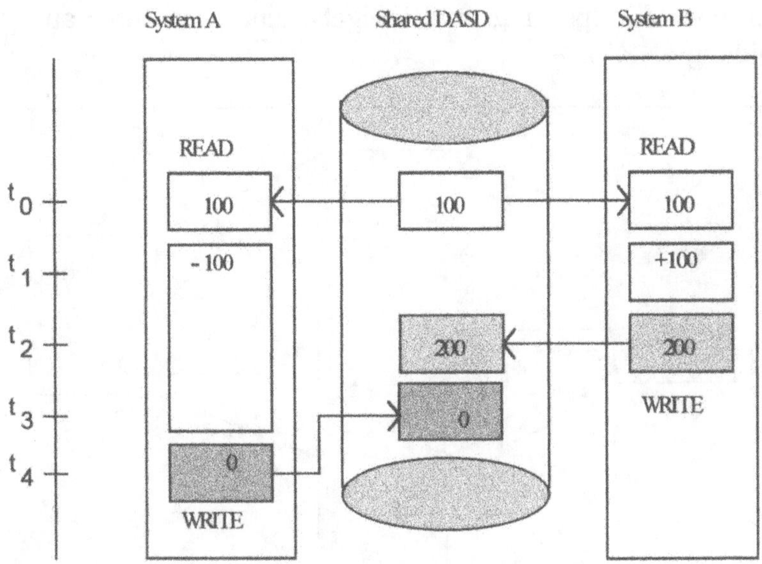

Abbildung 4.4.41: Integritätsproblem in einem Shared DASD-Environment (Anwendungsbeispiel)

Das Problem liegt darin begründet, daß ein Anwendungsvorgang im System A durch das zweite System B unterbrochen wird. Um diese "Unterbrechnung" zu vermeiden, muß der Zugriff auf die gemeinsam genutzte Ressource serialisiert werden (siehe beispielsweise [15]). Diese Problematik ist übrigens auch in einer Single-System-Umgebung existent, wenn unterschiedliche Applikationen auf dieselbe Datei schreiben. Für die Lösung stehen zwei prinzipielle Mechanismen zur Verfügung und zwar

- der Enqueue/Dequeue-Mechanismus und
- der Reserve/Release-Mechanismus.

Enqueue/Dequeue serialisiert auf der Ebene "System", das heißt innerhalb eines Betriebssystems zwischen unterschiedlichen Applikationen sowie auf der Ebene "Systems" zwischen Applikationen in unterschiedlichen Systemen. Im zweiten Falle müssen die beteiligten Systeme zum Zweck des Informationsaustausches miteinander verbunden sein. In einem GRS-Komplex (Global Resource-Serialization) wird diese Verbindung mit einer Channel-To-Channel-Verbindung realisiert. Die Systeme tauschen über diesen Weg Informationen über die Sperrung bzw. Freigabe einer Ressource aus (siehe Abbildung 4.4.42).

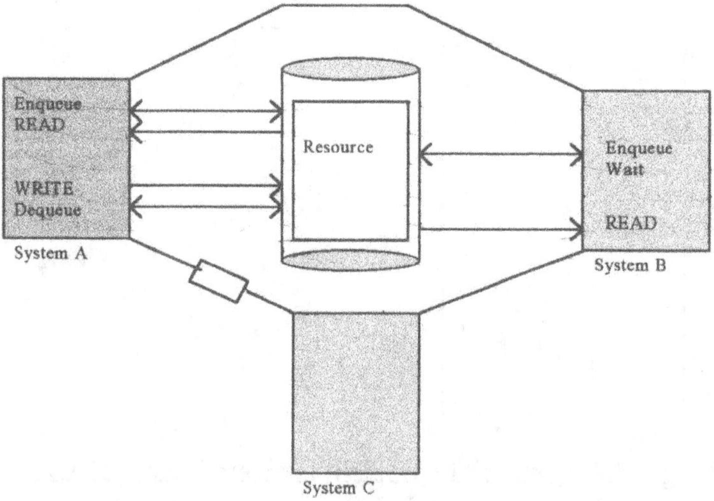

Abbildung 4.4.42: Beispiel eines GRS-Komplexes mit drei Systemen

Ressource kann dabei eine Datei sein, aber auch beispielsweise Control-Blocks. In der Enqueue-Anforderung wird lediglich ein Ressourcenname vereinbart. Dieser ist frei wählbar. Die beteiligten Systeme und Anwendungen beziehen sich ausschließlich auf diesen Namen. Der Ablauf einer Enqueue/Dequeue-Sequenz zwischen zwei Systemen erfolgt nach dem in Abbildung 4.4.43 skizzierten Muster.

Applikation A	Applikation B
Enqueue Resourcename	
Read	Enqueue Ressourcename
	Wait
Prozeß	
Write	
Dequeue Ressourcename	
	Enqueue Ressourcename
	Read
	Prozeß
	Write
	Dequeue Ressourcename

Abbildung 4.4.43 Enqueue/Dequeue-Mechanismus

Im Gegensatz zum Enqueue/Dequeue-Mechanismus, der eine Ressource - im vorliegenden Kontext eine Datei - direkt ansprechen kann, arbeitet der Reserve/Release-Mechansimus auf Actuator-Ebene. Mit Reserve wird ein ganzer Actuator gegen den Zugriff durch ein anderes System gesperrt. Reserve wird ausgelöst durch das RESERVE-Macro. Die Freigabe des Actuators erfolgt mit RELEASE. Während des Reserve/Release-Zyklus kann auf den reservierten Actuator kein Zugriff durch ein zweites System erfolgen. Trivialerweise muß dieses Verfahren bei langen Reserve/Release-Zyklen zu Problemen führen, insbesondere dann, wenn der Actuator mit einem performancesensiblen Dateimix belegt ist. Unterstellt man, daß alle gegen einen shared Actuator gerichteten I/O-Requests kontrolliert per Enqueue/Dequeue bzw. Reserve/Release abgewickelt werden, verlagert man die Behandlung von Contention-Situationen vom IOP in die Software. Tatsächlich wird man nur bei Update-Operationen diese Mechanismen anwenden, soweit sie nicht vom Betriebssystem selbst benutzt werden. Man wird deshalb in praxi beide Verfahren finden:

- Contention-Verfahren und
- per Enqueue/Dequeue und Reserve/Release kontrollierte Verfahren.

Die Performance des I/O-Vorgangs wird sich bei "richtiger" Handhabung der Mechanismen von Single-System-Umgebungen nur wenig unterscheiden. Dies gilt allerdings nicht so uneingeschränkt bei Nutzung der Reserve/Release-Funktion. Inbesondere lange Reserve/Release-Zyklen (Reserve bis Release) sind potentiell die Ursache für schlechte DASD-Performance. Kurze Reserve/Release-Zyklen, die unmittelbar vor dem I/O-Vorgang aufgesetzt und unmittelbar nach dem Vorgang beendet werden, sind in der Regel unproblematisch. Eine Reihe von Betriebssystemfunktionen verwenden den Reserve/Release-Mechanismus:

- Catalog-Management,
- VTOC (Volume-Table of Content)-Management,
- Linkage-Editor,
- JES2-Checkpoint-Data-Sets-Management.

Dabei sind die beiden erst genannten eher unkritisch. Es handelt sich dabei um kurze Zyklen. Kritisch sind die beiden letzt genannten Funktionen. Der Linkage-Editor sperrt den Actuator, auf dem die Ausgabedatei liegt, bis der gesamte "Link"-Vorgang beendet ist. Liegen auf demselben Actuator performancesensible Dateien, beispielsweise READER-Procedures oder TSO-Dateien, auf die von dem zweiten System Zugriffe verlangt werden, so leidet die Performance unter Umständen empfindlich. Die Situation im JES2-Checkpoint-Umfeld sehen wir uns abschließend etwas genauer an. Der JES2-Checkpoint spiegelt den Zustand des Systems aus Sicht des Job-Entry-Subsystems JES2 wider und regelt die Zugriffe der Verbundsysteme auf die in den Spool-Data-Sets gehaltenen Informationen. Sämtliche Aktivitäten der Verbundsysteme in bezug auf die

Ein- und Ausgabeprozesse werden über den Checkpoint gesteuert. Benutzen mehr als ein System den Checkpoint, spricht man von einem MAS- (Multi-Access-Spool) Verbund. Beim Zugriff auf die Spool-Data-Sets wird zunächst ein Software-Lock gesetzt. Dies geschieht über die Checkpoint-Datei. Der Lock-Halter wird im Checkpoint vermerkt. Zusätzlich wird der Spool-Zugriff zur Sicherstellung einer adäquaten Performance durch Parameter gesteuert. Um ein "I/O-Trashing" zu vermeiden, wird für jedes am Verbund beteiligte System vereinbart, in welchen zeitlichen Abständen es auf die Checkpoint-Datei (das heißt letztlich auf die gemeinsame Spool-Information) zugreifen darf. Dies geschieht mit dem DORMANCY-Parameter. Um außerdem sicherzustellen, daß beim Zugriff möglichst viel Information (so viel wie nötig) verarbeitet werden kann, wird die Zeitspanne, für die das LOCK gehalten werden kann, durch den HOLD-Parameter festgelegt. Beide Parameter, DORMANCY und HOLD, beeinflussen wesentlich die JES2-Performance. In dem nachfolgend vorgestellten Beispiel handelt es sich um einen Zweierverbund, in dem DORMANCY und HOLD wie folgt definiert sind:

- DORMANCY = 150 (in Hundertstel Sekunden) und
- HOLD = 100 (in Hundertstel Sekunden).

In Abbildung 4.4.44 stellen wir auszugsweise einen RMF-DASD-Activity-Report für den Checkpoint-Actuator dar (die Checkpoint-Datei ist die einzige auf diesem Actuator gehaltene Datei).

System A					
r	$\mathbf{t_r}$	$\mathbf{t_q}$	$\mathbf{t_p}$	$\mathbf{t_d}$	$\mathbf{t_c}$
2.1	67	0	19.2	38.2	9.5
System B					
r	$\mathbf{t_r}$	$\mathbf{t_q}$	$\mathbf{t_p}$	$\mathbf{t_d}$	$\mathbf{t_c}$
2.0	61	0	15.3	35.7	9.6

Abbildung 4.4.44: Checkpoint-Performance in einem MAS-Verbund

Legt man unser Modell zur Erklärung der Pending-Time zugrunde, so lassen sich die in Abbildung 4.4.44 dargestellten Zeiten von 19.2

(System A) bzw. 15.3 Millisekunden (System B) nicht mehr erklären. Die Ursache liegt in dem durch die oben genannten Parameter festgelegten Steuerungsmechanismus für den Zugriff auf den Checkpoint. Jeder Zugriffszyklus beginnt mit der I/O-Operation, die das Lock setzt. Alle weiteren I/O-Operationen können dann verzögerungsfrei ablaufen. Für die Modellierung der Abläufe benötigen wir noch zwei weitere Größen aus dem DASD-Activity-Report und zwar

- % DEV UTIL und
- % DEV RESV.

% DEV UTIL ist der prozentuale Teil des Meßintervalls, während dem für ein zweites System kein Zugriff auf den Actuator möglich ist (auch Non-Usable-Time). Dieser Zeitanteil setzt sich zusammen aus der Belegungszeit des Actuators durch eigene Requests und der durch RESERVE angeforderten Reservierungszeit des Actuators, in die nicht notwendig I/O-Operationen involviert sind. %DEV RESV ist der prozentuale Teil des Reportintervalls, während dem der Actuator durch RESERVE reserviert wurde.

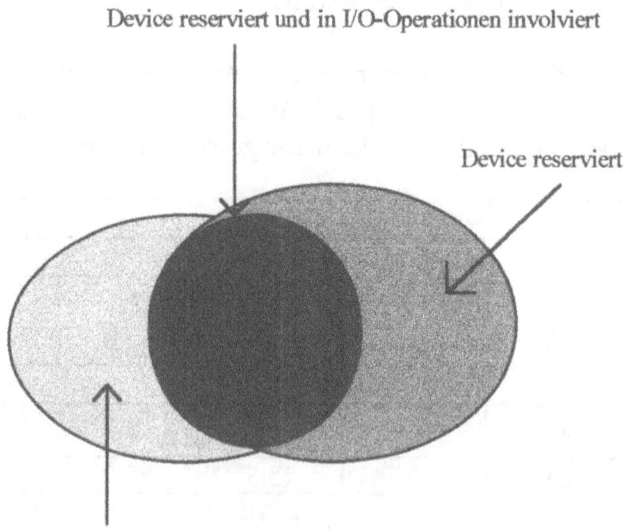

Abbildung 4.4.45: Device-Non-Usable durch ein zweites System

Abbildung 4.4.45 macht den Zusammenhang zwischen beiden Größen deutlich. Sind beide Größen identisch (%DEV UTIL und %DEV RESV), so laufen alle I/O-Operationen innerhalb des Reserve/Release-Zyklus ab. Im vorliegenden Beispiel der Checkpoint-Datei ist das der Fall. Zusammen mit dem Parameter HOLD, der auf eine Sekunde gesetzt ist, läßt sich aus den Werten gemäß Abbildung 4.4.46 die Anzahl der Reserve-Zyklen ableiten (Meßintervall t = 3.600 Sekunden).

System A		System B	
%DEV BUSY	%DEV RESERV	%DEV BUSY	%DEV RESERV
37.7	37.7	35.4	35.4

Abbildung 4.4.46: MAS-Checkpoint-Device-Busy /-Device-Reserved

Es gilt

- für System A: $0.377 \cdot 3.600 = 1.357$ Reserve-Zyklen und
- für System B: $0.354 \cdot 3.600 = 1.274$ Reserve-Zyklen.

Pro Reserve-Zyklus laufen also

$$\frac{2.1 \cdot 3.600}{1.357} \approx 5.6 \text{ (System A) bzw. } \frac{2.0 \cdot 3.600}{1.274} \approx 5.7 \text{ (System B)}$$

I/O-Operationen ab.

Im vorliegenden Zusammenhang ist die Annahme von 6 I/O-Operationen pro Reserve-Zyklus hinreichend genau. Jeder Zyklus beginnt nun mit einer I/O-Operation, die das Software-Lock anfordert und setzt. Alle weiteren Operationen innerhalb des Zyklus können dann verzögerungsfrei ablaufen. Die Verzögerung bei der ersten Operation modellieren wir durch

$$\frac{\text{HOLD}}{2} \cdot \%\text{DEV} - \text{RESV}.$$

Dabei wird unterstellt, daß im Mittel ein Reserve-Zyklus des Partnersystems gerade zur Hälfte abgelaufen und die Wahrscheinlichkeit für einen existenten Reserve-Zyklus durch dieses bei %DEV RESV liegt. Mit diesem Ansatz erhält man eine Verzögerungszeit (bei der ersten Operation des Zyklus) von $t_p \approx 0.177s$ für System A und von $t_p \approx 0.189s$ für System B. Da alle weiteren I/O-Operationen eines Zyklus verzögerungsfrei ablaufen, ergibt sich im Mittel eine Pending-Time von ca. 30 Millisekunden. Zusammen mit der reporteten Service-Time ergibt sich für beide Systeme eine mittlere DASD-Response-Time von ca. 75 bzw. 80 Millisekunden für den Zugriff auf den Check-Point-Data-Set (Modellwerte). Die tatsächlich gemessenen Werte liegen bei 67 bzw. 61 Millisekunden. Das liegt daran, daß unser Modellansatz eine Worst Case-Betrachtung ist. In Praxi pendeln sich die Systeme aufgrund der Steuerung durch den DORMANCY-Parameter aufeinander ein, so daß die tatsächlich entstehenden Verzögerungen kürzer sind als durch das Modell vorhergesagt.

4.5 DASD-Actuator-Tuning

Nachdem wir in den vorangegangenen Abschnitten die einzelnen Zeitkomponenten des DASD-I/O-Vorgangs analysiert und im letzten Abschnitt einige Sonderprobleme behandelt haben, werden wir uns im vorliegenden Abschnitt mit dem Tuning von DASD-I/Os befassen. Dabei werden wir uns auf die Darlegung der grundsätzlichen Vorgehensweise beschränken. Etwas detaillierter werden wir auf die Analyse der Service-Time eingehen und dazu ein Praxisbeispiel vorstellen. Eine ganz andere Frage ist es, ob der richtige Tuningansatz heute noch auf der Actuator-Ebene ansetzen sollte. Diese werden wir in einem dieses Kapitel abschließenden Abschnitt noch diskutieren. Zunächst wird eine zufriedenstellende Actuator-Performance als Basis für weitere Tuningmaßnahmen im DASD-I/O-Bereich angesehen. Actuator-Tuning ist somit unabhängig von Applikationen und Anforderungen im einzelnen eine Maßnahme, die helfen soll, auffallend grobe Verletzungen im I/O-Verhalten, deren Auswirkungen im Detail nur selten direkt zugeordnet werden können, a priori auszuschalten. Zunächst stellen wir die Zusammensetzung der Zeitkomponenten eines I/O-Vorgangs in Abbildung 4.5.1 noch einmal tabellarisch zusammen und vereinbaren für diese beispielhaft noch tolerierbare Obergrenzen (siehe Abbildung 4.5.2). Diese sind installations- und konfigurationsabhängig festzulegen. Wir unterstellen eine 3380 S-Konfiguration mit einer Pfad-Auslastung von 30%. Die Grenzwerte leiten wir aus unserem Modell ab.

t_r				Response-Time
	t_q			Queue-Time
	t_s			Service-Time
		t_p		Pending-Time
		t_d		Disconnect-Time
			t_{seek}	Seek-Time
			t_{ssek}	Set Sektor-Time
			t_{rpsd}	Reconnect-Delay-Time
		t_c		Connect-Time
			t_{search}	Search-Time
			t_{trans}	Transfer-Time

Abbildung 4.5.1: Zeitkomponenten des DASD-I/O-Vorgangs

t_p	≤ 0.5	siehe Abschnitt 4.4.5
t_{seek}	≤ 5.0	siehe Abschnitt 4.4.1 (Average Seek-Time bei 70% No-Motion-Seeks 3380 S)
t_{ssek}	≤ 8.5	siehe Abschnitt 4.3.2
t_{rpsd}	≤ 3.0	siehe Abschnitt 4.4.3 (Pfadauslastung 30%, 3380 S)
t_c	≤ 3.0	siehe Abschnitt 4.3.2 (Blocklänge $\leq$ 8KB, 3 MB-Channel)
t_s	≤ 20.0	
t_q	≤ 5.0	$r = 10$
t_r	≤ 25.0	

Abbildung 4.5.2: Tolerierte Obergrenzen für die Zeitabschnitte des DASD-I/O-Vorgangs (Modell)

t_q	Queue-Time	• Request-Rate, • Service-Time t_s, • Verteilung der Requests, • Anzahl konkurrierender Adreßräume, • Anzahl Data-Sets pro Actuator.
t_p	Pending-Time	• Shared DASD-Contentions, • Pfadauslastung, • Auslastung Control-Unit, • Device-/ Konfigurationscharakteristika, (String-Länge, DLS,DLSE).
t_{seek}	Seek-Time	• Seek-Distanz, • Seek-Time (Herstellerangabe), • Lage der Data-Sets, • Lage von Volume-Based-Data-Sets, (VTOC, VVDS).
t_{ssek}	Set Sektor-Time	• Rotationsgeschwindigkeit t_{rot}, • Ausgangs- und Zielsektor.
t_{rpsd}	RPS-Delay-Time	• Connect-Time t_c, • Architektur (370 oder XA), • Pfadauslastung, • Auslastung Control-Unit, • Device-/ Konfigurationscharakteristika (String-Länge, DLS,DLSE),
t_{search}	Search-Time	• Rotationsgeschwindigkeit t_{rot}, • Sektoreinteilung, • Zugriffsmethode (siehe [40]).
t_{trans}	Transfer-Time	• Übertragungsleistung, • Blockgröße

Abbildung 4.5.3: Die wesentlichen Einflußkomponenten auf den Ablauf einer DASD-I/O-Operation

In Abbildung 4.5.3 sind die wesentlichen Parameter, die auf die einzelnen Zeitabschnitte des I/O-Vorgangs wirken, zusammengestellt. Daraus können die gegebenenfalls notwendigen Analyse- und

Tuningmaßnahmen abgeleitet werden. Wir beschränken uns auf die Analyse der Active-Time und skizzieren die Vorgehensweise in den Abbildungen 4.5.4-4.5.10.

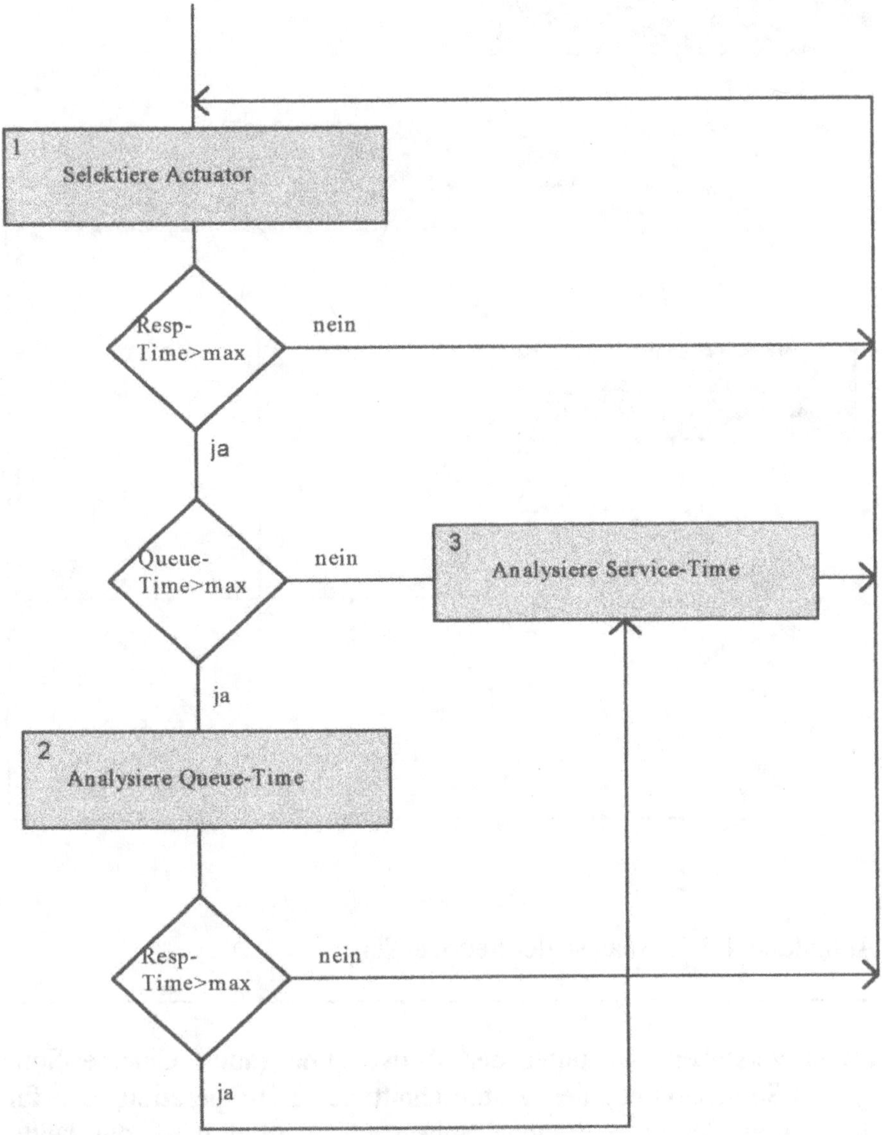

Abbildung 4.5.4: Analyse der Response-Time

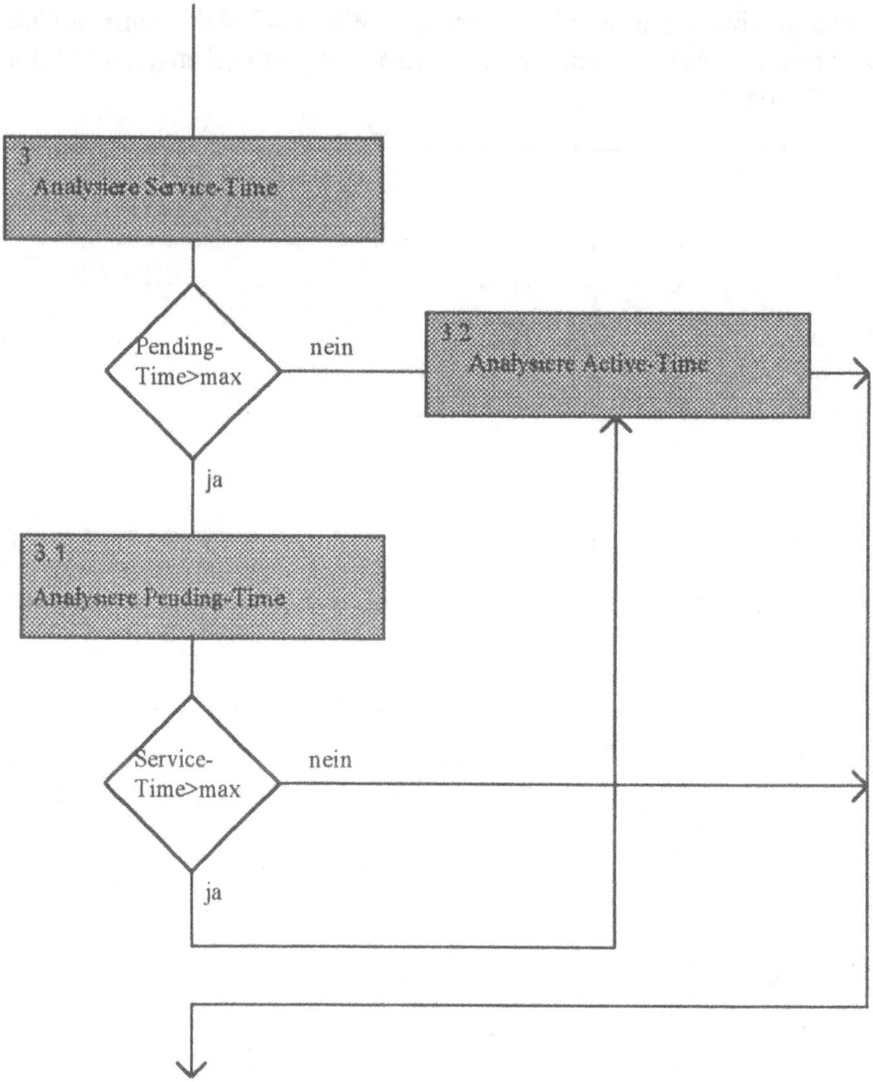

Abbildung 4.5.5: Analyse der Service-Time

Dabei verstehen wir unter der Active-Time (auch Channel-Subsystem-Service-Time) den Zeitabschnitt der I/O-Operation, der für deren Abwicklung im Channel-Subsystem benötigt wird, das heißt, die Pending-Time bleibt dabei unberücksichtigt. Die Active-Time setzt sich gemäß Abschnitt 4.3 aus der Connect- und der Disconnect-Time zusammen. Die Connect-Time oder Channel-Time ist abhängig von der Blockgröße und der Übertragungsleistung der Platte und des Kanals bzw. in Cache-gestützten Subsystemen (siehe 4.6) nur von der Übertragungsleistung des Kanals, wenn aus dem Cache gelesen bzw. in den Cache geschrieben wird (siehe 4.6).

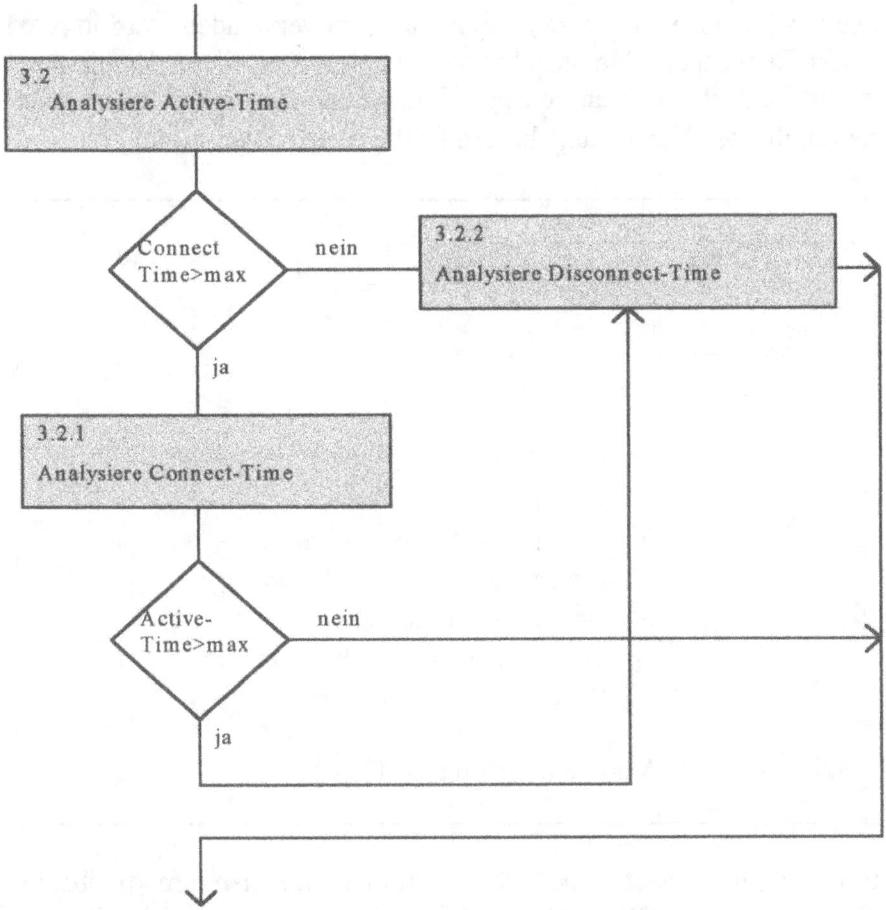

Abbildung 4.5.6: Analyse der Active-Time

Insgesamt hat man für die Optimierung der Connect-Time keinen allzu großen Spielraum. In der Regel wird man sich dabei auf die Optimierung der Blocklänge beschränken müssen. Liegen Data-Sets mit signifikant unterschiedlichen Blocklängen und Anforderungen an die Verarbeitung (beispielsweise Batch versus Online) auf demselben Actuator, so kann die Verlegung von Data-Sets oder auch die Verschiebung von Arbeitsabläufen (beispielsweise Sicherungsläufe, die von großen Blöcken profitieren) eine gegebenenfalls bestehende Problemsituation entschärfen. Wir fassen die möglichen Maßnahmen zur Optimierung der Connect-Time in der Abbildung 4.5.7 zusammen. Die Option, eine andere Zugriffsmethode zu verwenden, wird in praxi in der Regel nicht durchsetzbar sein. Hintergrund dieser Empfehlung ist die Tatsache, daß ältere Zugriffsmethoden Kanalprogramme generieren, die den Kanal lange binden (siehe beispielsweise [40]).

3.2.1

Analysiere Connect-Time

- Identifiziere Data-Sets
- Identifiziere Blocklängen
- Identifiziere Applikationen
- Identifiziere Zugriffsmethoden
- Optimiere Blocklängen
- Verwende andere Zugriffsmethoden
- Verschiebe Arbeitsabläufe

Abbildung 4.5.7: Analyse der Connect-Time

Bei der Disconnect-Time geht es im wesentlichen um die beiden Zeikomponenten RPS-Delay und Seek-Time. Die Möglichkeiten zur Reduzierung von RPS-Delay sind in der Abbildung 4.5.9 zusammengefaßt. Bei den moderneren Konfigurationen (IBM 3990-Controller und 3390-Devices mit mit 4 Pfad-Technik) und gegebenenfalls vorgeschaltetem Cache (siehe 4.6) spielt RPS-Delay nur noch eine untergeordnete Rolle.

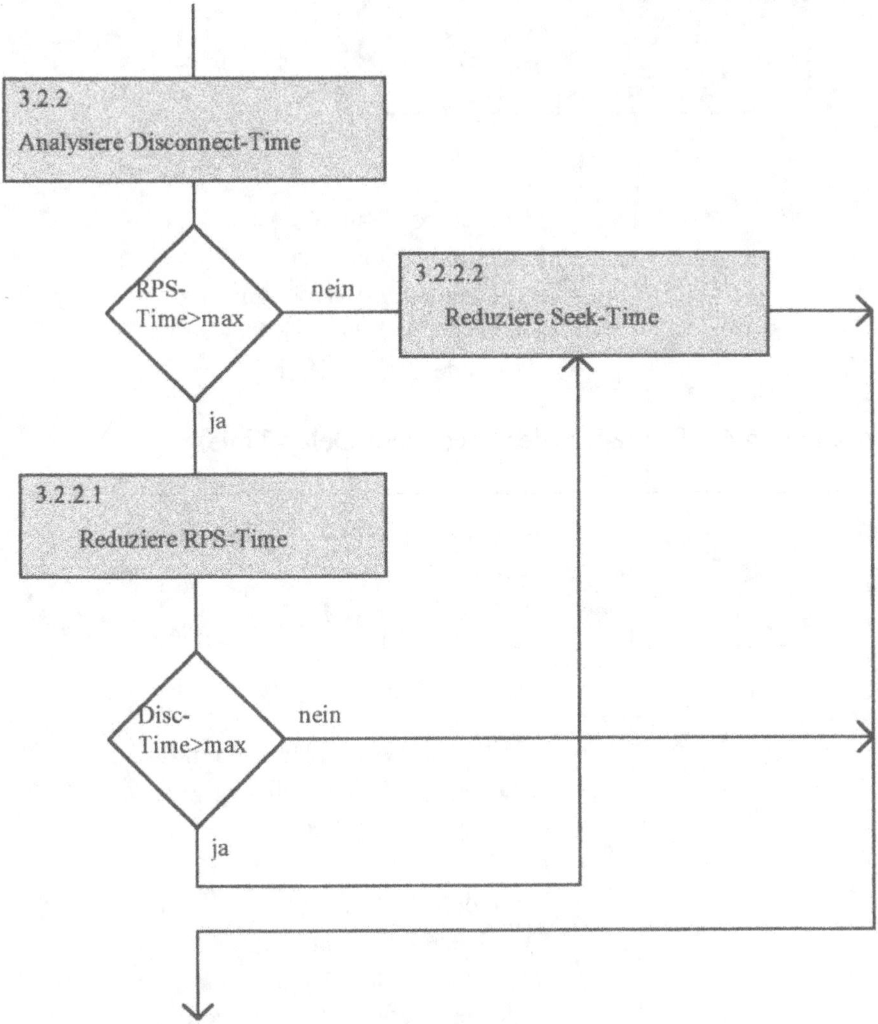

Abbildung 4.5.8: Analyse der Disconnect-Time

Im Prinzip gilt dies bei Einsatz von Cache-Systemen auch für die Seek-Time. Je mehr I/Os durch den Einsatz eines Cache-Systems "vernichtet" werden, umso weniger relevant werden trivialerweise die Seek-Zeiten. Dennoch sollten bei weniger hohen Trefferraten (Lesen aus bzw. Schreiben in den Cache, siehe 4.6) nach Möglichkeit unnötig lange Seek-Distanzen vermieden werden. In Abbildung 4.5.9 fassen wir die möglichen Maßnahmen zur Reduzierung der Seek-Zeiten zusammen.

3.2.2.1
Reduziere RPS-Time

- Identifiziere Channel-Last
- Reduziere Channel-Last
- Verändere DASD-Konfiguration
- Verwende DLS / DLSE-Devices
- Verwende Cache-Memories und/oder SSDs

Abbildung 4.5.9: Analyse der Reconnect-Delay-Time

3.2.2.2
Reduziere Seek-Time

- Erstelle Seek-Adreß-Histogramm
- Erstelle Seek-Distanz-Histogramm
- Identifiziere Data-Sets
- Identifiziere Applikationen
- Verschiebe Data-Sets
- Verschiebe Arbeitsabläufe
- Verwende Cache-Memories und/oder SSDs
- Reduziere Extents (Compaction)

Abbildung 4.5.10: Analyse der Seek-Time

Lassen sich die vorgegebenen Werte durch Tuningmaßnahmen nicht realisieren, sollte unter Berücksichtigung der Service-Anforderungen (aus Applikationssicht) der Einsatz von Cache-gestützten und/oder SSDs geprüft werden (siehe 4.6 und 4.7). Die Hersteller verfügen in der Regel über Simulationstools, mit denen die Auswirkungen bei Migration auf Cache- und/oder SSD-Konfigurationen modelliert werden können. Im heutigen Großsystemumfeld sind Cache-gestützte

Konfigurationen üblich (siehe auch 4.8), bei Subsystemen, die die RAID-Architektur realisieren, sogar obligatorisch (siehe 4.9). Wir schließen den Abschnitt ab mit einem Tuning-Beispiel aus der Praxis, bei dem eine Reduzierung der Seek-Time realisiert wird. In Abbildung 4.5.11 stellen wir zunächst den Auszug eines RMF-DASD-Activity-Reports für den betreffenden Actuator dar (siehe [24]).

r	t_r	t_q	t_p	t_d	t_c	δ_1
6.5	30	3	0.3	20.2	6.2	17.2

Abbildung 4.5.11: I/O-Zeiten eines Actuators (Praxisbeispiel)

Unserem Tuning-Leitfaden folgend kommem wir über "3.2 Analysiere Active-Time" in den Zweig "3.2.1 Analysiere Connect-Time". Wir unterstellen, daß unter den gegebenen Bedingungen eine Reduzierung der Connect-Time nicht möglich ist. Wir führen deshalb "3.2.2 Analyse der Disconnect-Time" durchl dort "3.2.2.2 Reduziere Seek-Time" und schätzen zunächst ab (3380 D-Actuators)

$$t_{seek} \approx t_d - t_{ssektor} - t_{rpsd} \approx 20.2 - 8.4 - 1.5 \approx 10.3 .$$

Eine Analyse der Seek-Zeiten mit einem Seek-Analysis-Tool (beispielsweise mit CCWANAL, siehe [28]) führte zu der in Abbildung 4.5.12 tabellarisch dargestellten Zugriffsstruktur auf Zylinderebene. In Abbildung 4.5.13 stellen wir diesen Sachverhalt in einem Seek-Adreß-Histogramm dar.
Bei den vorrangig frequentierten Data-Sets handelt es sich um

- den VTOC (Volume Table of Content) beginnend auf Zylinder 0,
- eine Programmbibliothek beginnend auf Zylinder 600 und um
- eine kleine Datei von 5 Zylindern beginnend auf Zylinder 500.

Bei der Programmbibliothek handelt es sich um eine vorzugsweise im Batchbetrieb genutzte Datei. Jeder Zugriff eines Adreßraumes (Batch-Jobs) auf diese Bibliothek ist auf die im VTOC gehaltene Information angewiesen. Es ist deshalb zu vermuten, daß der

Zugriffsarm sehr häufig die Distanz von 600 Zylindern zwischen Programmbibliothek und VTOC überbrücken muß.

Zylinder-Bereich	Anzahl Zugriffe
000-004	980
500-504	500
600-604	1620
700-704	100
740-744	100
780-784	200
800-804	100
840-844	300

Abbildung 4.5.12: Zugriffshäufigkeit auf Zylinderbereiche

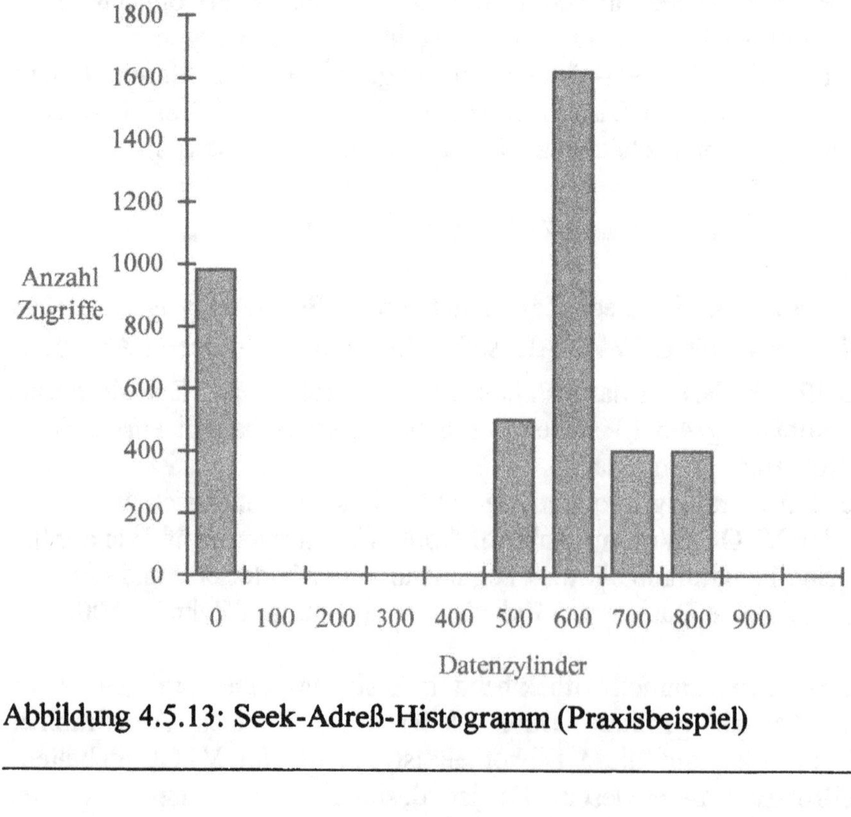

Abbildung 4.5.13: Seek-Adreß-Histogramm (Praxisbeispiel)

Genaueren Aufschluß gibt ein Seek-Distanz-Histogramm (siehe Abbildung 4.5.14 und Abbildung 4.5.15). Das eingesetzte Seek-Analysis-Tool weist eine durchschnittliche Seek-Time von 11.2 Millisekunden aus.

Seek-Distanz	Anzahl Zugriffe
005	2670
100	30
140	30
180	60
240	130
500	500
600	480

Abbildung 4.5.14: Seek-Distanzen

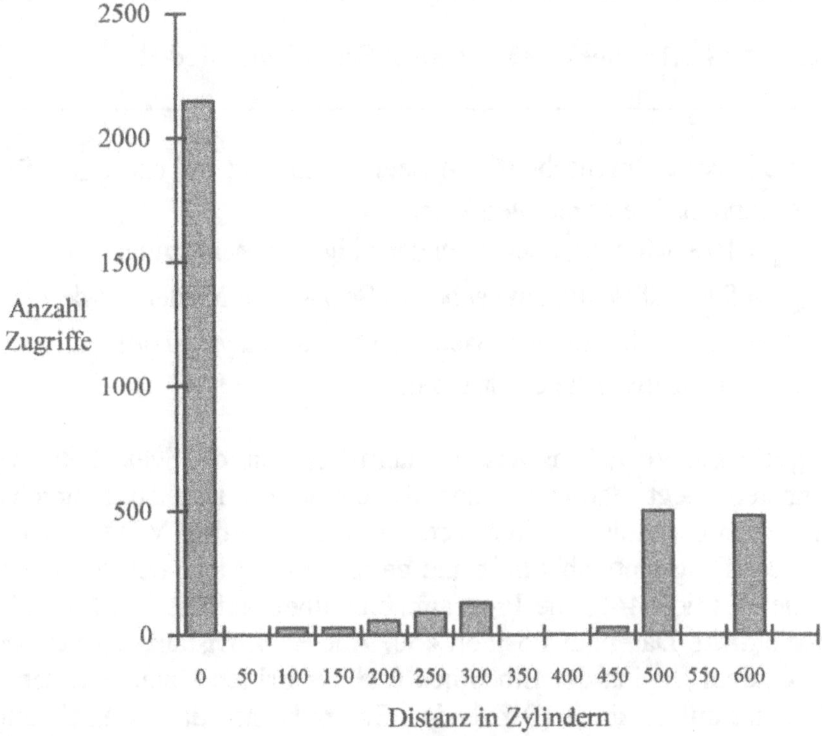

Abbildung 4.5.15: Seek-Distanz-Histogramm (Praxisbeispiel)

Wir verifizieren diesen Wert mit Hilfe unserer Abschätzung aus 4.3.1. Es gilt $t_{seek} = a + b \cdot \sqrt{m}$. Im vorliegenden Fall - IBM 3380 D-Modelle - gilt gemäß Abbildung 4.4.5 $a = 2.1305 \cdot 10^{-3}$ und $b = 8.695 \cdot 10^{-4}$. Damit ergeben sich die in Abbildung 4.5.16 dargestellten Seek-Zeiten.

Seek-Distanz (Anzahl Zugriffe)	$\sum t_{seek}$
005 (2670)	10.879
100 (0030)	325
140 (0030)	373
180 (0060)	828
240 (0130)	2.028
500 (0500)	10.787
600 (0480)	11.246
	36.466

Abbildung 4.5.16: Seek-Zeiten gemäß Seek-Time-Modell

Die modellierte durchschnittliche Seek-Time liegt bei ca. $t_{seek} = 9.4$ Millisekunden. Die ermittelten Werte

- $t_{seek} \approx 10.3$ Millisekunden nach der obigen Abschätzung,
- $t_{seek} \approx 9.4$ Millisekunden nach dem Seek-Time-Modell sowie
- $t_{seek} \approx 11.2$ Millisekunden nach dem Seek-Analysis-Tool

liegen somit relativ nahe beieinander.

Die geeignete Vorgehensweise bei dem Versuch, die Seek-Zeiten zu reduzieren, liegt darin, die hochfrequentierten Dateien möglichst dicht zusammenzulegen. Wir verschieben dazu den VTOC in die Nähe der Programmbibliothek und damit in die Mitte des Actuators auf die Position 445, die Programmbibliothek auf die Position 460 und die dritte Datei auf Position 450. Alle Seek-Distanzen zwischen VTOC, dem Beginn der Bibliothek und der dritten Datei reduzieren sich damit auf maximal 10 Zylinder. Es ergibt sich das in Abbildung 4.5.17 dargestellte Seek-Distanz-Histogramm. Die aus unserem Seek-Time-Modell resultierenden Seek-Zeiten stellen wir in Abbildung 4.5.18 dar. Die durchschnittliche Seek-Time liegt nun bei ca. t_{seek} = 4.8 Millisekunden.

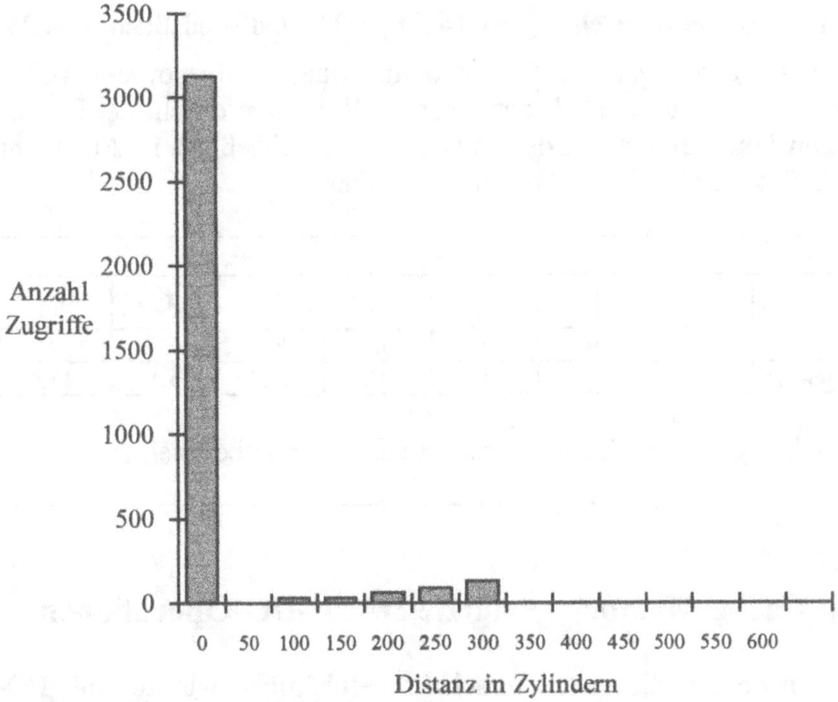

Abbildung 4.5.17: Seek-Distanz-Histogramm (Modell)

Seek-Distanz (Anzahl Zugriffe)	$\sum t_{seek}$
010 (3130)	15.275
100 (0030)	325
140 (0030)	373
180 (0060)	828
240 (0130)	2.028
	18.829

Abbildung 4.5.18: Seek-Zeiten gemäß Modell nach Tuning

Nach unserem DASD-I/O-Modell folgt

$t_d \approx 4.8 + 8.4 + 1.5 = 14.7$ und damit

$t_s \approx t_p + t_d + t_c \approx 0.3 + 14.7 + 6.2 \approx 21.2$.

Mit $r = 6.5$ ergibt sich $\delta_D \approx 0.14$, $t_q \approx 3.5$ und schließlich $t_r \approx 25$. Dieses Ergebnis entspricht einer Reduzierung der Response-Time um ca. 17%. Die tatsächlich gemessenen Werte, die durch die Tuning-Maßnahmen erzielt wurden, stellen wir abschließend in Abbildung 4.5.19 den anfänglichen Werten gegenüber.

	r	t_r	t_q	t_p	t_d	t_c	δ_1
vorher	6.5	30	3	0.3	20.2	6.2	17.2
nachher	6.1	22	1	0.3	14.3	6.1	13.4

Abbildung 4.5.19: Tuning eines Actuators (Praxisbeispiel)

4.6 Cache-Memory-gestützte DASD-I/O-Operationen

In dem vorliegenden Abschnitt beschäftigen wir uns mit I/O-Operationen, die durch Pufferspeicher (Cache-Memories) in den Steuereinheiten unterstützt werden. Nach allgemeinen Erläuterungen zur Funktionsweise eines Caches und zu Cache-Algorithmen im ersten Abschnitt modellieren wir I/O-Operationen bei Ausnutzung eines Cache-Speichers. Anschließend sehen wir uns die Auswirkungen einer Migration in ein Cache-gestütztes Environment in einem Live-System an.

4.6.1 Cache-Funktionen und Cache-Algorithmen

Cache-Speicher sind im vorliegenden Kontext elektronische Speicher innerhalb einer Magnetplattensteuereinheit. Sie dienen als Pufferspeicher für die Magnetplattenein- und -ausgabe. Das Cache-Management (Funktionen siehe unten) wird von der Steuereinheit durchgeführt. Speichermanagement-Algorithmen sorgen dafür, daß möglichst viele Requests aus dem Cache realisiert werden können, das heißt, ohne die relativ langsame Mechanik der Magnetplatte in

Anspruch nehmen zu müssen. Zusätzlich ist die Transferleistung vom Cache in den Zentralspeicher bzw. vom Zentralspeicher in den Cache höher als die von der Magnetplatte in den Speicher bzw. von diesem auf die Magnetplatte. Während letztere durch die Rotationsgeschwindigkeit der Platte bestimmt wird, ist die Transferleistung zum bzw. vom Cache nur abhängig vom Kanalprotokoll, dem Übertragungsmedium und der Zykluszeit des Speichers. Zu den Cache-Management-Funktionen des Controllers (beispielsweise IBM 3990-Controller) gehören (siehe auch [21]):

- Cache-Directory-Search: liegt der referenzierte Record im Cache?
- Storage-Management: Zuordnung, Verwaltung von Speicherplatz im Cache.
- Ersetzungsstrategie: welche Records werden bei neuen Anforderungen überschrieben bzw. ersetzt ?
- Staging: Transfer der Records von der Magnetplatte in den Cache.
- Destaging: Transfer de Records vom Cache auf die Magnetplatte.
- Unterstützung unterschiedlicher Cache-Operationsmodi (siehe unten).

Das Cache-Directory hält Informationen über die gerade im Cache gespeicherten Records der von der Steuereinheit bedienten Magnetplatten. Directory-Search dient bei jedem Zugriff der Feststellung, ob eine aktuelle Version des referenzierten Records im Cache liegt. Die Zuordnung von Speicherplatz im Cache erfolgt bei der IBM 3990 in Blöcken von 16 KB. Da Interrecord-Gaps im Cache nicht abgebildet werden, belegt beipielsweise eine volle 3390-Spur in der Regel nicht mehr als drei 16 KB-Blöcke (siehe auch weiter unten unter Staging-Algorithmen bzw. Track-Image). Als Ersetzungsalgorithmus wird "Least-Recently-Used" (LRU) verwendet. Zur Realisierung des Algorithmus wird eine "LRU-Liste" geführt. "Most-Recently-Used"-Records befinden sich "on the top", "Least-Recently-Used"-Records "on the bottom" der LRU-Liste. Unter "Staging" versteht man den Transfer der Records von der Magnetplatte in den Cache. Für das Staging gibt es zwei grundsätzliche Methoden (auf das in neueren Systemen verwendete Record-Caching gehen wir an dieser Stelle nicht ein, siehe aber unter 4.9) und zwar

- Full Track-Staging und
- Partial Track-Staging.

Beim Full Track-Staging wird der gesamte Track, auf dem sich der gesuchte physikalische Block befindet, in den Cache transferiert. Partial Track-Staging transferiert den angeforderten und alle "hinter" diesem liegenden Records. Die Referenz auf einen Record "vor" dem angeforderten zu einem späteren Zeitpunkt führt zu einem "Front-End-Miss". Alle Records bis zu dem bereits übertragenen werden dann nachgeführt. Die IBM 3990 und alle kompatiblen Steuereinheiten arbeiten mit Partial Track-Staging. Wie oben bereits erwähnt erfolgt die Zuordnung des Speicherplatzes in Blöcken von 16 KB. Da im Mittel die Übertragung nicht mit dem ersten Block einer Spur beginnt, genügt bei einer Staging-Operation gewöhnlich die Zuordnung von zwei 16 KB-Blöcken. Falls zusätzlicher Platz für die Aufnahme eines Tracks benötigt wird (Front-End-Miss), erfolgt die Zuordnung eines weiteren 16 KB-Blocks. Das Image eines Tracks im Cache heißt Slot. Ein Slot kann damit im Cache hinterlegt sein als

- Full Track-Image,
- Partial Track-Image oder als
- Full Track-Image in zwei Teilen (nach Allokation des zweiten Teils bei einem Front-End-Miss).

Unter "Destaging" versteht man den Transfer von Slots aus dem Cache auf die Magnetplatte. Destaging-Operationen sind nur relevant, wenn auch Schreiboperationen im Cache realisiert werden (siehe auch weiter unten). Ist das der Fall, werden Destaging-Operationen zum Anwendungsprozeß asynchron durchgeführt. Bei der Unterstützung von Write-Operationen muß Vorsorge getroffen werden gegen den Verlust von Daten bei Ausfall des Cache-Speichers, beispielsweise als Folge eines Stromausfalls. Write-Caches verfügen aus diesem Grunde über "Non-Volatile-Storage"-Elemente, die geschriebene, noch nicht auf der Platte realisierte Daten über einen bestimmten Zeitraum halten können. In der IBM-Terminologie heißt die Cache-Unterstützung von Write-Operationen "DASD-Fast-Write". DASD-Fast-Write gehört mit "Dual Copy" (gleichzeitiges Schreiben auf eine zweite Magnetplatte) zu den sogenannten "Extended Functions" der 3990-Steuereinheit (im Gegensatz zu den "Basic Functions"). Im Folgenden bezeichnen wir nur Read-Operationen unterstützende Cache-Systeme als Read-Caches, Cache-Systeme, die auch Write-Operationen unterstützen, als Write-Caches. Die IBM 3990-Steuereinheit kennt unterschiedliche Betriebsmodi:

Normal Caching-Mode

"Normal Caching Mode" ist der Default Operationsmode. Abhängig vom zugrunde liegenden Caching-System (Read- oder Write-Cache) wird nur bei Read-Operationen bzw. auch bei Write-Operationen "gecached".

Sequential Access-Mode

"Sequential Access" wird eingeschaltet, wenn sequentielle Verarbeitung erkannt wird. Sequential Access verhindert, daß der Cache überladen wird. Es wird eine bestimmte Anzahl Tracks im Voraus in den Cache geladen (prefetched) und nach Verarbeitung "invalidated", das heißt freigegeben, so daß die nächsten Tracks nachgeladen werden können.

Bypass Caching-Mode

"Bypass Caching-Mode" übergeht den Cache, das heißt, der Storage-Director arbeitet direkt mit der Magnetplatte. Diese Betriebsart wird zum Beispiel dann angewendet, wenn ein Data-Set referenziert wird, das einer SMS-Storage-Class angehört, für die "Never Cache" spezifiziert wurde.

Inhibit Cache-Loading-Mode

"Inhibit Cache-Loading" benutzt im Cache residente Tracks, es werden jedoch keine Tracks nachgeladen. DFDSS beispielsweise benutzt diese Betriebsart. Damit wird der Overhead für Trackpromotion (Kennzeichnung des zuletzt referenzierten Tracks als Most-Recently-Used) vermieden.

4.6.2 Modellierung von DASD-I/O-Operationen in einem Cache-Environment

Zunächst definieren wir die für die Formulierung des Modells notwendigen Größen.

Read-Hit rh

Ein Read-Hit liegt vor, wenn ein per Read-Operation angeforderter Block im Cache liegt. Die Übertragung in den Zentralspeicher erfolgt aus dem Cache.

Read-Hit-Ratio r_{rh}

ist die Anzahl der Read-Hits in Relation zu der Anzahl der Read-Operationen. Es gilt

$$r_{rh} = \frac{rh}{r}.$$

Ein Read-Miss liegt vor, wenn der referenzierte Block nicht im Cache resident ist. Man spricht in diesem Zusammenhang auch von der Read-Fehlerrate (Read-Failure-Ratio). Die Fehlerrate läßt sich mit Hilfe der Hit-Ratio ausdrücken. Es ist

$$\frac{r - rh}{r} = 1 - r_{rh}.$$

Read-Write-Ratio r_{rw}

ist das Verhältnis zwischen der Anzahl von Read- und der Anzahl von Write-Operationen. Es ist

$$r_{rw} = \frac{r}{w}.$$

Write-Hit wh

Ein Write-Hit liegt vor, wenn ein per Write-Operation zu transferierender Block im Cache liegt. Liegt ein Read-Caching-System vor, werden also nur Read-Operationen vom Caching- System unterstützt, so muß der Datensatz im Cache und auf der Magnetplatte verändert werden. Ist ein Write-Cache im Einsatz, so wird der Block zunächst nur im Cache verändert. Das Schreiben auf die Magnetplatte erfolgt später, asynchron zum Anwendungsprozeß. Zur Absicherung gegen Ausfall des Caches wird gleichzeitig zum Update im Cache der referenzierte Block in den Volatile Storage kopiert.

Write-Hit-Ratio r_{wh}

ist die Anzahl der Write-Hits in Relation zu der Anzahl der Write-Operationen. Es ist

$$r_{wh} = \frac{wh}{w}.$$

Ein Write-Miss liegt vor, wenn der referenzierte Block nicht im Cache resident ist. Man spricht in diesem Zusammenhang auch von der Write-Fehlerrate (Write-Failure-Ratio). Die Write-Fehlerrate läßt sich wie die Read-Fehlerrate mit Hilfe der Hit-Ratio ausdrücken:

$$\frac{w - wh}{w} = 1 - r_{wh}.$$

Hit h

ist allgemein ein Treffer, das heißt, der referenzierte Block befindet sich im Cache, unabhängig davon, ob es sich bei der Operation um eine Schreib- oder Leseoperation handelt.

Hit-Ratio r_h

ist demnach das Verhältnis zwischen der Anzahl Treffer h und der Anzahl der I/O-Operationen n. Es ist

$$r_h = \frac{h}{n}.$$

Berücksichtigt man nur die performancewirksamen Treffer, so gilt in einem Read-Caching-System $h = rh$ und damit

$$r_h = \frac{h}{n} = \frac{rh}{r + w} = \frac{r_{rh}}{1 + \frac{1}{r_{rw}}}.$$

Wir analysieren nun zunächst für Read-Caches, im Anschluß für Write-Caches die Abläufe bei Read- und Write-Operationen mit und ohne Treffer und modellieren den I/O-Vorgang mit Unterstützung unseres Standardmodells.

Modellierung einer DASD-I/O-Operation in einem Read-Caching-System.

Wir analysieren zunächst Read-Operationen und beginnen mit Read-Hits.

Read-Hit

- Directory-Search stellt fest, daß der referenzierte Record im Cache liegt.
- Dann wird der referenzierte Record vom Cache in den Zentralspeicher transferiert,
- der korrespondierende Track als Most-Recently-Used gekennzeichnet und
- der Anwendung das Ende der I/O-Operation gemeldet (Device-End/Channe-End).

Die von der Steuereinheit durchgeführten Funktionen wie zum Beispiel Directory-Search vernachlässigen wir in unserem Modell. Die Dauer des I/O-Vorgangs entspricht der Übertragungszeit des Records vom Cache in den Zentralspeicher. Wir bezeichnen diese Zeit mit t_h (von Hit-Time). Hit-Time ist abhängig von der Länge des Datenrecords (Blocksize) und der Übertragungsleistung des Kanals.

Read-Miss

- Directory-Search stellt fest, daß der referenzierte Record nicht im Cache liegt.
- Die Steuereinheit leitet eine "normale" I/O-Operation ein.
- Der Record wird gleichzeitig in den Cache und in den Zentralspeicher übertragen und
- die I/O-Operation als beendet signalisiert (Device-End/Channe-End).
- Dann wird der Rest der Spur von der Platte in den Cache geladen (nach dem Partial Track-Verfahren) und die Spur als Most-Recently-Used gekennzeichnet.

Auch in diesem Fall vernachlässigen wir die Zeit für die Operationen der Steuereinheit. Die Dauer des I/O-Vorgangs entspricht in diesem Falle der Service-Time einer DASD-I/O-Operation in einem Non-Cache-Environment. Zur Differenzierung bezeichnen wir die Zeit für eine Read-Miss-Operation mit t_m (von Miss-Time). Insgesamt läßt sich in einem reinen Read-Environment (nur Read-Operationen, das heißt $n = r$) die Subsystem-Service-Time t_s abschätzen durch

$$t_s = \frac{h \cdot t_h + (n-h) \cdot t_m}{n} = \frac{h}{n} \cdot t_h + \left(1 - \frac{h}{n}\right) \cdot t_m$$

$$= \frac{rh}{r} \cdot t_h + \left(1 - \frac{rh}{r}\right) \cdot t_m = r_{rh} \cdot t_h + (1 - r_{rh}) \cdot t_m$$

$$= t_m \cdot \left(1 - r_{rh} \cdot \left(1 - \frac{t_h}{t_m}\right)\right).$$

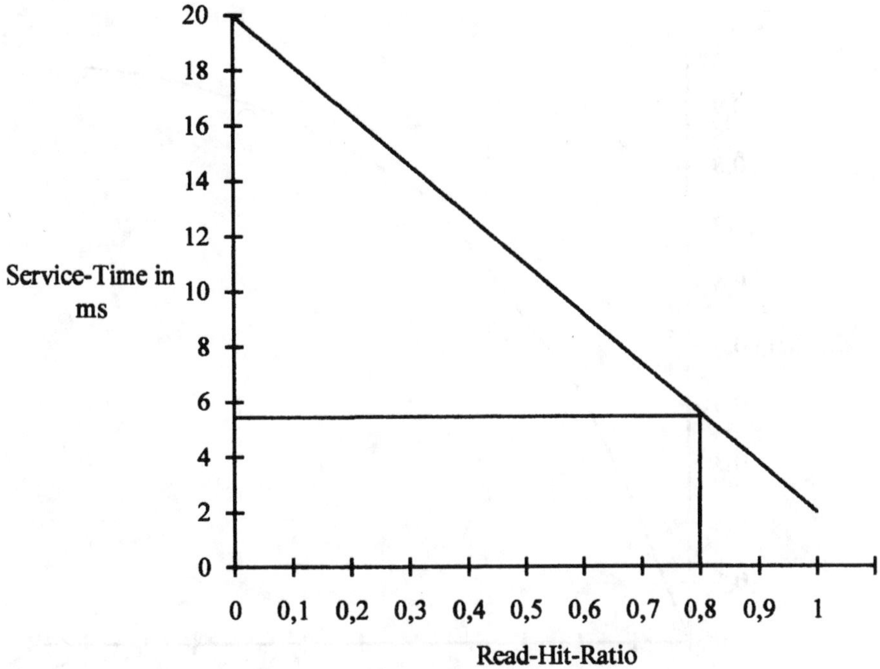

Abbildung 4.6.1: Cache-Subsystem-Service-Time in Abhängigkeit von der Read-Hit-Ratio

Beispiel

Sei $t_h = 0.002$ und $t_m = 0.020$. Setzt man $c = \frac{t_h}{t_m} \approx 0.1$, so ist $1 - \frac{t_h}{t_m} = 1 - c = 0.9$ und $t_s = t_m \cdot (1 - 0.9 \cdot r_{rh})$.

In Abbildung 4.6.1 ist dieses Ergebnis in Abhängigkeit von der Hit-Ratio grafisch dargestellt. Danach liegt die mittlere Service-Zeit des Subsystems mit einer beispielhaft angenommenen Read-Hit-Ratio von 80% ($r_{rh} = 0.8$) bei ca. 5.5 Millisekunden. Von der Hit-Ratio können wir annehmen, daß sie - identische Abläufe und Zugriffe unterstellt - mit zunehmender Größe des Caches zunächst rasch ansteigt um dann schließlich immer weiter abzuflachen. Wir stellen dieses Verhalten in Abbildung 4.6.2 grafisch dar (qualitativ).

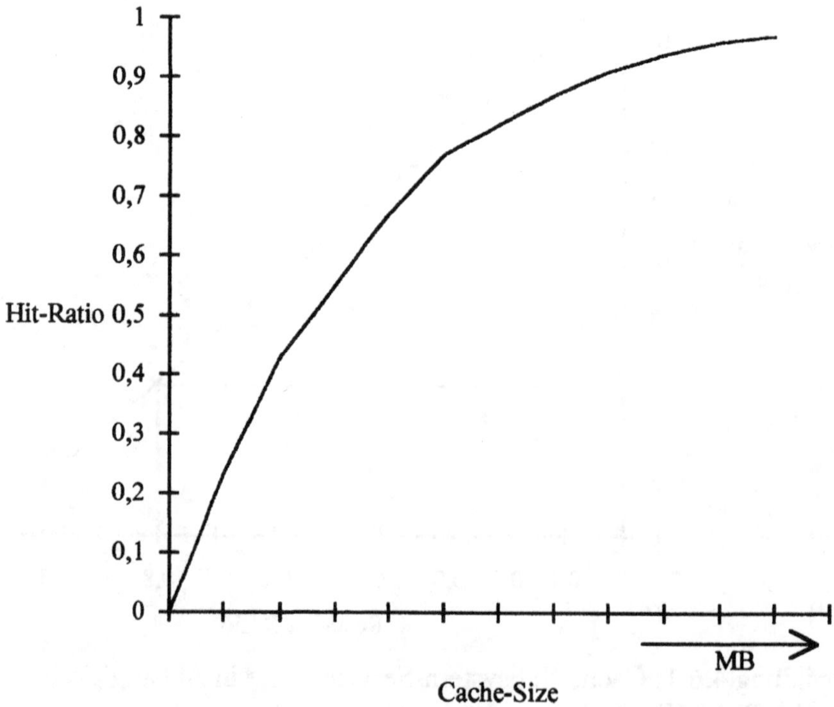

Abbildung 4.6.2: Hit-Ratio in Abhängigkeit von der Cache-Größe

Kombiniert man die beiden Abbildungen 4.6.1 und 4.6.2, so erhält man in Abhängigkeit von der Cache-Größe die in Abbildung 4.6.3 dargestellte Subsystem-Service-Time. Die beiden letzten Abbildungen demonstrieren, daß der Nutzenzuwachs bei Vergrößerung des Caches abnimmt. Aus wirtschaftlichen Gründen ist es deshalb sinnlos, den Cache-Speicher über eine bestimmte Größe hinaus zu dimensionieren.

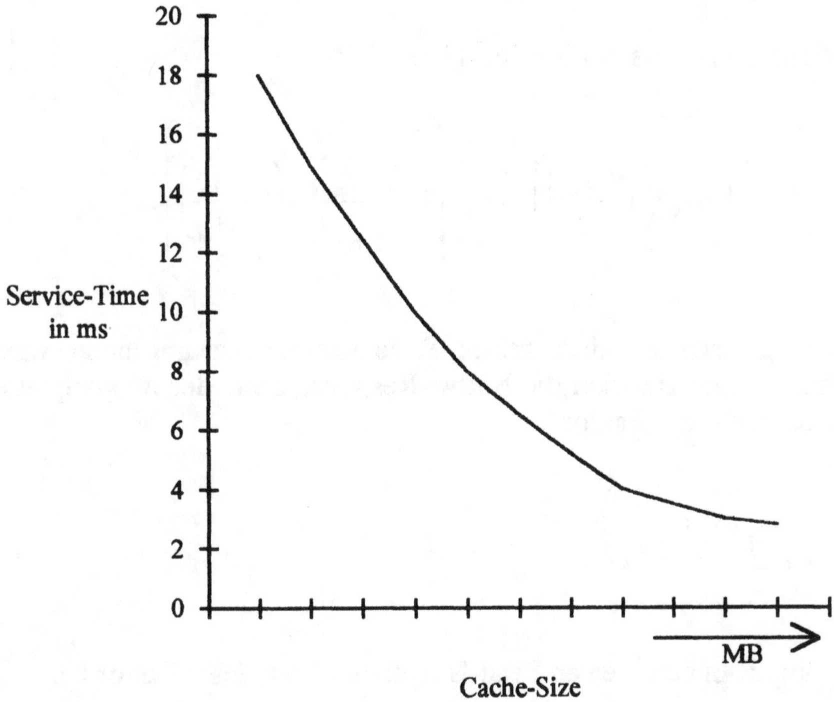

Abbildung 4.6.3: Cache-Subsystem-Service-Time in Abhängigkeit von der Cache-Größe

Wir modellieren nun Write-Operationen in einem Read-Cache. Write-Hits unterscheiden sich von Write-Misses nur dadurch, daß bei einem Write-Hit zusätzlich zum Update auf der Platte ein Update im Cache erfolgen muß, so daß ein Write-Hit aufgrund benötigter Protokollzeiten mehr Zeit in Anspruch nimmt als ein Write-Miss. Dies lassen wir im Modell unberücksichtigt. Wir modellieren somit die Response-

Time von Write-Operationen, unabhängig davon, ob sie zu einem Hit oder zu einem Fehler führen, mit t_m.
Performancewirksam sind nach wie vor nur Read-Hits. Wenn wir noch die Read-Write-Ratio r_{rw} berücksichtigen, ergibt sich

$$r_h = \frac{h}{n} = \frac{rh}{n} = \frac{rh}{r+w} = \frac{r_{rh}}{1+\frac{w}{r}} = \frac{r_{rh}}{1+\frac{1}{r_{rw}}}$$

und für die Subsystem-Service-Time

$$t_s = t_m \cdot \left(1 - r_h \cdot \left(1 - \frac{t_h}{t_m}\right)\right) = t_m \cdot \left(1 - \frac{r_{rh}}{1+\frac{1}{r_{rw}}} \cdot \left(1 - \frac{t_h}{t_m}\right)\right).$$

Im Gegensatz zu einer reinen Read-Anwendungsumgebung wird gemäß obiger Relation die Native Response-Time der Magnetplatte nur noch um den Faktor

$$1 - \frac{r_{rh}}{1+\frac{1}{r_{rw}}} \cdot \left(1 - \frac{t_h}{t_m}\right)$$

gedämpft. In einer reinen Read-Umgebung liegt dieser Faktor bei

$$1 - r_{hr} \cdot \left(1 - \frac{t_h}{t_m}\right).$$

In Abbildung 4.6.4 stellen wir die Subsystem-Service-Time in Abhängigkeit von der Read-Hit-Ratio für einige Read-Write-Ratios. Die markierte, untere Linie in Abbildung 4.6.4 bezieht sich auf eine reine Read-Anwendungsumgebung $(r_{rw} = \infty)$. In einer reinen Write-Anwendungsumgebung $(r_{rw} = 0)$ erhält man für alle Read-Write-Ratios den konstanten Verlauf in Höhe von 20 Millisekunden.

Beispielsweise liest man aus Abbildung 4.6.4, daß die mittlere Subsystem-Service-Time mit einer Read-Hit-Ratio von 0.75 und einer Read-Write-Ratio von 2.5 bei ca. 10 Millisekunden liegt, was einer Halbierung der Native Service-Time der Magnetplatte entspricht.

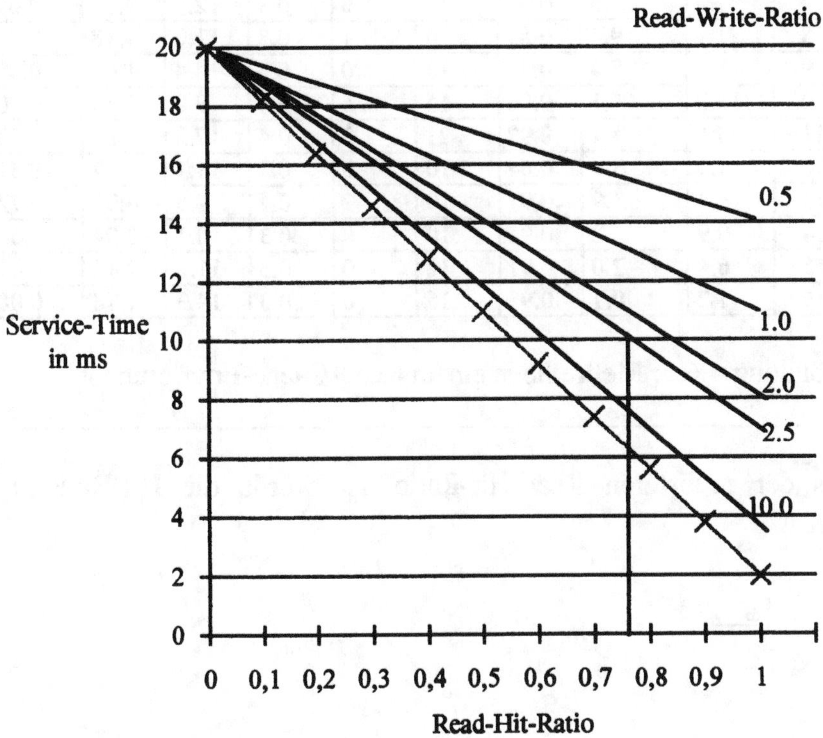

Abbildung 4.6.4: Subsystem-Service-Time abhängig von Hit- und Read-Write-Ratio

Wir betrachten nun eine Live-Konfiguration mit einem Read-Cache von 32 MB. Die Konfiguration besteht aus 16 Actuators IBM 3380 Modell K. Die Ansteuerung erfolgt über eine IBM 3990. In Abbildung 4.6.5 stellen wir zunächst eine Meßreihe dar, die wir zusätzlich grafisch abbilden und durch eine Gerade approximieren (siehe Abbildung 4.6.6).

Vol	r_A	r_{rw}	r_{rh}	t_r	t_q	t_p	t_s	δ_d	r_h
1	1.7	1026.2	0.89	5	0	0.3	4.6	0.75	0.89
2	1.1	42.3	0.92	5	0	0.3	4.3	0.49	0.90
3	13.4	37.9	0.98	4	0	0.3	2.5	4.73	0.95
4	1.9	13.9	0.85	6	0	0.3	5.2	1.01	0.79
5	1.2	10.4	0.80	11	0	0.3	10.1	1.21	0.73
6	13.5	10.4	0.85	8	1	0.3	6.6	9.04	0.78
7	2.6	9.6	0.67	13	0	0.3	12.1	3.07	0.61
8	21.1	9.4	0.89	6	1	0.3	11.0	4.18	0.81
9	1.0	8.4	0.53	15	0	0.3	14.4	1.42	0.47
10	15.8	5.1	0.96	15	5	0.4	9.9	6.13	0.80
11	13.5	4.1	0.97	21	3	0.4	17.3	3.85	0.78
12	1.9	3.9	0.64	10	0	0.3	11.1	2.07	0.51
13	16.3	3.9	0.91	10	2	0.4	8.5	4.31	0.72
14	0.9	2.2	0.95	10	0	0.3	10.1	0.94	0.65
15	6.4	2.0	0.91	12	0	0.3	11.2	7.13	0.61
16	1.2	0.1	0.93	15	0	0.3	14.3	1.78	0.08

Abbildung 4.6.5: Meßreihe in einem Read-Cache-Environment

Aus der reporteten Read-Hit-Ratio r_{rh} wurde die Hit-Ratio r_h gemäß

$$r_h = \frac{r_{rh}}{1 + \frac{1}{r_{rw}}}$$

abgeleitet und in die letzte Spalte der Tabelle aufgenommen. Die Meßdaten aus den Abbildungen 4.6.5 und 4.6.6 stammen aus dem Cache-Reporter der IBM und der Resource-Measurement-Facility (RMF). Basierend auf einer weiteren Meßreihe zeigen wir in Abbildung 4.6.7 die Subsystem-Service-Zeit in Abhängigkeit von der Read-Write-Ratio r_{rw} bei einer Hit-Ratio in einer Bandbreite von 0.6-0.8. Die Abbildung zeigt, daß die Service-Zeit mit wachsender Read-Write-Ratio entsprechend der Vorhersage des Modells tendenziell sinkt. Die Streuung ist im Beispiel allerdings beträchtlich. Das liegt daran, daß die Daten einem Live-System entstammen und die "Versuchsbedingungen" für die quantitative Verifizierung des Modells nicht geeignet sind.

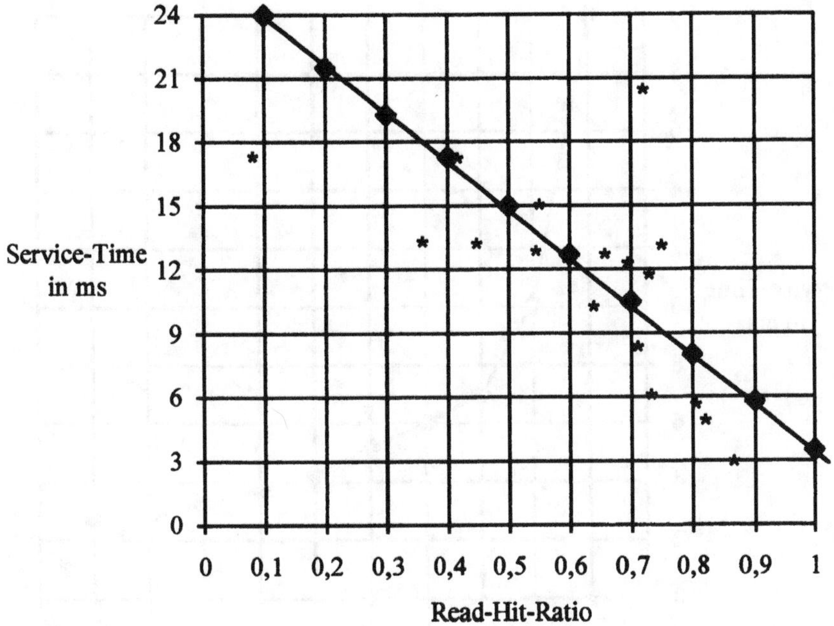

Abbildung 4.6.6: Subsystem-Service-Time abhängig von der Hit-Ratio

Modellierung einer DASD-I/O-Operation in einem Write-Cache

Read-Operationen verlaufen bei einem Write-Cache analog zu einem Read-Cache, so daß wir nur noch Write-Operationen untersuchen müssen. Wir beginnen mit der Modellierung eines Write-Hits.

Write-Hit

- Directory-Search stellt fest, daß der referenzierte Record im Cache liegt.
- Der Record wird im Cache verändert und gleichzeitig in den Volatile Storage geschrieben.
  Die Operation wird als beendet gemeldet (Device-End/Channel-End) und
- das korrespondierende Track-Image (Slot) wird als Most-Recently-Used markiert.

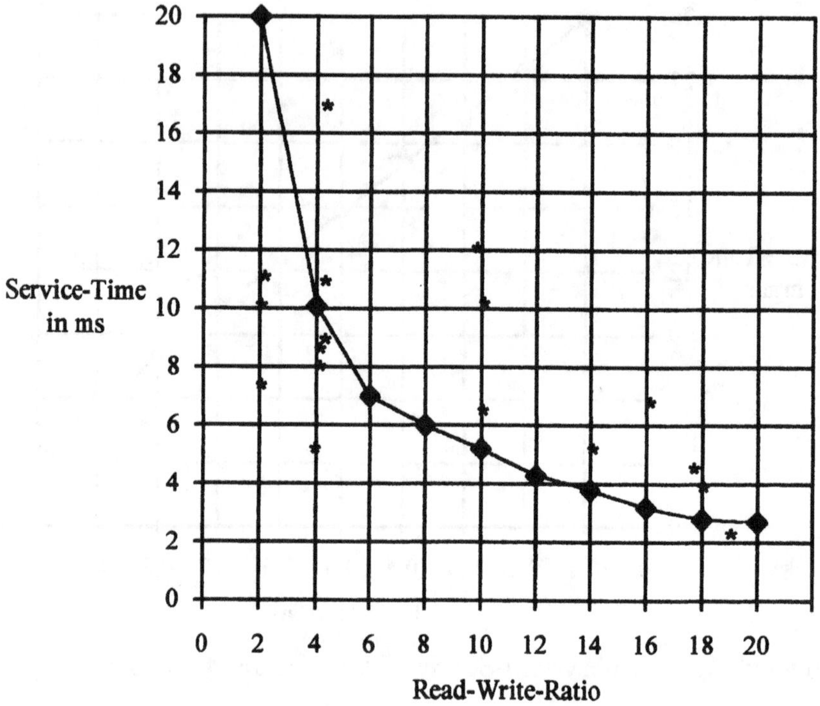

Abbildung 4.6.7: Subsystem-Service-Time abhängig von der Read-Write-Ratio

Die Veränderung des Records auf der Magnetplatte erfolgt asynchron zum Anwendungsprozeß durch den Storage-Director (bei notwendig werdender Ersetzung des Slots gemäß Ersetzungsalgorithmus). Modellrelevant ist zunächst (siehe aber weiter unten in diesem Abschnitt) nur die Übertragungszeit vom Prozessor-Storage in den Cache. Diese Zeit entspricht der Connect-Time, die wir im vorliegenden Kontext mit t_h bezeichnet haben. Im Gegensatz zu Read-Operationen werden bei Write-Operationen allerdings keine I/O-Operationen "vernichtet". Das heißt, auch Write-Hits führen letztlich zu einer Belastung des Actuators. Das kann dazu führen, daß Read- und Write-Operationen von der Platte bzw. auf die Platte durch asynchron zur Anwendung von der Steuereinheit initiierte I/O-Prozesse verzögert werden. Wir werden diese Tatsache mit einem einfachen Modellansatz im Anschluß noch berücksichtigen.

Im Augenblick lassen wir diesen Effekt noch außer Acht und betrachten Write-Failures.

Write-Miss

- Directory-Search stellt fest, daß der referenzierte Record nicht im Cache präsent ist.
- Der Record wird gleichzeitig in den Cache und auf die Magnetplatte geschrieben.
- Die Operation wird als beendet gemeldet (Device-End/Channel-End), wenn der Update auf der Platte erfolgt ist.
- Alle, dem geschriebenen Record auf der Spur folgenden Records werden im Abschluß von der Steuereinheit in den Cache transferiert (nicht modellrelevant).
- Die Spur (Slot) wird als Most-Recently-Used markiert.

Die DASD-Service-Zeit läßt sich in diesem Falle wieder durch t_m modellieren. Für die mittlere Subsystem-Service-Zeit t_s gilt dann insgesamt

$$t_s = r_h \cdot t_h + (1 - r_h) \cdot t_m = t_m + r_h \cdot t_h - r_h \cdot t_m$$

$$= t_m \cdot \left(1 - r_h \cdot \left(1 - \frac{t_h}{t_m}\right)\right).$$

Diese Relation gilt nun unabhängig von der Read-Write-Ratio r_{rw}. Nun führen aber alle Operationen außer Read-Hit-Operationen letztlich zu einer Belastung des Actuators. Diese modellieren wir durch

$$\delta' = \frac{n - rh}{t} \cdot t_m = \left(r_A - \frac{rh}{n} \cdot r_A\right) \cdot t_m$$

$$= \left(r_A - \frac{r_{rh}}{1 + \frac{1}{r_{rw}}} \cdot r_A\right) \cdot t_m = \delta \cdot \left(1 - \frac{r_{rh}}{1 + \frac{1}{r_{rw}}}\right)$$

Dabei ist r_A die gegen die Magnetplatte gerichtete I/O-Last und δ die Auslastung der Magnetplatte, wie sie ohne Cache-Unterstützung zu erwarten wäre. Die ohne Cache-Unterstützung erwartete Auslastung der Magnetplatte wird also bei Einführung eines Caches um den Faktor

$$1-\frac{r_{rh}}{1+\frac{1}{r_{rw}}}$$

gedämpft. Unabhängig davon, ob es sich um einen Read- oder Write-Cache handelt, wirkt sich dabei die Read-Write-Ratio aus. Qualitativ sinkt die Auslastung bei wachsender Read-Write-Ratio. Umgekehrt bedeutet das, daß die Einführung eines Write-Caches umso weniger auf die Service-Time wirkt, je höher der Anteil der Write-Operationen ist. Durch die asynchron ablaufenden Operationen (keine Vernichtung von DASD-Operationen) werden Non-Hits gestört, was sich in einer Erhöhung der Queue-Time auswirkt. Quantitativ ist dieses Verhalten sicher nur bei hoher I/O-Rate und bei schlechter Read-Write-Ratio nachweisbar, so daß in der Regel die Relation

$$t_s = t_m \cdot \left(1 - r_h \cdot \left(1 - \frac{t_h}{t_m}\right)\right)$$

die Subsystem-Service-Time gut modelliert. Wir werden im nächsten Abschnitt die Effekte einer Migration von einem Non-Cache- in ein Cache-Environment messen und mit den Modellvorhersagen vergleichen.

Zunächst gehen wir kurz auf die Größen Disconnect- und Connect-Time (t_d und t_c) des RMF-DASD-Activity-Reports ein. Bei Vorliegen eines Cache-Environments entsteht nämlich in bezug auf diese Größen Klärungsbedarf. Zu beobachten ist, daß bei Migration von einem Non-Cache- in ein Cache-Environment beide Werte kleiner werden. Dies hängt damit zusammen, daß der Mittelwert über alle gegen den Actuator gerichteten I/O-Operationen gebildet wird, bei Hits aber beispielsweise keine oder zumindestens vernachlässigbare

Disconnect-Zeiten entstehen. Für die durchschnittliche Disconnect-Time $\bar{t}_d$, die im RMF-Report dargestellt wird, gilt

$$\bar{t}_d = \frac{\sum t_d}{n} = \frac{h \cdot t'_d + (n-h) \cdot t''_d}{n}.$$

Dabei sei t'_d die Disconnect-Time bei einem Hit, also $t'_d = 0$ und t''_d die Disconnect-Time bei einem Fehler. Zusammengefaßt gilt also

$$\bar{t}_d = \frac{\sum t_d}{n} = \frac{(n-h) \cdot t''_d}{n} = (1 - r_h) \cdot t''_d.$$

Bei Vorliegen eines Write-Caches ist

$$\bar{t}_d = (1 - r_h) \cdot t''_d = (1 - r_h) \cdot t_d$$

und bei Vorliegen eines Read-Caches

$$\bar{t}_d = (1 - r_h) \cdot t''_d = \left(1 - \frac{r_{rh}}{1 + \frac{1}{r_{rw}}}\right) \cdot t_d,$$

wobei t_d die in einem Non-Cache-Environment erwartete Disconnect-Time ist.

Beispiel

Bei Vorliegen eines Read-Caches mit einer Read-Write-Ratio von $r_{rw} = 2$ und einer Hit-Ratio von $r_{rh} = 0.80$ ist

$$\bar{t}_d = \left(1 - \frac{r_{rh}}{1 + \frac{1}{r_{rw}}}\right) \cdot t_d \approx 0.5 \cdot t_d.$$

Die Disconnect-Time erscheint im Report nach Einsatz eines Read-Caches unter den gegebenen Voraussetzungen in bezug auf Hit-Ratio und Read-Write-Ratio also auf 50% reduziert. Liegt ein Write-Cache mit einer Hit-Ratio von $r_h = 0.80$ vor, so gilt unabhängig von der Read-Write-Ratio

$$\bar{t}_d = (1 - r_h) \cdot t_d \approx 0.2 \cdot t_d .$$

Die Disconnect-Time wird damit auf 20% reduziert. In ähnlicher Weise, allerdings nicht in der Größenordnung wie die Disconnect-Time, reduziert sich die mittlere Connect-Time. Es ist

$$\bar{t}_c = \frac{\sum t_d}{n} = \frac{h \cdot t'_c + (n-h) \cdot t''_d}{n} = r_h \cdot t'_c + (1 - r_h) \cdot t''_c .$$

Dabei ist in Analogie zu obiger Relation (dort für die Disconnect-Time) t'_c die Connect-Time bei einem Hit und t''_c die Connect-Time bei einem Fehler. t'_c entspricht der Übertragungszeit vom Cache in den Zentralspeicher bzw. vom Zentralspeicher in den Cache. Abhängig von der Übertragungsleistung des Kanals und der Magnetplatte unterscheiden sich beide Werte.

Beispiel

Eine 3380 K-Konfiguration werde über 4.5 MB-Channels bedient, dann ist

$$t'_c \approx \frac{t''_c}{1.5} .$$

Mit $r_h = 0.77$ folgt

$$\bar{t}_c = r_h \cdot \frac{t''_c}{1.5} + (1 - r_h) \cdot t''_c \approx 0.74 \cdot t''_c = 0.74 \cdot t_c .$$

Das heißt, bei Vorliegen eines Write-Caches reduziert sich die Connect-Time unter den gegebenen Voraussetzungen um ca. 26%. Ist $r_{rw} = 6.0$, $r_{rh} = 0.80$ und liegt ein Read-Cache vor, so gilt

$$r_h = \frac{r_{rh}}{1+\frac{1}{r_{rw}}} = \frac{0.9}{1+\frac{1}{6}} \approx 0.77$$

mit demselben Ergebnis in bezug auf die Connect-Time.

4.6.3 Migration von einem Non-Cache- in ein Cache-Environment

Ausgehend von einem Non-Cache-Environment benutzen wir unser Modell für die Vorhersage des I/O-Verhaltens bei Migration in ein Cache-Environment. Die Migration vollziehen wir in zwei Schritten. Zunächst migrieren wir in ein Read-, im zweiten Schritt in ein Write-Cache-Environment. Zuerst verschaffen wir uns einen Überblick über die zugrunde liegende Basiskonfiguration und die gefahrene I/O-Last. Die Konfiguration besteht aus einem 45 GB 4-Pfad-String IBM 3380 K mit insgesamt 24 Actuators. Die gegen den String gerichtete I/O-Last liegt bei ca. $r_{I/O} = 150$ I/O-Operationen pro Sekunde. In Abbildung 4.6.8 zeigen wir die Durchschnittswerte einer Meßreihe von insgesamt 10 Messungen. Nach Einsatz eines Caches, zunächst eines Read-Caches, sagt unser Modell eine Subsystem-Service-Zeit t_s von

$$t_s = t_m \cdot \left(1 - \frac{r_{rh}}{1+\frac{1}{r_{rw}}} \cdot \left(1 - \frac{t_h}{t_m}\right)\right)$$

voraus.

$r_{I/O}$	t_r	t_q	t_p	t_d	t_c	r_{rw}
150.1	21	2	0.4	15.3	3.7	6.1

Abbildung 4.6.8: Meßergebnisse aus einem Non-Cache-Environment

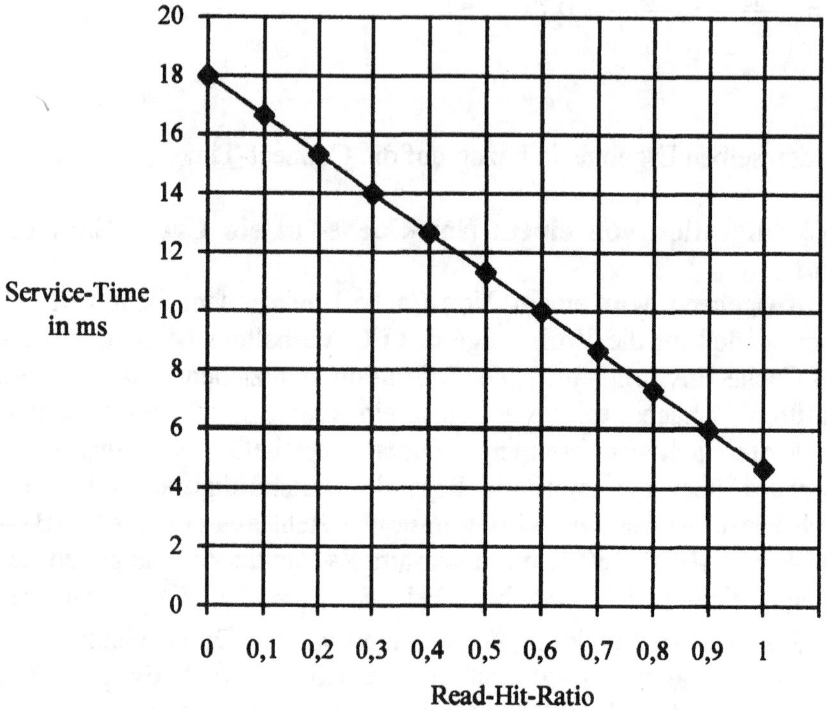

Abbildung 4.6.9: Migration in ein Read-Cache-Environment (Modell)

Dieses Modellergebnis ist in Abbildung 4.6.9 in Abhängigkeit von der Read-Hit-Ratio r_{rh} grafisch dargestellt. Dabei ist

$$t_h = t_c = 0.0037 \cdot \frac{3.0}{4.5} \approx 0.0025 \text{ (4.5 MB-Channel) und}$$

$$t_m = t_c + t_d \approx 0.018$$

gesetzt. Mittels eines Cache-Simulations-Tools (siehe [38]) wurde eine Read-Hit-Ratio von $r_{rh} = 0.90$ ermittelt. Im Ergebnis sagt unser Modell für diese Hit-Ratio eine Subsystem-Service-Time von ca. 6.0 Millisekunden voraus (4.5 MB-Channel unterstellt). Die nach Einsatz eines 32 MB-Caches tatsächlich erreichten Ergebnisse stellen wir in Abbildung 4.6.10 tabellarisch dar.

$r_{I/O}$	t_r	t_q	t_p	t_d	t_c	r_{rw}	r_{hr}
149.5	8	1	0.3	3.5	2.8	6.1	0.9

Abbildung 4.6.10: Meßergebnisse aus einem Read-Cache-Environment

Gemäß Abbildung 4.6.10 liegt der Modellwert 0.003 Sekunden unter dem tatsächlich eingetroffenen von 6.3 Millisekunden. Auch die Modellwerte für t_c und t_d finden wir relativ gut bestätigt. Zu erwarten ist nach dem Modell

$$t_c \approx r_h \cdot 0.0025 + (1 - r_h) \cdot 0.0037 .$$

Wegen $r_h = \dfrac{r_{rh}}{1 + \dfrac{1}{r_{rw}}} = \dfrac{0.9}{1 + \dfrac{1}{6.1}} \approx 0.77$

ist dann

$$t_c \approx 0.0019 + 0.000851 \approx 0.0028 \text{ und } t_d = 0.23 \cdot 0.0153 \approx 0.0035 .$$

Wir modellieren nun den Übergang auf einen Write-Cache bei unveränderter Cache-Größe. Als Ausgangspunkt gelten wieder die Werte aus Abbildung 4.6.8. In Abhängigkeit von der Write-Hit-Ratio r_{wh} berechnen wir die Subsystem-Service-Time bei gegebener Read-Hit-Ratio $r_{rh} = 0.90$ und gegebener Read-Write-Ratio $r_{rw} = 6.1$. Es gilt

$$r_h = \frac{h}{n} = \frac{rh + wh}{n} = \frac{rh}{n} + \frac{wh}{n} = \frac{rh}{r + w} + \frac{wh}{r + w} = \frac{r_{rh}}{1 + \dfrac{1}{r_{rw}}} + \frac{r_{wh}}{1 + r_{rw}} .$$

Mit den obigen Werten ergibt sich

$$r_h \approx 0.77 + \frac{r_{wh}}{7.1} .$$

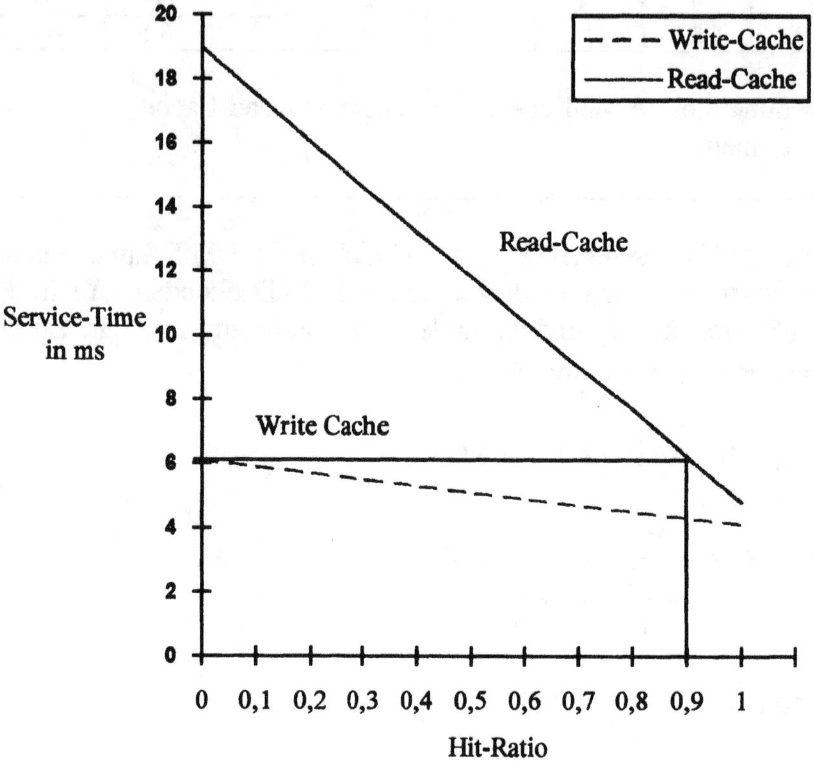

Abbildung 4.6.11: Migration in ein Write-Cache-Environment (Modell)

Damit gehen wir in unser Modell

$$t_s = r_h \cdot t_h + (1 - r_h) \cdot t_m$$

und zwar mit $t_h = 0.0025$ (4.5 MB-Channel) und $t_m = 0.018$. Die Extremwerte $r_{wh} = 0$ und $r_{wh} = 1.0$ führen zu einer Hit-Ratio von $r_h = 0.77$ bzw. $r_h = 0.91$ und damit zu einer Subsystem-Service-Time von ca. $t_s \approx 6.1$ bzw. $t_s \approx 3.9$ bei einer 4.5 MB-Channel-Konfiguration. Das Modellergebnis ist in Abbildung 4.6.11 grafisch dargestellt. Die nach Einsatz des Write-Caches tatsächlich erreichten Ergebnisse stellen wir in Abbildung 4.6.12 tabellarisch dar. Die Hit-Ratio r_h liegt nach dem Meßergebnis bei ca. 0.9.

$r_{I/O}$	t_r	t_q	t_p	t_d	t_c	r_{rw}	r_{hr}
150,9	6	1	0.3	2.1	2.7	6.1	0.84

Abbildung 4.6.12: Meßergebnisse DASD-Fast-Write

Unser Modell sagt für diesen Wert eine Subsystem-Service-Time von ca. $t_s \approx 0.0042$ voraus. Damit liegt der Modellwert mit 0.006 Sekunden etwas unter dem tatsächlich eingetroffenen Wert von 0.0048.

4.7 Solid-State-Devices

Solid-State-Devices, abgekürzt SSDs, sind elektronische Speicher mit dem "Image" (aus Sicht des Betriebssystems) einer Magnetplatte. Der Anschluß von Solid-State-Devices an das System erfolgt deshalb analog dem Anschluß von Magnetplattensteuereinheiten und Magnetplatten. Hersteller bzw. Vertreiber dieser Speichermedien sind beispielsweise Amdahl und Comparex. Anfänglich wurden SSDs als Schnellspeicher für Paging-Dateien eingesetzt. Man konnte durch den Einsatz dieses Speichermediums sehr gut Hauptspeicherprobleme, die sich in hohen Paging-Aktivitäten und damit schlechter Performance (siehe Kapitel 5) äußerten, umgehen. Später wurden SSDs auch für Anwendungsdateien verwendet, vorzugsweise für kleine Dateien mit einem hohen Anspruch in bezug auf Durchsatz und Antwortzeiten. Spätestens seit Einsatz des Erweiterungsspeichers durch IBM (siehe auch Kapitel 5) wechselte der Einsatzschwerpunkt vom Paging-Device zum Device für in obigem Sinne kritische Dateien und sank letztlich die Bedeutung dieser Einheiten. SSDs lassen sich auffassen als besonders schnelle Magnetplattenspeicher mit einem beschränkten Speichervolumen. Sie haben gegenüber Cache-Memories in manchen Einsatzgebieten bestimmte Vorzüge, die wir noch erörtern werden. Parallel mit der Aufgabe der speziellen Funktion als Paging-Device, wurden Sicherheitsmechanismen entwickelt, die es erlauben, SSDs wie permanente Speicher zu betreiben. So verfügen diese Geräte inzwischen über interne Plattenlaufwerke, die die Daten bei einem kontrollierten Stop der Systeme aufnehmen können. In der Regel optional sind Batterie-Backup-Einrichtungen, die bei Stromausfall den Betrieb aufrecht erhalten, so daß ein kontrolliertes Herunterfahren und damit eine Sicherung der Daten gewährleistet werden kann. Wir stellen einige allgemeine Merkmale von SSDs zusammen:

- Die von einem Solid-State-Device zur Verfügung gestellte Speicherkapazität kann auf mehrere Actuators unterschiedlicher Kapazität abgebildet werden (logische Actuators).
- Nach SEEK und SET SEKTOR erfolgt kein Disconnect durch den Controller.
- Neuere Geräte unterstützen die 4-Pfad-Technologie.
- Einige Geräte unterstützen 4-Pfad-Technologie auf Zylinderebene (beispielsweise ESU 6680 von Amdahl, siehe [4]).

Wir modellieren nun den I/O-Vorgang für ein SSD unter Zuhilfenahme unseres M/M/1-Standard-Modells. Zugrunde legen wir auch in diesem Falle das Modell-Kanalprogramm mit den CCWs

- SEEK,
- SET SEKTOR,
- SEARCH und
- READ/WRITE (Data-Transfer).

Da bei einem elektronischen Speicher alle durch die Mechanik der Magnetplatte verursachten Verzögerungseffekte (Bewegung des Zugriffsarms, Rotationswartezeit, RPS-Delays sowie Search-Zeiten) wegfallen, läßt sich der I/O-Vorgang mit der Übertragungszeit t_c (ohne Search-Time) modellieren. Auf die Modellierung von Protokoll- und Speichermanagement-Zeiten, die mit Mikroprozessorgeschwindigkeit ablaufen, verzichten wir zunächst. Abhängig von der Übertragungsleistung des Kanals stellen wir t_c (in Millisekunden) für einige ausgewählte physische Blocklängen in Abbildung 4.7.1 dar. Als Protokoll- und Speichermanagement-Zeit kann man nach [4] ca. 0.6 Millisekunden ansetzen, so daß man für die durchschnittliche Service-Time t_s die in Abbildung 4.7.2 dargestellten Werte erhält. Nach dem Standard-M/M/1-Modell gilt

$$t_r = t_q + t_s = t_s + t_s \cdot \frac{\delta_D}{1-\delta_D} = \frac{t_s}{1-\delta_D} = \frac{t_s}{1-r \cdot t_s}.$$

Blocklänge	3.0 MB-Channel	4.5 MB-Channel
4 KB	1.4	0.9
6 KB	2.0	1.4
8 KB	2.7	1.8

Abbildung 4.7.1: SSD-Übertragungszeit für unterschiedliche Blocklängen und Übertragungsleistungen

Blocklänge	3.0 MB-Channel	4.5 MB-Channel
4 KB	2.0	1.5
6 KB	2.6	2.0
8 KB	3.3	2.4

Abbildung 4.7.2: SSD-Service-Zeit für unterschiedliche Blocklängen und Übertragungsleistungen

Schlußfolgerungen

Als Folge der sehr kleinen Service-Zeiten in der Größenordnung von 2 Millisekunden machen sich Verzögerungen aufgrund von Device-Busy (Queue-Time) erst spät bemerkbar. Das Device respondiert bei einer Auslastung von 80% gemäß Modell immer noch mit Werten unter 10 Millisekunden (siehe Abbildung 4.7.3). Bis zu einer Auslastung von 60% erreicht man noch Response-Zeiten unter 5 Millisekunden (jeweils Modellwerte).

Weiter stellen wir fest, daß die Response-Zeiten sehr stabil sind. Physikalisch bedingte Schwankungen in der Service-Zeit, wie wir sie bei Magnetplatten kennengelernt haben, kommen nicht vor:

- Keine mit der Seek-Distanz schwankenden Seek-Zeiten,
- keine von der Position des Zugriffskopfs abhängige Verzögerungen und
- keine von der Kanalauslastung abhängigen Reconnect-Delays.

Das Wegfallen der RPS-Delay-Zeit bedeutet auch, daß die Service-Zeit unabhängig ist von der Kanalauslastung (bis auf "All Pathes-Busy" beim Start der I/O-Operation), so daß SSDs problemlos mit hohen Kanallasten gefahren werden können. Die Verzögerung durch

"All Pathes-Busy" können wir bei 4-Pfad-Technologie modellieren durch $\frac{t_c}{2} \cdot \delta_c^4$ (siehe auch 4.4).

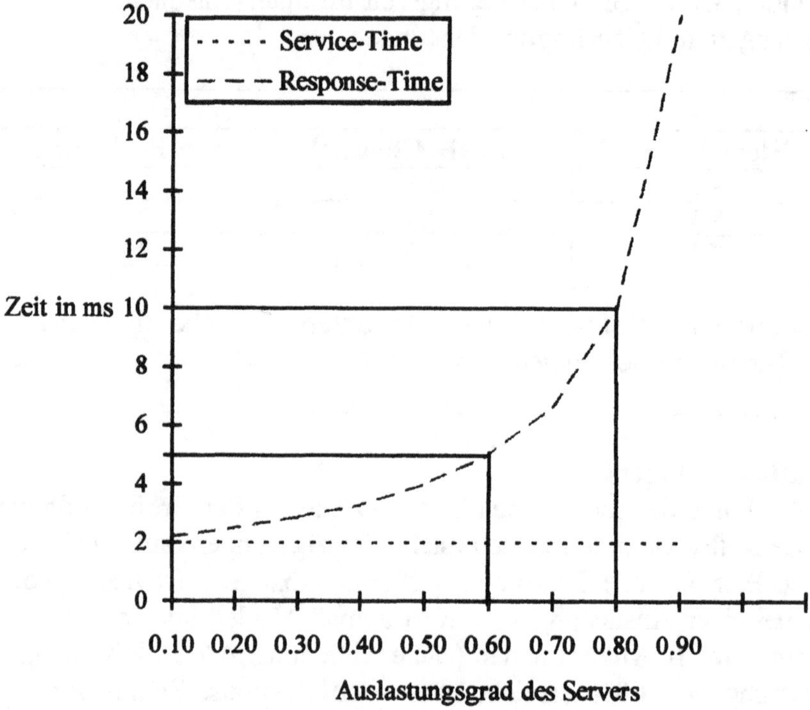

Abbildung 4.7.3: Response- und Service-Zeit eines SSDs (Modell)

Bei einer Kanallast von 90% führt dieser Ansatz zu einer Verzögerung von maximal 0.7 Millisekunden. Wir rechnen mit diesem Wert eine 3 MB-Channel-Konfiguration mit durchschnittlichen Blocklängen von 4 KB. Das Ergebnis stellen wir in Abbildung 4.7.4 dar. Da man üblicherweise beim Einsatz von elektronischen Speichern die Kanalkapazität auch ausnutzt, gilt als generelle Konfigurationsempfehlung, SSDs an dedizierte Kanäle anzuschließen. Damit wird vermieden, daß andere Devices (Magnetplatten), die auf hohe Kanallasten sensibler reagieren, nicht benachteiligt werden.

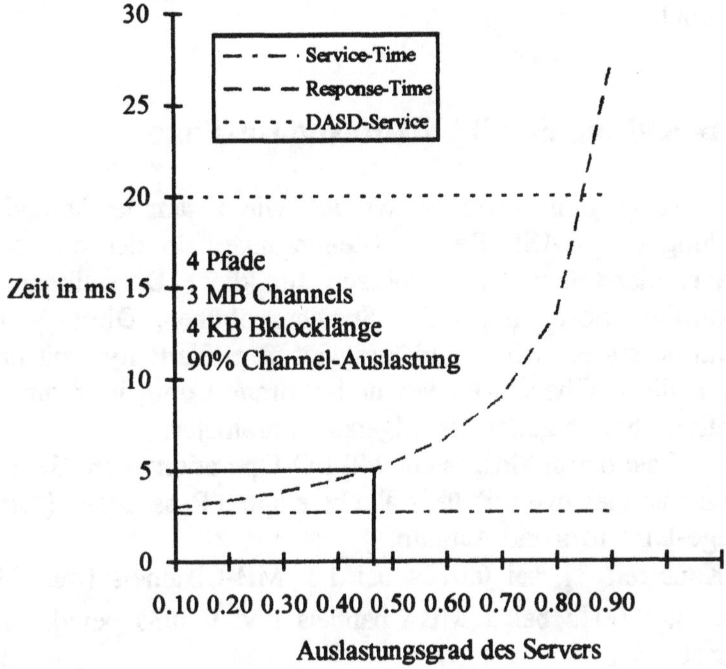

Abbildung 4.7.4: Response- und Service-Zeit eines SSDs (Modell)

Im Ergebnis kann noch bei einer Actuatorlast von knapp 50% mit einer Response-Time von unter 5 Millisekunden gerechnet werden. Damit können immerhin fast 180 I/O-Operationen pro Sekunde und logischem Actuator absorbiert werden (Modellwerte). Die Service-Zeit von SSDs ist außerdem unabhängig von der READ/WRITE-Ratio. Write-Operationen respondieren mit derselben Geschwindigkeit wie Read-Operationen. Gegenüber Cache-gestützten Magnetplattenlaufwerken ergeben sich damit einige Vorteile. Dazu gehört nach den obigen Ausführungen die höhere Stabilität der Response-Zeiten und die Unabhängigkeit von der READ/WRITE-Ratio. Eher nachteilig ist die beschränkte Kapazität der Speicher, so daß zusammenfassend, SSDs geeignet sind für die Aufnahme von eher kleinen, hoch frequentierten und auf stabile Response-Zeiten angewiesene Dateien. Dazu gehören beispielsweise

- Control-Data-Sets bestimmter Systemfunktionen wie die RACF-Data-Base und der JES2-MAS-Checkpoint,
- Kataloge und

- beispielsweise IMS-Write-Ahead-Data-Sets (WADS, siehe IMS-Literatur).

4.8 Entwicklung der DASD-Response-Time

Im vorliegenden Abschnitt werden wir zusammenfassend die Entwicklung der DASD-Reponse-Zeiten innerhalb der ca. letzten zehn Jahre darstellen. Wir benutzen für diese Darstellung eine Modellkonfiguration mit 30 GB Speichervolumen. Diese Modellkonfiguration statten wir in Abhängigkeit vom Plattentyp mit unterschiedlich vielen Channel-Pfaden und Storage-Controllers aus. Für alle Konfigurationen gelten die folgenden Parameter:

- Die I/O-Last beträgt insgesamt 240 I/O-Operationen pro Sekunde.
- Die Last ist gleichverteilt über alle beteiligten Ressourcen (Kanäle, Storage-Directors und Actuators).
- Die Kanalzeit t_c sei 0.010s bei 1.2 MB-Channels (nur 3350-Devices), 0.004s bei 3 MB-Channels und 0.003s bei 4.5 MB-Channels.
- Für alle Seek-Operationen wird die Minimum Seek-Time gemäß Abbildung 4.8.1 angenommen.
- RPS-Delay wird mit dem Ansatz

$$t_{rpsd} = t_{rot} \cdot \frac{\delta_c}{1-\delta_c} \text{ (MVS/370) und}$$

$$t_{rpsd} = t_{rot} \cdot \frac{\delta_e}{1-\delta_e} \text{ (MVS/XA) modelliert.}$$

Dabei ist δ_c die Kanalauslastung und δ_e Effective Path-Busy (siehe 4.2) mit

$\delta_e = \delta_c + \frac{9}{16} \cdot \delta_c^2$ (3380 Standardmodelle) bzw. $\delta_e = \delta_c^{n_c}$ (sonstige 3380- und 3390-Modelle). n_c ist dabei die Anzahl der Channel-Pfade.

- Channel-Path-Delays beim Start der I/O-Operation bzw. beim Reconnect nach Seek (nur 3350-Devices) wird mit dem Ansatz $\frac{t_c}{2} \cdot \delta_c$ modelliert.
- Alle berechneten Werte werden gerundet.

	3350	3380 S	3380 D	3380 J	3380 K	3390 2
Min. Seek	10	3	3	2	2	1.5

Abbildung 4.8.1: Minimum Seek-Time verschiedener Plattenmodelle

Bei der nachfolgenden Analyse geht es uns ausschließlich um eine qualitative Betrachtung. Vergleiche mit Herstellerangaben sind trivialerweise nur dann zulässig, wenn gleiche Voraussetzungen gelten. Wir beginnen mit einer 3350-Konfiguration unter der 370-Architektur.
Die ersten Versionen der Betriebssysteme dieser Architektur (beispielsweise MVS 3.8) ließen noch keine Parameterisierung der Channel-Algorithmen zu. Grundsätzlich wurde "sequential" benutzt. Der Channel-Algorithmus "sequential" selektiert für jede Operation zunächst den primary Channel. Nur wenn dieser belegt ist, wird die Operation mit dem alternate Channel durchgeführt. Dies hat zur Folge, daß einer von maximal zwei Channels pro 3350-String höher ausgelastet ist. Wir unterstellen, daß das Lastverhältnis 3/1 beträgt. Ab MVS/SE konnte der Channel-Algorithmus per Parameter eingestellt werden. Für den Rotate-Algorithmus, der beide Channel gleichmäßig belastet, bringen wir ebenfalls ein Konfigurationsbeispiel. Die 3380-Standard-Modelle fahren wir im ersten Schritt noch unter der 370-Architektur (beispielsweise MVS/SP Version 1). In einem zweiten Schritt wechseln wir auf die XA-Architektur (MVS/SP Version 2). Alle weiteren Modellrechnungen unterstellen dann die XA-Architektur. Bevor wir in die Modellrechnungen einsteigen, stellen wir die zugrunde liegenden Basiskonfigurationen vor.

3350-Konfiguration (siehe Abbildung 4.8.2)

Anzahl Strings 6

Anzahl Pathes pro String	2
Anzahl Storage-Directors pro String	2
Anzahl Actuators pro String	16

⟶

Anzahl I/O-Operationen pro Channel	20
Anzahl I/O-Operationen pro Actuator	2.5

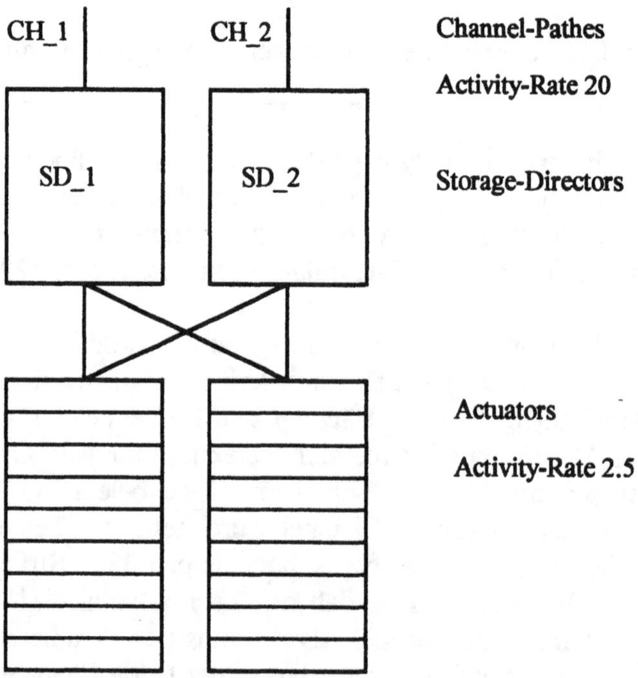

Abbildung 4.8.2: 3350-Konfiguration (MVS 370, 6 Strings)

3380 S/D/J-Konfiguration (siehe Abbildung 4.8.3)

Anzahl Strings	3
Anzahl Pathes pro String	2
Anzahl Storage-Directors pro String	2
Anzahl Actuators pro String	16

⟶

Anzahl I/O-Operationen pro Channel	40
Anzahl I/O-Operationen pro Actuator	5

3380 K 2-Pfad-Konfiguration (Analog zu Abbildung 4.8.3)

Anzahl Strings	1
Anzahl Pathes pro String	2
Anzahl Storage-Directors pro String	2
Anzahl Actuators pro String	16

⟶

Anzahl I/O-Operationen pro Channel	120
Anzahl I/O-Operationen pro Actuator	15

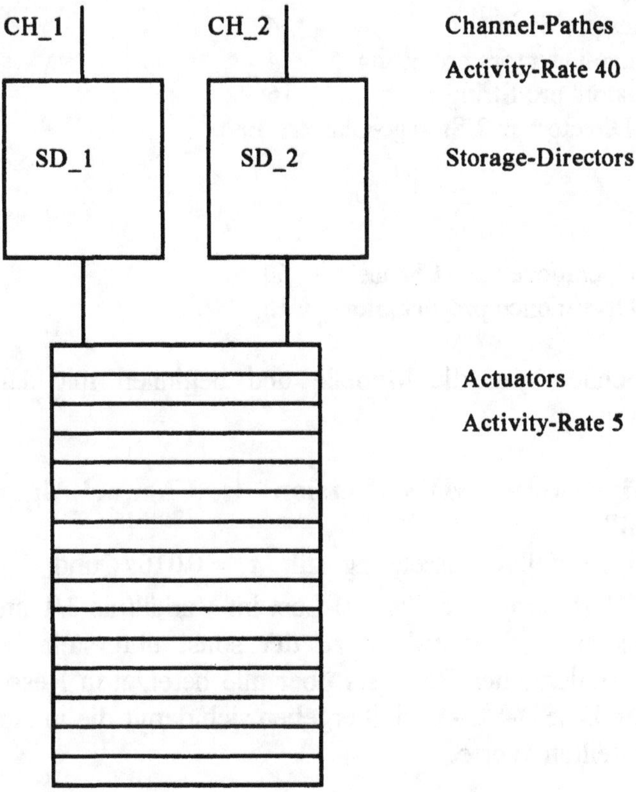

Abbildung 4.8.3: 3380-Konfiguration (MVS 370 und XA, 3 Strings)

3380 K 2-Pfad-Konfiguration (Kurzstring, analog zu 4.8.3)

Anzahl Strings	2
Anzahl Pathes pro String	2
Anzahl Storage-Directors pro String	2
Anzahl Actuators pro String	8

$\longrightarrow$

Anzahl I/O-Operationen pro Channel	60
Anzahl I/O-Operationen pro Actuator	15

3380 K- und 3390 4-Pfad-Konfiguration (siehe Abbildungen 4.8.4 und 4.8.5).

Anzahl Strings	1
Anzahl Pathes pro String	4
Anzahl Storage-Directors pro String	4
Anzahl Actuators pro String	16

* 4 Storage-Directors in 2 Storage-Clusters 3990

$\longrightarrow$

Anzahl I/O-Operationen pro Channel	60
Anzahl I/O-Operationen pro Actuator	15

Wir rechnen nun die Modelle und beginnen mit der 3350-Konfiguration.

3350-Konfiguration, MVS Version 1, Channel-Algorithmus "sequential"

Gemäß Modellvoraussetzung gilt $t_c = 0.010s$ und $\delta_c = 0.30$, wobei eine Verteilung der Channel-Last im Verhältnis 3/1 angenommen ist (als einzige Ausnahme zu der sonst unterstellten gleichmäßigen Verteilung der Requests über alle beteiligten Ressourcen). Aus unserem DASD-I/O-Modell ergeben sich damit die in Abbildung 4.8.6 dargestellten Werte.

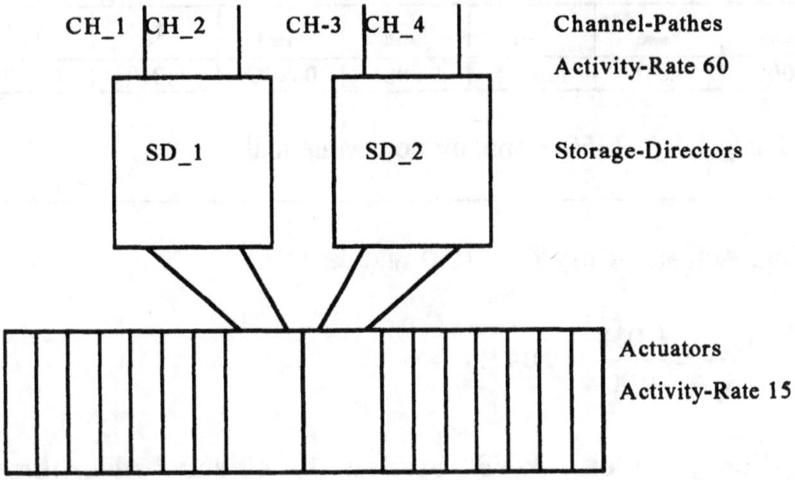

Abbildung 4.8.4: 3380 K 4-Pfad-String

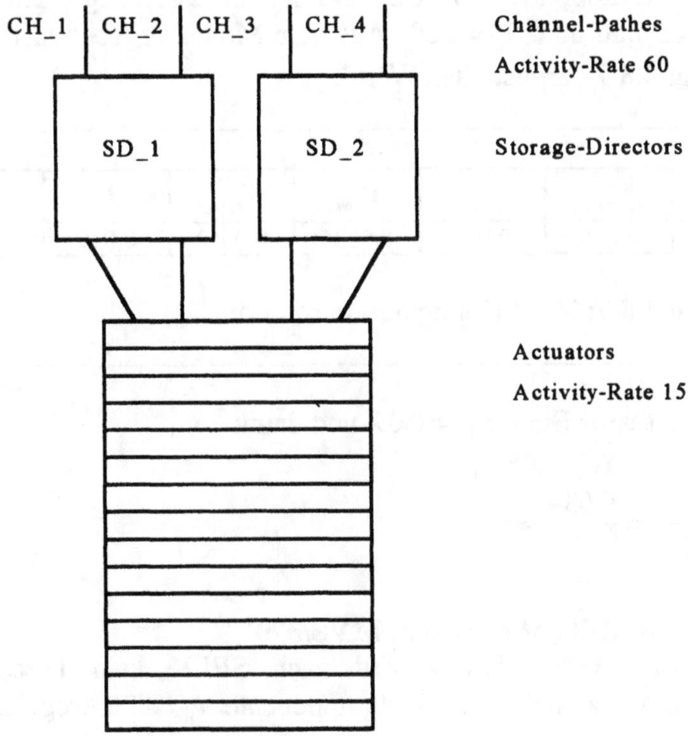

Abbildung 4.8.5: 3390-2 4-Pfad-String

t_{pend}	t_{seek}	t_{rec}	t_{ssek}	t_{rpsd}	t_c	t_s
0.005	0.010	0.0015	0.0084	0.0072	0.010	0.038

Abbildung 4.8.6: 3350-Konfiguration sequential

Es folgt Actuator-Busy $\delta_D = 0.10$ und damit

$$t_r = \frac{t_s}{1-\delta_D} = \frac{0.038}{0.90} \approx 0.042\,.$$

3350-Konfiguration, MVS Version 1, Channel-Algorithmus "rotational"

Ab MVS/SE konnte der Channel-Algorithmus parametrisiert werden. Wir rechnen die 3350-Konfiguration mit dem Channel-Algorithmus "rotational". Gemäß Modellvoraussetzung gilt nun $t_c = 0.010s$ und und $\delta_c = 0.20$. Aus dem Modell ergeben sich die in Abbildung 4.8.7 dargestellten Werte.

t_{pend}	t_{seek}	t_{rec}	t_{ssek}	t_{rpsd}	t_c	t_s
0.0002	0.010	0.001	0.0084	0.0042	0.010	0.034

Abbildung 4.8.7: 3350-Konfiguration rotational

Es folgt Actuator Busy $\delta_D = 0.09$ und damit

$$t_r = \frac{t_s}{1-\delta_D} = \frac{0.034}{0.91} \approx 0.037\,.$$

3380 Standard-Konfiguration, MVS/370

Bei den 3380-Devices wird nach SEEK kein Disconnect durchgeführt, das heißt, die Zeitkomponente t_{rec} fällt weg. Gemäß Modellvoraussetzung gilt $t_c = 0.004s$ und $\delta_c = 0.16$. Damit folgen die in Abbildung 4.8.8 dargestellten Werte.

t_{pend}	t_{seek}	t_{ssek}	t_{rpsd}	t_c	t_s
0.0001	0.003	0.0084	0.0032	0.004	0.019

Abbildung 4.8.8: 3380 Standard-Konfiguration MVS/370

Actuator-Busy ist damit $\delta_D = 0.10$ und

$$t_r = \frac{t_s}{1-\delta_D} = \frac{0.019}{0.90} \approx 0.021.$$

3380 Standard-Konfiguration, MVS/XA

t_c und δ_c bleiben nach Voraussetzung mit $t_c = 0.004s$ und $\delta_c = 0.16$ unverändert. Durch XA reduziert sich nur die RPS-Delay-Time infolge von Dynamic-Reconnect. Die sich aus dem Modell ergebenden Werte sind in Abbildung 4.8.9 dargestellt.

t_{pend}	t_{seek}	t_{ssek}	t_{rpsd}	t_c	t_s
0.0001	0.003	0.0084	0.0017	0.004	0.017

Abbildung 4.8.9: 3380 Standard-Konfiguration MVS/XA

Es folgt Actuator Busy $\delta_D = 0.09$ und damit

$$t_r = \frac{t_s}{1-\delta_D} = \frac{0.017}{0.91} \approx 0.019\,.$$

3380 D-Konfiguration, MVS/XA

t_c und δ_c bleiben unverändert. Die D-Modelle verfügen über das Device-Level-Selection-Feature, das sich im Modell durch eine weitere Reduzierung der Reconnect-Delay-Time bemerkbar macht (siehe Abbildung 4.8.10). Es folgt Actuator-Busy $\delta_D = 0.08$ und damit

$$t_r = \frac{t_s}{1-\delta_D} = \frac{0.016}{0.92} \approx 0.017.$$

t_{pend}	t_{seek}	t_{ssek}	t_{rpsd}	t_c	t_s
0.0001	0.003	0.0084	0.0004	0.004	0.016

Abbildung 4.8.10: 3380 D-Konfiguration MVS/XA

3380 J-Konfiguration, MVS/XA

Bei den J-Modellen wurden die Seek-Zeiten reduziert. In unserem Modell, das mit der Minimum-Seek-Time arbeitet, reduziert sich die Service-Time damit um eine Millisekunden (siehe Abbildung 4.8.11).

t_{pend}	t_{seek}	t_{ssek}	t_{rpsd}	t_c	t_s
0.0001	0.002	0.0084	0.0004	0.004	0.015

Abbildung 4.8.11: 3380 J-Konfiguration MVS/XA

Es folgt Actuator Busy $\delta_D = 0.08$ und damit

$$t_r = \frac{t_s}{1-\delta_D} = \frac{0.016}{0.92} \approx 0.016.$$

3380 K 2-Pfad-Konfiguration, MVS/XA

Die 3380 K-Modelle verfügen über das Dreifache der Speicherkapazität der bisherigen 3380-Modelle (Standard, D und J). Gemäß Modellannahme wird damit pro Actuator und Channel das Dreifache der I/O-Last absorbiert. Damit ergibt sich für Channel-Busy $\delta_c = 0.48$. Als Folge erhöhen sich alle Abschnitte der Service-Time, die von der Channel-Last abhängen. (siehe Abbildung 4.8.12).

t_{pend}	t_{seek}	t_{ssek}	t_{rpsd}	t_c	t_s
0.0005	0.002	0.0084	0.005	0.004	0.020

Abbildung 4.8.12: 3380 K 2-Pfad-Konfiguration MVS/XA

Es folgt Actuator Busy $\delta_D = 0.30$ und damit

$$t_r = \frac{t_s}{1-\delta_D} = \frac{0.020}{0.70} \approx 0.029 .$$

Im Vergleich mit den 3380 Single Density-Disks verschlechtert sich die Response-Time beim Übergang auf Triple Density-Disks gemäß Modell dramatisch. In praxi hat man deshalb beim Übergang auf die höher volumigen Platten hochfrequentierte mit weniger hoch frequentierten Datenbeständen zusammengelegt, in jedem Fall aber war darauf zu achten, daß die Actuator-Last nicht zu hoch wurde. Außerdem hat man "Kurz"-Strings favorisiert, das heißt Strings mit nur 8 Actuators. Damit konnte die Channel-Last pro String und damit RPS-Delay und die Service-Time des Actuators reduziert werden. Unsere nächste Konfiguration ist eine solche Kurzstring-Konfiguration mit dann zwei Strings und insgesamt 4 Channels.

3380 K 2-Pfad-Konfiguration (Kurz-String), MVS/XA

Nach Modellvoraussetzung ist nun $\delta_c = 0.24$. Daraus ergeben sich die in Abbildung 4.8.13 dargestellten Werte.

t_{pend}	t_{seek}	t_{ssek}	t_{rpsd}	t_c	t_s
0.0001	0.002	0.0084	0.001	0.004	0.016

Abbildung 4.8.13: 3380 K 2-Pfad-Konfiguration (Kurzstring)

Es folgt Actuator-Busy $\delta_D = 0.24$ und damit

$$t_r = \frac{t_s}{1-\delta_D} = \frac{0.016}{0.76} \approx 0.021.$$

3380 K 4-Pfad-Konfiguration, MVS/XA

Im Modell wirkt sich die Benutzung von vier Pfaden auf die Channel-Last ($\delta_c = 0.24$) aus und damit auf alle Komponenten der Service-Zeit, die von der Channel-Auslastung abhängig sind (siehe Abbildung 4.8.14).

t_{pend}	t_{seek}	t_{ssek}	t_{rpsd}	t_c	t_s
0.0001	0.002	0.0084	0.0001	0.004	0.015

Abbildung 4.8.14: 3380 K 4-Pfad-Konfiguration

Es folgt Actuator-Busy $\delta_D = 0.23$ und damit

$$t_r = \frac{t_s}{1-\delta_D} = \frac{0.015}{0.77} \approx 0.019.$$

3390 Model 2 4-Pfad-Konfiguration, MVS/XA

Mit den 3390-Modellen wurden weitere technologische Verbesserungen erzielt. Es wurden die Umdrehungszeit und die Seek-Time reduziert. Die höhere Rotationsgeschwindigkeit wirkt sich auf die die Connect-Time $t_c = 0.003$ und auf Channel-Busy aus $\delta_c = 0.18$. Mit dem DASD-I/O-Modell ergeben sich daraus die in Abbildung 4.8.15 dargestellten Werte.

t_{pend}	t_{seek}	t_{ssek}	t_{rpsd}	t_c	t_s
0.0	0.0015	0.0071	0.0	0.003	0.012

Abbildung 4.8.15: 3390 2 4-Pfad-Konfiguration

Es folgt Actuator Busy $\delta_D = 0.18$ und damit

$$t_r = \frac{t_s}{1-\delta_D} = \frac{0.012}{0.84} \approx 0.015 .$$

Wir runden die Konfigurationsbeispiele ab mit einer 3390-Konfiguration mit vorgeschaltetem Cache-Memory.

3390 Model 2 4-Pfad-Konfiguration, MVS/XA, Cache-Memory mit DASD-FAST-WRITE, Hit-Ratio = 0.70

Für die DASD-Service-Time unterstellen wir die im obigen Modell ermittelte Zeit von $t_m = 0.012s$. Mit der angenommenen Hit-Ratio von 0.70 ergibt sich nach dem in 4.5 abgeleiteten Modell eine Subsystem-Service-Time von

$$t_s = r_h \cdot t_h + (1 - r_h) \cdot t_m = 0.0057 \approx 0.006s .$$

Wir fassen das Ergebnis in Abbildung 4.8.16 tabellarisch und in Abbildung 4.8.17 grafisch zusammen.

Modell		Konfiguration	Response-Time
3350		MVS/370 String-Switching, sequential	42
3350		MVS/370 String-Switching, rotational	37
3380	S	MVS/370	21
3380	S	MVS/XA	19
3380	D	MVS/XA	17
3380	J	MVS/XA	16
3380	K	MVS/XA 2-Pfad	29
3380	K	MVS/XA 2-Pfad, Kurz-String	21
3380	K	MVS/XA 4-Pfad	19
3390	2	MVS/XA 4-Pfad	15
3390	2	MVS/XA 4-Pfad DASD-FAST-WRITE	6

Abbildung 4.8.16: Entwicklung der DASD-Response-Time

Insgesamt wurde die DASD-Response-Time zwischen 3350- und 3390-Konfigurationen um etwa den Faktor 3, bei Einsatz von Cache-Memories um den Faktor 7 reduziert. Vergleicht man diese Entwicklung mit der Entwicklung der Leistung der Zentralprozessoren, so stellt man ein relativ großes Mißverhältnis fest. Um die Schere zwischen Prozessorgeschwindigkeit und der Geschwindigkeit der Zugriffe auf externe Datenträger (hier Magnetplatten) nicht noch weiter zu öffnen, wurden bei der Einführung der ESA-Architektur neue Möglichkeiten der Datenzuführung vom externen in den Prozessorspeicher entwickelt. Dazu gehören zusammen mit der Bereitstellung immer größerer Prozessorspeicher die Software-Mechanismen "Data-Spaces" und "HIPER-Spaces". Siehe dazu die entsprechende IBM-Systemliteratur.

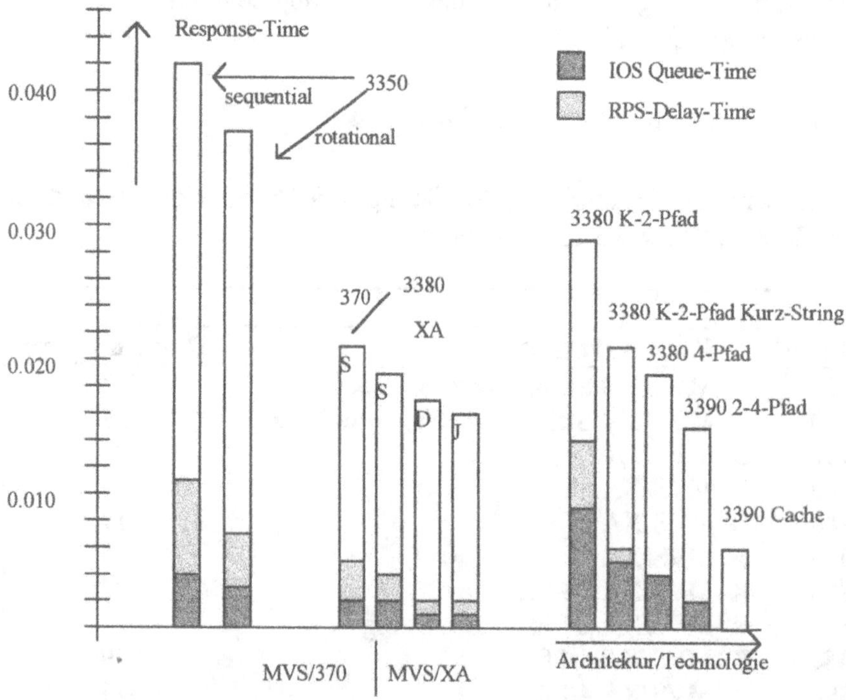

Abbildung 4.8.17: Entwicklung der DASD-Response-Time

4.9 RAID-Architektur

Wir werfen einen kurzen Blick auf die im Großrechnerbereich jüngstens realisierte RAID-Architektur (Redundant Array of

Inexpensive Disks). Die Entwicklung im Magnetplattenbereich war bisher gekennzeichnet durch eine

- fortschreitende Miniaturisierung, eine
- fortschreitende Reduzierung des Energieverbrauchs sowie eine
- fortschreitende Erhöhung der Speicher- und Zugriffsleistung.

Daneben spielt die Betriebssicherheit der Laufwerke eine zunehmend entscheidende Rolle. Traditionell wurde diese durch redundande Baugruppen und Magnetplatten-Shadowing sichergestellt. Das Bauprinzip bestand darin, relativ große und relativ teure Einzellaufwerke, verpackt in "Verkaufseinheiten", in Strings hintereinander zu schalten (SLED-Prinzip von Single-Large-Expensive-Disks). In einem "Berkely-Papier" aus dem Jahre 1987 wurde unter der Beteiligung von IBM eine Architektur entworfen, die von diesem Bauprinzip abrückt:

- Verwendung von preiswerten Laufwerken aus dem unteren Systembereich (inexpensive statt expensive Disks),
- Verteilung der zu speichernden Information auf mehrere Laufwerke (Disk-Array statt Single Disks)
- redundante Datenhaltung zur Sicherstellung der im Großsystembereich geforderten Betriebssicherheit.

In dem erwähnten Papier wurden 5 RAID-Stufen vorgeschlagen, die mit RAID-1 bis RAID-5 bezeichnet werden. Wir gehen an dieser Stelle nur auf RAID-1 und auf die in den neuen IBM-Magnetplatten (RAMAC) realisierte RAID-5-Technik ein. Unter RAID-1 versteht man das auch im Großsystembereich schon länger bekannte und realisierte Magnetplatten-Shadowing (auch Dual-Copy). Diese Methode der Sicherung ist zugleich die kostspieligste, da für die durchgängige Realisierung genau die doppelte Speicherkapazität zur Verfügung gestellt werden muß. RAID-5 verteilt die Daten blockweise auf mehrere Laufwerke (Arrays) und schreibt auf jedes Laufwerk einen Parity-Block, mit dessen Hilfe die geschriebene Information bei Ausfall eines Laufwerkes wiederhergestellt werden kann. In Abbildung 4.9.1 skizzieren wir die Verfahrensweise bei einem Array mit 5 Laufwerken.

Daten:

Block 1: 01011100 **Block 2: 11001010** **Block 3: 00001000** **Block 4: 11001101**

Block 5: 11011111 **Block 6: 11111111** **Block 7: 00000001** **Block 8: 01011100**

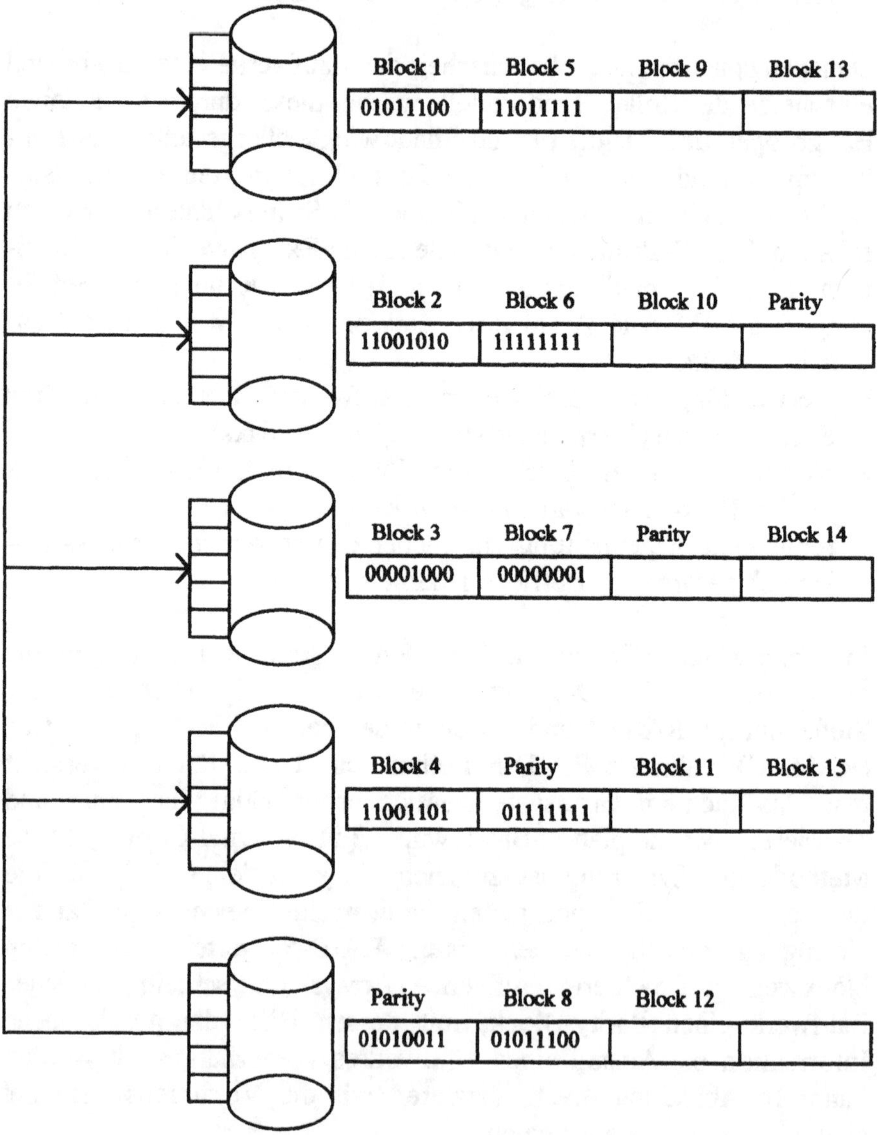

Abbildung 4.9.1: Aufzeichnung in RAID-5-Technologie (Beispiel)

Die Parity-Information wird dabei über eine XOR-Verknüpfung erzeugt.

Beispiel

Der Parity-Block auf dem fünften Laufwerk in Abbildung 4.9.1 wird wie folgt gebildet (siehe Abbildung 4.9.2)

Block 1		Block 2		Block 3		Block 4		Parity
0		1		0		1		0
1		1		0		1		1
0		0		0		0		0
1	XOR	0	XOR	0	XOR	0	=	1
1		1		1		1		0
1		0		0		1		0
0		1		0		0		1
0		0		0		1		1

Abbildung 4.9.2: Bildung der Parity-Blocks

IBM hat im Juni 1994 das IBM 9390 RAMAC-Magnetplattenarray angekündigt, das RAID-5 realisiert. Wir gehen kurz auf den Aufbau des Arrays ein. RAMAC steht für RAID-Architecture with Multi-Level-Adaptive-Cache. Das RAMAC-Array gibt es in zwei Versionen: zum Anschluß an eine IBM 3990 Modell 6-Steuereinheit und als eigenständiges System mit integrierter Steuereinheit. Wir betrachten nur die erste Version und gehen zunächst auf die Komponenten des Systems ein:

Laufwerke

Die Plattenlaufwerke sind 3.5-Zoll-Laufwerke mit einer durchschnittlichen Seek-Time von $t_{seek} = 9.5$ ms, einer durchschnittlichen Umdrehungswartezeit von $\frac{t_{rot}}{2} = 5.6$ ms und einer Übertragungsleistung von $r = 5.2$ MB pro Sekunde. Die Laufwerke besitzen eine Speicherkapazität von 2 GB (siehe aber unter Speicherkapazität weiter unten).

Einschub

Der Einschub ist das Kernstück des Arrays. Der Einschub enthält 4 Laufwerke und bildet ein eigenständiges RAID-5-Array. Er ist in seinem Aufbau, bis auf die Laufwerke selbst, hundertprozentig redundant. So sind beispielsweise Gebläse, Speicherkarten und Stromversorgung doppelt ausgelegt. Fällt ein Teil aus, so übernimmt der andere Teil dessen Funktion. Der Einschub enthält 13 CMOS-basierende 32-Bit Prozessoren. Dadurch ist eine hohe Parallelität der Verarbeitung möglich. Bei einem voll ausgebauten Subsystem mit 16 Einschüben, können alle Laufwerke gleichzeitig schreiben oder lesen. Dies wird dadurch realisiert, daß jeder SCSI-Pfad mit einem eigenen Mikroprozessor versehen ist und alle Prozessoren unabhängig voneinander arbeiten. Mit Hilfe eines Reserveeinschubs kann die Funktion "Dynamic Sparing" unterstützt werden. Dynamic Sparing stellt die Datenintegrität auch noch für den unwahrscheinlichen Fall sicher, daß bis zur Reparatur eines defekten Laufwerks ein weiteres Laufwerk im selben Einschub ausfällt.

Cache-Konzeption

Die in der RAMAC realisierte Cache-Konzeption besteht aus mehreren Cache-Ebenen. So gibt es neben dem herkömmlichen Cache-Memory in der Steuereinheit einen 32 MB-Cache pro Einschub und einen 512 KB-Cache pro Laufwerk. Die Cache-Hierarchie ist damit dreistufig. Die beiden ersten Stufen, das heißt der Steuereinheiten-Cache und der Einschub-Cache, arbeiten unabhängig voneinander nach dem LRU-Algorithmus.

Speicherkapazität

Die Speicherkapazität eines voll ausgebauten RAMAC-Arrays mit 16 Einschüben beträgt ca. 90 GB. Es emuliert 32 3390 Modell 3-Volumes. Damit werden 2 3390 Modell 3-Volumes auf einen Einschub, das heißt auf 4 physische Laufwerke, abgebildet. Hinter einer Steuereinheit IBM 3990 Modell 6 können 2 RAMAC-Arrays mit einer Gesamtkapazität von ca. 180 GB konfiguriert werden.

Leistung

Die physikalischen Leistungsgrößen mittlere Seek-Time, Umdrehungszeit und maximale Übertragungsrate (siehe unter Laufwerke) sind gegenüber den Modell 3-Laufwerken verbessert worden.

Zusammen mit der neuen 3-stufigen Cache-Konzeption kann eine Leistungsverbesserung erwartet werden. Zu berücksichtigen bleibt aber (Write-Penalty), daß die RAID-Architektur pro Update-Operation 4 I/O-Operationen verlangt (statt 2 bei herkömmlichem Design):

- Lesen Datenblock,
- Lesen Parity-Block,
- Schreiben Datenblock und
- Schreiben Parity-Block.

In einer reinen Read-Umgebung werden die technischen Leistungsmerkmale voll durchschlagen können. Zur Abschätzung der I/O-Zeiten kann der entwickelte Modellansatz für 3390 Modell 3-Devices, korrigiert um die technischen Leistungsgrößen, angewendet werden. Bei bisher hohen Trefferraten wird sich eine Verbesserung aber nur schwer nachweisen lassen. Werden überwiegend Write-Operationen gefahren, wird sich die Write-Penalty bemerkbar machen, wenn auch das Schreiben der Parity-Blocks asynchron zur Verarbeitung durch den Einschub, unabhängig von der Steuereinheit, erfolgt. Abschließende Aussagen zum Gesamtleistungsverhalten sind noch nicht veröffentlicht. Insgesamt wird man mit gegenüber 3390 Modell 3-Konfigurationen vergleichbaren, in Abhängigkeit von der Anwendungs- und Konfigurationsumgebung, auch mit besseren Ergebnissen rechnen können.

Steuereinheit IBM 3990 Modell 6

Das Modell 6 verfügt gegenüber dem Vorgängermodell IBM 3990 Modell 3 über einige Verbesserungen:

- Record-Caching,
- Erweiterung des Cache-Memorys auf bis zu 2 GB,
- Erweiterung des Volatile-Storage auf 64 MB,
- Remote-Copy-Funktion,
- Zeitersparnis bei der Erstellung eines Spiegelvolumes.

Beim Record-Caching werden im Gegensatz zum Track-Caching (siehe 4.6) nur die zu verarbeitenden Records (Datensätze) in den Cache geladen. Bei nicht sequentieller Verarbeitung, beispielsweise bei Datenbankanwendungen, führt dieses Verfahren zu einer effizienteren Nutzung des Cache-Speichers. Die tatsächlich benötigten Daten können länger im Cache gehalten werden, so daß eine höhere Trefferrate erreicht wird. Write-Operationen werden unter Record-Caching immer als Treffer behandelt. Record-Caching setzt in Abhängigkeit von der Zugriffsstruktur dynamisch ein. Ist Record-Caching in der gefahrenen Umgebung nicht optimal, so kommen die herkömmlichen Algorithmen zum Einsatz (siehe 4.6). Remote-Copy ermöglicht das Führen eines Spiegelvolumes in einem anderen 3990-Subsystems. Remote-Copy kann in zwei Formen implementiert werden (siehe auch Abbildung 4.9.3 und 4.9.4).

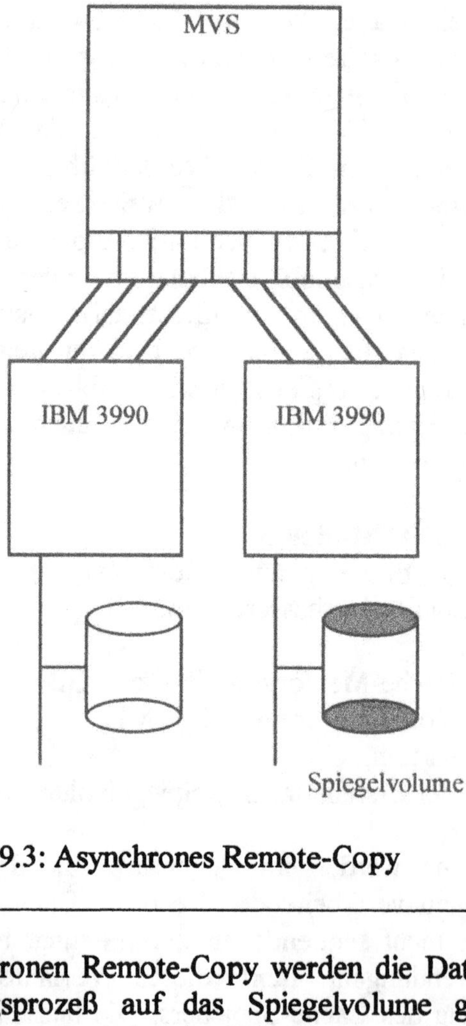

Abbildung 4.9.3: Asynchrones Remote-Copy

Beim asynchronen Remote-Copy werden die Daten asynchron zum Verarbeitungsprozeß auf das Spiegelvolume geschrieben. Asynchrones Remote-Copy ist eine Kombination aus 3990 Modell 6 LIC

(Lizenzierter Interner Code) und DFSMS/MVS-Software (siehe auch Abbildung 4.9.4). Beim synchronen Remote-Copy werden die Daten über eine Direktverbindung (per ESCON) zwischen zwei Steuereinheiten 3990 Modell 6 synchron übertragen. Dies geschieht ohne Beteiligung des Betriebssystems. Die maximale Entfernung zwischen den Steuereinheiten beträgt zur Zeit 20 km. Diese Funktion ist anwendbar zum Beispiel im Rahmen der K-Fall-Vorsorge (siehe auch Abbildung 4.9.4).

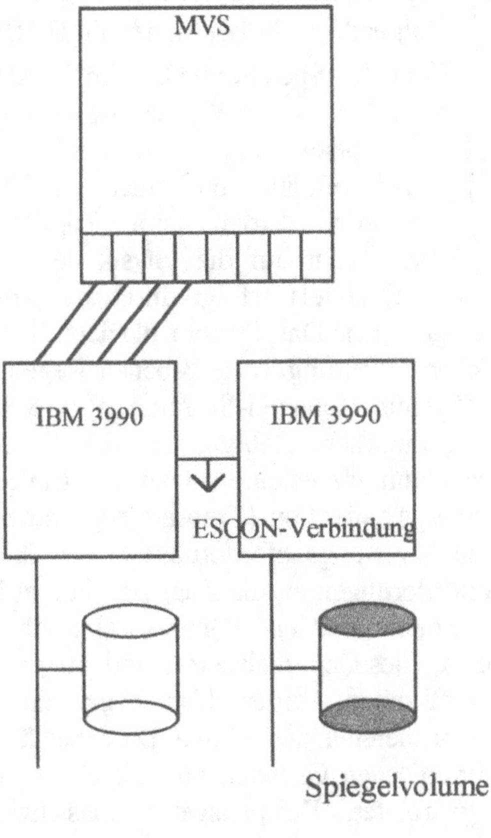

Abbildung 4.9.4: Synchrones Remote-Copy

Bei der Erstellung eines Spiegelvolumes werden in einem Lese- oder Schreibvorgang, im Gegensatz zu früher (Modell 3-Steuereinheiten), mehrere Tracks übertragen. Dadurch wird die Erstellung eines

Spiegelvolumes deutlich beschleunigt. Zusätzlich kann DASD-Fast-Write eingeschaltet und wirksam sein, ohne daß das Ende des Kopiervorgangs abgewartet werden müßte.

4.10 Design von DASD-Konfigurationen

Das Kapitel abschließend werden wir in diesem Abschnitt eine Idee für die grundsätzliche Gestaltung von DASD-Konfigurationen vorstellen. Der Konzeption SMS (System-Managed-Storage, siehe auch [21] und [22]) folgend, steht bei modernen DASD-Konfigurationen die logische Sicht der Speichermedien im Vordergrund. Eine DASD-Konfiguration wird in diesem Kontext gesehen (Idealbild) als ein Speicherraum für die Speicherung von Informationen (Speicheraspekt), auf die jederzeit (Online) mit einer adäquaten Leistung (Response-Time) zugegriffen werden kann (Zugriffsaspekt). Die Abbildung der logischen Sicht auf die Physik der Magnetplatten, Storage-Directors und Channels erfolgt durch die Speicherverwaltung (Storage-Management). Das System plaziert die Dateien nach den von der Speicherverwaltung vorgegebenen Regeln automatisch im Speicherraum (System-Managed-Storage). Primäres, übergeordnetes Ziel dabei ist die Sicherstellung der für die Applikationen benötigten Services. Nun gibt es eine Unzahl von Einflußgrößen, die die Performance einer Applikation (Transaktion, Batch-Job) bestimmen, so daß aus den Leistungsanforderungen der Applikation nur schwer exakte Anforderungen an die Zugriffszeiten auf den DASD-Speicherraum abgeleitet werden können, abgesehen von dem technischen Problem, diese zu realisieren und zu garantieren. Die erforderlichen Zugriffszeiten werden deshalb indirekt über die den Applikationen zugeordneten Dateien und Datenbestände gefordert. Dabei wird aus praktischen Gründen nur mit einem relativ groben Qualitätsraster gearbeitet. Beispielsweise klassifiziert man die Datenbetände nach

- Datenbeständen mit hohem Leistungsanspruch (Fast),
- Datenbeständen mit mittlerem Leistungsanspruch (Medium) und
- Datenbeständen mit geringem Leistungsanspruch (Low).

Diese beispielhafte Klassifizierung entspricht den Möglichkeiten, die eine DASD-Konfiguration gegenwärtig zur Verfügung stellen kann:

- Datenbestände auf Actuators mit Cache-Unterstützung (must be caching),
- Datenbestände auf Actuators mit Cache-Unterstützung (may be caching),
- Datenbestände ohne Cache-Unterstützung (no caching).

Die Dateien werden von Class-Selection-Routinen auf die "richtigen" Datenträger dirigiert. Voraussetzung ist, daß die "richtigen" Datenträger zur Verfügung stehen. Dabei wird keine Zugriffszeit garantiert. Die Zugriffszeiten ergeben sich aus den Randbedingungen, die in der jeweiligen Situation für die betroffenen Actuators und/oder Caching-Systeme existieren. Die Speicherklasse (Storage-Class) wird dabei üblicherweise aus dem Dateibezeichner abgeleitet. Aufgabe der Speicheradministration ist die Zuordnung der Dateibezeichner und die Gestaltung der Class-Selection-Routinen. Mit der Frage: "Welche Datenträger sind für welche Dateiklassen geeignet ?" werden wir uns im Folgenden beschäftigen. Ziel ist es, die für die jeweiligen Dateiklassen geeigneten Datenträger auszuwählen ("the right tool for the job"). Dazu sehen wir uns zunächst die Lastverteilung einer typischen DASD-Konfiguration an. Wir stellen dazu die prozentualen Anteile der I/O-Last dem diese Last absorbierenden Anteil der belegten Speicherkapazität gegenüber. Siehe dazu Abbildung 4.10.1. Typisch dabei ist, daß ein relativ großer Anteil der Last von einer relativ kleinen Menge der belegten Speicherkapazität absorbiert wird. Diese "Schräge" (DASD-Skew oder Non-Uniformity) zieht potentiell Service-Verluste für die betroffenen Actuator nach sich (hohes I/O-Aufkommen, damit hohe Auslastung und lange Wartezeiten). Das bedeutet, daß die I/O-Operationen zumindest temporär (für die Dauer der DASD-Skew) potentiell schlechter respondieren, als man es bei gleichmäßiger Auslastung der zur Verfügung stehenden Actuators erwarten könnte. Mit einem einfachen Modell wird dies in Abbildung 4.10.2 verdeutlicht. Dabei ist angenommen, daß alle I/O-Operationen, die gegen einen String mit 8 Actuators gerichtet sind, von allen Actuators gleichmäßig (Uniformity), von einem einzigen oder von 2-3 Actuators absorbiert werden (schraffierte Fläche). Darüber hinaus sind DASD-Schrägen gewöhnlich nicht stabil in bezug auf den zeitlichen Verlauf des Produktionsprozesses. Abhängig von der Zeit verlagern sich die Schrägen häufig auf andere Gruppen von Actuators.

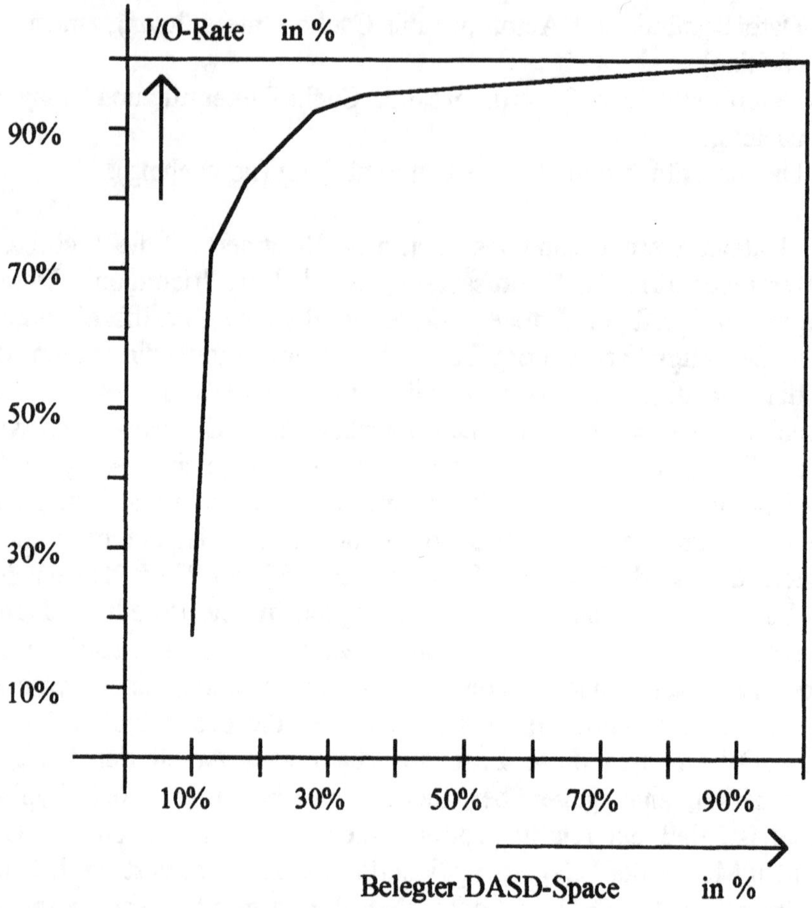

Abbildung 4.10.1: Typische Verteilung der I/O-Last

Ein relativ einfacher Ansatz besteht nun darin, die Gesamt-I/O-Zeit zu minimieren, bzw. dieses Minimum zu approximieren. Dazu plaziert man

- hochfrequentierte, kleine Dateien auf SSDs und/oder Magnetplatten mit Cache-Memories (must be caching),
- weniger frequentierte, mittlere bis große Dateien auf Magnetplatten mit Cache-Memories (must be und/oder may be chaching).
- wenig frequentierte, große Dateien auf großvolumige DASD-Datenträger ohne Caching (no caching).

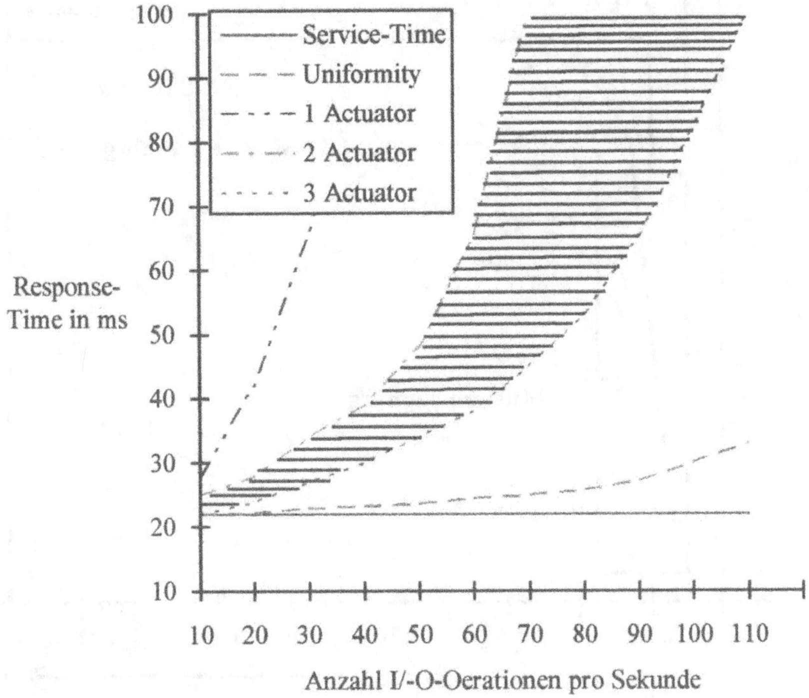

Abbildung 4.10.2: Response-Time bei DASD-Skews (Modell)

In Abbildung 4.10.3 ist diese Vorgehensweise veranschaulicht. Mit dem skizzierten Ansatz wird die Summe der I/O-Zeiten minimiert bzw. eine Annäherung an dieses Minimum erreicht. Nicht berücksichtigt werden bei diesem Ansatz applikationsspezifische Anforderungen. Man wird beispielsweise eine hochfrequentierte kleine Datei, die nur im Batch-Betrieb genutzt wird, nicht in jedem Falle auf ein SSD legen wollen. Insofern kann es sich bei dem obigen Ansatz nur um eine grundsätzliche Vorgehensweise handeln. Um die letztlich geeignete Belegung festzulegen, sind genaue Analysen der Datei- und Zugriffsstruktur notwendig. Kombiniert man absorbierte I/O-Rate und Leistungsanspruch der Datei, so lassen sich beispielsweise nachstehende mit a, b und c gekennzeichnete Storage-Classes ableiten (siehe Abbildung 4.10.4).

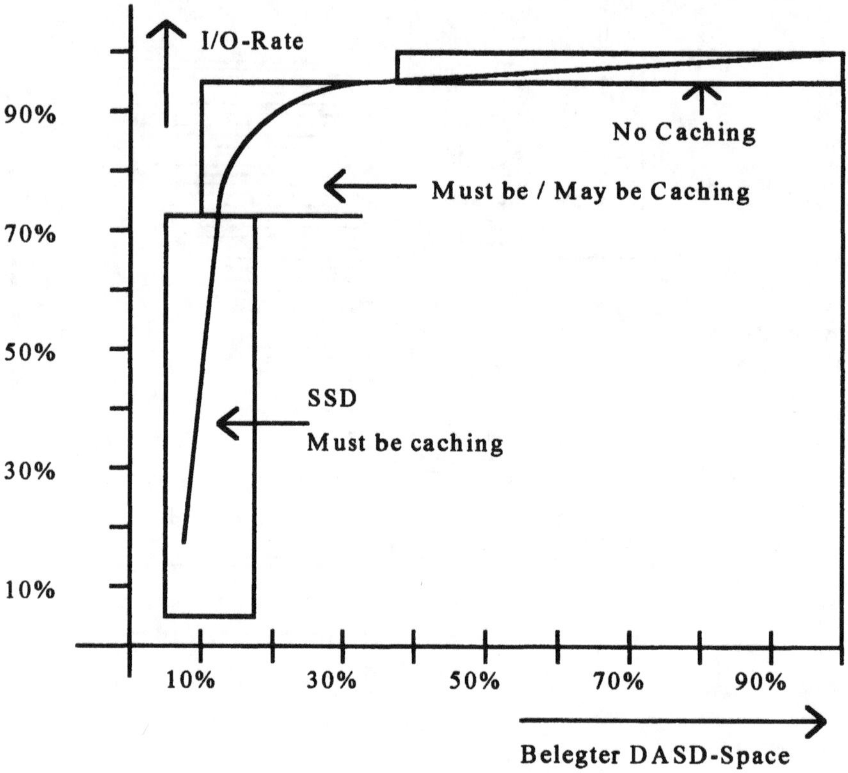

Abbildung 4.10.3: Nutzung von DASD-Datenträgern

I/O-Rate	Leistungsanspruch		
	hoch	**mittel**	**niedrig**
hoch	a	a	b
mittel	a	b	c
niedrig	b	c	c

Abbildung 4.10.4: Beispiel für Storage-Classes

Nimmt man als weiteren Parameter die Größe der Datei hinzu, ergibt sich beispielsweise die in Abbildung 4.10.5 dargestellte Zuordnung von Dateiklassen und Datenträger, wobei in praxi die qualitativen Attribute hoch, mittel usw. in quantitative Größen umzusetzen sind.

I/O-Rate	Leistungs-anspruch	Größe	Klasse	Datenträger
hoch frequentiert	hoch	klein	a	SSD/caching
hoch frequentiert	hoch	mittelgroß	a	caching
hoch frequentiert	mittel	klein - groß	a	caching
hoch frequentiert	gering	klein - groß	b	may be caching
weniger frequentiert	hoch	klein - groß	a	caching
weniger frequentiert	mittel	klein - groß	b	may be caching
weniger frequentiert	gering	klein - groß	c	no caching
wenig frequentiert	hoch	klein - groß	b	may be caching
wenig frequentiert	hoch	klein - groß	b	may be caching
wenig frequentiert	niedrig	klein - groß	c	no caching

Abbildung 4.10.5: Abbildung von Dateien auf Datenträger

Durch die Berücksichtigung der Dateigrößen ist gegenüber Abbildung 4.10.4 nur die Differenzierung zwischen kleinen hochfrequentierten Dateien mit hohem Leistungsanspruch und zwischen mittelgroßen bis großen hochfreqentierten Dateien bis hohem Leistungsanspruch hinzugekommen. Dies entspricht dem typischen Einsatzgebiet von SSDs (Wenn überhaupt, dann relativ kleine, hochfrequentierte Dateien mit hohem Leistungsanspruch auf SSDs!). Wir berücksichtigen als weiteren Parameter die DASD-Skew. Wenn wir unterstellen, daß Schrägen, die durch "schlechte" Actuator-Belegungen (zuviele hochfrequentierte Dateien auf einem Actuator) verursacht sind, so weit wie möglich ausgeräumt sind - dies ist mit eine der Aufgaben des Actuator-Tunings -, bleiben grundsätzlich zwei Kategorien von DASD-Skews:

- Systemimmanente und
- applikations- bzw. ablaufinduzierte.

Systemimmanente Schrägen sind in der Regel stabil. Es handelt sich häufig um systemnahe Control- und Steuerungsdateien (vorausgesetzt werden Beobachtungszeiträume mit gleichbleibend hoher Systemlast), wie beispielsweise

- Log-Data-Sets (IMS, DB2),
- Checkpoint-Data-Set (JES2/MAS),
- Paging- und Swap-Data-Sets,
- Storage-Management-Control-Data-Sets (HSM),

- IMS-WADS (Write-Ahead-Data-Sets),
- Spool-Data-Sets,
- Security-Control-Data-Sets (RACF) und
- Kataloge.

Applikations- bzw. ablaufinduzierte Schrägen sind eher instabil. Abhängig vom zeitlichen Verlauf des Produktionsprozesses werden häufig wechselnde Gruppen von Dateien frequentiert, so daß der in Abbildung 4.10.1 dargestellte Kurvenverlauf qualitativ in jedem Produktionsabschnitt (nur Produktionsabschnitte mit hoher Gesamtlast) zu beobachten ist. Dateien mit systemimmanenten, in der Regel stabilen Schrägen, sind geeignete Kandidaten für die Belegung von SSDs, aber auch für die Ablage im Prozessorspeicher selbst, falls es die Größenverhältnisse zulassen. Wechselnde Schrägen können - unterstellt, daß entsprechende Leistungsanforderungen vorliegen - sehr gut durch Cache-Konfigurationen ausgeglichen werden. Dies wird durch Abbildung 4.10.6 veranschaulicht.

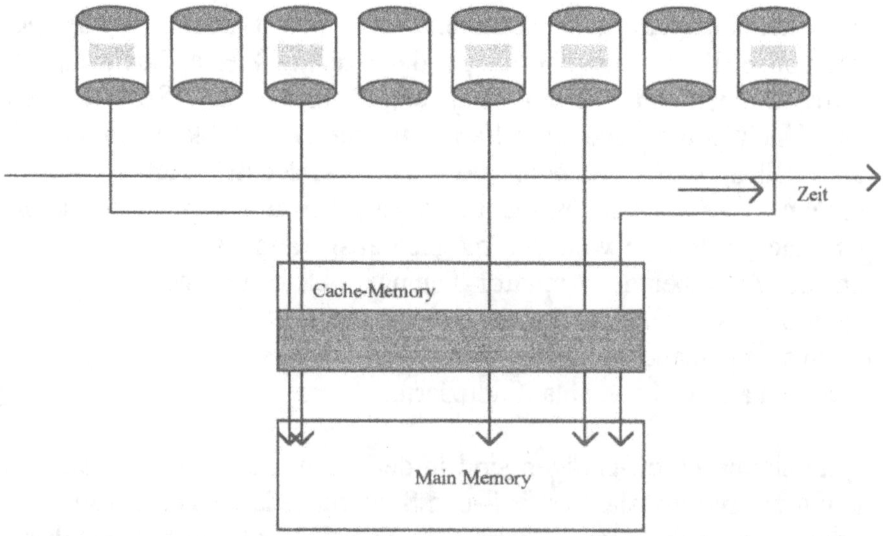

Abbildung 4.10.6: Ausgleich der DASD-Skew durch Cache-Devices

Wir betrachten abschließend eine Live-Konfiguration, die wir nach den oben ausgesprochenen Gesichtspunkten kurz analysieren. Wir gehen dabei nicht allzu tief in die Analyse und beschränken uns auf einige wenige Punkte. Bei dem Beispiel handelt es sich um eine Konfiguration mit 3390-Modellen, die schon relativ optimal läuft. Alle Actuators werden von Cache-Steuereinheiten unterstützt. Es sind keine Dateien vom Caching ausgenommen - soweit nicht vom Betriebssystem so vorgesehen (beispielsweise Paging-Data-Sets). Dieses Beispiel zeigt auch die typische Verteilung der I/Os auf Actuator-Ebene. Die Konfiguration besteht aus 70 3390 Modell 3 Actuators mit einer Speicherkapazität von ca. 200 GB. Absorbiert werden insgesamt ca. 600 I/Os pro Sekunde mit einer durchschnittlichen Response-Time von ca. 7 Millisekunden. In dem zugrunde liegenden Meßintervall von 3.600 Sekunden wurden demnach ca. $2.16 \cdot 10^6$ DASD-Operationen abgewickelt. Die Summe der Response-Zeiten liegt bei ca. 15.120 Sekunden. Demnach waren im Mittel ca. 4 I/O-Operationen "unterwegs". Die mittlere Read-Write-Ratio beträgt $r_{rw} = 5.0$, die Hit-Ratio $r_h \approx 0.93$. In Abbildung 4.10.7 zeigen wir die typische Schräge. Danach werden ca. 65% der I/O-Operationen von 20% der Actuators absorbiert.

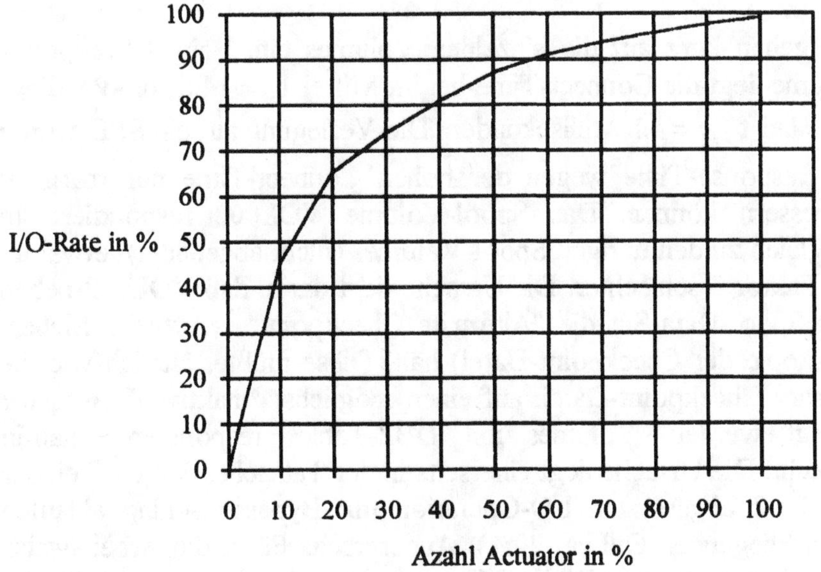

Abbildung 4.10.7: DASD-Skew in einem Live-System

Die Actutators mit den schlechtesten mittleren Response-Zeiten - über 10 Millisekunden bei nennenswerten I/O-Raten von 1 und größer - sind in Abbildung 4.10.8 festgehalten.

VOLUME	**r**	t_r	**Bemerkung**
VOL001	3.0	19	Checkpoint-Data-Set
VOL002	5.7	18	Spool-Data-Set
VOL003	1.0	16	DB2-Tables
VOL004	3.7	15	Page-Data-Set
VOL005	27.1	13	Work-Disk
VOL006	1.3	13	TMM-Pool
VOL007	23.9	12	Work-Disk
VOL008	7.0	12	Application-Data-Sets
VOL009	6.5	12	Application-Data-Sets
VOL010	19.4	11	Application-Data-Sets
VOL011	2.9	11	Application-Data-Sets

Abbildung 4.10.8: Actuators mit Reponse-Zeiten über 10 Millisekunden (Live-System)

Wir gehen kurz auf die einzelnen Volumes ein. Beim Checkpoint-Volume liegt die Connect-Time bei im Mittel $t_c = 14.6$, die Pending-Time bei $t_{pend} = 4.1$ Millisekunden. Die Verlegung auf ein SSD würde die Response-Time wegen der hohen Connect-Time nur marginal verbessern können. Das Spool-Volume VOL002 respondiert im Vergleich zu den übrigen Spool-Volumes (nicht abgebildet) etwa um den Faktor 3 schlechter. Die Ursache liegt darin, daß VOL002 neben dem Spool-Data-Set die "Alternate Checkpoint" (Aktuelle Sicherheitskopie der Checkpoint-Datei) hält. Diese müßte, ähnlich wie die Primary Checkpoint-Datei, auf einen möglichst "inaktiven" Actuator verlegt werden. Volumes mit DB2-Tables respondieren häufig schlecht. Die Ursache liegt einerseits in der Tatsache, daß ein Teil der von DB2 abgesetzten I/O-Operation mit Bypass-Caching ablaufen (im vorliegenden Fall ca. 20%). Andererseits Führt die Arbeitsweise des DB2 mit eigenem Buffer-Management und asynchron zum Verarbeitungsprozeß verlaufenden Updates zu relativ großen Blöcken. Im vorliegenden Fall liegt die Channel-Connect-Time bei $t_c = 5.5$ ms. Darüberhinaus liegen im Mittel ca. 90 Allocations vor, woraus zu schließen ist, daß relativ viele Adreßräume gleichzeitig Requests an dieses Volume stellen. Dies wird zusätzlich durch die Tatsache belegt, daß die Software-Queue-Time mit $t_q = 4$ relativ hoch ist. Paging- Operationen arbeiten immer mit "Bypass Cache". Da das Paging im zugrunde liegenden System kein Problem darstellt, ergibt sich keine Notwendigkeit, die Paging-Konfiguration - beispielsweise durch Verlagerung der Page-Data-Sets auf SSDs - zu ändern. Die beiden Work-Disks VOL005 und VOL007 absorbieren beide über 25 I/O-Operationen pro Sekunde. Die Anzahl der Allocations liegt bei beiden Volumes über 140. Die Folge ist eine relativ hohe Queuing-Time von 3 bzw. 4 Millisekunden. Darüber hinaus fällt die relativ hohe Connect-Time von 6.5 bzw. 7.1 Millisekunden auf. In Betracht ziehen könnte man in diesem Falle die Verteilung der Work-Requests auf mehr Actuators. Zuvor wäre eine tiefer gehende Analyse erforderlich, die beispielsweise die beteiligten Applikationen identifiziert. VOL006 enthält Teile eines TMM (Tape-Mount-Management)-Pools. Es handelt sich dabei um auf Magnetplatten zwischengespeicherte Daten, die letztlich auf Magnetbanddatenträger gesichert werden. Dies geschieht mit Space-Managememt-Tools. Dabei werden aus Effizienzgründen sehr große Blocklängen verwendet, so daß die Connect-Time mit ca. 12.4 Millisekunden sehr hoch wird. Die Actuators mit den Anwendungsdateien müßten mit Analyse-Tools genauer untersucht werden, um Maßnahmen für die Verbesserung der Response-Zeiten ableiten zu können.

5 Prozessorspeicher

5.1 Einleitung

"Memory is good for Performance". Diese Aussage werden wir mit Hilfe einer Reihe von Erklärungsmodellen und Beispielen am Ende des Kapitels bestätigt finden. Einen Blick in die Vergangenheit werfend stellen wir fest, daß noch vor ca. 10 Jahren (IBM 3032, 370-Architektur) die maximalen Hauptspeichergrößen bei 16 MB lagen. Mit den heutigen Systemen werden einschließlich Erweiterungsspeicher Prozessorspeicher im GB-Bereich unterstützt. In diesem Kapitel werden wir zunächst auf das Prinzip des virtuellen Speichers eingehen und die Mechanismen der Speicherverwaltung in einem MVS-System besprechen. In einem eigenen Abschnitt befassen wir uns dann mit den Funktionen des Erweiterungsspeichers (Expanded Storage). Erweiterungsspeicher wurden erstmals mit der IBM 3090-Modellreihe eingeführt und zählen heute zu einer Standard-MVS-Konfiguration. In einem Weiteren Abschnitt beschäftigen wir uns mit Berichten der Resource-Measurement-Facility zur Speichersituation und kalkulieren anschließend beispielhaft Page- und Swap-Delays. Das Kapitel schließen wir ab mit der Performanceanalyse von Speicherkonfigurationen.

5.2 Das Prinzip des virtuellen Speichers

Wir beginnen mit einer Definition.

Definition

Stehen für die Adressierung k Bit-Positionen zur Verfügung, so verstehen wir unter dem Adreßraum (virtueller Adreßraum, auch Namensraum) N die Menge der $n = 2^k$ adressierbaren Speicherpositionen

$$N = \{0, \ldots\ldots, n-1\}.$$

Compiler und Assembler erzeugen aus den Namen der Datenobjekte eines Programmoduls relative Adressen bezogen auf den Modulanfang. Bezüge auf andere Module bleiben offen. Diese Vorgehensweise ermöglicht ein Zusammenführen mehrerer Programmodule zu einem einzigen Programm. Diese Funktion übernimmt der Linker oder Binder (Linkage Editor in IBM-Terminologie). Der Linker führt die einzelnen Programmodule dadurch zusammen, daß er die einzelnen Adreßbereiche gegeneinander verschiebt und Querbezüge zwischen den Programmodulen adreßmäßig "absättigt" (siehe Abbildung 5.2.1 und [45]).

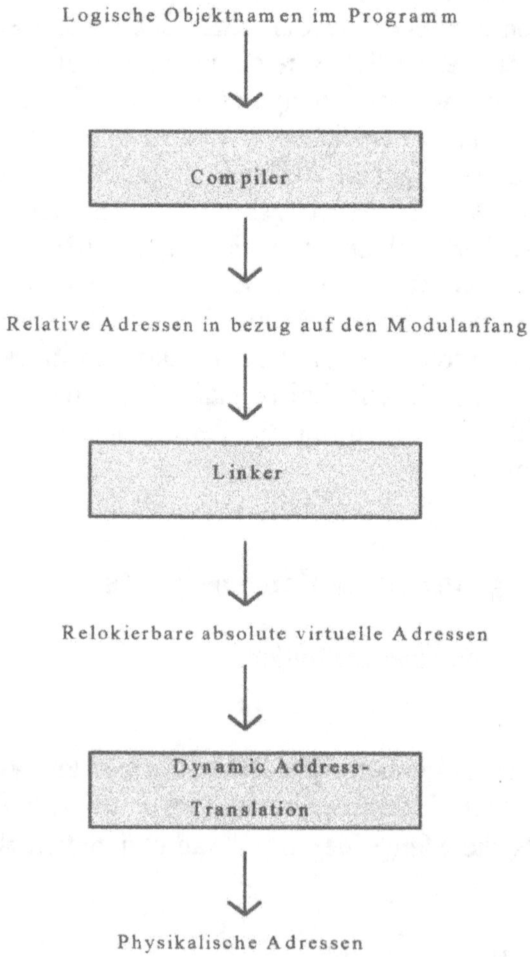

Abbildung 5.2.1: Adressierung des Speichers

Bei der Ausführung der Programme müssen die referenzierten Programmteile (Instruktionen und Daten) im Zentralspeicher resident sein. Dazu ist es erforderlich, die "virtuellen" Adressen auf "physikalische" Adressen abzubilden. Die Speicherverwaltung muß dazu dynamisch - während der Laufzeit des Programms - eine Adreßumsetzung vornehmen (Dynamic Address-Translation, abgekürzt DAT, siehe beispielsweise [19]).

Sei $M = \{0, \ldots, m-1\}$ der "physikalische" Adreßraum (Zentralspeicher, Central Storage), $a \in N$ ein Datenelement aus dem virtuellen und $b \in M$ ein Speicherelement aus dem physikalischen Adreßraum, dann ist die nachstehende Abbildung

$$f : N \longrightarrow M \cup \{\varnothing\}$$

zu realisieren mit

$$f(a) = \begin{cases} b & a \in N, \quad b \in M \\ \varnothing & a \in N, a \ \text{nicht resident} \end{cases}.$$

Wenn also das Speicherelement $a \in N$ referenziert wird, ist festzulegen, unter welcher Adresse $b \in M$ des physikalischen Speicherraums a zu finden sein soll bzw. zu finden ist, wenn a bereits in M resident ist. $f(a) = \varnothing$ bedeutet, daß $a \in N$ in M nicht resident ist. Da gewöhnlich $n > m$ gilt (virtuelles System), werden die nicht residenten Speicherelemente ($f(a) = \varnothing$) auf einem externen Speichermedium (Auxiliary Storage, auch Sekundärspeicher) gehalten. Üblicherweise setzt man dafür Magnetplattenspeicher ein. Falls während des Programmablaufs ein virtuelles Datenelement $a \in N$ angesprochen wird, das nicht im physikalischen Speicherraum abgebildet ist $(f(a) = \varnothing)$, werden von der Speicherverwaltung (Real Storage-Management) folgende Funktionen ausgeführt:

- Das laufende Programm wird unterbrochen (Program-Interrupt aufgrund eines "Page-Faults", siehe weiter unten in diesem Kapitel), die Speicherverwaltung stellt ein freies Element $b \in M$ für die Aufnahme von $a \in N$ zur Verfügung.

- Falls der physikalische Speicherraum M voll ist, sorgt die Speicherverwaltung für Platz, indem sie ein Datenelement c mit $f(c) = b$ aus M entfernt und auf den Auxiliary Storage transferiert, falls das Datenelement c im Speicher verändert worden ist. Falls keine Veränderung erfolgte, wird b als frei an die Speicherverwaltung zurückgegeben. In beiden Fällen wird $f(c) = \varnothing$ gesetzt.
- Die Speicherverwaltung überträgt das Datenelement a vom Auxiliary Storage in den physikalischen Speicherraum auf die frei gewordene Speicherstelle $b \in M$, das heißt, es wird $f(a) = b$ gesetzt.
- Das unterbrochene Programm wird "Ready for Execution" und kann fortgesetzt werden.

In dem beschriebenen Zusammenhang sind zwei Strategien von Bedeutung (siehe [45]):
- Die Ersetzungsstrategie ("Replacement-Policy"), die bestimmt, welches Speicherelement freigegeben werden soll sowie die
- Ladestrategie ("Fetch-Policy"), die entscheidet, zu welchem Zeitpunkt ein Datenelement vom Auxiliary Storage in den Central Storage geladen wird.

Als Ersetzungsstrategie verwendet MVS den LRU-Algorithmus (Least-Recently-Used), das heißt, das Datenelement, das am längsten nicht mehr referenziert wurde, wird ersetzt. Als Ladestrategie wird "Demand-Fetch" verwendet, das heißt - wie oben bereits beschrieben - es werden Datenelemente immer nur dann geladen, wenn ein Zugriff auf sie erfolgt im Gegensatz zu dem Verfahren "Anticipatory Fetch", bei dem Datenelemente vor dem Zugriff in den Realspeicher geladen werden. "Anticipatory Fetch" ist in realen Systemen allerdings nicht implementiert. Die benötigte Information (Vorausschau) müßte von den Compilern und/oder einem Preprocessor geliefert werden (siehe [45]).
Wesentlich ist noch die Frage, in welchen "Portionen" Datenelemente vom Auxiliary Storage in den Central Storage und umgekehrt übertragen werden. Wir beschränken uns bei der Beantwortung dieser Frage auf die IBM-Welt. Dort wird der virtuelle Speicherraum N in gleich große Blöcke (Pages) der Größe 4 KB aufgeteilt. Genauso

wird beim Auxiliary Storage und beim Central Storage verfahren. Das Image einer Page im Realspeicher heißt Frame (Real Storage-Frame), das Image einer Page im Auxiliary Storage heißt Slot (siehe Abbildung 5.2.2).

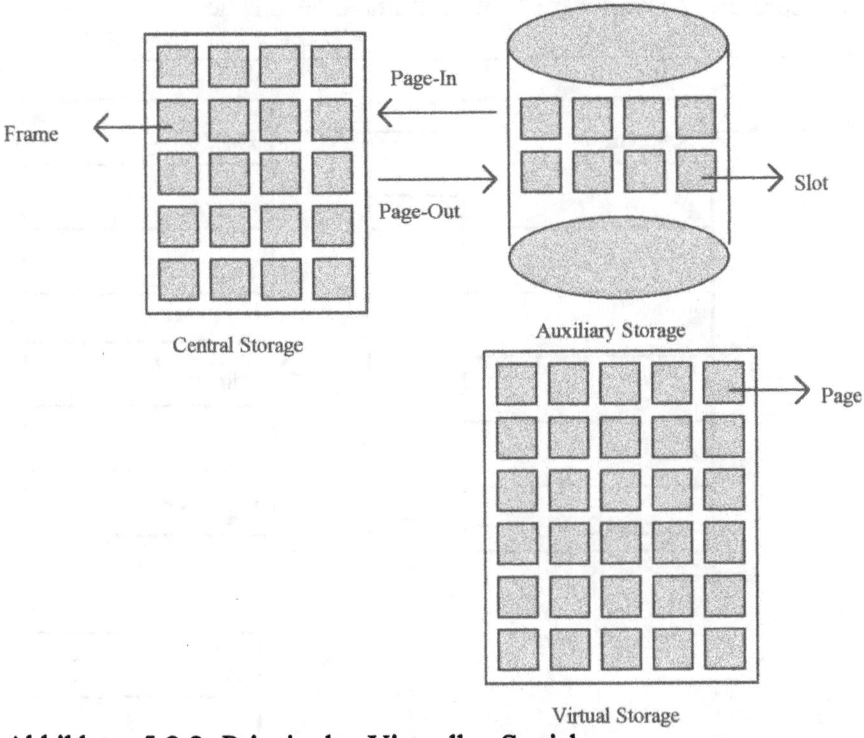

Abbildung 5.2.2: Prinzip des Virtuellen Speichers

Im allgemeinen Sprachgebrauch hat sich der Begriff Page eingebürgert, wenn aus dem Kontext hervorgeht, um welchen Speicherbereich es sich handelt. Der Seitenaustausch zwischen dem Auxiliary Storage und dem Central Storage heißt "Paging". Ein Page-In ist der Transport vom Sekundärspeicher in den Realspeicher, ein Page-Out der Transport vom Realspeicher auf den Sekundärspeicher. Für die Adressierung werden die Pages zu Segmenten zusammengefaßt. $2^8 = 256$ Pages bilden ein Segment. Damit hat ein Segment die Größe 2^{20}, was 1 MB entspricht. Bei einer Größe von insgesamt 2 GB ($=2^{31}$) besteht der virtuelle Speicherraum demnach aus 2^{11}

Segmenten. Die Adressierung erfolgt über eine Segment-Table mit 2^{11} Entries. Über diese werden die Page-Tables eines Segments adressiert. Die Page-Tables mit jeweils 2^8 Entries enthalten den Hinweis auf die hinterlegten Real Storage-Frames bzw. die Indikation "invalid", wenn kein Frame hinterlegt ist $(f(a) = \emptyset)$. In Abbildung 5.2.3 sind die beschriebenen Zusammenhänge skizziert.

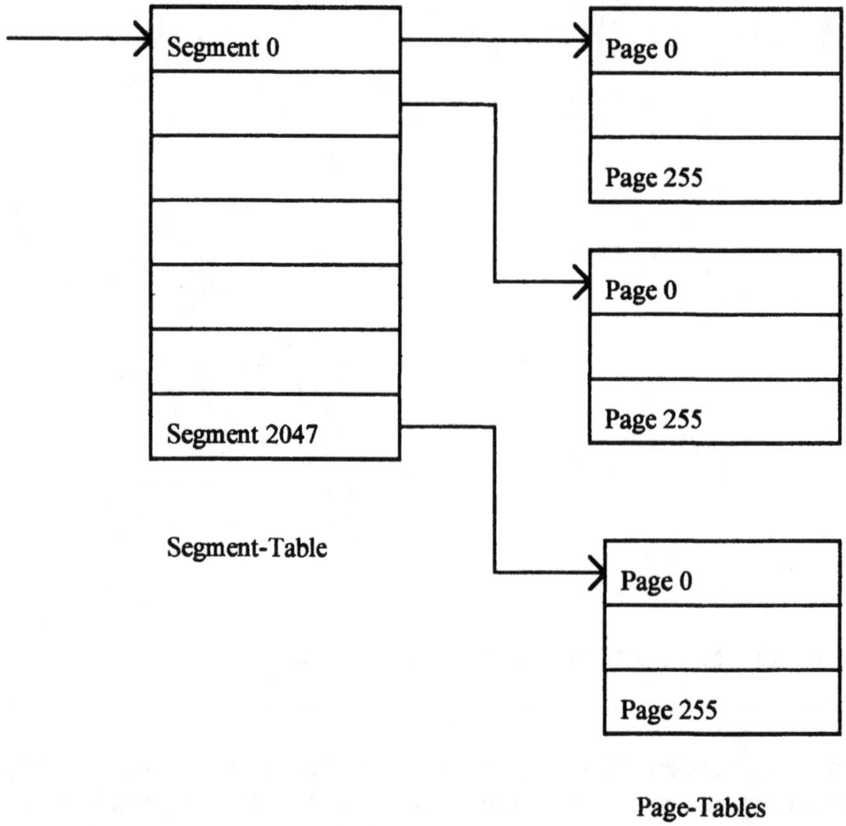

Abbildung 5.2.3: Segment- und Page-Tables

Das Prinzip des virtuellen Speichers ist damit hinreichend definiert. "Multiple Virtual Storage" (MVS) bedeutet, daß prinzipiell beliebig viele virtuelle Adreßräume von der Speicherverwaltung verwaltet werden können. Jeder verfügt über eine eigene Segment-Table und eigene Page-Tables. Ankerpunkt für die Adressierung der einzelnen

Adreßräume ist der Pointer auf die Segementtabelle (Segment-Table-Origin). Allen Adreßräumen gemeinsame Speicherbereiche (Common Storage-Areas) werden dabei nur einmal abgebildet. In Abbildung 5.2.4 skizzieren wir nun die verschiedenen Storage-Areas eines MVS-Adreßraums.

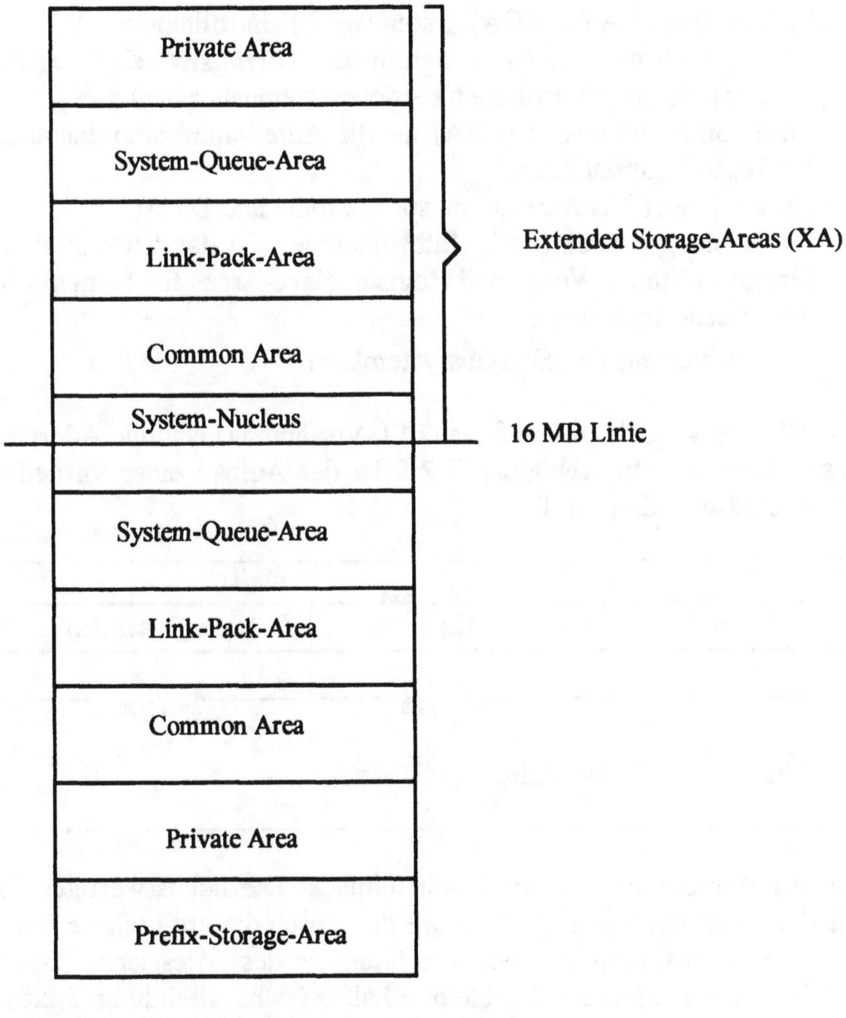

Abbildung 5.2.4: MVS/XA Storage-Areas

Die Aufteilung des Adreßraums in die Speicherbereiche unterhalb und oberhalb der 16 MB-Linie hat entwicklungstechnische Gründe. 16

MB war die Größe des virtuellen Speichers in der 370-Architektur. Ein wesentliches Merkmal der XA-Architektur (Extended Architecture) war die Erweiterung des virtuellen Adreßraums auf 2 GB. Die Speicherbereiche oberhalb der Linie haben deshalb das Attribut "extended" (Extended Private, Extended System-Queue-, Extended Link-Pack- und Extended Common Storage-Area). Die Speicherbereiche enthalten:

- System-Queue-Area (SQA) systemweite Kontrollblöcke,
- Link-Pack-Area (LPA) Programme, vorzugsweise Betriebssystemroutinen und Routinen betriebssystemnaher Software,
- Common Service-Area (CSA) für die Adreßraumkommunikation benötigte Informationen,
- Private Area (PA) Anwendungsprogramme und Daten,
- Prefix-Storage-Area (PSA) Informationen wie das Current PSW (Program-Status-Word) und Register-Save-Areas für Systemroutinen (siehe auch [19]),
- System-Nucleus den Betriebssystemkern.

Wir gehen noch kurz auf das DAT-Verfahren (Dynamic Address-Translation) ein. In Abbildung 5.2.5 ist der Aufbau einer virtuellen Speicheradresse dargestellt.

Segment-Nr.	Page-Nr.	Byte-Nr. (Displacement)
11 Bit	8 Bit	12 Bit

Abbildung 5.2.5: 31-Bit Adresse MVS/XA

Die Adreßumsetzung ist somit sehr einfach: Die höchstwertigen 19 Bit (Segment-Nr. und Page-Nr.) werden durch die ermittelte Frame-Nr. ersetzt, das Displacement, die Nummer des adressierten Bytes relativ zum Anfang der Seite, bleibt erhalten (siehe Abbildung 5.2.6).

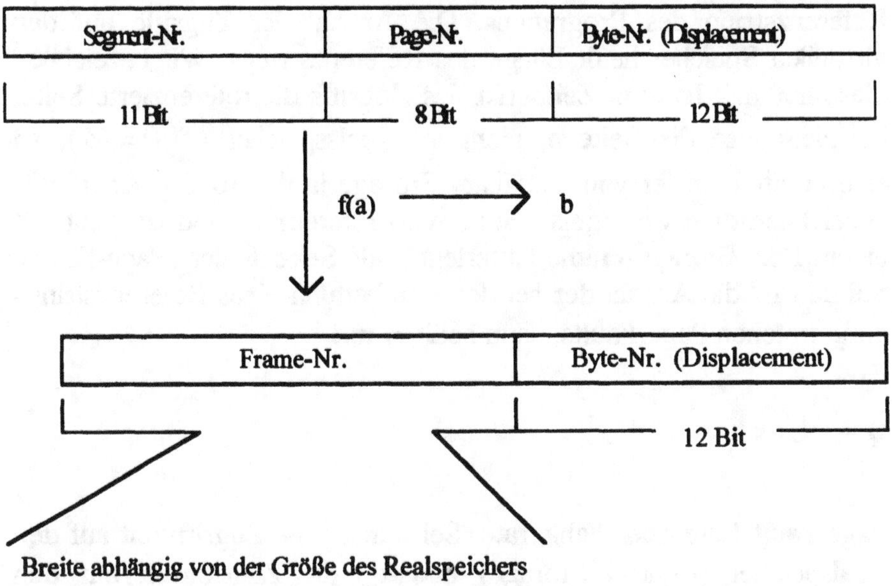

Abbildung 5.2.6: Dynamic Address-Translation

5.3 Mechanismen der Speicherverwaltung

Im vorliegenden Abschnitt beschäftigen wir uns mit den Performanceaspekten bei der Speicherverwaltung des MVS. Dabei untersuchen wir die Auswirkungen von Paging-Operationen sowie die Auswirkungen eines weiteren Mechanismus der Speicherverwaltung, des sogenannten Swapping.

5.3.1 Paging-Mechanismus

Die wesentliche performancewirksame Größe ist die Zugriffszeit auf eine Seite (Page) des virtuellen Speichers. Bei der Analyse der Abläufe hilft die Definition des "Referenzstrings" eines Programms.

$$W = \left(r(1), r(2), \ldots, r(t), \ldots, \ldots\right) \text{ mit } r(t) \in N$$

sei die durch ein Programm generierte Zugriffsfolge auf Seiten $r(t) \in N$ des virtuellen Speichers zum Zeitpunkt $t \geq 1$. W heißt Referenzstring des Programms. Die Anzahl der Zugriffe auf den

Referenzstring des Programms. Die Anzahl der Zugriffe auf den virtuellen Speicher heißt Länge des Referenzstrings. Wir bezeichnen diese mit n_W. Ist zum Zeitpunkt des Zugriffs die referenzierte Seite, beispielsweise die Seite a, nicht im Realsspeicher ($f(a) = \varnothing$), so erfolgt ein Transfer vom Auxiliary Storage in den Realspeicher. Wir bezeichnen dieses Ereignis - Seite wird referenziert und ist nicht mit einem Real Storage-Frame hinterlegt - als Seitenfehler (Page-Fault). Sei nun n_f die Anzahl der bei der Abarbeitung eines Referenzstrings aufgetretenen Page-Faults, dann heißt r_f mit

$$r_f = \frac{n_f}{n_W}$$

Page-Fault-Rate oder Fehlerrate. Sei nun t_{cs} die Zugriffszeit auf den Realspeicher (Central Storage) und t_{as} die Zugriffszeit auf den Externen Seitenspeicher (Auxiliary Storage), so gilt für die mittlere Zugriffszeit t_{vs} auf Seiten des virtuellen Speichers

$$t_{vs} = (1 - r_f) \cdot t_{cs} + r_f \cdot (t_{cs} + t_{as}) = t_{cs} + r_f \cdot t_{as} = t_{cs} \cdot \left(1 + \frac{t_{as}}{t_{cs}} \cdot r_f\right).$$

Liegt der Auxiliary Storage auf Magnetplatten, so ist t_{as} in der Größenordnung von 10^{-2} Sekunden. t_{cs} liegt in der Größenordnung von 10^{-6}. Bei einem Seitenfehler entstehen damit Zugriffszeiten die um den Faktor 10^4 höher sind, als die Zugriffszeiten auf den Realspeicher. Hohe Fehlerraten sind deshalb potentiell Ursache für einen schlechten Programmdurchsatz. Performante Systeme bedingen aus diesem Grunde niedrige Fehlerraten, soviel kann an dieser Stelle schon festgestellt werden. Wir konstruieren einen Modellfall.

$$(p_1, p_1, p_4, p_2, p_3, p_4, p_1, p_1, p_1, p_2, p_5, p_5)$$

sei der Referenzstring eines Programms der Länge $n_W = 12$ auf insgesamt 5 Speicherseiten p_1 bis p_5. Die Anzahl der zur Verfügung stehenden Real Storage-Frames sei 2, der Ersetzungsalgorithmus LRU. Dann ergeben sich die Speicherzustände s_i, $i = 1,...,12$ nach

Abbildung 5.3.1. Die Anzahl der Page-Faults beträgt 8. Damit ergibt sich eine Page-Fault-Rate von $r_f = 0.67$. Der Erwartungswert für die Zugriffszeit auf eine Page liegt also in der Größenordnung von

$$t_{vs} = t_{cs} \cdot \left(1 + \frac{t_{as}}{t_{vs}} \cdot r_f\right) \approx 10^{-6} + 0.6 \cdot 10^{-2} \approx 0.006 \text{ Sekunden.}$$

s_1	s_2	s_3	s_4	s_5	s_6	s_7	s_8	s_9	s_{10}	s_{11}	s_{12}
p_1	p_1	p_4	p_2	p_3	p_4	p_1	p_1	p_1	p_2	p_5	p_5
		p_1	p_4	p_2	p_3	p_4	p_4	p_4	p_1	p_2	p_2

Abbildung 5.3.1: Speicherzustände (Modellfall)

Die Fehlerrate ist trivialerweise abhängig von der Größe des zur Verfügung stehenden Realspeichers, außerdem von dem verwendeten Ersetzungsalgorithmus und dem Referenzstring der Programme.

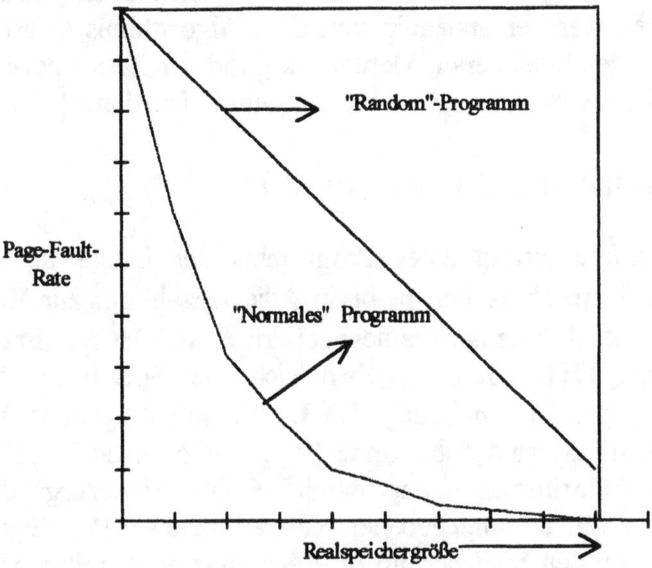

Abbildung 5.3.2: Page-Fault-Rate bei "Normalen" Programmen

Glücklicherweise verhält sich die Fehlerrate in Abhängigkeit von der Realspeichergröße bei Verwendung des LRU-Algorithmus und bei "normalen" Programmen (siehe weiter unten in diesem Kapitel) relativ harmlos. Siehe dazu Abbildung 5.3.2 und [45].

Danach sinkt die Page-Fault-Rate mit Zunahme der Größe des Realspeichers exponentiell. Der LRU-Algorithmus ist also (mit anderen "sinnvollen" Algorithmen wie beispielsweise dem LFU-Algorithmus (LFU von Least-Frequently-Used, siehe [45]) gutmütig in dem Sinne, daß bei zunehmender Speichergröße die Fehlerrate sinkt. Unter einem "Random-Programm" verstehen wir im vorliegenden Kontext ein Programm, dessen Referenzstring eine gleichmäßige Verteilung über den gesamten Programmspeicher aufweist. Nach Abbildung 5.3.2 ist $m = \frac{n}{2}$ (Realspeichergröße gleich halbe Programmgröße) eine gute Wahl. Abbildung 5.3.2 gilt näherungsweise auch für den optimalen Ersetzungsalgorithmus nach Belady (siehe [45]). Dieser Algorithmus ersetzt die Page, deren nächste Referenz am weitesten in der Zukunft liegt. Er gilt (zur Zeit) als nicht realisierbar (siehe [45]). Zusammenfassend ist die Fehlerrate bei "normalen" Programmen und halbwegs "sinnvollen" Ersetzungsalgorithmen weniger abhängig von dem Algorithmus selbst als von der Größe des Speichers ("Memory is good for Performance"). Daß dies nicht notwendig so sein muß, zeigt ein Beispiel aus [45].

$$(p_1, p_2, p_3, p_4, p_1, p_2, p_5, p_1, p_2, p_3, p_4, p_5)$$

sei der Referenzstring eines Programms der Länge $n_W = 12$ auf insgesamt 5 Speicherseiten p_1 bis p_5, die Anzahl der zur Verfügung stehenden Real Storage-Frames sei zunächst 3, der Ersetzungsalgorithmus FIFO, dann ergeben sich die Speicherzustände s_i, $i = 1,...,12$ gemäß Abbildung 5.3.3. Die mit * gekennzeichneten Speicherzustände sind dabei ohne Page-Faults zustande gekommen. Der FIFO-Algorithmus erzeugt damit bei einer Speichergröße von m = 3 Frames für den angegebenen Referenzstring 9 Page-Faults. Wir erweitern nun den Speicher auf m = 4 Frames und stellen wieder die erzeugten Speicherzustände dar (siehe Abbildung 5.3.4).

s_1	s_2	s_3	s_4	s_5	s_6	s_7	s_8*	s_9*	s_{10}	s_{11}	s_{12}*
p_1	p_1	p_1	p_2	p_3	p_4	p_1	p_1	p_1	p_2	p_5	p_5
	p_2	p_2	p_3	p_4	p_1	p_2	p_2	p_2	p_5	p_3	p_3
		p_3	p_4	p_1	p_2	p_5	p_5	p_5	p_3	p_4	p_4

Abbildung 5.3.3: Speicherzustände für m = 3 mit FIFO (Modellfall)

s_1	s_2	s_3	s_4	s_5*	s_6*	s_7	s_8	s_9	s_{10}	s_{11}	s_{12}
p_1	p_1	p_1	p_1	p_1	p_1	p_2	p_3	p_4	p_5	p_1	p_2
	p_2	p_2	p_2	p_2	p_2	p_3	p_4	p_5	p_1	p_2	p_3
		p_3	p_3	p_3	p_3	p_4	p_5	p_1	p_2	p_3	p_4
			p_4	p_4	p_4	p_5	p_1	p_2	p_3	p_4	p_5

Abbildung 5.3.4: Speicherzustände für m = 4 mit FIFO (Modellfall)

Die mit * gekennzeichneten Speicherzustände sind wieder ohne Page-Faults zustande gekommen, so daß nun, bei Vorliegen eines Speichers von 4 Frames, 10 Page-Faults generiert wurden. Dieses Verhalten ist grundsätzlich unerwünscht. Es führt zu einem nicht kalkulierbaren Verhalten der Speicherverwaltung bei Erweiterung des Speichers (sogenanntes Erweiterungsproblem, siehe [45]). Von einem gutartigen Algorithmus wird erwartet, daß er die mittlere Anzahl von Seitenfehlern reduziert, wenn der Speicher erweitert wird.

Wir gehen noch kurz darauf ein, was wir unter einem "normalen" Programm verstehen. Programme haben in der Überzahl die Eigenschaft, innerhalb einer bestimmten Zeit Zugriffe auf eine bestimmte Teilmenge der Programmseiten zu generieren. Die Teilmenge verändert sich während des Programmablaufs in der Regel nur langsam. Dieses Verhalten beruht im wesentlichen auf zwei Tatsachen (siehe auch [45]):

- Kontext: Ein Programm arbeitet zu jeder Zeit in einem seiner Module. Alle Zugriffe erfolgen auf Instruktionen und Daten dieses Moduls sowie auf von dort zugängliche globale Daten.
- Schleifen: Bei der Abarbeitung von Programmschleifen wird oft "lange" Zeit auf eine bestimmte Datenmenge immer wieder zugegriffen.

Diese "Lokalität" ist eine Eigenschaft, über die die meisten Programme verfügen. Das bedeutet nicht, daß einzelne Programme dieses Prinzip auch verletzen können. Wir bringen dazu ein Modellbeispiel.

Beispiel

Sei $(m_{i,j})$ mit $i, j = 1,\ldots,n$ eine quadratische Matrix und $m_{i,j}$ reelle Zahlen einfacher Genauigkeit, das heißt, jedes $m_{i,j}$, $i, j = 1,\ldots,n$ benötigt 4 Bytes Speicherplatz. Es sei $n = 1024$. Damit benötigt jede Zeile und jede Spalte 4 KB Speicherplatz, also eine Page. Es wird nun unterstellt, daß der Compiler die Matrix zeilenweise im virtuellen Speicher ablegt. Siehe Abbildung 5.3.5.

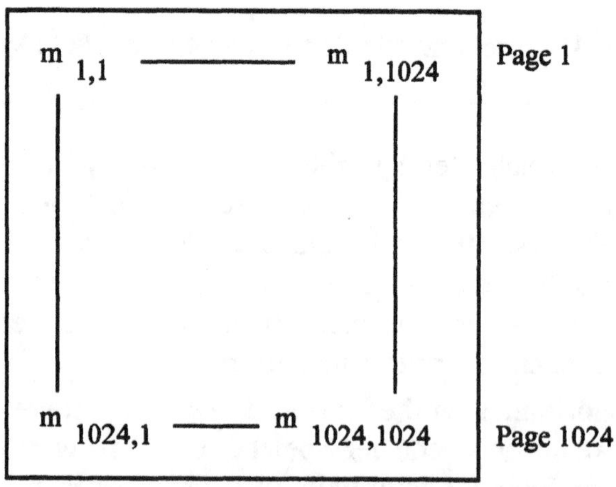

Abbildung 5.3.5: Ablage einer Matrix im virtuellen Speicher

Unser Beispielprogramm initiiere nun die Teilmatrix $(m_{i,j})$ mit $i, j = 1,\ldots.,n'$ und $n' \leq n$. Die Initialisierung erfolge spaltenweise:

```
for i = 1 to n'
    for j = 1 to n'
        m(j,i) = f(x)
    end j
end i.
```

Wir unterstellen weiter, daß vor Beginn der Initialisierung noch keine der Seiten mit einem Realspeicher-Frame hinterlegt war und LRU als Ersetzungsstrategie verwendet wird. Dann ergibt sich nachstehender Referenzstring (siehe Abbildung 5.3.6):

$$(\underbrace{p_1, p_2, \ldots\ldots, p_{n'}}_{\text{Spalte 1}}, \underbrace{p_1, p_2, \ldots\ldots, p_{n'}}_{\text{Spalte 2}}, \ldots\ldots, \underbrace{p_1, p_2, \ldots\ldots, p_{n'}}_{\text{Spalte } n'})$$

Abbildung 5.3.6: Referenzstring bei Initialisierung der Teilmatrix

Danach erfolgt n'-Mal hintereinander ein Zugriff auf die ersten n' Programmseiten. Der Referenzstring hat eine Länge von n'^2. Sei m die Anzahl der zur Verfügung stehenden Real Storage-Frames. Dann gilt für die Anzahl der Fehler in Abhängigkeit von m

$$m \geq n' : \; n_f = n' \text{ und } m < n' : \; n_f = n'^2 .$$

In Abbildung 5.3.7 ist dieser Sachverhalt grafisch mit $n' = 64$ dargestellt. Der Übergang von der "virtuellen" in die "reale" Welt verläuft in diesem Falle äußerst dramatisch und abrupt.

Führt man die Größe $h(m)$ (siehe auch [45]) mit

$$h(m) = \frac{t_{cs}}{t_{vs}} = \frac{t_{cs}}{t_{cs} + t_{as} \cdot r_f(m)} = \frac{1}{1 + \frac{t_{as}}{t_{cs}} \cdot r_f(m)}$$

als Maß für die Paging-Effizienz eines Programms ein (auch Duty-Factor), so ergibt sich im Falle unseres Beispielprogramms

$$r_f(m) = 1 \text{ für } m < 64 \text{ und } r_f(m) = \frac{1}{64} \text{ für } m \geq 64 .$$

h(m) hat damit die Größenordnung von

$h(m) \approx 10^{-4}$ bzw. $h(m) \approx 64 \cdot 10^{-4}$.

Eine andere Betrachtungsweise führt zu dem Begriff der Lifetime eines Programms (siehe [11]). Die Lifetime ist die mittlere CPU-Zeit zwischen zwei Page-Faults.

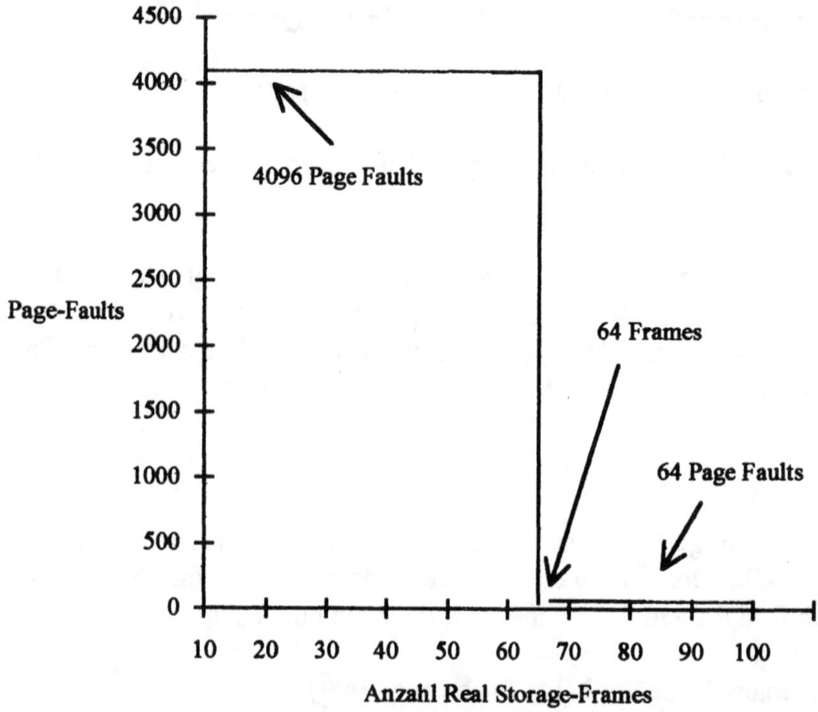

Abbildung 5.3.7: Programmverhalten bei "schlechtem" Referenzstring

Nach Untersuchungen von Belady und Kuehner (1969) sowie Brandwajn (1973) (siehe [11]) verhält sich die Lifetime-Kurve eines Programms - eine fixed Allocation-Strategie (fixe Anzahl zugeordneter Real Storage-Frames pro Anwendungsprozeß) unterstellt - auf einem Prozessor mit der Leistungsfähigkeit I (in Instruktionen pro Sekunde) wie

$$e(m) = \frac{a}{I} \cdot m^k.$$

Dabei sind a und k programmabhängige Konstanten und m die Anzahl der zur Verfügung stehenden Frames. Der Exponent k liegt nach [11] für viele Programme zwischen 1.5 und 2.0. Sei zum Beispiel a = 16.0, k = 2.0 und $I = 10^6\ sec^{-1}$ (1 mips-Rechner), dann ergibt sich der in der Abbildung 5.3.8 dargestellte Kurvenverlauf.

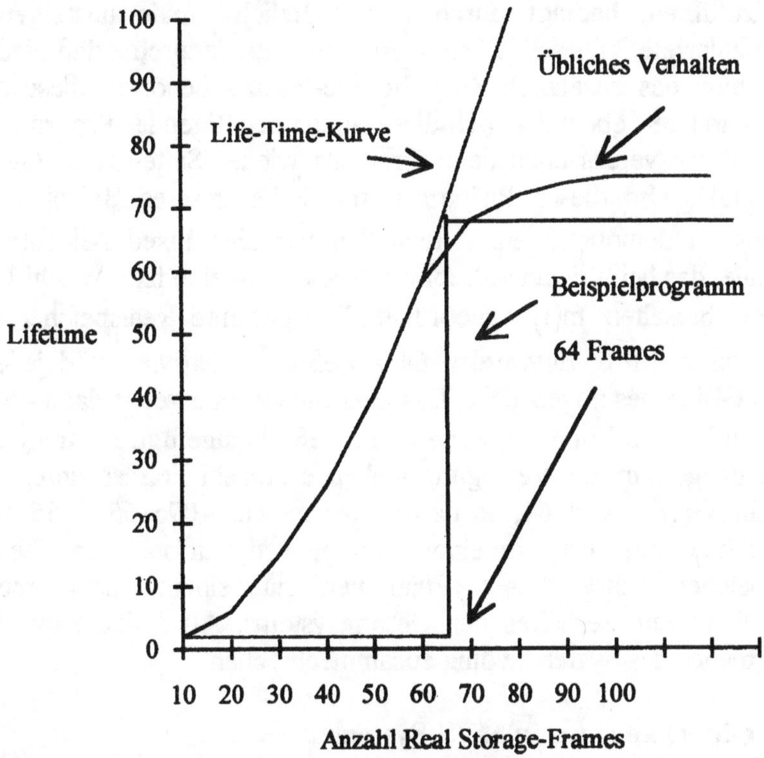

Abbildung 5.3.8: Lifetime-Kurve (Modellfall)

Unterstellt man für das Beispielprogramm (Matrix-Initialisierung) eine Prozessorbeanspruchung von ca. 4.096 Sekunden für die Initialisierung der 64×64-Matrix, so ergibt sich bei $m \geq 64$ eine mittlere Lifetime von ca. 64.0 Millisekunden, bei $m < 64$ eine Lifetime von ca. 1.0 Millisekunden (siehe Abbildung 5.3.8). So abrupt wie bei diesem Beispiel erfolgt der Übergang von der "virtuellen" in die "reale" Welt gewöhnlich nicht. In der Regel verläuft dieser

"runder", etwa nach dem ebenfalls in Abbildung 5.3.8 dargestellten üblichen Kurvenverlauf.
Mit Hilfe unseres Beispielprogramms läßt sich ein Phänomen sehr gut darstellen, das als "Seitenflattern" (Thrashing) bezeichnet wird. Thrashing stellt sich dann ein, wenn der Realspeicher überverplant wird. In diesen Fällen genügt oft eine einzige zusätzliche Applikation (ein Adreßraum), um einen Performance-Kollaps des Gesamtsystems herbeizuführen, bedingt durch eine plötzlich rapide ansteigende Seitenfehlerrate. Dieses Phänomen entsteht dadurch, daß jedes Programm, das zusätzlich Real Storage-Frames benötigt, diese auf Kosten anderer, ebenfalls noch diese Seiten benötigender Programme erhält. Diese verursachen dann ihrerseits wieder Seitenfehler (siehe auch [45]). Um dieses Phänomen mit Hilfe unseres Beispielprogramms zu demonstrieren, unterstellen wir eine Fixed Allocation-Strategie, das heißt, jeder Adreßraum i bekommt eine fixe Anzahl von Realspeicherseiten $m(i)$ zugeordnet. Der gesamte Realspeicher sei 4096 Frames groß. Es werden 64 Adreßräume aktiviert und jedem $m(i) = 64$ Frames zugeordnet. Das Gesamtsystem erzeugt dann 4096 Page-Faults. Wird nun ein weiterer Prozeß hinzugefügt, so sinkt die jedem Programm zur Verfügung stehende Anzahl Frames unter die kritische Grenze von 64, so daß insgesamt ca. $4096 \cdot 65 = 266.240$ Seitenfehler entstehen. In einem komplett dynamisch verwalteten Realspeicher führt dieses Phänomen zu einem nicht mehr kontrollierbaren Verhalten des Gesamtsystems. Als Folge kann die Performance des Systems völlig zusammenbrechen.

Paging-Mechanismus in MVS-Systemen

Einige Eckdaten über den Paging-Mechanismus in MVS-Systemen hatten wir schon in den vorangegangenen Abschnitten angesprochen. Wir fassen diese zusammen:

- Die Ersetzungsstrategie ist LRU,
- die Ladestrategie Demand-Fetch,
- die Seitengröße ist 4 KB,
- die Segmentgröße 1 MB und
- die Größe des virtuellen Speichers 2 GB.

Darüberhinaus gilt:

- Die Speicherverwaltung verfolgt grundsätzlich eine "Globale Strategie", das heißt, der gesamte Realspeicher wird dynamisch auf die laufenden Prozesse aufgeteilt ("Thrashing"-Gefahr).
- Es existieren Mechanismen, die für beliebige Prozesse eine "Lokale Strategie" zulassen (siehe Storage-Isolation weiter unten in diesem Kapitel).
- Die Dauer des Seitentransports vom Auxiliary Storage in den Central Storage und umgekehrt liegt in der Größenordnung von 10^{-2} Sekunden (Magnetplattenspeicher als Auxiliary Storage unterstellt).
- Die Zugriffszeit auf eine Seite im Realspeicher liegt technologieabhängig im Bereich von 10^{-6} Sekunden.
- Es werden, beispielsweise in den IBM 9021-Systemen, bis zu 1 GB große Realspeicher unterstützt (siehe aber Erweiterungsspeicher weiter unten in diesem Kapitel).
- Page-In- bzw. Page-Out-Rate ist die Anzahl Pages, die pro Sekunde Elapsed Time oder Processor-Time vom bzw. zum Auxiliary Storage transferiert wird.
- Demand-Paging-Rate ist die Anzahl der referenzierten Pages pro Sekunde, die einen Seitenfehler verursachen. Seiten, die von der Speicherverwaltung schon freigegeben, aber noch nicht wieder verwendet, das heißt, noch keinem anderen Prozeß zugeordnet wurden, können von der Speicherverwaltung "zurückgerufen" und einem Prozeß ohne Page-In wieder zugeordnet werden (Page-Reclaims). Page-Reclaims münden demnach nicht in einem physikalischen Transfer (Page-In) von der Magnetplatte. Es gilt Page-In-Rate = Demand-Paging-Rate - Page-Reclaim-Rate.
- Die Pages eines Adreßraums werden kategorisiert nach Pageable System-Area-Pages (Link-Pack-Area-Pages und Common Service-Area-Pages), Address-Space-Pages (HIPER-Space-Pages und VIO-Pages, siehe beispielsweise [24]) sowie Non-VIO-Pages, das heißt "normale" Private Area-Pages).

Indikationen für Central Storage-Constraints

Die Verwaltung des Central Storage (Realspeicher) erfolgt mittels der Page-Frame-Table. Die Page-Frame-Table existiert einmal pro System. Sie enthält für jede Realspeicherseite (Real Storage-Frame) unter anderem folgende Informationen:

- Einen Address-Space-Identifier (jeder Adreßraum erhält beim Aufbau einen eindeutigen Identifier),
- die Segment- und Page-Nummer der Page, die gerade den Frame belegt,
- eine Kennzeichnung, ob der Frame gerade "allocated" oder frei ist und
- den Unreferenced Interval-Count (UIC), das heißt die Anzahl der Zeiteinheiten seit der letzten Referenz auf diesen Frame.

Darüberhinaus sind mit jedem Real Storage-Frame zwei Bits assoziiert (siehe beispielsweise [19]):

- Das *Reference-Bit* wird gesetzt, wenn der Real Storage-Frame referenziert wird. In bestimmten Zeitabständen wird das Reference-Bit zurückgesetzt (siehe dazu weiter unten in diesem Abschnitt).
- Das *Change-Bit* indiziert, daß der Inhalt einer im Central Storage gehaltenen Seite geändert wurde. Wenn die Seite vom externen Seitenspeicher geladen wird, erhält das Change-Bit den Status "not changed" (Change-Bit ist aus). Sobald eine Änderung der Seite erfolgt, wird das Change-Bit gesetzt.

In Abbildung 5.3.9 ist ein Auszug der Page-Frame-Table einschließlich der beiden Bits dargestellt.

Der UIC (Unreferenced Interval-Count) wird in bestimmten Zeitabständen mit Hilfe des Reference-Bits gesetzt. Der prinzipielle Algorithmus ist in Abbildung 5.3.10 dargestellt. Der Highest System-UIC, das heißt der UIC, der sich auf die am längsten nicht mehr benutzte Realspeicherseite bezieht, dient als Indikator für den Belegungsgrad des Realspeichers. Eine zweite Größe mit dieser Funktion ist die Länge der Available Frame-Queue. Die Available Frame-Queue besteht aus den Real Storage-Frames, die gerade nicht einem Prozeß (Adreßraum) zugeordnet, also frei sind für die Zuordnung zu einem Prozeß. Das System betrachtet den Central Storage als "verplant", wenn der Highest System-UIC und/oder die Available Frame-Queue bestimmte Werte (Thresholds) unterschreiten. Um einer Überverplanung des Realspeichers vorzubeugen, setzt die Speicherverwaltung bestimmte Mechanismen in Gang, mit denen wir uns nachstehend beschäftigen.

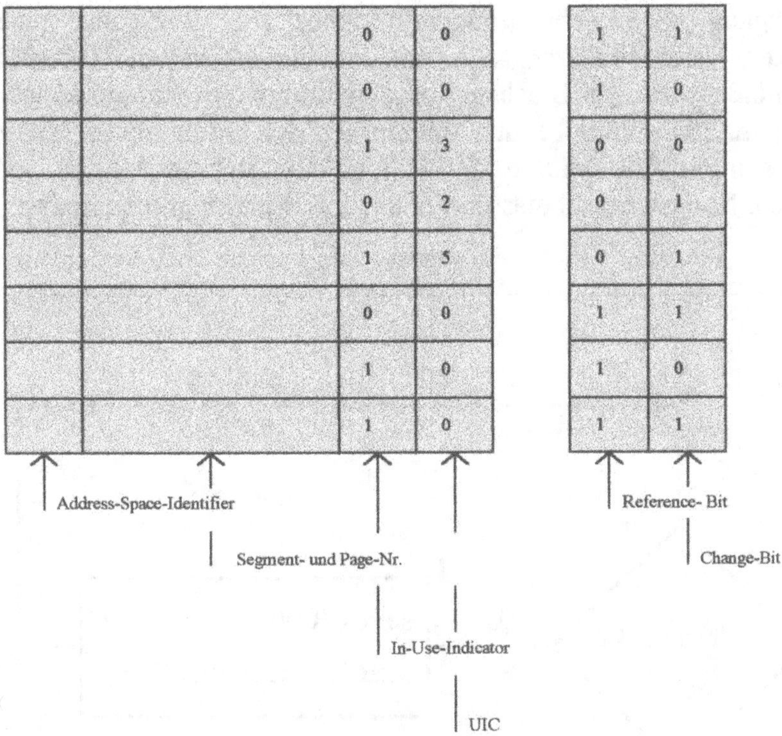

Abbildung 5.3.9: Page-Frame-Table (Auszug)

Page-Stealing-Prozeß

Mit Page-Stealing, genauer Pageable Frame-Stealing, bezeichnet man das Verfahren, das laufenden Prozessen benötigte Frames zuführt. Pageable Frame-Stealing entzieht einem oder mehreren Adreßräumen oder der Common Storage-Area zugeordnete Frames und stellt diese anderen Adreßräumen, die Page-Faults erzeugt haben, oder der Speicherverwaltung zur Verfügung, wenn die verfügbaren Realspeicherseiten zu knapp werden. Page-Stealing wird immer auf Anforderung durchgeführt (Demand-Page-Stealing). Die Anforderung ensteht durch Page-Faults oder durch die Überverplanung des Speichers. Das heißt, es gibt keinen periodisch ablaufenden Stealing-Prozeß. Page-Stealing wird über möglichst viele Adreßräume und über die Common Storage-Bereiche gestreut. Bei einem Page-Stealing-Durchgang werden alle Adreßräume und die Common Storage-Area examiniert und alle Frames mit einem UIC oberhalb eines UIC-Steal-Thresholds entzogen. Wenn nach dem ersten

Durchgang noch nicht genügend Frames zur Verfügung stehen, erfolgen weitere Durchgänge mit einem reduzierten Threshold. Beeinflußt wird der Stealing-Vorgang durch die Storage-Isolation Funktion. Diese kann benutzt werden, um den beschriebenen Prozeß für bestimmte Adreßräume oder die Common Storage-Area zu modifizieren. Nachstehend befassen wir uns mit dieser Funktion etwas genauer.

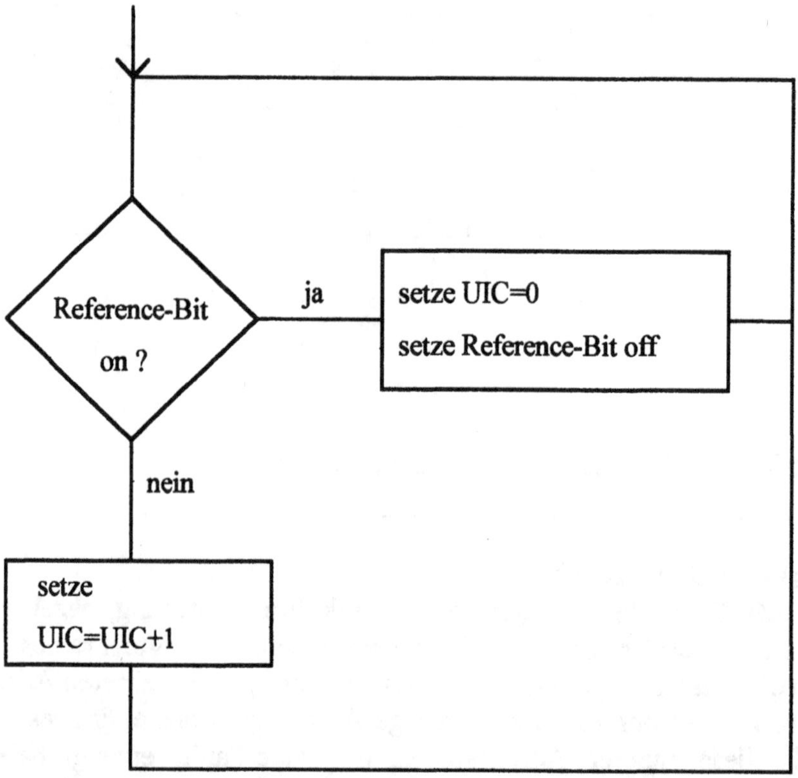

Abbildung 5.3.10: Algorithmus zur Bestimmung des UIC

Storage-Isolation-Function

Mit der Storage-Isolation-Function kann man einzelne, kritische und Page-Fault-sensitive Adreßräume sowie die Common Storage-Area gegen Page-Stealing schützen. Letztlich bedeutet dies, daß für diese Adreßräume bzw. Speicherbereiche der Zugriff auf eine bestimmte Anzahl von Real Storage-Frames garantiert wird. Mit

Storage-Isolation wird gewissermaßen partiell eine lokale Speicherverwaltung eingeführt. Damit kann einer Applikation die Anzahl der Frames zugesichert werden, die über ihrem kritischen "Working-Set" liegt.

Definition

Unter dem Working-Set einer Applikation A zum Zeitpunkt t versteht man die Menge der Seiten, auf die im Zeitintervall $(t - t_0, t)$ zugegriffen wird:

$$W(A,t) = \{p(t) \in VS \mid t \in (t - t_0, t)\}.$$

Die Größe bzw. Länge des Working-Set bezeichnet man mit $|W(A,t))|$.

Mit Hilfe des UIC wird die Abbildung des Working-Sets im Realspeicher beschrieben:

$$W(A, UIC_t) = \{p \in CS \mid UIC(p) \leq UIC_t\}.$$

$W(A, UIC_t)$ heißt kritisch, wenn $W(A, UIC'_t)$ mit $UIC'_t < UIC_t$ die Applikation nicht mehr hinreichend performant bedient. In unserem Beispielprogramm (Matrix-Initialisierung) hat der Working-Set eine kritische Größe von 64. Mit einem Working-Set von <64 Frames kollabiert die Performance der Applikation schlagartig.

Mit der Storage-Isolation-Function definiert man für eine Applikation den Minimum-Working-Set. Dazu stehen zwei grundsätzliche Verfahren zur Verfügung (siehe auch [24]):

- Angabe einer Mindestanzahl Frames und
- Angabe einer maximalen Page-Fault-Rate.

Angabe einer Mindestanzahl Frames W_{min}

Das System bildet einen Target-Working-Set W_t. Im vorliegenden Fall (Angabe einer Mindestanzahl von Frames) wird $W_t = W_{min}$ gesetzt. Bezeichnet man noch mit W_c den Current Working-Set, so wird, wie im Folgenden beschrieben, verfahren. Oberhalb des Target-Working-Sets, in diesem Falle oberhalb des spezifizierten Minimum-Working-Sets, wenn also $W_c > W_t$ gilt, unterliegt der Adreßraum dem "normalen" Stealing-Prozeß. Sinkt der Working-Set auf bzw. unter den Target-Working-Set, so wird der Adreßraum vom Stealing-Prozeß ausgenommen. Der Minimum-Working-Set wird also garantiert. Zusätzlich besteht die Möglichkeit, einen Maximum-Working-Set W_{max} zu spezifizieren. Oberhalb von W_{max} erfolgt "Preferred" Stealing. Preferred Stealing bedeutet, daß das System den Bedarf an Real Storage-Frames zunächst aus diesem Adreßraum befriedigt, bis dessen Current Working-Set unter W_{max} fällt. Siehe Abbildung 5.3.11.

Angabe einer maximalen Page-Fault-Rate $r_p(max)$

Das System justiert den Target-Working-Set W_t in Abhängigkeit von der Page-Fault-Rate. Oberhalb von W_t findet "normales" Page-Stealing statt. Eine maximaler Working-Set ist in diesem Falle nicht angebbar. Siehe hierzu Abbildung 5.3.12.

Die Kombination beider Verfahren führt zu einer weiteren Möglichkeit.

Angabe einer maximalen Page-Fault-Rate $r_p(max)$ und eines Minimum-Working-Sets W_{min}

In diesem Fall gibt man immer auch einen maximalen Working-Set W_{max} an. Das System justiert abhängig von der Page-Fault-Rate den Target-Working-Set W_t zwischen W_{min} und W_{max} (siehe Abbildung 5.3.13). Für den Stealing-Algorithmus gilt dann:

- "preferred" Stealing oberhalb von W_{max} ,
- "normales" Stealing oberhalb von W_t bis W_{max} und
- kein Stealing unterhalb von W_t .

Wir besprechen nun Beispiele, bei denen Storage-Isolation angewendet wird (siehe auch [24]).

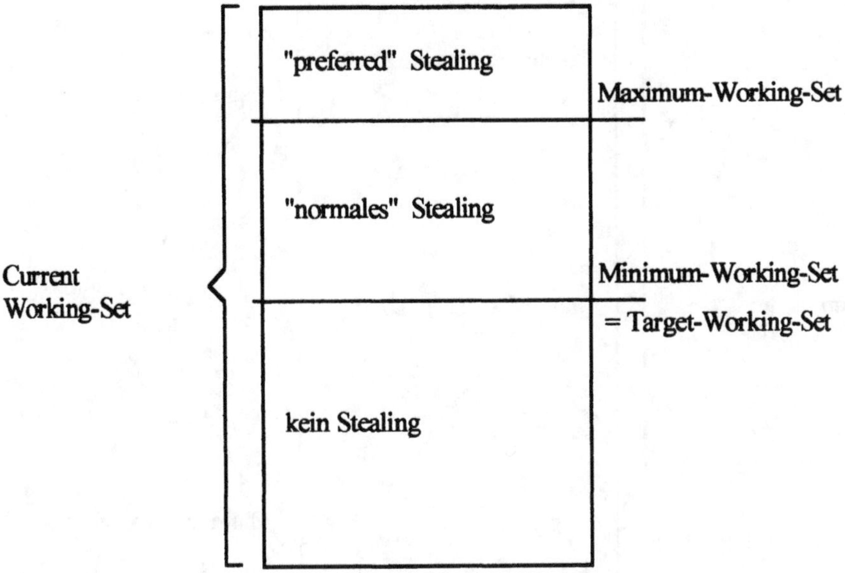

Abbildung 5.3.11: Storage-Isolation mit Angabe eines Minimum-Working-Sets

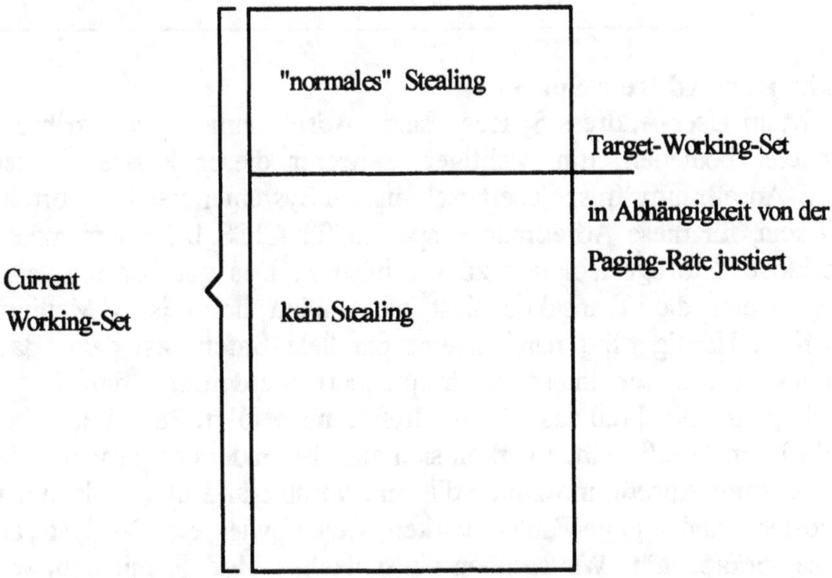

Abbildung 5.3.12: Storage-Isolation mit Angabe einer Obergrenze für die Paging-Rate

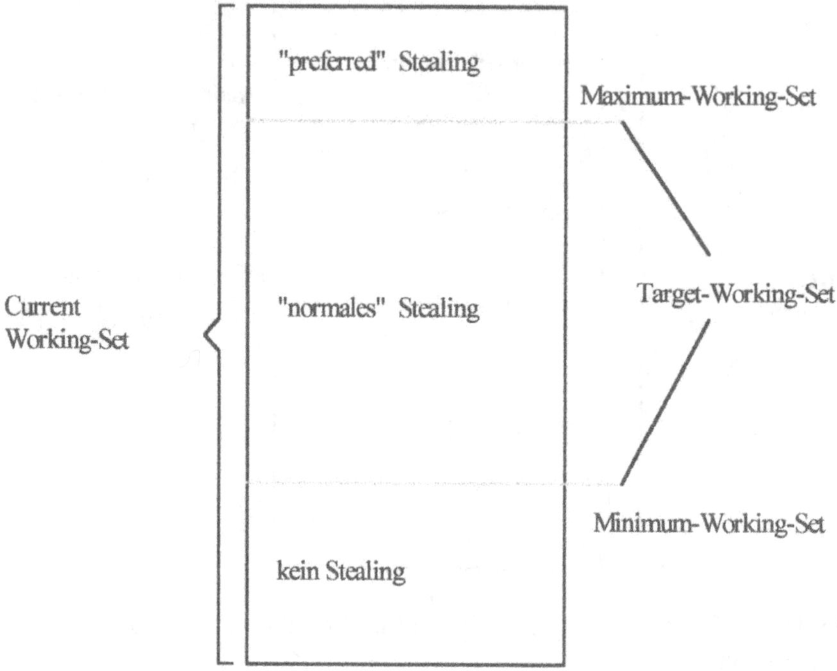

Abbildung 5.3.13: Storage-Isolation mit dem kombinierten Verfahren

Multi-User-Address-Spaces

Multi-User-Address-Spaces sind Adreßräume, die mehrere Benutzer bedienen. Ein wichtiger Vertreter dieser Klasse ist der CICS-Adreßraum. In speicherbeschränkten Systemen kann es vorteilhaft sein, für diese Adreßräume, speziell für CICS bei einem mixed Workload, Storage-Isolation zu vereinbaren. Das gilt vorzugsweise dann, wenn die Transaktionslast nicht allzu hoch ist ("Medium Traffic"). Häufig führt nämlich eine parallele Batch-Last dazu, daß Frames von dieser intensiver frequentiert werden, so daß Page-Stealing zum Nachteil des CICS-Adreßraums erfolgt. Page-Faults bei Multi-User-Adreßräumen wirken sich aber besonders negativ aus, da der gesamte Adreßraum zum Stillstand kommt und alle Teilnehmer betroffen sind. Page-Faults wirken quasi wie ein Verlust an Prozessorkapazität. Wir rechnen ein einfaches Modell, mit dem wir dieses Verhalten demonstrieren.

Beispiel

Eine CICS-Transaktion benötige $t_p = 0.020$ Sekunden Prozessorzeit und $t_d = 0.180$ Sekunden DASD-Zeit (9 DASD-I/Os gegen 3 Actuators). Die Service-Time einer Transaktion beträgt damit

$$t_s = t_p + t_d = 0.200 \text{ Sekunden.}$$

Bei einer Transaktionslast von $r = 10$ Transaktionen pro Sekunde entsteht nach dem M/M/1-Modell eine Transaction-Response-Time t_r von

$$t_r = \frac{t_p}{1-\delta_p} + n_d \cdot d_d \cdot \frac{t_d}{1-\delta_d} = 0.475 \text{ Sekunden.}$$

Dabei ist

- $\delta_p = 0.20$ Processor-Busy,
- $\delta_d = 0.60$ Actuater-Busy,
- $n_d = 3$ Anzahl DASD-Server (Actuators) und
- $d_d = 3$ Anzahl DASD-Operationen pro Actuator und Transaktion.

Unterstellt man für die Auflösung eines Page-Faults $t_{pd} = 0.020$ Sekunden und eine Paging-Rate von $r_p = 30$ Page-Faults pro Sekunde, so gilt

$$\delta'_p = r_p \cdot t_{pd} = 0.60\,.$$

δ'_p läßt sich deuten als Prozessorleistungsverlust für den CICS-Adreßraum. Die Prozessorzeit erhöht sich damit auf

$$\frac{t_p}{1-\delta'_p-\delta_p} = 0.100\,,$$

so daß die Response-Time auf $t_r = 0550$ Sekunden steigt. Eine gute Wahl für CICS-Adreßräume ist die Angabe eines Minimum-Working-Sets und eine Obergrenze für das Paging. Den Working-Set kann man zwar zusätzlich nach oben durch die Angabe eines Maximum-Working-Sets begrenzen. Dies sollte aber mit Vorsicht geschehen, um Preferred Stealing im CICS-Adreßraum zu vermeiden. Läßt man den Working-Set nach oben offen, müssen die Auswirkungen auf das "Rest"-System beachtet werden.
Zusätzlich sollte nach Möglichkeit der Common Storage-Bereich geschützt werden. Eine gute Wahl ist dabei die Angabe einer Obergrenze für die Paging-Rate. Insbesondere gilt diese Aussage in Verbindung mit Anwendungsumgebungen, die auf eine stabile Adreßraumkommunikation über die Common Storage-Area angewiesen sind, wie beispielsweise die Kombination CICS/VTAM.

TSO-Working-Set

TSO-Adreßräume werden nach einem Terminal-Wait "stillgelegt" (siehe "swapping" im nächsten Abschnitt). Prinzipiell wird dabei der Working-Set "getrimmt", das heißt auf die "wesentlichen" Pages reduziert, und dieser getrimmte Working-Set dann gegebenenfalls auf den Auxiliary Storage ausgelagert (siehe Swapping-Mechanismus unter 5.3.2). Damit nach der Reaktivierung aufgrund einer erneuten Terminaleingabe nicht zu viele Page-Faults generiert werden, kann man den TSO-Working-Set für "First-Period-Transactions" (siehe beispielsweise [24]) durch Angabe eines Minimum-Working-Sets schützen. Nach oben wählt man dabei keine Begrenzung. Die Angabe einer Obergrenze für die Paging-Rate macht in diesem Falle keinen Sinn, weil das System einige Zeit braucht, um die Paging-Raten zu messen und den Working-Set zu justieren. Voraussetzung für dieses Verfahren ist, daß der Realspeicher hinreichend groß dimensioniert ist. Positiv wirkt es sich aus, wenn Swap-Data-Sets definiert sind (siehe nächster Abschnitt). In diesem Fall wählt man als Minimum-Working-Set ein Vielfaches eines Swap-Sets (= 12 Pages, siehe nächster Abschnitt). Wir bringen ein Beispiel aus einem Live-System.

Beispiel

Zunächst betrachten wir TSO-First-Period-Transactions ohne Storage-Isolation. In Abbildung 5.3.14 stellen wir die globalen Systemkenngrößen vor (Erläuterung teilweise weiter unten in diesem

Kapitel). Die ausgewiesenen Zahlen lassen keinen potentiellen Systemengpaß erkennen (normale Prozessorlast, keine nennenswerten Paging- oder Swapping-Aktivitäten, keine Überverplanung des Prozessorspeichers). Es kann deshalb erwartet werden, daß sich die Vereinbarung von Storage-Isolation auf das Verhalten des Time-Sharing-Systems nicht zuletzt wegen der üblichen Lastschwankungen kaum meßbar auswirkt. Dennoch sehen wir uns die Situation mit Storage-Isolation für die erste Periode der TSO-Performancegruppe an.

CPU-Busy	0.72
Swap-Rate	2.35
Demand-Paging-Rate	2.05
Pages written to Expanded Storage	618.34
Pages read from Expanded Storage	593.80
Pages migrated from Expanded Storage	3.47
Average High-System-UIC	32.8
Average Migration-Age	16.980.2
Average Pages per Swap-Out	48
Average Pages per Swap-In	65
Swap-Page-In-Rate	0.49
Swap-Page-Out-Rate	0.36
Non-Swap-Page-In-Rate	2.91
Non-Swap-Page-Out-Rate	0.68
Mittlere DASD-I/O-Time	0.009
Mittlere Page-Delay-Time	0.050

Abbildung 5.3.14: Globale Systemkenngrößen ohne Storage-Isolation

Zunächst leiten wir aus dem zur obigen RMF-Auswertung korrespondierenden Workload-Activity-Report (siehe weiter unten) einige Daten über das Verhalten der TSO-Adreßräume her bzw. stellen einige relevante Meßgrößen dar (zu den Berechnungen im Detail siehe weiter unten in diesem Kapitel). Die abgeleiteten Kenngrößen stellen wir in Abbildung 5.3.15 vor. Insgesamt lassen sich ca. 50% der Transaction-In-Time mit den berechneten Werten CPU-Time, DASD-I/O-Time und Page-Delay-Time erklären:

3.680 s = Transaction-In-Time.
CPU-Time + DASD-I/O-Time + Page-Delay-Time
= 583 + 1089 + 140 = 1.812 s.

Anzahl Transactions	10.133
Transaction-Rate	2.81
Anzahl Swaps	10.194
Response-Time	0.367
Average In-Tranactions	1.02
Average Transactions (MPL)	1.01
CPU-Time 1)	583
I/O-Time 2)	1.089
Transaction-In-Time 3)	3.680
Page-Wait-Time (Auxiliary Storage) 4)	116
Page-Wait-Time (Expanded Storage) 5)	24
Average Frames	337.21
Total Frames Central Storage	56.28
Total Frames Expanded Storage	88.23
Logical Swap-Effective	50.3%
Logical/Expanded Storage Swap-Effective	99.8%

1) Aus SRB- und CPU-Service-Units berechnet
2) Aus I/O-Service-Units berechnet bei einer mittleren DASD-I/O-Time von 0.009 s
3) Berechnet aus Absorbtion-Rate und Service-Rate
4) Berechnet aus der Page-In-Rate
5) Berechnet aus der Expanded Storage-Movement-Rate

Abbildung 5.3.15: TSO-Kenngrößen ohne Storage-Isolation

Wir vereinbaren nun für die TSO-First-Period-Transactions Storage-Isolation, indem wir PWSS = (90,*) spezifizieren (PWSS von Private Working-Set-Size). Der Minimum-Working-Set ist also 90 Frames groß, der Maximum-Working-Set wird nach oben offen gelassen (Defaultwert ist 32.767). Zunächst stellen wir wieder die systemweiten Kenngrößen vor (siehe Abbildung 5.3.16). Die globale Systemsituation ist ähnlich wie bei der ersten Messung, die Speichersituation sogar noch etwas günstiger. Auffällig ist, daß die mittlere Anzahl Pages pro Physical Swap-In dramatisch gestiegen ist, während die Anzahl der Pages pro Swap-Out in der Größenordnung der ersten Messung geblieben ist. Die Anzahl Pages per Swap-In entspricht in etwa der mittleren Anzahl zugeordneter Frames aus der ersten TSO-Meßreihe. Das heißt, der gesamte Working-Set eines TSO-Users ist durch den Default-Wert (*) quasi als "Least-Recently-Used" markiert worden. Man kann erwarten, daß die Page-In-Rate der TSO-Performance-Gruppe dementsprechend sinkt, ohne daß man den Anspruch erheben kann, dies mit einer einzigen Messung verläßlich nachweisen zu können. Aber die Ergebnisse weisen zumindest auf die beabsichtigte Veränderung hin (siehe Abbildung 5.3.17).

CPU-Busy	0.73
Swap-Rate	2.80
Demand-Paging-Rate	1.26
Pages written to Expanded Storage	586.66
Pages read from Expanded Storage	556.67
Pages migrated from Expanded Storage	0.86
Average High-System-UIC	30.8
Average Migration-Age	22.029.0
Average Pages per Swap-Out	41
Average Pages per Swap-In	329
Swap-Page-In-Rate	0.37
Swap-Page-Out-Rate	0.05
Non-Swap-Page-In-Rate	2.23
Non-Swap-Page-Out-Rate	0.15
Mittlere DASD-I/O-Time	0.009
Mittlere Page-Delay-Time	0.050

Abbildung 5.3.16: Globale Systemkenngrößen mit Storage-Isolation

Anzahl Transactions	11.213
Transaction-Rate	3.11
Anzahl Swaps	11.213
Response-Time	0.304
Average In-Tranactions	0.94
Average Transactions (MPL)	0.93
CPU-Time	639
I/O-Time	1.097
Transaction-In-Time	3.370
Page-Wait-Time (Auxiliary Storage)	61
Page-Wait-Time (Expanded Storage)	26
Average Frames	360.05
Total Frames Central Storage	167.68
Total Frames Expanded Storage	168.54
Logical Swap-Effective	50.9%
Logical/Expanded Storage Swap-Effective	99.9%

Abbildung 5.3.17: TSO-Kenngrößen mit Storage-Isolation

Es gilt nun Transaction-In-Time = 3.370 s und
CPU-Time + DASD-I/O-Time + Page-Delay-Time = 1.823 s.

Die Response-Time ist um 63 Millisekunden Sekunden von 367 auf 304 Millisekunden gefallen. Das entspricht einer Reduzierung um 15%.

5.3.2 Swapping-Mechanismus

Unter einem Adreßraum-Swap versteht man die Stillegung und Auslagerung aller relevanten Seiten eines Adreßraums auf den Auxiliary Storage (bzw. Expanded Storage, siehe weiter unten in diesem Kapitel). Den Transfer vom Auxiliary Storage in den Central Storage bezeichnet man als Swap-In, den umgekehrten Vorgang als Swap-Out. Beide Vorgänge zusammen bezeichnet man als Swap-Cycle. Die Gründe für einen Swap-Vorgang lassen sich prinzipiell, wie folgt, kategorisieren (siehe auch [24]):

- Swaps zur Sicherstellung der installationsspezifischen Performance-Vorgaben (Installation-Performance-Specifications, abgekürzt IPS),
- Swaps zur Sicherstellung der Gesamtsystem-Performance,
- Swaps aufgrund von speziellen Anforderungen.

Zur ersten Kategorie zählen "unilaterale" sowie "exchange" Swaps. Ein unilateraler Swap-In wird dann eingeleitet, wenn die Anzahl der In-Adreßräume in einer zusammengefaßten Gruppe von Adreßräumen mit identischen Performance-Spezifikationen (Domain) kleiner ist als in den Spezifikationen vereinbart. Entsprechendes gilt für einen unilateralen Swap-Out. Exchange Swaps werden durchgeführt, um den für eine Gruppe von Adreßräumen vereinbarten Service zu garantieren. "Exchange" bedeutet, daß einem Adreßraum, der Zugriff auf die Systemressourcren entzogen (Swap-Out), einem zweiten derselben Domain der Zugriff erlaubt wird (Swap-In).
Zur zweiten Kategorie zählen Swaps, die aufgrund von temporären Speicherengpässen oder bei einem entdeckten oder gewollten Wait-Status durchgeführt werden:

- Auxiliary Storage-Shortage,
- Pageable Frame-Shortage,
- Wait-State.

Wird ein Auxiliary Storage-Engpaß festgestellt, so wird der Adreßraum ausgelagert, der gerade die meisten Slots anfordert. Bei einem festgestellten Zentralspeicherengpaß wird der Adreßraum ausgelagert, der die meisten Frames festhält. Swaps aufgrund von Wait-States erfolgen beispielsweise dann, wenn ein Adreßraum ein Wait-Macro aufsetzt oder bei TSO-Adreßräumen, wenn nach Beendigung einer Transaktion auf die Terminaleingabe gewartet wird (Terminal-Input-Wait). Die dritte Kategorie von Swaps betrifft Spezialanforderungen, wie zum Beispiel die Anforderung, den Realsspeicher frei zu machen durch ein "CONFIG STOR, OFFLINE"-Command, oder der Wechsel eines Adreßraums vom Status "Swappable" zum Status "Non-Swappable".
Bei einem Swap-Out werden alle relevanten Frames auf den Auxiliary Storage transferiert. Dazu gehören (Working-Set)

- LSQA-Pages (Local System-Queue-Area-Pages), also Pages die adreßraumbezogene Systeminformationen enthalten und für den Adreßraum "lebenswichtig" sind,
- Changed Pages, also alle Pages, die während der Laufzeit der Transaktion verändert wurden, von denen also keine Kopie auf dem Auxiliary Storage vorhanden ist und
- Pages mit gesetztem Reference-Bit, also alle Pages, die innerhalb des letzten UIC-Update-Intervalls referenziert wurden. Das sind alle Pages, die jünger sind als eine Sekunde (UIC-Update-Intervall von einer Sekunde unterstellt).

Wenn für die Aufnahme der Adreßräume Swap-Data-Sets vereinbart wurden (eine MVS-Systemoption), wird der oben beschriebene "Working-Set" in Portionen von 12 Frames (sogenannten Swap-Sets) transportiert. Um die bestmögliche Performance dieses Vorgangs zu erreichen, insbesondere auch beim Swap-In, wenn der Adreßraum reaktiviert wird, muß die Swap-Data-Set-Konfiguration so ausgelegt sein, daß alle anfallenden Swap-Sets gleichzeitig transferiert werden können. Beträgt die Größe des Working-Set beispielsweise 60 Pages, so sind 5 Swap-Data-Sets die optimale Konfiguration. Kalkuliert man für den Transfer eines Swap-Sets zum Beispiel 0.030 Sekunden (0.008 Sekunden Seek-Time, 0.008 Sekunden Set Sektor-Time und ca. 0.016 Sekunden Channel-Time), so ist bei 5 Swap-Data-Sets der Swap-In in ca. 0.032 Sekunden abgeschlossen. Sind dagegen nur 4 Swap-Data-Sets vereinbart, erhöht sich die Swap-In-Zeit auf (maximal) 0.064 Sekunden. Falls keine Swap-Data-Sets vereinbart sind, erfolgt die Auslagerung auf die Page-Data-Sets in Blöcken von 30 Pages (Block-Paging). Rechnet man in Analogie zum obigen Beispiel, so ergibt sich eine Swap-In-Zeit von ca. 0.056 Sekunden. Der Nachteil beim Verzicht auf Swap-Data-Sets ist, daß durch die langen Übertragungszeiten die Page-Platten lange busy sind und Page-In-Requests dadurch nicht hinreichend schnell aufgelöst werden können (siehe weiter unten in diesem Kapitel). Die Vereinbarung von Swap-Data-Sets beansprucht andererseits ein Vielfaches an DASD-Ressourcen, da Actuator mit Page- und Swap-Data-Sets möglichst von "Anwendungs"-I/Os freizuhalten sind (siehe Seldom-Ending-Channel-Program weiter unten in diesem Kapitel). Die Entscheidung, Swap-Data-Sets zu nutzen bzw. nicht zu nutzen, ist deshalb in jedem Einzelfall zu treffen, zumal eine Reihe weiterer Einflußgrößen (beispielsweise Realspeichersituation, Applikationsmix) dabei eine entscheidende Rolle spielen können. Bei ausreichender Realspeichergröße versucht das System "Physical Swaps", das heißt, den Transfer auf den Auxiliary Storage zu vermeiden und den getrimmten Working-Set im Central Storage zu halten. Dieses Verfahren heißt "Logical Swapping". Logical Swapping verhindert, daß Time-Sharing-Adreßräume nach einem Terminal-Input-Wait in jedem Falle auf den Auxiliary Storage transferiert werden bzw. sonstige Adreßräume nach einem Long oder Detected Wait. Für die Steuerung benutzt das System die Größe System-Think-Time t_{st}. Diese wird justiert nach dem in Abbildung 5.3.18 dargestellten Algorithmus. Danach wird die System-Think-Time klein, wenn Engpässe im Realspeicher existieren. Sie wächst - wenn auch langsamer -, wenn genug Platz vorhanden ist. Gleichzeitig wird systemseitig ein minimaler und ein maximaler Wert für die Think-Time vorgegeben. Zwischen diesen beiden Werten wird die Think-Time justiert. Central Storage-Contention (CS-Contention) wird festgestellt anhand des High-System-UIC, des Available Frame-Counts AFC und des Anteiles der Fixed Storage- (non-pageable) Frames FFP. Für diese drei Werte gibt es vom System vorgegeben low und high Thresholds UICL, UICH, AFCL, AFCH sowie FFPL und FFPH. Es existiert definitionsgemäß genau dann eine Central Storage-Contention, wenn gilt

$$(AFC < AFCL) | (UIC < UICL) | (FFP > FFPH) .$$

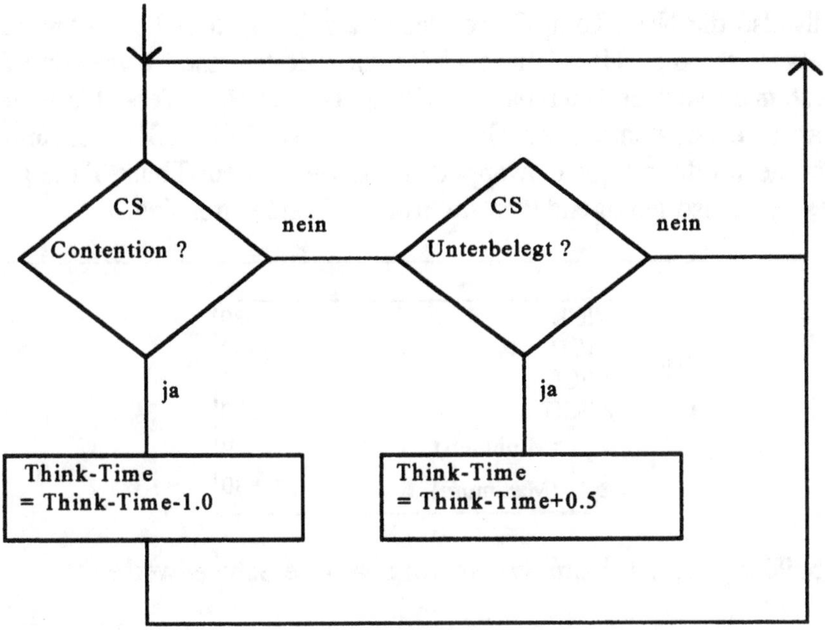

Abbildung 5.3.18: Algorithmus zur Bestimmung der System-Think-Time

Ist dagegen

$$(AFC > AFCH) | (UIC > UICH) \& (FFP < FFPL),$$

so gilt der Speicher als unterbelegt. Die System-Think-Time bleibt unverändert, wenn weder eine Überverplanung (Central Storage-Contention) noch eine Unterbelegung vorliegt. Die vom System vorgegeben Default-Werte sind die in Abbildung 5.3.19 zusammengestellt.

Wir bringen Beispiele, wie mit Hilfe der System-Think-Time Logical Swap-Entscheidungen getroffen werden.

TSO-Adreßräume

Ein TSO-Adreßraum wird logical swapped, falls

$$t_u < t_{st},$$

falls also die User-Think-Time kleiner als die System-Think-Time ist. Dabei ist die User-Think-Time die Zeitspanne zwischen der Systemantwort und der nächsten Eingabe des Benutzers. Unterstellt man eine konstante User-Think-Time, so wird ein TSO-Adreßraum also genau dann logical swapped, wenn die System-Think-Time groß ist, wenn also genügend Central Storage-Frames frei sind.

UICL	20
UICH	30
AFCL	0
AFCH	300
t_{st} (Minimum)	0
t_{st} (Maximum)	30

Abbildung 5.3.19: Vom System vorgegebene Schwellwerte

Andere als TSO-Adreßräume

Bei allen anderen Adreßräumen, die ein Long Wait signalisieren bzw. die als "wartend" entdeckt wurden (detected Waits), erfolgt Logical Swapping, falls

$(t_{st} > 5s)$ & (UIC > UICH)

gilt. Alle logical swapped Address-Spaces werden während ihres logical swapped Status examiniert und physical swapped, das heißt auf den Auxiliary Storage ausgelagert, wenn

Logical Swap-Out-Time > System-Think-Time + Tolleranzwert (=2 Sekunden).

Beispiel

In einem Time-Sharing-System liege die mittlere Benutzerdenkzeit bei 20 Sekunden. Available Frame-Count AFC und Unreferenced Interval-Count UIC indizieren keine Engpässe, die System-Think-Time betrage im Mittel 25 Sekunden. Dann werden die Benutzer physical swapped, die sich mit der Eingabe der nächsten Transaktion mehr als 27 Sekunden Zeit lassen.

5.4 Expanded Storage

Mit der Modellreihe IBM 3090 hat IBM das Konzept des "Expanded Storage" realisiert. Der Expanded Storage oder Erweiterungsspeicher, abgekürzt ES, kann aufgefaßt werden als eine Erweiterung des Zentralspeichers (CS). Beide Speicher zusammen bezeichnet man als Processor-Storage, abgekürzt PS. CS und ES unterscheiden sich jedoch in einigen wesentlichen Merkmalen. Der ES ist im Gegensatz zum CS kein Arbeitsspeicher. Weder die Instruktionsprozessoren (Instruction-Processor) noch Channel-Subsystem haben direkten Zugriff auf den Erweiterungsspeicher. Daten, auf die der Instruktionsprozessor bzw. Channel-Subsystem zugreifen, müssen zuvor in den CS transferiert werden. Der Datentransport zwischen CS und ES geschieht in Blöcken von 4 KB, aus Sicht des Anwendungsprogramms transparent und zur Verarbeitung synchron. In Abbildung 5.4.1 stellen wir den prinzipiellen Aufbau eines MP-Systems mit Expanded Storage dar (siehe auch beipielsweise ([28]). Da beim Erweiterungsspeicher bestimmte für den Zentralspeicher als Arbeitsspeicher erforderliche Mechanismen wie das Führen von Reference- und Change-Bit und Locking-Mechanismen, fehlen bzw. nicht notwendig sind, ergibt sich gegenüber dem Zentralspeicher ein deutlicher Kostenvorteil. Technologisch ist der Erweiterungsspeicher ein Zentralspeicher mit einer Zykluszeit von 150 ns (bei der Einführung, Zykluszeit des CS etwa 80 ns). Für den Transfer eines Frames werden ca. 60 μs (bei der Einführung für 3090 Modell S-Maschinen) benötigt. Da für die Adressierung 32 Bits zur Verfügung stehen, ergibt sich aus der Architektur eine maximale Größe von

$$2^2 \cdot 2^{10} \cdot 2^{32} = 2^4 \cdot 2^{40} = 16 \text{ TB} \quad \text{(TB von Terabyte).}$$

Realisiert sind beispielsweise bei den IBM-Modellen ES/9021 8 GB Expanded Storage. Zusammen mit einem Zentralspeicher von maximal 1 GB unterstützen diese Systeme somit 9 GB Prozessorspeicher. Wie bereits erwähnt, erfolgt der Zugriff auf den ES synchron zum Verarbeitungsprozeß. Es erfolgt keine Programmunterbrechung.

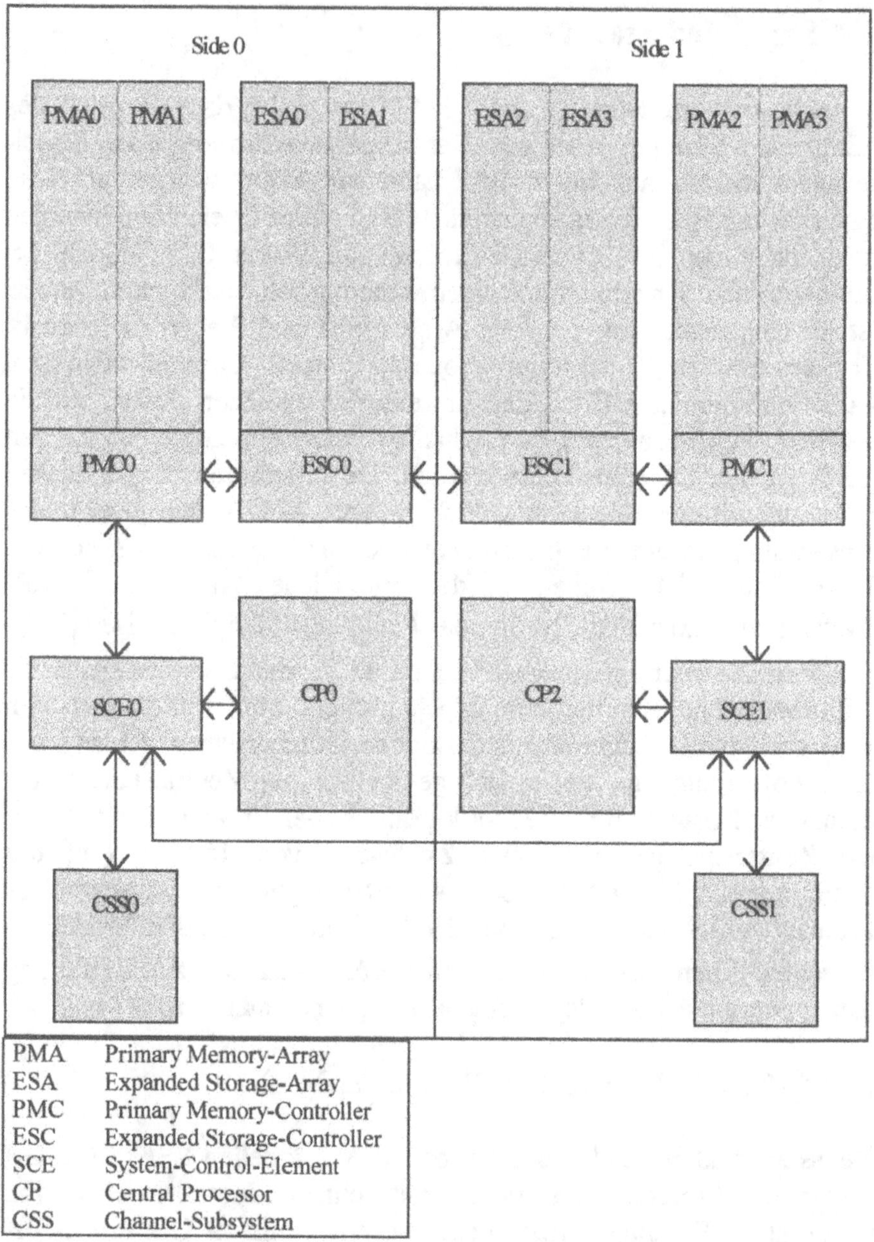

PMA	Primary Memory-Array
ESA	Expanded Storage-Array
PMC	Primary Memory-Controller
ESC	Expanded Storage-Controller
SCE	System-Control-Element
CP	Central Processor
CSS	Channel-Subsystem

Abbildung 5.4.1: Schematische Darstellung eines MP-Systems mit Expanded Storage

Der Expanded Storage ist insofern kein externer, sondern ein interner Prozessorspeicher, wenn auch mit anderen Merkmalen als der Zentralspeicher. Genutzt wird der Expanded Storage im Sinne der Bezeichnung als eine Erweiterung des Zentralspeichers. Pages und Swap-Sets werden zunächst in den ES transferiert (siehe weiter unten in diesem Abschnitt) und gegebenenfalls von diesem zurückgeholt. Vergleicht man die Page-Transfer-Time vom ES in den CS bzw. umgekehrt vom CS auf den ES mit der Transfer-Time zu einem Auxiliary Storage (Magnetplattenspeicher), so ist die erstere um ca. den Faktor 300 schneller (ca. 60 µs gegenüber ca. 20 ms). Da Page-Requests, die aus dem ES befriedigt werden, nicht zu einer Programmunterbrechung führen, sondern synchron zum Verarbeitungsprozeß abgewickelt werden, gehen für diese Operationen Prozessorzyklen (quasi) verloren. Diesen Sachverhalt stellen wir in Abbildung 5.4.2 in Abhängigkeit von der Read/Write-Rate von Pages vom bzw. zum Expanded Storage dar. Für die Transferzeit einer Seite werden dabei 60 µs unterstellt.

Paging-Rate 1)	**Prozessorleistungsverlust in %** 2)
100	0.6
200	1.2
300	1.8
400	2.4
500	3.0
600	3.6
700	4.0
800	4.8
900	5.4
1.000	6.0

1) "Interne" Paging-Rate, das heißt Pages read from/written to ES

2) Entspricht der Anzahl mips bei einem 100 mips Prozessor

Abbildung 5.4.2: Prozessorleistungsverlust durch ES-Transfers

Wir beschäftigen uns nachfolgend mit Paging- und Swapping-Operationen in einer Expanded Storage-Umgebung. Wir ziehen dabei auch Vergleiche mit Systemen ohne ES und sehen uns die einschlägigen RMF-Reports (Resource-Measurement-Facility-Reports) an.

Paging und Swapping in Systemen mit Expanded Storage

Zunächst sehen wir uns zum Vergleich die Abläufe beim Paging in Systemen ohne ES an. Wir unterstellen, daß eine Seite a, die auf dem Auxiliary Storage gespeichert ist (als Slot), in den Zentralspeicher zu transferieren ist. a' sei die LRU-Seite (Least-Recently-Used, siehe Abbildung 5.4.3).

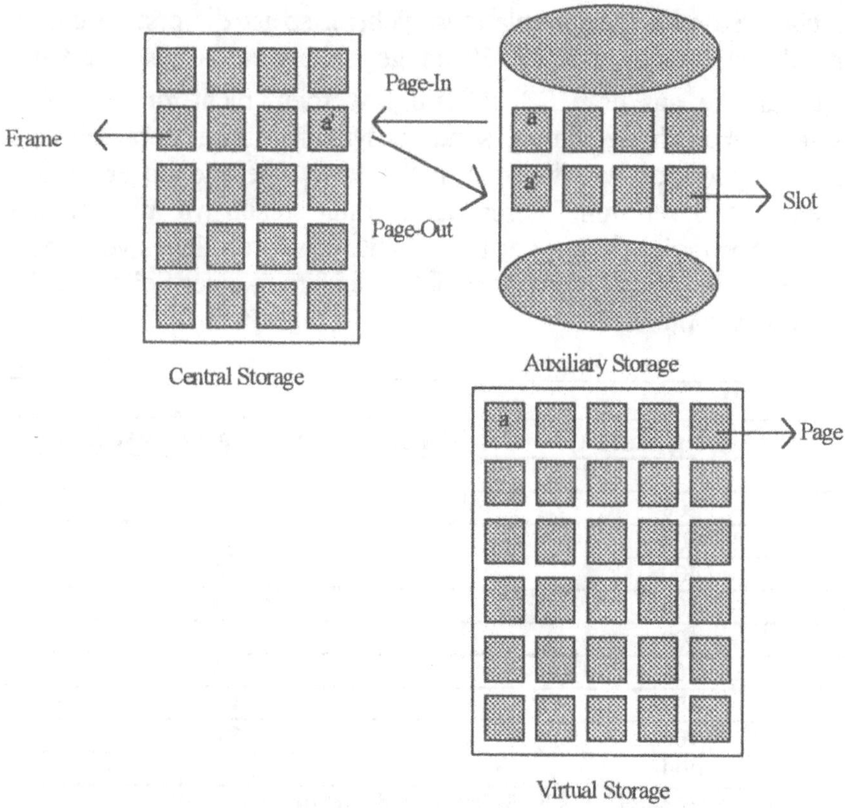

Abbildung 5.4.3 Page-In-Request für eine Page a in einem System ohne ES

Den grundsätzlichen Algorithmus für die Auflösung des Requests stellen wir in Abbildung 5.4.4 dar. In den Abbildungen 5.4.5 und 5.4.6 zeigen wir die analogen Operationen bei einer Expanded Storage-Konfiguration.

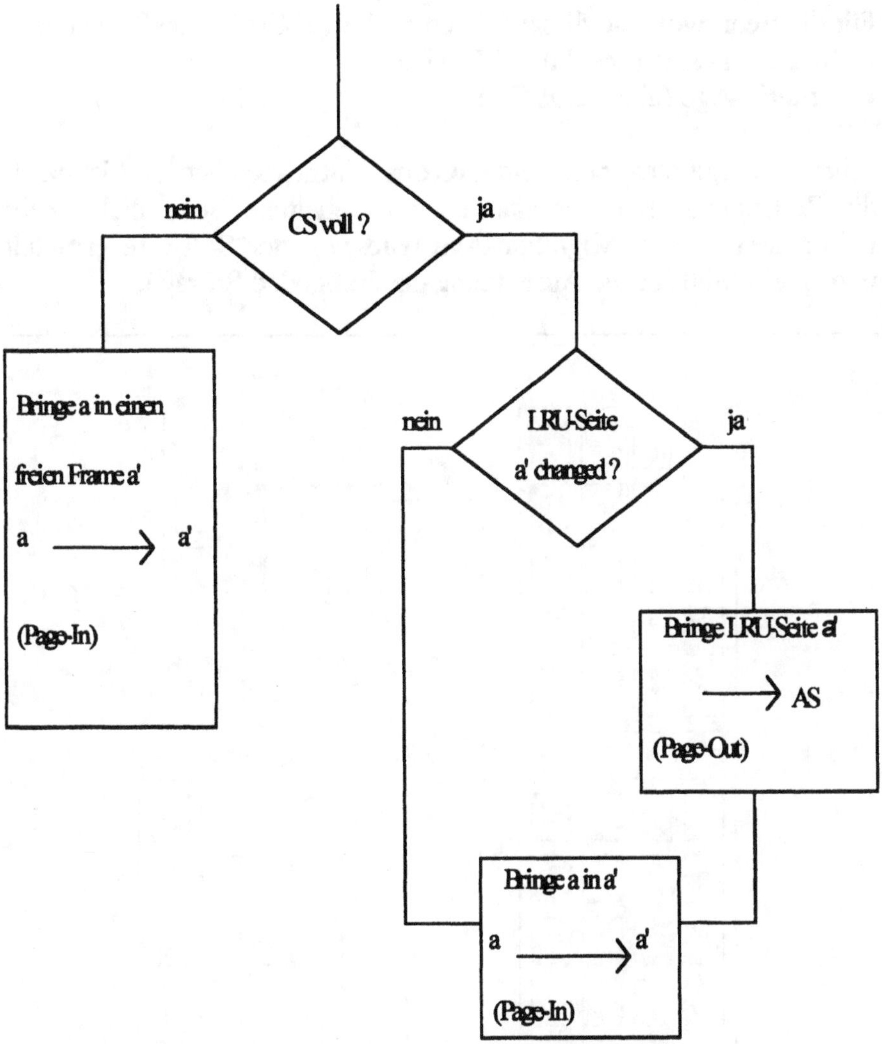

Abbildung 5.4.4: Algorithmus für die Auflösung eines Page-Faults in einem System ohne ES

Mit der Frage, wann überhaupt Pages zum Expanded Storage und nicht direkt auf den Auxiliary Storage transferiert werden, müssen wir uns gesondert befassen. In dem in Abbildung 5.4.6 dargestellten Ablaufdiagramm wird

- die Frage nach dem Alter einer ES-Seite gestellt, sowie
- die Frage, wann eine Seite wieder referenziert wird.

Für die Beantwortung dieser Fragen sind zwei Größen maßgebend:
- Migration-Age (abgekürzt MA) und
- Criteria-Age (abgekürzt CA).

Migration-Age entspricht dem UIC des Zentralspeichers und ist damit die Zeitspanne, seit der eine im ES gehaltene Seite nicht mehr referenziert wurde. Migration-Age wird von der Software ermittelt und ist ein Maß für die Ausnutzung des Expanded Storage.

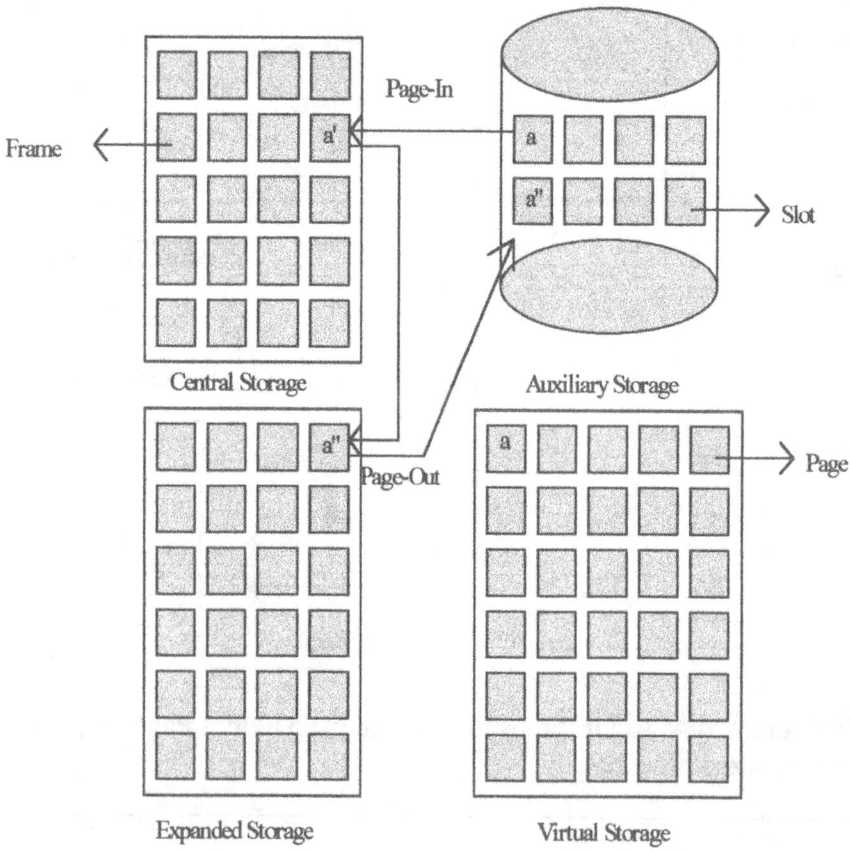

Abbildung 5.4.5: Page-In-Request für eine Page a in einem System mit ES

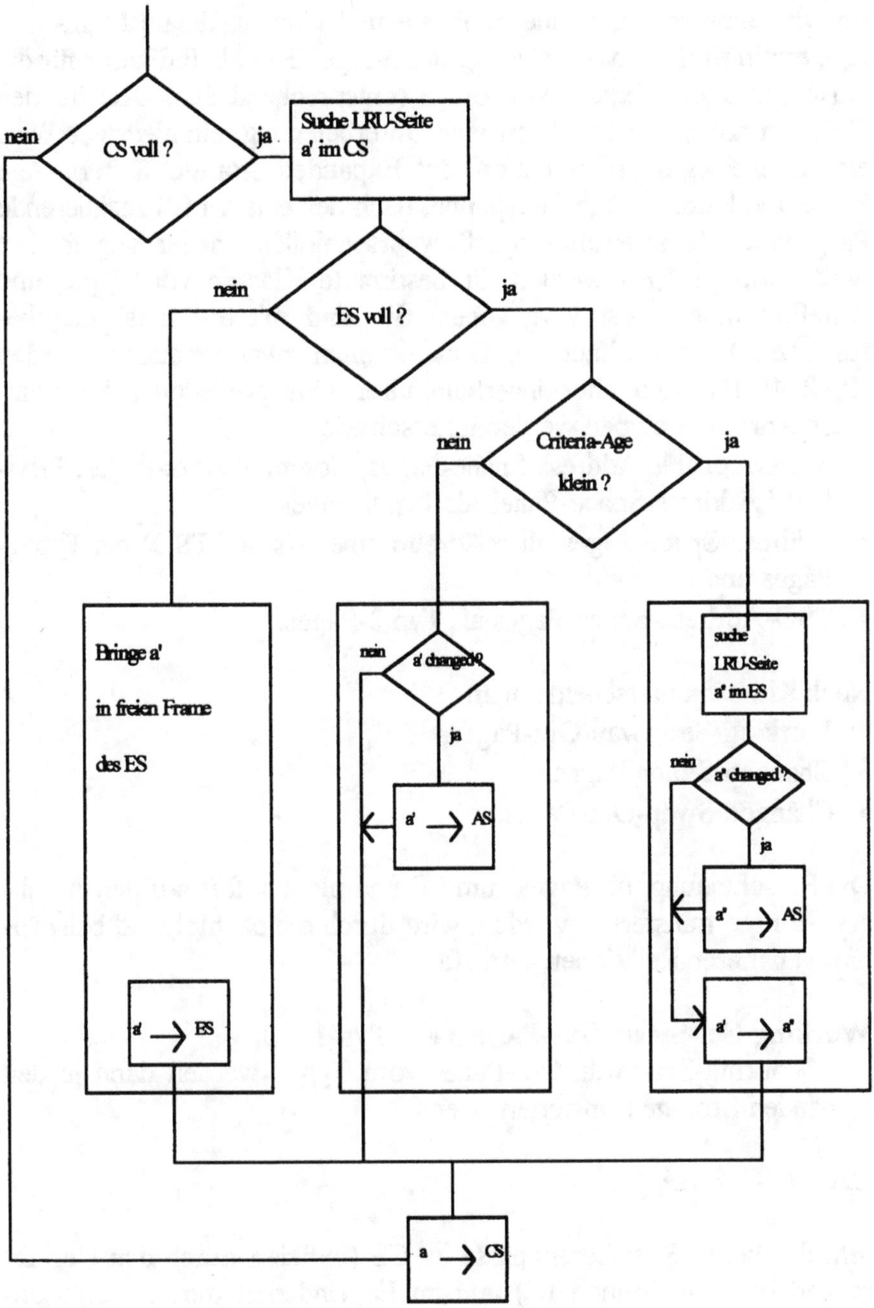

Abbildung 5.4.6: Algorithmus für die Auflösung eines Page-Faults bei einem System mit ES

Es wird eine mittlere, eine minimale und eine maximale Migration-Age ermittelt. Die maximale Migration-Age dient als Indikator für die Ausnutzung des Expanded Storage (entsprechend dem UIC für den CS). Ein hoher Wert indiziert eine Unterbelegung, ein niedriger Wert eine Überbelegung (Contention) des Expanded Storage. Criteria-Age ist ein Indikator für die Zeitspanne, nach der eine im ES residierende Page vom Verarbeitungsprozeß wahrscheinlich wieder angefordert wird. Criteria-Ages werden für bestimmte Klassen von Pages und Adreßraumtypen fest vorgegeben. Sie sind mit auf Erfahrung beruhenden Werten hinterlegt. Diese können zwar verändert werden (PARMLIB), sind aber innerhalb ihrer Gültigkeitsdauer konstant. Nach Adreßraumtypen werden unterschieden

- Nonswappable Address-Space-Pages, Common Area-Pages, Privileged Address-Space-Pages als Typ 0-Pages,
- Address-Space-Pages aller Adreßräume (bis auf TSO) als Typ 1-Pages und
- TSO-Address-Space-Pages als Typ 2-Pages.

Nach Klassen unterscheidet man

- Working-Set-Swap-Out-Pages,
- Changed Stolen Pages,
- Changed Swap-Out-Pages.

Die Entscheidung, ob Pages zum ES und nicht sofort auf den Auxiliary Storage transferiert werden, wird durch die nachfolgend beispielhaft genannten Relationen getroffen.

Working-Set-Swap-Out-Pages vom Typ 1

Working-Set-Swap-Out-Pages vom Typ 1 werden dann in den Expanded Storage transferiert, wenn

$$CA < UIC + MA$$

gilt, das heißt, Speicherengpässe im CS (indiziert durch den Unreferenced Interval-Count UIC) und im ES (indiziert durch Migration-Age MA) führen dazu, daß "normale" Adreßräume "physical swapped" werden.

Working-Set-Swap-Out-Pages vom Typ 2

Working-Set-Swap-Out-Pages vom Typ 2 werden dann in den Expanded Storage transferiert, wenn

CA < UIC + MA - UTT (UTT = User-Think-Time)

ist. Bei TSO-Address-Spaces wird also zusätzlich noch die User-Think-Time berücksichtigt. Ist diese bei sonst gleichen Werten hoch, sind die zeitlichen Abstände zwischen den Eingaben der Requests also groß, so wird "physcal swapped". Ist die nächste Eingabe kurzfristig zu erwarten, wird der Adreßraum in den ES transferiert.

Beispiel

Sei CA = 50 (Defaultwert für Working-Set-Swap-Out-Pages vom Typ 2) und UTT = 10, dann lautet die Abfrage auf

CA + UTT = 60 < UIC + MA.

Changed Stolen Pages vom Typ 0, 1 und 2

Changed Stolen Pages aller Adreßraumtypen werden genau dann in den ES transferiert, wenn

CA < MA

ist. Stealing von CS-Pages ist schon die Folge eines Engpasses im Central Storage, so daß bei der Entscheidung, ob die gestohlenen Seiten im ES gehalten oder direkt auf den AS transferiert werden, nur die Belegung des ES unter Einbezug der Criteria-Age CA berücksichtigt wird.

Changed Swap-Out-Pages vom Typ 0, 1 und 2

Changed Swap-Out-Pages (Swap-Out-Pages, die nicht zum Working-Set gehören) werden in den ES transferiert, wenn

CA < UIC + MA

ist. Diese werden also behandelt wie Working-Set-Swap-Out-Pages vom Typ 1. Während also zum Beispiel die Working-Set-Swap-Out-Pages eines TSO-Adreßraumes nach der Regel

CA < UIC + MA - UTT

transferiert werden, wird bei nicht zum Working-Set gehörenden Changed Pages die User-Think-Time nicht berücksichtigt.

5.5 Berichte zur Speichersituation

Im vorliegenden Abschnitt befassen wir uns mit Berichten zur Speichersituation. Wir beschränken uns dabei auf Reports der Resource-Measurement-Facility (RMF) der IBM (siehe [25]). Dabei wird keine bestimmte Version unterstellt, so daß einige der im Folgenden genannten Meßdaten in der aktuellen oder auch in älteren Versionen des RMF nicht notwendig enthalten sein müssen. Wir besprechen speicherrelevante Kenngrößen aus den Monitor I-Reports

- Summary-Report,
- Page/Swap-Data-Set-Usage-Report,
- Paging-Activity-Report und
- Workload-Activity-Report.

Summary-Report

Der Summary-Report berichtet über die im Beobachtungsintervall gemessene Demand-Paging-Rate sowie die Swap-Rate (Physical Swap-Rate). Demand-Paging-Rate r_{dp} ist die Anzahl der pro Elapsed Time-Sekunde erzeugten Page-Faults. Dazu gehören auch die Fehler, die sich auf bereits freigegebene, aber noch nicht wiederverwendete Frames beziehen (Page-Reclaims). Diese führen trivialerweise nicht zu einem Physical Page-In. Wir kommen darauf zurück im Zusammenhang mit der Besprechung des Paging-Activity-Reports. Swap- Rate r_s ist die Anzahl der pro Elapsed Time-Sekunde durchgeführten Swap-Cycles (Swap-In und korrespondierender Swap-Out) zwischen Central Storage und Auxiliary Storage. Beide Größen geben einen ersten, allerdings nur groben Überblick über die Speichersituation des dem Report zugrunde liegenden Systems. Sie dienen maximal der Feststellung, ob Speicherengpässe potentiell die Ursache für Performanceprobleme sein können. Dafür ist es notwendig, ein "Gefühl" für die kritischen Werte dieser Größen zu entwickeln. Dies kann aber immer nur für ein konkretes System unter einer konkreten Systemlast und Anwendungsstruktur erfolgen. Es ergibt keinen Sinn, allgemein geltende Obergrenzen für diese Werte anzugeben. Beispielsweise reagiert der Transaction-Manager CICS in der Regel empfindlich auf durch Speicherknappheit induziertes Paging (siehe auch 5.3). Dies gilt trivialerweise erst recht, wenn die Auflösung der Page-Faults nicht performant erfolgt. Ursache dafür können beispielsweise "schlechte" Page-Data-Set-Konfigurationen sein. In anderen Fällen können Systeme auch mit sehr hohen Paging-Raten, wenn die Page-Faults entsprechend schnell aufgelöst werden, durchaus hinreichend performant arbeiten. SSDs, eingesetzt als Paging-Devices (siehe Kapitel 4), können deshalb Speicherengpässe durchaus zumindestens überbrücken.

Page/Swap-Data-Set-Usage-Report

Page/Swap-Data-Set-Usage berichtet pro Page-Data-Set (wir betrachten nur Page-Data-Sets) unter anderem über

- die Anzahl allocierter Slots,
- die Anzahl benutzter Slots (Minimum, Maximum, Average),
- die Belegungszeit des Page-Data-Sets in % des Meßintervalls,
- die mittlere Page-Transfer-Time,
- die Anzahl der transferierten Pages und
- die Anzahl der durchgeführten I/O-Operationen.

Es gilt $t_p = \frac{t \cdot \delta_p}{n_p}$,

wobei t_p die mittlere Page-Transfer-Time in Sekunden, t das Meßintervall in Sekunden, δ_p die prozentuale Belegungszeit des Page-Data-Sets und n_p die Anzahl der in t transferierten Pages ist. Die mittlere Anzahl der pro I/O-Vorgang transferierten Pages $n_{pI/O}$ ergibt sich nach der Relation

$$n_{pI/O} = \frac{n_p}{n_{I/O}}.$$

Dabei ist $n_{I/O}$ die Anzahl der durchgeführten I/O-Operationen. Ein I/O-Vorgang dauert dann im Mittel

$t_{I/O} = t_p \cdot n_{pI/O}$ Sekunden.

Dieser Wert müßte mit der DASD-Service-Time aus dem DASD-Activity-Report für das betreffende Paging-Volume näherungsweise übereinstimmen, falls dieses ausschließlich für Paging-Operationen genutzt wird.

Beispiel

In Abbildung 5.5.1 stellen wir auszugsweise einen Page-Data-Set-Usage-Report dar. Das Meßintervall beträgt eine Stunde. Für das erste Local Page-Data-Set gilt zum Beispiel

$$t_p = \frac{t \cdot \delta_p}{n_p} = \frac{3600 \cdot 0.1325}{82.918} \approx 0.006,$$

$$n_{pI/O} = \frac{n_p}{n_{I/O}} = \frac{82.918}{17.495} \approx 4.7 \text{ und}$$

$$t_{I/O} = t_p \cdot n_{pI/O} \approx 0.006 \cdot 4.7 \approx 0.028.$$

Page-Space	δ_p	t_p	n_p	$n_{I/O}$
PLPA	0.17	0.018	322	323
COMMON	0.03	0.024	2	1
LOCAL	13.25	0.006	17.495	82.918
LOCAL	14.42	0.006	18.409	86.761
LOCAL	14.28	0.006	18.195	83.439
LOCAL	12.92	0.006	16.282	82.169
LOCAL	13.50	0.006	16.820	82.755
			1) 87.201	1) 418.042

1) Summen (nur über Local Page-Data-Sets) sind im Originalreport nicht ausgewiesen

Abbildung 5.5.1: Beispiel eines Page-Data-Set-Usage-Reports

Da für das zugrunde liegende System keine Swap-Data-Sets vereinbart sind, werden alle Swap-Pages in Blöcken von 30 Pages auf die Page-Data-Sets transferiert. Für jeden dieser Block-Requests fallen die durch die Plattenmechanik verursachten Verzögerungen nur einmal an. Es ist deshalb zu erwarten, daß single Requests, bei denen nur einige wenige Pages transferiert werden (siehe unten), durchaus länger dauern können als die ausgewiesenen 6 Millisekunden indizieren. Da in diesem Zusammenhang noch andere Faktoren eine Rolle spielen, kommen wir auf dieses Problem noch einmal zurück (siehe weiter unten in diesem Kapitel). An dieser Stelle wird nur darauf hingewiesen, daß die reportete Page-Transfer-Time für die Beurteilung der Güte der Paging-Konfiguration (wie schnell wird aus Sicht der Anwendung ein Page-Fault aufgelöst ?, siehe Page-Delay-Time weiter unten in diesem Kapitel) relativ wertlos ist. Vergleichen kann man die Situation mit einem PKW, der vier Personen in beispielsweise 60 Minuten von A nach B bringt. Die durchschnittliche Transportzeit beträgt dann - im Vergleich mit der durchschnittlichen Page-Transfer-Time - 15 Minuten. Jede einzelne Person kann aber trivialerweise erst nach 60 Minuten am Ziel erwartet werden.

Paging-Activity-Report

Der Paging-Activity-Report besteht aus folgenden Teilreports:

- Main Storage-Paging-Rates,
- Expanded Storage-Movement-Rates,
- Frame- und Slot-Counts und
- Swap-Placement-Activity.

Main Storage-Paging-Rates

informiert über Page-Reclaims, über Page-In- und Page-Out-Rates (Non-Swap und Swap) und zwar kategorisiert nach

- Pageable System-Area-Pages (LPA- und CSA- Pages) und
- Adress-Space-Pages (HIPER-Space-Pages, VIO-Pages, siehe beispielsweise [24]) und Non-VIO-Pages, das heißt "normale" Address-Space-Pages.

In Relation zur Demand-Paging-Rate aus dem Summary-Report gilt

$$r_{dp} = r_{nspi} + r_{pr}.$$

Dabei ist r_{nspi} die Non-Swap-Page-In-Rate und r_{pr} die Page-Reclaim-Rate. Außerdem gilt

$$r_s \cdot n_{p/s} = r_{spi} + r_{spo},$$

wenn $n_{p/s}$ die Anzahl der pro Physical Swap-Cycle transferierten Frames (siehe Swap-Placement-Activity weiter unten), r_{spi} die totale (Summe über alle Kategorien) Swap-Page-In-Rate und r_{spo} die Swap-Page-Out-Rate aus dem Main Storage-Paging-Rate-Report ist.

Beispiel

In Abbildung 5.5.2 stellen wir auszugsweise einen Main Storage-Paging-Rate-Report dar. Aus dem zur selben Messung gehörenden Summary-Report entnehmen wir $r_{dp} = 27.84$ als Demand-Paging-Rate und $r_s = 0.33$ als Physical Swap-Rate. Die mittlere Anzahl der pro Swap-Cycle übertragenen Frames aus der Swap-Placement-Activity sei $n_{p/s} = 227$ (114 beim Swap-Out, 113 beim Swap-In).

r_{pr}	r_{spi}	r_{nspi}	r_{spo}	r_{nspo}
4.02	37.69	23.84	37.43	17.64

Abbildung 5.5.2: Beispiel eines Main Storage-Paging-Rate-Reports (Auszug)

Es gilt

$$r_{dp} = 27.84 \approx r_{nspi} + r_{pr} = 23.84 + 4.02 = 27.86 \text{ und}$$

$$r_s \cdot n_{p/s} = 0.33 \cdot 227 = 74.91 \approx r_{spi} + r_{spo} = 37.69 + 37.43 = 75.12 .$$

Die Total Paging-Rate r_p entspricht der Summe der in Abbildung 5.5.2 dargestellten Werte (bis auf die Page-Reclaim-Rate)

$$r_p = r_{nspi} + r_{spi} + r_{nspo} + r_{spo} = 116.6 .$$

Im Reportzeitraum $t = 3.600\text{s}$ werden demnach

$$n_p = r_p \cdot t = 116.6 \cdot 3.600 = 419.760$$

Pages transferiert. Davon sind

$$\left(r_{spi} + r_{spo}\right) \cdot t = 270.432$$

Swap-Pages, die in Blöcken von 30 Pages (keine Swap-Data-Sets vereinbart) übertragen werden. Dazu sind ca. 9.014 I/O-Operationen erforderlich. Nach dem korrespondierenden Page-Data-Set-Usage-Report gemäß Abbildung 5.5.1 werden für die Non-Swap-Page-Transfers von insgesamt

$$\left(r_{nspi} + r_{nspo}\right) \cdot t = 41.48 \cdot 3.600 = 149.328$$

noch 78.187 I/O-Operationen benötigt. Dies entspricht beim Non-Swap-Paging einem Transfer von im Mittel ca. 2 Pages pro I/O-Operation.

Expanded Storage-Movement-Rates

informiert über die Anzahl der Pages, die pro Sekunde

- vom Central Storage in den Expanded Storage (written to Expanded Storage),
- vom Expanded Storage in den Central Storage (read from Expanded Storage) und
- vom Expanded Storage zum Auxiliary Storage (migrated to Auxiliary Storage)

transferiert werden.

Es erfolgt eine Aufteilung nach HIPER-Space- und VIO-Pages (siehe beispielsweise [24]). Außerdem wird in diesem Report berichtet über die minimale, maximale und durchschnittliche Anzahl allocierter ES-Frames sowie über die minimale, maximale und mittlere Höhe des UIC (High-System-UIC) und der MA (Migration-Age).

Frame- und Slot-Counts

berichtet über die minimale, maximale und mittlere Belegung des Central Storage und Expanded Storage durch die unterschiedlichen MVS-Storage-Areas sowie über die Belegung des Auxiliary Storage, im einzelnen über die minimale, maximale und mittlere Belegung des Central Storage und des Expanded Storage durch pageable Frames der Storage-Areas

- SQA,
- LPA,
- CSA,
- LSQA,
- Private Area und SWA (Sheduler-Work-Area, siehe auch [19])
- Available Frames,

die minimale, maximale und mittlere Belegung des Central Storage durch fixed Frames der Storage Areas

- Nucleus,
- LPA,
- CSA,
- LSQA,
- Private Area und SWA,
- Frames below 16 Megabyte,

die minimale, maximale und mittlere Belegung der Local Page-Data-Sets durch VIO- und Non-VIO-Slots (siehe beispielsweise [19]).

In Abbildung 5.5.3 ist beispielhaft ein Auszug dieses Reports (nur Central Storage-Frames) dargestellt.

Swap-Placement-Activity

berichtet über die Swap-Aktivitäten des Gesamtsystems. Im Report wird unterschieden nach den unterschiedlichen Swap-Reasons

- Terminal-Input/Output-Wait-Swaps,
- Long Wait-Swaps,
- Detected Wait-Swaps,
- Unilateral Swaps,
- Exchange-Swaps,
- Enqueue-Exchange Swaps und
- Transition to Non-Swappable Swaps.

In jeder Kategorie wird berichtet über

- die Anzahl der insgesamt durchgeführten Swaps,
- die Anzahl der Auxiliary Storage-Swaps,
- die Anzahl der Logical Swaps und
- die Anzahl der Expanded Storage-Swaps.

Außerdem wird die mittlere Anzahl Pages pro Physical Swap (Swap-In und Swap-Out) angezeigt.

AREA	Min	Max	Avg
Total Frames	46.607	47.607	47.607
SQA	936	1.037	998
LPA	1.566	1.847	1.774
CSA	1.370	1.395	1.380
LSQA	4.321	5.393	4.839
Region + SWA	33.702	37.987	36.252
Available	69	3.996	1.326
Fixed Frames	6.680	9.120	7.342
Nucleus	1.032	1.032	1.032
SQA	902	1.003	964
CSA	66	68	66
LPA	73	75	73
LSQA	3.961	4.874	4.406
Region + SWA	593	2.688	798
Below 16 MEG	641	1.081	854

Das System verfügt über 128 MB Central Storage, das heißt über 49.152 Central Storage-Frames. 1.545 Frames bilden die Hardware-Storage-Area

Abbildung 5.5.3: Beispiel eines Frame- and Slot-Counts-Reports (hier nur Central Storage-Frame-Counts)

Im Grunde werden also Aussagen getroffen über die Anzahl der Swaps in den verschiedenen Swap-Kategorien und über die Effizienz des Logical Swapping (wieviele Swaps verbleiben im Central Storage) und des Expanded Storage-Swapping (wieviele Swaps verbleiben im Expanded Storage). Die gemessenen Werte werden in verschiedenen Relationen dargestellt. Abbildung 5.5.4 zeigt auszugsweise eine Swap-Placement-Activity für Terminal-Input/Output-Swaps. Die letzte Spalte der Tabelle gibt die Relationen an, nach denen die prozentualen Angaben gerechnet werden (die in Klammern gesetzten Zahlenwerte stehen für die entsprechende Zeile des Reports). Sowohl die 1. als auch die 5. Spalte sind nicht Bestandteil des Swap-Placement-Activity-Reports. Zwischen den reporteten Größen n_{ls} (Logical Swaps), n_s (Total Swaps), n_{essd} (Expanded Storage-Swaps-Direct) und n_{assd} (Auxiliary Storage-Swaps-Direct) gilt die Relation

$$n_{ls} = n_s - n_{essd} - n_{assd}.$$

n_s	Total	14.364		
n_{asst}	Aux Stor Total	125	8.7%	(2)/(/1)
n_{assd}	Aux Stor Direct	52	41.6%	(3)/(2)
n_{assv}	Aux Stor Via Transition	73	58.4%	(4)/(2)
n_{ls}	Log Swap	14.221	99.0%	(5)/(1)
n_{lse}	Log Swap Effective	13.493	94.9%	(6)/(5)
n_{essd}	Exp Stor Direct	91	0.6%	(7)/(1)
n_{ess}	Exp Stor Total	805	5.6%	(8)/(1)
n_{essm}	Migrated From Exp Stor	59	7.3%	(9)/(8)
n_{esse}	Exp Stor Effective	746	92.7%	(10)/(8)
n_{lesse}	Log Swap/Exp Stor Effective	14.239	99.1%	(11)/(1)

Abbildung 5.5.4: Auszug eines Swap-Placement-Activity-Reports

In dem oben dargestellten Report ist beispielsweise

$$14.221 = n_{ls} = n_s - n_{essd} - n_{assd} = 14.364 - 91 - 52 = 14.221.$$

Die Kennzahlen n_{lse} (Logical Swap-Effective) und n_{esse} (Expanded Storage-Swap-Effective) werden für die Beurteilung der Effizienz des Swap-Mechanismus benötigt. Logical Swap-Effective ist die Anzahl der Logical Swaps abzüglich der Swaps (Working-Sets), die bis zur nächsten Terminaleingabe nicht im Logical Swap-Status verbleiben. Dazu gehören die Working-Sets, die aus dem Logical Swap-Status heraus entweder in den Expanded Storage oder auf den Auxiliary Storage transferiert werden. Es gilt also

$$n_{lse} = n_{ls} - (n_{ess} - n_{essd}) - n_{lsm}.$$

Dabei steht n_{lsm} für Logical Swaps migrated to Auxiliary Storage. Diese Größe ist in der Swap-Placement-Activity nicht ausgewiesen. Sie läßt sich aber aus den Reportgrößen ableiten. Es gilt

$$n_{assv} = n_{lsm} + n_{essm} .$$

Damit ist also

$n_{lsm} = n_{assv} - n_{essm}$ und schließlich

$$n_{lse} = n_{ls} - (n_{ess} - n_{essd}) - (n_{assv} - n_{essm}) .$$

Im obigen Report beispielsweise gilt

$$13.493 = n_{lse} = n_{ls} - (n_{ess} - n_{essd}) - (n_{assv} - n_{essm})$$

$$= 14.221 - (805 - 91) - (73 - 59) = 14.221 - 714 - 14 = 13.493 .$$

Expanded Storage-Swap-Effective ist definiert durch

$$n_{esse} = n_{ess} - n_{essm} .$$

Im obigen Reportbeispiel ist

$$746 = n_{esse} = n_{ess} - \text{essm} = 805 - 59 = 746 .$$

Schließlich gilt

$$n_{lesse} = n_{lse} + n_{esse} .$$

Dabei steht n_{lesse} für Logical Swap/Expanded Storage-Swap-Effective.

Die Größen

$e_1 = \frac{n_{lse}}{n_s}$ (Logical Swap-Effizienz) und

$$e_{les} = \frac{n_{lse} + n_{esse}}{n_s} = \frac{n_{lesse}}{n_s} = \frac{n_s - n_{ass}}{n_s} = 1 - \frac{n_{ass}}{n_s}$$

(Logical Swap- und Expanded Storage-Swap-Effizienz)

gelten schließlich als Kennzahlen für die Beurteilung der Swap-Effizienz. In unserem Reportbeispiel ergeben sich für diese Kenngrößen die Werte

$$e_l = \frac{n_{lse}}{n_s} \approx 0.94 \text{ und } e_{les} = \frac{n_{lse} + n_{ese}}{n_s} \approx 0.99 .$$

Danach verbleiben nahezu 100% (99%) der Swapped Working-Sets im Prozessorspeicher, ohne daß ein Transfer auf den Auxiliary Storage erfolgt. Bei der Reaktivierung eines Time-Sharing-Address-Spaces (durch "Enter" nach einem Terminal-Input-Wait) werden bei der Reaktivierung aus dem Central Storage maximal Page-Waits performancewirksam, wenn der In-Working-Set zu klein ist. Dieser Situation kann man bei Bedarf durch die Storage-Isolation-Function entgegenwirken (siehe 5.3). Die eigentliche Reaktivierungszeit (Wait-To-Start-Time) läuft mit Prozessorgeschwindigkeit ab und ist vernachlässigbar. Bei der Reaktivierung aus dem Expanded Storage kommt die Transferzeit für den Transfer der Pages vom Expanded in den Central Storage ("Pages moved from Expanded Storage") hinzu. Da dieser Transfer synchron zum Verarbeitungsprozeß verläuft, sind auch in diesem Fall Verzögerungen kaum nachweisbar. Diese beispielhaft beschriebene Situation verspricht - sonstige Bottlenecks ausschließend - eine optimale TSO-Performance.
Einige Kenngrößen des Workload-Activity-Reports wurden bereits in den vorangegangenen Kapiteln besprochen (siehe Kapitel 3 und 4). Im vorliegenden Kontext besprechen wir ausschließlich speicherrelevante Größen aus der Workload-Activity. Wir müssen dabei allerdings auf die in Kapitel 3 definierten Prozessor-Service-Units zurückkommen. Prinzipiell liefert die Workload-Activity adreßraumbezogene Berichte und zwar in der Regel Berichte für Gruppen von Adreßräumen, beispielsweise über alle Adreßräume, die in einer Performance-Group laufen. Zunächst befassen wir uns mit den speicherrelevanten Service-Units, den Main Storage- oder Central

Storage-Service-Units. Im Folgenden bleiben wir bei dem Terminus "Main Storage-Service-Units", wie er auch in der IBM-Literatur verwendet wird).

Definition

Ein Central Storage CS gibt genau dann eine Main Storage-Service-Unit msu ab, wenn er n_c Frames $t_{c(p)}$ Prozessorsekunden zur Verfügung stellt. Es gilt folgende Proportionalität:

$$msu \approx n_f \cdot t_p .$$

Dabei sei n_f die Anzahl der einer Applikation zur Verfügung gestellten Frames und t_p die verbrauchte Prozessorzeit (TCB- und SRB-Zeit, siehe Kapitel 3) in Sekunden. msu hat dann die Dimension Frame- oder auch Page-Sekunde. $t_{c(p)}$ ist die im Kapitel 3 im Zusammenhang mit der Definition von Prozessor-Service-Units eingeführte prozessorabhängige Konstante. Man setzt (siehe [24]) $n_c = 50$.

Es wird also genau dann eine Main Storage-Service-Unit abgegeben, wenn 50 Frames $t_{c(p)}$ Prozessorsekunden lang zur Verfügung gestellt werden. Den Main Storage-Service erhält man in Analogie zum Processor-Service durch Multiplikation mit einem installationsspezifischen Skalierungsfaktor c_{msu}. Es gilt dann

$$mss = c_{msu} \cdot msu = c_{msu} \cdot \frac{n_f}{50 \cdot t_{c(p)}} \cdot t_p = c_{msu} \cdot \frac{n_f}{50} \cdot \frac{ps}{c_{psu}},$$

wobei ps der Prozessor-Service und c_{psu} der bei der Definition der Processor-Service-Units eingeführte Skalierungsfaktor ist mit

$$ps = c_{psu} \cdot \frac{t_p}{t_{c(p)}} .$$

Verfügt man nun über die absorbierten Services ps und mss (Processor-Service und Main Storage-Service) für eine Gruppe von Adreßräumen, so läßt sich in bestimmten Fällen die durchschnittliche Anzahl der in Anspruch genommen Central Storage-Frames berechnen nach

$$n_f \approx \frac{mss}{ps} \cdot \frac{c_{psu}}{c_{msu}} \cdot 50.$$

Beispiel

In einer Performance-Group seien 6 Non-Swappable Address-Spaces aktiv. Aus dem Workload-Activity-Report dieser Performance-Gruppe entnehmen wir ($c_{psu} = 10, c_{msu} = 3$)

mss = 92.885.858

als Main Storage-Service und

ps=8.467.113 als Processor-Service (TCB- und SRB-Service).

Es folgt

$$n_f \approx \frac{mss}{ps} \cdot \frac{c_{psu}}{c_{msu}} \cdot 50 = \frac{92.685.858}{8.467.113} \cdot \frac{10}{3} \cdot 50 \approx 1.824 .$$

Es werden also im Mittel 1.824 Central Storage-Frames belegt und zwar von jedem der 6 Adreßräume, insgesamt also ca. 10.944 Frames, was etwa 42 - 43 MB entspricht. Wir machen uns dieses Ergebnis mit Hilfe eines Modellfalls klar. Siehe dazu Abbildung 5.5.5. Danach ist ($\frac{c_{psu}}{50 \cdot c_{msu}} = 1$ unterstellt)

ps = 1.000

und

$$mss = \frac{c_{msu}}{50 \cdot c_{psu}} \cdot n_f \cdot ps = n_f \cdot ps = 5 \cdot 200 \cdot 1.000 = 1.000.000 \,.$$

Es folgt

$$n_f = \frac{mss}{ps} = \frac{1.000.000}{1.000} = 1.000 \,.$$

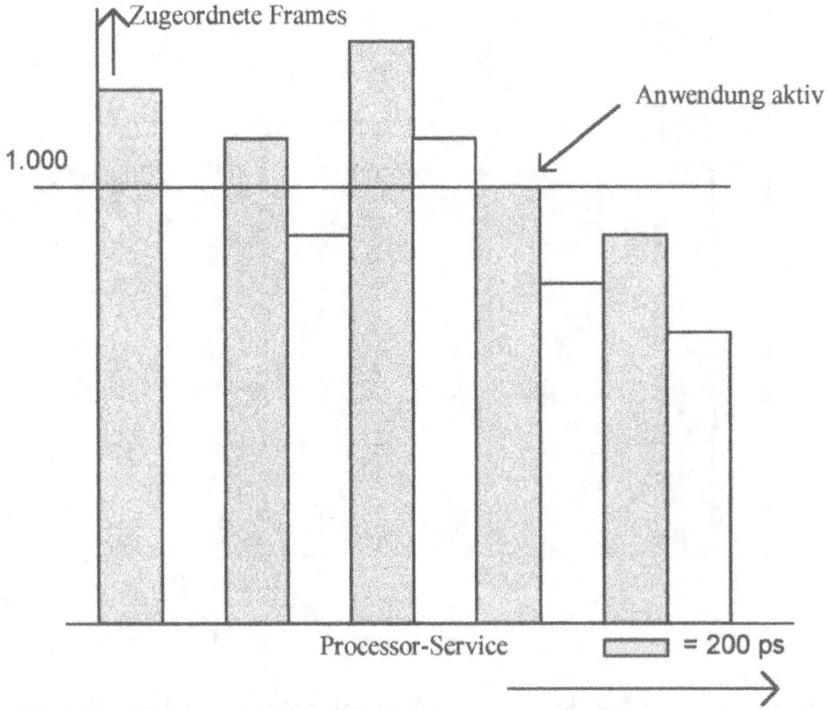

Abbildung 5.5.5: Main Storage-Service (Modellfall)

Daß dieses Ergebnis bei zwei Adreßräumen für jeden einzelnen gilt (vorausgesetzt beide sind non-swappable), erklärt Abbildung 5.5.6. Bei Adreßräumen, die swappable sind, gilt dies so nicht mehr. Ein Beispiel sind TSO-Adreßräume, die nach jedem Terminal-Input-Wait ausgelagert werden, wenn auch möglicherweise nur einem logical Swap-Vorgang unterworfen werden. Das heißt, der Working-Set wird reduziert (Trimming des Working-Sets) oder verschwindet sogar ganz aus dem Zentralspeicher. Trivialerweise verliert auch ein Non-Swappable Adress-Space in seiner inaktiven Phase gegebenenfalls Frames (durch Page-Stealing wie in Abbildung 4.5.6 angedeutet), so daß für die Feststellung der tatsächlich belegten Frames genauere Angaben benötigt werden

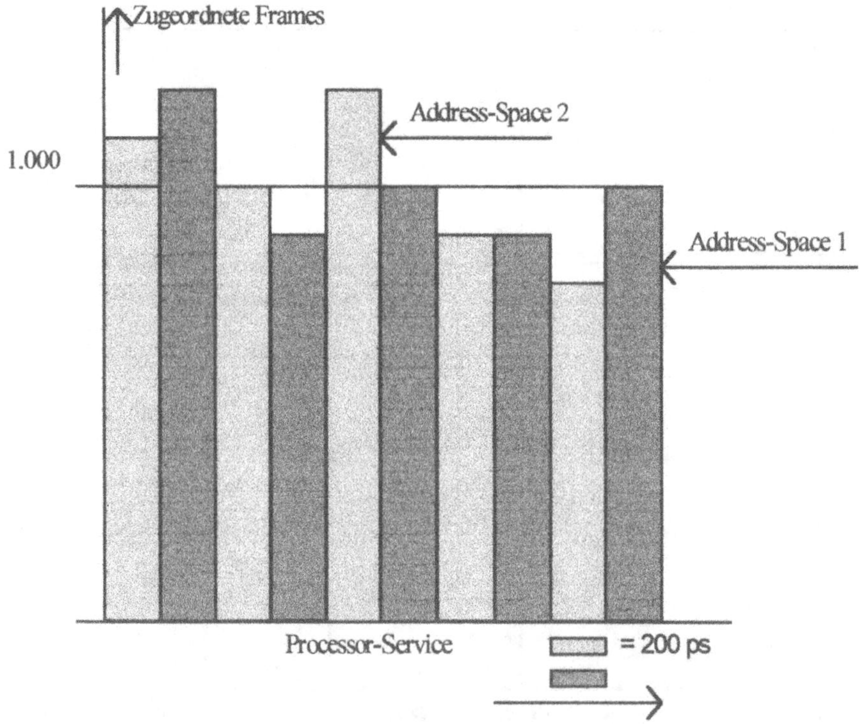

Abbildung 5.5.6: Main Storage-Service bei mehreren Adress-Spaces (Modellfall)

Man hat deshalb ab einer der neueren RMF-Versionen neue Reportgrößen eingeführt, auch, um zusätzlich Aussagen über die Nutzung den Expanded Storage durch Address-Spaces zu erhalten:

- n_{fa} für die mittlere Anzahl belegter Frames (Average Central and Expanded Storage-Frames) und

- n_{ft} für die totale Anzahl belegter Frames (Total Central and Expanded Storage-Frames).

Total Storage-Frames sind unterteilt in Total Central Storage-Frames und Total Expanded Storage-Frames. Seien nun noch $n_{f_{a_i}}$ die im Mittel von einem einzelnen Addresss-Space (beispielsweise von einer TSO-Transaktion) in seiner In-Storage-Time belegten Frames und t_{in_i} die In-Storage-Time der Transaktion, so gilt

$$n_{fa} = \frac{\sum_i n_{f_{a_i}} \cdot t_{in_i}}{\sum_i t_{in_i}} \text{ und } n_{f_t} = \frac{\sum_i n_{f_{a_i}} \cdot t_{in_i}}{t},$$

wobei t für das Reportintervall (in Sekunden) steht.

Wegen $n_a = \frac{\sum_i t_{in_i}}{t}$ (= "Multiprogramming-Level", ebenfalls eine Kenngröße aus der Workload-Activity) gilt

$$n_{ft} = \frac{\sum_i n_{f_{a_i}} \cdot t_{in_i}}{t} = \frac{\sum_i t_{in_i}}{t} \cdot \frac{\sum_i n_{f_{a_i}} \cdot t_{in_i}}{\sum_i t_{in_i}} = n_a \cdot n_{f_a}.$$

Beispiel

Aus der Workload-Activity, passend zum obigen Beispiel für Non-Swappable Address-Spaces, entnehmen wir

$$n_{f_a} = 1.759.8,\ n_{f_t} = 10.559 \text{ und } n_a = 6.$$

Es gilt

$$n_{f_t} = 10.559 \approx 10.558.8 = 6 \cdot 1.759.8 = n_a \cdot n_{f_a}.$$

Wie zu erwarten war, liegt dieser Wert unter dem, der mit Hilfe der verbrauchten Main Storage-Service-Units (siehe oben) geschätzt wurde.
Als Beispiel schätzen wir den Speicherbedarf für ein Time-Sharing-System ab. Für diese Abschätzung benötigt man eine Vorstellung über die mittlere Anzahl der im Zentralspeicher (Logical Swapped Address-Spaces) und im Erweiterungsspeicher (Expanded Storage Swapped Address-Spaces) verweilenden Transaktionen sowie über die im Schnitt von diesen allocierten Frames. Wir rechnen zunächst einen Modellfall und sehen uns anschließend ein TSO-Live-System an.

Modell für die Abschätzung des Speicherbedarfs eines TSO-Systems

Wir betrachten im Modell der Einfachheit halber ein System ohne Expanded Storage. Der Working-Set einer Transaktion habe während der Laufzeit t_i der Transaktion die mittlere Größe von n_{f_a} Frames. Im Logical Swap-Status schrumpfe die Größe des Working-Sets um den Faktor f auf n_{f_l} Frames ($n_{f_a} = f \cdot n_{f_l}$). Der Logical Swapped Working-Set verbleibe dann zunächst im Zentralspeicher. Erfolgt die nächste Eingabe des Benutzers nicht innerhalb von $t_u \leq t_{st}$ Sekunden (User-Think-Time kleiner als System-Think-Time), so werde der Adreßraum physical swapped, das heißt, alle Frames des Adreßraumes werden auf den Auxiliary Storage transferiert und verschwinden komplett aus dem Zentralspeicher (Modellannahme). Erfolgt dagegen die nächste Benutzereingabe innerhalb von t_{st} Sekunden, so wird der Adreßraum aus dem Zentralspeicher heraus reaktiviert. Er erreicht dann durch nachgeführte Page-Ins seine ursprüngliche mittlere Größe von n_{f_a} Frames. Es sei nun t das beobachtete Zeitintervall, n die Anzahl der abgewickelten Transaktionen, die mit der Anzahl der durchgeführten Swaps n_s übereinstimme. n_{lse} (Logical Swap-Effective) sei die Anzahl der Transaktionen, die aus dem Zentralspeicher reaktiviert werden, ohne, daß sie auf den Auxiliary Storage ausgelagert werden. Es gilt (siehe oben unter Swap-Placement-Activity)

$$n_{lse} = n_s \cdot e_l = n \cdot e_l .$$

Wir berechnen nun die mittlere Anzahl n_a der aktiven Transaktionen (Adreßräume) sowie die mittlere Anzahl n_{ls} der nicht aktiven (logical swapped) Transaktionen. Nach Little gilt

$$n_a = r \cdot t_r .$$

Dabei vernachlässigen wir die Reaktivierungszeit, das heißt wir unterstellen $t_i = t_r$. Die mittlere Anzahl Transaktionen, die sich im Logical Swap-Status befinden, beträgt dann

$$n_{ls} = \frac{n_{lse} \cdot t_u}{t} = \frac{n \cdot e_l}{t} \cdot t_u = e_l \cdot r \cdot t_u .$$

Damit erhält man als mittlere Gesamtspeicherbelegung in Frames

$$n_f = n_a \cdot n_{f_a} + n_{ls} \cdot n_{f_l} = r \cdot t_r \cdot n_{f_a} + e_l \cdot r \cdot t_{st} \cdot n_{f_l}$$

$$= r \cdot t_r \cdot f \cdot n_{f_l} + e_l \cdot r \cdot t_{st} \cdot n_{f_l} = r \cdot n_{f_l} \cdot (f \cdot t_r + e_l \cdot t_u) .$$

Beispiel

Sei $r = 3.3$, $n_{f_l} = 50$, $f = 5.0$, $t_r = 0.5$, $e_l = 0.90$ und $t_u = 30$, so folgt

$$n_f = r \cdot n_{f_l} \cdot (f \cdot t_r + e_l \cdot t_u) = 3.3 \cdot 50 \cdot (5.0 \cdot 0.5 + 0.90 \cdot 30) \approx 4.868 .$$

Dies entspricht 19.472 KB oder ca. 20 MB.

Beispiel eines Live-Systems

Gemäß Workload- und Swap-Placement-Activity sei $r = 2.29$, $n_{f_a} \approx 705$, $t_r = 0.271$ und $e_{ese} = 1.0$. Es handelt sich bei der zugrunde liegenden Konfiguration um eine Konfiguration mit Expanded Storage. Alle Terminal-Input/Output-Wait-Swaps werden aus dem Central und oder Expanded Storage zurückgeholt (Logical and Expanded Storage-Swaps-Effective ist gleich der Anzahl der Terminal-Input/Output-Swaps. Diese stimmt in etwa mit der Anzahl der abgewickelten Transaktionen überein). Die System-Think-Time steht auf 30 Sekunden. Dies ist eine weitere Indikation für eine hinreichend groß dimensionierte Speicherkonfiguration. Die User-Think-Time schätzen wir ab gemäß

$$\frac{k}{t_u + t_r} = r,$$

wobei k für die mittlere Anzahl der Time-Sharing-User steht. Mit k=125 folgt

$$t_u \approx \frac{k}{r} - t_r \approx \frac{125}{2.29} - 0.271 \approx 54.0 .$$

Aus der Swap-Placement-Activity entnehmen wir die mittlere Anzahl der Pages per Auxiliary Storage-Swap (In und Out) mit 96 Frames. Diesen Wert benutzen wir als Approximation für die mittlere Größe eines getrimmten Working-Sets, so daß sich der Faktor $f \approx \frac{705}{96} \approx 7.3$ ergibt. Geht man mit dem so ermittelten bzw. gemessenen Werten in die Relation

$n_f \approx r \cdot n_{f_1} \cdot (f \cdot t_r + e_{les} \cdot t_u)$, so erhält man

$$n_f \approx r \cdot n_{f_1} \cdot (f \cdot t_r + e_{les} \cdot t_u)$$

$$\approx 2.29 \cdot 96 \cdot (7.3 \cdot 0.271 + 1.0 \cdot 54.0) \approx 12.320$$

Dieses Ergebnis entspricht ca. 48 MB. Das vorliegende Time-Sharing-System belegt demgemäß den Prozessorspeicher in einer Größenordnung von 50 MB (im Rahmen der vorliegenden Genauigkeit gerundet), was einer Belegung von ca. 400 KB pro User entspricht. Mit Hilfe dieses Ergebnisses kann man abschätzen, wie der Prozessorspeicher auszulegen ist, wenn ein bestimmtes Wachstum im Time-Sharing-Umfeld erwartet wird, vorausgesetzt, man will den gegebenen Service-Level halten und die Struktur der Applikation bleibt unverändert.
Den Abschnitt abschließend beschäftigen wir uns mit der Wait-To-Start-Time als einer aus dem Workload-Activity-Report abgeleiteten Kenngröße.

Zunächst leiten wir die mittlere Transaction-In-Time aus der Workload-Activity ab. Man benötigt dazu die Reportgrößen Transaction-Response-Time t_r, Average Transaction-Service-Rate r_s sowie die Average Transaction-Absorbtion-Rate r_a. Average Transaction-Service- und Average Transaction-Absorbtion-Rate sind definiert durch

$$r_s = \frac{s}{n \cdot t_r} \quad \text{bzw.} \quad r_a = \frac{s}{n \cdot t_{in}},$$

wobei s die Anzahl der Service-Units und zwar die Summe aus I/O-, Prozessor- und Main Storage-Service-Units der Performance-Group ist (I/O-Service-Units sind definiert als Anzahl I/O-Operationen, faktorisiert mit einer installationsspezifischen Konstante, die in der Regel auf 5 gesetzt ist). Mit diesen Größen läßt sich t_{in} abschätzen. Es ist

$$t_{in} = \frac{r_a}{r_s} \cdot t_r.$$

$$t_{sd} = t_r - t_{in}$$

heißt Swap-Dealy-Time oder auch Wait-To-Start-Time.

Beispiel

Es sei $r_s = 5.795$, $r_a = 4.803$ und $t_r = 0.480$. Daraus folgt

$$t_{in} \approx \frac{r_a}{r_s} \cdot t_r = \frac{4.803}{5.795} \cdot 0.480 \approx 0.398 \quad \text{und}$$

$$t_{sd} = t_r - t_{sd} = 0.480 - 0.398 \approx 0.082.$$

Eine Wait-To-Start-Time in dieser Größenordnung sollte genauer untersucht werden. Ursache könnte eine schlechte Swap-Data-Set-Konfiguration (siehe auch nächster Abschnitt) oder auch ein zu niedriger (vorgegebener) Multiprogramming-Level sein (siehe [24]).

5.6 Page- und Swap-Delays

Im vorliegenden Abschnitt beschäftigen wir uns mit den Wartezeiten auf die Zuordnung von Central Storage-Frames aus Sicht der Applikation. Wir untersuchen beispielhaft Page- und Swap-In-Delays. Im letzten Abschnitt hatten wir festgestellt, daß die mittlere Page-Transfer-Time aus dem Page/Swap-Data-Set-Activity-Report nicht geeignet ist, um die Güte der Page- bzw. Swap-Performance beurteilen zu können. Maßgeblich für die Güte dieser Abläufe ist vielmehr die Zeit, die aus Sicht der Anwendungsprozesse für die Auflösung von Page-Faults und Swap-In-Requests beansprucht wird. Man unterscheidet deshalb

Page-Transfer-Time, auch Page-I/O-Time
als die Zeit, die aus Sicht des Auxiliary Storage-Managers für den Transfer einer Seite vom Auxiliary Storage in den Zentralspeicher benötigt wird (Verweilzeit im Channel-Subsystem).

Page-Delay-Time
als die Zeit, die aus Sicht des Anwendungsprozesses für die Auflösung eines Page-Faults beansprucht wird (Auftreten des Page-Faults bis Applikation "Ready", das heißt, die Verweilzeit in der Speicherverwaltung einschließlich Channel-Subsystem).

Page-Wait-Time
als die gesamte Zeitspanne, die eine Applikation (Transaktion, JOB) während ihrer Laufzeit auf die Auflösung von Page-Faults warten muß.

Entsprechend definieren wir Swap-I/O-Time, Swap-Delay-Time und Swap-Wait-Time (siehe weiter unten in diesem Abschnitt). Wir stellen die Situation in Abbildung 5.6.1 grafisch dar.

Beispiel
Eine Time-Sharing-Transaktion benötige

- t_p Prozessorsekunden und
- t_d Sekunden DASD-I/O-Time für beispielsweise 10 I/O-Operationen.

Die Wait-To-Start- bzw. Swap-Delay-Time liege bei t_{sd} Sekunden. Unterstellt man nun eine Page-Delay-Time von t_{pd} Sekunden pro Page-Fault, so ergibt sich in Abhängigkeit von den pro Transaktion erzeugten Page-Faults n_p eine Transaction-Response-Time t_r von

$$t_r = t_{sw} + t_p + t_d + n_p \cdot t_{pd} .$$

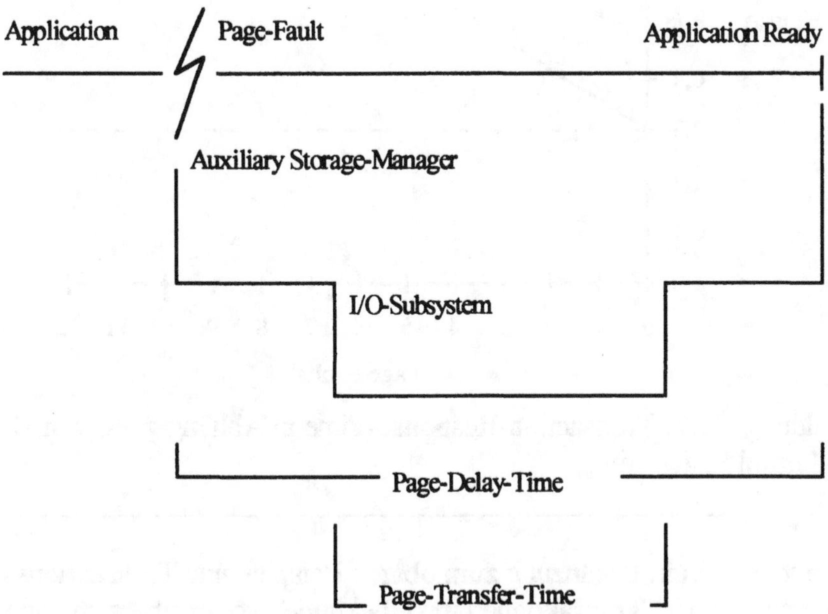

Abbildung 5.6.1: Page-Delay und Page-Transfer-Time

Mit $t_p = 0.060$, $t_d = 0.200$, $t_{sd} = 0.040$ und $t_{pd} = 0.060$ ergibt sich für t_r in Abhängigkeit von n_p der in Abbildung 5.6.2 dargestellte Kurvenverlauf. Das vorgestellte Modellbeispiel zeigt, daß die Page-Wait-Time die Transaktionszeit merkbar verlängern kann. Insbesondere wird in einer Live-Systemumgebung die Response-Time instabil, wenn sich das System an der Leistungsgrenze - hier bezogen auf die Größe des Prozessorspeichers - bewegt und dann bei Lastspitzen zum Kollabieren neigt (siehe auch unter Page-Thrashing in Abschnitt 5.3).

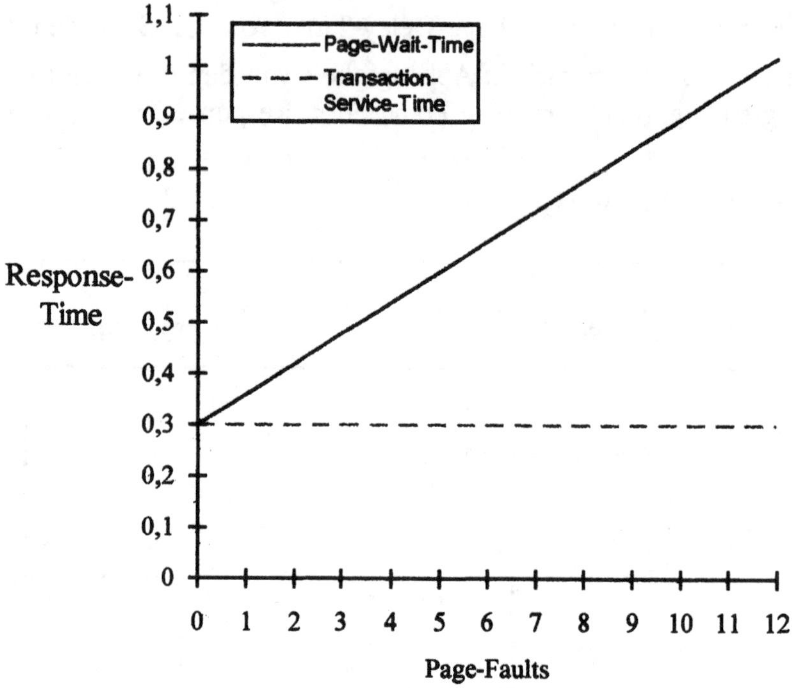

Abbildung 5.6.2: Transaction-Response-Time in Abhängigkeit von der Anzahl Page-Faults

Unterstellt man in Ergänzung zum obigen Beispiel eine Transaktionsrate von $r = 10$ Transaktionen pro Sekunde, so ergibt sich eine Prozessorauslastung von 60%. Die gesamte Page-In-Rate erreicht dann den Wert (Modell)

$$r_{pin} = \frac{r \cdot t \cdot n_p}{t} = r \cdot n_p = 10 \cdot n_p .$$

Bei $n_p = 10$ ergibt sich somit eine Page-Fault-Rate von 100 Pages pro Sekunde Elapsed Time. Pro Prozessorsekunde entspricht das einer Rate von 166.7 Pages. Trivialerweise steigt die Page-Delay-Time bei gegebener Page-Data-Set-Konfiguration mit Zunahme der Page-Faults exponentiell an. Gründe sind Warteschlangen in der Speicherverwaltung (Auxiliary Storage-Manager) sowie vor dem Paging-Device (I/O-Subsystem).

Nachstehend sehen wir uns die Mechanismen der Speicherverwaltung im Zusammenwirken mit dem I/O-Subsystem genauer an. Bevor wir zwei Modellszenarien durchspielen, bei denen wir beispielhaft die Page-Delay-Time schätzen, besprechen wir die grundsätzliche Arbeitsweise von Speicherverwaltung und I/O-Subsystem bei der Auflösung eines Page-Faults. Aus Sicht des Input/Output-Subsystems ist der Auxiliary Storage-Manager eine Zugriffsmethode (siehe auch Kapitel 4), die für den Zugriff auf die Page- und Swap-Data-Sets eigene Kanalprogramme erzeugt. Im vorliegenden Kontext sind zwei Mechanismen von Bedeutung und zwar der

- Channel-Scheduling- und der
- Suspend/Resume-Mechanismus.

Jede Sektion eines von der Speicherverwaltung generierten Kanalprogramms endet mit einem NOP-Channel-Command-Word (NOP von No Operation) mit gesetztem "Suspend"-Flag. Das "Suspend"-Flag hält das Kanalprogramm künstlich aktiv, der UCB (siehe Kapitel 4) bleibt busy. Erfolgt ein weiterer Page-Request, wird wie folgt verfahren (siehe auch Abbildung 5.6.3):

- Ist das Channel-Program gerade in der Ausführung (aktiv), wird das NOP-CCW geändert in ein TIC-CCW (Transfer in Channel-CCW). Außerdem wird in dem nächst folgenden READ- oder WRITE-CCW das PCI-Flag (Program-Controlled-Interrupt-Flag) gesetzt, mit dem der Speicherverwaltung das Ende des gerade abgelaufenen Requests signalisiert wird (Channel-Scheduling).
- Ist das Channel-Program nicht aktiv, wird NOP ebenfalls in TIC umgesetzt und ein Resume-Subchannel aufgesetzt. Das Channel-Programm wird fortgesetzt (Suspend/Resume). Dadurch entfällt der gesamte Initialisierungsaufwand im IOS für die Durchführung der I/O-Operation.

Die beiden skizzierten Mechanismen führen zu einem "Seldom-Ending"-Channel-Programm. Dieser Prozeß wird nur dann unterbrochen, wenn andere als Page-I/Os gegen das betreffende Paging-Volume gestartet werden. Seldom-Ending-Channel-Programme sind mit ein Grund dafür, daß dedizierte Paging-Devices empfohlen werden, um ein möglichst effizientes Paging zu erreichen.

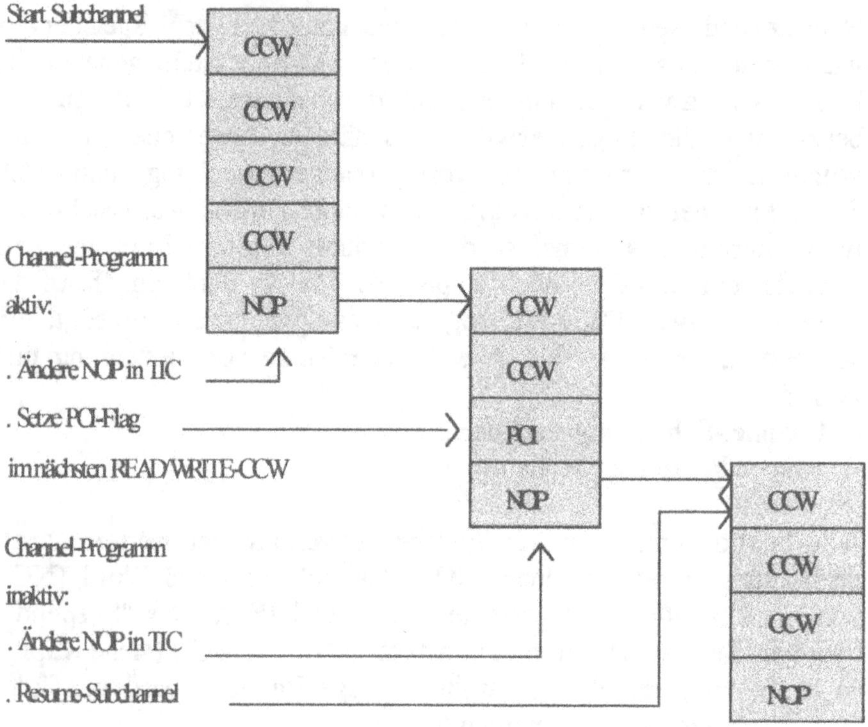

Abbildung 5.6.3: Suspend/Resume und Channel-Scheduling

Bevor wir zu den beiden Szenarien mit einer beispielhaften Kalkulation der Page-Delay-Time kommen, stellen wir die wesentlichen Ereignisse, die den Transfer einer Page vom Zentralspeicher auf den Auxiliary Storage bzw. vom Auxiliary Storage in den Zentralspeicher veranlassen, in einer Übersicht zusammen. VIO-Paging ist dabei nur der Vollständigkeit halber aufgeführt (zum VIO-Mechanismus siehe beispielsweise [24]).

Page-In-Operationen

Page-Faults

Ein Adreßraum referenziert eine Page, die nicht mit einem Real oder Expanded Storage-Frame hinterlegt ist. Eine bestimmte Page muß vom Auxiliary Storage in den Zentralspeicher transferiert werden (Single Request).

Swap-Page-In-Operationen

Ein Physical Swapped Address-Space wird reaktiviert. Der Working-Set des Adreßraums muß vom Auxiliary Storage (Page- oder Swap-Data-Sets) in den Central Storage transferiert werden. Es entsteht ein Block-Request, bei dem 12 Pages (wenn Swap-Data-Sets definiert sind) oder 30 Pages (wenn keine Swap-Data-Sets definiert sind) in einem Zuge transferiert werden (im Gegensatz zu Single Requests, bei denen nur eine oder zwei Pages bewegt werden).

VIO-Page-In-Operationen

Ein VIO-Fenster wird vom Auxiliary Storage (Page-Data-Sets, für die VIO = YES spezifiziert ist) in den Zentralspeicher transferiert.

Page-Out-Operationen

Page-Stealing

Changed Pages, die vom Page-Stealing-Prozeß der Speicherverwaltung zur Verfügung gestellt werden (siehe Page-Stealing-Mechanismus weiter oben in diesem Kapitel), werden vom Zentralspeicher auf den Auxiliary Storage transferiert. Es handelt sich dabei um Single Requests (Transfer von einer oder zwei Pages).

Swap-Page-Out-Operationen

Swap-Outs erfolgen in Swap-Set von 12 Pages, falls Swap-Data Sets spezifiziert sind. Ist das nicht der Fall, werden die Pages per Block-Requests von 30 Pages auf die Page Data Sets tranferiert.
Beim Swap-Out werden folgende Kategorien von Pages transferiert:

- Primary Working-Set-Pages: LSQA-Pages, Fixed Pages sowie eine Page pro referenziertem Segment (zur Vermeidung von Segment-Faults beim Swap-In).
- Secondary Working-Set-Pages: Pages mit gesetztem Reference-Bit (changed und unchanged) sowie alle Pages mit einem UIC von 0 und 1.
- Non Working-Set-Pages: Alle changed Pages, die weder zum Primary noch zum Secondary Working-Set gehören (per Single Request auf die Page-Data-Sets).

VIO-Page-Out-Operationen

Ein VIO-Fenster wird per Block-Request auf ein für VIO vorgesehenes Page-Data-Set transferiert (siehe beispielsweise [24]).

Bei Page-Out- und Swap-Out-Operationen werden von der Speicherverwaltung ausgefeilte Algorithmen eingesetzt, um die Prozesse zu optimieren. Zum Beispiel wird zunächst das "beste" Page-Data-Set selektiert. Ohne auf die Algorithmus im einzelnen einzugehen, werden dabei zum Beispiel die bisher geleisteten Transferzeiten sowie die Anzahl der anstehenden Requests pro Page-Data-Set berücksichtigt. Nach Selektion des Page-Data-Sets werden die Slots ausgewählt, die die zu transferierenden Frames aufnehmen sollen. Dabei wird versucht, möglichst in der Nähe der augenblicklichen Position des Zugiffsarms zu bleiben, um die Zugriffszeiten gering zu halten. Diese zum Einsatz kommenden Algorithmen sind ein weiterer Grund für die Empfehlung, nur dedizierte Paging-Volumes einzusetzen.

Wir kommen nun zu den beiden angekündigten Szenarien, mit denen wir die Page- und Swap-Delay-Time beispielhaft abschätzen (siehe auch [4]). Es geht dabei ausschließlich darum, zu vermitteln, daß Page- und Swap-Delay-Zeiten durchaus eine Größenordnung erreichen können, die die Performance von Anwendungsprozessen merkbar beeinflussen kann.

Zeitpunkt	**Durchgeführte Aktion**
t_0	Start einer Swap-Out-Operation (Block-Request mit 30 Pages)
$t_1 = t_0 + 1$	Start einer Page-In-Operation aufgrund eines Page-Faults. Da das Channel-Programm noch aktiv ist, wird NOP in TIC umgesetzt und im neuen Channel-Programm nach dem READ-CCW das PCI-Flag gesetzt.
$t_{16} = t_0 + 16$	Der Transfer des Swap-Sets beginnt (für die Positionierung des Zugriffsarms und Set Sektor werden beispielsweise 16 Millisekunden unterstellt)
$t_{56} = t_{16} + 40$	Das Swap-Set ist transferiert (unterstellte Transferzeit 40 Millisekunden)
$t_{72} = t_{56} + 16$	Der Transfer der Page beginnt (für die Positionierung des Zugriffsarms werden wieder 16 Millisekunden unterstellt). Die Speicherverwaltung wird per PCI über das Ende der Swap-Out-Operation informiert.
$t_{74} = t_{72} + 2$	Der Page-Fault ist aufgelöst (unterstellte Transferzeit 2 Millisekunden)

Abbildung 5.6.4: Auflösung eines Page-Faults (Szenario 1)

Szenario 1

Es wird unterstellt, daß ein Page-Fault über ein Page-Data-Set aufgelöst werden muß, gegen das gerade ein Swap-Out-Request angelaufen ist. Die zeitliche Abfolge der Prozesse ist in Abbildung 5.6.4 dargestellt. Die Zeitintervalle werden dabei in Millisekunden angegeben. Wir fassen das Ergebnis zusammen:

- Für die Auflösung des Page-Faults werden 73 Millisekunden benötigt. Dieser Wert entspricht der Page-Transfer-Time.
- Der Swap-In-Prozeß dauert insgesamt 72 Millisekunden.

Insgesamt werden in den betrachteten 74 Millisekunden 31 Pages transferiert. Im Page/Swap-Data-Set-Activity-Report würde unter Page-Transfer-Time der Wert ≈ 0.002 Sekunden ausgewiesen.

Szenario 2

Es wird unterstellt, daß ein Page-Fault über ein Page-Data-Set aufgelöst werden muß, gegen das gerade ein Page-Stealing-Prozeß läuft, bei dem zwei Pages übertragen werden (siehe Abbildung 5.6.5). Im Ergebnis werden für die Auflösung des Page-Faults 51 Millisekunden benötigt. Im Betrachtungszeitraum werden 3 Pages transferiert. Die mittlere Transferzeit (gemäß Page/Swap-Data-Set-Activity) liegt in diesem Fall bei etwa 0.018 Sekunden. Dieser Wert beleuchtet noch einmal die Untauglichkeit dieser Kenngröße für die Beurteilung der Güte der Paging-Performance. Swap-Requests drücken diesen Wert dadurch, daß die mechanischen Verzögerungen der Platte bei Block-Requests nur einmal pro Block anfallen.

Das Ergebnis beider Szenarien zusammenfassend, läßt sich feststellen, daß bei nicht optimal konfigurierten Page-Data-Sets leicht Page-Delay-Zeiten in der Größenordnung von 0.1 Sekunden entstehen können. Durch die Einrichtung von Swap-Data-Sets läßt sich die Page-Delay-Time in der Regel reduzieren (falls erforderlich). Zu bedenken ist dabei, daß eine Konfiguration mit Swap-Data-Sets mehr DASD-Ressourcen beansprucht. Bei einer hinreichend groß ausgelegten Speicherkonfiguration (Zentralspeicher und Erweiterungsspeicher) kann allerdings auch nur mit Page-Data-Sets gut gefahren werden (Memory is good for Performance).

Zeitpunkt	Durchgeführte Aktion
t_0	Start des Transfers von zwei Pages aufgrund des Stealing-Prozesses.
$t_1 = t_0 + 1$	Start einer Page-In-Operation aufgrund eines Page-Faults. Da das Channel-Programm noch aktiv ist, wird NOP in TIC umgesetzt und im neuen Channel-Programm nach dem READ-CCW das PCI-Flag gesetzt.
$t_{16} = t_0 + 16$	Die erste Page wird auf das Page-Data-Set geschrieben (für die Positionierung des Zugriffsarmes und Set Sektor werden beispielsweise 16 Millisekunden unterstellt)
$t_{18} = t_{16} + 2$	Die erste Seite ist transferiert. Der Zugriffsarm wird neu positioniert.
$t_{34} = t_{18} + 16$	Die zweite Page wird geschrieben.
$t_{36} = t_{34} + 2$	Die zweite Page ist geschrieben.
$t_{52} = t_{36} + 16$	Das READ-CCW für den Page-In-Request wird ausgeführt. Die Speicherverwaltung wird per PCI über das Ende des Page-Out-Vorgangs informiert.
$t_{54} = t_{52} + 2$	Der Page-Fault ist aufgelöst.

Abbildung 5.6.5: Auflösung eines Page-Faults (Szenario 2)

Nachstehend beschäftigen wir uns mit den Swap-Delay-Zeiten. Wir leiten zunächst ein Berechnungsmodell für die Bestimmung der Swap-Delay-Time in einer Time-Sharing-Umgebung her und sehen uns dann einen konkreten Praxisfall an.

Die Response-Time von Time-Sharing-Transaktionen wird wesentlich mitbestimmt durch die Zeit, die benötigt wird, um einen Adreßraum nach einem Swap-Out aufgrund eines Terminal-Input-Waits wieder zu reaktivieren (Swap-Delay- oder auch Wait-To-Start-Time). Relevant in diesem Zusammenhang sind ausschließlich Physical Swap-In-Operationen, wenn also der Adreßraum physisch auf den Auxiliary Storage per Physical Swap-Out ausgelagert war. Erfolgt der Swap-Vorgang nur innerhalb des Prozessorspeichers (Logical Swap oder Expanded Storage-Swap), so ist die Reaktivierungszeit vernachlässigbar. Generell sollte angestrebt werden, daß zumindestens TSO-Short-Transactions nach Auslösung der Transaktion (Enter-Taste) reaktiviert (Swap-In) und ohne weiteren Swap-Vorgang zu Ende geführt werden. Zumindestens für die 1. TSO-Performance-Period (siehe beispielsweise [24]) sollte deshalb

$$\frac{n}{n_s} \approx 1$$

gelten. Dabei sei n die Anzahl der abgewickelten Transaktionen und n_s die Anzahl der durchgeführten Total Swaps. Wir entwickeln nun ein Berechnungsmodell für die Kalkulation der mittleren Physical Swap-In-Time in einer TSO-Umgebung. Die Basisdaten entnehmen wir dem Swap-Placement-Activity- und dem Workload-Activity-Report.

Sei wieder n_{ass} die Anzahl der durchgeführten Auxiliary Storage-Swaps, n_{lse} und n_{esse}, die Anzahl der effektiven Logical bzw. Expanded Storage-Swaps, so folgt

$$n_s = n_{lse} + n_{esse} + n_{ass}$$

und daraus mit

$$n_s \approx n$$

$$n_{ass} \approx n - (n_{lse} + n_{esse}).$$

Vernachlässigt man Swap-In-Delays, wenn der Adreßraum aus dem Zentralspeicher (Logical Swap) oder aus dem Erweiterungsspeicher (Expanded Storage-Swap) reaktiviert wird, so gilt (t_{psd} Physical Swap-In-Delay-Time, t_{sd} Swap-In-Delay-Time bzw. Wait-To-Start-Time)

$$t_{psd} \cdot n_{ass} = t_{sd} \cdot n_s = t_{sd} \cdot n \quad \text{und damit}$$

$$t_{psd} = \frac{n}{n_{ass}} \cdot t_{sd} = \frac{n}{n - (n_{lse} + n_{esse})} \cdot t_{sd}.$$

Es folgt

$$t_{psd} = \frac{1}{\frac{n-(n_{lse}+n_{esse})}{n}} \cdot t_{sd} = \frac{1}{1-e_{les}} \cdot t_{sd}.$$

Die Wait-To-Start-Time oder Swap-Delay-Time t_{sd} hatten wir bereits im Zusammenhang mit der Besprechung des Workload-Activity-Reports abgeleitet. Es gilt

$$t_{sd} = t_r - t_{in} = t_r - \frac{r_s}{r_a} \cdot t_r = t_r \cdot \left(1 - \frac{r_s}{r_a}\right),$$

zusammengefaßt ist also

$$t_{psd} \approx \frac{1}{1-e_{les}} \cdot \left(1 - \frac{r_s}{r_a}\right) \cdot t_r.$$

Wir bringen zwei Beispiele aus einer Live-Umgebung.

Beispiel 1 (Konfiguration ohne Expanded Storage)

Aus dem Workload-Activity-Report entnehmen wir
$r_s = 1.144$, $r_a = 1.318$, $t_r = 0.051$, $n = 5054$ und $n_s = 5058$.
Da kein Expanded Storage konfiguriert ist, verwenden wir e_l statt e_{les}. Die Swap-Placement-Activity liefert $e_l' = 0.87$ für alle Terminal-Input/Output-Wait-Swaps. Diesen Wert nehmen wir als Näherung für e_l (bezogen auf First-Period-Transactions). Es folgt

$$t_{sd} \approx \frac{1}{1-e_l} \cdot \left(1 - \frac{r_s}{r_a}\right) \cdot t_r \approx \frac{1}{0.13} \cdot (1-0.87) \cdot 0.051 = 0.051.$$

Wir überprüfen die Plausibilität dieses Ergebnisses. Gemäß Swap-Placement-Activity werden pro Auxiliray Storage-Swap-In 86 Pages transferiert. Diesen Wert nehmen wir als Näherung für die Terminal-Input/Output-Swaps. Da in dem vorliegenden System keine Swap-Data-Sets definiert sind, erfolgt der Transfer in Blöcken von 30 Pages auf die Page-Data-Sets. Da mehr als drei Local Page-Data-Sets konfiguriert sind, können wir annehmen, daß der Transfer näherungsweise gleichzeitig erfolgt. Unterstellen wir eine Übertragungsrate von 3.0 MB pro Sekunde, so ergibt sich für den Transfer von 30 Pages eine Transferzeit von ca. 0.040 Sekunden, so daß das obige Ergebnis, die mechanischen Verzögerungen der Magnetplatte noch einbeziehend, plausibel ist.

Beispiel 2 (Konfiguration mit Expanded Storage)

Aus der Workload-Activity entnehmen wir $r_s = 9.777$, $r_a = 10.174$ und $t_r = 0.029$. Es folgt

$$t_{sd} \approx \left(1 - \frac{r_s}{r_a}\right) \cdot t_r = \left(1 - \frac{9.777}{10.174}\right) \cdot 0.029 \approx 0.004 \cdot 0.029 \approx 0.001 .$$

Dieses Ergebnis zeigt bereits, daß Auxiliary Storage-Swaps in dem vorliegenden System kaum eine Rolle spielen dürften. Tatsächlich ist auch $e_{les} \approx 1.0$. Das vorliegende System arbeitet demzufolge mit der maximalen Swap-Effizienz. Dies sind die besten Voraussetzungen für optimale TSO-Responsezeiten.

5.7 Speicherkonfigurationen

In dem letzten Abschnitt dieses Kapitels stellen wir Meßreihen aus einem Live-System vor, bei dem im Grunde gleiche Systemlasten (bis auf die üblichen Schwankungen eines Produktionsbetriebes) mit unterschiedlichen Speicherkonfigurationen gefahren wurden. Dabei wurde die zugrunde liegende Gesamtspeicherkapazität beibehalten und die Aufteilung des Prozessorspeichers in Zentral- und in Erweiterungsspeicher variiert (Amdahl-Prozessorkomplex 5890). Wir betrachten das geänderte Paging- und Swapping-Verhalten sowie deren Auswirkungen auf die Responsezeiten der Time-Sharing-Option. Im Anschluß ergänzen wir die Meßergebnisse durch ein Erklärungsmodell.

Wir stellen zunächst die Basiskonfiguration vor mit einem Prozessorspeicher von PS=(CS/ES)=(192 MB/0 MB), das heißt mit einem Zentralspeicher von 192 MB ohne Erweiterungsspeicher. Wir betrachten Kenngrößen aus folgenden Reports:

Aus Central Storage-Paging-Rates
- Total Non-Swap-Page-In-Rate r_{nspi},
- Total Non-Swap-Page-Out-Rate r_{nspo},
- Total Non-Swap-Page-Rate r_{nsp},
- Total Swap-Page-In-Rate r_{spi},
- Total Swap-Page-Out-Rate r_{spo} und
- Total Swap-Page-Rate r_{sp},

aus Expanded Storage-Movement-Rates
- Pages Written To Expanded Storage r_{pwes},
- Pages Read From Expanded Storage r_{pres},
- Pages Migrated From Expanded Storage r_{pmes},
- High UIC uic und
- Migration-Age ma,

aus dem Swap-Placement-Activity-Report für die Kategorie Terminal-Input/Output-Wait-Swaps
- Total Swaps n_s,
- Auxiliary Storage-Swaps n_{ass}
- Logical Swap-Effectice n_{lse},
- Expanded Storage-Swap-Effective n_{esse} und
- Auxiliary Storage Average Pages per Swap-In n_{psi},

aus der Workload-Activity
- Transaction-Response-Time (First Period) t_r.

Mit dem Monitor OMEGAMON/MVS (siehe [9]) ermitteln wir außerdem die
- System-Think-Time t_{st}.

Die Ergebnisse der Meßreihe für die Basiskonfiguration stellen wir in Abbildung 5.7.1 tabellarisch dar. Das System ist offensichtlich nicht Storage-Constraint. Die System-Think-Time und der High System-UIC stehen über alle Messungen konstant auf ihren Maximalwerten 30 bzw. 255. Die First-Period-Transaction-Time liegt mit 0.087 Sekunden (bezogen auf die vorliegende Anwendungsumgebung) im Rahmen des Üblichen.

Kenngröße	Wert	Bemerkung
r_{nspi}	18.4	
r_{nspo}	38.3	
r_{nsp}	56.7	
r_{spi}	14.7	
r_{spi}	38.2	
r_{sp}	52.9	
r_{pwes}	0	Kein Expanded Storage konfiguriert
r_{pre}	0	Kein Expanded Storage konfiguriert
r_{pmes}	0	Kein Expanded Storage konfiguriert
uic	255	
ma	0	Kein Expanded Storage konfiguriert
n_s	9.613	
n_{ass}	875	Ca. 9.1% aller Swaps
n_{le}	8.738	$e_1 \cdot 100 \approx 90.9\%$
n_{esse}	0	Kein Expanded Storage konfiguriert
n_{psi}	105	
t_r	0.087	First Period
t_{st}	30	

Abbildung 5.7.1: Meßreihe für das Basissystem mit PS=(CS/ES)=(192 MB/0 MB)

Die Transaktionszeit über alle Performance-Periods liegt im Mittel bei 0.475 Sekunden. Im vorliegenden Kontext geht es um die Frage, wie sich das Systemverhalten entwickelt (hier das der Time-Sharing-Option), wenn der Speicher in verschieden große Anteile von Zentral- und Erweiterungsspeicher partitioniert wird. Wir stellen zunächst die Frage, was man erwarten kann.

Paging (Non-Swap-Paging)

Ohne Erweiterungsspeicher transferiert das System Changed Pages, die für einen Page-Out-Prozeß anstehen, zwangsläufig auf die

Page-Data-Sets (Auxiliary Storage). Anschließende Page-Faults führen trivialerweise zu einem Physical Page-In. Da die Größe des Speichers in der vorliegenden Systemumgebung offensichtlich hinreichend dimensioniert ist (UIC und System-Think-Time stehen konstant auf ihren Maximalwerten), würden sich die Paging-Operationen bei einer moderaten Reduzierung der Zentralspeichergröße (ohne daß dieser durch einen entsprechend dimensionierten Erweiterungsspeicher ersetzt würde) nur wenig erhöhen (siehe Abbildung 5.7.2).

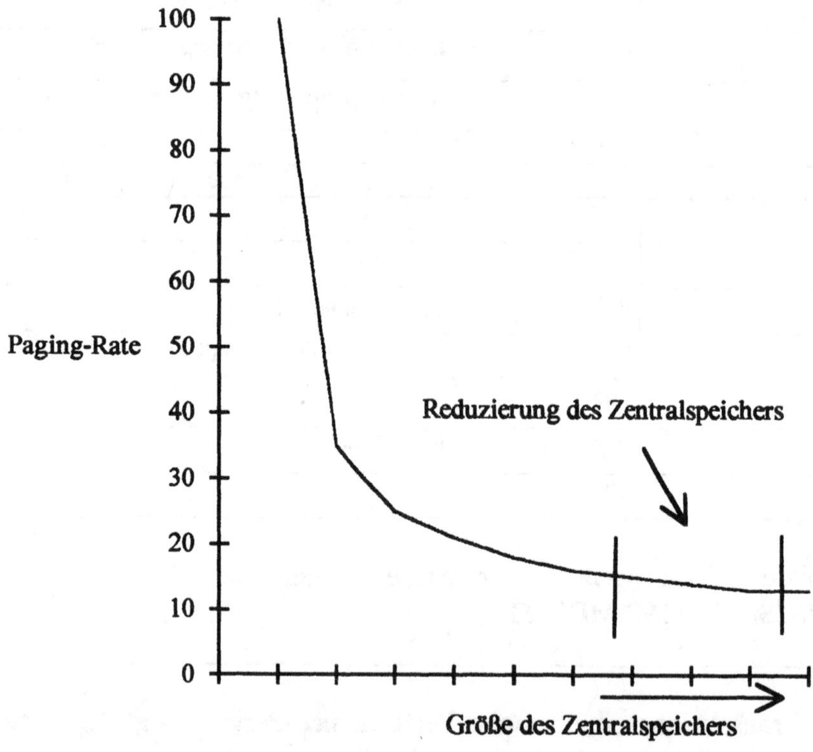

Abbildung 5.7.2: Paging-Rate in Abhängigkeit von der Größe des Zentralspeichers

Bei einer Partitionierung des Prozessorspeichers in einen Teil Zentral- und einen Teil Erweiterungsspeicher wird deshalb ein "Bodensatz" an Paging-Operationen zwischen Zentral- und Erweiterungsspeicher abgewickelt. Die Movement-Rates zwischen Zentral- und

Erweiterungsspeicher werden zunehmen. Da in bezug auf den Erweiterungsspeicher andere Algorithmen greifen (die Pages werden tendenziell länger im Erweiterungsspeicher gehalten bevor sie auf den Auxiliary Storage transferiert werden), wird sich die Physical Paging-Rate (Auxiliary Storage-Paging) reduzieren.

Swapping (damit auch Swap-Paging-Rates)

Beim Swapping gelten vergleichbare Bedingungen. Tendenziell wird sich Logical Swap-Effective bei einer zu Lasten des Zentralspeichers moderaten Partitionierung nur marginal ändern. Working-Sets, die ohne Erweiterungsspeicher auf den Auxiliary Storage (via Transition) ausgelagert werden, gelangen bei einer vorgenommenen Aufteilung in den Erweiterungsspeicher, wo sie tendenziell länger gehalten werden. Erwartet wird deshalb eine Reduzierung der Auxilary Storage-Swaps und eine gleichzeitige Erhöhung von Expanded Storage-Swap-Effective.

Transaction-Response-Time

Beide Effekte werden zu einer Reduzierung der Transaktionszeit beitragen. Die Erwartungen werden trivialerweise nur bis zu einem gewissen Grad der Partitionierung realisiert werden können. Eine darüber hinaus gehende Aufteilung zu Lasten der Realspeichergröße wird dazu führen, daß die Movement-Rates extrem zunehmen und schließlich negativ auf die Transaktionszeiten wirken. In Abbildung 5.7.3 stellen wir nun die Meßergebnisse der insgesamt vier untersuchten Konfigurationen dar. Wir sehen uns zunächst die Entwicklung der Paging- und Movement-Rates im Detail an. In den Abbildungen 5.7.4 und 5.7.5 stellen wir die Raten getrennt nach Input- und Output-Operationen dar einschließlich der Summen und der verbleibenden Auxiliary Storage-Operationen r_{pi} bzw. r_{po}. Die Summen aus Paging- und Movement-Rates nehmen über alle Konfigurationen insgesamt nur leicht zu, während die Auxiliary Storage-Paging-Rates insgesamt stark abnehmen. Abbildung 5.7.6 läßt erkennen, daß mit der letzten Partitionierung des Speichers die optimale Aufteilung (in der betrachteten Systemumgebung) bereits überschritten zu sein scheint. Dies indiziert auch die ausgewiesene Transaction-Response-Time (siehe Transaction-Response-Time weiter unten). Als nächstes betrachten wir die gemessenen Swap-Raten. Die zusammengefaßten Ergebnisse einschließlich der Logical und Expanded Storage-Swap-

Effizienzen zeigen wir in Abbildung 5.7.7. Daraus geht hervor, daß die Logical und Expanded Swap-Effizienz über alle Partitionierungen hinweg ansteigt. Die Logical Swap-Effizienz verändert sich dabei nur marginal. Die Transaktionszeiten selbst fallen zunächst ab, steigen aber bei der letzten Partitionierung wieder leicht an (siehe Abbildung 5.7.8).

	Speicherkonfiguration PS=(CS/ES)			
Kenngröße	**192/0 MB**	**176/16 MB**	**144/48 MB**	**128/64 MB**
r_{nspi}	18.36	9.82	5.76	4.45
r_{nspo}	38.29	11.04	5.05	4.04
r_{nsp}	56.64	20.86	10.80	8.50
r_{spi}	14.67	1.26	0.50	0.22
r_{spo}	38.16	5.66	2.91	2.23
r_{sp}	52.83	6.92	3.41	2.45
r_{pwes}	0	36.6	50.0	61.7
r_{pres}	0	30.4	42.2	52.9
r_{pmes}	0	14.3	7.7	6.3
uic	255	255	238	197
ma	0	318	1.180	1.568
n_s	9.613	9.742	12.184	12.090
n_{ass}	875	238	133	116
n_{lse}	8.738	9.128	11.392	11.195
n_{esse}	0	376	659	779
n_{psi}	105	92	95	89
t_r	0.087	0.070	0.056	0.064
t_{st}	30	30	29	27

Abbildung 5.7.3: Meßreihe bei unterschiedlichen CS/ES-Konfigurationen

	Speicherkonfiguration PS=(CS/ES)			
Kenngröße	**192/0 MB**	**176/16 MB**	**144/48 MB**	**128/64 MB**
r_{nspi}	18.36	9.82	5.76	4.45
r_{spi}	38.29	11.04	5.05	4.04
r_{pi}	56.65	20.86	10.81	8.49
r_{pres}	0	30.04	42.20	52.90
Σ	56.65	51.26	53.01	61.39

Abbildung 5.7.4: Page-In- und Read-Movement-Rates

	Speicherkonfiguration PS=(CS/ES)			
Kenngröße	**192/0 MB**	**176/16 MB**	**144/48 MB**	**128/64 MB**
r_{nspo}	14.67	1.26	0.50	0.22
r_{spo}	38.16	5.66	2.91	2.23
r_{pmes}	0	14.30	7.70	6.30
r_{po}	52.83	20.86	10.81	8.49
r_{pwes}	0	36.60	50.00	61.70
Σ	52.83	57.82	61.11	70.45

Abbildung 5.7.5: Page-Out- und Write-Movement-Rates

Dieses Ergebnis kann mit den Lastschwankungen des den Messungen zugrunde liegenden Produktionssystems zusammenhängen, also unabhängig sein von der Speicherkonfiguration. Mit Hilfe des nachstehenden Modells einer Time-Sharing-Transaktion, läßt sich allerdings vorhersagen, daß bei zunehmender Partitionierung zu Lasten des Zentralspeichers die Transaktionszeiten wieder ansteigen.

Wir modellieren nun den Ablauf einer TSO-Transaktion. Wir betrachten dabei die folgenden Zeitkomponenten einer Transaktion:

- Service-Time t_s (Processor- und DASD-I/O-Time),
- Swap-Delay-Time t_{sd},
- Page-Wait-Time t_{pw}

und setzen

$$t_r = t_s + t_{sd} + t_{pw}.$$

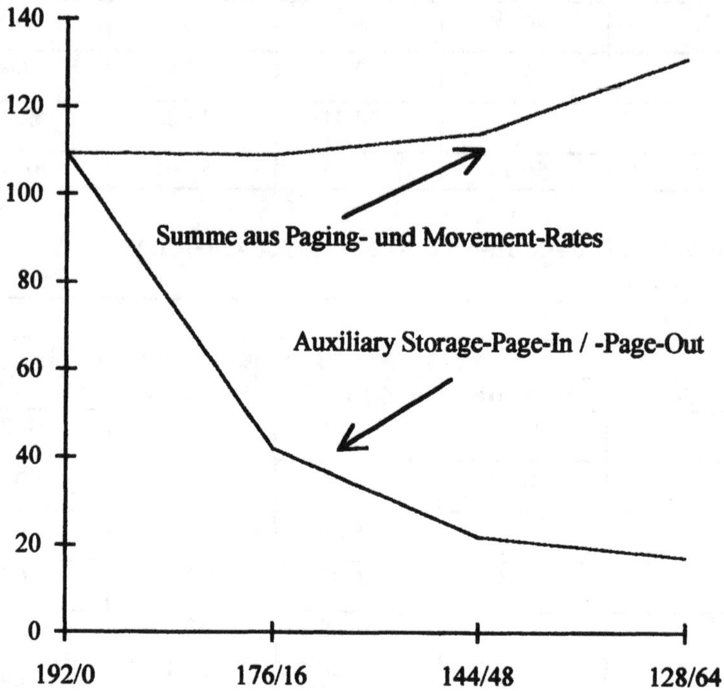

Abbildung 5.7.6: Physical Paging- und Movement-Rates

	Speicherkonfiguration PS=(CS/ES)			
Kenngröße	**192/0 MB**	**176/16 MB**	**144/48 MB**	**128/64 MB**
n_{ass}	875	238	133	116
n_{esse}	0	376	659	779
n_{lse}	8.738	9.128	11.392	11.195
e_{es}	0	0.039	0.054	0.064
e_l	0.909	0.937	0.935	0.926
e_{les}	0.909	0.976	0.989	0.990

Abbildung 5.7.7: Swap-Activities und Swap-Effizienz

	Speicherkonfiguration PS=(CS/ES)			
Kenngröße	**192/0 MB**	**176/16 MB**	**144/48 MB**	**128/64 MB**
t_r	0.087	0.070	0.056	0.064

Abbildung 5.7.8: Transaction-Response-Time (First Period)

In dem vorliegenden Kontext verzichten wir auf eine weitere Detaillierung der Service-Time t_s und modellieren nur die Page-Wait- und Swap-Delay-Time. Es sei n_p die mittlere Anzahl der Seitenfehler (Page-Faults) pro Transaktion, die durch eine Physical Page-In-Operation aufgelöst werden muß. Ist t_{pd} die Zeit, die für deren Auflösung im Mittel benötigt wird, so gilt

$$t_{pw} = n_p \cdot t_{pd} .$$

Bei der Swap-Delay-Time unterscheiden wir:

- Reaktivierungszeit t_{lsd} bei einem Logical Swap-In,
- Reaktivierungszeit t_{essd} bei einem Expanded Storage-Swap-In,
- Reaktivierungszeit t_{psd} bei einem Auxiliary Storage-Swap-In (auch Physical Swap-Delay-Time).

Ist nun

- e_l die Anzahl der Logical Swaps, die aus dem Central Storage reaktiviert werden in Relation zur Gesamtzahl der Swaps (Total Swaps = Anzahl Transaktionen im Beobachtungsintervall),
- e_{es} die Anzahl der Expanded Storage-Swaps in Realation zur Gesamtanzahl der Swaps und
- e_{as} die Anzal der Physical Swaps in Relation zur Gesamtanzahl der Swaps,

so läßt sich t_{sd} modellieren durch

$$t_{sd} = e_{as} \cdot t_{psd} + e_{es} \cdot t_{essd} + e_l \cdot t_{lsd} .$$

Für die Transaktionszeit gilt dann

$$t_r = t_s + n_p \cdot t_{pd} + e_{as} \cdot t_{psd} + e_{es} \cdot t_{essd} + e_l \cdot t_{lsd} .$$

Wir rechnen nun vier Fälle unterschiedlicher Partitionierungen des Prozessorspeicher in Zentral- und Erweiterungsspeicher. Abgeleitet aus den durchgeführten realen Systemmessungen lassen wir die Logical Swap-Effizienz unverändert, die Expanded Storage-Swap-Effizienz leicht anwachsen und die Physical Page-In-Rate und damit die Anzahl der Page-Faults pro Transaktion leicht fallen. Die Fälle, die wir nachstehend rechnen wollen, bestimmen wir durch die Werte gemäß Abbildung 5.7.9. Die Modellgrößen t_s, t_{pd}, t_{psd}, t_{essd} und t_{lsd} setzen wir wie folgt fest:

$$t_s = 0.030,\ t_{pd} = 0.020,\ t_{psd} = 0.050,\ t_{essd} = 0.005 \text{ und } t_{lsd} = 0.0 .$$

Die Ergebniskenngrößen (die drei Zeitkomponenten der Transaktionszeit sowie die Transaktionszeit selbst) stellen wir in Abbildung 5.7.10 dar. Die Entwicklung der Transaktionszeit wird in Abbildung 5.7.11 noch einmal grafisch veranschaulicht.

	Speicherkonfiguration PS=(CS/ES)			
Kenngröße	**Fall 1**	**Fall 2**	**Fall 3**	**Fall 4**
n_p	5	3	2	2
e_{as}	0.20	0.10	0.05	0.01
e_{es}	0	0.10	0.15	0.19
e_l	0.80	0.80	0.80	0.80

Abbildung 5.7.9: Page-Faults pro Transaktion und Swap-Effizienz

Wenn wir eine weitere Aufteilung des Speichers zu Lasten des Zentralspeicheranteils vornehmen, werden aufgrund der zunehmenden Enge im Zentralspeicher die direkt auf den Auxiliary Storage geführten Swaps (Auxiliary Storage-Swap-Direct) zunehmen. Der größere Erweiterungsspeicher wird mehr Swap-Sets halten können, so daß "Swaps Migrated From Expanded Storage" tendenziell abnimmt. Wir unterstellen, daß die Auxiliary Storage-Swaps insgesamt zunächst unverändert bleiben und die Logical bzw. Expanded Storage-Swap-Effizienz abnimmt bzw. zunimmt und rechnen einen weiteren Fall mit $e_l = 0.60$, $e_{es} = 0.39$ und $e_{as} = 0.01$.

	Speicherkonfiguration PS=(CS/ES)			
Zeitkomponente	**Fall 1**	**Fall 2**	**Fall 3**	**Fall 4**
t_s	0.030	0.030	0.030	0.030
t_{pw}	0.100	0.060	0.040	0.040
t_{sd}	0.050	0.008	0.005	0.001
t_r	0.180	0.098	0.073	0.071

Abbildung 5.7.10: Zeitkomponenten und Transaktionszeit (Modell)

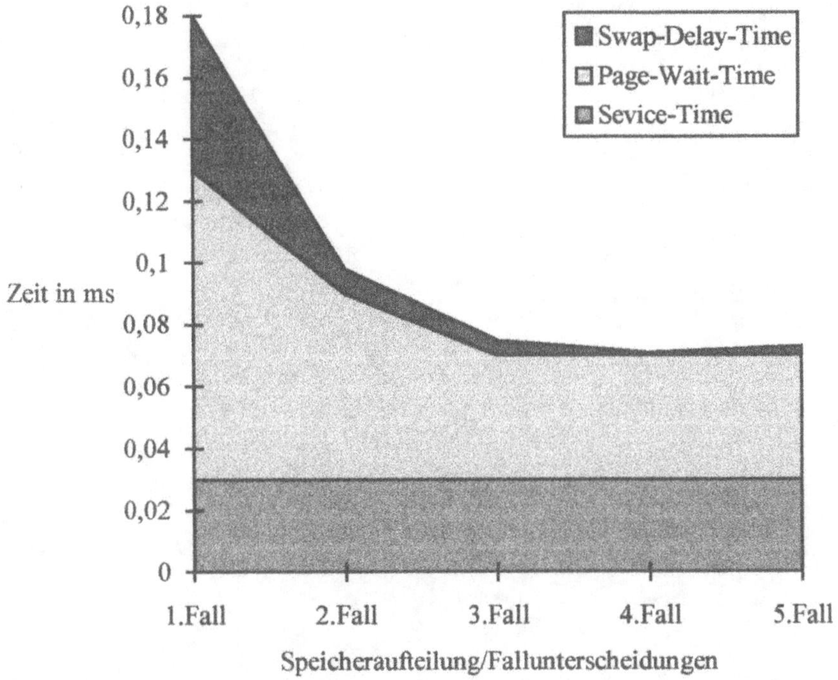

Abbildung 5.7.11: Transaction-Response-Time, Service-, Swap- und Page-Delay-Time (Modell)

Es folgt

$$t_{sd} = e_{as} \cdot t_{psd} + e_{es} \cdot t_{essd} + e_l \cdot t_{lsd} \approx 0.001 + 0.002 = 0.003.$$

Die Anzahl der Page-Faults pro Transaktion lassen wir gegenüber der letzten Konfiguration (Fall 3) unverändert, so daß schließlich

$$t_r = t_s + t_{pw} + t_{sd} \approx 0.073$$

gilt (siehe auch Abbildung 5.7.11). Im Ergebnis sagt das Modell eine Zunahme der Transaction-Response-Time voraus, wenn die Aufteilung des insgesamt zur Verfügung stehenden Speichers noch weiter zu ungunsten des Zentralspeichers erfolgt.

6 Teleprocessing

6.1 Einleitung

In den vorangegangenen Kapiteln haben wir uns ausschließlich mit den Abläufen im Zentralrechner selbst beschäftigt. Unberücksichtigt blieben bisher Performance- und Leistungsaspekte, die sich infolge der Anbindung von Datenendgeräten über Datenleitungen (externe oder Inhouse-Modemstrecken) an den Zentralrechner ergeben (Teleprocessing). Diese Thematik ist Gegenstand dieses Kapitels. Der Einfluß der Netzkomponenten auf die Transaktionszeiten ist nicht selten höher als der des Zentralrechners. Die Probleme sind vielschichtig und komplex, insbesondere dann, wenn mehrere Knotenechner (Zentralrechner und/oder Netzwerkrechner mit bestimmten netzwerktechnischen Funktionen wie beispielsweise Routing, Paketierung und ähnliche) im Spiel sind. Wir werden uns bei den nachstehenden Analysen auf relativ einfache Netzstrukturen (Netz-Topologien) beschränken. Die wesentlichen Ergebnisse und Aussagen lassen sich aber in komplexere Topologien, beispielsweise auch Local-Area-Networks (LANs) zumindest im Ansatz einbringen, wenn die dort geltenden Spezifika berücksichtigt werden (siehe beispielsweise unter 6.7). Wir werden in diesem Kapitel die Network-Response-Time modellieren. Bevor wir das Modell im Abschnitt 6.3 vorstellen und mit Praxisbeispielen belegen, werden wir die in diesem Zusammenhang notwendigen Begriffe und Größen definieren. In einem eigenen Abschnitt werden wir uns mit einigen performancewirksamen Parametern des Network-Control-Porgrams beschäftigen. Wir verlassen dann das Thema SNA-Netze mit einem Modell einer etwas komplexeren Topologie und gehen kurz auf die Performancespekte in einem Token-Ring-Netzwerk ein.

6.2 Definitionen

Wir erläutern grob einige netzwerktechnische Begriffe, die wir im Kontext dieses Kapitels verwenden. Weitergehende Erläuterungen findet man in [30], [31] und [32].

- System-Network-Architecture (SNA) ist die Netzwerkarchitektur der IBM für den Betrieb von Netzwerken.
- Virtual Telecommunication-Access-Method (VTAM) ist die TP-Zugriffsmethode der IBM. Eine "VTAM-Applikation" bedient angeschlossene Endgeräte wie Bildschirme und Drucker via VTAM.
- Network-Communication-Controller (NCC), auch Front-End-Processor (FEP), ist ein Vorrechner, der den Zentralrechner von bestimmten netztypischen Aufgaben, wie beispielsweise Segmentieren und Zusammensetzen von aus- bzw. eingehenden Nachrichten und Abfragen der angeschlossenen Stationen auf Sendebereitschaft (Polling, siehe unten), entlastet. Ein NCC kann über einen 370-Channel an den Zentralrechner (lokaler NCC) oder über eine Datenleitung an einen lokalen NCC angeschlossen werden (Remote-NCC). Die Datenleitungen werden per Modem-Interface-Kabel mit dem NCC verbunden.
- Network-Control-Program (NCP) ist das Programm, das im NCC zum Einsatz kommt. Ein NCP in einem lokalen NCC heißt auch lokales NCP, ein NCP in einem remote angebundenen NCC Remote-NCP.
- Cluster-Controller ist eine Steuereinheit für angeschlossene 3270-Endgeräte (siehe weiter unten). Ein Cluster-Controller, in der SNA-Terminologie eine Physical Unit (PU), wird über eine Datenleitung mit dem NCC verbunden. Bei einer Point-To-Point-Verbindung wird ein Cluster-Controller über genau eine Datenleitung angeschlossen. Bei einer Multipoint-Verbindung versorgt eine Datenleitung mehrere PUs.
- Logical Unit (LU) ist im vorliegenden Kontext das Endgerät (Terminal).
- 3270-Datenstrom ist der für die Ansteuerung der 3270-Geräte (Steuereinheiten und Terminals) benutzte Datenstrom.

Wir stellen nun die beiden Topologien vor (siehe Abbildungen 6.2.1 und 6.2.2). Im ersten Fall handelt es sich um die Anbindung von mehreren 3270-Steuereinheiten (Cluster-Controller) über eine Communication-Line (Multipoint). Die Leitung (entweder externe oder Inhouse-Modemstrecke) ist an einen lokalen Front-End-Processor angeschlossen.

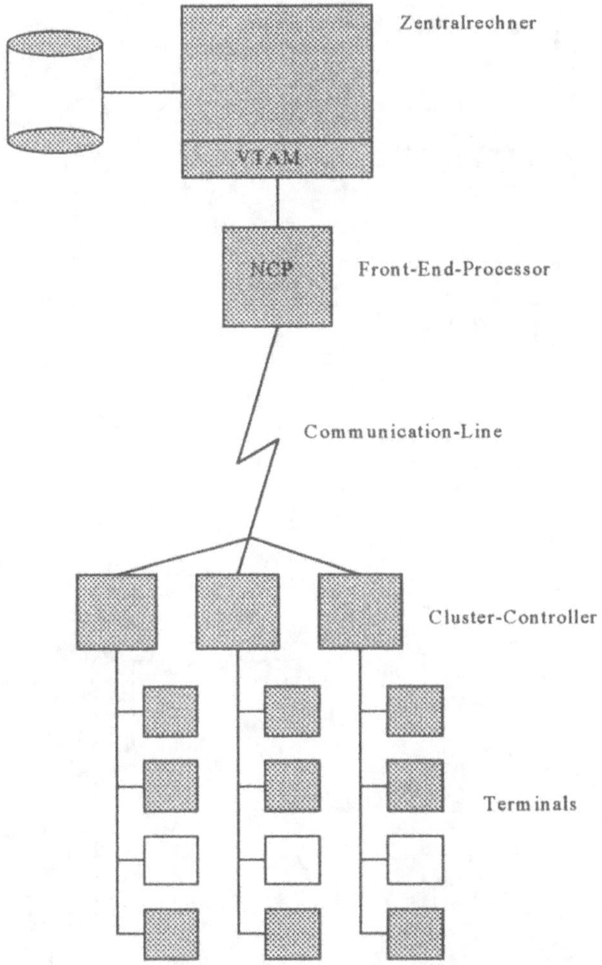

Abbildung 6.2.1: Beispiel einer Multipoint-Konfiguration

Im zweiten Fall ist ein zweiter Zentralrechner mit einem zweiten an diesen lokal angeschlossenen Front-End konfiguriert. Zentraler und dezentraler FEP (aus Sicht des Zentralrechners, auf dem die tangierte Applikation läuft) sind über eine Communication-Line verbunden. Die Cluster-Controller und Terminals werden nun von dem dezentralen Rechner und dem dezentralen FEP gesteuert. Die Anwendung läuft unverändert in dem lokalen Rechner. In dem vorliegenden Kontext müssen wir den Begriff der Response-Time ergänzen bzw. weitergehender als bisher analysieren.

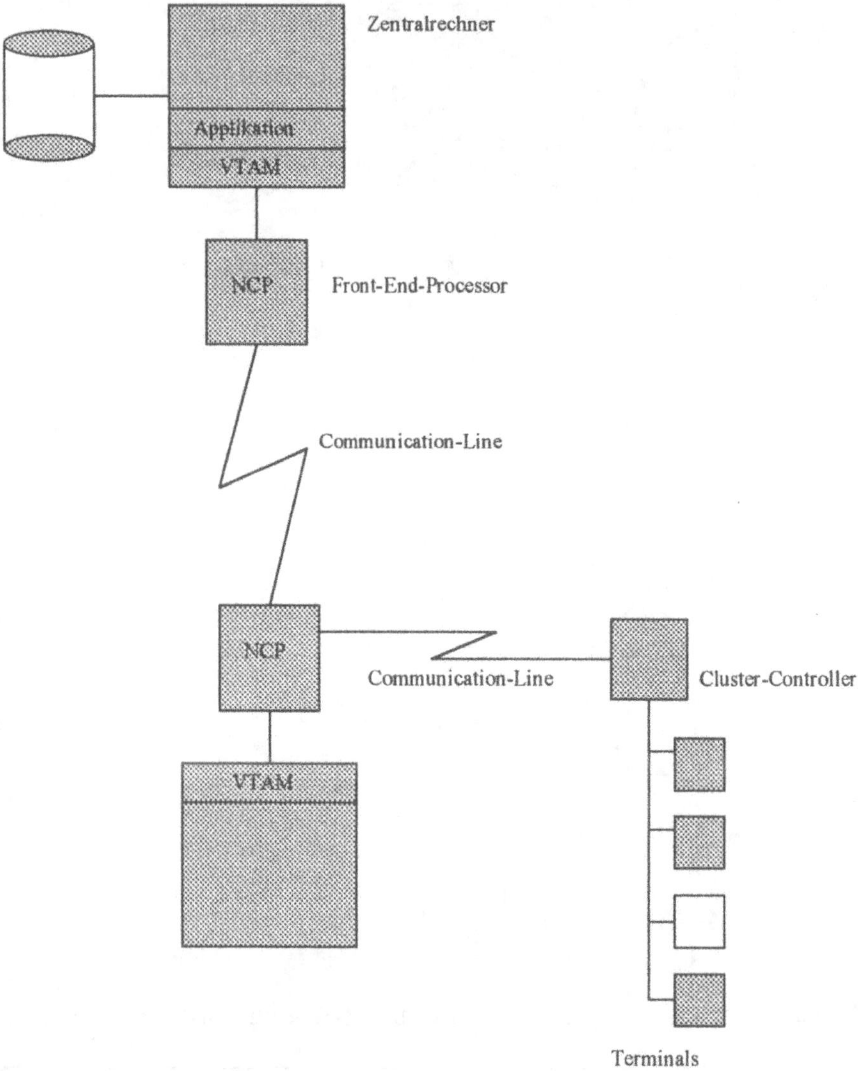

Abbildung 6.2.2: Beispiel einer Konfiguration mit einem Remote-NCP

Definition

Unter der Response-Time t_r (Antwortzeit) einer Transaction versteht man die Zeitspanne zwischen dem Abschluß des Sendevorgangs (Requeststellung) und der Ankunft der kompletten Systemantwort am Endgerät.

Auf dem Weg von der Datenstation zum Zentralrechner und zurück "durchläuft" eine Transaktion unterschiedliche Einrichtungen des Netzes und des Zentralrechners. Die dazu korrelierenden Zeitabschnitte werden wie folgt definiert (siehe auch Abbildung 6.2.3).

Definitionen

- Network-Response-Time t_N ist die Summe aus Inbound- und Outbound-Network-Time. Unter der Inbound-Network-Time versteht man den Zeitabschnitt zwischen dem Abschluß des Sendevorgangs (Auslösung des Requests) am Endgerät und der Ankunft des Requests in der Zugriffsmethode des Zentralrechners, in dem die angesteuerte Applikation läuft. Unter der Outbound-Network-Time versteht man die Zeit zwischen der Abgabe der Systemanwort an das Netz und der Ankunft der kompletten Systemantwort am Endgerät.
- Host-Response-Time t_H ist die Zeitspanne zwischen der Ankunft des Requests in der TP-Zugriffsmethode und der Abgabe der Systemantwort an das Netz. Die Host-Response-Time umfaßt damit alle bisher analysierten Zeiten für die Verarbeitung der Transaktion im Zentralrechner. In Abbildung 6.2.3 symbolisieren wir dies durch das Symbol einer Magnetplatte.

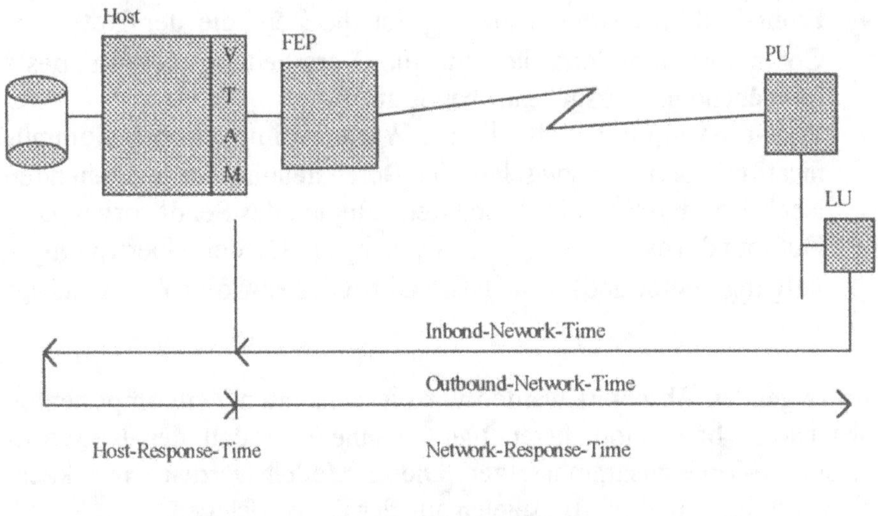

Abbildung 6.2.3: Host- und Network-Response-Time

Bemerkung

Gemäß obiger Definition zählt die FEP-Processing-Time (siehe weiter unten) zur Network-Response-Time. Dies wird nicht in jedem Fall so gesehen, gilt aber in der Regel dann, wenn Softwaremonitore für die Messung der Antwortzeiten zum Einsatz kommen. Diese sind Anwendungen der Zugriffsmethode, residieren also im Zentralsystem und können damit die FEP-Time nicht erfassen. Anders verhält es sich beim Einsatz von Hardwaremonitoren, die üblicherweise auf der Netzausgangsseite "hinter" dem FEP aufsetzen. In dieser Meßumgebung zählt die FEP-Time zur Host-Response-Time (siehe auch weiter unten).

Wir schlüsseln die Network-Response-Time noch weiter (in alle für die Abschätzung der Gesamtzeit relevanten Zeitabschnitte) auf.

Definitionen

- Polling-Time t_P oder auch Cluster-Controller-Time ist die Zeitspanne zwischen dem Abschluß des Sendevorgangs (Requesteingabe) am Terminal und dem Beginn des Übertragungsvorgangs über die Communication-Line.
- Inbound-Text-Time t_{inb} ist die Zeit, die für den Übertragungsvorgang (inbound) vom Cluster-Controller zum NCP benötigt wird.
- Front-End-Processing-Time t_{FEP} ist die Zeit, die der Network-Communication-Controller für die Verarbeitung des Requests (eingehend und ausgehend) benötigt.
- Wait-for-Output-Time t_w ist die Wartezeit im Network-Communication-Controller zwischen der Bereitstellung der ausgehenden Nachricht durch das NCP und dem Beginn des Sendevorgangs.
- Outbound-Text-Time t_{outb} ist die Zeit, die für den Übertragungsvorgang (outbound) vom NCP zum Cluster-Controller benötigt wird.

Im folgenden Abschnitt werden wir die genannten Zeitkomponenten abschätzen bzw. modellieren und zu einem Modell der Network-Response-Time zusammensetzen. Dieses Modell werden wir sukzessive verfeinern und mit Beispielen aus der Praxis belegen.

6.3 Modell der Network-Response-Time

Im vorangegangenen Abschnitt wurden alle für die Abschätzung der Network-Response-Time relevanten Zeitabschnitte definiert, so daß wir setzen können:

$$t_N = t_P + t_{inb} + t_{FEP} + t_w + t_{outb}\,.$$

t_p und t_w sind Wartezeiten, während t_{inb} , t_{FEP} und t_{outb} den Charakter einer Service-Time besitzen.

$$t_{inb} + t_{FEP} + t_{outb}$$

kann deshalb als Network-Service-Time aufgefaßt werden. t_{inb} und t_{outb} kalkulieren wir unter Ausnutzung der Länge der Nachricht und der Übertragungskapazität der Communication-Line. Sei n_{inml} die Inbound-Message-Length einer Transaktion in Bytes, n_{outml} die Outbound-Message-Length und r_c die Übertragungskapazität der Communication-Line in Bit pro Sekunde, dann gilt

$$t_{inb} = \frac{n_{inml} \cdot 8}{r_c} \text{ und } t_{outb} = \frac{n_{outml} \cdot 8}{r_c}.$$

Die Service-Time des Front-End-Processors legen wir mit $t_{FEP} = 0.200s$ auf eine in der vorliegenden Umgebung realistische Größenordnung fest (siehe auch 6.5). Wir rechnen ein Beispiel.

Beispiel (Modellfall)

Es sei

$t_H = 0.500s$, $t_{FEP} = 0.200s$, $n_{inml} = 96$, $n_{outml} = 1.920$ und $r_c = 9.600$,
dann ist

$$t_{inb} = \frac{n_{inml} \cdot 8}{r_c} = 0.080 \text{ und } t_{outb} = \frac{n_{outml} \cdot 8}{r_c} = 1.6.$$

Zusammen mit $t_H = 0.500s$ ergibt sich eine Transaction-Response-Time (bis auf die Wartezeiten t_p und t_w) von

$t_r = t_H + t_N \approx t_H + t_{inb} + t_{FEP} + t_{outb} = 2.38 \approx 2.4.$

Das Verhältnis von ca. 2 Sekunden Netzzeit zu 0.5 Sekunden Zentralrechnerzeit ist in einer 3270-Umgebung bei einer Übertragungskapazität von 9.600 Bit pro Sekunde durchaus realistisch. Wir werden weiter unten noch Beispiele aus einer Produktionsumgebung vorstellen, die das bestätigen. Was an dieser Stelle aber schon deutlich wird, ist die Tatsache, daß der Netzanteil einer Transaktion die Host-Time nicht selten dominiert. Am Zentralsystem angesetzte Tuningmaßnahmen haben in diesen Fällen nur wenig Erfolg. Siehe beispielsweise Abbildung 6.3.1.

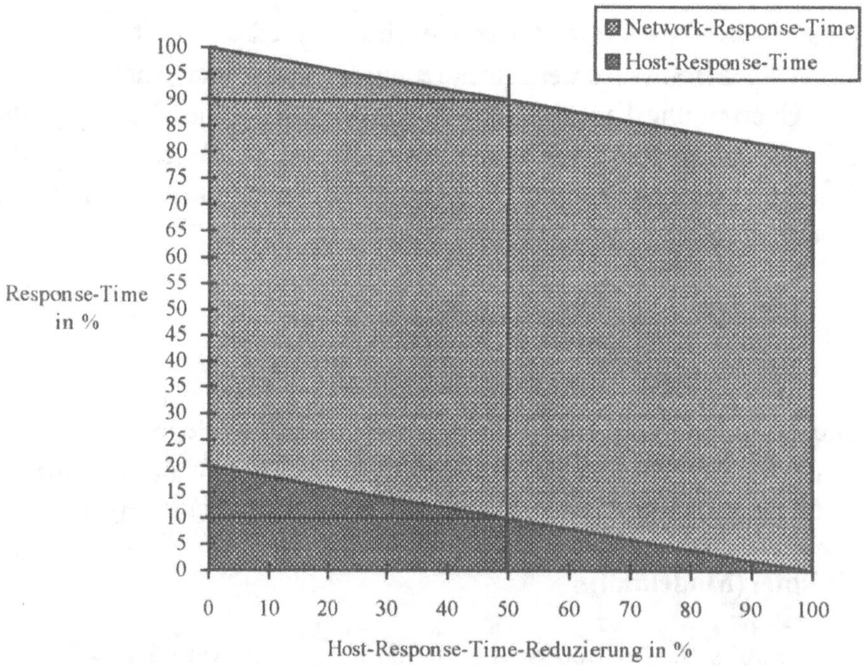

Abbildung 6.3.1: Reduzierung der Host-Response-Time (Modell)

Wir haben bei dieser Abbildung eine Netzzeit von 2 Sekunden und eine Host-Time von 0.5 Sekunden unterstellt und die Host-Time prozentual zur Ausgangszeit reduziert. Bei einer Reduzierung der Host-Time auf beispielsweise 50% reduziert sich die Gesamtzeit um

0.25 Sekunden auf 90% der Ausgangszeit. Diese Erkenntnis ist zwar trivial, zeigt aber einmal mehr, daß in jedem Falle eine Gesamtsystembetrachtung notwendig ist. Im vorliegenden Fall würde beispielsweise eine Reduktion der Netzzeit durch Erhöhung der Leitungskapazität auf $r_c = 19.200$ Bit pro Sekunde zu folgendem Ergebnis führen:

$$t_{inb} = \frac{n_{inml} \cdot 8}{r_c} = 0.040 \quad \text{und} \quad t_{outb} = \frac{n_{outml} \cdot 8}{r_c} = 0.8 \text{ und damit}$$

$$t_N \approx t_{inb} + t_{FEP} + t_{outb} = 1.04 \approx 1.0.$$

Damit würde die Netzzeit auf ca. 50%, die Gesamtzeit immerhin auf ca. 60% reduziert. Wir betrachten ein zweites Beispiel aus einer Produktionsumgebung (Live-System). Wir werden Meßergebnisse, die mit Hilfe eines Softwaremonitors bzw. mit Hilfe eines Hardwaremonitors (Data-Scope) gewonnen wurden, darstellen und mit den modellierten Werten vergleichen. Darauf aufbauend werden wir das Modell um die noch fehlenden Queuing-Zeiten t_p und t_w erweitern.

Beispiel (Live-System)

Wir stellen zunächst die Hardware-Konfiguration vor:

Communication-Line	9.200Bit/s
Cluster-Controller	1 (Point-To-Point)
Terminals	32

Messungen mit dem Softwaremonitor ergeben folgende Basisgrößen (Traffic und Lastgrößen):

Line-Utilization (Outbound)	17%
Line-Utilization (Inbound)	1%
Inbound-Message-Length	94
Outbound-Message-Length	1.950
In-Message-Rate	0.21

Unser bisheriges Modell liefert

$$t_N \approx t_{inb} + t_{FEP} + t_{outb} = \frac{n_{inml} \cdot 8}{r_c} + t_{FEP} + \frac{n_{outml} \cdot 8}{r_c} = 1.0515 \approx 1.1.$$

Die Leitungsauslastung δ_l läßt sich mit den ermittelten Basisdaten abschätzen. Es gilt

$$\delta_l = r \cdot (t_{inb} + t_{outb}) \approx 0.21 \cdot (0.04 + 0.8) \approx 0.176.$$

Dieser Wert trifft ziemlich genau den Wert von 18% (Summe aus Inbound- und Outbound-Line-Utilization), den der Monitor ausweist (siehe aber weiter unten unter Overhead). Bevor wir auf die von den Monitoren gemessenen Transaktionszeiten eingehen, beschreiben wir kurz die Arbeitsweise der Monitore.

Softwaremonitor

Bei dem verwendeten Softwaremonitor handelt es sich um das Produkt NETSPY (Produktbeschreibung in [37]) der Fa. Legent. NETSPY ist eine VTAM-Applikation. Bestimmte Daten werden über die Standardfunktion des NPA (Network-Performance-Analyzer, siehe [31] und [33]) des NCP gewonnen. Die Responsezeiten einer Transaktion (3270-Applikation) ermittelt der Monitor, wie im Folgenden beschrieben (siehe Abbildung 6.3.2 und [37]).

Wir unterstellen zunächst, daß die Applikation nach jeder Ausgabe eine Response (Bestätigung) seitens der PU erwartet (Definite Response-Mode). Der Monitor stellt dann

- den Zeitpunkt der Requestankunft im Zentralrechner (VTAM),
- den Zeitpunkt der Abgabe der Ausgabenachricht an den Front-End-Processor sowie
- den Zeitpunkt des Eintreffens der Response im Zentralrechner (VTAM)

fest.

Damit läßt sich die Host-Response-Time als Differenz aus den beiden erst genannten Zeitpunkten berechnen. Network-Response-Time ist die Differenz zwischen dem Zeitpunkt des Nachrichtenausgangs und dem des Eingangs der Response, korrigiert um einen Faktor, der die Länge des Transaktionsrequests (Inbound-Message-Length) berücksichtigt. Da der Zeitabschnitt A (siehe Abbildung 6.3.2) nicht gemessen werden kann, wird also A+C durch C+D, korrigiert um einen Faktor, der die Länge der Eingangsnachricht berücksichtigt, approximiert. Das Verfahren zur Bestimmung der Netzzeit ist somit eine Kombination aus Messung und Modellierung.

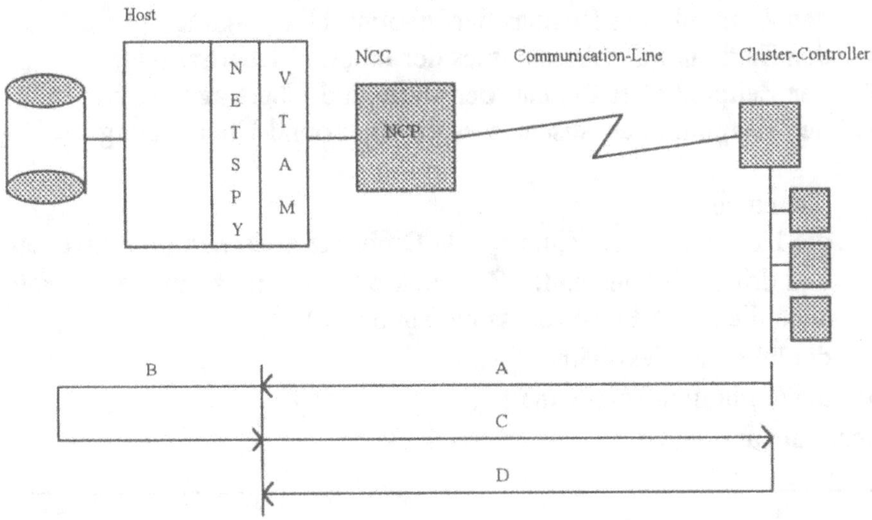

Abbildung 6.3.2: Bestimmung der Response-Time durch den Softwaremonitor

Falls nicht im Definite Response-Mode gefahren wird, ist der Monitor in der Lage, entsprechende Requests zu generieren (siehe [37]). Im vorliegenden Falle liefert der Softwaremonitor die in Abbildung 6.3.3 dargestellten Ergebnisse.

In-Message-Rate	$r = 0.2$
Inbound-Message Length	$n_{inml} = 94$
Outbound-Message-Length	$n_{outml} = 1.950$
Host-Response-Time	$t_H = 0.5$
Network-Response-Time	$t_N = 1.4$
Response-Time	$t_r = 1.9$

Abbildung 6.3.3: Meßwerte des Softwaremonitors (Live-System)

Hardwaremonitor

Bei dem verwendeten Hardwaremonitor handelt es sich um ein Data-Scope der Fa. Controlware. Der Hardwaremonitor wird "hinter" dem Front-End-Processor in die Communication-Line eingeklinkt (siehe Abbildung 6.3.4). Der Monitor stellt

- den Zeitpunkt des Beginns der Inbound-Übertragung,
- den Zeitpunkt des Abschlusses der Inbound-Übertragung,
- den Zeitpunkt des Beginns der Outbound-Übertragung und
- den Zeitpunkt des Abschlusses der Outbound-Übertragung

fest.

Damit sind

- die Host-Response-Time t_H als Differenz zwischen dem zweiten und dritten der genannten Zeitpunkte (diese enthält in diesem Fall auch die Front-End-Processing-Time t_{FEP}),
- die Inbound-Text-Time t_{inb} und
- die Outbound-Text-Time t_{outb}

bestimmbar.

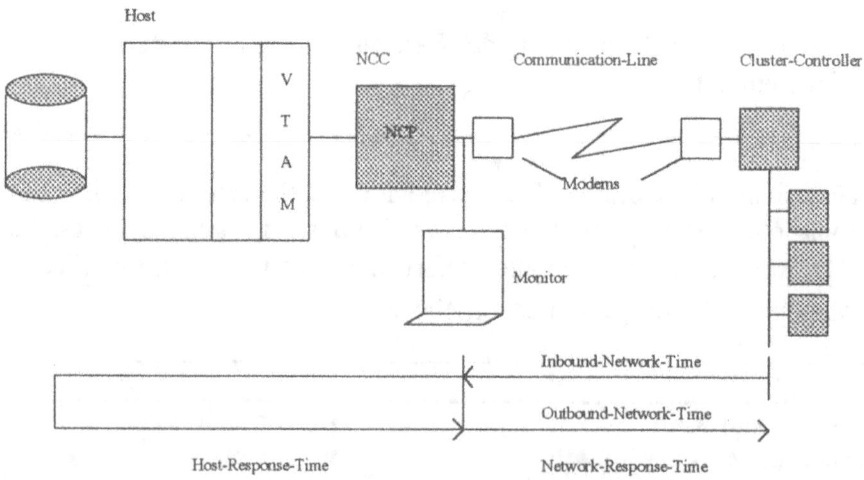

Abbildung 6.3.4: Bestimmung der Response-Time durch den Hardwaremonitor

t_p (Hit-Enter bis zum Beginn der Datenübertragung) wird vom Hardwaremonitor approximiert durch

$t_p \approx$ (Zeitpunkt des letzten produktiven Poll-Vorgangs - Zeitpunkt des letzten nicht produktiven Poll-Vorgangs) / 2.

Dabei heißt ein Poll-Vorgang produktiv, wenn mit der Response Daten gesendet werden (Datenstation war sendebereit). Ein Poll-Vorgang heißt nicht produktiv, wenn die Response negativ ist, also keine Daten zum Senden bereit standen. In dem vorliegenden Fall liefert der Hardwaremonitor die in Abbildung 6.3.5 dargestellten Ergebnisse.

Number of User-Requests	$n = 765$
Number of Inbound-PIUs	$n_{inpius} = 982$
Number of Outbound-PIUs	$n_{outpius} = 6.971$
Average Inbound-Length	$n_{inl} = 73$
Average Outbound-Length	$n_{outl} = 214$
Average Host-Delay-Time	$t_H = 0.5$
Response-Time	$t_r = 1.9$

Abbildung 6.3.5: Meßwerte des Hardwaremonitors

Wir interpretieren zunächst die Ergebnisse. n ist die Anzahl der im Meßintervall von $t = 3.600s$ abgewickelten User-Requests (Transaktionen). Es folgt

$$r = \frac{n}{t} \approx 0.21.$$

Der Hardwaremonitor "sitzt" - wie oben dargestellt - "hinter" dem Front-End-Processor. Er "sieht" die gesendeten Nachrichten in der Form, wie sie vom NCP an das Netz bzw. von der PU an das NCP gesendet werden. Dies geschieht in Informationseinheiten (Path-Information-Units, abgekürzt PIUs), deren maximale Länge per Parametereinstellung im NCP festgelegt wird. Der Hardwaremonitor zählt

- die Anzahl der eingehenden PIUs n_{inpiu},
- die Anzahl der ausgehenden PIUs n_{outpiu} sowie
- deren mittlere Länge n_{inl} bzw. n_{outl}.

Nimmt man die transaktionsorientierte Betrachtungsweise des Softwaremonitors ein, so ergibt sich

$$n_{inml} = \frac{n_{inpiu} \cdot n_{inl}}{n} \approx 94 \text{ und } n_{outml} = \frac{n_{outpiu} \cdot n_{outl}}{n} \approx 1.950.$$

Dies entspricht den vom Softwaremonitor gemessenen Werten für n_{inml} und n_{outml}. Unser bisheriges Modell liefert

$$t_r = t_H + t_{inb} + t_{FEP} + t_{outb} = t_H + \frac{n_{inml} \cdot 8}{r_c} + t_{FEP} + \frac{n_{outml} \cdot 8}{r_c} \approx 1.6.$$

Wir ergänzen nun das Modell um die Delay-Zeiten Polling-Time t_p und Wait-for-Output-Time t_w. Vorausschicken müssen wir eine kurze Betrachtung zum Thema Overhead. Overhead (im vorliegenden Zusammenhang) ist beispielsweise in [13] wie folgt definiert.

Definition

Overhead sind Anteile der zu übermittelnden Information bzw. Betriebsmittel, die nicht dem Nutzdatentransport, sondern dessen Abwicklung, Sicherung und Verwaltung dienen.

Wir erörtern beispielhaft einen Aspekt des Overheads in einem SNA-Netzwerk. Beim Transport einer Nachricht durch ein SNA-Netz werden in den verschiedenen Protokollschichten (Layers, siehe beispielsweise [29] und [32]) Nachrichtenheader erzeugt, die Informationen der betreffenden Protokollschicht enthalten. So ergänzt Transmission-Control (TC) die Nettodaten (Information-Frame, I-Frame, auch Request/Response-Unit, abgekürzt RU) um den Request/ Response-Header RH. RH beschreibt beispielsweise, ob die vorliegende RU einen Request oder eine Response beinhaltet oder ob es sich um Daten oder SNA-Commands handelt. Path-Control (PC) ergänzt die Nachricht um den Transmission-Header TH. Der Transmission-Header enthält zum Beispiel die Absender- und Empfängeradresse, sowie die Nummer der Nachricht (Sequence-Number) innerhalb der laufenden Session. Data-Link-Control (DLC) umrahmt schließlich die Nachricht mit einem Link-Header LH und einem Link-Trailer LT. Das Ergebnis ist ein SDLC-Frame (Synchronous Data-Link-Control ist die SNA-Leitungsprozedur, siehe beispielsweise auch [29]). Link-Header und Link-Trailer enthalten zum Beispiel Flags sowie Kontrollfelder, die der Absicherung des Datentransports dienen, sowie die Polling-Adresse der Datenstation. Insgesamt hat ein SDLC-Frame dann das in Abbildung 6.3.6 skizzierte Format.

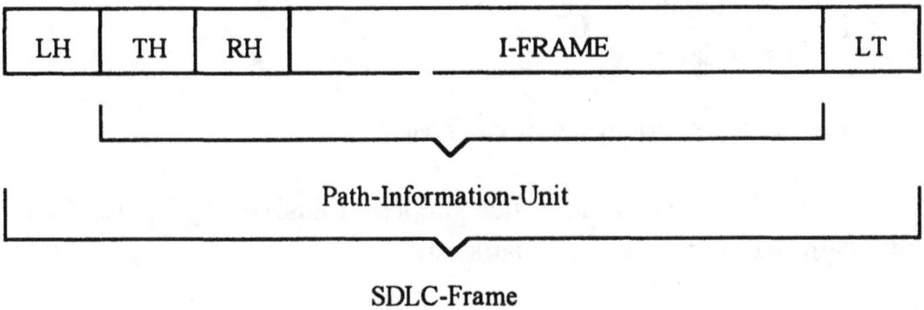

Abbildung 6.3.6: Format eines SDLC-Frames

Man setzt (in bezug auf einen beobachteten Zeitabschnitt)

$$\text{ov} = \frac{\text{Bruttodaten} - \text{Nettodaten}}{\text{Bruttodaten}} = 1 - \frac{\text{Nettodaten}}{\text{Bruttodaten}}.$$

Beispiel

In einem 3270-Umfeld, entsprechend dem obigen Praxisfall, beanspruchen die Header bzw. Trailer RH, TH, LH und LT insgesamt 15 Bytes. Seien n_{inpiu} bzw. n_{outpiu} die in einem Beobachtungszeitraum t gesendeten bzw. empfangenen Path-Information-Units und n_{inl} und n_{outl} deren mittlere Nettolänge. Dann gilt

$$\text{ov} = 1 - \frac{\text{Nettodaten}}{\text{Bruttodaten}}$$

$$= 1 - \frac{n_{inpius} \cdot n_{inl} + n_{outpius} \cdot n_{outl}}{n_{inpius} \cdot n_{inl} + n_{outpius} \cdot n_{outl} + 15 \cdot (n_{inpius} + n_{outpius})}.$$

Wir rechnen mit den Zahlen gemäß Abbildung 6.3.5 und erhalten

$$\text{Nettodaten} = n_{inpiu} \cdot n_{inl} + n_{outpiu} \cdot n_{outl} = 1.563.480,$$

$$\text{Bruttodaten} = \text{Nettodaten} + 15 \cdot \left(n_{inpiu} + n_{outpiu}\right) = 1.682.775$$

und damit

$$ov = 1 - \frac{\text{Nettodaten}}{\text{Bruttodaten}} \approx 0.07 \ .$$

Der Overhead entspricht damit ca. 7 %.

Durch den Overhead erhöht sich die Nettoauslastung δ_l der Communication-Line auf die Bruttoauslastung

$$\frac{\delta_l}{1 - ov}.$$

Unter δ_l verstehen wir im Folgenden die Bruttoauslastung. Es gilt

$$\delta_l = \frac{r \cdot (n_{inml} + n_{outml}) \cdot 8}{(1 - ov) \cdot r_c}.$$

Im Beispiel ist

$$\delta_l \approx \frac{0.176}{1 - 0.071} \approx 0.193 .$$

Im Folgenden seien t_{inb} und t_{outb} stets Bruttowerte im obigen Sinne. Wir modellieren nun die Polling-Time t_p.

Definition

Unter Polling (Sendeaufruf) verstehen wir (siehe beispielsweise [13]) eine Steuernachricht der Leitstation (hier des NCP) an eine Datenstation mit der Aufforderung zum Senden. Die Leitstation ordnet einer der angeschlossenen Datenstationen für die Dauer der Übertragung die Leitung zu.

Für das Modell wird unterstellt, daß die Sendeaufrufe des NCPs an eine Datenstation (im Punkt-zu-Punkt-Betrieb) wie folgt ablaufen. Steht Output zum versenden an die Datenstation bereit, wird dieser gesendet und ein Sendeaufruf angefügt (siehe auch Abbildung 6.3.7). Steht kein Output zum Versenden an, so erfolgt der nächste Sendeaufruf im Abstand von t_{cycl} Sekunden. Der Sendeaufruf selbst benötigt keine Zeit (Modellannahme).

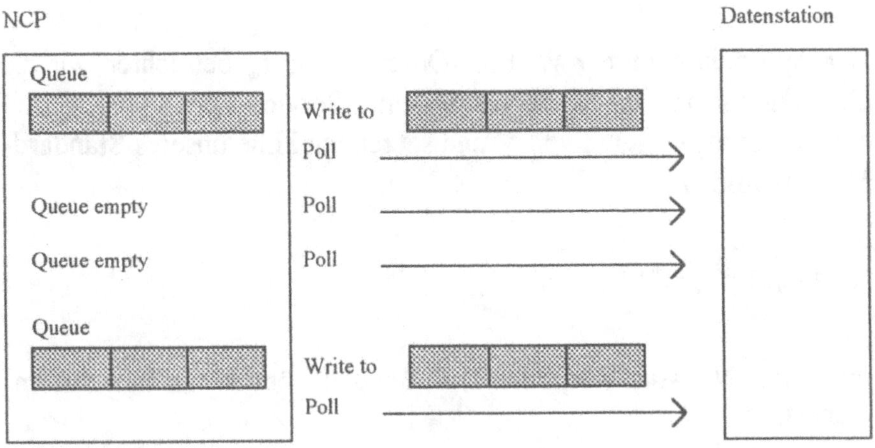

Abbildung 6.3.7: Modellierung des Polling-Vorgangs

Die Anzahl der Sendeaufrufe in einem Beobachtungsintervall t läßt sich mit diesen Voraussetzungen approximieren durch

$$n + \frac{t - n \cdot (t_{inb} + t_{outb})}{t_{cycl}}.$$

Dabei ist n die Anzahl der Requests. Die mittlere Zeit zwischen den Sendeaufrufen kann dann abgeschätzt werden durch

$$\frac{t}{n+\frac{t-n\cdot(t_{inb}+t_{outb})}{t_{cycl}}}=\frac{t_{cycl}}{1+r\cdot t_{cycl}-\delta_1}.$$

Unterstellt man noch, daß die Betätigung der Datenfreigabe am Terminal im statistischen Mittel in die Mitte dieses Intervalls fällt, so ist

$$t_p=\frac{t_{cycl}}{2\cdot(1+r\cdot t_{cycl}-\delta_1)}$$

eine Abschätzung für die Polling-Time.

Zur Approximation der Wait-for-Output-Time t_w betrachten wir die Communication-Line als Server mit einer Service-Time von t_{outb} und einem Auslastungsgrad von δ_1 und setzen mit Hilfe unseres Standard-M/M/1-Modells

$$t_w=t_{outb}\cdot\frac{\delta_1}{1-\delta_1}.$$

Für unser Network-Response-Time-Modell können wir nun zusammenfassen:

$$t_N=t_p+t_w+t_{inb}+t_{FEP}+t_{outb}$$

$$=\frac{t_{cycl}}{2\cdot(1+r\cdot t_{cycl}-\delta_1)}+t_{outb}\cdot\frac{\delta_1}{1-\delta_1}+t_{inb}+t_{FEP}+t_{outb}.$$

6.4 Modellierungsbeispiele

Im vorliegenden Abschnitt modellieren wir die Transaction-Response-Time in Abhängigkeit von Traffic r und Leitungskapazität für einige ausgesuchte, im beschriebenen Umfeld übliche, Übertragungsleistungen r_c. Als Basis für die Modellrechnungen gelten die in Abbildung 6.4.1 dargestellten Servicezeiten.

Zeitabschnitt	Leitungsgeschwindigkeit r_c		
	9.600	**19.200**	**64.000**
t_{inb}	0.200	0.100	0.030
t_{outb}	1.800	0.900	0.270
t_{FEP}	0.200	0.200	0.200
Σ	2.200	1.200	0.500
t_H	0.500	0.500	0.500
Σ	2.700	1.700	1.000

Abbildung 6.4.1: Network-Service- und Host-Response-Time (Modell)

Zunächst stellen wir in Abbildung 6.4.2 die aus den Servicezeiten abgeleiteten Bruttoauslastungsgrade der Communication-Line dar (bei einem angenommenen Overhead von 7%).

r	Leitungsgeschwindigkeit r_c		
	9.600	**19.200**	**64.000**
0.1	0.2	0.1	0.03
0.2	0.4	02	0.06
0.3	0.6	0.3	0.09
0.4	0.8	0.4	0.12
0.5	1)	0.5	0.15
0.6		0.6	0.18
0.7		0.7	0.21
0.8		0.8	0.24
0.9		0.9	0.27
1.0		1)	0.30

1) Leitungskapazität überschritten

Abbildung 6.4.2: Auslastung der Communication-Line (Modell)

Gemäß

$$t_p \approx \frac{t_{cycl}}{2 \cdot (1 + r \cdot t_{cycl} - \delta_l)} \quad \text{und} \quad t_w = t_{outb} \cdot \frac{\delta_l}{1 - \delta_l}$$

stellen wir in Abbildung 6.4.3 bzw. 6.4.4 die modellierten Werte für die Polling-Time t_p bzw. die Wait-for-Output-Time t_w in Abhängigkeit von Traffic und Leitungsgeschwindigkeit zusammen. Die Werte sind auf 100 Millisekunden gerundet.

r	Leitungsgeschwindigkeit r_c		
	9.600	**19.200**	**64.000**
0.1	0.1	0.1	0.1
0.2	0.2	0.1	0.1
0.3	0.2	0.1	0.1
0.4	0.4	0.1	0.1
0.5	1)	0.2	0.1
0.6		0.2	0.1
0.7		0.2	0.1
0.8		0.3	0.1
0.9		0.4	0.1
1.0		1)	0.1

1) Leitungskapazität überschritten

Abbildung 6.4.3: Polling-Time in Abhängigkeit von Traffic und Leitungsgeschwindigkeit (Modell)

r	Leitungsgeschwindigkeit r_c		
	9.600	**19.200**	**64.000**
0.1	0.5	0.1	0.0
0.2	1.2	0.2	0.0
0.3	2.7	0.4	0.0
0.4	7.2	0.6	0.0
0.5	1)	0.9	0.1
0.6		1.4	0.1
0.7		2.1	0.1
0.8		3.6	0.1
0.9		8.1	0.1
1.0		1)	0.1

1) Leitungskapazität überschritten

Abbildung 6.4.4: Wait-for-Output-Time in Abhängigkeit von Traffic und Leitungsgeschwindigkeit (Modell)

Die aus den Werten gemäß Abbildung 6.4.3 und 6.4.4 resultierende Network-Response-Time stellen wir nun tabellarisch in Abbildung 6.4.5 und grafisch in Abbildung 6.4.6 zusammen mit der Host-Response-Time (hier auf $t_H = 0.5$ gesetzt) dar. Vereinbart man beispielsweise einen Service-Level (siehe auch Kapitel 7) von $t_r = 3.0s$ wie in Abbildung 6.4.6 angedeutet, so ist die Leitungskapazität von 9.600 Bit pro Sekunde bereits bei einer Transaktionsrate von $r = 0.$ erschöpft. Mit einer Leitungskapazität von 19.200 Bit pro Sekunde könnte man die Last ungefähr verfünffachen. Bei einer Leitungsgeschwindigkeit von 64.000 Bit pro Sekunde ist die Response-Time im betrachteten Lastbereich stabil. Wartezeiten machen sich so gut wie nicht bemerkbar.

r	**Leitungsgeschwindigkeit r_c**		
	9.600	**19.200**	**64.000**
0.1	2.8	1.4	0.6
0.2	3.6	1.5	0.6
0.3	5.1	1.7	0.6
0.4	9.8	1.9	0.6
0.5	1)	2.3	0.7
0.6		2.8	0.7
0.7		3.5	0.7
0.8		5.1	0.7
0.9		9.7	0.7
1.0		1)	0.7

1) Leitungskapazität überschritten

Abbildung 6.4.5 Network-Response-Time in Abhängigkeit von Traffic und Leitungsgeschwindigkeit (Modell)

Insgesamt wird deutlich, daß mit einer Leitungsgeschwindigkeit von 19.200 Bit pro Sekunde keine Subsecond-Response-Time erzielbar ist, auch nicht bei niedriger Auslastung. Will man ähnliche Antwortzeiten erzielen, wie sie für lokale Geräte (an 370-Channel angeschlossene Steuereinheiten) üblich sind (Subsecond-Response-Time), so muß schon eine Mindestkapazität von 64.000 Bit pro Sekunde zur Verfügung gestellt werden.

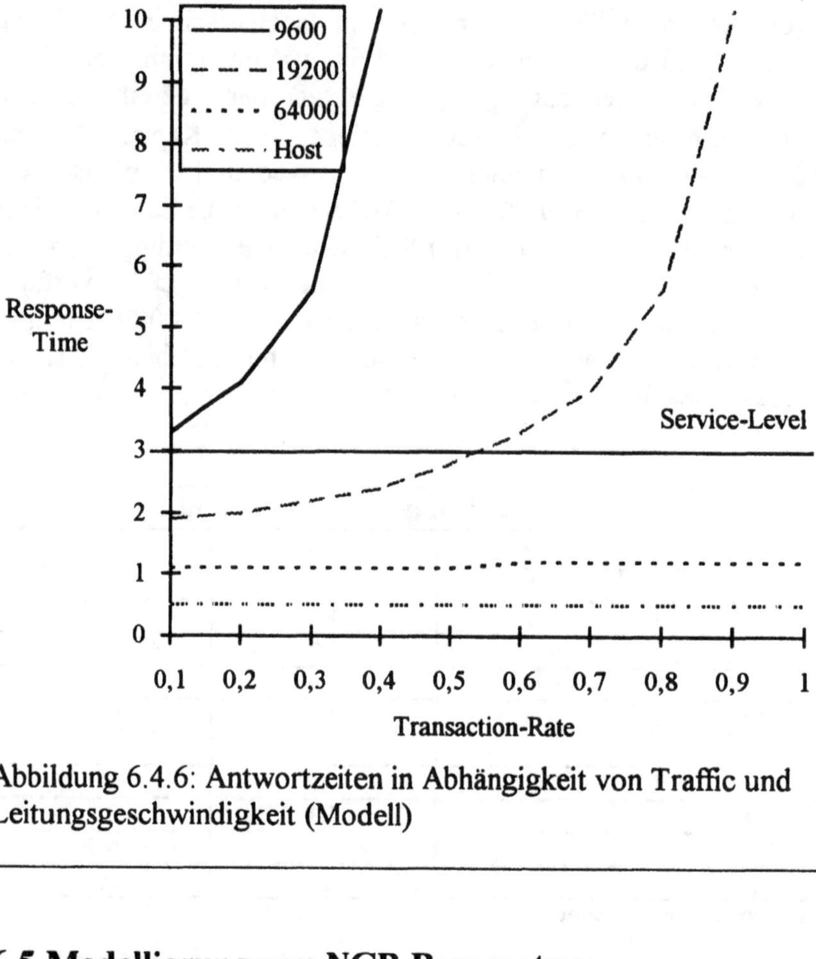

Abbildung 6.4.6: Antwortzeiten in Abhängigkeit von Traffic und Leitungsgeschwindigkeit (Modell)

6.5 Modellierung von NCP-Parametern

Bestimmte Parameter des Network-Control-Programs (NCP) haben direkten Einfluß auf die Netz-Performance. Wir können diese Thematik keinesfalls erschöpfend behandeln, wollen aber auf einige wichtige dieser Parameter eingehen und uns mit deren Einfluß auf die Antwortzeiten befassen. Dazu unternehmen wir einen kleinen Exkurs in die Software, bei dem wir kurz auf die inhaltliche Bedeutung der Parameter eingehen (siehe auch [33]). Im Anschluß modellieren wir Änderungen der Parameterwerte mit Hilfe der Modelling-Function des Softwaremonitors (siehe [37]) und bringen Beispiele aus einem Praxissystem. Zunächst gehen wir kurz auf die Arbeitsweise der

Modelling-Function ein. Die Modelling-Function des Softwaremonitors NETSPY arbeitet, basierend auf gemessenen Daten (Actual Configuration), mit drei Parametersets:

- Line-Hardware-Characteristics,
- Line-Traffic-Characteristics und
- Line- NCP- Parameters.

Wir stellen die Inhalte dieser drei Sets kurz vor:

Line-Hardware-Characteristics

Line-Hardware-Characteristics enthält die Parameter

- Line-Speed,
- Polling-Time,
- Number of Clusters,
- Number of Terminals,
- Protokoll (SDLC oder BSC, siehe beispielsweise [29]) und
- Duplex (Full oder Half, siehe beispielsweise [33]).

Line-Traffic-Characteristics

Line Traffic Characteristics enthält die Parameter

- In-Message-Rate (Transaction-Rate),
- Inbound-Message-Length,
- Outbound-Message-Length,
- Error-Rate und
- Number of Output-Writes per Transaction.

Die Error-Rate wird in Errors pro übertragenem Megabyte angegeben. Number of Output-Writes per Transaction ist die Anzahl der Informationseinheiten (Request-Units, siehe beispielsweise [33]), die die Zugriffsmethode an das NCP abgibt. Die maximale Request-Unit-Size wird zwischen Zugriffsmethode und Applikation per Parameter abgestimmt. Längere Nachrichten werden aus Chain-Elementen zusammengesetzt (Chaining) und erfordern mehr als einen Output-Vorgang (von der Anwendung an die Zugriffsmethode bzw. von der Zugriffsmethode an das NCP).

Für die Basiskonfiguration, die wir modellieren wollen, weist die Modelling-Function die in Abbildung 6.5.1 und 6.5.2 zusammengestellten Werte aus (Line-Hardware- und Line-Traffic-Characteristics).

Line-Speed	19.200
Polling-Time	0.100
Number of Clusters	2
Number of Terminals	48
Protokoll	SDLC
DUPLEX	Full

Abbildung 6.5.1: Line-Hardware-Characteristics (Modelling-Function)

In-Message-Rate	0.21
Inbound-Message-Length	94
Outbound-Message-Length	1.950
Error-Rate	0.0
Output-Writes per Transaction	1.2

Abbildung 6.5.2: Line-Traffic-Characteristics (Modelling-Function)

Line-NCP-Parameters

Der Einfluß der NCP-Parameter auf Durchsatz und Antwortzeitverhalten ist vielschichtig und komplex. Beispielsweise kann man durch "Pacing"-Werte den Datenfluß dadurch steuern, daß man von der Datenstation eine Response verlangt, bevor weitere Daten gesendet werden. Mit dieser Funktion werden beispielsweise unterschiedliche Verarbeitungsgeschwindigkeiten in einzelnen Netzkomponenten ausgeglichen (zum Beispiel das Geschwindigkeitsgefälle zwischen Host und Datenstation). Andere Parameterwerte sind an den Typ der angeschlossenen Geräte gebunden, wie etwa die Größe der Segmente, die die Datenstation in der Lage ist zu empfangen. Im vorliegenden Kontext beschränken wir uns auf einen Ausschnitt der performancewirksamen Parameter. Diese werden, bis auf einen (SERVLIM, siehe unten) auch von der Modelling-Function des Monitors unterstützt. Im einzelnen geht es um die Parameter

- DELAY,

- SERVLIM,
- PAUSE,
- MAXDATA,
- MAXOUT und
- PASSLIM.

Die Parameterwerte sind in der vorliegenden Konfiguration (zur inhaltlichen Bedeutung siehe weiter unten in diesem Abschnitt und [33]) gemäß Abbildung 6.5.3 festgesetzt.

DELAY	0.1
PAUSE	0.2
MAXDATA	265
MAXOUT	7
PASSLIM	7
SERVLIM 1)	200

1) SERVLIM ist nicht Bestandteil der Modelling-Function

Abbildung 6.5.3: Line-NCP-Parameter (Modelling-Function)

Mit den vorliegenden Parametersets weist die Modelling-Function die in Abbildung 6.5.4 dargestellten gemessenen Werte für die Komponenten der Network-Response-Time aus.

Poll	Inbound	FEP	Wait(O)	Outbound	Total
0.200	0.100	0.200	0.100	0.900	1.5

Abbildung 6.5.4: Gemessene Network-Delays (Modelling-Function)

Mit der Modelling-Function kann man die Parameterwerte der drei vorgestellten Parametersets variieren. Ausgewiesen werden dann die daraus resultierenden Vorhersagen für die einzelnen Zeitkomponenten der Network-Respone-Time (Network-Delays). Wir führen nun zunächst den Software-Exkurs durch und besprechen die einzelnen NCP-Parameter.

DELAY

DELAY regelt den Datenfluß zwischen NCP und TP-Zugriffsmethode im Zentralrechner. Das Abholen von im NCP inbound, das heißt für die Übertragung vom NCP zum Host vorliegenden, Daten geschieht durch einen "Attention-Interrupt" vom NCP an den Host. Das NCP generiert diesen Interrupt nach einer bestimmten Zeitspanne (DELAY-Wert) oder dann, wenn die für die Übertragung maximal Datenmenge (über Parameter festlegbar) bereitsteht. Der DELAY-Wert steht normalerweise auf 0.100 (Defaultwert nach [33]). Insbesondere bei verhältnismäßig niedriger Gesamtlast wird sich ein hoher Wert negativ auf die Antwortzeiten auswirken. Im Modell geht ein wachsender DELAY-Wert zu Lasten der Front-End-Processing-Time (siehe Abbildung 6.5.5). Das Modell ist sehr einfach. Prinzipiell wird der DELAY-Wert zur Front-End-Processing-Time hinzuaddiert. Alle anderen Zeitkomponenten erfahren keine Veränderung.

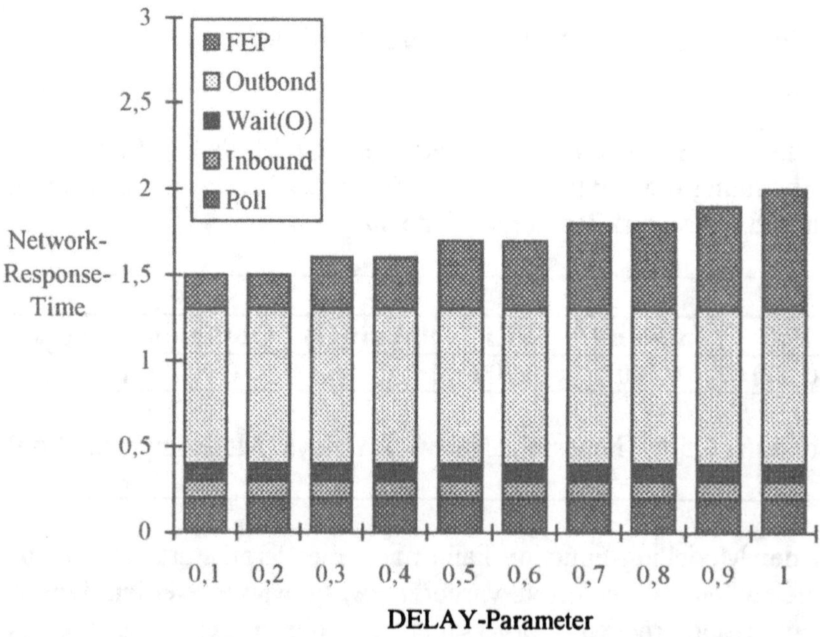

Abbildung 6.5.5: Modellierung des DELAY-Parameters mit Auswirkung auf die Network-Response-Time

SERVLIM

Die über eine Communication-Line versorgten Cluster-Controller (Physical Units) werden in eine Service-Order-Table des NCP eingetragen. In der Reihenfolge dieser Eintragungen werden die Controller vom NCP servisiert, das heißt, auf Sendebereitschaft abgefragt (Polling) bzw. mit ausgehenden Daten versorgt. Kommt die Kontaktaufnahme zwischen NCP und Datenstation nicht zustande, weil diese zum Beispiel noch nicht betriebsbereit ist, würden die immer wiederkehrenden "Time-Outs" den Datenverkehr anderer Stationen behindern. Um dies zu vermeiden, überspringt das NCP "nicht kontaktierte" Stationen und bedient diese nur "ab und zu". "Ab und zu" wird dadurch festgelegt, daß man mittels des SERVLIM-Parameters bestimmt, nach wie vielen Durchgängen durch die Service-Order-Table (Regular Scans) bei den bis dahin noch nicht kontaktierten Stationen die Kontaktaufnahme wieder einmal versucht wird (Special Scans). Die Modelling-Function des Softwaremonitors sieht für diesen Parameter keine Modellierung vor. Wir bringen deshalb ein Praxisbeispiel.

Beispiel

Die Konfiguration besteht aus einer Multipoint-Leitung mit drei Cluster-Controllern. Die Leitungsgeschwindigkeit liegt bei 19.200 Bit pro Sekunde, die Inbound- bzw. und Outbound-Message-Length im Bereich der Werte unserer Basiskonfiguration. Zu erwarten ist bei dem unterstellten Traffic eine durchschnittliche Network-Response-Time von ca. 1.5 - 1.6 Sekunden. Tatsächlich gemessen wird eine durchschnittliche Response-Time von ca. 2.5 bis 3.0 Sekunden (Siehe Abbildung 6.5.6). In der vorliegenden Situation war eine der Stationen noch nicht betriebsbereit. Das NCP war aber aufgefordert, den Kontakt herzustellen. Die dadurch ablaufenden Time-Outs führten zu der dargestellten Verschlechterung der Network-Response-Time. Wird das NCP erst gar nicht beauftragt den Kontakt zu der nicht betriebsbereiten Station herzustellen (Deaktivierung der Station per TP-Zugriffsmethode), so werden ausschließlich kontaktierte Stationen servisiert. Die Network-Response-Time fällt dann auf den erwarteten Wert von ca. 1.5 Sekunden zurück (siehe Abbildung 6.5.7). In einem automatisierten Betrieb sollte aber der Kontakt zu einer Datenstation dann erfolgen, wenn die Station betriebsbereit geschaltet wird. Deshalb setzt man in der Regel bei Multipoint-

Verbindungen SERVLIM relativ hoch. Im vorliegenden Fall führt beispielsweise ein SERVLIM-Wert von 200 zu dem gewünschten Erfolg. Zu beachten ist, daß von der Zugriffsmethode initiierte Aktivierungsvorgänge, die immer im Rahmen von Special Scans ablaufen, dann entsprechend verzögert werden.

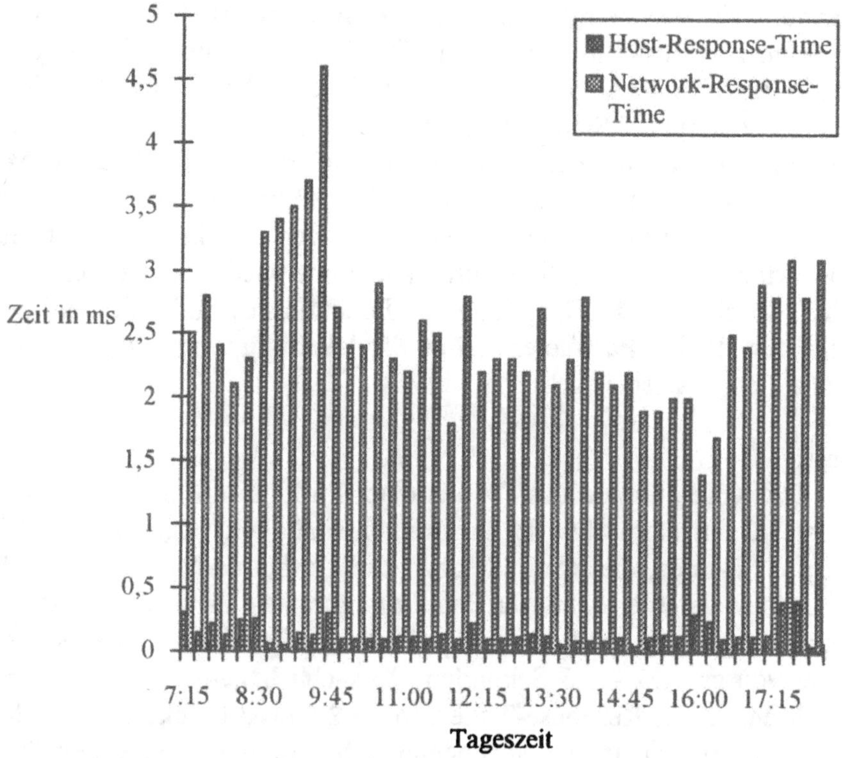

Abbildung 6.5.6: Multipoint-Line mit Poll-Time-Outs

PAUSE

Ist bei einem Durchgang durch die Service-Order-Table einmal für keine Station etwa zu tun - weder inbound noch outbound -, so laufen in rascher Folge Polls und negative Reaktionen der Datenstationen ab (non-productive Polls). Dieses nicht produktive Polling läßt sich reduzieren, indem man die "Mindestdurchlaufzeit" durch die Service-Order-Table mit Hilfe von PAUSE festlegt. Findet dann nämlich einmal kein Datentransport statt, so legt das NCP bis zum nächsten Durchgang eine "Pause" ein (bis zum Ablauf des Wertes von PAUSE).

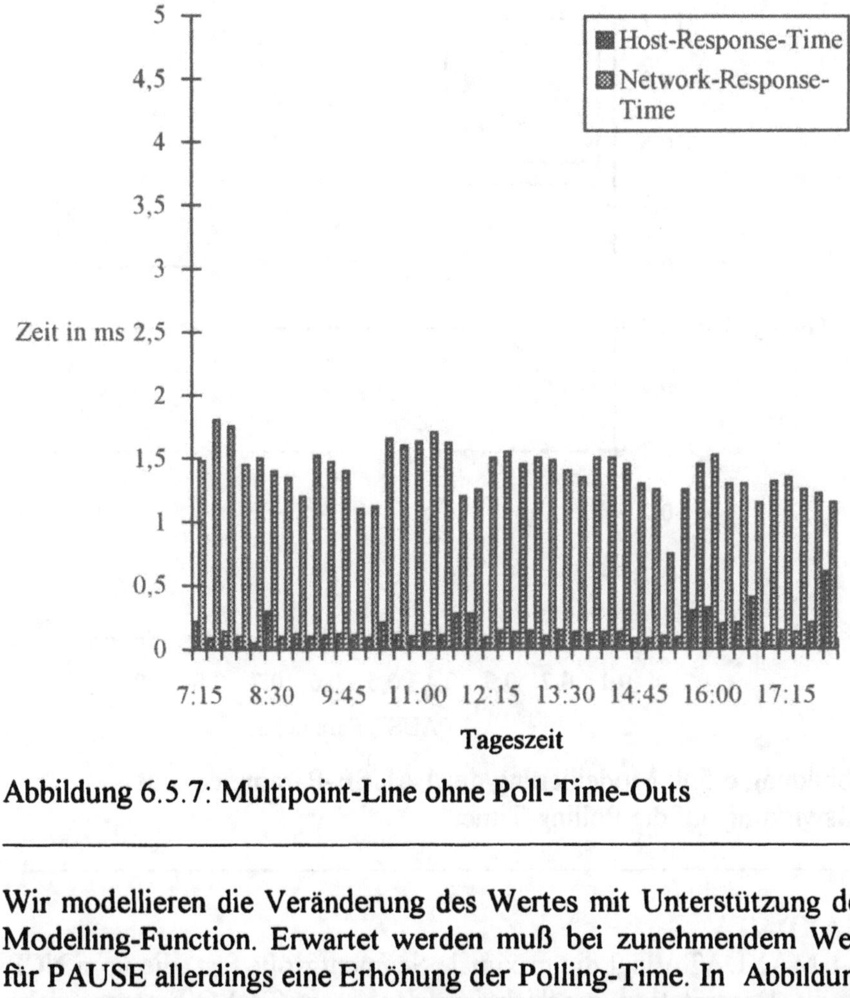

Abbildung 6.5.7: Multipoint-Line ohne Poll-Time-Outs

Wir modellieren die Veränderung des Wertes mit Unterstützung der Modelling-Function. Erwartet werden muß bei zunehmendem Wert für PAUSE allerdings eine Erhöhung der Polling-Time. In Abbildung 6.5.8 stellen wir die Wirkung von PAUSE auf die Polling-Time dar. Da zusätzlich zu erwarten ist, daß die Veränderung des PAUSE-Wertes auch abhängig von der Anzahl der zu bedienenden Controller wirkt, verteilen wir die vorhandene Transaktionslast (per Modelling-Function) auf unterschiedlich viele Physical Units. Das Ergebnis gemäß Abbildung 6.5.8 zeigt, daß eine Erhöhung des PAUSE-Wertes um so vorsichtiger vorgenommen werden muß, je größer die

Anzahl der zu bedienenden Cluster-Controller ist. Der Wert von PAUSE entspricht t_{cycl} aus unserem Polling-Time-Modell.

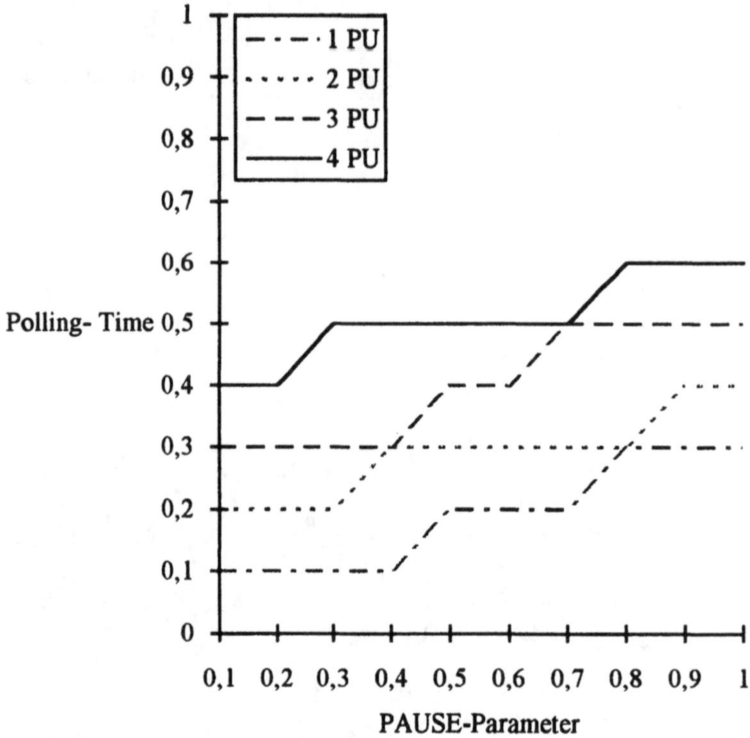

Abbildung 6.5.8: Modellierung des PAUSE-Parameters mit Auswirkung auf die Polling-Time

MAXDATA

MAXDATA legt die maximale Segmentgröße fest, die vom NCP an die Datenstation geschickt werden kann (SDLC-Frames, siehe beispielsweise [29]). Diese Größe muß auf die Aufnahmefähigkeit der Ein/Ausgabepuffer der Datenstation abgestimmt sein. Größere als MAXDATA von der Zugriffsmethode angelieferte Request-Units werden vom NCP auf Segmentgröße segmentiert (siehe Abbildung 6.5.9). Wir kommen in diesem Zusammenhang auf die am Anfang des Kapitel vorgestellte Netztopologie zurück (siehe Abbildung 6.2.2). Wir unterstellen, daß die Communication-Line zwischen dem lokalen und entfernten Front-End-Processor über eine Übertragungskapazität von 19.200 und die Sekundärleitung (Leitung vom entfernten FEP zum Cluster-Controller) über eine Kapazität von 9.600 Bit pro Sekunde verfügt.

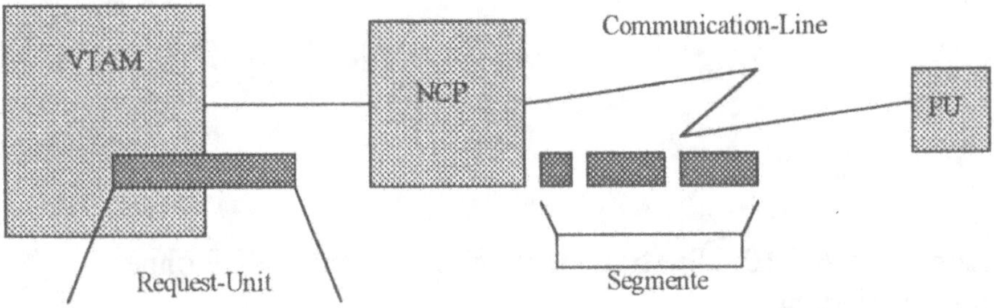

Abbildung 6.5.9: Segmentierung der Nachrichten im NCP

Eine ausgehende Nachricht durchläuft dann die beiden Netzabschnitte in

$$t_{outb} = t'_{outb} + t''_{outb} = 0.9 + 1.8 \approx 2.7 \text{ Sekunden.}$$

Dabei wird unterstellt, daß die Nachricht (Request-Unit) vom entfernten FEP komplett aufgenommen wird, bevor von diesem mit der Übertragung zum Cluster-Controller begonnen wird. Wir skizzieren diese Situation in Abbildung 6.5.10. Die Übertragungszeit läßt sich nun dadurch verkürzen, daß man die Größe der Request-Units auf die Größe der Segmente reduziert. Dann beginnt die Datenübertragung zum Cluster-Controller, wenn die erste Request-Unit (=Segment) im entfernten NCP vorliegt. Wir skizzieren auch diese Situation (siehe Abbildung 6.5.11). Wir modellieren nun für den vorliegenden Fall (Segmentierung der Nachrichten) die Outbound-Text-Time. Siehe dazu Abbildung 6.5.12.

Insgesamt sind für die ausgehende Nachricht einer Transaktion ca. 7.5 Requests-Units (=Segmente) zu übertragen. Der Einfachheit halber gehen wir von 8 Request-Units aus. Pro Unit werden (Annahme) auf der ersten Teilstrecke (lokaler FEP zum entfernten FEP) 0.113s und auf der zweiten Teilstrecke (entfernter FEP zum Cluster-Controller) 0.226s benötigt.

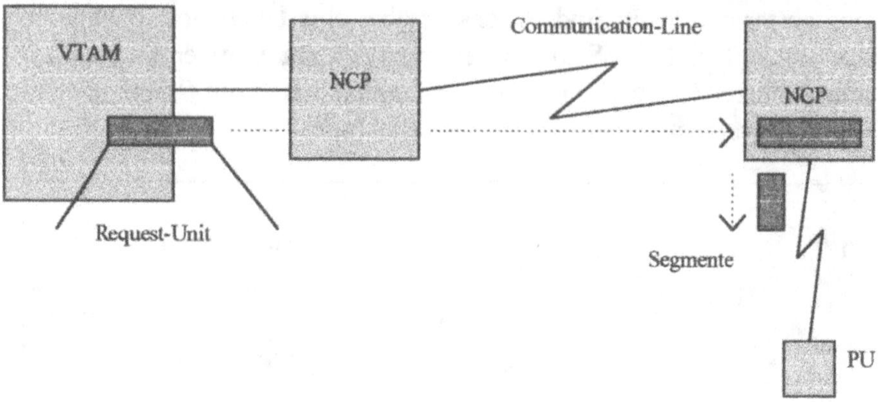

Abbildung 6.5.10: Übertragung zu einem Remote-NCP ohne Segmentierung

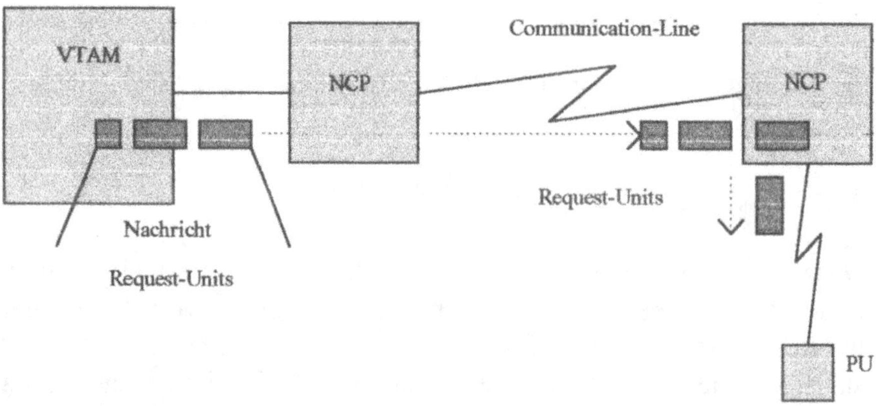

Abbildung 6.5.11: Übertragung zu einem Remote NCP mit Segmentierung

Gemäß Abbildung 6.5.12 ist die ausgehende Nachricht zum Zeitpunkt t_8, also nach ca. $8 \cdot 0.113 \approx 0.9$ Sekunden komplett im entfernten FEP angekommen. Die Datenübertragung zum Cluster-Controller durch das entfernte NCP beginnt zum Zeitpunkt t_1 und ist zum Zeitpunkt t_{17} abgeschlossen, benötigt also insgesamt ca. $16 \cdot 0.113 \approx 1.8$ Sekunden. Der Gesamttransfer beansprucht ca. $17 \cdot 0.113 \approx 1.9$ Sekunden.

t_0	Beginn der Übertragung
$t_1 = t_0 + 0.113$	Erstes Segment im entfernten NCP
$t_2 = t_1 + 0.113$	Zweites Segment im entfernten NCP
$t_3 = t_2 + 0.113$	Drittes Segment im entfernten NCP Erstes Segment im Cluster-Controller
$t_4 = t_3 + 0.113$	Viertes Segment im entfernten NCP
$t_5 = t_4 + 0.113$	Fünftes Segment im entfernten NCP Zweites Segment im Cluster-Controller
$t_6 = t_5 + 0.113$	Sechstes Segment im entfernten NCP
$t_7 = t_6 + 0.113$	Siebtes Segment im entfernten NCP Drittes Segment im Cluster-Controller
$t_8 = t_7 + 0.113$	Achtes Segment im entfernten NCP
$t_9 = t_8 + 0.113$	Viertes Segment im Cluster-Controller
$t_{10} = t_9 + 0.113$	
$t_{11} = t_{10} + 0.113$	Fünftes Segment im Cluster-Controller
$t_{12} = t_{11} + 0.113$	
$t_{13} = t_{12} + 0.113$	Sechstes Segment im Cluster-Controller
$t_{14} = t_{13} + 0.113$	
$t_{15} = t_{14} + 0.113$	Siebtes Segment im Cluster-Controller
$t_{16} = t_{15} + 0.113$	
$t_{17} = t_{16} + 0.113$	Achtes Segment im Cluster-Controller

Abbildung 6.5.12: Übertragung zu einem Remote-NCP (Modell)

Gegenüber der ursprünglichen Übertragungszeit entspricht das einer Verbesserung um ca. 30 %. Mit dieser Vorgehensweise erreicht man, daß bei unterschiedlichen Geschwindigkeiten im Primär- und im Sekundärnetz die Leistung des Sekundärnetzes die Übertragungszeit im wesentlichen bestimmt (bis auf die Übertragung des ersten Segments zum entfernten NCP und Service- und Wartezeiten in den FEPs). Gleicht man die Leistung der Sekundärnetze an die des Primärnetzes an , so ergibt sich beim Überspringen von mehreren (n) Front-Ends

$$t_{outb} \approx \sum (t_{FEP} + t_w) + t'_{outb} \approx n \cdot (t_{FEP} + t_w) + t'_{outb}.$$

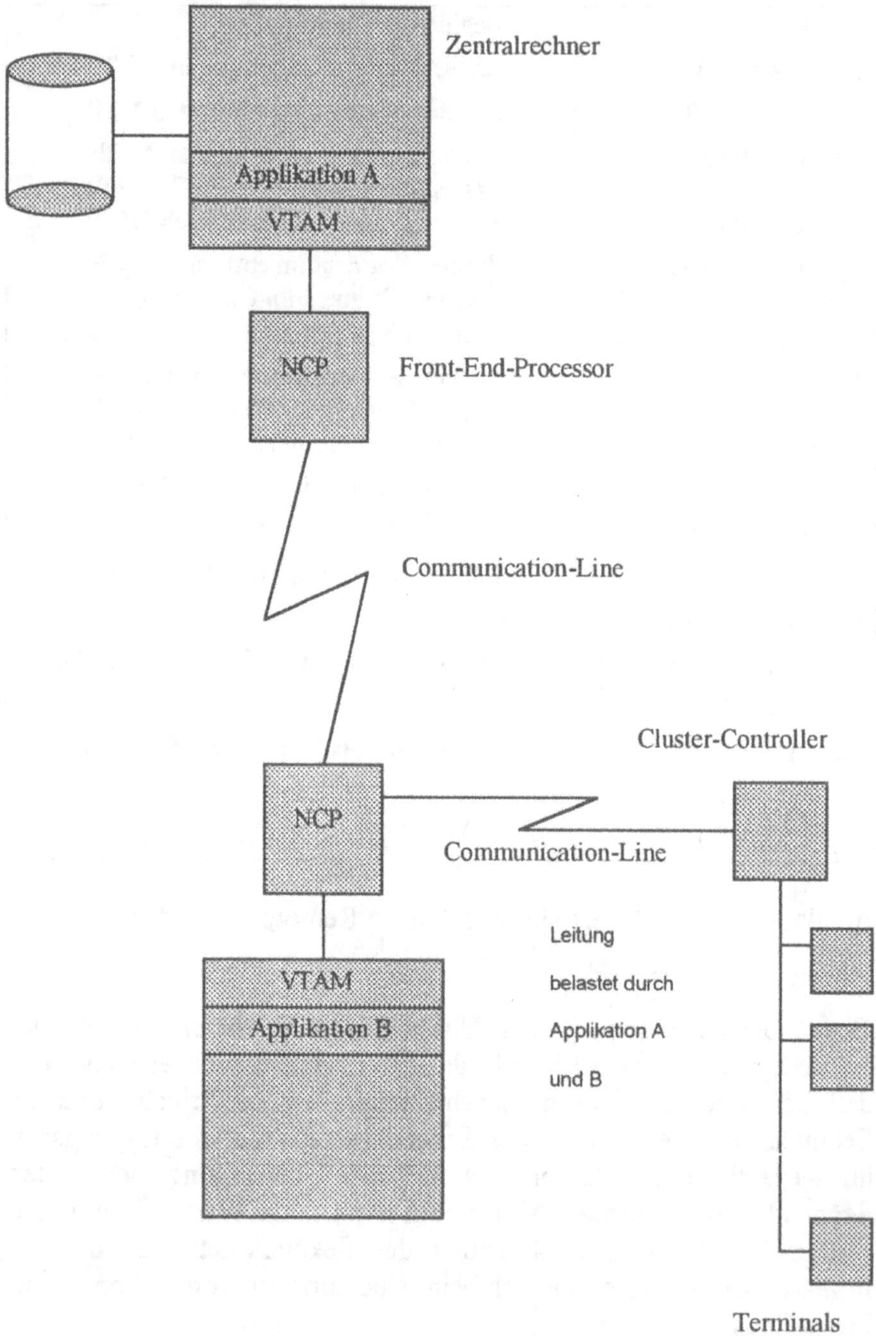

Abbildung 6.5.13: Lokale Lasten auf dem Sekundärnetz

Dabei sei t'_{outb} die Outbound-Text-Time auf dem "schlechtesten" Streckenabschnitt, t_{FEP} die mittlere FEP-Processing-Time (strenggenommen nur outbound) und t_w die mittlere Wait-for-Output-Time. Die Anzahl der Sprünge (HOBs) durch Front-End-Prozessoren ist damit ein nicht vernachlässigbarer Faktor. t_w kann in einem entfernten NCP zudem durch lokale Lasten (andere als die betrachtete, siehe Applikation A und B in Abbildung 6.5.13) noch erhöht werden. Problemanalysen in diesem Umfeld sind gewöhnlich schwierig, erst recht, wenn die entfernten NCPs nicht unter zentraler (eigener) Kontrolle sind.

MAXOUT

MAXOUT regelt, nach wie vielen Segmenten der Größe MAXDATA eine physische Empfangsbestätigung erwartet wird ("Acknowledgement"). Der Wert ist abzustimmen auf die Anzahl der von der Datenstation zur Verfügung gestellten Ein-Ausgabepuffer.

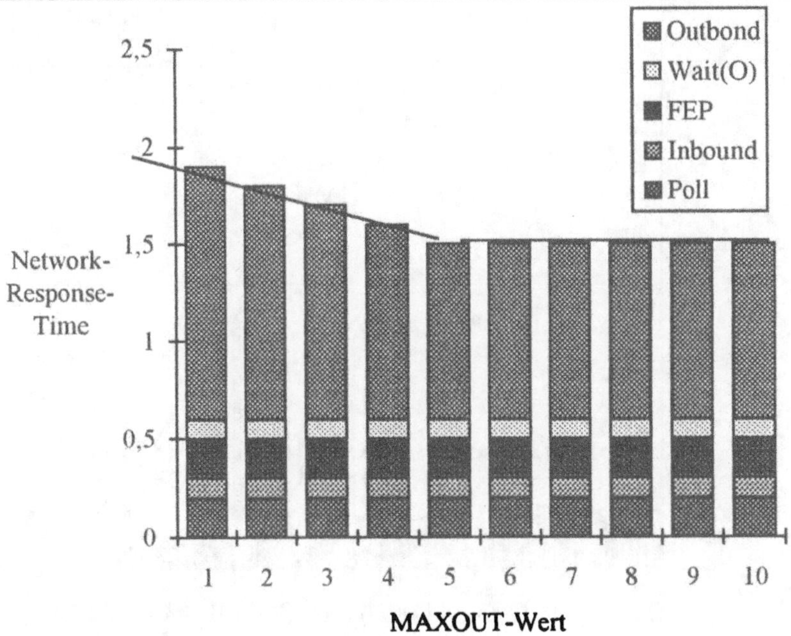

Abbildung 6.5.14: Network-Response-Time in Abhängigkeit von MAXOUT (Modell)

Bei Auftreten eines Leitungsfehlers wird der Sendevorgang für MAXOUT-Segmente wiederholt. Bei guter Leistungsqualität ist deshalb ein hoher Wert vorteilhaft. Es ist zu erwarten, daß mit abnehmendem MAXOUT-Wert die Outbound-Text-Time zunimmt. Dies hängt damit zusammen, daß durch die notwendigen Acknowledgements auf der physikalischen Übertragungsebene der Abschluß des Sendevorgangs auf der SNA-Ebene verzögert wird. In Abbildung 6.5.14 ist die Outbound-Text-Time in Abhängigkeit vom MAXOUT-Wert dargestellt (Modell). Dabei wird eine konstante Error-Rate unterstellt. Das Ergebnis zeigt, daß die Outbound-Text-Time bei "kleinen" MAXOUT-Werten zunimmt. Das Modell läßt ab ca. einem Wert von MAXOUT = 5 keinen Unterschied mehr erkennen. In den Abbildungen 6.5.15 und 6.5.16 zeigen wir die Auswirkung einer "schlechten Leitung" in praxi. Der MAXOUT-Parameter steht dabei auf 7.

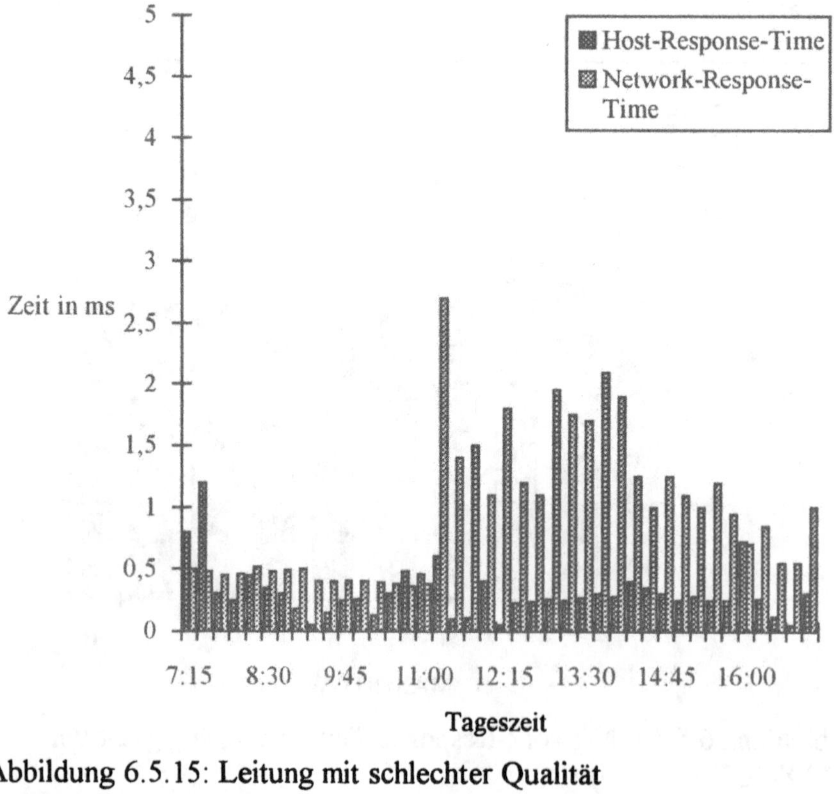

Abbildung 6.5.15: Leitung mit schlechter Qualität

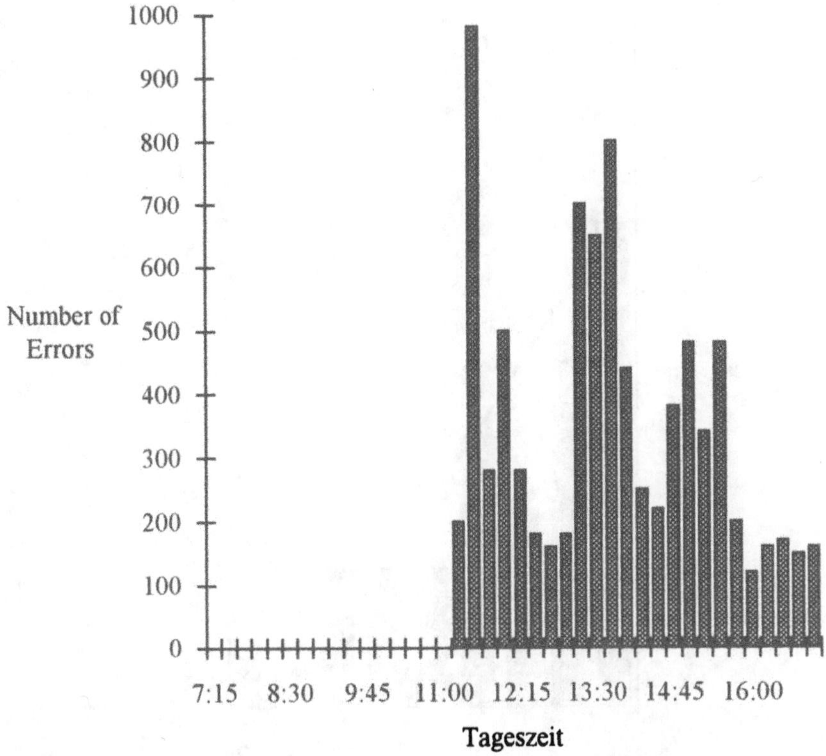

Abbildung 6.5.16: Anzahl Fehler bei schlechter Leitungsqualität (konsistent zu Abbildung 6.5.15)

PASSLIM

PASSLIM regelt, wie lange sich das NCP beim Durchgang durch die Service-Order-Table mit einer Datenstation beschäftigen darf, bevor es zur nächsten Station in der Service-Order-Table weitergehen muß. Mit PASSLIM wird die Anzahl der Segmente festgelegt, die bei einem Service-Durchgang für die betreffende Station maximal durch das NCP an die Datenstation ausgeliefert werden darf. Nach Erreichen von PASSLIM wendet sich das NCP der nächsten Station in der Service-Order-Table zu. Noch nicht abgelieferte Segmente werden im nächsten Durchgang nachgereicht. Vom Modell ist zu erwarten, daß mit sinkendem PASSLIM die Service-Time des Front-End zunimmt. In Abbildung 6.5.17 stellen wir die FEP-Time t_{FEP} in Abhängigkeit von PASSLIM dar.

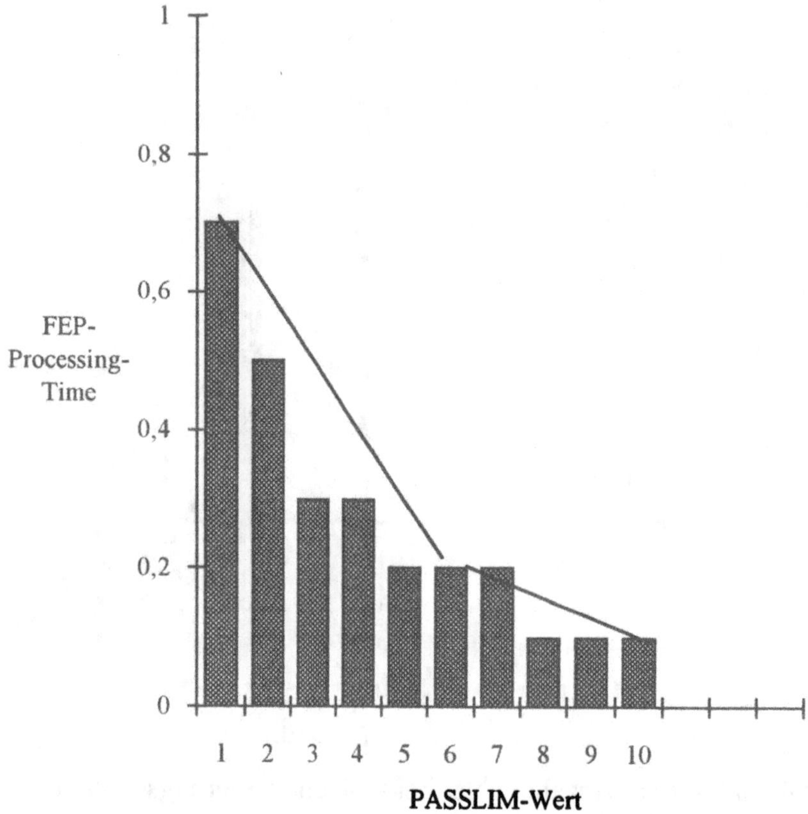

Abbildung 6.5.17: FEP-Processing-Time in Abhängigkeit von PASSLIM

6.6 Zusammenfassung SNA-Netze

Die Network-Response-Time ist ein wesentlicher Erfolgsfaktor beim Betrieb von Online-Systemen. Dabei wird ein konsistenter Service vom Endbenutzer in der Regel ähnlich hoch eingestuft wie die Höhe der Antwortzeit selbst. Als äußerst störend werden Schwankungen empfunden: Gute Antwortzeiten außerhalb der Lastspitzen, schlechte Antwortzeiten in den Spitzenzeiten, wenn die Anforderungsrate am höchsten ist.

Ein typisches Beispiel sind Spitzenbelastungen während der Schalterstunden einer Bank am Monatsultimo. Die Vermeidung von Wartezeiten bei Lastspitzen erreicht man trivialerweise durch eine konsequent auf die Spitzenlast ausgelegte Netzkonfiguration. Basis ist eine auf die Anforderungen abgestimmte Server-Kapazität (Line-Server). Wir haben festgestellt, daß in der vorliegenden Hard- und Softwareumgebung mit einer Leitungskapazität von $r_c = 19.200$ beispielsweise keine Subsecond-Response-Time realisierbar ist und das unabhängig von der Last. Wir schließen das Kapitel ab, indem wir für die zweite Netztopologie gemäß Abbildung 6.2.2 aus dem ersten Abschnitt unser Modell ergänzen und mit dem bereits gerechneten Ergebnis für die erste Konfiguration gemäß Abbildung 6.2.1 vergleichen. Wir unterstellen gleiche Leitungskapazitäten im Primär- und im Sekundärnetz und machen den Ansatz

$$t_N = t_p + 2 \cdot \left(t_{inb} + t_{FEP} + t_w\right) + t_{outb}$$

$$= t_p + 2 \cdot \left(t_{inb} + t_{FEP}\right) + t_{outb} + 2 \cdot t_w .$$

Es folgt

für $r_c = 9.600$

$$t_N = t_p + 2 \cdot (t_{inb} + t_{FEP}) + t_{outb} + 2 \cdot t_w$$

$$= t_p + 2 \cdot (0.2 + 0.2) + 1.8 + 2 \cdot t_w \approx 2.6 + t_p + 2 \cdot t_w ,$$

für $r_c = 19.200$

$$t_N = t_p + 2 \cdot (t_{inb} + t_{FEP}) + t_{outb} + 2 \cdot t_w$$

$$= t_p + 2 \cdot (0.1 + 0.2) + 0.9 + 2 \cdot t_w \approx 1.5 + t_p + 2 \cdot t_w$$

und für $r_c = 64.000$

$$t_N = t_p + 2 \cdot (t_{inb} + t_{FEP}) + t_{outb} + 2 \cdot t_w$$

$$= t_p + 2 \cdot (0.03 + 0.2) + 0.27 + 2 \cdot t_w \approx 0.7 + t_p + 2 \cdot t_w .$$

r	**Leitungsgeschwindigkeit r_c**		
	9.600	19.200	64.000
0.1	1.1	0.3	0.1
0.2	2.6	0.5	0.1
0.3	5.6	0.9	0.1
0.4	15.2	1.3	0.1
0.5	1)	2.0	0.2
0.6		3.0	0.2
0.7		4.4	0.2
0.8		7.5	0.2
0.9		16.6	0.2
1.0		1)	0.2

1) Leitungskapazität überschritten

Abbildung 6.6.1: Polling- und Wait-for-Output-Time (Modell)

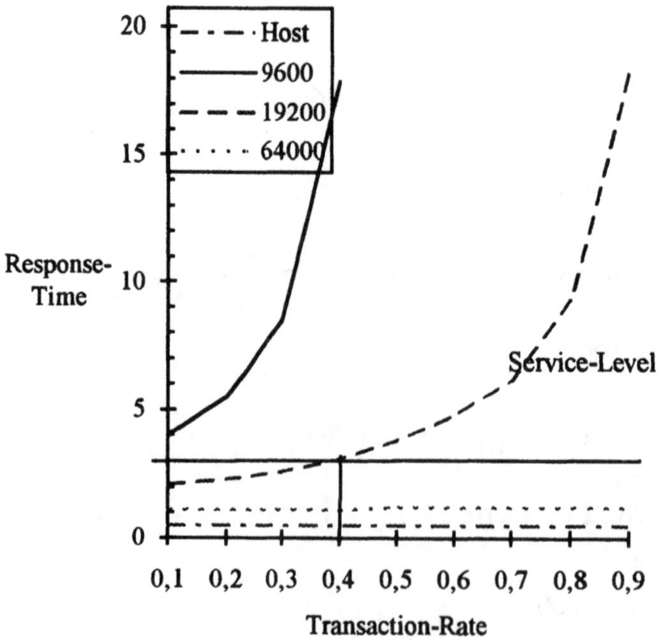

Abbildung 6.6.2: Response-Time (Modell)

In Abbildung 6.6.1 ist $t_p + 2 \cdot t_w$ in Abhängigkeit von Traffic r und Leitungsgeschwindigkeit r_c dargestellt. Die modellierte Response-Time insgesamt mit $t_H = 0.5$ zeigen wir in Abbildung 6.6.2. In Abbildung 6.6.3 vergleichen wir diese Ergebnisse mit denen für Konfiguration 1 gemäß Abbildung 6.4.6.

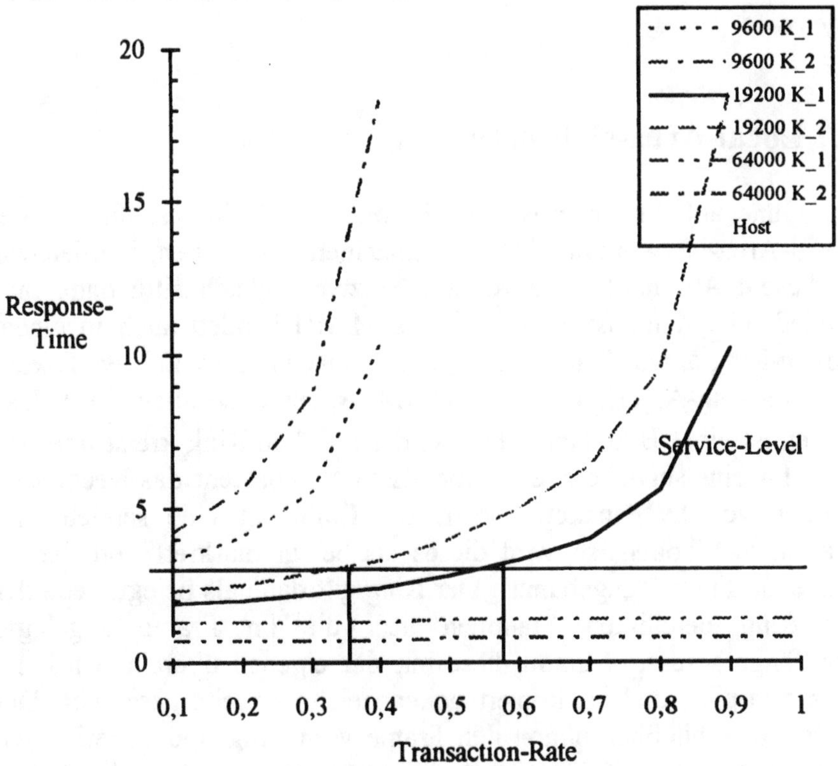

Abbildung 6.6.3: Antwortzeiten der Konfigurationen 1 und 2 im Vergleich (Modell)

Im Ergebnis zeigt sich, daß Hobs über mehrere NCPs durchaus kritisch zu bewerten sind. Geht man beispielsweise von einem Service-Level von $t_r = 3.0$ Sekunden aus, so wird bei einer Leitungskapazität von $r_c = 19.200$ die Sättigung statt bei knapp $r = 0.60$ Transaktionen pro Sekunde (Konfiguration 1) bereits bei ca. $r = 0.35$ Transaktionen pro Sekunde erreicht, wenn ein zweites NCP "übersprungen" werden muß. Dabei sind "lokale" Lasten, die in solchen Konfigurationen üblich sind, nicht berücksichtigt. Wir rufen an dieser Stelle noch einmal in Erinnerung, daß es sich bei diesen Aussagen um Aussagen rein qualitativer Natur handelt. Es wird nicht der Anspruch erhoben, daß das Modell die Antwortzeiten berechenbar macht. Es dient ausschließlich der Erklärung von Effekten, mit denen man in ähnlichen Situationen rechnen muß und die konsequenterweise bereits bei der Konfigurationsplanung zu berücksichtigen sind.

6.7 Local-Area-Networks

Ohne auf die Spezifika und besonderen Problemstellungen bei Local-Area-Networks (LANs) im einzelnen einzugehen, werden wir in diesem Abschnitt - das Kapitel Netzwerk gleichzeitig damit abschließend - demonstrieren, daß das M/M/1-Modell auch in einem Token-Ring anwendbar ist. Wir gehen zunächst kurz auf den Token-Ring-Passing-Algorithmus ein (siehe beispielsweise auch [14]). Das Token ist ein 3 Byte langer Frame, der auf dem Ring kreist und den Ring für eine sendebereite Station als frei (es besteht das Recht zum Senden von Datenpaketen) markiert. Empfängt eine sendebereite Station das Token, so wird dieses als belegt markiert und der zu sendende Frame "angehängt". Der Ring gilt dann als belegt. Jede der am Ring beteiligten Stationen liest die im Frame abgelegte Empfängeradresse. Stimmt diese mit der eigenen überein, wird der Frame kopiert und als kopiert gekennzeichnet weitergeschickt. Der Absender schließlich nimmt den Frame vom Ring und generiert ein neues Token. Die nächste sendewillige Station kann dann das Token wieder belegen, um ihrerseits Daten zu senden. Damit ist das Token-Passing-Prinzip im wesentlichen schon beschrieben. Ein erweitertes Verfahren, das in 16 Megabit-Ringen zum Einsatz kommt, ist Early-Token-Release. Bei diesem Verfahren generiert die sendende Station bereits nach einer kurzen Wartezeit das neue Frei-Token. Dies hat zur Folge, daß sich mehrere Datenpakete zu einer Zeit auf dem Ring befinden können. Wir skizzieren das Verfahren in Abbildung 6.7.1. Danach hat die erste Station (Station 1) einen Frame, bestehend aus Header (HDR), Daten (DATA) und Trailer (TRLR), gesendet (Ringrichtung entgegen dem Uhrzeigersinn) und nach einer kurzen

Wartezeit (IDLE-Time) ein neues Token generiert. Dieses wurde von der zweiten Station (Station 2) unmittelbar dazu benutzt, ihrerseits ein Datenpaket auf den Ring zu bringen.

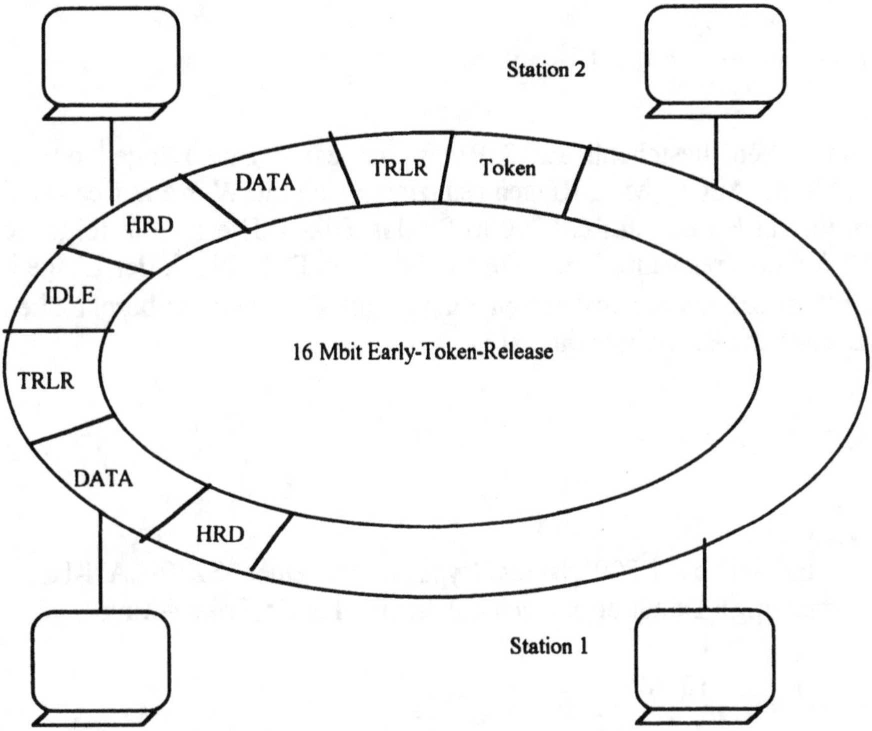

Abbildung 6.7.1: Early-Token-Release-Verfahren

Es befinden sich damit zu einer Zeit zwar mehrere Datenpakete, aber immer nur ein Token auf dem Ring. Zu beachten ist, daß Early-Token-Realease nur in "großen" Ringen wirksam wird. Sei nämlich

- v_s die Signalausbreitungsgeschwindigkeit des Signals auf dem Ring in Metern pro Sekunde
- μ die Übertragungsrate des Ring-Protokolls in Bit pro Sekunde,

so entspricht

$$l = \frac{v_s}{\mu}$$

der Länge eines Bit auf dem Ring. Bei einer typischen Signalausbreitungsgeschwindigkeit in der Größenordnung von $v_s = 2 \cdot 10^8 \frac{m}{s}$ ergibt sich als Bitlänge auf einem 4 Mbit-Ring ($\mu = 4 \cdot 10^6$)

$$l = \frac{v_s}{r} = \frac{2 \cdot 10^8}{4 \cdot 10^6} = 0.5 \cdot 10^2 = 50 \text{ m.}$$

Ein Token, bestehend aus 3 Bytes, hat damit eine Länge von ca. 1.200 m. Auf 16 Mbit-Ringen reduzieren sich die Werte auf ca. 12.5 m für ein Bit und auf ca. 300 m für das Token. Die für die folgende Diskussion relevante Umlaufzeit t_s für einen Datenblock der Länge b (in Bit) auf einem sonst leeren Ring ergibt sich aus (wir beschränken uns auf das Basisalgorithmus)

$$t_s = \frac{b}{\mu}.$$

Beispiel

Es sei $b = 1.500$ Bytes (typisch bei einer 3270-LAN-Hostverbindung). Damit ergibt sich auf einem 4 Mbit-Token-Ring

$$t_s = \frac{b}{\mu} = \frac{1.5 \cdot 10^3 \cdot 8}{4 \cdot 10^6} = 3 \cdot 10^{-3} = 0.003\text{s}.$$

t_s läßt sich auffassen als Ring-Service-Time für einen Datenblock der Länge b (in Bit). Unter der Zugriffsverzögerungszeit (Access-Delay-Time) versteht man die mittlere Zeit t_{ad} zwischen zwei Frei-Token (aus Sicht einer Station). Wir modellieren t_{ad} unter den im Folgenden genannten Annahmen, wobei wir uns auf den Basisalgorithmus beschränken. Es sei

- r die Ankunftsrate von Paketen auf dem Ring.
- Der Ankunftsprozeß sei exponentialverteilt,
- die Requests gleichverteilt über alle angeschlossenen Stationen und
- der Service-Prozeß mit der Service-Time t_s ebenfalls exponentialverteilt,

dann gilt nach dem M/M/1-Modell

$$t_q = \frac{t_s}{1-\delta} = \frac{\frac{b}{\mu}}{1-r\cdot\frac{b}{\mu}} = \frac{b}{\mu - r\cdot b} = \frac{1}{\frac{1}{t_s} - r}.$$

Dabei ist $\delta = r \cdot t_s = r \cdot \frac{b}{\mu}$ der Auslastungsgrad des Rings. t_{ad} ist die Zeitspanne, nach der eine Station, die gerade ein Datenpaket gesendet hat, erneut das Recht zum Senden bekommt (ein Paket wurde gerade gesendet, die Station muß $\frac{\delta}{1-\delta}$ Sendevorgänge durch andere Stationen abwarten, bis sie wieder ein Token belegen kann). In [14] ist dieses Ergebnis etwas "plastischer" hergeleitet.

Der Token-Ring-Zugriffsalgorithmus gilt im Gegensatz zum CSMA/ CD-Verfahren (Currier-Sense-Multiple-Access / Collision-Detection, siehe beispielsweise [34]) als deterministisch. Das bedeutet, daß jede Station in vorherbestimmbarer Zeit das Senderecht bekommt. Das Modellergebnis sagt aus, daß diese Zeitspanne in Abhängigkeit von der Auslastung des Rings exponentiell wächst. Folgendes Gedankenexperiment zeigt, daß ein Ring auch noch bei sehr hoher Auslastung funktioniert und das Verhalten kalkulierbar bleibt. Es sei dazu wieder N die Anzahl der angeschlossenen Stationen und t_s die mittlere Ringumlaufzeit für einen Block der Länge b. Unterstellt man, daß alle Stationen gleichzeitig senden wollen, so ist der Ring für kurze Zeit zu 100% ausgelastet. Die maximale Verzögerungszeit für eine Station, die gerade gesendet hat, beträgt dann $t_{ad} = N \cdot t_s$.

Beispiel

Sei $N = 100$ und $t_s = 0.003$, dann liegt die maximale Verzögerung bei 300 Millisekunden.

Dieses Gedankenexperiment läßt gleichzeitig vermuten, daß die Verzögerungszeit nicht allzu sehr schwankt. In [34] ist das Ergebnis einer Simulation dargestellt, bei der das Token-Verfahren mit dem CSMA/CD-Verfahren verglichen und die Varianz der Verzögerung in Abhängigkeit von der Auslastung des Rings bzw. des Segments dargestellt wird. Danach entwickelt sich die Varianz der Verzö-

gerungszeit beim Token-Ring-Verfahren harmloser als beim CSMA/CD-Verfahren. In diesem Sinne ist der Token-Algorithmus im Gegensatz zum CSMA/CD-Verfahren deterministisch. Als weiteres Qualitätsmerkmal in einem LAN ist das Verhalten bei zunehmender Anzahl angeschlossener Stationen. Beim Token-Verfahren entsteht bei Zunahme der Stationsanzahl und sonst unveränderter Last eine zusätzliche Verzögerung nur aufgrund von Station-Delay. Station-Delay ist eine Folge der Tatsache, daß jedes Paket von jeder Station zwischengespeichert und gelesen werden muß (1 Bit-Delay, siehe beispielsweise [34]). Es ist zu vermuten, daß beim Token-Verfahren diese Verzögerung von der Anzahl der angeschlossenen Stationen nur schwach abhängt. Beim CSMA/CD-Verfahren wird die Anzahl der Kollisionen in Abhängigkeit von der Anzahl der Stationen bei sonst gleicher Auslastung zunehmen. Kollisionen werden dadurch aufgelöst, daß die an der Kollision beteiligten Stationen nach einem vorgegebenen Algorithmus erneut senden dürfen. Es ist zu erwarten, daß die Zugriffszeit auf das Medium dadurch verzögert wird und die Stationsanzahl beim CSMA/CD-Verfahren stärker durchschlägt als beim Token-Verfahren. Auch diese Aussage wird in [34] durch eine Simulation bestätigt
Als Performance-Index in LANs gilt gewöhnlich das Verhältnis zwischen Zugriffsverzögerungs- und Blockübertragungszeit in Abhängigkeit von der Auslastung des Rings bzw. des Segments. Nach unserem Token-Ring-Modell entspricht dieser Index der Relation

$$\frac{t_{ad}}{t_s} = \frac{1}{1-\delta}.$$

In [14] wird das Token-Ring-Verfahren mit dem CSMA/CD-Verfahren auf dieser Basis verglichen. Danach schneidet das CSMA/CD-Verfahren im unteren Lastbereich besser ab. Bei einer Auslastung von mehr als ca. 40% gewinnt der Token-Algorithmus. Eine abschließende Beurteilung kann allerdings nur in Abhängigkeit von der Anwendungsumgebung (Laststruktur und Anwendungsspektrum) erfolgen.

7 Performance-Management

7.1 Einleitung

Im vorliegenden Kapitel werden wir eine Methode für das Performance-Management skizzieren (Performance-Methodologie). Nach grundlegenden Definitionen der Begriffe "Performance" und "Performance-Management" werden wir uns mit der Thematik "Service-Level-Vereinbarungen" befassen. Anschließend werden wir auf die Funktionen des Performance-Managements detailliert eingehen. Den Schwerpunkt legen wir dabei auf das Real-Time-Performance-Management. In diesem Zusammenhang werden wir die heutige Monitorwelt kurz beleuchten und den IBM-Monitor RMF III etwas detaillierter vorstellen. Im Anschluß werden wir ein Modellsystem analysieren und abschließend auf das Problem der Verdichtung und Darstellung von Performance-Daten eingehen.

7.2 Definition und Abgrenzung

Den Begriff Performance haben wir bisher noch nicht explizit definiert. In der Literatur ist so gut wie keine Definition zu finden. In einem Wörterbuch der Datenverarbeitung beispielsweise wird umschrieben:

Performance

Together with facility, one of the two major factors on which the total productivity of a system depends. Performance is largely determined by a combination of three other factors: throughput, response time and availability.

Den so beschriebenen Sachverhalt skizzieren wir schematisch in Abbildung 7.2.1. Unter "facility" verstehen wir im vorliegenden Kontext alle Hard- und Softwareeinrichtungen sowie Verfahren, die bei der Abwicklung bzw. Erstellung der DV-Services bzw. -Produkte zum Einsatz kommen wie beispielsweise

- fehlertolerante Hard- und Softwarekonfigurationen,
- Backup- und Fall-Back-Verfahren,

- leistungsfähige Hardware (Prozessoren, Magnetplatten) und
- leistungsfähige Software (Multiprozessorfähigkeit, Erfüllung des Lokalitätsprinzips, I/O-Buffer-Management).

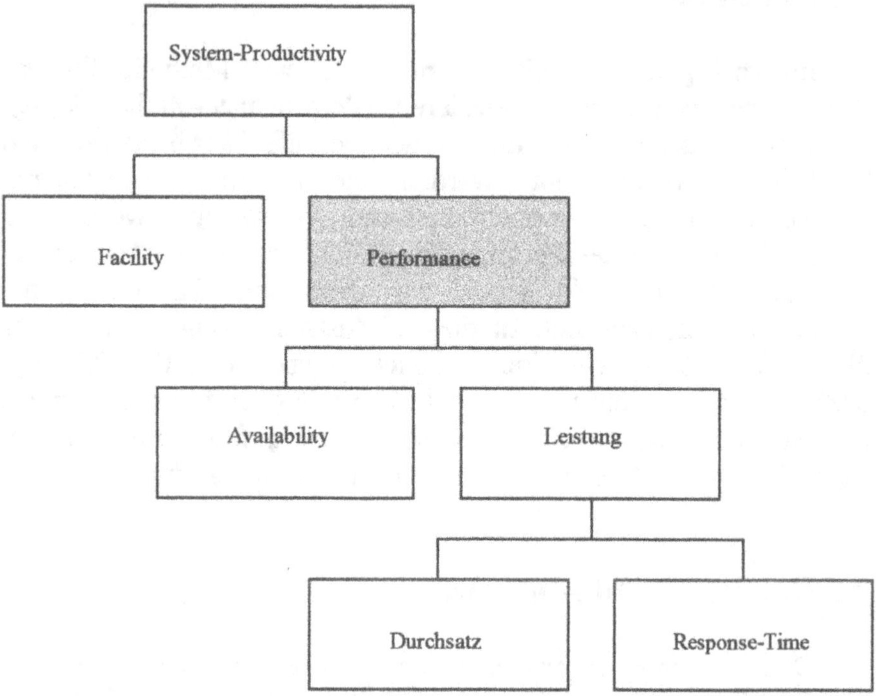

Abbildung 7.2.1: Schematische Darstellung des Begriffs Performance

Nach obiger Beschreibung gibt es zwei Aspekte der Performance, den der Verfügbarkeit (Availability) der Systeme und den der Leistung der Systeme (Antwortzeiten, Durchlaufzeiten, Durchsatz). Die Sichtweise des Systemnutzers (im weitesten Sinne) einnehmend, definieren wir:

Definition

Unter Performance verstehen wir die Zugriffsmöglichkeit auf Services und Produkte (Verfügbarkeitsaspekt), die Schnelligkeit der Ergebnisbeschaffung und Bereitstellung (Antwortzeiten, Durchlaufzeiten) sowie die Anzahl der pro Zeiteinheit durchsetzbaren Aufträge (Durchsatz).

Services können beispielsweise sein:
- Abfrage des Kontostandes eines Kunden (Bankenanwendung),
- Artikelbestandsabfrage.

Produkte können sein:
- Kontostandsanzeige am Terminal,
- Kontoauszug am Kontoauszugsdrucker,
- Artikelbestandsliste am Drucker.

Definition

Unter Performance-Management verstehen wir alle Maßnahmen und Verfahren, die der Sicherstellung der vereinbarten Performance (Verfügbarkeits- und Leistungsaspekt) dienen.

Um Performance-Management durchführen zu können, sind Absprachen darüber notwendig, in welchen Produktionsabschnitten Services zur Verfügung stehen sollen und wie schnell die Beschaffung der Ergebnisse - gegebenenfalls bei welcher Anforderungsrate - abgewickelt werden soll. Diese Vereinbarungen sind Gegenstand von Service-Level-Agreements zwischen Servicenehmer (DV-Nutzer) und Servicegeber (RZ, DV-Abteilung). Mit dieser Thematik werden wir uns im folgenden Abschnitt auseinandersetzen.

7.3 Service-Level-Agreements

Obwohl wir uns primär mit der Leistung von Datenverarbeitungssystemen befassen, gehen wir in diesem Abschnitt auch auf den Verfügbarkeitsaspekt etwas genauer ein. Service-Level-Agreements sind vertragliche Vereinbarungen zwischen Servicegeber und Servicenehmer. Vertragsgegenstand sind beispielsweise Vereinbarungen über
- die Zeiträume, in denen Services zur Verfügung zu stellen sind,
- die Antwortzeiten bei Online-Systemen,
- die Turnaround-Zeiten bei Batcharbeiten,
- Liefertermine für DV-Produkte wie Druckergebnisse und
- Reaktionszeiten bei Störungen.

Wir diskutieren zunächst den Verfügbarkeitsaspekt des Performance-Managements und definieren:

Definition

Seien $\left[t_{S_i}^-, t_{S_i}^+\right]$ Zeitintervalle eines Berichtszeitraums t_B. Unter dem Sollzeitraum t_S einer Applikation im Berichtszeitraum t_B verstehen wir die Teilmenge $t_S = \bigcup \left[t_{S_i}^-, t_{S_i}^+\right]$ von t_B, in der die Applikation vereinbarungsgemäß zur Verfügung stehen soll. Unter dem Istzeitraum der Applikation verstehen wir die Teilmenge $t_I = \bigcup \left[t_{I_i}^-, t_{I_i}^+\right]$ von t_S, $\left[t_{I_i}^-, t_{I_i}^+\right] \subseteq \left[t_{S_i}^-, t_{S_i}^+\right]$, in der die Applikation tatsächlich zur Verfügung steht. Unter dem Verfügbarkeitsgrad a der Applikation im Berichtszeitraum t_B verstehen wir die Relation

$$a = \frac{\sum_i (t_{I_i}^+ - t_{I_i}^-)}{\sum_i (t_{S_i}^+ - t_{S_i}^-)}.$$

Wir kürzen ab mit

$\bar{t}_I = \sum_i (t_{I_i}^+ - t_{I_i}^-)$ und $\bar{t}_S = \sum_i (t_{S_i}^+ - t_{S_i}^-)$ und nennen $\bar{t}_I$ Istzeit und $\bar{t}_S$ Sollzeit. Es gilt

$$a = \frac{\bar{t}_I}{\bar{t}_S} = \frac{\bar{t}_S - (\bar{t}_S - \bar{t}_I)}{\bar{t}_S} = 1 - \frac{\bar{t}_A}{\bar{t}_S}.$$

$\bar{t}_A = \bar{t}_S - \bar{t}_I$ heißt Ausfallzeit, der zugrunde liegende Zeitraum Ausfallzeitraum.

Beispiel

Eine Applikation soll werktags (montags bis freitags) zwischen 7.00 und 19.00 Uhr zur Verfügung stehen. Der Berichtszeitraum sei ein Monat mit 20 Werktagen. Dann ist

$$\bar{t}_S = \sum_i (t_S^+ - t_S^-) = 20 \cdot 12 = 240.$$

Steht die Applikation an drei Werktagen für jeweils 2 Stunden nicht zur Verfügung, so gilt

$$\bar{t}_I = \sum_i t_I^+ - t_I^- = 17 \cdot 12 + 3 \cdot 10 = 234,$$

$$\bar{t}_A = \bar{t}_S - \bar{t}_I = 240 - 234 = 6$$

und

$$a = \frac{\bar{t}_I}{\bar{t}_S} = 1 - \frac{\bar{t}_A}{\bar{t}_S} = 1 - 0.025 = 0.975.$$

Man kann den Standpunkt vertreten, daß geplante Unterbrechungen von der Sollzeit in Abzug zu bringen sind. Dies geschieht dadurch, daß man von vornherein Wartungs- und Service-Korridore vereinbart. Alle Unterbrechungszeiten darüberhinaus gelten dann als Ausfallzeiten.

Definition

Unter dem Service-Level versteht man einen vertraglich festgelegten Verfügbarkeitsgrad s, der in einem definierten Berichtszeitraum nicht unterschritten werden darf. Der Service-Level ist erfüllt, wenn der aktuelle Verfügbarkeitsgrad a größer oder gleich dem Service-Level ist ($a \geq s$). Im anderen Fall ist der Service-Level verletzt.

Voraussetzungen für das Verfügbarkeitsmanagement

Für ein effizientes Verfügbarkeitsmanagement werden vorausgesetzt (beispielhaft):

- Eine korrekte und vollständige Erfassung der Ausfallzeiten,
- die ständige Kontrollmöglichkeit der Verfügbarkeit im laufenden Berichtszeitraum (erlaubt steuernde Eingriffe),
- die Vereinbarung von Maßnahmen bei Verletzung des Service-Levels und
- eine exakte Definition über die Tiefe (Bearbeitungstiefe) der erfaßten Ausfälle.

Probleme beim Verfügbarkeitsmanagement (beispielhaft)

In der Regel existieren zeitliche Diskrepanzen zwischen der zentral festgestellten Verfügbarkeit einer Applikation und der Verfügbarkeit der Services am Arbeitsplatz des Systembenutzers. Gründe dafür sind

- Zeitverzögerungen bei der Aktivierung der Netzkomponenten bzw. Diskrepanzen zwischen der Feststellung der Störung am Arbeitsplatz und in der Zentrale,
- Störungen in einzelnen Netzabschnitten; die Services stehen dann zentral zwar zur Verfügung, können aber von einzelnen Benutzern (die beispielsweise über den gestörten Netzabschnitt angebunden sind) nicht erreicht werden.

Durch die Festlegung der Bearbeitungstiefe definiert man, auf welcher Stufe der Verarbeitung Verfügbarkeitsmanagement betrieben wird. Prinzipiell stehen dazu, abgeleitet aus der jeweiligen Systemkonfiguration, folgende Stufen zur Verfügung:

- Verfügbarkeit der Applikationen, der Services zentral,
- Verfügbarkeit der Applikationen, Services in Netzabschnitten, Netzsegmenten bzw. bei den über diese erreichten Benutzergruppen, beispielsweise Abteilungen,
- Verfügbarkeit der Applikationen, der Services am Endgerät bzw. beim Endbenutzer.

Der Aufwand für das Verfügbarkeitsmanagement wächst trivialerweise mit der vereinbarten Bearbeitungstiefe.

Beispiel

Führt man Verfügbarkeitsmanagement bis auf die Ebene von Netzabschnitten bzw. Benutzergruppen durch, so sind für jede Terminal-/Benutzergruppe festzulegen, zu erfassen bzw. zu reporten:

- Die zur Verfügung gestellten Applikationen und Services,
- die Sollzeiten der Applikationen,
- die Service-Levels,
- Ausfallzeiten,
- Verfügbarkeitsgrade und
- Ausfallursachen (siehe unten).

Diese Bearbeitungstiefe bedarf notwendigerweise einer maschinellen Unterstützung. Dabei kann die Hierarchie der Abhängigkeiten, wie sie beispielhaft in Abbildung 7.3.1 skizziert ist, helfen.

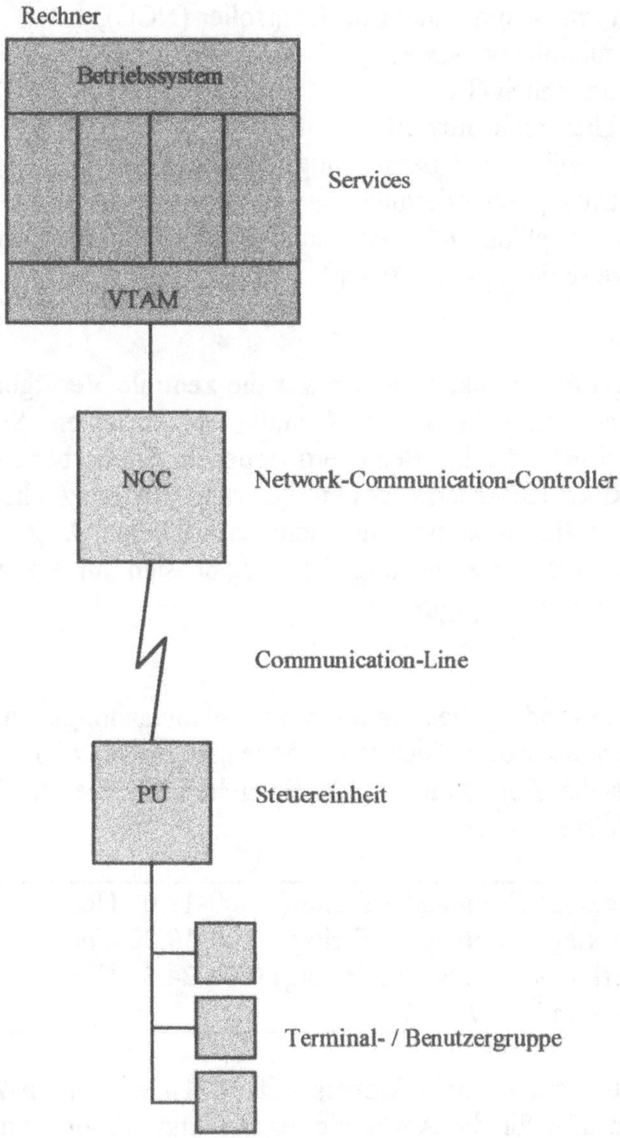

Abbildung 7.3.1: Verfügbarkeitsmanagement und Systemhierarchie

Der skizzierte Service ist beispielsweise für die dargestellte Terminalgruppe nicht verfügbar, wenn, ausgehend von der Applikation, in der Systemhierarchie abwärts

- die Applikation selbst,
- die TP-Zugriffsmethode VTAM,
- der Network-Communication-Controller (NCC),
- die Communication-Line,
- die Steuereinheit (PU)

und in der Hierarchie aufwärts

- für die Applikation lebenswichtige Basissysteme,
- das Betriebsystem oder/und
- für die Applikation lebenswichtige Hardwareressourcen (beispielsweise der Rechner selbst)

ausfallen.

In der Regel beschränkt man sich auf die zentrale Verfügbarkeit der Applikationen und behandelt Ausfälle in einzelnen Segmenten, Netzabschnitten oder bei Benutzergruppen in Sonderberichten. Dies ist ein praktikabler Ansatz, der den Aufwand in Grenzen hält und ein effektives Verfügbarkeitsmanagement ermöglicht. Auch bei einer derart reduzierten Bearbeitungstiefe ergibt sich im Regelfall eine Hierarchie von Abhängigkeiten.

Beispiel

Eine Anwendung bestehe aus vier Teilanwendungen A1 bis A4. Diese laufen unter dem Transaction-Manager IMS in vier abhängigen Regions (siehe Abbildung 7.3.2). Es gelten für die Applikationen folgende Sollzeiträume:

A1:	werktags (Montag bis Freitag) 7.00-19.00 Uhr
A2:	werktags (Montag bis Freitag) 7.00-19.00 Uhr
A3:	werktags (Montag bis Freitag) 0.00-24.00 Uhr
A4:	24 Stunden / 7 Tage

Im Berichtszeitraum eines Monats mit 30 Tagen, davon 20 Werktagen, wird also für die Applikationen A1 und A2 eine Sollzeit von 240, für A3 von 480 und für A4 von 720 Stunden vereinbart.

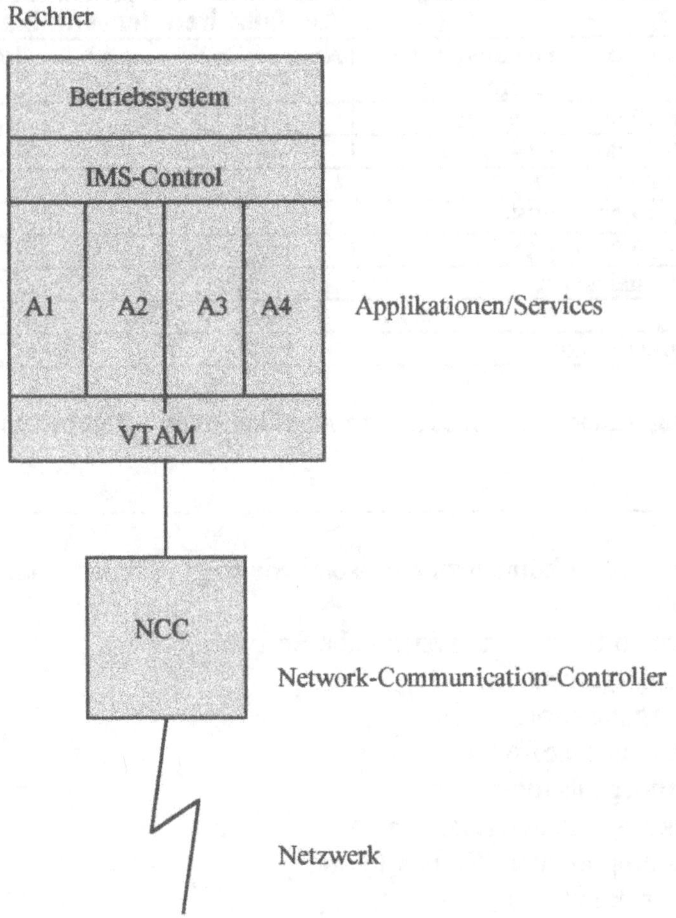

Abbildung 7.3.2: Abhängigkeiten bei einer typischen IMS-Applikation

In Abbildung 7.3.3 sind beispielhaft Ausfallzeiten verschiedener Komponenten der Systemhierarchie sowie die daraus resultierenden Ausfallzeiten der Applikationen A1 - A4 dargestellt.
Über die Services, die unterhalb des Service-Levels liegen, sollte in Sonderberichten (Exception-Reports, siehe auch RZ-Berichtswesen im Abschnitt 7.7) berichtet werden. Dabei wird auch über die Ausfallursachen berichtet, um beispielsweise bei Häufung bestimmter Fehlerkategorien steuernd einzugreifen zu können.

			Ausfallzeiten der Applikationen			
Tag	**Uhrzeit**	**Komponente/ Applikation**	**A1**	**A2**	**A3**	**A4**
Do	08-10.00	Rechner	2	2	2	2
Fr	20-21.00	A4	-	-	-	1
Sa	07-09.00	NCP	-	-	-	2
So	10-12.00	BS	-	-	-	2
Do	07-09.00	A1	2	-	-	-
Summe Ausfallzeiten			4	2	2	7
Istzeiten			236	238	478	713
Verfügbarkeitsgrad			98.3	99.2	99.6	99.0

Abbildung 7.3.3: Ausfallzeiten von Applikationen / Bearbeitungstiefe NCC

Fehlerkategorien können zum Beispiel wie folgt definiert sein:

- Hardware,
- Systemsoftware- und systemnahe Software,
- Systemorganisation,
- RZ-Organisation,
- Anwendungssoftware,
- Ablauforganisation,
- Netzkomponenten (Hardware),
- Netzkomponenten (Software) und
- Infrastruktur.

Auf einige Berichtsbeispiele werden wir im Abschnitt 7.7 eingehen. Wir kehren zu unserem eigentlichen Thema, der Leistung von DV-Systemen zurück und stellen eine Idee für leistungsbezogene Service-Level-Agreements vor. Neben Terminvereinbarungen über die Ablieferung von Produkten, wie beispielsweise Druckergebnisse (Lagerbestandslisten, Kontoauszüge etc.), steht dabei im allgemeinen die Transaktionsverarbeitung im Vordergrund. Die in einem kommerziellen Umfeld mittels eines Transaction-Managers wie CICS oder IMS/DC abzuwickelnden Transaktionen sind in der Regel sehr inhomogen in bezug auf die Beanspruchung der Systemressourcen. Dies impliziert entsprechend unterschiedliche Laufzeiten der Transaktionen. Wir werden auf dieses Problem weiter unten noch näher eingehen und definieren zunächst:

Definition

Unter einer Transaktionsklasse verstehen wir eine nach Geschäftsfeldern oder nach ihrem Ressourcenverbrauch zusammengefaßte Gruppe von Transaktionen.

Auf die Vor- und Nachteile einer entsprechenden Klassifizierung gehen wir weiter unten ein. Leistungsbezogene Service-Levels können auf zwei Arten definiert werden:

- durch Vorgabe einer Obergrenze für die mittlere Response-Time einer Transaktionsklasse und/oder
- durch Vorgabe einer Untergrenze für die Verteilung der Response-Time einer Transaktionsklasse.

Wir definieren zunächst, was wir unter der mittleren Response-Time und unter der Verteilung der Response-Time in einem Berichtszeitraum verstehen wollen.

Definition

$\left[t_i^-, t_i^+\right]$ seien Zeitintervalle innerhalb eines Berichtszeitraums t_B. Unter der mittleren Response-Time $\bar{t}_r$ einer Transaktionsklasse im Berichtszeitraum t_B verstehen wir die mittlere Response-Time der Transaktionsklasse im Zeitraum $\bigcup_i \left[t_i^-, t_i^+\right] \subseteq t_B$.

Unter der (diskreten) Verteilungsfunktion f der Response-Time einer Transaktionsklasse im Berichtszeitraum t_B verstehen wir die (diskrete) Verteilungsfunktion der Response-Time der Transaktionsklasse im Zeitraum $\bigcup_i \left[t_i^-, t_i^+\right] \subseteq t_B$ mit $f(t_{B_j}) = p(t_r \le t_{B_j})$ für $j = 1,\dots,n$. Die Response-Time-Intervalle $\left(t_{B_{j-1}}, t_{B_j}\right]$, $j = 1,\dots,n+1$ heißen Response-Time-Buckets. t_{B_0} wird dabei mit 0 und $t_{B_{n+1}}$ mit ∞ vorbesetzt.

Beispiel

Es sei $n = 4$, $t_{B_1} = 1.0$, $t_{B_2} = 3.0$, $t_{B_3} = 5.0$, $t_{B_4} = 10.0$ und $f(t_{B_1}) = 0.80$, $f(t_{B_2}) = 0.90$, $f(t_{B_3}) = 0.97$ und $f(t_{B_4}) = 1.00$, dann ergibt sich die in Abbildung 7.3.4 dargestellte diskrete Verteilung der Antwortzeiten.

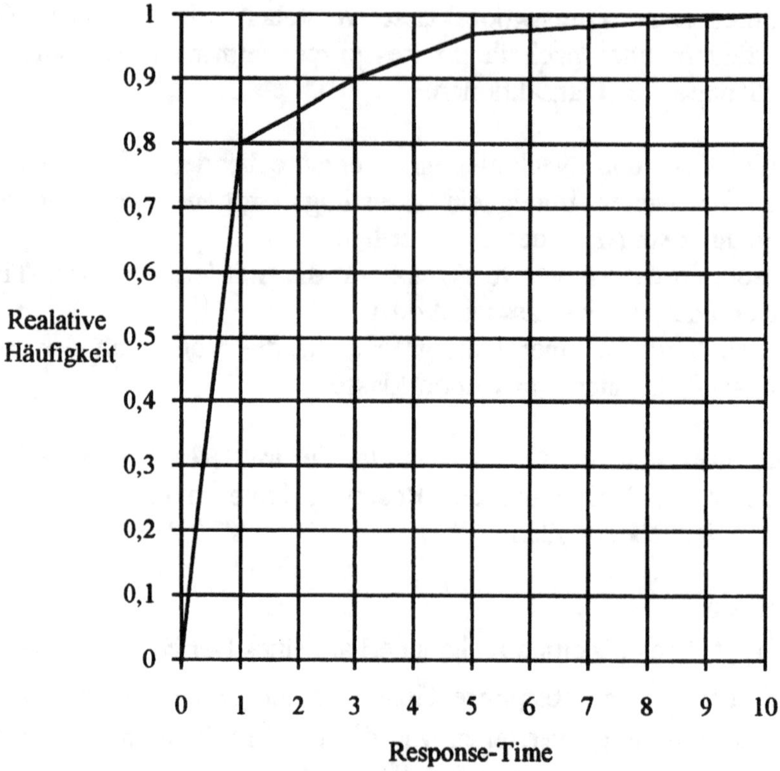

Abbildung 7.3.4: Verteilung der Response-Time einer Transaktionsklasse

Definition

Eine vereinbarte Obergrenze $\bar{t}_{r_0}$ für die mittlere Response-Time einer Transaktionsklasse im Berichtszeitraum t_b heißt (leistungsbezogener) Service-Level (mittlere Response-Time). Der Service-Level ist erfüllt, wenn $\bar{t}_r \leq \bar{t}_{r_0}$ ist. Im anderen Fall gilt der Service-Level als verletzt. Eine Untergrenze $f_0(t_{B_j})$, $j = 1,\ldots,n$ für die Verteilung der Response-Time einer Transaktionsklasse im Berichtszeitraum t_B heißt (leistungsbezogener) Service Level (Response-Time-Verteilung). Der Service-Level ist erfüllt, wenn $f_0(t_{B_j}) \leq f(t_{B_j})$ ist für alle $j = 1,\ldots,n$. Im anderen Fall gilt der Service-Level als verletzt.

Beispiel

In bestimmten Fällen kann man sich auf einen Wert t_{B_1} beschränken (siehe auch weiter unten in diesem Abschnitt). Der Service-Level (Verteilungsfunktion) könnte dann beispielsweise lauten auf

$$f_0(1.0) = p(\bar{t}_r \le 1.0) = 0.80,$$

das heißt, es wird verlangt, daß 80% der Transaktionen mit einer Subsecond-Response-Time respondieren (siehe Abbildung 7.3.5).

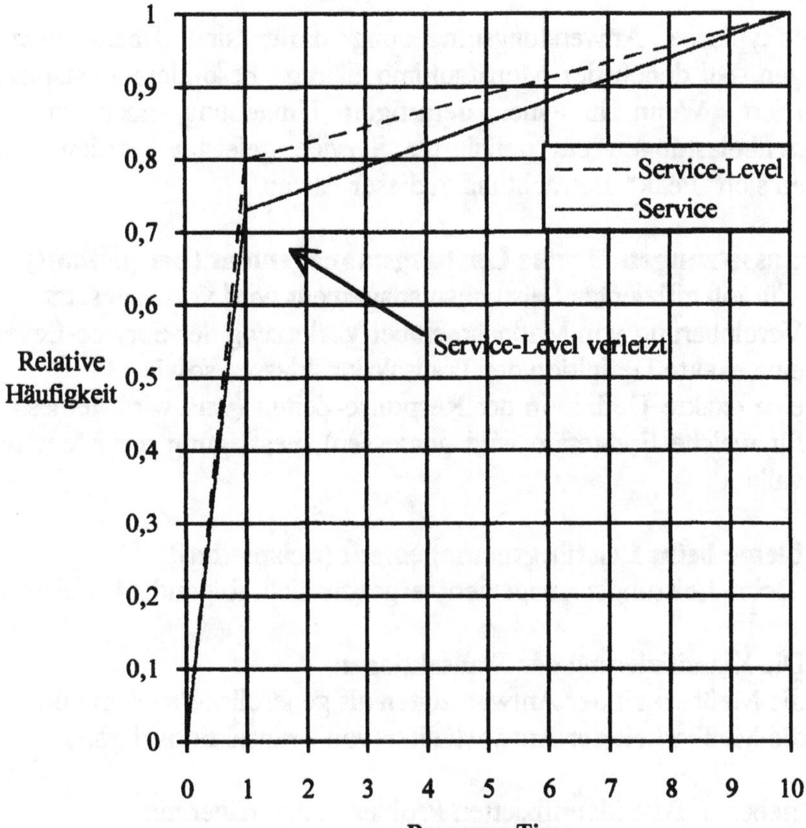

Abbildung 7.3.5: Subsecond-Response-Time für 80% der Transaktionen

Ist die Last, bezogen auf die betrachteten Zeitintervalle $\left[t_i^-, t_i^+\right]$ des Berichtszeitraums t_B nicht homogen, so sind "Peak"-Betrachtungen angebracht. Ist $\left[t_{i_0}^-, t_{i_0}^+\right] \in \left\{\left[t_i^-, t_i^+\right]\right\}_{i=1,\ldots}$ das Intervall, in dem die mittlere Response-Time der betrachteten Transaktionsklasse gewöhnlich ihr Maximum $\bar{t}_{r_{max}}$ annimmt, so kann man dieses für das Service-Level-Management heranziehen, indem man beispielsweise

$$\bar{t}_{r_{max}} \leq \bar{t}_{r_0}$$

verlangt.

Eine typische Anwendungsumgebung dafür sind Bankenanwendungen, bei denen der Monatsultimo häufig besondere Lastspitzen induziert. Wenn in einer derartigen Umgebung auch in den Spitzenbelastungen ein definierter Service geleistet werden muß, bieten sich "Peak"-Betrachtungen dieser Art an.

Voraussetzungen für das Leistungsmanagement (beispielhaft)

Für ein effizientes Leistungsmanagement wird vorausgesetzt:

- Vereinbarung von Maßnahmen bei Verletzung der Service-Level,
- eine exakte Definition der Transaktionsklassen sowie
- eine exakte Definition der Response-Zeiten (was wird gemessen, für welche Endgeräte wird gemessen), Festlegung der Meßintervalle.

Probleme beim Leistungsmanagement (beispielhaft)

Beim Leistungsmanagement ergeben sich folgende Problemzonen:

- Die Klassifizierung der Transaktionen,
- die Meßbarkeit der Antwortzeiten als generelles Problem und
- die Meßbarkeit der Antwortzeiten von Transaktionsklassen.

Wir gehen auf die identifizierten Problemzonen näher ein.

Klassifizierung

Betrachten wir zunächst eine Klassifizierung der von einem Transaction-Manager abzuwickelnden Transaktionen nach Geschäftsfeldern, wie sie oft für Abrechnungszwecke benötigt wird. Beispielsweise kann man sich im Rahmen einer Bankenanwendung eine Transaktion vorstellen, die als Produkt Kontostände eines Kunden sowie Umsätze auf diesen Konten innerhalb eines definierten Zeitraums, liefert. Es ist anzunehmen, daß diese Klasse in bezug auf den Ressourcenverbrauch nicht homogen ist. Man kann erwarten, daß die Transaktion in Abhängigkeit von der Anzahl der Konten und Umsätze mehr oder weniger gut respondiert (abhängig von der Anzahl der benötigten Dateizugriffe und/oder von der zu übertragenden Informationsmenge). Schon dieses einfache Beispiel zeigt, daß das Leistungsmanagement mit Hilfe von Service-Level-Agreements zumindest nicht trivial ist. Es zeigt auch, daß eine Klassifizierung nach dem Ressourcenverbrauch - wie bereits oben angedeutet - zwangsläufig transaktionsübergreifend sein wird. Nimmt man eine Klassifizierung beispielsweise mittels eines Rasters von in Anspruch genommenen Ressourcen (Prozessorsekunden, DASD-I/O-Operationen hostseitig, zu übermittelnde Datenmenge netzseitig) vor, so geht in der Regel die Kommunizierbarkeit gegenüber dem Anwender verloren (der Anwender ist in der Regel nicht in der Lage, den Ressourcenverbrauch der von ihm initiierten Transaktionen einzuschätzen). Weitere Überlegungen, wie dieses Problem zu lösen ist, führen zu der Idee, für das Leistungsmanagement nur bestimmte Transaktionen (Referenztransaktionen) heranzuziehen. Diese müßten nachstehende Voraussetzungen erfüllen:

- im statistischen Mittel stabiler Ressourcenverbrauch,
- eine hinreichend hohe Abwicklungshäufigkeit (um vom Verhalten der Referenztransaktionen auf das Gesamtsystemverhalten schließen zu können),
- Meßbarkeit und Kontrollierbarkeit.

Der Nachteil bei Verwendung von Referenztransaktionen besteht darin, daß man gegebenenfalls für die Masse der Transaktionen keine Aussage trifft. Prinzipiell läßt sich die Verwendung von Referenztransaktionen als Sonderfall betrachten, der sich je nach vorliegender Anwendungs- und Systemumgebung auf den allgemeinen Fall erweitern läßt, bei dem alle Transaktionen für das Service-Level-Management herangezogen werden. Alle zwischen diesen Extremfällen liegende Spielarten sind möglich. Ihre Verwendbarkeit hängt von der

Anwendungsstruktur, nicht zuletzt auch von der Monitorumgebung ab (siehe auch weiter unten in diesem Abschnitt).

Meßbarkeit der Antwortzeiten als generelles Problem

Es ist trivial, daß Performancemonitore, die im zentralen System (und nur in diesem) residieren, die End-User-Antwortzeiten nur approximieren können, was in praxi allerdings zu hinreichend genauen Ergebnissen führt. Im Kapitel 6 hatten wir einen derartigen Monitor vorgestellt. Eine exakte Ermittlung der Antwortzeiten ist nur möglich, wenn in den dezentralen Komponenten, beispielsweise Steuereinheiten, entsprechende Softwarekomponenten vorhanden sind, die mit dem zentralen Monitor kommunizieren. Dafür gibt es Ansätze. Allerdings bereiten die Vielfalt und fehlende Standardisierungen auf der Controllerseite ein Problem. Häufig beschränkt man sich deshalb auch auf Host-Zeiten und arbeitet netzseitig mit geschätzten Zuschlägen bzw. vereinbart Netzlaufzeiten für definierte Paketlängen. Auch in diesem Problemumfeld gibt es also eine Vielfalt von Spielarten für das Service-Level-Managements, die letztlich nur im Kontext einer konkreten System- und Anwendungskonfiguration festgelegt werden können.

Meßbarkeit der Antwortzeiten von Transaktionsklassen

Gravierender ist das Problem, daß mit den heute verfügbaren Performance-Monitoren (siehe auch nächster Abschnitt), die überhaupt in der Lage sind, End-User-Response-Zeiten auszuweisen, in der Regel keine Selektion auf Transaktionsebene vorgenommen werden kann. Maximal bei Monitoren, die auf der Ebene des Transaktionsmanagers arbeiten, sind Selektionen auf Transaktionsebene möglich. Das Problem liegt darin, daß diese üblicherweise nur Host-Responsezeiten messen. Übergreifende Monitore (Netzmonitore) wie beispielsweise der in Kapitel 6 vorgestellte, sind VTAM-Applikationen. Sie betrachten den Transaction-Manager von "außen" und arbeiten maximal mit netzbezogenen Selektionskriterien wie beispielsweise Terminalgruppen, Controller und Leitungen.

Diesen Abschnitt abschließend, stellen wir zwei Beispiele von Service-Level-Agreements aus einem Live-System vor.

Service-Level-Agreement für eine TSO-Umgebung

Typisch an einer TSO-Umgebung ist eine signifikante Häufung bei Transaktionen, die relativ wenig Systemservices (Prozessorzeit, DASD-I/O-Operationen, Zentralspeicherframes) beanspruchen. Diese respondieren in der Regel entsprechend gut, wenn eine engpaßfreie Systemumgebung zur Verfügung gestellt wird. Unter Annahme einer derartigen Transaktionsstruktur ergeben sich Häufigkeiten und Verteilungsfunktionen wie sie beispielsweise in Abbildung 7.3.6 und 7.3.7 dargestellt sind. Als Service-Level bietet sich die Vorgabe einer Verteilungsfunktion mit einem Response-Time-Bucket an:

$$f_0\left(t_{B_1}\right) = p\left(\bar{t}_r \leq t_{B_1}\right).$$

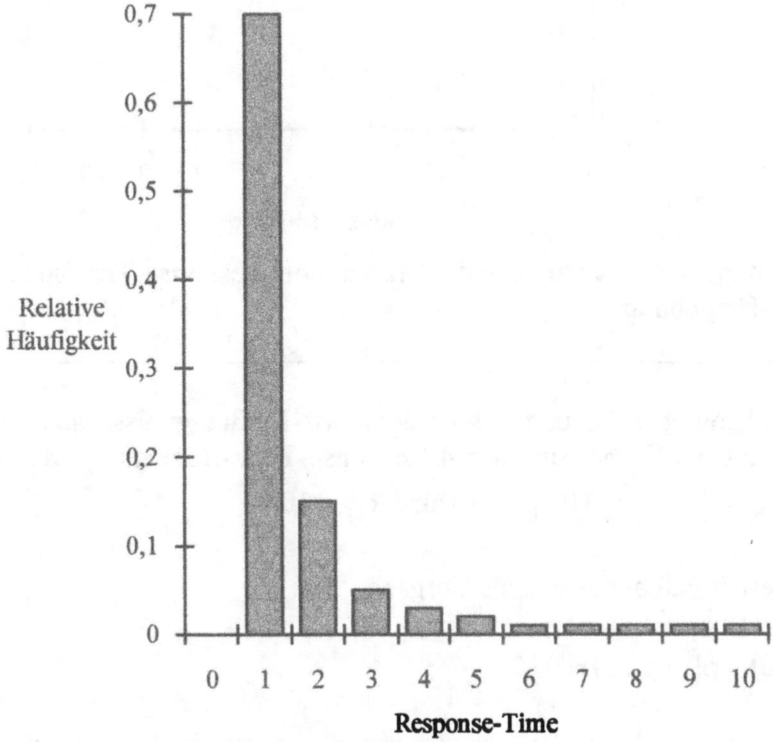

Abbildung 7.3.6: Häufigkeitsverteilung der Transaction-Response-Time in einer TSO-Umgebung

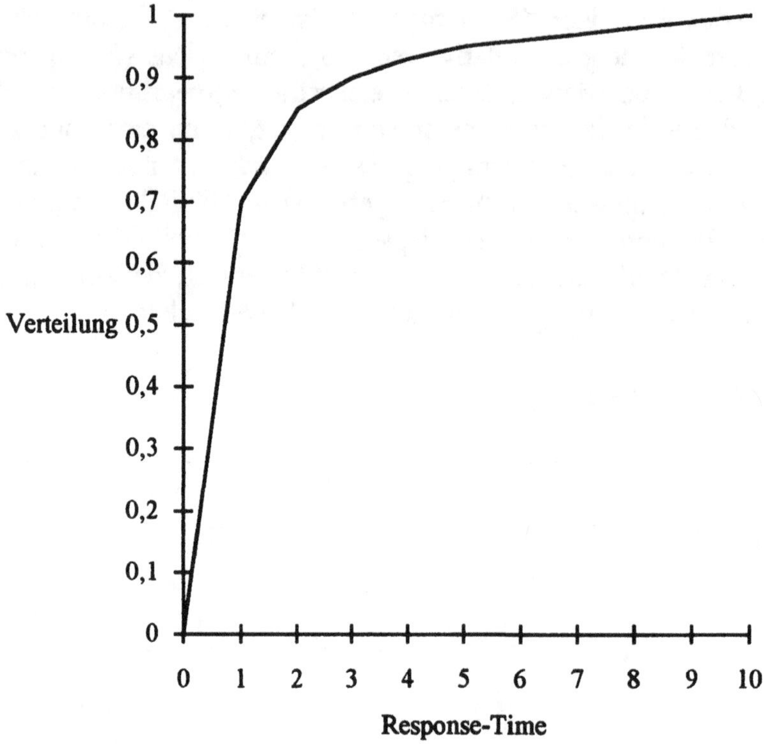

Abbildung 7.3.7: Verteilung der Transaction-Response-Time in einer TSO-Umgebung

In Abbildung 7.3.8 und 7.3.9 zeigen wir Meßergebnisse aus einem Live-System. Dabei sind n = 4 Response-Time-Buckets t_{B_i} definiert mit $t_{B_1} = 1.0, t_{B_2} = 3.0, t_{B_3} = 5.0$ und $t_{B_4} = 10.0$.

In diesem Fall bietet sich als Vorgabe

$$f_0(1.0) = p(\bar{t}_r \leq 1.0) = 0.80$$

an, das heißt, es wird eine Subsecond-Response-Time für mindestens 80% der Transaktionen verlangt. Wir betrachten damit im Prinzip die Klasse von TSO-Transaktionen, deren Service-Verbrauch (Prozessorsekunden, DASD-IO-Aktivitäten, Prozessorspeicher) unter einem bestimmten Wert liegt (First-Period-Transactions, siehe auch [24]).

Glücklicherweise werden diese Transaktionen in der vorliegenden Umgebung mit einer signifikanten Häufigkeit von über 80% ausgeführt, so daß diese Klasse für eine Beurteilung der Gesamtleistung des TSO-Systems herangezogen werden kann.

Buckets	#Transaktionen	Häufigkeit in%
(0,1]	100.697	82,6
(1,3]	19.163	15,7
(3,5]	1.343	1,1
(5,10]	488	0.4
> 10	244	0,2
Σ	121.935	100,0

Abbildung 7.3.8: Häufigkeitsverteilung der TSO-Response-Time in einem Live-System

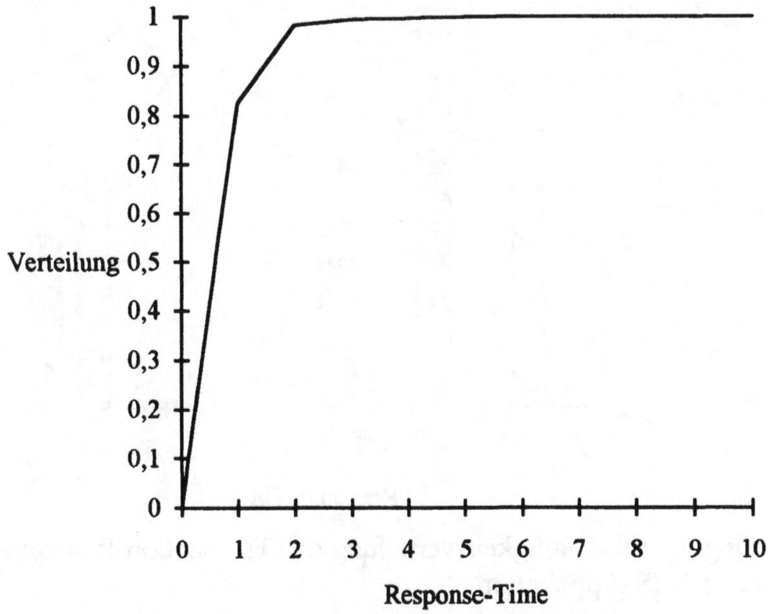

Abbildung 7.3.9: Verteilungsfunktion der TSO-Response-Time in einem Live-System

Üblicherweise wird bei einer derartigen Transaktionsstruktur und einer entsprechenden Antwortzeitverteilung ein hoher Zufriedenheitsgrad bei dem Systembenutzer erreicht. Schwieriger wird es, wenn eine breite Streuung der Antwortzeiten vorliegt, wie es im nächsten Beispiel der Fall ist.

Service-Level-Agreement für eine IMS-Applikation

Bei der untersuchten Anwendung liegt eine relativ breite Streuung der Antwortzeiten vor. Wir stellen Häufigkeitsverteilung und Verteilungsfunktion der Antwortzeiten in den Abbildungen 7.3.10 und 7.3.11 grafisch dar.

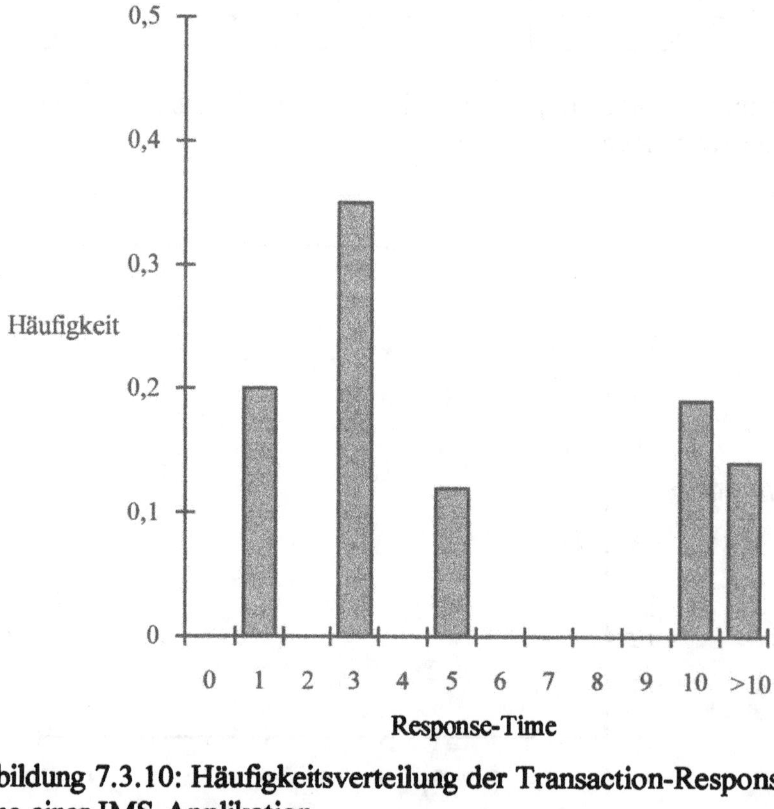

Abbildung 7.3.10: Häufigkeitsverteilung der Transaction-Response-Time einer IMS-Applikation

Die Darstellungen zeigen, daß das Transaktionsverhalten sehr inhomogen ist. Man könnte in diesem Falle beispielsweise

$$f_0(5.0) = p(\bar{t}_r \leq 5.0) = 0.60$$

verlangen, das heißt, eine mittlere Response-Time unter 5 Sekunden für mindestens 60% der Transaktionen.

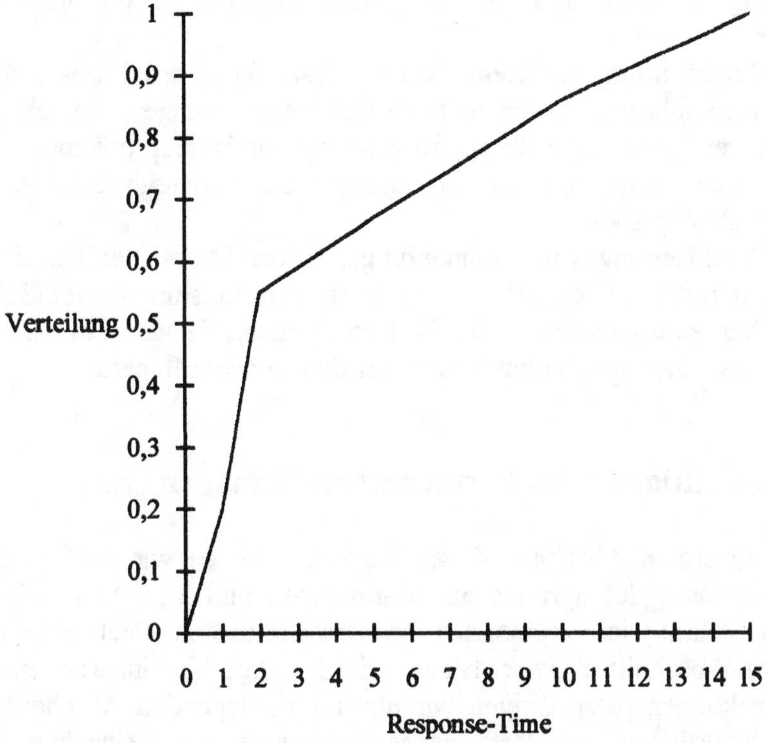

Abbildung 7.3.11: Verteilung der Transaction-Response-Time einer IMS-Applikation

Das Problem besteht dann darin, daß über den "Rest" von immerhin 40% der Transaktionen keine Aussage gemacht wird. Deshalb kann eine solche Vorgabe maximal als "interne" Richtgröße für das Performance-Management dienen. Für die Vereinbarung mit dem Servicenehmer bietet sich in diesem Fall eher eine Vereinbarung über Host-Zeiten und Netzlaufzeiten für in ihrer Größe definierte Datenpakete an.

Bei dem vorliegenden Fall liegen die Host-Response-Zeiten (nicht dargestellt) relativ stabil unterhalb von 0.3 s. Man könnte etwa vereinbaren, daß bei 80% der Transaktionen die Host-Zeit unter 0.3 Sekunden liegt und die Transportzeit für ein Datenpaket bestimmter Größe beispielsweise unter 2 Sekunden.
Um Service-Levels in einer bereits bestehenden Produktionsumgebung einzuführen, kann man grundsätzlich etwa wie folgt vorgehen:

- Durchführung von Meßreihen zur Feststellung des Status quo,
- Durchführung von kostenneutralen Veränderungen, Korrekturen, Bereinigung von Schieflagen, Klärung von Detailproblemen,
- Durchführung von Benutzerumfragen zur Feststellung des Zufriedenheitsgrades,
- Durchführung von Veränderungen, Korrekturen der Konfiguration unter Kostengesichtspunkten (höhere Leistung kostet Geld),
- Erarbeitung einer Idee für die Definition der Service-Levels,
- Diskussion und Vereinbarung mit den Servicenehmern.

7.4 Funktionen des Performance-Managements

Im ersten Abschnitt dieses Kapitels hatten wir Performance-Management definiert als die Maßnahmen und Verfahren, die der Sicherstellung der vereinbarten Performance dienen. Nachdem wir im letzten Abschnitt skizziert haben, wie derartige Vereinbarungen aussehen können, beschäftigen wir uns im vorliegenden Abschnitt mit den Funktionen des Performance-Managements im einzelnen. Wir beschränken uns dabei auf den Leistungsaspekt. Wir unterscheiden zunächst in zeitlicher Hinsicht

- mittel- und langfristiges Performance-Management und
- kurzfristiges Performance-Management.

Zu den eher mittel- bis langfristigen Aufgaben gehören

- Kapazitäts-Management und Tuning und
- Service-Level-Management und RZ-Berichtswesen.

Kapazitäts-Management und Tuning

Bereits im Kapitel 3 hatten wir Aspekte des Kapazitäts-Managements in bezug auf die Prozessorkapazität diskutiert. Im vorliegenden Kontext beziehen wir Kapazitäts-Management auf alle relevanten Systemserver wie Instruktionsprozessoren, Prozessorspeicher, Magnetplatten und Magnetplattensteuereinheiten, Cache-Memories (Aspekt Speicherkapazität und DASD-Response-Time), Magnetbandkassetten und Steuereinheiten (Anzahl Steuereinheiten, Lagerkapazität für Magnetbandkassetten), DFÜ-Controller (Aspekt Speicher und Prozessorleistung) und Communication-Lines (Übertragungsrate). Wesentlich dabei ist, frühzeitig und unter wirtschaftlichen Gesichtspunkten Kapazität zur Verfügung zu stellen, so daß die Einhaltung der vereinbarten Service-Levels gesichert bleibt. Problematisch dabei ist, im Einzelfall den Zusammenhang von benötigter Kapazität und dem Service-Level herzustellen. In einem bestehenden Anwendungsumfeld sind dazu ständige Kontrollen des Systemverhaltens und der Laststruktur erforderlich. Im einzelnen beschafft man die notwendigen Informationen durch periodisch durchgeführte (siehe auch Kapitel 3)

- Arbeitslastanalysen,
- Arbeitslastprognosen,
- Kapazitätsanalysen und
- Kapazitätsprognosen.

Prinzipiell sind also die in Kapitel 3 skizzierten Maßnahmen auf alle relevanten Systemserver auszudehnen. Hilfreich für ein professionelles Kapazitäts-Management ist ein geeignetes Instrumentarium, das beispielsweise die Modellierung von Arbeitslastveränderungen zuläßt, dabei sich abzeichnende Engpässe in den Servern ausweist und für das Service-Level-Management relevante Parameter prognostiziert. Wir bringen an dieser Stelle ein Modellbeispiel für eine sogenannte Sensitivitätsanalyse. Bei der Sensitivitätsanalyse werden einzelne Systemparameter - beispielsweise die Anzahl der User - verändert und deren Auswirkung auf den Service - hier auf die Transaction-Response-Time - untersucht.

Modell einer Sensitivitätsanalyse

Im Modell bilden wir die Ableitung der Response-Time-Funktion nach verschiedenen Parametern p und schätzen die Veränderung der Response-Time ab durch

$\Delta t_r \approx \frac{dt_r}{dp} \cdot \Delta p$ (Siehe dazu auch Abbildung 7.4.1).

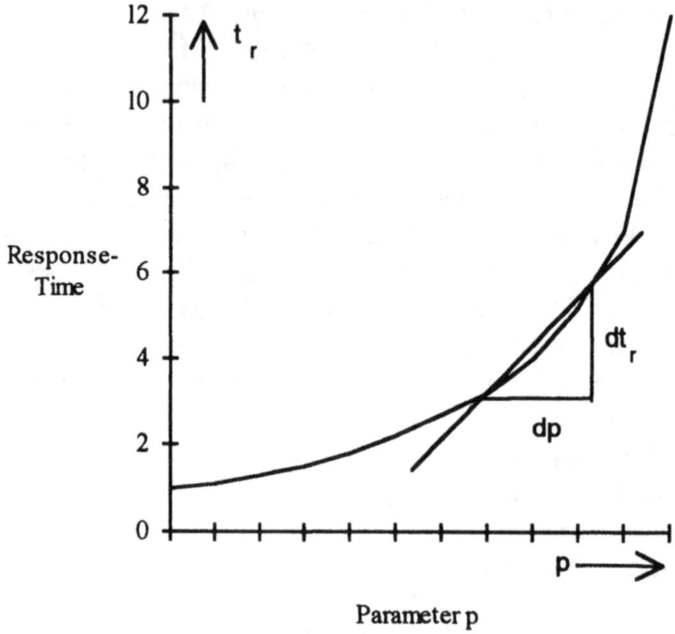

Abbildung 7.4.1: Sensitivitätsanalyse

Das Modellsystem sei ein Server-Netz mit N = 6 Knoten:

- Netzserver S_1 vom Typ M/M/1 zur Modellierung einer Communication-Line,
- Prozessorserver S_2 vom Typ M/M/1,
- drei DASD-Server S_i vom Typ M/M/1 mit $i = 3,\ldots,5$,
- Paging-Server S_6 vom Typ M/M/1 zur Modellierung eines Paging-Devices.

In Abbildung 7.4.2 stellen wir die Anzahl Besuche d_i sowie die Servicezeiten t_{s_i} in den einzelnen Servern pro Transaktion tabellarisch dar. In Abbildung 7.4.3 skizzieren wir das Servernetz.
Wir unterstellen eine Transaction-Rate von $r = 10$ Transaktionen pro Sekunde. Der Prozessor sei außerdem mit $\delta'_{s_2} = 0.40$ durch einen weiteren, höher priorisierten Workload belastet.

	pro Transaktion	
Server	d_i	t_{s_i}
1	1	0.080
2	20	0.030
3	5	0.050
4	5	0.050
5	5	0.050
6	4	0.200
Σ		0.460

Abbildung 7.4.2: Anzahl Besuche und Servicezeiten pro Transaktion

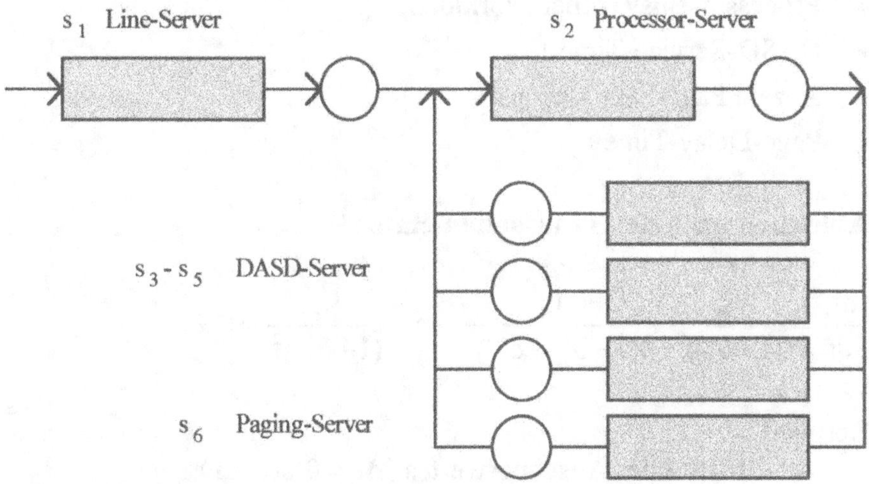

Abbildung 7.4.3: Systemmodell mit 6 Servern (Modell einer Sensitivitätsanalyse)

Wir erhalten damit folgenden Modellansatz für die mittlere Transaction-Response-Time:

$$t_r = \frac{t_{s_1}}{1-\delta_{s_1}} + \frac{t_{s_2}}{1-\delta'_{s_2}-\delta_{s_2}} + n_d \cdot \frac{t_{s_d}}{1-\delta_{s_d}} + n_p \cdot t_p .$$

Dabei sei

- $n_d = 3$ die Anzahl der DASD-Server,

- $t_{s_d} = t_{s_i} = 0.050$ (i = 3,..,5) für alle DASD-Server,
- $n_p = 4$ die Anzahl der Page-Faults pro Transaktion und
- $t_p = 0.050$ die Page-Delay-Time (t_p wird unabhängig von der Last als konstant angesehen).

Mit den unterstellten Werten erhält man $t_r = 1.0s$.

Wir bilden nun die Differentialquotienten von t_r nach den Parametern
- Transaction-Rate r,
- Network-Service-Time t_{s_1},
- Processor-Service-Time t_{s_2},
- Processor-Busy (other Workload) δ'_{s_2},
- DASD-Service-Time t_{s_d},
- Anzahl Page-Faults n_p und
- Page-Delay-Time t_p.

Ableitung nach der Transaction-Rate r

$$\frac{dt_r}{dr} = \frac{t_{s_1}^2}{(1-\delta_{s_1})^2} + \frac{t_{s_2}^2}{(1-\delta'_{s_2}-\delta_{s_2})^2} + n_d \cdot \frac{t_{s_d}^2}{(1-\delta_{s_d})^2} = 0.2$$

Beispiel

Sei Δr 10% des Ausgangswertes ($\Delta r = 0.1 \cdot r = 1$).

Dann gilt: $\Delta t_r \approx \frac{dt_r}{dr} \cdot \Delta r = 0.2 \cdot 1 = 0.2$. Dies entspricht einer Erhöhung der Response-Time um 20%.

Ableitung nach der Network-Service-Time t_{s_1}

$$\frac{dt_r}{dt_{s_1}} = \frac{1}{(1-\delta_{s_1})^2} = \frac{1}{0.04} = 25.$$

Beispiel

Sei Δt_{s_1} 10% des Ausgangswertes ($\Delta t_{s_s} = 0.1 \cdot t_{s_1} = 0.008$).

Dann gilt: $\Delta t_r \approx \frac{dt_r}{dt_{s_1}} \cdot \Delta t_{s_1} = 25 \cdot 0.008 = 0.2$. Dies entspricht einer Erhöhung der Response-Time um 20%.

Rechnet man in analoger Form für die restlichen Parameter, so erhält man das in Abbildung 7.4.4 dargestellte Ergebnis. Es handelt sich dabei um ein sogenanntes Sensitivitätsdiagramm. Dabei ist für jeden Systemparameter p eine Erhöhung um Δp in Höhe von 10% des Ausgangswertes unterstellt. Das Sensitivitätsdiagramm zeigt die Auswirkung auf die Transaction-Response-Time in Prozent des Ausgangswertes.

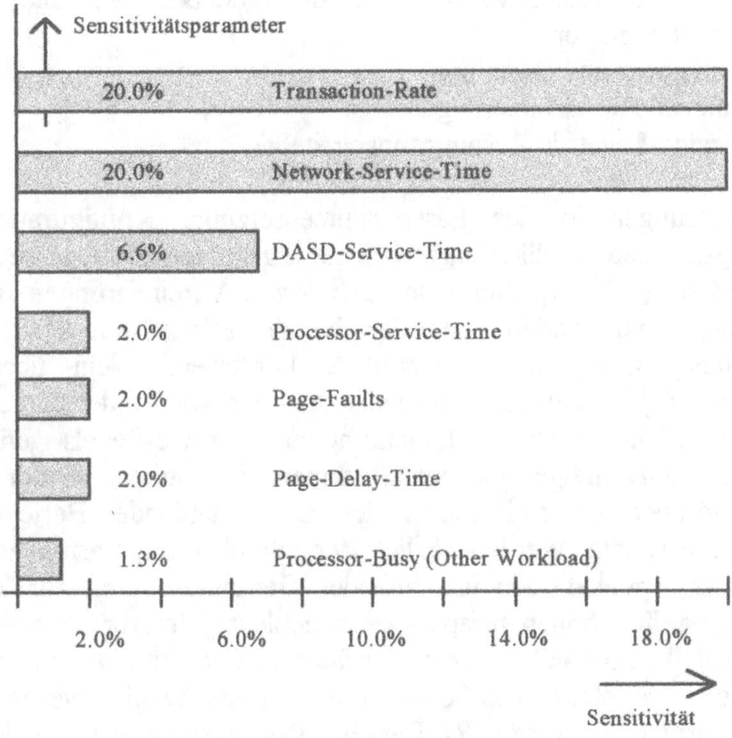

Abbildung 7.4.4: Sensitivitätsdiagramm (Modell)

Das Sensitivitätsdiagramm gemäß Abbildung 7.4.4 indiziert, daß die Systemleistung - abgesehen von der Erhöhung der Systemlast (Transaction-Rate) - am sensibelsten auf eine Veränderung bei der Network-Service-Time reagiert. Die Leistung der Kommunikationskomponente ist im vorliegenden Modellsystem kritischer Systemparameter. Das bedeutet dann aber auch, daß Tuningmaßnahmen am Netzwerkserver ansetzen müßten.

Tuning ist ein iterativer Prozeß zur Leistungssteigerung des Systems (System als Zusammenspiel von Hardware, Systemsoftware und Anwendungssoftware). Ein wichtiges Tuningziel ist die möglichst hohe Auslastung der Serverkapazitäten bei gleichzeitiger Respektierung der Service-Levels (Wirtschaftlichkeit).

Service-Level-Management und RZ-Berichtswesen

Unter Service-Level-Management verstehen wir alle Maßnahmen, die mit der

- Festlegung und Definition,
- Kontrolle und Einhaltung

der Service-Levels in Zusammenhang stehen.

Veränderungen in der Lastzusammensetzung, Konfigurationsänderungen, neue Applikationen und neue Hardwaresysteme bedürfen der ständigen Überprüfung der definierten Vereinbarungen. Gegebenenfalls sind Änderungen oder Neudefinitionen notwendig. Das RZ-Management sollte jederzeit auskunftsbereit sein über die Situation in der laufenden Berichtsperiode sowie in der Lage sein, gegebenenfalls, wenn die Einhaltung des Service-Levels gefährdet scheint, notwendige Gegenmaßnahmen einzuleiten. Dafür sind Berichte über den erreichten Servicegrad (im laufenden Berichtszeitraum) notwendig. Werden täglich Berichte über den Verfügbarkeitsgrad der Applikationen im laufenden Berichtszeitraum zur Verfügung gestellt, können beispielsweise geplante Unterbrechungen zurückgestellt werden, wenn die Ausfallzeit im laufenden Berichtszeitraum eine Verletzung des Service-Levels wahrscheinlich werden läßt. Ein Beispiel für einen RZ-Berichteatlas werden wir im letzten Abschnitt des Kapitels vorstellen. Der Zufriedenheitsgrad des Systemnutzers mit den Leistungen des Systems hängt in starkem Maße von deren Kontinuität ab. Setzt man voraus, daß ein wirksames Kapazitäts- und Service-Level-Management etabliert ist, so ist damit die Kontinuität der Leistung im laufenden Produktionsprozeß a priori noch nicht sichergestellt. Trotz einer hohen Streuung der mittleren Antwortzeit einer Transaktionsklasse kann diese noch im Rahmen des Service-Levels liegen. Der Arbeitsprozeß des Systemnutzers kann dennoch erheblich gestört sein. Aus dieser Feststellung heraus leitet sich die Notwendigkeit ab, das Systemverhalten Real-Time zu überwachen, Engpässe im laufenden Produktionsprozeß festzustellen und Maßnahmen zu deren Eliminierung einzuleiten. Damit sind wir bei dem kurzfristigen Aspekt des Performance-Managements angelangt. Zu den kurzfristigen Aufgaben gehört

- die Real-Time-Überwachung des Systemverhaltens,
- die Feststellung von Engpässen und Leistungsverlusten,
- die kurzfristige Behebung der Störungen, sowie
- die Ableitung von Maßnahmen zur dauerhaften Vermeidung von Störungen.

Ein in diesem Sinne definiertes Real-Time-Performance-Management setzt voraus:

- Real-Time-Monitoring des Systems,
- exakte Definitionen und Vereinbarungen (Wann ist ein Leistungsverlust ein Problem? Bahnen sich Leistungsverluste an ? Gibt es potentielle Engpässe ?),
- eindeutige Eskalationsverfahren (Wann ist welche Störung an wen zu melden?),
- Problembewußtsein beim Bedienungspersonal (Leistungsverluste sind Störungen und sind wie diese zu behandeln).

Es wird deutlich, daß ein wirksames Real-Time-Performance-Management steht und fällt mit den Informationen und Möglichkeiten, die der Real-Time-Monitor bietet. Genau dies ist in der heutigen Monitorwelt noch das Problem. Es existiert zwar eine Vielzahl von Leistungsmonitoren hoher Qualität. Diese sind aber in der Regel abgestimmt auf das Betriebssystem selbst (Systemmonitore), auf einzelne Subsysteme wie beispielsweise CICS und IMS (Subsystemmonitore) oder auf das Netz (Netzmonitore).
Systemmonitore arbeiten auf der Ebene des Betriebssystems. Sie stellen detaillierte Informationen über das Verhalten und die Auslastung von Systemressourcen (Prozessoren, Magnetplatten, Prozessorspeicher) zur Verfügung. Analysen von Applikationen sind ausschließlich auf Adreßraumebene möglich. Das heißt, die Einsicht-

nahme in Subsysteme, beispielsweise die Analyse einzelner CICS-Transaktionen, bleibt dem Systemmonitor versperrt. Das gleiche gilt für die Netzseite. Subsystemmonitore "sitzen" in dem jeweiligen Subsystem bzw. Transaction-Manager. Sie gestatten die Analyse von einzelnen Transaktionen und Transaktionsklassen und informieren über wichtige Kenngrößen des Subsystems selbst. Netzmonitore sind Applikationen der TP-Zugriffsmethode (siehe auch Kapitel 6). Sie berichten über das Verhalten und die Auslastung von Netzwerkressourcen. Sie sind in der Lage, beispielsweise End-User-Responsezeiten auf der Ebene von Anwendungen und/oder Netzwerkressourcen zu messen und auszuweisen, in der Regel aber nicht die Antwortzeiten bestimmter Transaktionsklassen. Beispielsweise ist es möglich, die mittlere Antwortzeit von CICS-Transaktionen zu messen, die von einer definierten Terminalgruppe initiiert werden. Selektionskriterium ist also maximal eine Gruppe von Netzwerkressourcen (Communication-Lines, Physical Units, Logical Units) und /oder die Applikation selbst.
In Abbildung 7.4.5 skizzieren wir die Möglichkeiten und Grenzen (Wirkungsbereiche) der genannten drei Monitortypen. Das im vorliegenden Kontext des Real-Time-Managements entscheidende Problem besteht, unabhängig von Grenzen und Möglichkeiten der Monitore, darin, den Zusammenhang herzustellen zwischen den Real-Time gewonnenen Leistungswerten einerseits und dem erreichten Zufriedenheitsgrad beim Endbenutzer bzw. der potentiellen Gefährdung des Service-Levels andererseits. Insofern ist dieses Problem systemimmanent. Zu klären ist die Frage, wann ein temporärer Leistungsverlust zu einem Problem wird und wann welche Maßnahmen eingeleitet werden müssen. Wir gehen auf diese Fragestellung noch näher ein. Zunächst besprechen wir die von den Monitoren üblicherweise durchgeführten Verfahren zur Bestimmung von Leistungsgrößen. Grundsätzlich gibt es drei Verfahren:

- Zählen,
- Messen und
- Testen (Sampling-Verfahren).

Beim Zählverfahren werden bestimmte Ereignisse innerhalb eines definierten Zeitintervalls gezählt. Größen, die mit dem Zählverfahren ermittelt werden, sind beispielsweise "Anzahl durchgeführter DASD-I/O-Operationen" und "Anzahl durchgeführter Swap-Zyklen".

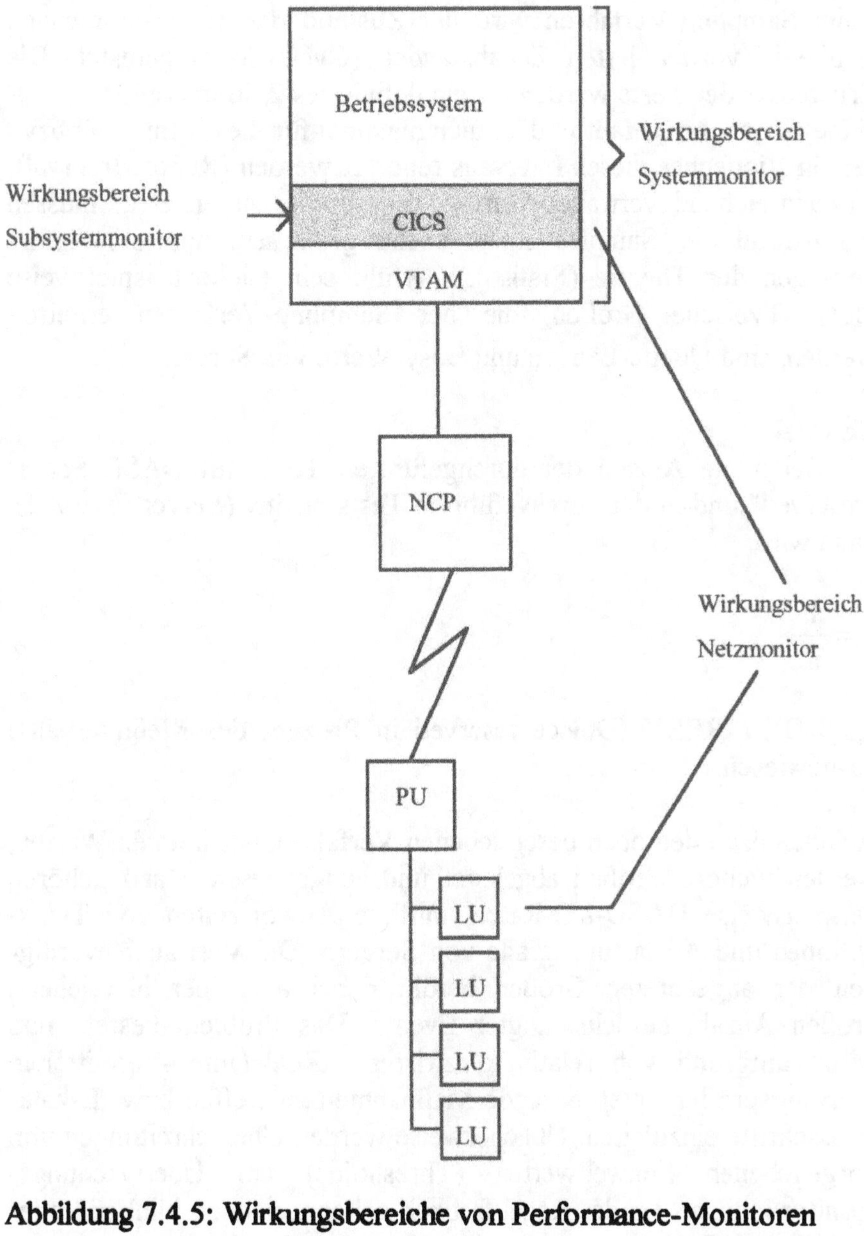

Abbildung 7.4.5: Wirkungsbereiche von Performance-Monitoren

Unmittelbar gemessen werden beispielsweise der Prozessorverbrauch einer Anwendung, die Antwortzeit einer Transaktion oder die Durchlaufzeit eines Batch-Jobs.

Beim Sampling-Verfahren wird der Zustand der zu bestimmenden Größe in vordefinierten Zeitabständen (Cycle-Time) getestet. Die Ergebnisse der Tests werden für ein definiertes Zeitintervall (Interval-Time) zusammengefaßt und können maximal für dieses Intervall bzw. für ein Vielfaches dieses Intervalls reportet werden (Report-Interval). Um hinreichend vertrauenswürdige Ergebnisse zu erzielen, müssen die Anzahl der Samples entsprechend groß sein und die Anforderungen der Theorie (Statistik) erfüllt sein (siehe beispielsweise [36]). Typische Größen, die per Sampling-Verfahren ermittelt werden, sind Queue-Längen und Busy-Werte von Servern.

Beispiel

Sei n die Anzahl der durchgeführten Tests auf DASD-Server "reserved" und m der durchgeführten Tests positiv (Server reserved), dann wird

$$\delta = \frac{m}{n}$$

als %DEV RESV (Device reserved in Prozent des Meßintervalls) ausgewiesen.

Aus den nach den oben beschriebenen Verfahren bestimmten Werten, werden weitere Größen abgeleitet und ausgewiesen. Dazu gehören beispielsweise DASD-I/O-Raten, mittlere Anwortzeiten von Transaktionen und Auslastungsgrade von Servern. Die Vertrauenswürdigkeit der abgeleiteten Größen beruht dabei auf einer hinreichend großen Anzahl berücksichtigter Events. Das Problem besteht nun darin, aufgrund von relativ kurzfristig - Real-Time - ermittelten Leistungsgrößen entsprechende Maßnahmen zu treffen bzw. Eskalationsschritte einzuleiten. Üblicherweise werden Überschreitungen von vorgegebenen Schwellwerten (Thresholds) am Überwachungsmonitor indiziert (in der Regel farblich gekennzeichnet, blinkend oder beides). Das Bedienungspersonal muß entsprechend angewiesen werden und hinreichend geschult sein, um im Einzelfall die richtige Einschätzung vornehmen zu können. Nicht alle Maßnahmen können in der Regel detailliert vorgegeben werden. Das heißt, auch die Erfahrung des Bedienungspersonals spielt eine eminent wichtige Rolle. Vermieden werden muß in jedem Fall eine Abstumpfung des

Überwachungspersonals gegen gegebenenfalls zu häufig indizierte, möglicherweise nur vermeintliche Probleme. Dies bedingt eine sorgfältige, auf die Systemumgebung abgestimmte Einstellung und periodische Überprüfung der Schwellwerte. Hilfreich sind in diesem Zusammenhang Darstellungen, die zusätzlich zu dem aktuellen Stand eine Trendaussage machen, die sich auf ein längeres Intervall bezieht. Diese kann dann als Basis für eventuell notwendige Maßnahmen herangezogen werden. Wenn für die Trendaussage die Intervallgröße benutzt wird, die auch der Service-Level-Vereinbarung zugrunde liegt, können die Thresholds auf die Service-Levels abgestimmt sein. Maßnahmen sind damit immer dann einzuleiten, wenn die Schwellwerte bei der Trendaussage überschritten werden. Eine zunehmende Häufigkeit der Schwellwertüberschreitung bei den Kurzzeitanalysen kann dann maximal als Hinweis auf sich anbahnende Engpässe bzw. auf die Gefährdung des Service-Levels gedeutet werden (proaktives Performance-Management). Schwierig in diesem Zusammenhang ist die Festlegung, wann eine Alarmierung bzw. Problemeskalation zu erfolgen hat. Denkbar ist, daß diese erfolgen muß, sobald die Trendaussage eine Überschreitung des Service-Levels indiziert. Die Schwellwerte der Kurzzeitanalyse können dabei um einen bestimmten Prozentsatz über denen der Trendanalyse liegen.

In Abbildung 7.4.6 skizzieren wir einen möglichen Bildschirminhalt, der die mittleren Antwortzeiten für unterschiedliche Transaction-Manager indiziert und zwar bezogen auf das abgelaufene 100-Sekundenintervall und als Trendaussage bezogen auf das abgelaufende Stundenintervall. Dabei liegen die Schwellwerte der Kurzzeitanalyse beispielsweise um ca. 30% über denen der Trendanalyse.

Die Funktionen des Real-Time-Performance-Managements lassen sich wie folgt zusammenfassen (unabhängig von der Leistungsfähigkeit der Monitore):

- Festlegung von Thresholds für die Kurzzeitanalyse,
- Festlegung von Thresholds für die Trendanalyse,
- Erstellung eines Maßnahmenkatalogs sowie eines Eskalationsplans, der bei Überschreitung der Thresholds durchzuführen bzw. einzuhalten ist,
- periodische Überprüfung der Thresholds, gegebenenfalls Anpassung an sich verändernde Umfeldbedingungen.

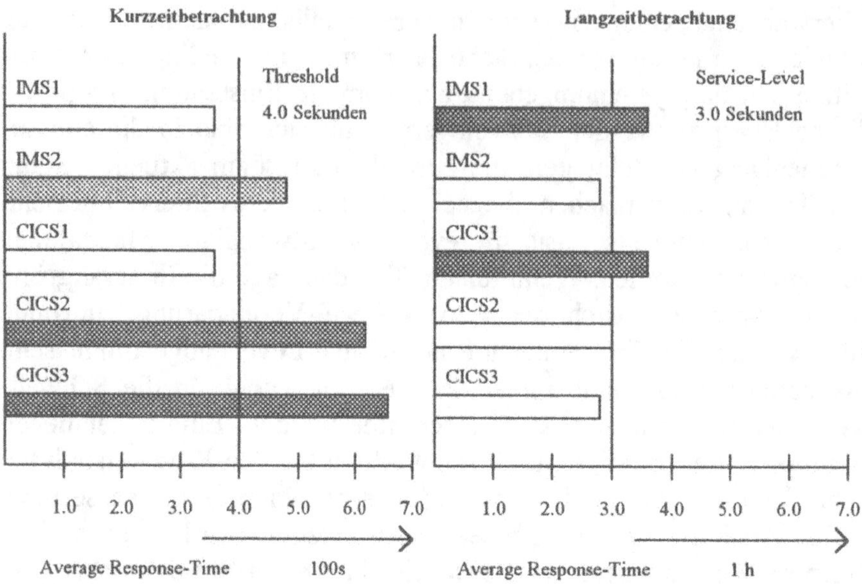

Abbildung 7.4.6: Real-Time-Überwachung des Service-Levels

Thresholds werden dabei auch für solche Systemgrößen definiert, die bei Über- oder Unterschreitung bestimmter Werte einen potentiellen Engpaß darstellen und die Einhaltung der Service-Levels gefährden können. Im Sinne eines proaktiven Real-Time-Performance-Managements wird dadurch die Möglichkeit eröffnet, rechtzeitig und idealerweise, bevor Systemnutzer die Störung feststellen, gezielt eingreifen, das Problem analysieren und potentielle Störfaktoren identifizieren zu können. Kenngrößen, für die mit dieser Intention Schwellwerte oder allgemeiner gesagt "Exceptions-Criteria" hinterlegt werden, können beispielsweise sein:

- Processor Busy in %,
- DASD-Response-Time in Millisekunden,
- Enqueue/Reserve-Events,
- Hardware-Events, z. B. Channel-Path not available.

Weitere Systemkennzahlen werden wir bei der Vorstellung des RMF III-Monitors der IBM im nächsten Abschnitt kennenlernen.
Den vorliegenden Abschnitt abschließend, skizzieren wir eine mögliche (idealisierte) Vorgehensweise beim Real-Time-Performance-Management. Dabei wird unterstellt, daß ein Performance-Monitor

zur Verfügung steht, der die im Folgenden angesprochenen Informationen bzw. Screens zur Verfügung stellen kann. An diesen, gewissermaßen idealen, Monitor werden zunächst 6 grundlegende Anforderungen gestellt (orientiert am RMF III-Monitor der IBM, siehe im nächsten Abschnitt):

- Der Monitor ist ein "Integrierter Monitor",
- der Monitor arbeitet "Exceptions"-orientiert,
- verfügt über eine "Cursor-Sensitive-Control"-Funktion,
- über die Funktion "Primary-Reason-Indication",
- über grafische Darstellungsmöglichkeiten und
- über eine Historienführung.

Dabei bedeutet *Integrierter Monitor,* daß es sich um einen Monitor handelt, der die Funktionen eines System-, Subsystem- und Netzmonitors abdeckt und eine alle Funktionen integrierende Arbeitsweise zuläßt, *Exceptions-ortientiert,* daß für alle relevanten Kenngrößen Thresholds und (allgemeiner) Exceptions-Criteria definiert werden können. Eine Über- oder Unterschreitung der Thresholds bzw. eine Verletzung der definierten Kriterien wird in geeigneter Weise, idealerweise grafisch und farblich markiert, zur Anzeige gebracht. *Cursor-Sensitive-Control* bedeutet, daß es möglich ist, ausgehend von Feldinhalten der zur Verfügung gestellten Screens, per Cursor/ Enter-Taste direkt detailliertere Analysen anzusteuern (eine Art Zoom-Funktion).

Beispiel

Der Exceptions-Screen indiziert die Response-Time einer Magnetplatte als Hauptursache (siehe auch Primary-Reason-Indication) für Leistungsverluste einer Transaktionsklasse. Per Cursor-Positionierung auf den Feldinhalt VSN (Volume-Serial-Number) der Magnetplatte und anschließender Datenfreigabe verzweigt der Monitor in einen Screen, der das Verhalten der Magnetplatte im Detail darstellt (beispielsweise alle Zeitkomponenten der gegen diese Platte gerichteten DASD-I/Os und die momentanen Benutzer dieser Platte).

Primary-Reason-Indication heißt, daß für die indizierten Exceptions ein Hauptverursacher festgestellt und angezeigt wird, also die Ressource und/oder Applikation, die den wesentlichen Beitrag zur der festgestellten Ausnahmesituation liefert. Auf diese Weise kann der

Engpaß möglichst schnell beseitigt werden. *Grafische Darstellung* hat zum Ziel, daß die relevanten System- und Leistungsdaten übersichtlich und leicht interpretierbar dargestellt werden.

Beispiel

Der RMF III-Monitor der IBM (siehe im nächsten Abschnitt) arbeitet mit sogenannten "Speedometers". Es handelt sich dabei um eine Art Tachometer. In Abbildung 7.4.7 stellen wir zwei Situationen dar.

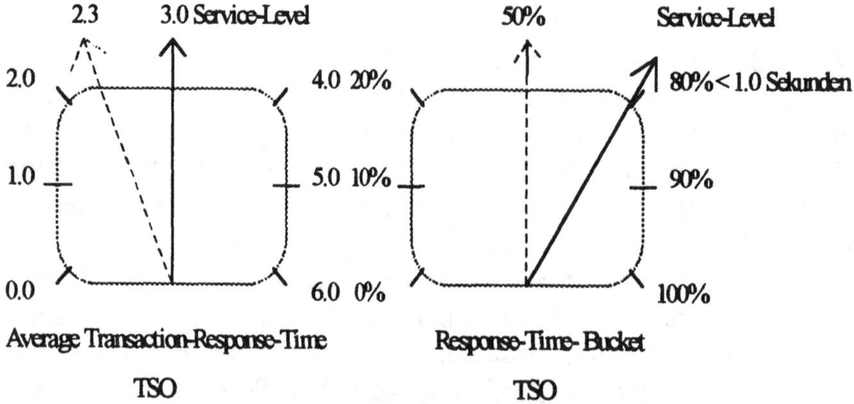

Abbildung 7.4.7: Speedometer zur Anzeige der mittleren Transaction-Response-Time und deren Verteilung

Im linken Teil der Abbildung ist als Service-Level eine mittlere Response-Time von 3 Sekunden angegeben. Die augenblickliche mittlere Antwortzeit im abgelaufenen Intervall beträgt 2.3 Sekunden. Der Service-Level ist erfüllt. Der zwischen der Service-Level-Anzeige und der aktuellen Anzeige liegende Sektor wird beispielsweise grün markiert. Im rechten Teil der Abbildung ist eine Subsecond-Response-Time für 80% der Transaktionen vereinbart. Im abgelaufenen Intervall ist diese Vorgabe verletzt, weil nur 50% der Transaktionen eine Subsecond-Response-Time erreichen. In diesem Fall wird der Bereich zwischen Service-Level-Anzeige und aktueller Anzeige rot markiert.

Sind weitere Ausnahmesituationen eingetreten, so kann dies zum Beispiel im ersten Fall durch eine Rot- oder Gelbmarkierung des rechts von der Service-Level-Anzeige bzw. - wenn der Service-Level verletzt ist - des rechts von der aktuellen Anzeige liegenden Sektors indiziert werden. Eine Gelb- bzw. Rotmarkierung entspricht einer abgestuften Alarmierung.

Beispiel

Für den Belegungsgrad der System-Queue-Area in Prozent (SQA%) werden folgende Exceptions-Criteria definiert:
SQA% ≥ 70% ⇒ Warnung durch Gelbmarkierung und
SQA% ≥ 90 ⇒ Alarmierung durch Rotmarkierung.

Historienführung bedeutet, daß der Monitor die gemessenen Daten nicht "vergißt", sondern alle Informationen für später notwendige Analysen in Data-Sets hält, zum Beispiel auch mit der Möglichkeit, Analysen auf Basis anderer Reportintervalle durchzuführen.

Beim Real-Time-Performance-Management geht man von einem Service-Level/Exeptions-Screen aus und verzweigt bei Verletzung des Service-Levels und/oder beim Zutreffen von Ausnahmebedingungen per Cursor-Sensitive-Control in einen geeigneten Analysescreen. In der oberen Hälfte des Service-Level/Exeptions-Screens wird für die relevanten Applikationen (Applikationen, für die Service-Levels vereinbart sind) und Ressourcen der aktuelle Service (Kurzzeit- und Trendaussage) indiziert. Jede Ausnahmesituation wird, farblich entsprechend markiert, in der unteren Hälfte des Bildschirms durch eine Informationszeile dargestellt. Diese enthält als erste grobe Information die Hauptursache ("Primary-Reaon") für die Verletzung des Service-Levels und/oder das Eintreffen der Ausnahmesituation. Für die Analyse der indizierten Ausnahmesituation stehen die in Abbildung 7.4.8 dargestellten Analysescreens zur Verfügung.

System-Overview liefert einen Überblick über das Gesamtsystem sowie die aktuellen Werte (Kurzzeit- und Trendanalyse) der wichtigsten Systemkenngrößen. Beispiele sind

- Prozessorauslastung,
- Paging- und Swap-Rate,
- Belegung der Common Storage-Areas,

- DASD-I/O-Rate,
- Transaction-Rate,
- Page-Delay-Time,
- Swap-Delay-Time,
- System-Think-Time und
- Transaction-Response-Time.

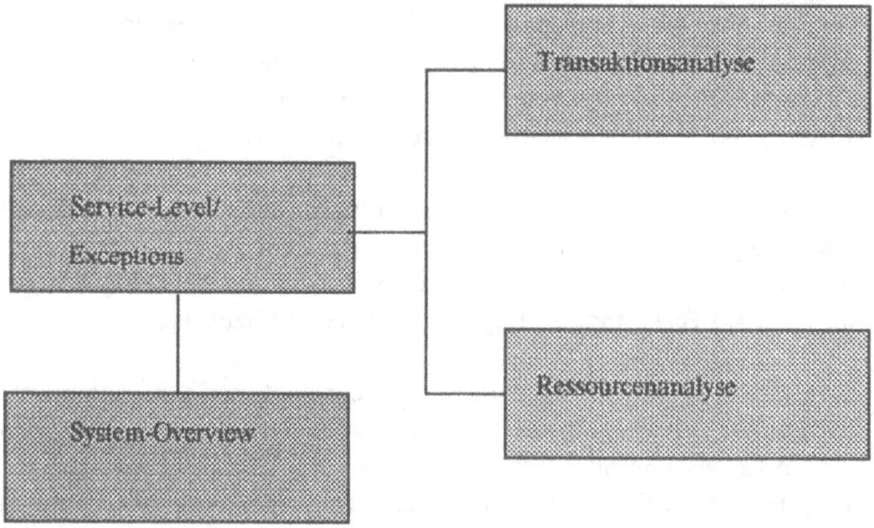

Abbildung 7.4.8: Service-Level/Exceptions- und Analyse-Screens

Bei der *Transaktionsanalyse* wird der Fluß von Transaktionen durch das System analysiert. Transaktionen sind im vorliegenden Kontext Adreßräume (üblicherweise die Analyseebene eines Systemmonitors) oder Transaktionen eines Transaction-Managers wie CICS oder IMS/DC. Die Analyse erstreckt sich auf alle Systemkomponenten, die von einer Transaktion durchlaufen werden, angefangen mit den Netz- bis zu den Host-Komponenten. Dies setzt die integrierte Arbeitsweise der unterschiedlichen Monitortypen voraus. Ausgewiesen werden beispielsweise Delay-Zeiten in den Host- und Netzservern:

- Prozessor-Delays,
- DASD-Server-Delays,
- Storage-Delays,
- FEP-Delays,

- Communication-Line-Delays und
- Polling-Delays.

Während die Transaktionsanalyse von der Transaktion (Applikation) ausgehend den Fluß von Transaktionen bzw. Transaktionsklassen durch die Systemserver analysiert, geht man bei der Ressourcenanalyse vom Server aus. Beispielsweise wird man bei der Analyse eines DASD-Servers informiert über

- den aktuellen Belegungsgrad,
- die Zeitkomponenten des I/O-Vorgangs und
- die augenblicklichen Nutzer des Servers.

Beispiel einer Transaktionsanalyse

Wir unterstellen, daß der Service-Level/Exceptions-Screen für eine Transaktionsklasse die Verletzung des Service-Levels indiziert. Der Exceptions-Screen nennt als Hauptursache einen DASD-Server mit dem Hinweis "DASD-Server VOL001 may be overloaded". Per Cursor-Sensitive-Control-Funktion wird dann in die Ressourcenanalyse für diesen DASD-Server verzweigt. Die Analyse identifiziert als Verursacher einen Batch-Job, der den Server monopolisiert. In diesem Fall muß zum Beispiel die Produktionssteuerung veranlaßt werden, entweder die Ausführung des Jobs in einen anderen Produktionsabschnitt oder Dateien des betreffenden DASD-Servers zu verlegen.

7.5 Beispiel eines Systemmonitors

Im vorliegenden Abschnitt stellen wir den Systemmonitor RMF III der IBM vor. Eine komplette Übersicht über den Monitor findet man in [26]. Wir gehen hier nur auf die wesentlichen Funktionen ein. Der Systemmonitor RMF III erfüllt alle der oben genannten Anforderungen bis auf die Tatsache, daß er als Systemmonitor nur Hostkomponenten in der Lage ist zu analysieren. Einblicke in das Netz werden nicht vermittelt. Die Bearbeitungstiefe im Host reicht maximal bis auf die Ebene eines Adreßraums bzw. auf die eines einzelnen Servers wie beispielsweise einer Magnetplatte. Wir definieren zunächst die wichtigsten Kenngrößen, die der Monitor ausweist.

Definition

Unter dem adreßraumorientierten Workflow, auch Speed, abgekürzt WFL, versteht man die relative Geschwindigkeit mit der ein Adreßraum oder eine Gruppe von Adreßräumen (beispielsweise alle Adreßräume einer Performance-Gruppe) durch die Server des Systems geschleust wird (fließt). Es gilt

$$\text{WFL}\,\% = \frac{\sum \text{U} - \text{Samples}}{\sum \text{U} - \text{Samples} + \sum \text{D} - \text{Samples}} \cdot 100.$$

Ein hoher Wert (maximal 100%) indiziert, daß die Applikation gut servisiert wird und im Idealfalle ohne Delays (Workflow 100%) durch die Server fließt. Ein Workflow von 0% bedeutet, daß die Applikation im Reportintervall nicht servisiert wird. Sie befindet sich im Idle-State (siehe weiter unten).

Der Workflow wird per Sampling-Verfahren ermittelt. U-Sample (von Using-Samples) bedeutet, daß der bzw. einer der Adreßräume einer Adreßraumgruppe einen der Systemserver "benutzt". D-Sample (von Delay-Samples) heißt, daß der bzw. einer der Adreßräume einer Adreßraumgruppe auf die Zuordnung eines Systemservers wartet.

Die maximale relative Geschwindigkeit eines Adreßraumes bzw. einer Adreßraumgruppe wird damit genau dann erreicht, wenn beim Durchlauf durch die Systemserver keine Delays entstehen (D-Samples = 0). Ein Job im Einzelprogrammbetrieb erreicht in der Regel eine hohe relative Geschwindigkeit. Umgekehrt wird ein kleiner Wert indiziert, wenn der Job beim Durchlauf durch die Server beispielsweise durch um dieselbe Ressource konkurrierende Jobs gestört (delayed) wird. Die Relativität der Aussage wird deutlich, wenn man berücksichtigt, daß eine hoher Workflow keine Aussage darüber macht, wie gut die Applikation selbst arbeitet. Beispielsweise können überflüssige CPU-Schleifen eines Anwendungsprogramms zu einem hohen Workflow führen.

Der ressourceorientierte Workflow gibt an, mit welcher relativen Geschwindigkeit eine Ressource die Applikationen (Adreßräume) bedient. Es wird also aus der Sicht einer Ressource bzw. einer Ressourcenklasse berichtet. Es gilt

$$\text{WFL\%} = \frac{\sum \text{U-Samples}}{\sum \text{U-Samples} + \sum \text{D-Samples}} \cdot 100,$$

wobei U-Sample bedeutet, daß ein Adreßraum die Ressource bzw. eine Ressource einer Ressourcenklasse "benutzt". D-Sample bedeutet, daß ein Adreßraum auf die Zuordnung der Ressource bzw. einer Ressource einer Ressourcenklasse wartet.

Der Workflow wird entweder tabellarisch oder grafisch dargestellt. Für die grafischen Darstellung werden "Speedometer" verwendet (siehe Abbildung 7.5.1). Mit einem Speedometer wird der Workflow für eine einzelne Applikation bzw. für eine Gruppe von Applikationen oder für eine Ressource bzw. Ressourcenklasse wie bei einem Tachometer per "Tachonadel" angezeigt.

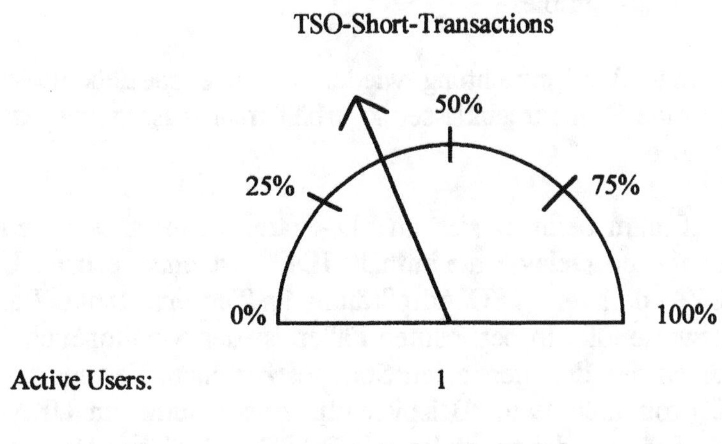

Abbildung 7.5.1: Adreßraumorientierter Workflow

Wir definieren weiter:

Unter Address-Space-Delay (DLY%) versteht man den prozentualen Zeitanteil am Reportintervall, in dem ein Adreßraum oder eine Gruppe von Adreßräumen auf die Zuordnung einer Systemressource (Server) wartet. Es gilt

$$DLY\% = \frac{\sum D - Samples}{n \cdot Samples}.$$

Dabei bedeutet Delay-Sample, daß ein Adreßraum auf die Zuordnung eines Servers wartet. n ist die mittlere Anzahl der Adreßräume der Adreßraumgruppe und Samples die Gesamtanzahl der durchgeführten Tests (Samples). Bezieht man diese Betrachtung auf eine einzelne Ressource oder auf eine Ressourcenklasse, so erhält man ressourcenspezifische Delays (PROC, DEV, STOR, SUBS, OPER, ENQ).

Unter Address-Space-Using (USG%) versteht man den prozentualen Zeitanteil am Reportintervall, in dem ein Adreßraum oder eine Gruppe von Adreßräumen eine Ressource (Server) "benutzt". Es gilt

$$USG\% = \frac{\sum U - Samples}{n \cdot Samples}.$$

Bezieht man die Betrachtung wieder auf eine spezielle Ressource oder auf eine Ressourcenklasse, so erhält man ressourcenspezifische Using-Werte.

Ein Adreßraum befindet sich im Idle-State, wenn er sich weder im Using- noch im Delay-State aufhält. IDL% ist entsprechend USG% und DLY% definiert. TSO-Adreßräume im Terminal-Input-Wait sind beispielsweise idle. In bestimmten Fällen ist der Monitor nicht in der Lage, einen der drei genannten Stati festzustellen. Er reportet dann UKN% (von unknown). Beispiele für Adreßräume im UKN-State sind Adreßräume, die auf andere als DASD- oder Tape-Devices oder auf einen Operator-Reply warten. Wir betrachten nun vom RMF III-Monitor zur Verfügung gestellte Reports. Dabei gehen wir auf den Workflow/ Exceptions-Report etwas detaillierter ein. Eine detaillierte Beschreibung der anderen Reports findet man in [26]. Den Abschnitt abschließend bringen wir einige Reportbeispiele.
Einer der wichtigsten Reports des Monitors ist der Workflow/ Exceptions-Report. Der Workflow/Exceptions-Screen teilt den Bildschirm in zwei Hälften. In der oberen werden die Speedometer für die spezifizierten Adreßräume, Adreßraumgruppen oder Ressourcen bzw. Ressourcenklassen dargestellt. Dies vermittelt zu jeder Zeit

einen Überblick über das Verhalten des Systems. In der unteren Hälfte werden Exceptions reportet (siehe unten). Die Exceptions-Criteria werden in Criteria-Sets definiert. Die Criteria eines Critera-Sets sind durch eine logische "und"-Bedingung miteinander verknüpft. Das bedeutet, erst das Zutreffen aller dort spezifizierten Ereignisse führt zur Indikation einer Ausnahmesituation. Insgesamt sind drei Sets definierbar. Die einzelnen Sets wiederum sind durch eine logische "oder"-Bedingung miteinander verknüpft. Abbildung 7.5.2 enthält einige Kriterien, die zum Beispiel für eine Performance-Gruppe definiert werden können.

CPUS%	CPU-Utilization %	PROC%	Processor-Delay %
CSA%	CSA-Storage %	RATE	Transaction-Rate
DEV%	Device-Delay %	RT	Response-Time
ENQ%	Enqueue-Delay %	SQA%	SQA-Storage %
LOCL%	Local-Storage-Delay %	STOR%	Storage-Delay %
MNT%	Mount-Delay %	SWAP%	Swap-Delay %
MSG%	Message-Delay %	WFL%	Workflow/Speed %

Abbildung 7.5.2: Beispiele für Exceptions-Critria

Für die Größen eines Criteria-Sets werden jeweils zwei Werte definiert. Diese dienen einer abgestuften Alarmierung mit farblich unterschiedlich markierten Anzeigen, beispielsweise gelb und rot. Tritt nun eine Ausnahmesituation ein, so wird der rechts von der aktuellen Workflow-Anzeige liegende Sektor des Speedometers entsprechend farblich markiert. Zusätzlich erscheint in der unteren Bildschirmhälfte eine farblich entsprechend markierte Informationszeile (Exceptions-Report). Diese enthält

- einen Indikator (Workflow-Indicator), der den betroffenen Adreßraum, die betroffene Adreßraumgruppe bzw. betroffene Ressource oder Ressourcengruppe identifiziert,
- den Hauptgrund für das Eintreffen der Ausnahmesituation (Primary-Reason),
- den Wert der Größe, die die Ausnahmesituation herbeigeführt hat (Critical Value) und
- die mögliche Ursache oder Aktion, die zu der Ausnahmebedingung geführt hat (Possible Cause or Action).

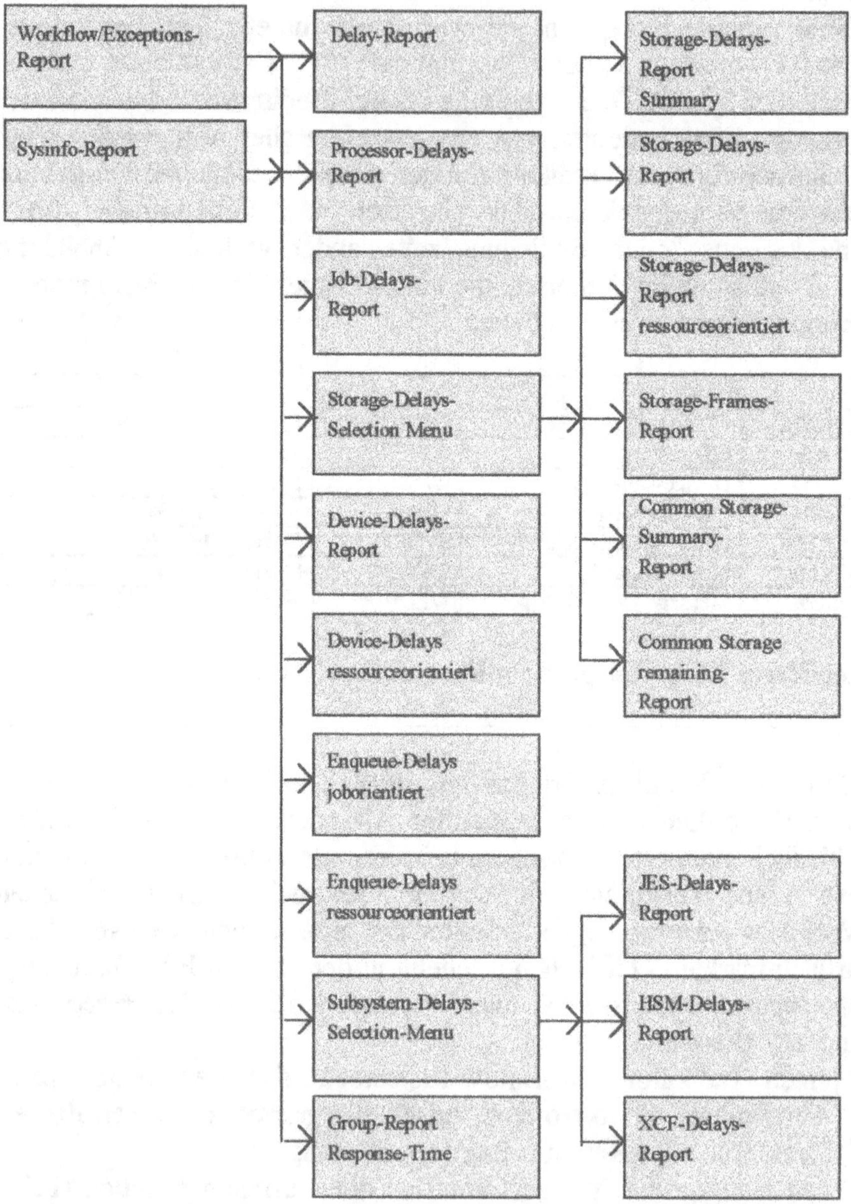

Abbildung 7.5.3: Überblick über die RMF-Monitor-III-Reports

In Abbildung 7.5.3 sind die anderen Reports des Monitors im Überblick dargestellt. Alle Reports können durch Cursor-Sensitive-

Control oder direkt per PFK oder Command erreicht werden. Zu den Report-Inhalten siehe [26].

Wir bringen nun einige Reportbeispiele. Zunächst stellen wir in Abbildung 7.5.4 die hinterlegten Exceptions-Criteria dar. Die Kriterien sind dabei definiert für das Gesamtsystem (*System), eine IMS-Control-Region (IMS/C), abhängige IMS-Application-Regions (IMS/Appls), TSO-Tranactions (TSO/Total), TSO-Short- (TSO/Short) und TSO-Long-Transactions (TSO/Long), Batch (Batch/Total) und Started Tasks (STC) sowie für die Ressourcen Processor (PROC), DASD-Devices (DASD) und Storage (STORAGE). Die Adreßräume bzw. Adreßraumgruppen sind festgelegt über die Performance-Gruppe oder die Domaine (siehe [24]).

Address-Spaces	**Exceptions-Criteria**			
	WFL%	CPUS%	RT	CSA%/SQA%
*System	< (30,50)	> (85,95)		> (70,90) *
IMS/C	< (50,70)	> (30,50)		> (30,50) *
IMS/Appls	< (50,70)	> (30,50)		
TSO/Total	< (30,50)			
TSO/Short	< (50,70)		> (0.1,0.2)	
TSO/Long	< (30,50)			
Batch/Total	< (30,50)			
STC	< (50,70)			
PROC	< (50,70)	> (85,95)		
DASD	< (50,70)			
STORAGE				> (70,90)

Abbildung 7.5.4: Exceptions-Criteria-Sets (Beispiel)

In Abbildung 7.5.5 zeigen wir auszugsweise einen Workflow-Exceptions-Report in tabellarischer Form.
Der Workflow/Exceptions-Screen zeigt, daß im DASD-Bereich und bei der Zuordnung der Datei PGM.LOAD Probleme existieren. Die Prozessorauslastung liegt mit nur 40% außerhalb der Problemzone. Der Workflow für die Adreßraumgruppe IMS/Appls ist mit 3% extrem niedrig.

RMF Workflow/Exceptions
Samples:100 Time:07/23/93 at 10.50 Range=100s
Speed/Workflow
Speed of 100=Maximum,0=Stopped AVG CPU Utilization 40%

Name	Users	Active	Speed
*System	279	45	18
IMS/C	1	0	44
IMS/Appls	69	12	3
TSO/Total	55	0	44
TSO/Short	55	0	40
TSO/Long	0	0	45
Batch/Total	110	40	16
STC	114	4	29
PROC	153	3	50
DASD	70	18	32
STORAGE			

Exceptions

Name	Reason	Critical Value	Poss. Cause or Action
*System	ENQ-PANEXEC	23.6 users	PGM.LOAD
Batch/Total	ENQ-PANEXEC	23.6 users	PGM.LOAD
STC	DEV-VOL001	2.3 users	Device may be overloaded
DASD-DEV	DEV-VOL002	15.5 users	Short Blocksize or excessive Seeks
IMS/Appls	ENQ-PANEXEC	11.2 users	PGM.LOAD
IMS/C	DEV-VOL003	0.3 users	
TSO/Short	DEV-VOL004	0.0 users	
TSO/Long	DEV-VOL005	0.0 users	
TSO/Total	DEV-VOL004	0.1 users	Device may be overloaded

Abbildung 7.5.5: Workflow/Exceptions-Screen (Beispiel)

Es ist erkennbar, daß vorwiegend IMS dependent Regions (IMS/ Appls) auf die Zuordnung der Ressource PGM.LOAD warten. Bei der Datei handelt es sich um eine Programmbibliothek. Die Programmverwaltung verlangt beim Zugriff auf die Bibliothek ein Enqueue, das nicht gegeben wird. Der Halter der Ressource wird per Enqueue-Delays-Report (siehe Abbildung 7.5.6) festgestellt (per Cursor-Sensitiv-Control über den Dateinamen im Exceptions-Report). Es handelt sich um den Job JOB001. Dieser hat die Datei exklusiv angefordert und noch nicht freigegeben. Die Folge ist, daß die dependend Regions keine Programme aus der "festgehaltenen" Bibliothek laden können und damit die Transaktionsverarbeitung für alle diesen Regions zugeordneten Transaktionen steht. Geht man, ausgehend vom Enqueue-Report, per Cursor-Sensitive-Control über den Jobnamen in den Report für JOB001, so erhält man den in Abbildung 7.5.7 in Auszügen (ausschließlich Delay-Werte) dargestellten Job-Delays-Report.

RMF 4.3.0 ENQ Resource Delays -- SYSID
Samples: 87 Time: 07/01/94 at 08.00.00 Range + 100 Sec

Resource Name		Delayed			Holding		
Major/Minor	(Scope)	%	Name	Stat	%	Name	Stat
PANEXEC	(SYSS)	92	IMS001	EW	91	JOB001	EO
PGM.LOAD					1	JOB002	EO
		92	IMS002	EW	91	JOB001	EO
					1	JOB002	EO
		92	IMS003	EW	91	JOB001	EO
					1	JOB003	EO
		92	IMS004	EW	91	JOB001	EO
					1	JOB002	EO
		92	IMS005	EW	91	JOB001	EO
					1	JOB002	EO

Abbildung 7.5.6: Ressourceorientierter Enqueue- Delays-Report

RMF 4.3.0 Job Delays -- SYSID
Samples: 87 Time: 07/01/94 at 08.00.00 Range + 100 Sec

Job : JOB001 Primary Delay : Waiting for DASD Volume VOL005

Volume VOL005 Device Data

Number	17F	Active:	50%	Pending:	4%	Average Users
Device	33903	Connect:	12%	Delay DB:	0%	Delayed
Shared	Yes	Disconnect:	34%	Delay CU:	0%	0.6
				Delay DP:	0%	

Job Performance Summary

WFL	DLY	% Delayed for						Primary
%	%	PROC	DEV	STOR	SUBS	OPER	ENQ	Reason
13	86	10	78	0	0	0	0	VOL005

Abbildung 7.5.7: Auszug aus einem Job-Delays-Report

Nach Abbildung 7.5.7 wird JOB001 mit einem Gesamtwert von 86% delayed. Dabei werden 78% als Device-Delay ausgewiesen. Primary Resaon ist VOL005. Wir gehen via Cusor-Sensitive-Control in den

Device-Resource-Delays-Report (DEVR) für VOL005 (siehe Abbildung 7.5.8). Der Report zeigt, daß die Platte im Mittel mit 0.021 Sekunden respondiert. Außerdem ist erkennbar, daß JOB001 der Hauptnutzer des Volume ist. Alle anderen Jobs haben geringe Using- und geringe durch das Volume verursachte Delay-Werte. Es kann vermutet werden, daß die oben genannte Programmbibliothek PGM.LOAD auf diesem Volume liegt. Das Problem liegt entweder darin, daß JOB001 nicht hinreichend servisiert wird (wegen der relativ niedrigen Dispatching-Priority) - und dadurch das Enqueue so lange gehalten wird - oder, daß die Datei sehr stark beansprucht wird. Für die zweite Version spricht die relativ hohe Activity-Rate von ca. 28.8 I/O-Operationen pro Sekunde. Entsprechend durchgeführte Recherchen ergeben, daß ein "Link"-Lauf gegen die Programmbibliothek die Ursache für den Hang-Up gewesen ist.

RMF 4.3.0 Device Resource Delays -- SYSID
Samples: 87 Time: 07/01/94 at 08.00.00 Range + 100 Sec

Volume /Num	Act Rate	Resp Time	Act %	CON %	DSC %	PND% Reasons	Jobname	USG %	DLY %
V01005	28.3	0.021	50	12	34	4	JOB001	11	44
17F							IMS002	0	2
							IMS006	1	1
							JOB004	1	1
							JOB005	0	1
							JOB006	0	0

Abbildung 7.5.8: Auszug aus einem Device-Resource-Delays-Report

7.6 Systemanalyse

Im vorliegenden Abschnitt werden wir ein Modellsystem analysieren und dabei die Vorgehensweise (Performance-Methodologie) beim Real-Time-Performance-Management an Hand des Modells erklären. Als Modell benutzen wir ein geschlossenes Server-Netz mit k Benutzern (=Terminals) bestehend aus

- einem Terminalserver vom Typ $M / M / \infty$,
- einem Server vom Typ $M / M / s$, $s \geq 1$, mit dem wir das Netz mit s Communication-Lines modellieren und

- aus mehreren Hostservern vom Typ $M/M/1$, mit denen wir den Prozessor sowie DASD-Server modellieren.

Bei den Kenngrößen zur Beurteilung der Systemleistung orientieren wir uns an den Größen des RMF III-Monitors. Daneben verwenden wir die üblichen bisher betrachteten Basisgrößen, die wir im Überblick noch einmal zusammenstellen (siehe Abbildung 7.6.1). Mit $i = 1,\ldots,N$ indizierte Größen beziehen sich auf einzelne Server. Beispielsweise ist n_{q_i} die Anzahl der auf Service wartenden Requests im Server i. Aus den Basisgrößen gemäß Abbildung 7.6.1 leiten wir nun weitere Kenngrößen ab, die sich an die des RMF III-Monitors der IBM anlehnen.

Größe	**Bedeutung**
r	Transaction-Rate
t_s	Transaction-Service-Time (Host- und Netzzeiten)
t_q	Transaction-Queue-Time (Host- und Netzzeiten)
t_r	Transaction-Response-Time (Host- und Netzzeiten)
t	Beobachtungs-/Meßintervall
n	Anzahl der im Meßintervall t abgewickelten Transaktionen
n_a	Anzahl der aktiven Requests (Host- und Netzserver), das heißt die Anzahl der Service in Anspruch nehmenden und auf Service wartenden Requests.
n_q	Anzahl der im System (Host- und Netzserver) wartenden Requests
n_s	Anzahl der Service (Host- und Netzserver) in Anspruch nehmenden Requests
n_I	Anzahl der idle Requests, das heißt die Anzahl der Requests, die weder Service in Anspruch nehmen noch auf Service warten
k	Anzahl der Requests, die sich im System aufhalten (Terminalserver, Host- und Netzserver)
N	Anzahl der Knoten (Terminals, Host- und Netzserver)

Abbildung 7.6.1: Verwendete Basisgrößen (Systemmodell)

Transaction-Delays (DLY, DLY%)

Unter Transaction-Delays (DLY) bzw. Transaction-Delays-Percentage verstehen wir die Größen

$$DLY = \frac{n_q}{k} \text{ bzw. } DLY\% = \frac{n_q}{k} \cdot 100.$$

Dabei bezieht sich n_q auf eine oder mehrere Transaktionsklassen und auf alle Systemserver. DLY% entspricht damit der Größe Address-Space-Delays (auch joborientierte Delays) aus dem RMF III-Monitor. Nach Little gilt nämlich

$$DLY = \frac{n_q}{k} = \frac{r \cdot t_q}{k} = \frac{n \cdot t_q}{k \cdot t}.$$

$n \cdot t_q$ entspricht der Anzahl der Delay-Samples, k ist die mittlere Anzahl der im System verweilenden Transaktionen (Address-Spaces) und t entspricht der Anzahl der Samples (siehe auch Definition von DLY% unter 7.5). Bezieht man DLY auf einzelne Server, Serverklassen oder Gruppen von Servern, so erhält man Transaction-Resource-Delays wie

- Transaction-Processor-Delays,
- Transaction-DASD-Delays,
- Transaction-Host-Delays und
- Transaction-Network-Delays.

Resource-Delays (DLYR, DLYR%)

Ressourceorientierte Delays betrachten die Situation aus dem Blickwinkel einer Ressource bzw. Ressourcenklasse. Unter Resource-Delays (DLYR) bzw. Resource-Delays-Percentage (DLYR%) verstehen wir die Größen

$$DLYR = \frac{n_q}{k} \text{ bzw. } DLYR\% = \frac{n_q}{k} \cdot 100.$$

Dabei bezieht sich n_q auf eine Ressource oder eine Klasse von Ressourcen und alle Transaktionsklassen, die in dem betrachteten System abgewickelt werden. DLYR% entspricht damit den ressourceorientierten Delays aus dem RMF III-Monitor.

Transaction-Using (USG, USG%)

Unter Transaction-Using (USG) bzw. Transaction-Using-Percentage (USG%) verstehen wir die Größen

$$USG = \frac{n_s}{k} \text{ bzw. } USG\% = \frac{n_s}{k} \cdot 100 .$$

Dabei bezieht sich n_s auf eine oder mehrere Transaktionsklassen und auf alle Systemserver. USG% entspricht damit der Größe Address-Space-Using (%) aus dem RMF III-Monitor.

Bezieht man USG auf einzelne Server, Serverklassen oder Gruppen von Servern, so erhält man die Größe Transaction-Resource-Using.

Transaction-Idle (IDL, IDL%)

Unter Transaction-Idle (IDL) bzw. Transaction-Idle-Percentage (IDL%) verstehen wir die Größen

$$IDL = \frac{n_I}{k} \text{ bzw. } IDL\% = \frac{n_I}{k} \cdot 100 .$$

Dabei bezieht sich n_I auf eine oder mehrere Transaktionsklassen und auf alle Systemserver. IDL% entspricht damit der Größe Address-Space-Idle (%) aus dem RMF III-Monitor.

Transaction-Workflow (WFL, WFL%)

Unter Transaction-Workflow (WFL) bzw. Transaction-Workflow-Percentage WFL%) verstehen wir die Größen

$$WFL = \frac{n_s}{n_a} \text{ bzw. } WFL\% = \frac{n_s}{n_a} \cdot 100 .$$

Dabei beziehen sich n_s und n_a auf eine oder mehrere Transaktionsklassen und alle Systemserver.

Nach Little gilt

$$\mathrm{WFL} = \frac{n_s}{n_a} = \frac{r \cdot t_s}{r \cdot t_a} = \frac{n \cdot t_s}{n \cdot t_s + n \cdot t_q}.$$

Damit entspricht WFL% der Größe Address-Space-Workflow (%) aus dem RMF III-Monitor. Bezieht man WFL auf einzelne Server, Serverklassen oder Gruppen von Servern, so erhält man die Größe Transaction-Resource-Workflow.

Resource-Workflow (WFLR, WFLR%)

Unter Resource-Workflow (WFLR) bzw. Resource-Workflow-Percentage (WFLR%) verstehen wir die Größen

$$\mathrm{WFLR} = \frac{n_s}{n_a} \text{ bzw. } \mathrm{WFLR\%} = \frac{n_s}{n_a} \cdot 100.$$

Dabei beziehen sich n_s und n_a auf einen oder auf eine Klasse von Servern und auf alle in dem betrachteten System abgewickelten Transaktionen. Damit entspricht WFLR% der Größe Resource-Workflow (%) aus dem dem RMF III-Monitor.

Mit Resource-Workflow betrachtet man die Situation also aus der Sicht einer einzelnen bzw. aus der Sicht einer Klasse von Ressourcen.

Response-Time-Account (RACT, RACT%)

Unter Response-Time-Account (RACT) verstehen wir die mittlere Aufenthaltsdauer einer Transaktion in einer Ressource, einer Ressourcenklasse oder in einer Gruppe von mehreren Ressourcen in Relation zur Gesamtverweilzeit im System. Es gilt

$$\mathrm{RACT} = \frac{n'_a}{n_a} \text{ bzw. } \mathrm{RACT\%} = \frac{n'_a}{n_a} \cdot 100.$$

Dabei ist n'_a die mittlere Anzahl der aktiven, das heißt Service in Anspruch nehmenden und wartenden Transaktionen einer oder mehrerer Klassen von Transaktionen in einem Server, einer Serverklasse oder in einer Gruppe von Servern und n_a die mittlere Anzahl aktiver Transaktionen der betrachteten Transaktionsklasse im System.

Ist beispielsweise n'_a die mittlere Anzahl Requests in allen Hostservern (nicht Netzservern). Dann ist RACT% der prozentuale Anteil der Response-Time der Transaktionsklasse in den Hostservern in Relation zur Gesamtzeit.

Wir stellen nun das Modellsystem, das wir für die Analyse heranziehen, im Detail vor. Das Modellsystem bestehe aus N = 9 Servern und zwar aus

- einem Terminalserver S_1 vom Typ $M/M/\infty$,
- einem Netzserver S_2 vom Typ $M/M/2$ (für die Modellierung von zwei Communication-Lines),
- dem Prozessorserver S_3 vom Typ $M/M/1$ und
- insgesamt 6 DASD-Servern S_i, $i = 4,\ldots,9$ vom Typ $M/M/1$.

In Abbildung 7.6.2 ist das Server-Netz grafisch skizziert. Als Systemlast ist eine Transaktionsklasse definiert mit

$$t_s = \sum_{i=2}^{N} t_{s_i} \quad \text{Average Transaction-Service-Time,}$$

$$t_q = \sum_{i=2}^{N} t_{q_i} \quad \text{Average Transaction-Queue-Time,}$$

$$t_r = \sum_{i=2}^{N} t_{r_i} \quad \text{Average Transaction-Response-Time und}$$

$$t_I = t_{s_1} \quad \text{Average Transaction Idle-Time.}$$

Mit der letzten Definition modellieren wir die Idle-Time durch die Service-Time des Terminalservers (= User-Think-Time). Die Beanspruchung der Systemserver durch die Transaktionsklasse definieren wir durch die Anzahl "Besuche" d_i pro Transaktion in den einzelnen Servern sowie durch die Servicezeiten eines Besuches (Basisrequests). In Abbildung 7.6.3 sind diese Werte für die Transaktionsklasse dargestellt.

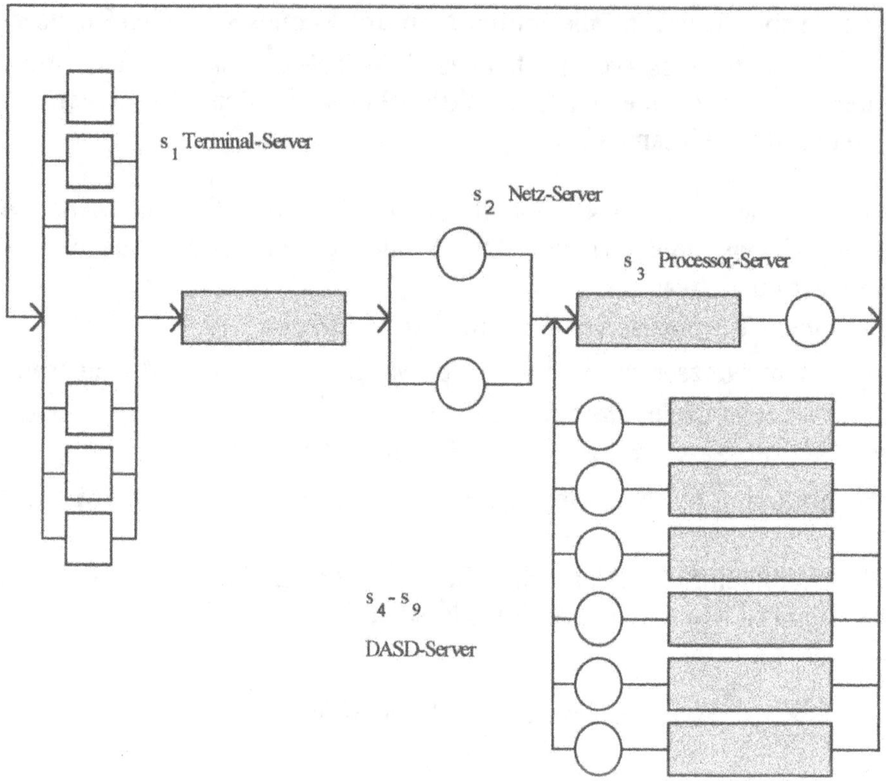

Abbildung 7.6.2: Modellsystem mit 9 Servern

	Transaktionsklasse		
Server	**d_i**	**Basis-Requests**	**t_{s_i}**
1	1	20.000	20.000
2	1	0.250	0.250
3	20	0.005	0.100
4	6	0.005	0.030
5	5	0.020	0.100
6	3	0.020	0.060
7	2	0.025	0.050
8	1	0.025	0.020
9	2	0.030	0.060
Σ			20.670

Abbildung 7.6.3: Service-Zeiten der Transaktionsklasse

Die maximale Kapazität (Nennleistung) des Systems liegt bei 4 Transaktionen pro Sekunde. Engpaßserver ist der Netzserver. Unter den Hostservern sind der Prozessorserver und der DASD-Server 5 Engpaßserver. Wir rechnen nun ein Beispiel und verwenden wieder die Mittelwertanalyse gemäß Kapitel 1.

Wir rechnen mit k=200. Die Ergebnisse stellen wir in den Abbildungen 7.6.4 und 7.6.5 tabellarisch zusammen.

Kenngröße	Wert	Erläuterung/Bemerkung
r	7.967	Transaction-Rate
k	200.000	Multiprogramming-Level
n_I	159.340	Idle equests
n_a	40.650	Active Requests
n_s	5.338	Using-Requests
n_q	35.312	Delayed Requests
t_r	5.102	Transaction-Response-Time
t_q	0.670	Transaction-Service-Time
t_q	4.432	Transaction-Queue-Time

Abbildung 7.6.4: Globale Kenngrößen (Modell)

Wir berechnen nun folgende abgeleitete Kennzahlen:

- Transaction-Workflow,
- Transaction-Resource-Workflow,
- Transaction-Delays,
- Transaction-Resource-Delays,
- Transaction-Using,
- Tranaction-Resource-Using und
- Response-Time-Accounts.

Transaction-Workflow

Es gilt $WFL\% = \frac{n_s}{n_a} \cdot 100 = \frac{5.337}{40.648} \cdot 100 \approx 13.1\%$.

Server	t_{s_i}	t_{q_i}	t_{r_i}	n_{s_i}	n_{q_i}
2	0.250	3.507	3.757	1.992	27.940
3	0.100	0.385	0.485	0.796	3.065
4	0.030	0.009	0.039	0.239	0.075
5	0.100	0.385	0.485	0.796	3.065
6	0.060	0.055	0.115	0.478	0.437
7	0.050	0.033	0.083	0.399	0.263
8	0.020	0.004	0.024	0.160	0.030
9	0.060	0.055	0.115	0.478	0.437
Σ	0.670	4.432	5.102	5.338	35.312
r	7.967				
n_{a_i}	40.650				
n_{s_i}	5.338				
n_{q_i}	35.312				
n_I	159.340				
k	200.000				

Abbildung 7.6.5: Serverbezogene Kenngrößen (Modell)

Transaction-Resource-Workflow

Wir betrachten den Transaction-Workflow in jedem der Server (siehe Abbildung 7.6.6). Zusätzlich berechnen wir den Transaction-Resource-Workflow durch die Host-Server und speziell für die Klasse der DASD-Server. Für die Berechnung von Transaction-Host-Workflow benötigen wir die Anzahl der Using-Requests und active Requests (n_s bzw. n_a) in den Host-Servern. Nach Abbildung 7.6.5 ergibt sich $n_s = 3.346$ und $n_a = 10.718$. Damit erhält man als Transaction-Host-Workflow

$$WFL\% = \frac{n_s}{n_a} \cdot 100 = \frac{3.346}{10.718} \cdot 100 \approx 31.2\%$$

und als Transaction-DASD-Workflow

$$WFL\% = \frac{\sum_{i=4}^{9} n_{s_i}}{\sum_{i=4}^{9} n_{a_i}} \cdot 100 \approx 37.2\%$$

Server	Transaction- Resource-Workflow
2	6.7%
3	20.6%
4	76.1%
5	20.6%
6	52.2%
7	60.3%
8	52.2%
9	52.2%

Abbildung 7.6.6: Transaction-Resource-Workflow

Server	Transaction- Resource-Delays
2	14.00%
3	1.53%
4	0.04%
5	1.53%
6	0.22%
7	0.13%
8	0.02%
9	0.22%
Σ	17.70%

Abbildung 7.6.7: Transaction-Resource-Delays

Transaction-Net-Workflow entspricht mit 6.7% dem bereits ermittelten Transaction-Resource-Workflow für Server 2 (Netzserver).

Transaction-Delays

Gemäß Definition ist $\text{DLY\%} = \frac{n_q}{k} \cdot 100 \approx 17.7\%$.

Transaction-Resource-Delays

Wir betrachten Transaction-Resource-Delays in jedem der Server (siehe Abbildung 7.6.7). Zusätzlich berechnen wir Transaction-Host-, Transaction-Net- und Transaction-DASD-Delays. Transaction-Host-Delays ist gemäß Abbildung 7.6.7 $\text{DLY\%} = 3.7\%$, Transaction-Net-Delays $\text{DLY\%} = 14.0\%$. Faßt man noch die DASD-Server zu einer

Serverklasse zusammen, so ergibt sich (siehe Abbildung 7.6.7), als Transaction-DASD-Delays $DLY\% = 2.2\%$.

Transaction-Using

Gemäß Definition gilt $USG\% = \frac{n_s}{k} \cdot 100 \approx 2.67\%$.

Transaction-Resource-Using

Wir betrachten Transaction-Resource-Using in jedem der Server (siehe Abbildung 7.6.8). Zusätzlich berechnen wir Transaction-Host-, Transaction-Net- und Transaction-DASD-Using.

Server	Transaction-Resource-Using
2	1.00%
3	0.40%
4	0.12%
5	0.40%
6	0.24%
7	0.20%
8	0.08%
9	0.24%
Σ	2.67%

Abbildung 7.6.8: Transaction-Resource-Using

Transaction-Host-Using ist gemäß Abbildung 7.6.8 1.67%, Transaction-Net-Using 1.00%. Faßt man wieder die DASD-Server zu einer Serverklasse zusammen, so ergibt sich als Transaction-DASD-Using 1.27%.

Transaction-Idle

Gemäß Definition gilt $IDL\% = \frac{n_I}{k} \cdot 100 = \frac{n_{s_I}}{k} \cdot 100 \approx 79.67\%$.

Zusammengefaßt ist

$$USG\% + DLY\% + IDL\% = \frac{n_s + n_q + n_I}{k} \cdot 100 \approx 100\%.$$

Response-Time-Accounts

Wir berechnen die mittlere Aufenthaltsdauer der Transaktionen in jedem der beteiligten Server in Relation zur Response-Time (siehe Abbildung 7.6.9). Zusätzlich berechnen wir diese Relationen für die Gruppe der Host- und DASD-Server.

Server	Response-Time- Accounts
2	73.60%
3	9.50%
4	0.80%
5	9.50%
6	2.30%
7	1.60%
8	0.50%
9	2.30%
Σ	100.00%

Abbildung 7.6.9: Response-Time-Accounts

Host-Response-Time-Account ist nach Abbildung 7.6.9 26.4%, Net-Response-Time-Account 73.6% und DASD-Response-Time-Account 16.9%.

Wir sehen uns nun an, wie man, ausgehend von einem Workflow/ Exceptions-Screen, die Bottlenecks des Systems ausmacht und die "richtigen" Tuningmaßnahmen ableitet. Zunächst definieren wir als Service-Level (mittlere Response-Time)

$$t_r \leq t_{r_0} = 3.0s.$$

Wenn dieser Wert im Mittel nicht überschritten werden soll, muß der Workflow WFL% über

$$WFL\% = \frac{n_s}{n_a} \cdot 100 = \frac{t_s}{t_r} \cdot 100 \geq \frac{t_s}{t_{r_0}} \cdot 100 = \frac{0.670}{3.0} = 22.3\%$$

liegen. Der Speedometer (siehe Abbildung 7.6.10) indiziert einen Workflow von 13.1%. In der Exceptions-Section wird die Verletzung des Service-Levels indiziert unter Angabe der Primary-Reasons Net-Server, Processor-Server und DASD-Server VOL005. Mit einem "Degradation-Tableau" verschaffen wir uns einen Überblick über den Transaktionsverlauf. Im Degradation-Tableau werden Resource-Delays und Resource-Using-Werte dagestellt. Dabei werden nur signifikante Werte indiziert (im Beispiel, siehe Abbildung 7.6.11, nur Werte ≥ 1%).

------------------------ Workflow/Exceptions ------------------------

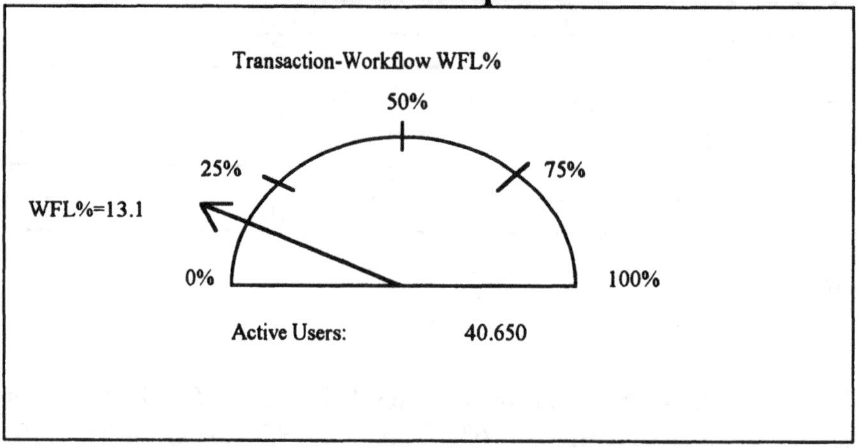

------------------------------ Exceptions ------------------------------

Avg Transaction-Response-Time	Delayed Users	Primary Reasons
5.1 s	35.3	Net-Server
		Processor-Server
		DASD-Server VOL005

Abbildung 7.6.10: Workflow/Exceptions-Screen (Modell)

Gemäß Degradation-Tableau in Abbildung 7.6.11 bildet das Netzwerk für die gegebene Transaktionslast den Hauptengpaß. Es folgen der Processor- und der DASD-Server S_5 (VOL005). Tuningmaßnahmen müssen demnach im Netzwerk ansetzen.

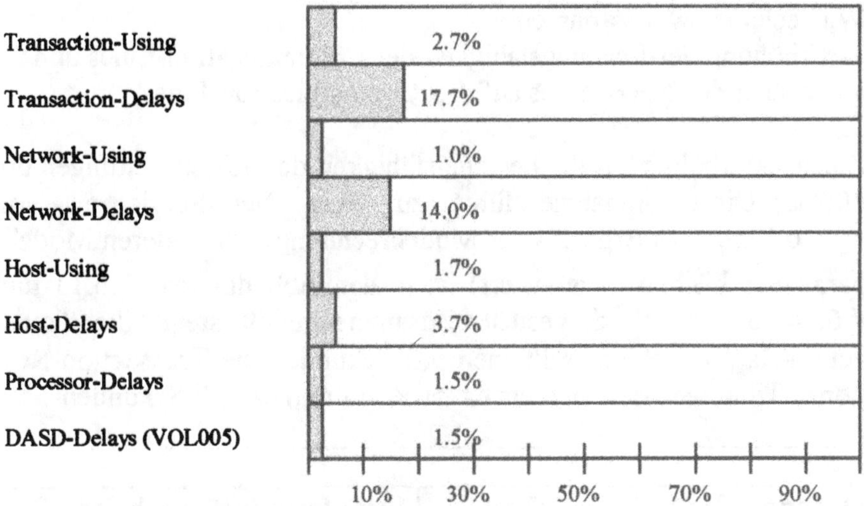

Abbildung 7.6.11: Degradation-Tableau (Modell)

Eine Vorstellung über den Effekt von möglichen Maßnahmen liefern die Response-Time-Accounts (siehe Abbildung 7.6.12). Eine Erhöhung der Netzleistung um 100% würde danach die Transaction-Response-Time auf ca. 3.2 s reduzieren (bei unveränderter Last).

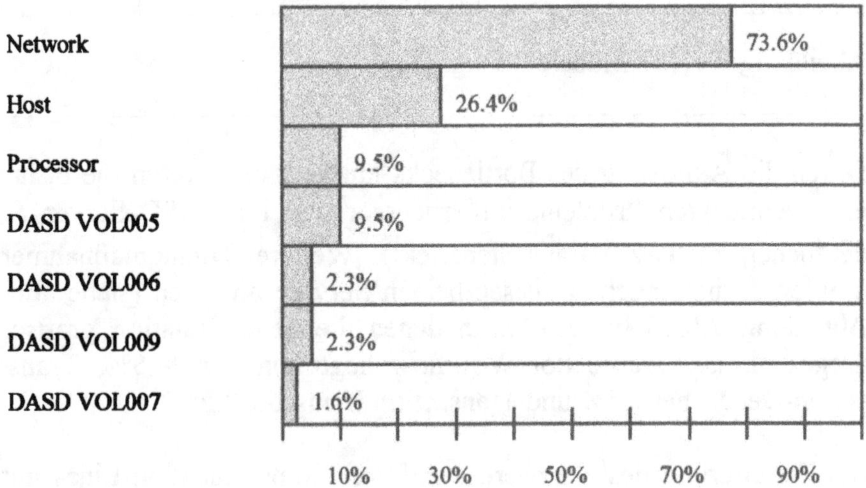

Abbildung 7.6.12: Response-Time-Accounts

Wir rechnen zwei Varianten:

- Erhöhung der Leistungsfähigkeit der Communication-Lines und
- Ausbau des Netzwerkes auf drei Communication-Lines.

Zunächst erhöhen wir die Leistungsfähigkeit der beiden Leitungen um 100%. Diese Annahme führt zu einer Netz-Servicezeit von $t_{s_2} = 0.125s$. Das Ergebnis der Modellrechnung (alle anderen Modellparameter bleiben unverändert) ist in den Abbildungen 7.6.13 und 7.6.14 tabellarisch dargestellt. Zusammengefaßt steigt die Transaction-Rate auf 9 Transaktionen pro Sekunde. Die Transaction-Response-Time reduziert sich um ca. 56% auf nun ca. 2.2 Sekunden.

Kenngröße	Wert	Erläuterung/Bemerkung
r	9.000	Transaction-Rate
k	200.000	Multiprogramming-Level
n_I	180.001	Idle Requests
n_a	19.998	Active Requests
n_s	4.905	Using Requests
n_q	15.094	Delayed Requests
t_r	2.222	Transaction-Response-Time
t_q	0.545	Transaction-Service-Time
t_q	1.677	Transaction-Queue-Time

Abbildung 7.6.13: Globale Kenngrößen

Durch die Auflösung des Bottlenecks im Netzwerk treten die bisher eher versteckten Probleme im Processor und im DASD-Server S_5 deutlicher zu Tage (Baustelleneffekt). Weitere Tuningmaßnahmen müßten deshalb auch an diesen beiden Servern ansetzen (siehe auch Abbildung 7.6.15 bis 7.6.17, in denen die neue Situation grafisch dargestellt ist. Transaction-Workflow liegt nun bei 24.5%, Transaction-Delays bei 7.5% und Transaction Using bei 2.5%.

Bei Erweiterung des Netzwerkes auf drei Communication-Lines mit derselben Leistung reduziert sich die Wartezeit im Netz. Die Network-Service-Time hingegen bleibt unverändert bei $t_s = 0.250s$.

Server	t_{s_i}	t_{q_i}	t_{r_i}	n_{s_i}	n_{q_i}
2	0.125	0.057	0.182	1.125	0.509
3	0.100	0.713	0.813	0.900	6.417
4	0.030	0.011	0.041	0.270	0.099
5	0.100	0.713	0.813	0.900	6.417
6	0.060	0.069	0.129	0.540	0.624
7	0.050	0.040	0.090	0.450	0.364
8	0.020	0.004	0.024	0.180	0.039
9	0.060	0.069	0.129	0.540	0.624
Σ	0.545	1.677	2.222	4.905	15.094
r	9.000				
n_a	19.998				
n_s	4.905				
n_q	15.093				
n_I	180.001				
k	200.000				

Abbildung 7.6.14: Serverbezogene Kenngrößen

------------------------ **Workflow/Exceptions** ------------------------

Transaction-Workflow WFL%

WFL% = 24.5

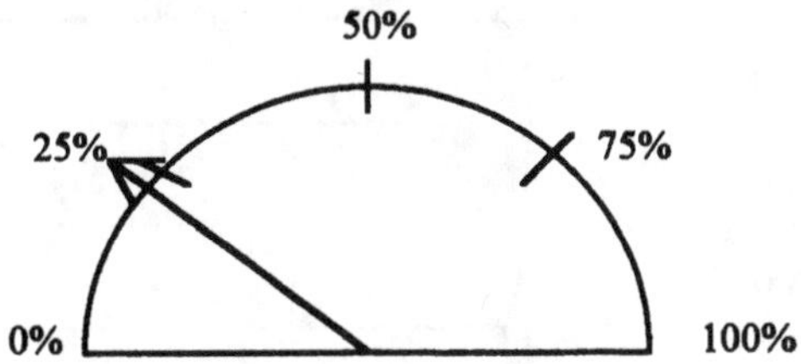

Active Users: 19.998

------------------------------ **Exceptions** ------------------------------

Avg Transaction-Response-Time	Delayed Users	Primary-Reasons
2.2 s	15.1	DASD-Server
		Processor-Server

Abbildung 7.6.15: Workflow/Exceptions-Screen

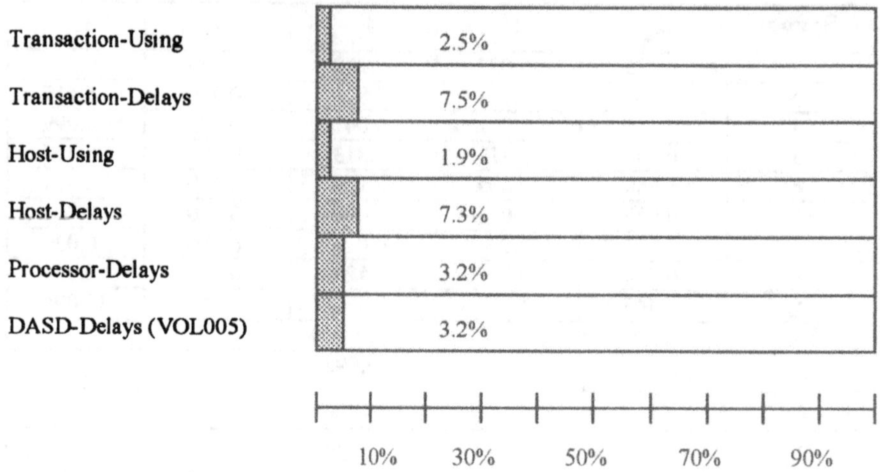

Abbildung: 7.6.16: Degradation-Tableau

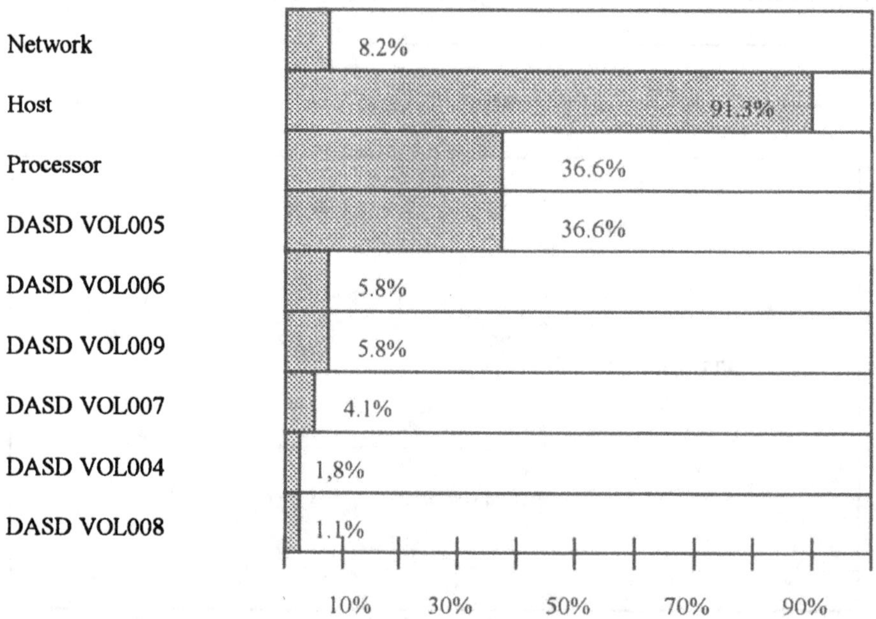

Abbildung 7.6.17: Response-Time-Accounts

Die Ergebnisse sind in den Abbildungen 7.6.18 und 7.6.19 tabellarisch und in Abbildung 7.6.20 bis 7.6.22 grafisch dargestellt.

Danach sinkt die Transaktion-Rate auf $r = 8.934$, die Transaction-Response-Time steigt auf ca. 2.4 Sekunden.

Kenngröße	Wert	Erläuterung/Bemerkung
r	8.934	Transaction-Rate
k	200.000	Multiprogramming-Level
n_I	178.680	Idle Requests
n_a	21.317	Active Requests
n_s	5.986	Using Requests
n_q	15.333	Delayed Requests
t_r	2.386	Transaction-Response-Time
t_q	0.670	Transaction-Service-Time
t_q	1.716	Transaction-Queue-Time

Abbildung 7.6.18: Globale Kenngrößen

Server	t_{s_i}	t_{q_i}	t_{r_i}	ms_i	mq_i
2	0.250	0.171	0.421	2.234	1.526
3	0.100	0.677	0.777	0.893	6.047
4	0.030	0.011	0.041	0.268	0.096
5	0.100	0.677	0.777	0.893	6.047
6	0.060	0.068	0.128	0.536	0.610
7	0.050	0.040	0.090	0.447	0.357
8	0.020	0.004	0.024	0.179	0.039
9	0.060	0.068	0.128	0.536	0.610
Σ	0.545	1.716	2.386	5.986	15.333
r	8.934				
n_a	21.317				
n_s	5.986				
n_q	15.333				
n_I	178.680				
k	200.000				

Abbildung 7.6.19: Serverbezogene Kenngrößen

------------------------- Workflow/Exceptions -------------------------

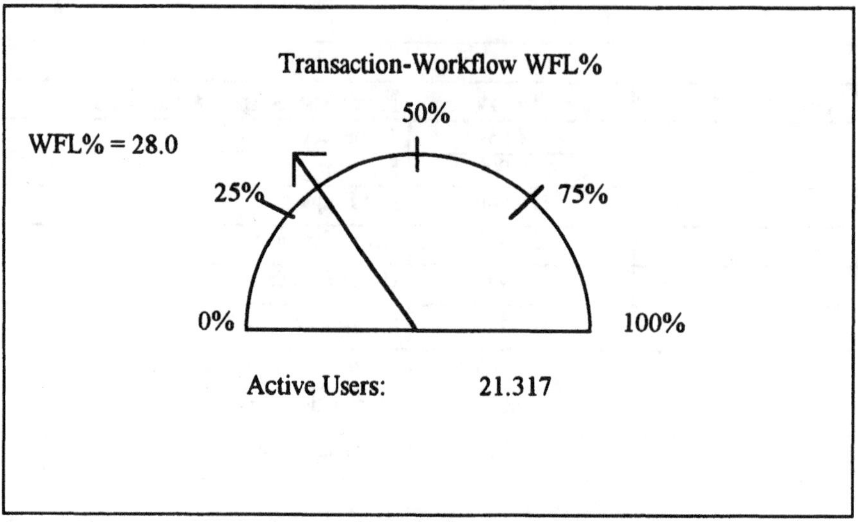

------------------------------ Exceptions ------------------------------

Avg Transaction-Response-Time	Delayed Users	Primary-Reasons
2.4 s	15.3	DASD-Server
		Processor-Server

Abbildung 7.6.20: Workflow/Exceptions-Screen

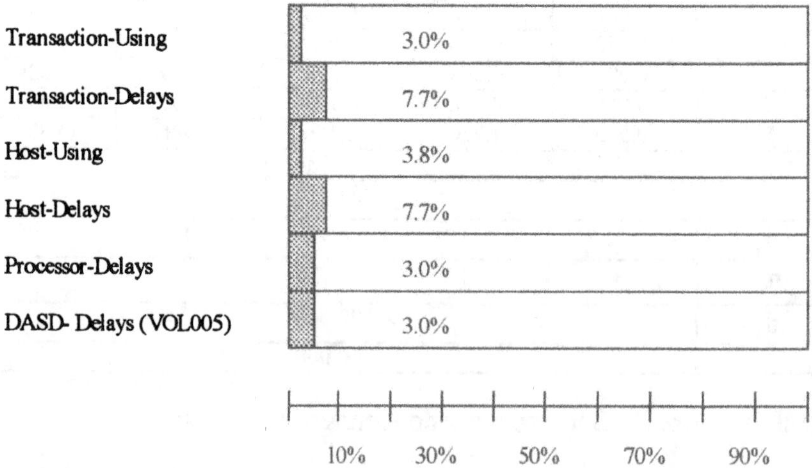

Abbildung 7.6.21: Degradation-Tableau

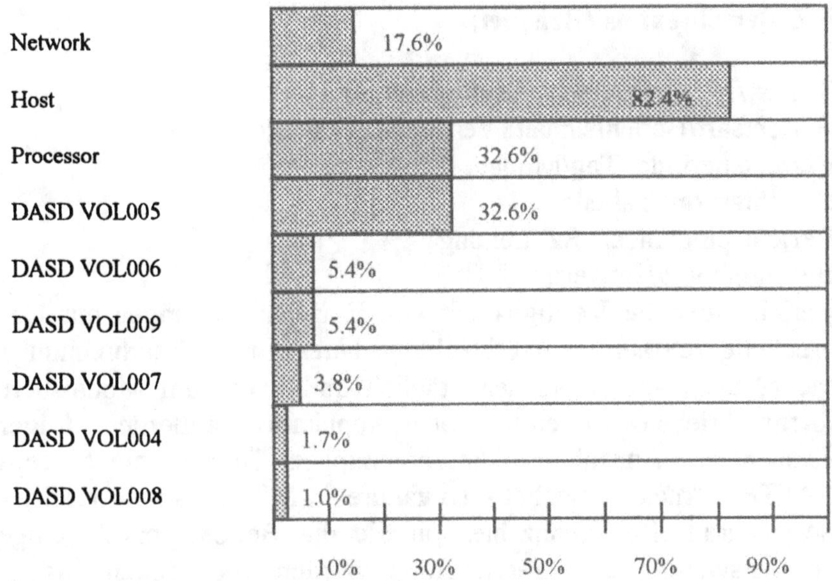

Abbildung 7.6.22: Response-Time-Accounts

Die Unterschiede der Ergebnisse beider Modelle sind nur marginal, so daß die Alternativen unter rein wirtschaftlichen Gesichtspunkten ausgewählt werden könnten. Transaction-Workflow liegt nun bei 28%, Transaction-Delays bei 7.7% und Transaction-Using bei 3.0%. Der nun höhere Workflow belegt einmal mehr die Relativität der Größe Workflow. Obwohl das System insgesamt weniger performant ist, hat sich der Workflow von 24.5 auf 28.0% erhöht.

7.7 Performance-Berichte

Performance-Berichte berichten definitionsgemäß über Verfügbarkeit und Antwortzeiten sowie über RZ-Kennzahlen, die dem Kapazitäts-Management (als Funktion des Performance-Managements) dienen. Den Überblick über die RZ-Berichte gibt ein Berichteatlas. Der Berichteatlas enthält pro Bericht Angaben zur Berichtsperiode, zur Berichtsform, zu den Berichtempfängern sowie eine inhaltliche Beschreibung des Berichts. Ein RZ-Berichteatlas könnte beispielsweise wie folgt aufgebaut sein.

RZ-Berichteatlas (Beispiel)

Tages-/Monatsbericht Verfügbarkeit
Berichtsart/Berichtsinhalt: Verfügbarkeitsbericht
Berichtsperiode: Tag/Monat
Berichtsform: Tabelle
Berichtsempfänger: RZ-Leitung
Beschreibung/Hinweise:
Bericht über die Verfügbarkeit von Einzelanwendungen mit Unterbrechungszeitraum, Unterbrechungsdauer und Unterbrechungsursache. Der Bericht erscheint täglich und wird zum Monatsbericht fortgeschrieben. Er enthält pro Applikation außerdem folgende Kennzahlen: Anzahl der Unterbrechungen, "mean time to repair" (MTTR), "mean time between failures" (MTBF) sowie realisierter Servicegrad. Bei Kennzahlen, in die die Berichtsperiode eingeht, beispielsweise beim Servicegrad, werden die Zeiten bis zum abgelaufenen Produktionstag vor der Berichtserstellung berücksichtigt.

Monats-/Jahresbericht Verfügbarkeit
Berichtsart/Berichtsinhalt: Verfügbarkeitsbericht
Berichtsperiode: Monat/Jahr
Berichtsform: Grafik
Berichtsempfänger: RZ-Leitung und DV-Management
Beschreibung/Hinweise:
Grafische Darstellung des realisierten Servicegrades für die Schlüsselanwendungen, abgeleitet aus dem zum Monatsbericht fortgeschriebenen tabellarischen Verfügbarkeitsbericht (siehe oben). Bei Verletzung des Service-Levels wird ein Ausnahmebericht (Exceptions-Report) generiert. Dieser enthält pro ausgewiesener Applikation den Service-Level, den realisierten Servicegrad, die absoluten Unterbrechungszeiten, die Unterbrechungsursachen, differenziert nach geplanten und nicht geplanten Unterbrechungen, die Anzahl der Unterbrechungen, die mittlere Unterbrechungszeit sowie die mittlere Zeit zwischen Unterbrechungen.

Monats-/Jahresbericht Antwortzeiten
Berichtsart/Berichtsinhalt: Antwortzeiten
Berichtsperiode: Monat/Jahr

Berichtsform: Grafik
Berichtsempfänger: RZ-Leitung und DV-Management
Beschreibung/Hinweise:
Grafische Darstellung des realisierten Servicegrades (mittlere Antwortzeiten, Verteilung der Antwortzeiten) für die Schlüsselanwendungen. Der Bericht wird zum Jahresbericht fortgeschrieben. Bei Verletzung des Service-Levels wird ein Ausnahmebericht zur Verfügung gestellt, in dem die Verteilung der Antwortzeiten detailliert (Response-Time-Buckets) dargestellt wird. Außerdem werden die Transaktionsrate und die durchschnittliche Host- und Netzzeit mit einem Hinweis auf den potentiellen Engpaß dargestellt.

Quartalsbericht (Service-Bericht)
Berichtsart/Berichtsinhalt: Verfügbarkeit und Leistung
Berichtsperiode: Quartal/Jahr
Berichtsform: Tabelle/Grafik
Berichtsempfänger: Service-Nehmer
Beschreibung/Hinweise:
Der Servicebericht ist ein zusammenfassender Performance-Bericht, der pro Quartal und Jahr den Servicenehmern als Leistungsnachweis zur Verfügung gestellt wird.

RZ-Kennzahlen
Berichtsart/Berichtsinhalt: Technische Kennzahlen
Berichtsperiode: Monat/Jahr
Berichtsform: Tabelle/Grafik
Berichtsempfänger: RZ-Leitung
Beschreibung/Hinweise:
Grafische bzw. tabellarische Darstellung von RZ-Kennzahlen wie Auslastung der Ressourcen, Anzahl Transaktionen, Anzahl Plattenoperationen und Anzahl Tape-Mounts.

Ressourcenverbrauch
Berichtsart/Berichtsinhalt: Inanspruchnahme von DV-Ressourcen pro Kostenstelle
Berichtsperiode: Monat/Jahr
Berichtsform: Tabelle
Berichtsempfänger: Kostenverantwortliche
Beschreibung/Hinweise:

Bericht über den Ressourcenverbrauch einschließlich der Kosten pro Kostenstelle.

Managementbericht
Berichtsart/Berichtsinhalt: Kennzahlen
Berichtsperiode: Jahr
Berichtsform: Grafik
Berichtsempfänger: Management
Beschreibung/Hinweise:
Hochverdichteter Bericht über die wichtigsten RZ-Kennzahlen mit Vor- und Nachschau (Realisierter Service, Personal, Kosten).

Wir bringen zu einigen der beschriebenen Berichtsarten ein Beispiel. Im ersten Fall (siehe Abbildung 7.7.1) handelt es sich um einen Verfügbarkeitsbericht, der täglich anfällt und in der laufenden Berichtsperiode, beispielsweise im laufenden Monat, fortgeschrieben wird zum Monatsbericht. Mit diesem Bericht ist die RZ-Leitung zu jeder Zeit auskunftsbereit. Sie kann, wenn nötig, steuernd eingreifen und zum Beispiel geplante Aktivitäten zurückstellen, wenn der Service-Level gefährdet erscheint. Dieser Tagesbericht wird am Ende des Monats zu einer grafischen Übersicht zusammengefaßt, die nur noch über die Schlüsselanwendungen berichtet (siehe Abbildung 7.7.2). Ist der Service-Level verletzt, wird ein Ausnahmebericht (Exceptions-Report) generiert (siehe Abbildung 7.7.3). Dieser enthält die absoluten Ausfallzeiten, gegebenenfalls nach Zeitkorridoren (es ist denkbar, daß Unterbrechungen in unterschiedlichen Zeitkorridoren unterschiedlich kritisch bewertet werden). Außerdem wird über die Ausfallursachen, den Service-Level, den realisierten Service, die mittlere Unterbrechungszeit (MTTR) und die mittlere Zeit zwischen Unterbrechungen (MTBF) berichtet. Es erfolgt eine Differenzierung nach geplanten Unterbrechungen und nicht geplanten Unterbrechungen (Ausfällen). Die nächsten beiden Berichtsbeispiele sind Berichte über das Antwortzeitverhalten, im ersten Fall (siehe Abbildung 7.7.4) die durchschnittliche Antwortzeit einer CICS-Applikation, im zweiten Fall (siehe Abbildung 7.7.5) die Verteilung der Antwortzeiten einer CICS-Applikation. Abbildung 7.7.6 zeigt einen Exception-Report (CICS-Leistungsreport) und Abbildung 7.7.7 einen Bericht der Kategorie RZ-Kennzahlen über die Entwicklung der Prozessorlast.

	IMSC	IMS1	CICS	A-Zeit	Grund	Hinweis/Bemerkung
Service	Mo-So 0-24 Uhr	Mo-So 0-24 Uhr	Mo-Fr 7-19 Uhr			
Sollzeit	720	720	280			
SL	98%/ 706	98%/ 706	98%/ 274			
Tag						
01/Mi						
02/Do						Feiertag Service wie So
03/Fr	1.00	1.00	1.00	06-07	U01	CPU-Ausfall
04/Sa						
05/So		5.00			G06	Verlegung Datenbanken
06/Mo						
07/Di						
08/Mi						
09/Do						
10/Fr						
11/Sa	3.00	3.00	3.00	07-10	U02	Betriebssystemeinsatz
12/So						
13/Mo						
14/Di						
15/Mi						
16/Do						
17/Fr						
Sollzeit	408	408	144			
Istzeit	404	399	140			
V-Grad	99.0	97,8	97.2			
A-Zeit	4	9	4			
Ungepl.	4	4	4			
Geplant	0	5	0			
#Ausf.	2	3	2			
MTTR	2	3	2			
MTBF	204	136	72			

1 Hardware
2 Systemsoftware
3 Systemorganisation
4 RZ-Organisation
5 Anwendungssoftware
6 Ablauforganisation
7 Infrastruktur

Abbildung 7.7.1: Tages-/Monatsbericht Verfügbarkeit

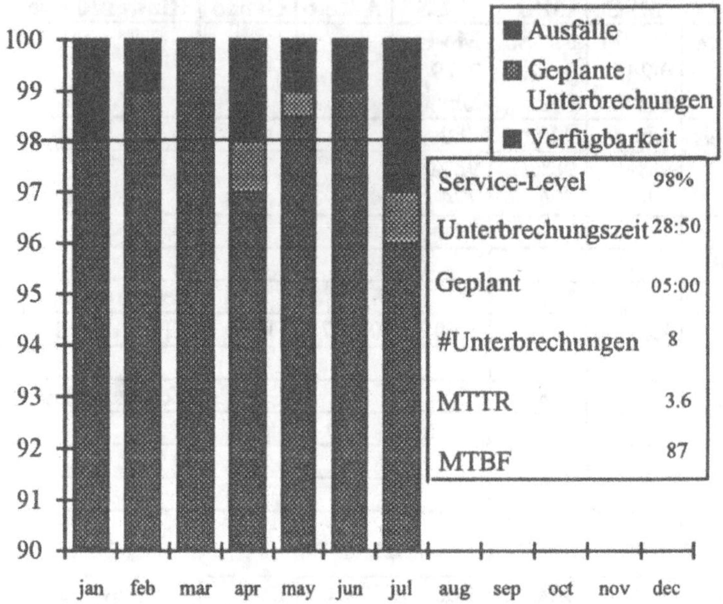

IMS-Verfügbarkeit Januar-Juli

Abbildung 7.7.2: IMS-Verfügbarkeitsbericht

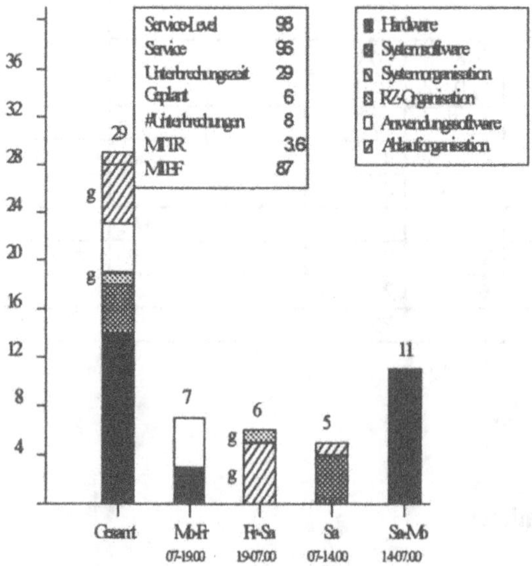

Abbildung 7.7.3: IMS-Exceptions-Report

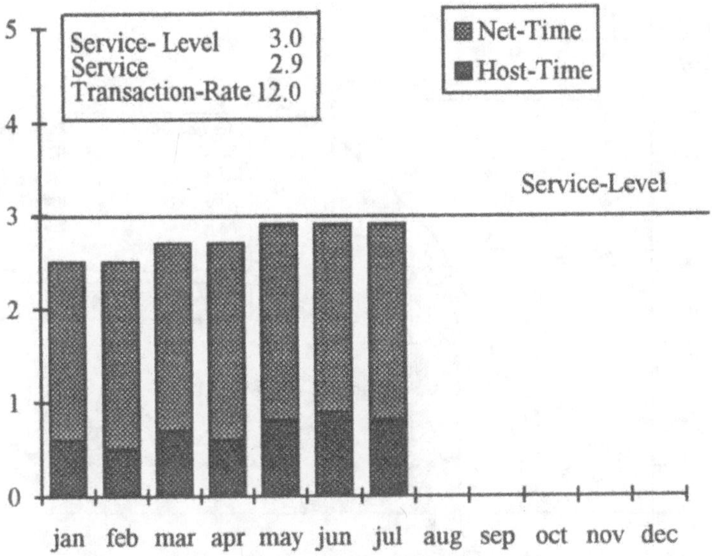

CICS-Antwortzeiten Januar - Juli

Abbildung 7.7.4: CICS-Leistungsbericht

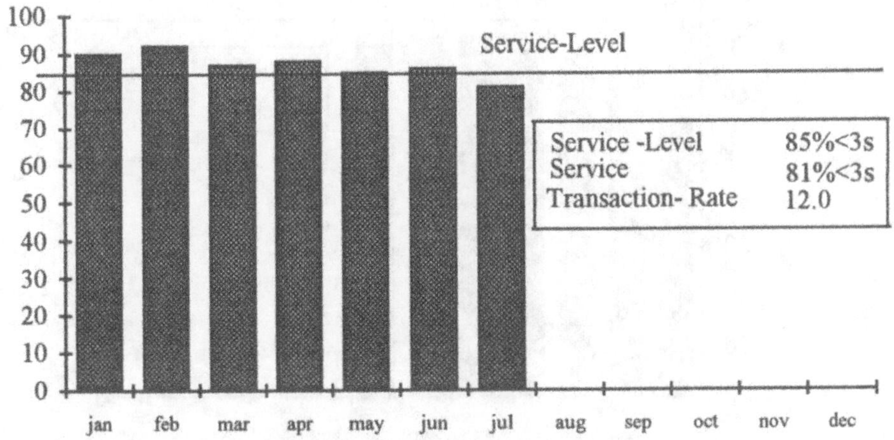

Verteilung der CICS-Antwortzeiten

Abbildung 7.7.5: CICS-Leistungsbericht

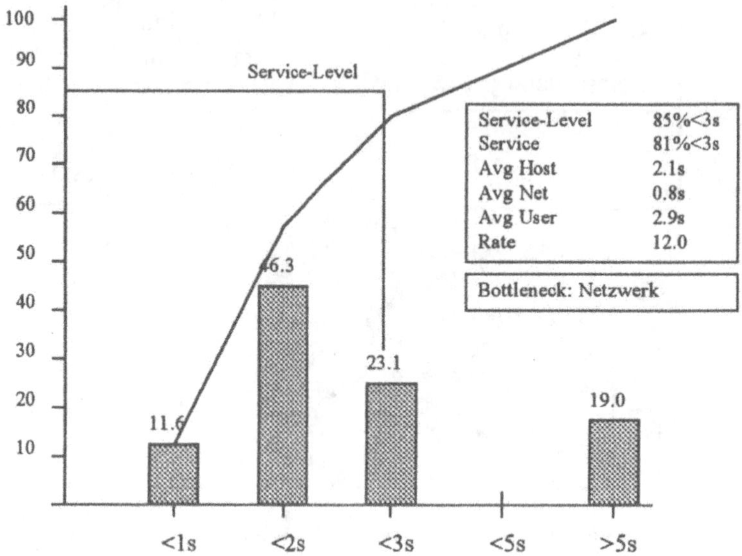

Abbildung 7.7.6: CICS-Exceptions-Report

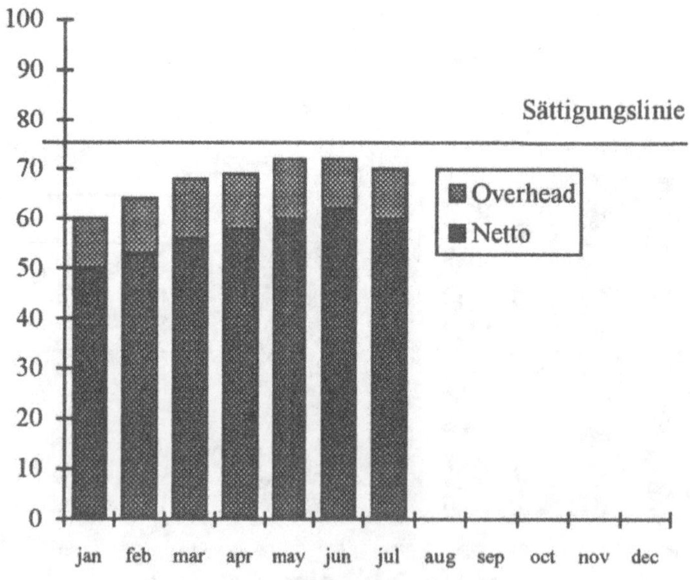

Abbildung 7.7.7: Bericht über die Prozessorauslastung

Anhang

A.1 BASIC-Programm zur Berechnung der Leistungsindizes bei einem geschlossenen Server-Netz mit der Mittelwertanalyse.

```
" Definition der Programmvariablen
"     TSI        Service-Time Basis-Request im Server i
"     TQI        Transaction-Queue-Time im Server i
"     TRI        Transaction-Response-Time im Server i
"     TSS        Transaction-Service-Time systemweit
"     TQS        Transaction-Queue-Time systemweit
"     TRS        Transaction-Response-Time systemweit
"     NQI        Wartende Requests im Server i
"     KI         Anzahl Requests im Server i
"     NQ         Anzahl wartender Requests systemweit
"     NA         Anzahl aktiver Requests systemweit
"     K          Anzahl Benutzer
"     RI         Durchsatzrate Basis-Requests im Server i
"     R          Transaction-Rate
"     ROI        Auslastungsgrad des Servers i
"     DI         Anzahl Besuche pro Transaction im Server i
"     XI         Transaction-Service-Time im Server i
"     N          Anzahl Server

" 0 wird als Feldindex zugelassen
OPTION BASE 0
" Dimensionierung der Felder
DIM
TSI(10),TQI(10),TRI(10,100),NQI(10),KI(10,100),RI(10),ROI(10),DI(10),XI(10
),R(100)
" Einlesen der Modellparameter TSI und DI für die Server i
FOR I=1 TO N
   INPUT " Service-Time Server              ",i,?,TSI(I)
   INPUT " Transaction-Demands für Server ",i,?, DI(I)
NEXT I
" Einlesen der Anzahl Benutzer
INPUT " Anzahl Benutzer K                  ",?,K
" Berechnung der Tranaction Service-Time im Server i
FOR I=1 TO N
   X(I)=DI(I)*TSI(I)
NEXT I
"Initialisierung von KI
FOR I1=1 TO N
   FOR I2=1 TO K
      KI(I1,I2)=0
   NEXT I2
```

```
NEXT I1
"Iteration für J=1 bis K
FOR J=1 TO K
" Berechnung der Verweilzeiten im Server i
    TRI(1,J)=XI(1)
    FOR I=2 TO N
        TRI(I,J) =XI(I)*(1+KI(I,J-1))
    NEXT I
" Berechnung des Durchsatzes
" Initialisierung der Summe
R(J)=0
" Summierung
FOR I=1 TO N
    R(J)=R(J)+TRI(I,J)
NEXT I
R(J)=J/R(J)
" Berechnung des Durchsatzes im Server i
FOR I=1 TO N
    RI(I)=R(J)*DI(I)
NEXT I
" Berechnung der Anzahl Requests im Server i
KI(1,J)=R(J)*TRI(1,J)
FOR I=2 TO N
    KI(I,J)=R(J)*TRI(I,J)
NEXT I
" Ende der Iteration
NEXT J
" Berechnung der restlichen Leistungsindizes
" Transaction-Queue-Time im Server i
FOR I=1 TO N
    TQI(I)=TRI(I,K)-XI(I)
NEXT I
" Auslastungsgrad des Server i
FOR I=1 TO N
    ROI(I)=RI(I)*TSI(I)
NEXT I
" Anzahl wartender Requests im Server i
FOR I=1 TO N
    NQI(I)=R(K)*TQI(I)
NEXT I
" Transaction-Response-Time (ohne Terminalserver)
TRS=K/R(K)-XI(1)
" Transaction-Service-Time (ohne Terminalserver)
" Initialisierung der Summe
TSS=0
" Summierung
FOR I=2 TO N
```

```
   TSS=TSS+XI(I)
NEXT I
" Transaction-Queue-Time (ohne Terminalserver)
TQS=TRS-TSS
" Anzahl Wartender Requests im System (ohne Terminalserver)
NQ=R(J)*TQS
" Anzahl der aktiven Requests im System (ohne Terminalserver)
NA=R(J)*TRS
" Anzeige der Ergebnisse
" serverbezogen
FOR I=1 TO N
      PRINT " Queue-Time im Server                      ",i,TQI(I)
      PRINT " Service-Time im Server                    ",i, ",i,X(I)
      PRINT " Verweilzeit im Server                     ",i,TRI(I,K)
      PRINT " Anzahl wartender Requests im Server       ",i,NQI(I)
      PRINT " Anzahl aktiver Requests im Server         ",i,KI(I,K)
      PRINT " Auslastungsgrad des Server                ",i,ROI(I)
NEXT I
" systemweit
      PRINT " Transaction-Rate                          ",R(K)
      PRINT " Qeue-Time                                 ",TQS
      PRINT " Response-Time                             ",TRS
      PRINT " Service-Time                              ",TSS
      PRINT " Anzahl wartender Requests                 ",NQ
      PRINT " Anzahl aktiver Requests                   ",NA
" Ende Programm
RETURN
```

A.2 BASIC-Programm zur Berechnung der External Transaction-Rate mit Hilfe eines geschlossenen Server-Netzes mit drei Knoten.

"Definition der Programmvariablen

```
  "   R     Transaction-Rate
  "   TP    Transaction-Service-Time des Prozessors
  "   TD    Transaction-Service-Time des DASD-Servers
  "   TU    User-Think-Time
  "   K     Anzahl Terminals(=Benutzer)
```

" Die Iteration wird mit dem Verfahren von Newton-Raphson durchgeführt.
" Die Iteration wird abgebrochen nach 100 Schritten oder wenn für den Fehler
" $r(i) - r(i-1) \le 10^{-6}$ gilt. Gestartet wird mit $r(0) = \min(TP^{-1}, TD^{-1})$.
" 0 wird als Feldindex zugelassen

```
OPTION BASE 0
" Dimensionierung der Felder
DIM R(100)
" Einlesen der Größen K, TU, TP und TD
INPUT " Anzahl Benutzer K                    ",?,K
INPUT " User-Think-Time TU                   ",?,TU
INPUT " Prozessor-Service-Time TP            ",?,TP
INPUT " DASD-Service-Time TD                 ",?,TD
" Berechnung der Koeffizienten
" Koeffizient B des quadratischen Terms
B=(K*TP*TD+2*TP*TD+TU*(TP+TD))/(TP*TD*TU)
" Koeffizient C des linearen Terms
C=(K*(TP+TD)+TP+TD+TU)/(TP*TD*TU)
" Absoluter Term D
D=K/(TP*TD*TU)
" Erste Näherung für die Iteration
R(0)=MIN(1/TP,1/TD)
" Iteration von I=1 bis 100 mit der Abbruchsbedingung R(I)-R(I-1)≤1.0E-6
FOR I=1 TO 100
" Funktion f
   F=R(I-1)^3-B*R(I-1)^2+C*R(I-1)-D
" Ableitung von f
   F1=3*R(I-1)^2+2*B*R(I-1)+C
" Iterationsschritt nach Newton-Raphson
   R(I)=R(I-1)-F/F1
" Abbruchbedingung
   EXIT IF (R(I)-R(I-1))<1.0E-06
" Ende der Iteration
NEXT I
" Anzeige der Ergebnisse
      PRINT " Transaction-Rate                          ",R(I)
      PRINT " Response-Time                             ",K/R(I)-TU
      PRINT " Processor-Busy in %                       ",R(I)*TP*100
      PRINT " DASD-Actuator-Busy in %                   ",R(I)*TD*100
" Ende Programm
RETURN
```

Literaturverzeichnis

[1] Amdahl: Planning for Capacity Comparative Interactive Performance; Amdahl Performance Evaluation Center Technical Report, Sunnyvale, California, 1988.

[2] Amdahl: 5995 M Processors Functional Characteristics; Amdahl Corp., Sunnyvale, California, 1991.

[3] Amdahl: Comparative Interactive Performance 5995-4550M and 5995-1400A; Amdahl Performance Evaluation Center Performance Report, Sunnyvale, California, 1992.

[4] Amdahl: 6880 Cache Controller Feature and 6680 Electronic Direct Access Storage Planning and Tuning Guide; Amdahl Systems Consulting Technical Topics, Sunnyvale, California, 1988.

[5] G. Amdahl: Validity of Single Processor Performance; Amdahl Performance Evaluation Center Technical Report, Sunnyvale, California, 1987.

[6] BGS: Product Family Description; BGS Systems, Inc., USA, 1984.

[7] G. Bolch, I.F. Akyildiz: Analyse von Rechnersystemen; Teubner Studienbücher Informatik, Stuttgart, 1992.

[8] L. Bronner: Capacity Planning Hand Analysis; IBM Washington Systems Center Technical Bulletin, Washington, 1983.

[9] Candle: OMEGAMON II for MVS; Advanced Real Time Component Version 200; Candle Corporation, Santa Monica, California, 1992.

[10] Candle: I/O Configuration Tutorials; Candle Computer Report, Los Angeles, 1982.

[11] D. Ferrari: Computer Systems Performance Evaluation; Prentice-Hall, Inc., Englewood Cliffs, New Jersey, 1978.

[12] S.E. Friesenborg: 3380 Blocksize Considerations; IBM Washington Systems Center Technical Bulletin, Washington, 1984.

[13] GES: Glossary für Telekommunikation; GES Glossary Serie 8, Allensbach, 1989.

[14] H.-G. Göring, F.-J. Kauffels: Token Ring Grundlagen, Strategien, Perspektiven; DATACOM-Verlag, Bergheim, 1993.

[15] P.B. Hansen: Operating System Principles; Prentice-Hall Series in Automatic Computation, Prentice-Hall, Inc., Englewood Cliffs, New Jersey, 1973.

[16] P. Henrici: Elemente der numerischen Analysis Band 1; B*I Hochschultaschenbücher, Mannheim, 1972.

[17] W. Hilbert: Grundprobleme der Mikroelektronik; R. Oldenbourg Verlag, München, Wien, 1982.

[18] IBM: IBM ES/9000 Engineering Scientific Performance; IBM Washington Systems Center Technical Bulletin, Washington, 1988.

[19] IBM: MVS/Extended Architecture Overview; IBM Corp. System Bibliographie, Manual GC28-1348-00, 1984.

[20] IBM: Storage Subsystem Library Using the 3380 Direct Access Storage in a MVS Environment; IBM Corp. System Bibliographie, Manual GC26-4492-01, 1988.

[21] IBM: Storage Subsystem Library IBM 3990 Storage Control Planning, Installation, and Storage Administration Guide; IBM Corp. System Bibliographie, Manual GA32-0100-03, 1989.

[22] IBM: DFSMS/MVS Version 1 Release 1 Storage Administration Reference for DFSMSDFP; IBM Corp. System Bibliographie, Manual SC26-4920-00, 1993.

[23] IBM Deutschland GmbH: Systemkonzepte DV SU Marketing, Stuttgart, 1985.

[24] IBM: MVS/ESA Initialization and Tuning Guide MVS/ESA System Product JES2 Version 4 JES3 Version 4; IBM Corp. System Bibliographie, Manual GC28-1634-05, 1993.

[25] IBM: MVS/ESA Analyzing Resource Measurement Facility Version 4 Monitor I & II-Reports; IBM Corp. System Bibliographie, Manual LY28-1007-04, 1993.

[26] IBM: MVS/ESA Analyzing Resource Measurement Facility Version 4 Monitor III-Reports; IBM Corp. System Bibliographie, Manual LY28-1008-04, 1993.

[27] IBM: OS/VS2 MVS Performance Notebook; IBM Corp. System Bibliographie, Manual GC28-0886-02, 1983.

[28] IBM: Die Prozessorfamilie IBM ES/9000; IBM Deutschland GmbH, Stuttgart, 1991.

[29] IBM: Synchronous Data Link Control Concepts; IBM Corp. System Bibliographie, Manual GA27-3093-04, 1992.

[30] IBM: System Network Architecture Concept and Products; IBM Corp. System Bibliographie, Manual GC30-13072-03, 1986.

[31] IBM: Network Program Products Planning (MVS, VSE and VM); IBM Corp. System Bibliographie, Manual SC23-0110-02, 1985.

[32] IBM: Systems Network Architecture Technical Overview; IBM Corp. System Bibliographie, Manual GC30-3073-01, 1985.

[33] IBM: Network Control Program System Support Programs Emulation Program Resource Definition Reference; IBM Corp. System Bibliographie, Manual SC30-3448-04, 1992.

[34] F.-J- Kauffels: Lokale Netze Grundlagen, Standards, Perspektiven; DATACOM-Verlag, Bergheim, 1993.

[35] P. Köstle: RZ-Management; GESmbH - Bereich DV-Training, Allensbach, 1988.

[36] J. Lauter, K. Rüdiger: Wahrscheinlichkeitsrechnung und Statistik; Schwann-Bagel, Düsseldorf, 1979.

[37] Legent: Netspy User Guide; Legent Corp., Pittsburgh, Pennsylvania, 1995.

[38] Memorex: CCWANAL Release 1.5.6 User Manual; CONSUL Risk Management B.V., Nootdorp, Niederlande, 1988.

[39] H. Müller-Merbach: Operations Research; Verlag Franz Vahlen GmbH, Berlin, Frankfurt a. M., 1969.

[40] U. Pimiskern: MVS/XA I/O-Performance Considerations; IBM Washington System Center Technical Bulletin, Washington, 1983.

[41] D.A. Pucknell, K. Eshraghian: Basic VLSI Design Systems and Circuits; Silicon Systems Engineering Series, Prentice-Hall of Australia, 1988.

[42] SAS: Computer Performance Evaluation; SAS Institute Inc., First Edtition, Cary, NC, USA, 1990.

[43] R.M. Schardt: An MVS Tuning Perspective; IBM Washington System Center Technical Bulletin, Washington, 1979.

[44] G. Senson: Measurement Performance with a Live Workload; Amdahl Performance Evaluation Center Technical Report, Sunnyvale, California 1990.

[45] G. Weck: Prinzipien und Realisierung von Betriebssystemen; Teubner Studienbücher Informatik, Stuttgart, 1982.

[46] H. Wedekind: Systemanalyse; Carl Hanser Verlag, München, 1973.

[47] K. Ziegler, Jr: DASD Configuration and Sharing Considerations; IBM Complex Systems Center Technical Bulletin, Gaithersburg, Maryland, 1978.

Sachverzeichnis

www.ingramcontent.com/pod-product-compliance
Lightning Source LLC
LaVergne TN
LVHW012020041026
849558LV00004B/180